Bernd Öggl, Michael Kofler

# Docker

Das Praxisbuch für Entwickler
und DevOps-Teams

Rheinwerk
Computing

# Liebe Leserin, lieber Leser,

dass Docker ein äußerst nützliches Werkzeug in der Softwareentwicklung und der IT-Administration sein kann, wissen Sie wahrscheinlich bereits. Wenn Sie sich allerdings schon etwas länger mit Software-Containern beschäftigen und auch die rasante Entwicklungsgeschichte der letzten Jahre verfolgt haben, ist Ihnen bestimmt nicht verborgen geblieben, dass es einige Stolperfallen und Hindernisse zu beachten gilt, damit Docker produktiv eingesetzt werden kann.

Und genau das ist das erklärte Ziel dieses Praxisbuchs: Bernd Öggl und Michael Kofler zeigen Ihnen, wie Docker richtig genutzt wird. Sie verfügen über umfassende Erfahrung als Programmierer und Administratoren und können Ihnen den Nutzen für Ihre Umgebung präzise und praxisgerecht erläutern. So wird anschaulich, wie Docker Ihre Entwicklungsprozesse beschleunigt und zur Sicherheit der Infrastruktur beiträgt.

Denn dieser Leitfaden zeigt Ihnen nicht nur, wie Sie unterschiedliche Programmiersprachen, Datenbanksysteme und Webserver gekonnt in Docker-Container integrieren, sondern geht auch auf zahlreiche Praxisszenarien ein: die Orchestrierung mit Swarm und Kubernetes, das Deployment in der AWS- oder Azure-Cloud, die Migration einer Legacy-Anwendung in Container, der Aufbau einer Continuous-Integration bzw. Continuous-Delivery-Pipeline, der Einsatz von GitLab und vieles mehr.

Abschließend noch ein Wort in eigener Sache: Dieses Werk wurde mit großer Sorgfalt geschrieben, geprüft und produziert. Sollte dennoch einmal etwas nicht so funktionieren, wie Sie es erwarten, freue ich mich, wenn Sie sich mit mir in Verbindung setzen. Ihre Kritik und konstruktiven Anregungen sind jederzeit willkommen.

**Ihr Christoph Meister**
Lektorat Rheinwerk Computing

christoph.meister@rheinwerk-verlag.de
www.rheinwerk-verlag.de
Rheinwerk Verlag · Rheinwerkallee 4 · 53227 Bonn

# Auf einen Blick

Wir hoffen, dass Sie Freude an diesem Buch haben und sich Ihre Erwartungen erfüllen. Falls Sie Anregungen, Wünsche und Kommentare haben, lassen Sie es uns wissen: **service@rheinwerk-verlag.de**.

Informationen zu unserem Verlag und Kontaktmöglichkeiten finden Sie auf unserer Verlagswebsite **www.rheinwerk-verlag.de**. Dort können Sie sich auch umfassend über unser aktuelles Programm informieren und unsere Bücher und E-Books bestellen.

**Autoren** Bernd Öggl, Michael Kofler
**Lektorat** Christoph Meister
**Copy-Editing** Isolde Kommer, Großerlach
**Typografie und Layout** Vera Brauner
**Satz** Michael Kofler
**Herstellung** Norbert Englert
**Covergestaltung** Mai Loan Nguyen Duy
**Druck** Beltz Grafische Betriebe, Bad Langensalza

FSC
www.fsc.org
MIX
Papier | Fördert gute Waldnutzung
FSC® C089473

Dieses Buch wurde mit mineralölfreien Farben auf FSC-zertifiziertem Papier aus nachhaltiger Waldwirtschaft gedruckt. Hergestellt in Deutschland.



Bibliografische Information der Deutschen Nationalbibliothek:
Die Deutsche Nationalbibliothek verzeichnet diese Publikation in der Deutschen Nationalbibliografie; detaillierte bibliografische Daten sind im Internet über *http://dnb.dnb.de* abrufbar.

**ISBN 978-3-367-11495-5**

5., aktualisierte Auflage 2026


Rheinwerk Verlag GmbH • Rheinwerkallee 4 • 53227 Bonn
*service@rheinwerk-verlag.de*

# Inhalt

# Vorwort

Zu Beginn der 2000er-Jahre stellte Virtualisierungssoftware den Entwickleralltag auf den Kopf: Plötzlich war es möglich, auf einem Rechner Linux *und* Windows auszuführen, unkompliziert Programme in verschiedenen Umgebungen auszuprobieren, verschiedene Software-Stacks parallel zu installieren und zu testen.

Natürlich spielen virtuelle Maschinen für Entwickler noch immer eine große Rolle; außerdem ist die Cloud in ihrer jetzigen Form ohne Virtualisierung gar nicht denkbar. Dennoch hat vor einem Jahrzehnt ein Umbruch weg von virtuellen Maschinen hin zu Containern begonnen: Container ermöglichen es, bestimmte Softwarekomponenten (Webserver, Programmiersprachen, Datenbanken) ohne den Overhead einer virtuellen Maschine auszuführen. Warum ein ganzes Betriebssystem (meist Linux) in eine virtuelle Maschine installieren, wenn es doch nur um *eine* ganz spezifische Funktion geht?

Selten trifft das Paradigma »weniger ist mehr« so gut zu wie auf die Container-Technologie. Das »weniger« drückt sich in unzähligen Vorteilen aus: Container sind viel schneller aufgesetzt als virtuelle Maschinen, lassen sich leichter auf verschiedenen Entwicklungssystemen replizieren, beanspruchen weniger Ressourcen und bieten bessere Möglichkeiten zur Skalierung und Lastverteilung. Container sind insofern nicht nur ein Segen für Entwicklerteams, sondern bieten auch vollkommen neue Möglichkeiten im Deployment, also im produktiven Betrieb der entwickelten Lösung.

### Docker oder Podman? Beides!

Der Firma Docker ist es mit ihrem gleichnamigen Produkt gelungen, dem Einsatz von Containern zum Durchbruch zu verhelfen. Docker ist aber bei Weitem nicht das einzige Container-System. Die interessanteste Alternative ist das von der Firma Red Hat entwickelte Programm *Podman*. Podman und Docker verfolgen zwar technisch unterschiedliche Ideen, sind aber aus Anwendersicht weitgehend kompatibel miteinander: Die Optionen zentraler Kommandos sind identisch, für wichtige Konfigurationsdateien gilt dieselbe Syntax. In vielen Fällen (leider nicht immer!) können Sie mühelos zwischen Docker und Podman wechseln.

Für Podman sprechen die unter Linux einfachere Installation und das liberalere Lizenzmodell. Während Red Hat das Geld mit seinen Enterprise-Produkten verdient und Podman einfach ein Teil davon ist, gibt es bei Docker diverse kostenpflichtige Zusatzangebote. Insbesondere ist der kostenlose Einsatz der grafischen Benutzeroberfläche *Docker Desktop* nur für Privatanwender und kleine Firmen erlaubt.

Dessen ungeachtet bleibt Docker das Maß der Dinge/Container, zumindest wenn man der alljährlich von Stack Overflow durchgeführten Umfrage traut: 74 % der professionellen Entwicklerinnen und Entwickler verwenden Docker, nur 11 % Podman (Stand: Juli 2025).

Kleines Detail am Rande: Während Red Hat mit Podman unbestritten eine großartige Alternative zu Docker entwickelt hat, überlässt man das kostenintensive Hosting von Images großzügig der Firma Docker. Oder, anders formuliert: Auch wenn Sie Podman verwenden, werden Sie den Großteil der Images aus dem Docker Hub beziehen. Red Hat betreibt zwar eine eigene Image-Registry, aber dort werden nur Projekte aus dem unmittelbaren Red-Hat-Universum gehostet.

Langer Rede kurzer Sinn: Wir behandeln in diesem Buch sowohl Docker als auch Podman. Dennoch gilt für uns Docker als der »Goldstandard«. Wenn Sie mit Podman arbeiten und ein Problem auftritt, werden Sie sich immer die Frage stellen: Habe ich einen Fehler gemacht? Oder ist Podman schuld? Zumindest bei uns ging die Verteilung in die Richtung 90 % eigene Fehler, 10 % Podman-Inkompatibilität.

Eine Restunsicherheit bleibt – und die wird mit Internetrecherchen selten besser. Anfänglich gab es viele Inkompatibilitäten zwischen Docker und Podman. Auch wenn diese zumeist behoben sind, stoßen Sie natürlich weiterhin auf die diesbezüglichen Fehlerberichte im Internet. Außerdem hat Podman in den vergangenen Jahren sein internes Netzwerkfundament auf den Kopf gestellt und komplett neu implementiert. Beachten Sie bei Blog- und Forumartikeln immer das Veröffentlichungsdatum bzw. die angegebenen Versionsnummern!

### Wozu dieses Buch?

In diesem Buch geben wir Ihnen eine Einführung in den Umgang mit Docker und einen Überblick über die wichtigsten Bausteine (*Images*), aus denen Sie eigene Container-Welten zusammensetzen können. Wir zeigen Ihnen anhand mehrerer großer Beispiele, wie Sie Docker in der Praxis einsetzen, und gehen ausführlich auf das Deployment in der Cloud ein.

Wir haben das Buch in drei Teile gegliedert:

- **Teil I** stellt Docker vor. Sie lernen anhand vieler Beispiele, wie Sie die Kommandos `docker` bzw. `podman` sinnvoll einsetzen und wie die Syntax der Dateien `Dockerfile` und `compose.yaml` aussieht.
- **Teil II** präsentiert wichtige Images, die als Basis für eigene Projekte dienen können. Dazu zählen unter anderem:
  - Alpine Linux
  - die Webserver Apache, Nginx und Caddy (inklusive Proxy-Setup mit Traefik sowie Let's-Encrypt-Konfiguration)

  - die Datenbankserver MySQL/MariaDB, MongoDB, PostgreSQL und Redis
  - die Programmiersprachen Go, JavaScript (Node.js), PHP, Python und Ruby
  - die Webapplikationen WordPress, Joomla und Nextcloud
- **Teil III** zeigt den Einsatz von Docker in der Praxis. Wir zeigen Ihnen, wie Sie moderne Webapplikationen mit Docker besonders effizient entwickeln, wie Sie mit `compose.yaml` komplexe Setups rund um Grafana und Prometheus realisieren und wie Sie vorhandene Projekte mit all ihren Altlasten in besser wartbare Docker-Projekte umwandeln.

  Zwei Kapitel zur Nutzung von GitLab mit Docker und zu *Continuous Integration* (CI) und *Continuous Delivery* (CD) demonstrieren Ihnen neue Paradigmen und Hilfsmittel für das Entwickeln von Software im Team.

  Auch das Deployment werden wir nicht vernachlässigen: Mit Docker *Swarm* und *Kubernetes* bringen Sie Ihre Docker-Projekte in die Cloud und profitieren von den dort gegebenen Möglichkeiten zur Skalierung. Eine Sammlung von Tipps stellt sicher, dass dabei die Sicherheit nicht zu kurz kommt.

### Neu in der fünften Auflage

Für diese Auflage haben wir das Buch vollständig aktualisiert und alle Beispiele auf den neuesten Stand gebracht. `compose.yaml` hat in diesem Buch schon immer eine große Rolle gespielt, aber diese Auflage enthält diesbezüglich noch mehr Grundlagen und Beispiele. Schließlich haben wir das Buch um einige neue Kapitel bzw. Abschnitte erweitert:

- KI-Funktionen mit Docker:
  - Sprachmodelle mit dem Docker Model Runner (DMR) ausführen
  - Das Model Context Protocol mit dem Docker-MCP-Katalog einfacher nutzen
- Prometheus Monitoring Server mit Docker Compose aufsetzen
- Netzwerk- und Firewall-Interna in Docker und Podman
- Windows-Testinstallationen im Grafikmodus mit Dockur ausführen
- Toolbx: Software-Umgebungen ohne Container-Isolierung ausführen

### Schöne neue Container-Welt

Wer Docker oder Podman einmal ausprobiert und kennengelernt hat, will nie wieder auf seine Funktionen verzichten. Vermutlich geht es Ihnen bald wie uns: Docker zählt wie Git zu den Grundvoraussetzungen unseres Entwickleralltags. Lassen Sie sich von uns in eine neue Welt führen!

Bernd Öggl (*https://webman.at*)
Michael Kofler (*https://kofler.info*)

### Materialien zum Buch

Auf der Webseite zu diesem Buch stehen folgende Materialien für Sie zum Download bereit:

- alle Projektdateien
- alle Codebeispiele

Gehen Sie auf *https://www.rheinwerk-verlag.de/docker_6286*. Klicken Sie auf den Reiter MATERIALIEN. Dort sehen Sie eine Liste der herunterladbaren Dateien samt einer Kurzbeschreibung. Klicken Sie auf den Button HERUNTERLADEN, um den Download zu starten.

### GitHub

Wir verwenden Git zur Verwaltung unserer Beispieldateien. Deshalb finden Sie (eventuell bereits aktualisierte oder korrigierte) Beispieldateien auch auf GitHub:

*https://github.com/docker-compendium/docker5-samples*

Das Repository enthält eine Übersicht der einzelnen Kapitel mit den Links zu den entsprechenden Repositorys mit Git-Sub-Modulen. Das bedeutet, dass Sie mit dem folgenden Befehl alle Beispiele von GitHub auf Ihren Computer laden können:

```
git clone \
  https://github.com/docker-compendium/docker5-samples.git
```

Sollten Sie Verbesserungsvorschläge haben, freuen wir uns natürlich über Pull-Requests von Ihnen.

### Testplattformen und Linux-Distributionen

Unsere Haupttestplattform für dieses Buch war Ubuntu Linux. Parallel dazu haben wir viele Beispiele auch unter Windows und macOS sowie unter Debian, Fedora und AlmaLinux ausprobiert.

Noch eine Anmerkung zu Red Hat: Wenn in diesem Buch von RHEL die Rede ist, dann ist damit nicht nur Red Hat Enterprise Linux in der Version 10 gemeint; vielmehr gelten die Informationen auch für alle damit kompatiblen Distributionen. Das gilt insbesondere für AlmaLinux, CentOS Stream, Rocky Linux und Oracle Linux.

TEIL I

# Einführung

# Kapitel 1
# **Hello World**

Die drei in diesem Kapitel präsentierten Hello-World-Beispiele für Docker sollen etwas mehr leisten, als nur die viel zitierte Zeichenkette am Bildschirm auszugeben: Wir wollen jeweils einen Webserver starten, der eine Webseite ausliefert, auf der die aktuelle Uhrzeit und ein Wert für die Auslastung des Servers angezeigt werden. Dabei kommen drei unterschiedliche Programmiersprachen zum Einsatz.

Um den von Docker unabhängigen und für dieses Beispiel unwichtigen Programmcode möglichst kurz zu halten, verzichten wir auf die Trennung von Frontend- und Backend-Code, wie es eine moderne Webapplikation machen würde. Verstehen Sie dieses Kapitel mehr als *proof of concept*. Beispiele für moderne Webapplikationen finden Sie in Teil III dieses Buchs.

## 1.1 Docker-Schnellinstallation

Als ersten Schritt müssen Sie die Docker-Software auf Ihrem Computer installieren. Eine ausführliche Installationsanleitung finden Sie in Kapitel 2. Hier wollen wir einen Schnelleinstieg für all jene bieten, denen es bereits in den Fingern kribbelt.

### Windows

Für die Docker-Installation unter Windows benötigen Sie eine 64-Bit-Installation von Windows 11 Home, Pro oder Enterprise. Docker verwendet dabei das *Windows Subsystem for Linux* (WSL) in der Version 2 und aktiviert es bei Bedarf. Zur Installation von Docker laden Sie einfach das Setup-Programm von folgender Adresse herunter und führen es aus. (Sie müssen sich dazu nicht im Docker Hub registrieren.)

*https://docs.docker.com/desktop/setup/install/windows-install*

### macOS

Die Installationsdatei (DMG) für macOS finden Sie unter folgender Adresse:

*https://docs.docker.com/desktop/setup/install/mac-install*

Beachten Sie, dass es hier eine Version für den Intel-Chip gibt und eine Version für die seit 2020 neuen ARM-CPUs (M1 usw.).

### Linux

Für eine gängige Linux-Distribution auf Debian-Basis (Debian, Ubuntu ...) und einen Computer mit 64-Bit-Prozessor reicht es in der Regel aus, die folgenden Kommandos auf der Kommandozeile einzugeben.

```
sudo apt install docker.io
```

Sie installieren damit die Docker-Version, die von Ihrer Linux-Distribution angepasst wurde. Inzwischen sind diese Versionen aktuell genug für unsere ersten Tests. Für andere Linux-Distributionen (Fedora, RHEL ...) und die ausführliche Installationsanleitung der Original-Docker-Software werfen Sie bitte einen Blick in Kapitel 2.

Damit Sie die folgenden Abschnitte ausprobieren können, benötigen Sie außer der Installation auch noch die für Docker notwendigen Berechtigungen. Sollten Sie unter Linux Schwierigkeiten haben, so führen Sie die Docker-Kommandos einfach als `root` auf Ihrem Computer aus. Windows und macOS kümmern sich bei der Installation um die nötigen Rechte. Außerdem ist eine schnelle Internetverbindung hilfreich: Die Basis-Images, die Sie herunterladen müssen, sind mehrere Hundert Megabyte groß.

## 1.2 Apache mit PHP 8

Wir werden drei verschiedene Varianten beschreiben, um die Vorgaben für dieses Beispiel (eine HTML-Seite, die von einem Webserver ausgeliefert wird) mit Docker umzusetzen. Die erste Hello-World-Variante wird mit der bekannten Kombination aus Apache Webserver und PHP als Programmiersprache programmiert.

Erstellen Sie am besten ein eigenes Verzeichnis für jeden Docker-Versuch. Für dieses Beispiel bietet sich als Projektverzeichnis `hello-world-php` an. Der PHP/HTML-Code ist sehr übersichtlich. Im Folgenden sehen Sie die Datei `index.php`, die im Projektverzeichnis abgelegt wird:

```
<!DOCTYPE html>
<!-- Datei index.php -->
<html>
<head>
  <title>Hello world</title>
  <meta charset="utf-8" />
</head>
<body>
<h1>Hello world: apache/php</h1>
```

```
<?php
  $load = sys_getloadavg();
?>
  <p>Serverzeit: <?php echo date("c"); ?><br />
  Serverauslastung (load): <?php echo $load[0]; ?>
</body>
</html>
```

Der PHP-Aufruf `sys_getloadavg` liefert ein Maß für die aktuelle Auslastung des Systems. Unter Unix-verwandten Betriebssystemen ist dies eine gängige Größe, die meist durch drei Durchschnittswerte dargestellt wird. Sie beschreiben die CPU-Auslastung als jeweils ein Mittel der letzten Minute, der letzten fünf Minuten beziehungsweise der letzten 15 Minuten. In dem Hello-World-Beispiel verwenden wir nur den ersten dieser drei Werte: die durchschnittliche Auslastung der letzten Minute (der Array-Index ist 0, daher `$load[0]`).

Damit diese Datei von einem Docker-Container mit Apache und PHP 8 ausgeliefert werden kann, müssen Sie zuerst ein Docker-Image mit der genannten Software erstellen. Von diesem Image wird dann ein Docker-Container abgeleitet, der die eigentliche Arbeit übernimmt.

**Nomenklatur**

Lassen Sie sich jetzt nicht durch vielleicht ungewohnte Begriffe wie *Docker-Image* und *Docker-Container* abschrecken. In Kapitel 3, »Grundlagen«, werden diese Begriffe ausführlich erklärt.

Um ein Docker-Image zu erstellen, legen Sie die folgende Datei `Dockerfile` an, die Sie ebenfalls im Projektverzeichnis speichern. Diese Datei enthält quasi die Anleitung zum Erstellen des Images.

```
# Datei: hello-world-php/Dockerfile (hello-world-php)
FROM php:8-apache
ENV TZ="Europe/Amsterdam"
COPY index.php /var/www/html
```

Drei Zeilen, die nahezu selbsterklärend sind, sollen also genügen, um einen Apache Webserver und PHP in der aktuellen Version zu installieren und die `index.php`-Datei der Welt zur Verfügung zu stellen?

Drei Zeilen und zwei Befehle, um genau zu sein. Diese zwei Befehle müssen Sie jetzt noch auf der Kommandozeile eingeben, um den Zauber zu starten:

```
docker build -t hello-world-php .
```

Dadurch wird aus dem `Dockerfile` das gewünschte Docker-Image erzeugt und mit dem Tag `hello-world-php` versehen. Beim ersten Aufruf dieses Kommandos wird Docker versuchen, das Basis-Image `php:8-apache`, das Sie in der ersten Zeile des Dockerfiles referenziert haben, aus dem Internet zu laden. Genauer gesagt wird es vom *Docker Hub* heruntergeladen, einer Plattform, die von der Firma hinter Docker zur Verfügung gestellt wird und die eine Vielzahl vorbereiteter Images vorhält (siehe Abschnitt 3.1, »Grundlagen und Nomenklatur«). Alle zukünftigen `docker build`-Kommandos, die auf das `php:8-apache`-Image aufbauen, werden Ihre lokale Kopie verwenden.

Abschließend starten Sie von dem Docker-Image einen Container, in dem die Applikation läuft:

```
docker run -d --name hello-world-php -p 8080:80 hello-world-php
```

Der Parameter `-d` veranlasst Docker zur Ausführung des Programms im Hintergrund, `--name` versieht den laufenden Container mit dem Namen `hello-world-php`, wodurch Sie ihn später einfach ansprechen können. Mit `-p` wird der Port 80 des Containers (das ist die 80 hinter dem Doppelpunkt) mit dem Port 8080 des ausführenden Systems (das ist die 8080 vor dem Doppelpunkt) verbunden. Sie können jetzt über *http://localhost:8080* auf die Applikation zugreifen (siehe Abbildung 1.1).

**Abbildung 1.1** Der Hello-World-Webserver mit dem PHP-Container im Browser

### Dockerfile

Zuletzt noch eine kurze Erklärung zu den drei Zeilen des auf der Vorseite abgedruckten `Dockerfiles` (siehe auch Kapitel 4, »Eigene Images«):

- `FROM php:8-apache` – Sie verwenden das vom PHP-Team vorgelegte Docker-Image für PHP 8 als Basis.
- `ENV TZ="Europe/Amsterdam"` – Damit die Uhrzeit in der korrekten Zeitzone ausgegeben wird, setzen Sie die Umgebungsvariable (*ENVironment*) `TZ` (für *TimeZone*) auf den entsprechenden Wert.

- COPY index.php /var/www/html – Der Apache Webserver in Ihrem Image hat das Standardverzeichnis für Dokumente auf den Pfad /var/www/html gesetzt. Genau an diese Position im Image kopieren Sie die Datei index.php.

Damit ist Ihr erstes Docker-Image fertig. Sie können es auf jedem Computer verwenden, auf dem eine aktuelle Docker-Version läuft.

Das war verblüffend einfach, oder? Sie mussten nicht die gerade aktuelle Apache-Version im Internet suchen und herunterladen, das dazu passende PHP-8-Modul suchen und installieren und dann die index.php an die richtige Stelle auf Ihrem Computer kopieren. Außerdem haben Sie auch nicht gerade unzählige Dateien an unterschiedlichen Orten im Dateisystem Ihres Computers verteilt, die bei einer Deinstallation einer der Komponenten schwer zu finden sind. Docker hilft Ihnen also unter anderem bei einem schnellen Start und dabei, einen *sauberen* Computer zu behalten.

Apropos sauber, der Webserver läuft jetzt vermutlich noch im Hintergrund auf Ihrem Computer. Beenden Sie den Container mit dem Aufruf docker stop hello-world-php, und löschen Sie ihn anschließend mit docker rm hello-world-php.

## 1.3 Node.js

Die zweite Hello-World-Variante wird mit der populären JavaScript-Runtime *Node.js* umgesetzt. Erstellen Sie ein neues Verzeichnis mit dem Namen hello-world-node. Das Dockerfile ist wiederum sehr kurz gehalten:

```
# Datei: hello-world-node/Dockerfile (hello-world-node)
FROM node:24
ENV TZ="Europe/Amsterdam"
COPY server.js /src/
EXPOSE 8080
USER node
CMD ["node", "/src/server.js"]
```

Bei diesem Beispiel baut Ihr Docker-Image auf node:24 auf. Das ist wiederum ein offizielles Image, das von den Node.js-Entwicklern gewartet wird. Gleich wie im ersten Beispiel wird die Standardzeitzone gesetzt, um für eine korrekte Uhrzeit zu sorgen. Anschließend wird die server.js-Datei vom lokalen Dateisystem in Ihr Image kopiert.

Da Sie den Server nicht als root-Benutzer ausführen wollen, wechseln Sie im nächsten Schritt zum unprivilegierten Benutzer node. Neu ist hier auch die letzte Zeile mit der CMD-Instruktion. Diese startet den Node.js-Interpreter mit dem Parameter server.js. Warum der Aufruf als Array-Konstrukt geschrieben wird, erfahren Sie in Abschnitt 4.2, »Dockerfile-Syntax«.

Die `server.js`-Datei enthält den Code zum Start eines Webservers, der auf eingehende Anfragen antwortet. Für produktive Arbeiten würde man allerdings keinen Webserver auf diese Art und Weise programmieren. Alle Anfragen, egal, an welche URL auf diesem Server, werden mit der gleichen Antwort quittiert. Im Node.js-Umfeld werden Webserver in der Regel mit der gut entwickelten `express`-Bibliothek erstellt. (Details dazu folgen in Kapitel 9, »Webserver und Co.«.)

```
// Datei hello-world-node/server.js
const http = require("http"),
  os = require("os");

http.createServer((req, res) => {
  const dateTime = new Date(),
    load = os.loadavg(),
    doc = `<!DOCTYPE html>
<html>
  <head>
    <title>Hello world</title>
    <meta charset="utf-8" />
  </head>
  <body>
    <h1>Hello world: node</h1>
    <p>Serverzeit: ${dateTime}<br />
    Serverauslastung (load): ${load[0]}
  </body>
</html>`
  res.setHeader('Content-Type', 'text/html');
  res.end(doc);
}).listen(8080);
```

**Abbildung 1.2** Der Hello-World-Webserver mit dem Node.js-Container im Browser

Auch die Node.js-Runtime hat einen Aufruf für die Unix-Load, `os.loadavg()`. Dieser Aufruf funktioniert analog zu der im vorigen Abschnitt beschriebenen PHP-Funktion (siehe Abbildung 1.2).

Um diese Variante zu starten, müssen Sie zuerst ein neues Docker-Image erzeugen:

```
docker build -t hello-world-node .
```

Wenn bei dem Vorgang keine Fehler auftreten, können Sie einen Container auf Basis Ihres neuen `hello-world-node`-Images starten:

```
docker run --name hello-world-node -d -p 8080:8080 hello-world-
    node
```

Sollte das `docker`-Kommando mit einer etwas kryptischen Fehlermeldung quittiert werden, die beispielsweise mit

```
Bind for 0.0.0.0:8080 failed: port is already allocated.
```

endet, so läuft höchstwahrscheinlich noch der Container aus dem ersten Beispiel und belegt den Port. Linux-Systeme erlauben nur einen Dienst pro Port. Wer sollte sonst auch die Anfrage beantworten: der PHP-Container oder der Node.js-Container? Um den Node.js-Container erfolgreich zu starten, beenden Sie den PHP-Container wie oben beschrieben (`docker stop hello-world-php`).

Dieses Mal haben Sie dem Container beim Start keinen Namen gegeben. Wie bekommen Sie dennoch Zugriff auf diesen Container? Die Docker-Kommandozeile kann auch hier helfen:

```
docker ps
```

listet alle laufenden Container auf. Die Ausgabe könnte so ähnlich aussehen:

```
CONTAINER ID   IMAGE              COMMAND
3fdb675f68f7   hello-world-node   "docker-entrypoint.s..."

  CREATED          STATUS
  12 seconds ago   Up 11 seconds

  PORTS                                       NAMES
  0.0.0.0:8080->8080/tcp, :::8080->8080/tcp   hello-world-node
```

Die Ausgaben wurden im obigen Listing aus Platzgründen über mehrere Zeilen verteilt. Zum aktuellen Zeitpunkt ist nur die erste Spalte, `CONTAINER ID`, interessant. Mit dieser hexadezimalen Zeichenkette können Sie den Container stoppen und danach löschen:

```
docker stop 3fdb675f68f7
docker rm 3fdb675f68f7
```

## 1.4 Python

Damit auch die Python-Community nicht zu kurz kommt, zeigen wir hier eine dritte Variante des Hello-World-Beispiels in Python. Egal welche Python-Version Sie auf Ihrem Computer installiert haben (oder ob Sie überhaupt Python installiert haben), mit diesem `Dockerfile` starten Sie `python` in der aktuellen Version 3:

```
# Datei hello-world-python/Dockerfile (hello-world-python)
FROM python:3
ENV TZ="Europe/Amsterdam"
COPY server.py /src/
USER www-data
CMD ["python", "/src/server.py"]
```

Der Python-Code für den Webserver ist dem vorangegangenen Node.js-Beispiel sehr ähnlich:

```
#!/usr/bin/env python3
from http.server import BaseHTTPRequestHandler, HTTPServer
import os, datetime

class myServer(BaseHTTPRequestHandler):
  def do_GET(self):
    load = os.getloadavg()
    html = """<!DOCTYPE html>
<html>
  <head>
    <title>Hello world</title>
    <meta charset="utf-8" />
  </head>
  <body>
    <h1>Hello world: python</h1>
    <p>Serverzeit: {now}<br />
    Serverauslastung (load): {load}
  </body>
</html>""".format(now=datetime.datetime.now().astimezone(),
                  load=load[0])

    self.send_response(200)
    self.send_header('Content-type','text/html')
    self.end_headers()
    self.wfile.write(bytes(html, "utf8"))
    return
```

```
def run():
  addr = ('', 8080)
  httpd = HTTPServer(addr, myServer)
  httpd.serve_forever()

run()
```

Python-Freunde werden sich gleich auskennen: In der `run`-Funktion wird der Webserver auf Port 8080 gestartet; die `do_GET`-Funktion in der `myServer`-Klasse behandelt den `HTTP GET`-Aufruf, den der Browser beim Aufruf der Adresse *http://localhost* auslöst. Das HTML-Gerüst in der `html`-Variablen wird mit dem aktuellen Datum und der *load* gefüllt, die Ihnen aus den vorigen Abschnitten schon bekannt ist. Nach dem Setzen der Kopfzeilen wird die `html`-Variable in `utf8` konvertiert und an den Browser gesendet (`self.wfile.write`).

Um diesen Service als Docker-Container zu starten, müssen Sie wie bei den vorangegangenen Beispielen zuerst das Image erzeugen:

```
docker build -t hello-world-python .
```

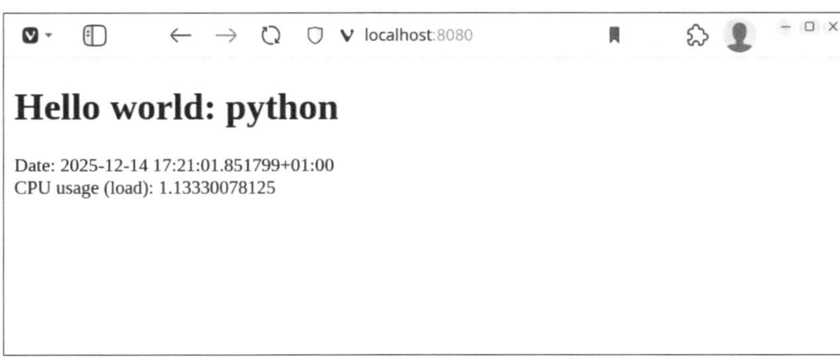


**Abbildung 1.3** Der Hello-World-Webserver mit dem Python-3-Container im Browser

Anschließend erzeugen und starten Sie den Container mit dem Port-Mapping auf 8080 auf dem lokalen Port (siehe Abbildung 1.3):

```
docker run -d --name hello-world-python \
  -p 8080:8080 hello-world-python
```

Vergessen Sie nicht, nach den Versuchen aufzuräumen. Das bereits erwähnte `docker stop hello-world-python` gefolgt von `docker rm hello-world-python` beendet die Ausführung und löscht den Container. Wenn Docker für Sie aufräumen soll, können Sie das Kommando `docker system prune` verwenden. Es löscht alle gestoppten Container (und andere Ressourcen, die wir aber noch nicht verwendet haben).

## 1.5 Fazit

In diesem Kapitel haben Sie erlebt, wie einfach es ist, unterschiedliche Programmierumgebungen in Docker zu starten. Viele renommierte Softwareprojekte betreuen ihre Docker-Images auf Docker Hub, von wo wir auch die Images in diesem Kapitel geladen haben (siehe auch Kapitel 3, »Grundlagen«).

Außerdem haben Sie eines der stärksten Features von Docker gesehen: Egal auf welchem System Sie arbeiten und welche Version Ihre lokal installierten Bibliotheken oder Programmiersprachen haben, mit Docker können Sie genau die gewünschte Version einer Software starten, ohne sich mit der Installationsprozedur zu quälen und ohne Ihren Computer mit möglicherweise inkompatiblen Bibliotheken zu belasten.

# Kapitel 2
# Installation

Dieses Kapitel beschreibt die Installation von Docker und Podman unter Windows, macOS und Linux. Obwohl Docker eigentlich aus der Linux-Ecke kommt, gelingt die Docker-Installation unter Windows und macOS wesentlich einfacher. Unter Linux gibt es dagegen unzählige Varianten und Sonderfälle, die eine kompakte Darstellung unmöglich machen. In diesem Buch gehen wir auf die Distributionen Debian/ Ubuntu, Fedora, AlmaLinux (stellvertretend für die ganze RHEL-Familie) sowie Raspberry Pi OS ein.

Unter Linux bietet sich als weitgehend kompatible Alternative zu Docker das Programm Podman an. Die Installation ist einfacher als bei Docker.

Damit Sie den Überblick über die diversen Installationsvarianten nicht verlieren, beginnt dieses Kapitel mit einer Zusammenstellung der wichtigsten Varianten samt einer kurzen Diskussion ihrer Vor- und Nachteile.

Lassen Sie sich vom Umfang dieses Kapitels nicht irritieren. Für den Start müssen Sie sich für *eine* Installationsvariante entscheiden. Die eigentliche Installation sollte nicht länger als zwei oder drei Minuten dauern.

## 2.1 Viele Wege führen zum Ziel

Wenn Sie dieses Buch lesen, wollen Sie auf Ihrem Rechner Software-Container ausführen. Um Ihnen überflüssige Umwege zu ersparen, möchten wir Ihnen hier vorweg einen Überblick geben, welche Varianten für die Installation eines Docker-kompatiblen Container-Systems zur Auswahl stehen und mit welchen Vor- und Nachteilen diese verbunden sind.

### Docker Desktop unter Windows und macOS, Podman unter Linux

Beginnen wir mit dem schnellsten Weg zu einer funktionierenden Container-Umgebung: Unter Windows und macOS bietet sich das Programm Docker Desktop an. Bei aktuellen Linux-Distributionen ist es dagegen einfacher, das Paket `podman` zu installieren – und fertig.

Bei Docker Desktop handelt es sich um ein Komplettpaket, das neben der Container-Infrastruktur, also der *Docker Engine*, auch eine grafische Benutzeroberfläche enthält, *Docker Desktop*. Dieses Programm erleichtert es, die Kontrolle über Container, Images usw. zu bewahren. Zugleich ist Docker Desktop durch *Extensions* um Zusatzfunktionen erweiterbar.

Drei Argumente sprechen allerdings *gegen* den Docker Desktop:

- Das Programm untersteht – im Gegensatz zur restlichen Docker-Infrastruktur – keiner Open-Source-Lizenz. Die kostenlose Nutzung ist nur für Privatanwender sowie für Firmen erlaubt, die weniger als 250 Mitarbeitende haben und weniger als 10 Millionen Dollar Umsatz pro Jahr machen.
- Die Installation unter Linux ist bei Weitem nicht so einfach wie unter macOS oder Windows.
- Unter Linux ist Docker Desktop zudem mit dem Nachteil verbunden, dass die Container in einer virtuellen Maschine laufen. Zwar ist das unter macOS und Windows sowieso nicht anders möglich, aber unter Linux ist dies nur der zweitbeste Ansatz. Sinnvoller ist es, Docker-Container wie Prozesse direkt von Linux auszuführen. Bei einer »gewöhnlichen« Installation der Docker Engine ohne Docker Desktop ist das der Fall. Dann kann Docker Speicherplatz und CPU-Kapazitäten dynamisch mit dem Host teilen, was gerade bei der Ausführung großer/vieler Container vorteilhaft ist.

So viel gleich vorweg: In diesem Buch spielt Docker Desktop nur eine untergeordnete Rolle. Wir gehen auf seine Bedienung in Abschnitt 6.1, »Docker Desktop und Podman Desktop«, kurz ein – und lassen es dabei bewenden.

Docker Desktop ist *nice to have*, aber alle wesentlichen Grundfunktionen zur Verwaltung von Containern funktionieren auch ohne dieses Zusatzprogramm. Unser Fokus liegt darauf, Ihnen den Umgang mit der Docker-Infrastruktur, also insbesondere mit den Kommandos `docker` bzw. `podman`, zu erläutern. Einerseits bleiben Sie damit flexibel, was einen späteren Wechsel von Docker zu Podman betrifft. Andererseits ist das Arbeiten mit diesen Kommandos effizienter und besser automatisierbar als die Bedienung einer grafischen Benutzeroberfläche.

### Docker oder Podman?

Es gab schon vor Docker Container-Systeme, aber erst der Firma Docker gelang es, eine richtig einfach zu nutzende Infrastruktur für Container und die zugrunde liegenden Images anzubieten. Für Softwareentwickler, die auf ihrem Rechner rasch einen Webserver, eine JavaScript-Umgebung oder eine spezielle Version einer Programmiersprache brauchen, ist Docker quasi zum De-facto-Standard geworden. Egal, ob für Linux, Windows oder macOS – Docker ist für diesen Zweck bis heute die erste Wahl.

Die Grundkomponenten von Docker sind Open-Source-Software. Die Firma Docker hat nun versucht, für zahlende Kunden Zusatzprodukte und -leistungen anzubieten. Das hat – wie schon so oft in der Geschichte der Open-Source-Software – zu Konflikten geführt.

Aus diesem Grund, aber auch aufgrund unterschiedlicher technischer Auffassungen, hat Red Hat vor einigen Jahren das Konkurrenzprodukt Podman aus der Taufe gehoben. Trotz einer intern ganz anderen technischen Implementierung erfüllt Podman im Prinzip die gleichen Aufgaben wie Docker. Die Kommandos `docker` und `podman` sind weitestgehend kompatibel miteinander. Auch für wichtige Konfigurationsdateien wie `Dockerfile` und `compose.yaml` verwenden beide Tools dieselbe Syntax. (Diese ist in einem öffentlichen Standard festgeschrieben.) Auf diverse technische Unterschiede zwischen den beiden Programmen gehen wir in Abschnitt 6.9, »Podman-Interna«, näher ein.

**Die Firewall-Frage**

Das aus unserer Sicht gewichtigste Argument für Podman hat mit einem technischen Detail im Randbereich der Implementierung zu tun: Zur Einbindung von Docker- bzw. Podman-Containern in das lokale Netzwerk sind je nach Setup Firewall-Regeln erforderlich. Aktuelle Docker-Versionen erstellen diese Regeln mit dem veralteten iptables-System, Podman verwendet dagegen schon seit 2024 nftables.

Grundsätzlich funktionieren beide Wege, aber Dockers rückständige Firewall-Integration verursacht von Jahr zu Jahr mehr Sicherheits- und Kompatibilitätsprobleme. Das gilt insbesondere dann, wenn Sie Docker auf produktiven Servern einsetzen. Wir gehen in Abschnitt 6.8, »Docker-Interna«, näher auf diese Thematik ein.

Natürlich sind die Probleme auch der Firma Docker bewusst. Die längst überfällige Umstellung auf nftables ist in Arbeit. Ab der Engine-Version 29 wird nftables als experimentelles Firewall-Backend unterstützt:

*https://github.com/moby/moby/issues/49634*
*https://docs.docker.com/engine/network/firewall-nftables*

Was sollen Sie nun also verwenden, Docker oder Podman? Für den Einstieg spielt die Wahl nur eine untergeordnete Rolle. Wir haben schon erwähnt: Unter macOS und Windows lässt sich Docker Desktop unkomplizierter installieren, unter Linux Podman. Einmal erlerntes Docker- oder Podman-Wissen lässt sich später fast unverändert auf die jeweils andere Plattform anwenden. Die Vorteile von Podman kommen eher unter Linux als unter Windows oder macOS zum Tragen und betreffen eher technisch versierte Anwenderinnen als Einsteiger.

Gegen Podman spricht, dass das Programm zwar weitgehend, aber eben doch nicht hundertprozentig kompatibel zu Docker ist. Vor allem bei der Verarbeitung der in der Praxis so wichtigen `compose.yaml`-Dateien (siehe Kapitel 5, »Container-Setups mit compose«) gibt es viele Einschränkungen. Bei jedem Problem müssen Sie sich nun fragen, ob es durch Ihre fehlerhaften Konfigurationsdateien oder durch die unzureichende Kompatibilität verursacht wurde. Viele Anleitungen im Internet beziehen sich explizit auf Docker und wurden nie mit Podman getestet. Insofern gilt Docker für uns als der »Goldstandard« und Podman nur als zweite Wahl.

Podman ist primär für Linux-Anwenderinnen und -Anwender attraktiv. Auch in diesem Buch behandeln wir Podman ausschließlich aus der Linux-Perspektive. Zwar gibt es auch Podman-Versionen für macOS und Windows, diese haben bisher aber keine große Verbreitung gefunden. Der Einsatz von Podman unter Windows oder macOS ist primär dann interessant, wenn Docker Desktop aufgrund seiner Lizenzbedingungen nicht infrage kommt.

### Docker für kommerzielle Kunden

Die Website *https://www.docker.com/pricing* stellt Ihnen verschiedene Docker-Abos zur Auswahl, von *Personal* (kostenlos) über *Pro*, *Team* bis zu *Business*. Für viele Entwicklerinnen und Entwickler reicht die kostenlose Variante aus. Sämtliche Beispiele in diesem Buch funktionieren mit der kostenlosen Docker-Version.

Das bedeutet nicht, dass die kommerziellen Docker-Angebote für professionelle Entwicklerteams uninteressant wären: Zahlende Kunden erhalten besseren Support, unlimitierten Zugriff auf Container-Images, die Möglichkeit, selbst beliebig viele private Image-Repositorys auf dem Docker Hub einzurichten usw.

Weder zur Installation noch zur Nutzung von Docker ist eine Registrierung erforderlich. Sie benötigen erst dann einen Docker-Account bzw. eine sogenannte Docker ID, wenn Sie selbst Images im Docker Hub anbieten möchten. Ein Docker-Account vergrößert zudem die Anzahl der zulässigen Zugriffe pro Stunde auf Images im Hub.

### Rootless Docker

Die größte technische Errungenschaft von Podman gegenüber Docker bestand anfangs darin, dass die Docker Engine (ein Hintergrunddienst) standardmäßig mit `root`-Rechten arbeitet, Podman dagegen nicht. Das ist ein Sicherheitsvorteil für Podman, aber auch ein funktioneller Nachteil, z. B. wenn es um die Nutzung von Netzwerkfunktionen geht.

Docker wollte natürlich nicht hinter Podman zurückstehen und unterstützt deswegen seit mehreren Jahren eine eigene Installationsvariante, bei der die Docker Engine ohne `root`-Rechte läuft (siehe Abschnitt 2.5).

Umgekehrt ist es übrigens möglich, Podman doch mit `root`-Rechten auszuführen, um bei Bedarf funktionelle Einschränkungen zu überwinden (siehe Abschnitt 6.9, »Podman-Interna«).

**Nur relevant unter Linux**

Beachten Sie, dass die ganze Diskussion über den Docker-Betrieb mit oder ohne `root`-Rechte nur relevant ist, wenn Sie unter Linux arbeiten. Wenn Sie dagegen Windows oder macOS verwenden, werden Docker-Container sowieso in der virtuellen Maschine von Docker Desktop ausgeführt, sind also sicherheitstechnisch viel besser vom Host-Betriebssystem getrennt. Analog gilt dies auch, wenn Sie den Docker Desktop unter Linux nutzen.

### Versionsnummern

Docker setzt sich aus mehreren Komponenten zusammen, die unterschiedliche Versionsnummern tragen. Entscheidend dafür, welche Funktionen zur Verfügung stehen, ist die Docker Engine. Als wir dieses Buch überarbeitet haben, war Version 29 aktuell. Wenn wir uns in einzelnen Abschnitten ohne weitere Informationen auf eine Versionsnummer beziehen, dann ist immer die der Docker Engine gemeint. Eine ganz andere Nummerierung gilt für Docker Desktop, den wir in Version 4.52 getestet haben.

Wieder andere Versionsnummern gelten bei Podman. Für dieses Buch haben wir im Herbst 2025 mit Version 5.6 gearbeitet.

### Windows, Linux, macOS oder NAS?

Grundsätzlich läuft Docker auf allen Plattformen großartig. Wenn es Ihnen aber darum geht, viele rechen- oder speicherintensive Container auszuführen, empfehlen wir Ihnen die Kombination aus Docker (ohne Desktop!) und Linux. Die Container werden in diesem Fall wie gewöhnliche Linux-Prozesse ausgeführt, teilen also den Prozess- und Speicherraum sowie das Dateisystem. Das ist am effizientesten. Insofern betrachten wir Linux als die beste Plattform für Docker, vor allem für die intensive Nutzung. (Das Gegenargument: Die Verwendung einer virtuellen Maschine, wie dies Docker Desktop auf allen Plattformen vorsieht, hat sicherheitstechnische Vorteile.)

Eine letzte Option ist der Betrieb von Docker auf einem NAS-Gerät. Viele NAS-Systeme bieten diese Option. Sie ist oft dazu gedacht, Programme auszuführen, die auf anderem Weg nicht direkt auf dem NAS-Gerät laufen würden. Für die in diesem Buch beschriebenen Anwendungen und Aufgaben ist ein NAS-Gerät aber nur eingeschränkt geeignet:

- Wenn Sie Docker zur Software-Entwicklung verwenden, wollen Sie die Container fast immer *direkt* auf Ihrem Notebook ausführen, nicht auf einem externen Gerät.
- Wenn es Ihnen dagegen um den Betrieb von Server-Diensten geht, braucht das Gerät einen vollwertigen Internetzugang samt dezidierter IP-Adresse und DNS-Eintrag (z. B. für HTTPS-Zertifikate). Für diese Aufgabenstellung verwenden Sie besser eine Cloud-Instanz oder einen Root-Server, der in einem Rechenzentrum steht. NAS-Geräte sind für derartige Anwendungen mit vielen Einschränkungen verbunden und nicht ideal geeignet.

Es kommt hinzu, dass die Details der Docker-Konfiguration je nach NAS-Gerät variieren. Aufgrund dieser Einschränkungen gehen wir in diesem Buch nicht auf den NAS-Betrieb von Docker ein.

## 2.2 Docker-Installation unter Windows

Zur Installation von Docker unter Windows verwenden Sie das Docker-Desktop-Komplettpaket, das Sie hier zum Download finden:

*https://docs.docker.com/desktop/setup/install/windows-install*

Ihr Rechner muss mit mindestens 4 GB RAM ausgestattet sein. Für den Entwickleralltag empfehlen wir Ihnen aber 16 GB oder mehr. Außerdem müssen die Virtualisierungsfunktionen der CPU aktiviert sein. Während der Installation wird automatisch WSL2 aktiviert, falls dies auf Ihrem Rechner noch nicht der Fall sein sollte.

Die Option ALLOW WINDOW CONTAINERS TO BE USED WITH THIS INSTALLATION ist standardmäßig nicht aktiv. Belassen Sie sie so! Bei dieser Frage geht es nur darum, ob Sie auf Microsoft Windows basierende Container ausführen. Solche Container sind unüblich; auch wenn Sie unter Windows arbeiten, wollen Sie in der Regel Linux-basierte Container (z. B. einen Webserver) ausführen.

Nach der Installation finden Sie auf dem Desktop bzw. im Startmenü einen Eintrag zum Start von Docker Desktop (siehe Abbildung 2.1). Außerdem können Sie sich im Windows Terminal davon überzeugen, dass die Installation geklappt hat. Dazu führen Sie das Kommando `docker version` aus. Es zeigt einen Überblick über die installierten Docker-Komponenten und ihre Versionsnummern. Das Ergebnis sollte so ähnlich wie im folgenden (gekürzten) Listing aussehen.

```
docker version

  Client:
    Version:          29.0.1
    API version:      1.52
    ...
```

```
Server: Docker Desktop 4.52.0
  Engine:
    Version:          29.0.1
    API version:      1.52 (minimum version 1.44)
    ...
containerd:
  Version:            v2.1.5
runc:
  Version:            1.3.3
docker-init:
  Version:            0.19.0
```

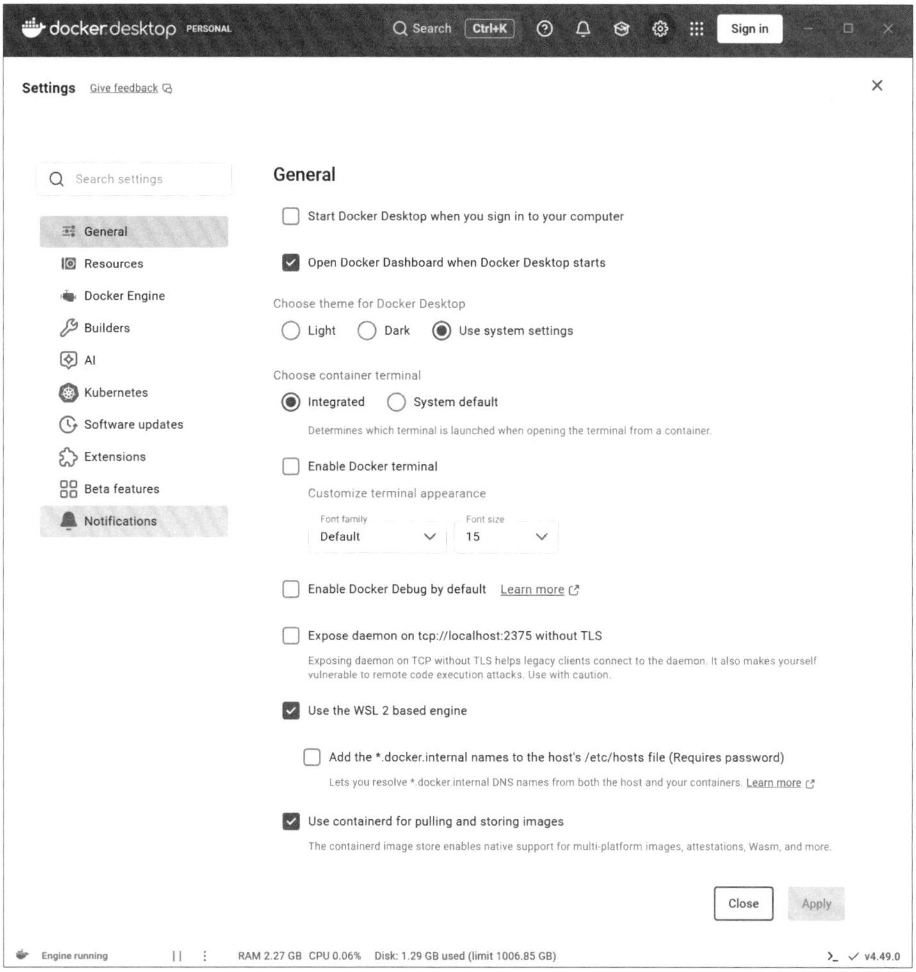


**Abbildung 2.1** Grundeinstellungen in Docker Desktop unter Windows

Um zu testen, ob Docker wirklich funktioniert, können Sie das Mini-Linux-System *Alpine* als Container starten. Mit `ping` prüfen Sie, ob die Netzwerkverbindung nach außen funktioniert. `exit` beendet den Container, der aufgrund der Option `--rm` auch sofort wieder gelöscht wird:

```
docker run -it --rm alpine

  Unable to find image 'alpine:latest' locally
  latest: Pulling from library/alpine
  540db60ca938: Pull complete
  Digest: sha256:69e..cf8f
  Status: Downloaded newer image for alpine:latest

ping -c 1 -q google.com

  PING google.com (142.250.186.142): 56 data bytes
  1 packets transmitted, 1 packets received, 0% packet loss
  round-trip min/avg/max = 20.318/20.318/20.318 ms

exit
```

## 2.3 Docker-Installation unter macOS

Zur Installation von Docker Desktop inklusive aller Begleitwerkzeuge laden Sie von der folgenden Webseite die zu Ihrer CPU-Architektur passende DMG-Datei herunter. Es gibt zwei Versionen, eine für Intel-CPUs und eine für ARM (»Apple Silicon«):

*https://docs.docker.com/desktop/setup/install/mac-install*

Zur Installation verschieben Sie einfach die Image-Datei in das Verzeichnis `Applications`. Nach dem ersten Start von Docker müssen Sie nochmals Ihr Passwort angeben, damit Docker diverse Treiber einrichten kann. Docker Desktop läuft nun als Hintergrundprozess und macht sich im Panel durch ein kleines Icon bemerkbar. Über dieses Icon gelangen Sie in Docker Desktop (siehe Abbildung 2.2).

Docker wird beim Hochfahren des Rechners automatisch gestartet. Docker Desktop testet regelmäßig, ob Updates zur Verfügung stehen, und fragt gegebenenfalls, ob es sie installieren soll. Im Einstellungsdialog können Sie festlegen, wie viel Speicher (sowohl RAM als auch auf der SSD) und wie viele CPU-Cores Docker verwenden darf. Nach jeder Änderung an diesen Einstellungen muss Docker neu gestartet werden. Eventuell laufende Container werden dabei beendet.

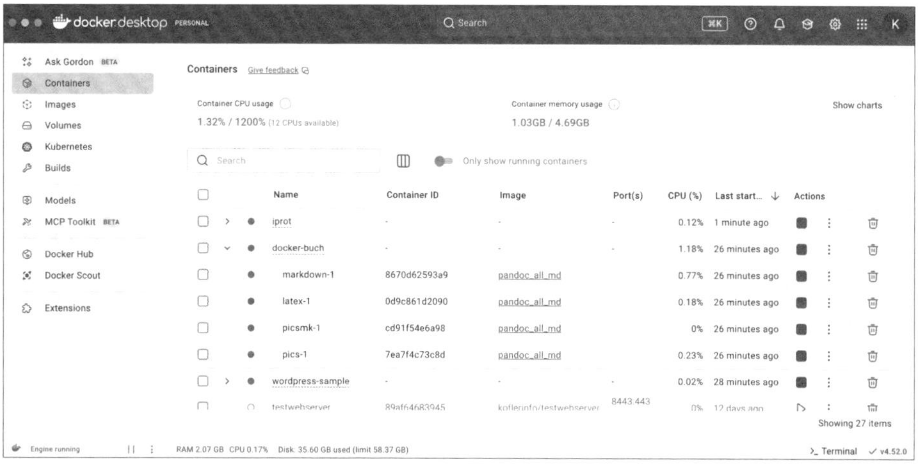


**Abbildung 2.2** Docker Desktop unter macOS

## 2.4 Docker-Installation unter Linux

Docker wurde ja ursprünglich für den Einsatz unter Linux entwickelt. Insofern verwundert es ein wenig, dass eine Docker-Installation unter Windows oder macOS einfacher vonstattengeht als unter Linux. Für die diversen Varianten bzw. zusätzlich erforderlichen Konfigurationsarbeiten gibt es mehrere Gründe:

- **Distributionen:** Es gibt *ein* Windows, *ein* macOS, aber viele Linux-Distributionen. Die Verzahnung von Docker mit den Besonderheiten der jeweiligen Distributionen ist nicht immer trivial.
- **Sicherheit:** Unter Linux kann Docker auf drei (!) Arten ausgeführt werden, mit oder ohne `root`-Rechte sowie über den Umweg einer virtuellen Maschine (Docker Desktop). Je nachdem, für welche Variante Sie sich entscheiden, gelten unterschiedliche Installationsanleitungen: Dieser Abschnitt behandelt die systemweite Installation der Docker Engine. Wenn Sie Docker-Container stärker vom Host isolieren möchten, können Sie den Docker-Hintergrundprozess im lokalen Benutzeraccount ausführen (siehe Abschnitt 2.5, »Rootless Docker«) oder müssen sich für Docker Desktop entscheiden (siehe Abschnitt 2.6).
- **Firmenpolitik:** Red Hat setzt auf die Eigenentwicklung Podman und hat deswegen wenig Interesse, die Installation von Docker auf den eigenen Distributionen einfacher zu machen als notwendig. Die restlichen Linux-Distributionen sind mit der Wartung der Docker-Pakete, die sich häufig ändern, überfordert. Deswegen sollten Sie eine zusätzliche Paketquelle einrichten (siehe den folgenden Infokasten). Der Firma Docker wiederum wäre es am liebsten, dass Sie Docker Desktop einsetzen – eine Installationsvariante, die unter Linux aus unserer Sicht nicht optimal ist.

Dessen ungeachtet bedarf es auf den meisten Linux-Distributionen nur weniger Kommandos, bis Docker läuft. An dieser Stelle behandeln wir nur die Installation der Docker Engine, also die unter Linux gebräuchlichste Installationsvariante. Auf Rootless Docker und auf die Installation von Docker Desktop unter Linux gehen wir in getrennten Abschnitten ein (siehe Abschnitt 2.5 und Abschnitt 2.6).

**Verwenden Sie nach Möglichkeit die Docker-Paketquellen!**

Manche Linux-Distributionen bieten Docker-Pakete im Rahmen der distributionseigenen Paketquellen an. Diese Docker-Pakete sind allerdings oft veraltet, werden schlecht gewartet bzw. selten aktualisiert.

Unabhängig davon, unter welcher Linux-Distribution Sie arbeiten, sollten Sie stets die offiziellen Pakete vorziehen. Wenn Sie den folgenden Anleitungen folgen, wird eine Docker-eigene Paketquelle eingerichtet, aus der Sie in der Folge automatisch alle Docker-Updates beziehen.

### Installation unter Ubuntu

Gegebenenfalls sollten Sie bereits installierte Pakete aus den Ubuntu-Paketquellen entfernen:

```
sudo apt remove docker.io docker-doc docker-compose  \
           podman-docker docker-compose-v2 containerd runc
```

Anschließend installieren Sie zuerst ein paar Basispakete, laden mit `curl` den Schlüssel für die neue Docker-Paketquelle herunter und richten diese mit dem `echo`-Kommando ein. Nach der Installation von Docker durch `apt install` wird der Docker-Dämon (Hintergrunddienst) sofort gestartet.

```
sudo apt update

sudo apt install ca-certificates curl

sudo install -m 0755 -d /etc/apt/keyrings

sudo curl -fsSL \
  https://download.docker.com/linux/ubuntu/gpg \
  -o /etc/apt/keyrings/docker.asc

echo \
  "deb [arch=$(dpkg --print-architecture) " \
  "signed-by=/etc/apt/keyrings/docker.asc] " \
  "https://download.docker.com/linux/ubuntu " \
  "$(. /etc/os-release && echo " \
```

```
  ${UBUNTU_CODENAME:-$VERSION_CODENAME}") " \
  "stable" | \
  sudo tee /etc/apt/sources.list.d/docker.list > /dev/null

sudo apt update

sudo apt install docker-ce docker-ce-cli containerd.io \
  docker-buildx-plugin docker-compose-plugin
```

**Tipp**

Anstatt die Kommandos fehleranfällig abzuschreiben, kopieren Sie sie besser aus der offiziellen Installationsanleitung:

*https://docs.docker.com/engine/install/ubuntu*

Alternativ können Sie das Setup-Script `get-docker.sh` herunterladen und ausführen, wie wir dies im nächsten Abschnitt für den Raspberry Pi empfehlen. Es kümmert sich um alle Installationsarbeiten. Die Docker-Dokumentation rät vom Einsatz dieses Scripts in Produktivumgebungen (also z. B. auf Servern) ab. Auf Test- und Entwicklungssystemen haben wir damit aber gute Erfahrungen gemacht.

Falls Sie anstelle der aktuellen stabilen Version eine Testversion von Docker installieren möchten, ersetzen Sie im obigen `echo`-Kommando `stable` durch `test` oder `edge`. Mitunter ist das erforderlich, wenn Sie eine ganz neue Ubuntu-Version verwenden. Es dauert oft ein paar Wochen, bis es für die jeweils neueste Ubuntu-Version eine stabile Docker-Paketquelle gibt.

Sollten Sie unter Ubuntu die Firewall UFW einsetzen (standardmäßig ist das nicht der Fall), ignorieren diese durch Docker freigegebenen Ports die Firewall-Regeln. Docker funktioniert also, aber die Schutzfunktionen der Firewall bleiben für Docker-Container unwirksam:

*https://docs.docker.com/network/packet-filtering-firewalls/#docker-and-ufw*

### Installation unter Debian und Raspberry Pi OS

Die Installation unter Debian verläuft wie unter Ubuntu, einzig der Name der Paketquelle lautet anders. (Das betrifft das `echo`-Kommando.) Die Details können Sie hier nachlesen:

*https://docs.docker.com/engine/install/debian*

Da Raspberry Pi OS auf Debian basiert, gilt die obige Anleitung auch für diese Distribution. Alternativ können Sie Zeit sparen und das praktische Script `get-docker.sh` verwenden, das wir hier getestet haben:

```
curl -fsSL https://get.docker.com -o get-docker.sh
less get-docker.sh
sudo sh get-docker.sh
```

Docker kann auf dem Raspberry Pi helfen, unkompliziert Programmiersprachen oder andere Tools in Versionen zum Laufen zu bringen, die Raspberry Pi OS noch nicht oder nicht mehr anbietet – und das kann durchaus auch bei Bastelprojekten oder IoT-Anwendungen eine große Hilfe sein.

### Installation unter RHEL und Fedora

Wenn Sie mit Fedora, RHEL oder einer damit kompatiblen Distribution arbeiten, also z. B. mit Oracle Linux, AlmaLinux, Rocky Linux oder CentOS Stream, empfehlen wir Ihnen den Einsatz von Podman (siehe Abschnitt 2.7, »Podman installieren«).

Aber natürlich ist auch die Installation von Docker kein Problem. Wir haben unsere Tests mit Fedora 38 und AlmaLinux 9 durchgeführt:

```
sudo dnf -y install dnf-plugins-core

# Fedora (DNF4)
sudo dnf config-manager addrepo --from-repofile \
  https://download.docker.com/linux/fedora/docker-ce.repo

# nur RHEL10 und Klone (DNF3)
sudo dnf config-manager --add-repo \
  https://download.docker.com/linux/centos/docker-ce.repo

# Fedora, RHEL und Klone
sudo dnf install docker-ce docker-ce-cli containerd.io \
  docker-buildx-plugin docker-compose-plugin
```

Anders als unter Debian/Ubuntu wird Docker nicht sofort automatisch gestartet. `systemctl` schafft Abhilfe:

```
sudo systemctl enable --now docker
```

### Fehlersuche und Logging

Um zu testen, ob Docker läuft, führen Sie das Kommando `sudo docker version` aus. Es sollte die Versionsnummern des Docker-Clients und des Docker-Servers anzeigen (siehe auch das Listing in Abschnitt 2.2, »Docker-Installation unter Windows«). Mit `journalctl -u docker` können Sie die Logging-Meldungen des Docker-Dämons lesen.

### Arbeiten ohne sudo

Standardmäßig müssen unter Linux (fast) alle Docker-Kommandos mit `root`-Rechten ausgeführt werden. Statt `docker run ...` müssen Sie also `sudo docker run ...` ausführen. Unkompliziert Abhilfe schafft das folgende Kommando. Es fügt den angegebenen Benutzeraccount zur `docker`-Gruppe hinzu:

```
sudo usermod -aG docker <accountname>
```

Die Gruppenänderung wird erst nach einem neuerlichen Login wirksam. Berücksichtigen Sie aber, dass die scheinbar harmlose Gruppenzuordnung dem betreffenden Benutzer indirekt `root`-Rechte gibt (siehe Abschnitt 6.8, »Docker-Interna«). Das resultierende Sicherheitsrisiko ist überschaubar, weil der Benutzer ja ohnedies `sudo`-Rechte braucht, um Docker auszuführen.

Sicherheitstechnisch besser ist es, Docker-Container ohne `root`-Rechte auszuführen. Dazu gibt es zwei Möglichkeiten, die wir in den beiden folgenden Abschnitten beschreiben – siehe Abschnitt 2.5, »Rootless Docker«, und Abschnitt 2.6, »Docker Desktop unter Linux«.

## 2.5 Rootless Docker

Die Idee von *Rootless Docker* besteht darin, dass sowohl der Docker-Dienst (der *Dämon*, wie es in der Linux-Fachsprache heißt) als auch das Docker-Kommando mit den Rechten eines gewöhnlichen Benutzers ausgeführt werden. Im Vergleich zu einer »gewöhnlichen« Docker-Installation unter Linux (also ohne Docker Desktop) hat dies einen elementaren Vorteil: Sollte es einem manipulierten oder fehlerhaften Docker-Container gelingen, aus seiner Umgebung auszubrechen und auf den Host-Rechner zuzugreifen, dann hat der dabei ausgeführte Code nur Ihre gewöhnlichen Rechte, nicht aber `root`-Rechte.

Zur Anwendung von Rootless Docker gibt es zwei Möglichkeiten:

- Wenn Sie Docker wie im vorigen Abschnitt bereits installiert haben, sind bereits (fast) alle Voraussetzungen erfüllt. Sie sollten lediglich den auf Systemebene laufenden Docker-Dienst stoppen und ihn stattdessen in Ihrem eigenen Account ausführen.
- Wenn Docker noch nicht installiert ist, führen Sie eine Docker-Installation auf Benutzerebene durch. Das ist sogar möglich, wenn Sie (z. B. bei einem Studentenaccount auf einem Universitätsrechner) über gar keine `root`-Rechte verfügen.

Im Folgenden gehen wir auf beide Varianten ein. Rootless Docker betrifft nur Installationen *ohne* Docker Desktop und ist somit nur unter Linux relevant. (Wenn Sie Docker Desktop einsetzen, laufen alle Container in einer virtuellen Maschine, sind also vom Host gut isoliert.)

**Einschränkungen**

Rootless Docker ist mit Einschränkungen verbunden – sonst wäre diese Anwendungsform längst der Defaultmodus. Die meisten Einschränkungen betreffen Netzwerkoptionen: Beispielsweise können Container-Ports keinen lokalen Ports kleiner als 1024 zugeordnet sein – dazu sind `root`-Rechte erforderlich. Ebenso funktioniert in den Containern `ping` nicht.

Zum Teil lassen sich diese Einschränkungen umgehen, indem Sie Kernel-Optionen verändern oder dem `docker`-Kommando zusätzliche Rechte geben. Diese Maßnahmen haben allerdings den Nachteil, dass Docker dann trotz des Rootless-Modus mehr Rechte hat als ein gewöhnliches Kommando – mit allen damit verbundenen Sicherheitsbedenken. Dann ist es einfacher, gleich im Normalmodus, also mit `root`-Rechten, zu arbeiten.

In der Praxis haben sich die durch Rootless Docker verursachten Einschränkungen als erstaunlich gering herausgestellt. Viele Beispiele, die wir in diesem Buch vorstellen, funktionieren auf Anhieb bzw. mit minimalen Anpassungen (z. B. bei den verwendeten Portnummern) auch rootless.

### newuidmap und newgidmap

Unabhängig davon, für welchen der beiden vorgestellten Installationswege Sie sich entscheiden, benötigen Sie auf jeden Fall das Linux-Paket `uidmap` (Debian/Ubuntu) bzw. `shadow-utils` (Fedora/RHEL). Es stellt die beiden Kommandos `newuidmap` und `newgidmap` zur Verfügung, die eine Grundvoraussetzung für Rootless Docker sind.

```
apt install uidmap              # Debian/Ubuntu
dnf install shadow-utils        # Fedora/RHEL
```

Die Kommandos `newuidmap` und `newgidmap` geben einem Benutzer die Möglichkeit, lokale Benutzer- und Gruppen-IDs zu reservieren. Das setzt aber voraus, dass die Dateien `/etc/subuid` und `/etc/subgid` Einträge enthalten, die dem Benutzer einen ID-Bereich zuordnen.

Wenn der Benutzername beispielsweise `maria` lautet, müssen die entsprechenden Zeilen wie die folgenden Muster aussehen:

```
# Datei /etc/subuid
maria:100000:65536

# Datei /etc/subgid
maria:100000:65536
```

Das bedeutet, dass die Benutzerin Maria über UIDs und GIDs zwischen 100.000 und 165.535 verfügen darf. Je nach Setup kann es sein, dass für Ihren persönlichen Account mit der Installation von `uidmap` bzw. `shadow-utils` geeignete Einträge automatisch erzeugt wurden. Ist das nicht der Fall, müssen Sie in beiden Dateien jeweils eine entsprechende Zeile hinzufügen, wobei die erste Zahl den Startpunkt angibt und die zweite Zahl die Anzahl der IDs. Anstelle von `maria` geben Sie Ihren eigenen Accountnamen an.

### Systemweite Docker-Installation rootless verwenden

Wenn Sie Docker bereits systemweit installiert haben (siehe Abschnitt 2.4, »Docker-Installation unter Linux«), dann sind alle Voraussetzungen für den Einsatz von Rootless Docker bereits gegeben. Zuerst sollten Sie den systemweiten Docker-Dienst deaktivieren, um Missverständnisse auszuschließen:

```
sudo systemctl disable --now docker
sudo systemctl disable --now docker.socket
```

Nun führen Sie das Script `dockerd-rootless-setuptool.sh` aus, um Rootless Docker für Ihren Account einzurichten. Dieses Script benötigt keine `root`-Rechte. Sollte Linux das Script nicht finden, installieren Sie zuerst das Paket `docker-ce-rootless-extras`.

```
dockerd-rootless-setuptool.sh install

  Creating /home/kofler/.config/systemd/user/docker.service
  starting systemd service docker.service
  systemctl --user start docker.service
  ...
  Make sure the following environment variables are set (or add
    them to ~/.bashrc):
  export PATH=/usr/bin:$PATH
  export DOCKER_HOST=unix:///run/user/1000/docker.sock
```

Im nächsten Schritt müssen Sie das zuletzt ausgegebene `export`-Kommando in die Datei `.bashrc` einfügen (bzw. in `.zshrc`, falls Sie die `zsh` anstelle der `bash` verwenden). Auf die Anweisung `export PATH=...` können Sie verzichten. `/usr/bin` ist sowieso in der Umgebungsvariablen enthalten.

Damit diese Einstellungen wirksam werden, loggen Sie sich aus und neu ein. Anschließend sollte `docker version` (jetzt ohne `sudo`!) das übliche Ergebnis liefern:

```
docker version

  Client: Docker Engine - Community
    Version:          28.5.2
```

```
  Server: Docker Engine - Community
     Engine:
       Version:          28.5.2
  rootlesskit:
    Version:             2.3.4
    NetworkDriver:       slirp4netns
  ...
```

Mit `systemctl --user status docker` können Sie sich davon überzeugen, dass der Docker-Dienst tatsächlich rootless läuft:

```
systemctl --user status docker

  docker.service - Docker Application Container Engine (Rootless)
  Loaded: loaded (/home/kofler/.config/systemd/user/\
      docker.service; enabled; vendor preset: enabled)
  Active: active (running) since ...
```

Um bei Bedarf von Rootless Docker zum »gewöhnlichen« Docker zurückzukehren, deinstallieren Sie den lokalen Docker-Dienst und aktivieren den systemweiten Service wieder:

```
dockerd-rootless-setuptool.sh uninstall
sudo systemctl enable --now docker
sudo systemctl enable --now docker.socket
```

Beachten Sie aber, dass Sie so zwischen zwei ganz unterschiedlichen Docker-Instanzen mit jeweils eigenen Containern, Images und Volumes wechseln. Sie können also nicht ein zuerst rootless heruntergeladenes Image systemweit nutzen (bzw. umgekehrt). Vielmehr müssen Sie die Image-Installation in der jeweils anderen Docker-Instanz wiederholen.

### Docker rootless installieren

Die folgende Anleitung gilt für den Fall, dass Sie Docker bisher noch *nicht* in Form von Paketen systemweit installiert haben. In diesem Fall können Sie ein Script der Docker-Website verwenden, um Docker ausschließlich lokal innerhalb Ihres Heimatverzeichnisses zu installieren. (Vorausgesetzt wird auch in diesem Fall, dass `newuidmap` und `newgidmap` zur Verfügung stehen. Unter Fedora, RHEL und Klonen müssen Sie außerdem mit `sudo modprobe ip_tables` ein Firewall-Kernelmodul laden.) Alle weiteren Kommandos sind ohne `sudo` auszuführen.

```
curl -fsSL https://get.docker.com/rootless > docker-install.sh
less docker-install.sh          # Setup-Script kurz kontrollieren
sh docker-install.sh
```

```
  Creating /home/kofler/.config/systemd/user/docker.service
  starting systemd service docker.service
  systemctl --user start docker.service
  ...
  Make sure the following environment variables are set
    (or add them to ~/.bashrc):
  export PATH=/home/kofler/bin:$PATH
  export DOCKER_HOST=unix:///run/user/1000/docker.sock
```

Die Docker-Dateien werden in das lokale Verzeichnis `bin` installiert. Sie müssen nun die zwei zuletzt vom Setup-Script ausgegebenen Kommandos in `.bashrc` oder `.zshrc` einbauen, je nachdem, in welcher Shell Sie arbeiten. Nach einem Logout und einem neuerlichen Login können Sie Docker ausprobieren.

Ein Nachteil dieser Installationsvariante besteht darin, dass damit keine `man`-Seiten installiert werden. Sie können also nicht mit `man docker run` rasch die Syntax des Kommandos `docker run` nachschlagen.

Ein weiterer Nachteil besteht darin, dass eine Deinstallation nicht vorgesehen ist. Sie müssen die betroffenen Kommandos sowie das Verzeichnis `.local/share/docker` mit `rm` löschen. Dazu brauchen Sie ironischerweise `root`-Rechte, weil Rootless Docker viele Dateien mit UIDs bzw. GIDs erzeugt, die nicht mit den UIDs/GIDs Ihres eigenen Accounts übereinstimmen:

```
cd ~/bin
rm containerd* ctr docker* rootlesskit* runc vpnkit
cd
sudo rm -rf .local/share/docker
```

### Kein ping

Je nachdem, in welcher Distribution Sie Rootless Docker verwenden, kann es sein, dass in den Containern das Kommando `ping` nicht funktioniert. Betroffen sind z. B. Fedora und RHEL-Klone (als Host). Um zu überprüfen, ob die Netzwerkverbindung nach außen funktioniert, können Sie die Kommandos `httping`, `wget` oder `curl` verwenden. (Das setzt natürlich voraus, dass auf dem kontaktierten Rechner ein Webserver läuft. Bei *google.de* können Sie davon ausgehen.)

```
docker run -it --rm alpine

wget google.de

  Connecting to google.de (172.217.16.131:80)
  ...
  'index.html' saved
```

Um ping doch zu erlauben, schlägt die Dokumentation zu Rootless Docker vor, /etc/sysctl.conf um eine Zeile zu ergänzen:

```
# Datei /etc/sysctl.conf
...
net.ipv4.ping_group_range = 0 2147483647
```

Die Änderung wird mit sysctl --system bzw. mit dem nächsten Neustart wirksam, zeigte bei unseren Tests unter einem Fedora-Host aber keine Wirkung. ping funktionierte weiter nicht.

*https://docs.docker.com/engine/security/rootless/tips/#routing-ping-packets*

### Lokale Docker-Dateien

Je nachdem, ob Sie Docker als Systemdienst oder rootless ausführen, landen die von Docker angelegten Images, Container usw. in unterschiedlichen Verzeichnissen:

```
/var/lib/docker         # systemweite Docker-Dateien
.local/share/docker     # Rootless Docker
```

## 2.6 Docker Desktop unter Linux

Wir haben es schon erläutert: Unter macOS und Windows ist Docker Desktop als Komplettpaket der empfohlene Weg, Docker zu installieren. Unter Linux ist die Sache komplizierter. Wenn Sie die Benutzeroberfläche (siehe Abbildung 2.3) und den damit verbundenen Komfort von Docker Desktop nutzen möchten, geht auch unter Linux kein Weg an Docker Desktop vorbei.

Allerdings setzt Docker Desktop voraus, dass die Docker-Infrastruktur in einer virtuellen Maschine läuft. Unter macOS und Windows ist das zwingend erforderlich, weil Docker als Basis ja immer Linux voraussetzt. (Genau genommen gibt es auch eine Windows-Variante von Docker, die es ermöglicht, spezielle Windows-Container auszuführen. Auf diese selten genutzte Option gehen wir in diesem Buch aber gar nicht ein.)

Unter Linux reduziert die Verwendung einer virtuellen Maschine die Effizienz und verhindert das nahtlose Teilen der gemeinsamen Ressourcen (CPU, Arbeitsspeicher, Dateisystem). Wir raten Ihnen deswegen von dieser »unnatürlichen« Art der Docker-Nutzung unter Linux ab.

Es kann aber natürlich sein, dass Sie auf mehreren Rechnern trotz unterschiedlicher Plattformen die exakt gleiche Arbeitsumgebung wünschen, inklusive Docker Desktop und seine Erweiterungen. Für diesen Fall zeigen wir Ihnen hier, wie Sie

Docker Desktop unter Linux installieren, wobei wir uns exemplarisch auf Ubuntu konzentrieren.

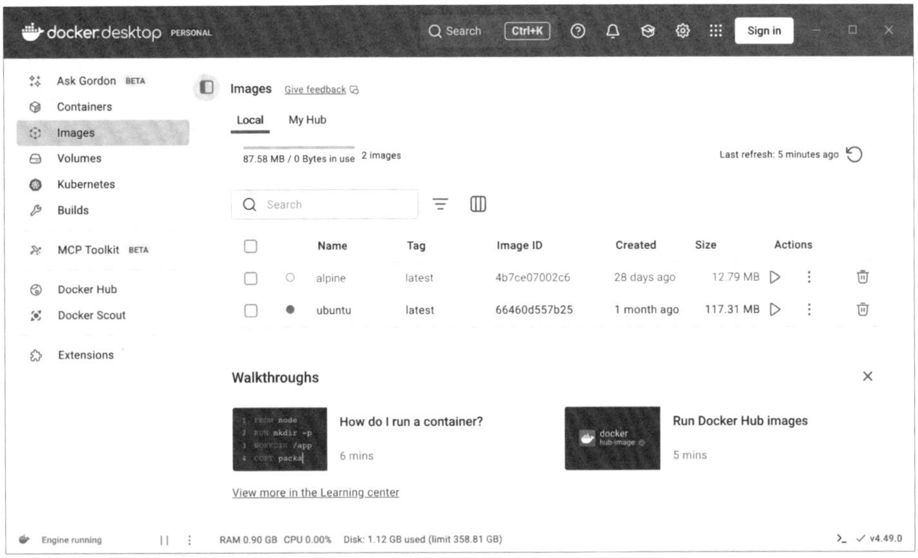


**Abbildung 2.3** Docker Desktop unter Linux

> **Nur als Komplettpaket verwendbar**
>
> Es ist unmöglich, eine »gewöhnliche« Installation der Docker Engine später um Docker Desktop zu ergänzen. Sie müssen Docker Desktop als Komplettpaket verwenden und können damit nur solche Images, Container usw. verwalten, die innerhalb der von Docker Desktop automatisch gestarteten virtuellen Maschine laufen.

### Installation von Docker Desktop unter Ubuntu

Um Docker Desktop unter Ubuntu zu installieren, müssen Sie zuerst das Docker-Repository einrichten. Die erforderlichen Kommandos haben wir in Abschnitt 2.4, »Docker-Installation unter Linux«, beschrieben. Beachten Sie, dass Sie zwar die Docker-Paketquelle brauchen, aber vorerst keine Pakete installieren müssen. Führen Sie also nicht `apt install docker-ce ...` aus!

Als Nächstes laden Sie von der folgenden Seite die gerade aktuelle Version des rund 400 MByte großen Debian-Pakets herunter:

*https://docs.docker.com/desktop/install/ubuntu*

Die Installation führen Sie mit dem folgenden Kommando durch. Dabei ist es wichtig, dass der Pfad zur Paketdatei mit `./` beginnt. Andernfalls glaubt `apt`, der Parameter wäre ein Paketname. (Tatsächlich ist es aber ein Dateiname.) apt installiert nicht nur Docker Desktop an sich, sondern auch diverse Pakete mit allen erforderlichen Abhängigkeiten. Das betrifft insbesondere die Virtualisierungssoftware QEMU/KVM sowie die Pakete docker-ce-cli und docker-compose-plugin aus der Docker-Paketquelle.

```
sudo apt install ./Downloads/docker-desktop-n.n.deb
```

Die Installation endet mit einer irreführenden Fehlermeldung, dass der Benutzer _apt auf die Datei docker-desktop-n.n.deb nicht zugreifen könne. In Wirklichkeit hat aber (zumindest bei unseren Tests) alles funktioniert. Dessen können Sie sich vergewissern, indem Sie zuerst das Programm *Docker Desktop* starten und dann in einem Terminal docker version ausführen.

Im Unterschied zu einer »gewöhnlichen« Docker-Installation führen Sie das docker-Kommando im Zusammenspiel mit Docker Desktop *ohne* root-Rechte aus! Das liegt daran, dass die Container nicht im Linux-Prozessbaum ausgeführt werden, sondern in einer eigenen virtuellen Maschine, um deren Start sich Docker Desktop kümmert.

Wenn Sie möchten, dass die Docker-Laufzeitumgebung in Zukunft nach jedem Login zur Verfügung steht, führen Sie noch das folgende Kommando aus (ohne sudo):

```
systemctl --user enable --now docker-desktop
```

Diesen Autostart können Sie wie folgt wieder deaktivieren:

```
systemctl --user disable docker-desktop
```

## 2.7 Podman installieren

Nachdem wir Ihnen jetzt schier endlos viele Varianten zur Installation von Docker präsentiert haben, geht es in diesem Abschnitt um die Docker-Alternative Podman. Dabei konzentrieren wir uns auf die Installation unter Linux.

**Podman unter Windows und macOS**

Während Podman unter Linux nachvollziehbare Vorteile mit sich bringt – die einfachere Installation, die bessere Sicherheit –, gilt dies unter Windows und macOS nicht. Konzeptionell funktioniert Podman unter Windows und macOS ganz ähnlich wie Docker Desktop, greift also auf eine virtuelle Maschine zurück. Docker Desktop wirkt aber deutlich ausgereifter. Deswegen haben wir uns dazu entschlossen, dieses Kapitel nicht mit noch mehr Installationsvarianten aufzublähen.

Der plausibelste Grund für den Einsatz von Podman unter Windows und macOS sind die Docker-Lizenzbedingungen: Wenn Sie als große Firma (mehr als 250 Mitarbeitende oder mehr als 10 Millionen Dollar Jahresumsatz) eine Container-Umgebung für Windows oder macOS brauchen und der Firma Docker keine Lizenzgebühren zahlen möchten, sollten Sie Podman in Erwägung ziehen. Installationsanleitungen finden Sie hier:

*https://podman.io/docs/installation*

### Installation

Bei aktuellen Fedora- und RHEL-Desktop-Installationen ist Podman standardmäßig installiert. Sie müssen gar nichts tun!

```
podman version

  Client:       Podman Engine
  Version:      5.6.2
  API Version:  5.6.2
  ...
```

Sollten Sie eine andere Distribution einsetzen, führt eines der folgenden Kommandos zum Ziel:

```
sudo apt install podman     # Debian, Ubuntu
sudo dnf install podman     # Fedora, RHEL und Klone
```

Anders als bei `docker` fehlt in `podman` das wichtige Subkommando `compose`. Als Ersatz muss extra `podman-compose` installiert werden. Unter Fedora gibt es hierfür ein eigenes Paket. Dieses Paket können Sie auch unter RHEL installieren, wenn Sie vorher die EPEL-Paketquelle einrichten.

```
sudo apt/dnf install podman-compose
```

Um auch den optionalen Podman Desktop einzusetzen, richten Sie, soweit erforderlich, zuerst Flatpak ein und installieren dann die Benutzeroberfläche zu Podman:

```
sudo apt install flatpak   # nur bei Debian und Ubuntu

flatpak remote-add --if-not-exists --user flathub \
      https://flathub.org/repo/flathub.flatpakrepo

flatpak install --user flathub io.podman_desktop.PodmanDesktop
```

Überraschenderweise lädt Podman Desktop beim ersten Start eine aktuelle Version von `docker-compose` herunter und installiert diese im Verzeichnis `/usr/local/bin`. Wenn Sie `podman compose` ohne Bindestrich aufrufen, kommt von nun an in Wirklichkeit `docker-compose` zum Einsatz – offensichtlich, weil das originale `docker-compose`-

Script auch im Zusammenspiel mit Podman besser funktioniert als das podman-eigene Compose-Script. So kann man es natürlich auch machen ...

```
podman compose version

  Executing external compose provider
  "/usr/local/bin/docker-compose".

  Docker Compose version v2.39.3
```

Die Grundfunktionen von Podman Desktop sind denen von Docker Desktop nachempfunden. Das Programm hilft dabei, einen Überblick über Container, Images und Volumes zu behalten (siehe Abbildung 2.4). Podman Desktop ist kompatibel mit diversen Container-Systemen und unterstützt außer Podman unter anderem Docker und OpenShift.

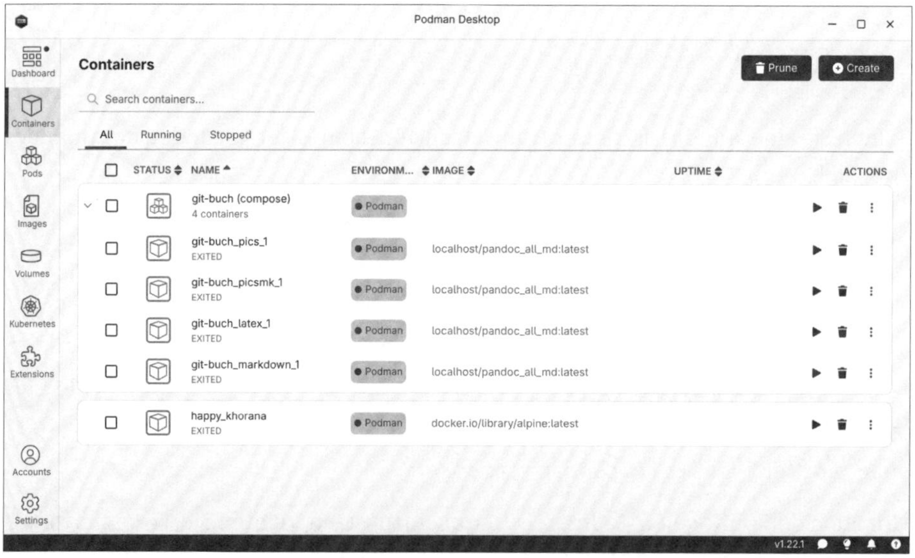


**Abbildung 2.4** Podman Desktop

## Kein ping

Wie bei Rootless Docker funktioniert auch bei Podman das Kommando ping innerhalb eines Containers oft nicht. Zum Test, ob eine Netzwerkverbindung vorliegt, können Sie eventuell curl oder wget verwenden. (Das setzt aber voraus, dass auf dem angegebenen externen Host ein Webserver läuft.) Alternativ können Sie die Konfiguration des Podman-Host-Rechners dahin gehend verändern, dass ping auch ohne root-Rechte genutzt werden kann. Details dazu können Sie in Abschnitt 6.9, »Podman-Interna«, nachlesen.

# Kapitel 3
# Grundlagen



In diesem Kapitel erläutern wir die Konzepte und Grundlagen von Docker und gehen auf eine Menge grundlegender Fragen ein: Was sind Images und Container? Wie unterscheiden sie sich voneinander? Wie können Netzwerkports eines Containers an den Host weitergeleitet werden? Wo werden veränderliche Daten eines Containers gespeichert? Wie kommunizieren Container miteinander?

Um zu vermeiden, dass dieses Kapitel allzu theoretisch wird, beantworten wir diese Fragen anhand konkreter Beispiele. Diese zeigen Ihnen, wie Sie einen Ubuntu-Container interaktiv bedienen, wie Sie Docker-Container im Hintergrund starten und im Webbrowser Ihres Computers nutzen, wie Sie einen Datenbankserver so betreiben, dass andere Container (z. B. mit WordPress) darauf zugreifen können etc. Wir möchten aber darauf hinweisen, dass die Beispiele experimentellen Charakter haben. Es geht uns in diesem Kapitel nicht darum, wirklich WordPress oder andere Applikationen einzurichten, vielmehr sollen die Beispiele zum Experimentieren einladen. Sie sollen in diesem Kapitel verstehen lernen, wie Docker funktioniert. »Echte«, praxisnahe Beispiele folgen dann in Teil II und Teil III des Buchs.

Im Mittelpunkt all dieser Beispiele steht das Kommando `docker`. Dieses Kommando dient zur Administration von Docker-Images und -Containern. Eine systematische Referenz aller `docker`-Kommandos folgt in Kapitel 7.

Falls Sie Podman installiert haben, kommt anstelle von `docker` das (fast) gleichwertige Kommando `podman` zum Einsatz. Wo es Unterschiede in der Anwendung gibt, weisen wir darauf hin.

## 3.1 Grundlagen und Nomenklatur

Dieser Abschnitt erläutert die wichtigsten Begriffe aus der Container-Welt und gibt einen ersten Überblick darüber, wie Docker bzw. Podman funktioniert. Interna zur technischen Realisierung folgen in Kapitel 6, »Tipps, Tricks und Interna«.

### Images und Container

Der Ausgangspunkt für die Ausführung jedes Containers ist ein *Image*. Den Begriff kennen Sie vielleicht schon von virtuellen Maschinen: Dort ist ein Disk-Image eine Datei, die dem Virtualisierungssystem als Datenträger (Festplatte oder SSD) präsentiert wird. Die virtuelle Maschine kann dort Partitionen und Dateisysteme einrichten.

Bei Docker und Podman ist ein Image hingegen ein Read-only-Dateisystem mit der Basis für den Container. Anders als bei virtuellen Maschinen wird das Image durch den laufenden Container nie verändert. Alle vom Container veränderten oder hinzugefügten Dateien landen stattdessen in einem getrennten Overlay-Dateisystem. Dieses wird auf dem Host durch ein eigenes Verzeichnis innerhalb des Docker-Basisverzeichnisses abgebildet.

Die Trennung zwischen unveränderlichen Image-Dateien und veränderlichen Container-Dateien macht es möglich, von einem Image beliebig viele Container abzuleiten, die durchaus auch zugleich ausgeführt werden können.

Im Internet und speziell im Docker Hub stehen eine Menge Images zum Download zur Auswahl, die überwiegende Anzahl davon ist kostenlos. Aus diesen Images können Sie sich wie aus einem Werkzeugkasten bedienen: Sie können von ihnen eigene Container ableiten und diese sogar selbst zu neuen Images kombinieren. In Teil II dieses Buchs, »Werkzeugkasten«, geben wir Ihnen einen Überblick über die wichtigsten Standard-Images für Programmiersprachen, Datenbank- und Webserver sowie für komplette Webapplikationen.

**Der Docker Hub**

Der *Docker Hub* wird zwar von der Firma Docker betrieben, die dort angebotenen Images stammen aber überwiegend von der Docker-Community. Nach dem Einrichten eines Logins kann hier jeder kostenlos Images öffentlich anbieten. Das ist natürlich ein fantastisches Angebot. Es hat aber zur Folge, dass auf dem Docker Hub neben vielen tollen Images auch eine Menge Schrott zu finden ist – Testprojekte, nicht mehr gewartete Software und dergleichen. Insofern sollten Sie bei der Auswahl von Images auf dem Docker Hub ein wenig Vorsicht walten lassen. Uneingeschränkt empfehlenswert sind in der Regel »offizielle« Images, die von der Firma Docker gewartet werden:

*https://hub.docker.com*

Neben dem Docker Hub gibt es diverse weitere Registrys von anderen Firmen, unter anderem von Red Hat und GitHub. Während Docker standardmäßig nur im Docker Hub nach Images sucht, sind bei Podman in der Regel mehrere Registrys vorkonfiguriert; bei Bedarf können weitere hinzugefügt werden (siehe Abschnitt 6.9, »Podman-Interna«).

### Volumes

Eine Grundidee von Docker besteht darin, dass bei einem Update der Images (z. B. wegen einer neuen Softwareversion) einfach der laufende Container gestoppt und ein neuer Container eingerichtet wird, der den alten ersetzt. (Weder das Update noch der Container-Neustart erfolgt automatisch. Sie müssen sich selbst darum kümmern.)

Soweit es den im Image enthaltenen Programmcode betrifft, ist dieses Konzept ebenso simpel wie genial. Aber was ist mit den Dateien, die während des Betriebs des Containers entstanden sind? Es ist ja nicht akzeptabel, dass sie beim Einrichten eines neuen Containers alle verloren gehen.

Um das zu vermeiden, sieht Docker *Volumes* vor: Volumes sind vom Container getrennte Verzeichnisse im Host-Dateisystem. Dort werden diejenigen Dateien gespeichert, die beim Wechsel von einer Version zur nächsten, also von einem Container zum nächsten, erhalten bleiben sollen. Bei einem Container mit einem Datenbankserver befinden sich in einem derartigen Volume z. B. alle Datenbankdateien, bei einem Container mit einem Webserver die HTML-Dokumente, PHP-Scripts etc.

Standardmäßig richten Docker und Podman beim Erstellen von Containern, die Volumes benötigen, automatisch ein dazugehörendes Verzeichnis ein (unter Linux im Verzeichnis `/var/lib/docker/volumes`, `.local/share/docker/volumes` oder in `.local/share/containers/storage/volumes`) und benennen es mit einer UUID. Zur besseren Administration können Sie Volumes einen eigenen Namen geben oder sogar den Ort des Verzeichnisses vorgeben. Sie vermeiden damit lange Pfadnamen, die unmöglich zu merken sind. Wenn Sie nicht wissen, wo sich das Volume eines Containers befindet, können Sie diese Information mit `docker inspect` ermitteln.

### Services, Stacks und Cluster

Solange Sie Docker auf *einem* Rechner ausführen, ist das Konzept der Container ausreichend. Sobald es aber darum geht, Dienste über mehrere Rechner (über mehrere Docker-Hosts) zu verteilen, steigt der administrative Aufwand erheblich. Um Docker in solchen Fällen besser skalierbar zu machen sowie um Load-Balancing- und High-Availability-Funktionen zu realisieren, wurde das Konzept der Services eingeführt.

Ein *Service* beschreibt einen Dienst bzw. eine Aufgabe. Ähnlich wie bei einem Container geben Sie bei der Definition eines Service an, auf welches Image Sie sich beziehen und welches Kommando letztlich ausgeführt werden soll. Der wesentliche Unterschied zu Containern besteht darin, dass Sie sich um die Ausführung von Services nicht selbst kümmern, sondern dass Docker diese Aufgabe übernimmt. Insbesondere entscheidet Docker anhand von Regeln, auf welchen Docker-Hosts der Service ausgeführt wird. (Hinter den Kulissen wird zur Ausführung eines Service natürlich ein Container eingerichtet und gestartet. Services ersetzen Container also nicht, sondern bilden eine zusätzliche Verwaltungsebene.)

In der Docker-Praxis werden oft mehrere Services kombiniert. Erst das aus dieser Kombination entstehende Gesamtprodukt kann sinnvoll getestet bzw. genutzt werden. Mit *Stacks* wird die Administration solcher Servicegruppen vereinfacht. Das entsprechende Kommando `docker stack` kann mehrere zusammengehörende Services gemeinsam einrichten, starten oder stoppen.

Die Grundvoraussetzung für die Verwendung von Services und Stacks besteht darin, dass Sie vorher einen Cluster aus Docker-Hosts zusammensetzen. In der Docker-Nomenklatur spricht man aber nicht von einem *Cluster*, sondern von einem *Schwarm* bzw. im Englischen von einem *Swarm*. Ein Schwarm besteht aus mehreren Docker-Instanzen, die durch eine relativ simple Konfiguration mit `docker swarm init` und `docker swarm join` verbunden werden. Im Extremfall kann ein Schwarm sogar aus nur einer einzigen Docker-Instanz bestehen. Das reicht für erste Tests aus; die Vorteile eines Cluster-Systems können sich dabei aber natürlich nicht manifestieren.

Erste Beispiele zur Anwendung von Services und Stacks finden Sie in Kapitel 5, »Container-Setups mit compose«. Dort geht es um `compose.yaml`-Dateien, die eine ganze Gruppe von Containern bzw. Services beschreiben. Umfangreichere Beispiele zur Anwendung von Docker-Clustern folgen in Teil III des Buchs und insbesondere in Kapitel 20, »Swarm«.

Eine Alternative zu Docker Swarm ist *Kubernetes*. Dabei handelt es sich um ein von Google entwickeltes Open-Source-Programm zur Verwaltung von Containern. Kubernetes unterstützt auch andere Container-Systeme, wird aber oft in Kombination mit Docker eingesetzt. Kubernetes hat mittlerweile eine wesentlich höhere Verbreitung als Docker Swarm erzielt. Details zu Kubernetes finden Sie in Kapitel 21, »Kubernetes«.

### docker-Kommando versus Docker-Dämon (dockerd)

Docker ist als Client-Server-Modell realisiert. Für die Ausführung der Container ist der im Hintergrund laufende Docker-Dämon zuständig. Für dieses Programm ist auch die Bezeichnung *Docker Engine* üblich. Unter Linux handelt es sich dabei um den Prozess `dockerd`. Unter macOS bzw. Windows sind die Funktionen dagegen über mehrere Prozesse verteilt, deren Namen mit `com.docker` oder `Docker` beginnen. Insbesondere muss unter macOS bzw. unter Windows zusätzlich eine virtuelle Maschine mit einer winzigen Linux-Distribution ausgeführt werden, um die für Docker erforderlichen Funktionen zur Verfügung zu stellen.

Zur Steuerung des Dämons bzw. der Docker Engine verwenden Sie das Kommando `docker`. Häufig laufen der Docker-Dämon und `docker` auf demselben Host. Es ist aber auch möglich, mit `docker` eine Netzwerkverbindung zu einem externen Docker-Dämon herzustellen.

Podman verhält sich diesbezüglich komplett anders als Docker: Es gibt normalerweise keinen Hintergrundprozess. Vielmehr werden alle Container direkt durch das `podman`-Kommando gestartet bzw. wieder beendet. Mehr Informationen zu diesem Podman-spezifischen Detail folgen in Abschnitt 6.9, »Podman-Interna«.

### Linux versus Windows

Im Produktivbetrieb wird Docker am häufigsten dazu eingesetzt, Programme aus der Linux-Welt auf einem Linux-Server (Docker-Host) auszuführen. Bevor ein Programm produktiv läuft, muss es aber entwickelt werden – und das können Sie mit wenigen Einschränkungen ebenso gut unter macOS oder unter Windows tun.

Mit anderen Worten: Sie können Ihre neue Webapplikation wahlweise unter einer Linux-Desktop-Distribution, unter macOS oder unter Windows entwickeln. Wenn alles zufriedenstellend läuft, nehmen Sie den Docker-Container auf einem Linux-Server oder in einer Cloud in Betrieb. Tipps zur Umstellung vom Test- auf den Live-Betrieb, also zum sogenannten *Deployment*, finden Sie in Kapitel 18, »Continuous Integration und Continuous Delivery«.

Während Docker als Tool für Linux-affine Entwicklerinnen und Entwickler schon seit Jahren etabliert ist, gibt es auch ein kleines Angebot von Docker-Images speziell für Windows. Dazu zählen z. B. eine Minimalversion von Windows Server (der sogenannte *Nano Server*), der Internet Information Server (IIS) oder ASP.NET. Derartige Images können allerdings nur mit der Docker-Version für Windows ausgeführt werden. Zum Teil wird aus Lizenzgründen auch die Betriebssystem-Variante des Hosts überprüft. So können Sie den Nano Server nicht unter Windows Home oder Pro ausprobieren; vielmehr benötigen Sie eine Windows-Server-Instanz.

Aus der Sicht von Microsoft ist das verständlich: Die Firma verdient ihr Geld ja unter anderem mit dem Verkauf von Serverlizenzen. Da wäre es kontraproduktiv, das Ausführen eines Windows-Server-Containers auf einem Rechner zu erlauben, der nicht selbst ein Windows-Server ist. Andererseits sind es genau solche Einschränkungen, die das Leben für Entwicklerinnen und Entwickler mühsam machen und diese beinahe schon mit Gewalt in das Linux-Segment drängen.

| | Linux-Host | Windows-Host | macOS-Host |
|---|---|---|---|
| **Container auf Linux-Basis** | O. K. | O. K. | O. K. |
| **Container auf Windows-Basis** | – | O. K. | – |

**Tabelle 3.1** Container auf Linux-Basis laufen auf allen Docker-Hosts, solche auf Windows-Basis allerdings nur auf Windows-Docker-Hosts.

In diesem Buch behandeln wir Docker, soweit es den Host betrifft, plattformübergreifend. Bei den Containern konzentrieren wir uns hingegen auf Open-Source-Software, die aus der Linux-Welt stammt.

### Virtuelle Maschinen versus Container

Auch wenn virtuelle Maschinen und Container ähnliche Ziele verfolgen, z. B. diverse Testprogramme oder Serveranwendungen auf einem physischen Rechner möglichst isoliert voneinander auszuführen, so unterscheidet sich die Funktionsweise doch fundamental.

Bei jeder virtuellen Maschine wird die gesamte Hardware eines PCs durch Software nachgebildet. Die virtuelle Maschine hat den Eindruck, auf einem echten Rechner zu laufen. Das erfordert aber einen riesigen Ressourcenaufwand (RAM, Speicherplatz auf dem Datenträger, CPU-Zyklen).

Container nutzen dagegen direkt die Infrastruktur des Host-Systems, also insbesondere sein Dateisystem und einen gemeinsamen Kernel. Bei einer »gewöhnlichen« Docker-Installation unter Linux handelt es sich dabei einfach um den Kernel des Host-Rechners. Die Container laufen gewissermaßen wie isolierte Prozesse (ähnlich wie *Sandboxes*) direkt im Host-System.

Wird Docker dagegen unter macOS, Windows oder in Kombination mit Docker Desktop für Linux ausgeführt, läuft getrennt vom eigentlichen Betriebssystem ein für Docker optimierter Linux-Kernel. Analog gilt dies auch für Podman unter Windows und macOS.

Der Platzbedarf von Containern ist in der Regel viel geringer als der von virtuellen Maschinen, weil der Unterbau auf ein Minimum reduziert werden kann. Zudem starten Container deutlich schneller.

Der Vorteil von virtuellen Maschinen besteht darin, dass sie besser und sicherer voneinander getrennt sind als Container. Die Verwendung eines gemeinsamen Kernels macht eine vollständige Isolierung schwierig.

Für Container spricht andererseits der stark reduzierte Overhead. Zudem lassen sich Container sekundenschnell script-gesteuert erzeugen und konfigurieren. Wenn es darum geht, Anwendungen automatisiert einzurichten, sei es für Testzwecke oder zur Skalierung, bieten Docker und Podman riesige Vorteile gegenüber den vergleichsweise schwerfälligen virtuellen Maschinen. Während es bei virtuellen Maschinen meist zweckmäßig ist, mehrere zusammengehörige Dienste in einer virtuellen Maschine zusammenzufassen, kann bei Docker jede Funktion ihren eigenen Container bekommen. In diesem Zusammenhang spricht man oft von der *Micro Services Architecture*.

Virtualisierung und Container schließen sich keineswegs aus. In der Praxis kommt es beispielsweise oft vor, dass die Docker Engine selbst wieder in einer virtuellen Maschine läuft.

## 3.2 Container ausführen

Um sich mit Docker und Podman und seiner Nomenklatur vertraut zu machen, empfehlen wir Ihnen, einige Stunden zu experimentieren (also »herumzuspielen«, wenn Sie so wollen). Die folgenden Abschnitte geben Ihnen dazu Anregungen.



Wir weisen explizit darauf hin, dass das Ziel dieser Beispiele nicht der Start eines echten Entwicklungssystems oder gar der produktive Einsatz ist. Konkrete Anleitungen zur Verwendung wichtiger Images folgen in Teil II, »Werkzeugkasten«. An dieser Stelle geht es vielmehr darum, die Konzepte von Docker und Podman anhand von Beispielen kennenzulernen – *Learning by Doing* also.

Für allererste Tests, die in ihrer Funktionalität noch simpler sind als unser Hello-World-Beispiel aus Kapitel 1, gibt es im Docker Hub (*https://hub.docker.com*) sowie in einigen anderen Registrys ein spezielles Hello-World-Image. Um dieses Image auszuprobieren und den davon abgeleiteten Container zu starten, führen Sie in einem Terminal eines der drei folgenden Kommandos aus:

```
docker run hello-world           # für Docker unter macOS und
                                 # Windows, Rootless Docker,
                                 # Docker Desktop für Linux

sudo docker run hello-world      # Docker Engine unter Linux

podman run hello-world           # Podman
```

Das jeweilige Kommando sieht zuerst nach, ob das Image `hello-world` auf dem lokalen Rechner bereits zur Verfügung steht. Ist das nicht der Fall, wird es vom Docker Hub heruntergeladen und lokal gespeichert. Docker bzw. Podman bildet daraus einen Container und führt diesen schließlich aus:

```
docker run hello-world

  Unable to find image 'hello-world:latest' locally
  latest: Pulling from library/hello-world
  b8dfde127a29: Pull complete
  Digest: sha256:f226...d519
  Status: Downloaded newer image for hello-world:latest

  Hello from Docker!
  This message shows that your installation appears to be working
  correctly.
  ...
```

Ab dem zweiten Mal wird `docker run hello-world` blitzschnell ausgeführt, weil jetzt ein lokaler Container der Hello-World-App zur Verfügung steht.

Wenn Sie mit podman arbeiten, sieht die Ausgabe von hello-world anders aus. Das liegt daran, dass nicht das Hello-World-Image aus dem Docker Hub zum Einsatz kommt; vielmehr lädt Podman ein anderes, ähnliches Image aus der Registry quay.io. Warum das so ist, erklären wir in Abschnitt 6.9, »Podman-Interna«.

Die Hello-World-Images aus dem Docker Hub bzw. von quay.io sind insofern untypische Beispiele, als die darin verpackte App einmal ausgeführt wird und dann sofort endet. Viele Docker-Container enthalten dagegen Programme, die Eingaben verarbeiten, dauerhaft laufen oder interaktiv genutzt werden können.

**Ständig »sudo«?**

Die in diesem Kapitel präsentierten Beispiele können Sie grundsätzlich unter jedem Betriebssystem ausprobieren. Aber während Sie das Kommando docker unter macOS oder Windows in einem gewöhnlichen Benutzeraccount ausführen können, benötigt es unter Linux root-Rechte (es sei denn, Sie verwenden *Rootless Docker* oder Docker Desktop für Linux – siehe Abschnitt 2.5 und Abschnitt 2.6).

Da es lästig ist, ständig mit root-Rechten zu arbeiten oder jedem docker-Kommando sudo voranzustellen, gibt es einen Ausweg: Sie fügen Ihren Linux-Account der Gruppe docker hinzu:

```
sudo usermod -aG docker <accountname>
```

Damit diese Änderung wirksam wird, müssen Sie sich ab- und wieder anmelden. Danach können Sie das Kommando docker auch unter Linux ohne Weiteres ausführen. Beachten Sie, dass die scheinbar harmlose Gruppenzuordnung dem betreffenden Benutzer indirekt root-Rechte gibt (siehe Abschnitt 6.8, »Docker-Interna«). Für Benutzer, die schon zuvor sudo-Rechte hatten, ändert sich nichts. Aber bei Benutzern ohne sudo-Rechte sollte das obige usermod-Kommando mit Vorsicht eingesetzt werden.

### Statusinformationen

docker ps -a liefert eine Liste aller laufenden bzw. in der Vergangenheit ausgeführten Docker-Container. Die merkwürdigen Namen in der Spalte NAMES resultieren daraus, dass Docker jedem Container nicht nur eine zufällige ID zuweist, sondern auch einen leichter zu merkenden (aber ebenso zufälligen) Namen.

```
docker ps -a

  CONTAINER ID   IMAGE         COMMAND     ...  NAMES
  f5269c759b7d   hello-world   "/hello"         nervous_lamarr
  c6770e95fdd3   hello-world   "/hello"         kind_wright
```

`docker images` listet die lokal installierten Images auf:

```
docker images

  REPOSITORY    TAG      IMAGE ID       CREATED       SIZE
  hello-world   latest   48b5124b2768   7 weeks ago   1.84 kB
```

**Das richtige Kommando**

Auch den obigen Kommandos müssen Sie gegebenenfalls `sudo` voranstellen. Falls Sie mit Podman arbeiten, ersetzen Sie `docker` durch `podman`. In Zukunft geben wir immer nur das Kommando `docker` an, ohne auf diese Differenzierung hinzuweisen.

### Aufräumen

Es besteht die Gefahr, dass sich rasch unzählige Container ansammeln, die einmal ausgeführt wurden, aber nicht mehr benötigt werden. Deswegen sollten Sie nicht mehr benötigte Container gleich wieder löschen:

```
docker rm nervous_lamarr kind_wright
```

Wenn Sie erwarten, dass Sie das zugrunde liegende Image auch nicht mehr benötigen (in diesem Fall, weil Sie nicht vorhaben, `run hello-world` noch öfter auszuführen), dann können Sie auch das Image löschen. Sollten Sie `hello-world` später doch noch einmal brauchen, wird das Image eben neuerlich heruntergeladen.

```
docker image rm hello-world
```

**Container einmal starten und sofort wieder löschen**

Wenn Sie von vornherein wissen, dass Sie einen Container nur einmal ausführen und dann unmittelbar wieder löschen möchten, können Sie die zusätzliche Option `--rm` (mit zwei vorangestellten Bindestrichen) übergeben:

```
docker run --rm hello-world
```

## 3.3 Container interaktiv verwenden

Während der `hello-world`-Container nach der Ausgabe einiger Textzeilen gleich wieder endet, können viele andere Container interaktiv genutzt werden. Gut geeignet für erste Experimente sind die offiziellen *Base-Images* von gängigen Linux-Distributionen, z. B. von Alpine, Debian, Fedora, Red Hat oder Ubuntu.

Die Bezeichnung Base-Image rührt daher, dass diese Images als Startpunkt für eigene Entwicklungen gedacht sind. Wenn Sie also z. B. einen Container für einen Webserver zusammensetzen möchten, beginnen Sie mit dem Base-Image Ihrer Wunschdistribution und installieren darin Apache. Aus Docker-Sicht ist dann nicht ein vollkommen neues Image erforderlich, sondern das Base-Image kann um ein (vergleichsweise kleines) Image mit Ihren Erweiterungen ergänzt werden.

Für die folgenden Beispiele verwenden wir das Ubuntu-Image als Ausgangspunkt. Dabei spielt es keine Rolle, welche Distribution Sie für den Docker-Host verwenden. Sie können also Container des Ubuntu-Images auch unter Debian, Fedora, ja sogar unter macOS oder Windows ausführen!

Vom Ubuntu-Image gibt es mehrere Versionen. Wenn Sie einfach `docker run -it ubuntu` ausführen, bekommen Sie die Version, die Docker mit dem Attribut `latest` ausgestattet hat. In der Regel ist das die gerade aktuelle LTS-Version. Wenn Sie davon abweichend eine andere Version wünschen, müssen Sie sie explizit angeben, also z. B. `docker run -it ubuntu:25.10`. Informationen zur Konfiguration dieses Docker-Images können Sie hier nachlesen:

*https://hub.docker.com/_/ubuntu*

Die Optionen `-i` und `-t` beschreiben die Funktion des `run`-Kommandos weiter:

- `-i` bedeutet, dass der Container interaktiv ausgeführt und mit der Standardeingabe verbunden werden soll.
- Wegen `-t` verwendet Docker einen Pseudo-Terminal-Emulator (Pseudo-TTY) und verbindet ihn mit der Standardeingabe.

Die Kombination dieser beiden Optionen ist erforderlich, wenn ein Container in einem Terminal- oder PowerShell-Fenster interaktiv bedient werden soll. In der Regel werden `-i` und `-t` zu `-it` abgekürzt.

Mit dem folgenden Kommando wird also das gerade aktuelle Ubuntu-LTS-Image heruntergeladen, ein darauf aufbauender Container erzeugt und schließlich ausgeführt. Sie landen dabei automatisch in einer Instanz der unter Ubuntu üblichen Shell `bash`, in der Sie nun Kommandos mit `root`-Rechten ausführen können:

```
docker run -it ubuntu

  root@f8fec4640176:/# cat /etc/os-release
    NAME="Ubuntu"
    VERSION_ID="24.04"
    VERSION="24.04.3 LTS (Noble Numbat)"
    ...
```

```
root@f8fec4640176:/# df -h -x tmpfs
  Filesystem      Size  Used Avail Use% Mounted on
  overlay          20G   11G  7.6G  59% /

root@f8fec4640176:/# ps ax
  PID TTY      STAT   TIME COMMAND
    1 ?        Ss     0:00 /bin/bash
   11 ?        R+     0:00 ps ax

root@f8fec4640176:/# exit
```

Kurz einige Erläuterungen:

- f8fec4640176 ist ein zufällig generierter Host-Name, den Docker dem Container zugewiesen hat.
- cat /etc/os-release gibt Informationen über die Distribution aus, die als Basis für den Container dient.
- df -h listet auf, wie viel Platz in den Dateisystemen des Containers frei ist. Die Ergebnisse hängen vom Docker-Host ab. Unter Linux wird das gesamte Dateisystem, in dem sich das Verzeichnis /var/lib/docker befindet, mit den Docker-Containern geteilt. Unter macOS und Windows ist für alle Container zusammen ein limitierter Speicher vorgesehen, in der Regel ca. 60 GByte. -x tmpfs eliminiert aus den df-Ausgaben alle temporären Dateisysteme, die nicht von Interesse sind.
- ps ax liefert eine Liste aller laufenden Prozesse. Beachten Sie, dass im Container – ganz im Gegensatz zu einer gewöhnlichen virtuellen Maschine – keinerlei andere Prozesse laufen: kein SSH-Server, kein Cron-Dämon, kein systemd-Dämon, kein Logging-Dienst, nichts!
- exit beendet die Ausführung des Containers. Alle weiteren Kommandos gelten dann wieder im Kontext des Terminals bzw. der PowerShell.

**Image-Namen**

Image-Namen von Containern setzen sich aus bis zu vier Teilen zusammen:

registry/quelle/imagename:tag

registry gibt an, in welcher Registry das Image gespeichert ist. Die Angabe entfällt häufig. docker greift dann automatisch auf den Docker Hub zurück. podman stellt dagegen alle vorkonfigurierten Registrys zur Wahl (siehe auch Abschnitt 6.9, »Podman-Interna«). Bei podman run oder podman pull müssen Sie häufig explizit mit docker.io den Docker Hub auswählen, weil viele wichtige Images nur dort verfügbar sind.

`quelle` ist der Name der Organisation, die das Image zusammengestellt und in den Docker Hub bzw. in eine andere Image-Registry hochgeladen hat. Entfällt die Angabe der Quelle, nimmt das `docker`-Kommando an, dass Sie eines der offiziellen Images der Firma Docker meinen.

`imagename` gibt erwartungsgemäß den Namen des Images an.

Sofern es von dem Image mehrere Versionen gibt, wählt die optionale Angabe von `tag` explizit das mit diesem Tag gekennzeichnete Image aus. Entfällt die Versionsangabe, entscheidet sich `docker` für das mit `latest` gekennzeichnete Image.

Wenn Sie das Kommando `docker run -it ubuntu` nach ein paar Monaten wiederholen, kommt weiterhin das beim ersten Versuch heruntergeladene Ubuntu-Image zum Einsatz – selbst dann, wenn es längst eine neue Version gibt. Den Download einer aktuelleren Image-Version müssen Sie bei Bedarf mit dem Subkommando `image pull` selbst anstoßen:

```
docker image pull ubuntu

  Using default tag: latest
  latest: Pulling from library/ubuntu
  ...
```

**Ubuntu versus Alpine Linux versus andere Distributionen**

Ubuntu zählt im Desktop- und Serverbereich zu den populärsten Linux-Distributionen. Das macht Ubuntu aber nicht zum idealen Startpunkt für Docker! Der Hauptnachteil von Ubuntu besteht darin, dass selbst die Minimalform relativ umfangreich ist. Unter Docker sind schlanke Distributionen vorzuziehen. Besonders beliebt ist in der Docker-Welt deswegen *Alpine Linux*, etwa als Basis für Images mit einem Webserver oder einer Programmiersprache. Eine Einführung in Alpine Linux geben wir in Kapitel 8.

Im kommerziellen Umfeld spielen die von Red Hat angebotenen *Universal Base Images* (UBIs) eine zunehmend größere Rolle. Es gibt diese in unterschiedlichen Varianten und Versionen. Beispielsweise verzichten `UBI9-micro` und `UBI9-minimal` auf den Paketmanager `dnf`. Sie sind daher als Basis für eigene Software gedacht und eignen sich nicht dazu, Serverdienste zu installieren. Im Unterschied zu RHEL dürfen UBIs ohne Lizenzgebühren benutzt werden.

### Netzwerkanbindung

Innerhalb des laufenden Ubuntu-Containers können Sie mit hostname -I die IP-Adresse des Containers ermitteln. Das Ergebnis hängt davon ab, ob Sie Docker oder Podman verwenden, bei Podman außerdem, ob Sie mit oder ohne sudo arbeiten:

```
root@f8fec4640176:/# hostname -I
  172.17.0.2              (Docker)
  192.168.178.163         (Podman)
  10.88.0.2               (Podman mit sudo)
```

Docker führt den Container immer in einem privaten lokalen Netzwerk aus. Podman ab Version 5 verwendet dagegen normalerweise den Host-Modus. Dabei teilen sich der Host und der Container die IP-Adresse (hier 192.168.178.163) und die Ports. Dieses Konzept kann zu Konflikten führen – z. B. wenn der Host und der Container auf demselben Port einen Dienst anbieten. Mit sudo verhält sich Podman wie Docker und weist dem Container eine IP-Adresse in einem lokalen Netzwerk zu. Mit der Option --network können Sie den Netzwerkmodus bei Bedarf vorgeben.

Die vertrauten Kommandos ip addr und ping funktionieren innerhalb des Ubuntu-Containers nicht, weil sie aus Platzgründen nicht im Image enthalten sind. Das lässt sich aber sehr schnell ändern:

```
root@f8fec4640176:/# apt update && apt install -y \
                       iproute2 iputils-ping

root@f8fec4640176:/# ip addr
  1: lo: ...
      inet 127.0.0.1/8 scope host lo
  41: eth0@if42: ...
      inet 172.17.0.2/16 scope global eth0
```

ip addr zeigt, dass die Netzwerkanbindung in ein privates Netzwerk führt, das Docker standardmäßig zur Verfügung stellt. Docker weist den Containern beim Start eindeutige IP-Adressen in diesem Netzwerk zu. Anders als bei virtuellen Maschinen kommt dabei allerdings nicht DHCP zum Einsatz.

ping beweist, dass die Container auch auf das Internet zugreifen können (andernfalls hätte vorhin auch apt update nicht funktioniert).

```
ping -c 1 google.de
  PING google.de (142.250.186.35) 56(84) bytes of data.
  64 bytes from fra24s04-in-f3.1e100.net (142.250.186.35):
  ...
  1 packets transmitted, 1 received, 0% packet loss, time 0ms
  rtt min/avg/max/mdev = 19.221/19.221/19.221/0.000 ms
```

**ping-Problem**

Wir haben in Kapitel 2, »Installation«, schon darauf hingewiesen: Wenn Sie Podman oder Rootless Docker verwenden, funktioniert `ping` oft nicht. Um zu testen, ob eine Internetverbindung zu einem bekannten Webserver möglich ist, können Sie stattdessen `wget <hostname>` oder `curl <hostname>` verwenden. Damit laden Sie die Startseite der jeweiligen Website herunter (oft `index.html`).

### Nochmals Container versus Images

Jetzt ist es an der Zeit, ein wenig mit dem Kommando `docker` bzw. `podman` zu experimentieren, damit Sie den Unterschied zwischen einem Image und seinen Containern verstehen lernen. Wenn Sie den Ubuntu-Container mit [Strg]+[D] oder `exit` verlassen und dann mit `docker run` neuerlich starten, wird Ihnen vielleicht auffallen, dass der Container einen neuen Host-Namen erhalten hat. Merkwürdig!

Versuchen Sie nun, mit `touch` eine neue Datei anzulegen. Beenden Sie den Container, führen Sie erneut `docker run` aus, und suchen Sie nach der Datei. Sie werden sie nicht finden. Können Docker bzw. Podman Veränderungen am Dateisystem denn nicht konsistent speichern?

```
docker run -it ubuntu

  root@168a2ec648f0:/# touch abc
  root@168a2ec648f0:/# exit

docker run -it ubuntu

  root@26a4a5f5b281:/# ls -l abc
  ls: cannot access 'abc': No such file or directory
```

Ein wenig klarer wird die Sache, wenn Sie ausprobieren, `docker run` in mehreren Terminalfenstern parallel auszuführen. Das ist kein Problem für Docker! Der Grund für dieses auf den ersten Blick merkwürdige Verhalten besteht darin, dass Docker jedes Mal, wenn Sie `docker run imagename` ausführen, einen *neuen* Container für dieses Image erzeugt!

Jeder Container erhält automatisch eine zufällige UID, deren Kurzform sich im Host-Namen widerspiegelt, sowie ein eigenes Dateisystem. (Genau genommen wird über das Read-only-Dateisystem des Images ein Read-Write-Dateisystem des Containers gelegt – siehe Abschnitt 6.8, »Docker-Interna«.)

```
docker ps -a | grep ubuntu

  CONTAINER ID  IMAGE    STATUS                     NAMES
  26a4a5f5b281  ubuntu   Exited (2) 6 seconds ago   wizardly_...
  168a2ec648f0  ubuntu   Exited (0) 6 minutes ago   musing_kilby
  f8fec4640176  ubuntu   Up 36 minutes              naughty_borg
```



### Container mit »docker start« erneut ausführen

Um einen vorhandenen Container später weiterzuverwenden, müssen Sie ab dem zweiten Start explizit angeben, welchen Container Sie meinen. Dabei können Sie wahlweise die zufällige Container-ID oder den ebenso zufälligen, aber leichter zu merkenden Container-Namen verwenden (siehe das Ergebnis von `docker ps -a`).

Beachten Sie, dass Sie zum neuerlichen Start eines bereits vorhandenen Containers `docker start` verwenden müssen, nicht `docker run`! Damit Sie den Container interaktiv verwenden können, müssen Sie wieder die Option `-i` angeben. `-t` ist hingegen nicht zulässig. (Die meisten Optionen, die Sie beim Erzeugen eines Containers mit `docker run` angeben, werden dauerhaft im Container gespeichert und können mit `docker start` nicht verändert werden. `-i` zählt zu den Ausnahmen.)

Dafür benötigen Sie bei Podman zusätzlich die Option `-a`, was zusammen mit `-i` zu `-ai` abgekürzt werden kann. Die Option `-a` bewirkt, dass die Standardeingabe und -ausgabe des Containers mit der des Terminals verbunden wird. Bei Docker ist dies bei `docker -i start` automatisch der Fall; die zusätzliche Option `-a` stört aber nicht.

Die folgenden zwei Beispiele zeigen, dass Docker die Datei `abc` durchaus gespeichert hat. Entscheidend ist nur, dass Sie beim nächsten Start die richtige Container-ID bzw. den Container-Namen angeben.

```
docker start -ai musing_kilby

  root@168a2ec648f0:/# ls -l abc
    -rw-r--r--. 1 root root 0 Mar 10 15:27 abc
  root@168a2ec648f0:/# exit

docker start -ai 168a2ec648f0

  root@168a2ec648f0:/# ls -l abc
    -rw-r--r--. 1 root root 0 Mar 10 15:27 abc
  root@168a2ec648f0:/# exit
```

Beim interaktiven Arbeiten können Sie, anstatt einen Container zu beenden und diesen später neu zu starten, die Verbindung zwischen Container und Terminal vorübergehend trennen. Dazu drücken Sie im Terminal zuerst [Strg]+[P] und dann [Strg]+[Q]. Jetzt können Sie gewöhnliche Terminal-Kommandos ausführen. Mit `docker attach <id>/<name>` setzen Sie die Arbeit in dem im Hintergrund weitergelaufenen Container fort.

**Autovervollständigung**

Bei der Eingabe vieler Kommandos wie `docker start`, `docker attach` oder `docker rm` können Sie Container-IDs bzw. Container-Namen mit [Tab] vervollständigen – zumindest, wenn Sie unter Linux und macOS arbeiten. Damit das auch in der `zsh` mit der Erweiterung Oh-My-Zsh funktioniert, ergänzen Sie in `.zshrc` die `plugins`-Zeile um die Plug-ins `docker` und `docker-compose`.

### Eigene Container-Namen

Die zufälligen Container-Namen sind zwar handlicher als die IDs, noch besser ist es aber, Containern eigene Namen zuzuordnen. Dazu geben Sie, wenn Sie den Container mit dem Kommando `docker run` erzeugen, mit `--name` den gewünschten Namen an. Optional können Sie dem Container bei dieser Gelegenheit auch gleich mit `-h` einen Host-Namen zuweisen. Dieser kann, muss aber nicht mit dem Container-Namen übereinstimmen.

```
docker run -it --name myubuntu -h myubuntu ubuntu

  root@myubuntu:/#  ...
  root@myubuntu:/# exit
```

Um den Container später wieder zu starten, können Sie jetzt `myubuntu` anstelle von hexadezimalen Codes oder verwirrenden Namenszusammensetzungen verwenden:

```
docker start -ai myubuntu
```

**Optionen mit ein und zwei Bindestrichen**

Beim vorigen Kommando `docker run` gibt es Optionen mit einem Bindestrich (`-h`) und solche mit zwei Bindestrichen (`--name`). Warum?

Traditionell ist es bei Linux-Kommandos üblich, die meisten Optionen in zwei Varianten anzugeben: als Kurzschreibweise mit einem Buchstaben und einem vorangestellten Bindestrich und in einer Variante mit ausführlichen Optionsnamen und zwei Bindestrichen. Anstelle von `-h` wäre auch `--hostname` zulässig. Wir ziehen in diesem Buch aus Platzgründen zumeist die Kurzschreibweise vor. Für `--name` gibt es allerdings keine Kurzschreibweise. Diese Option muss in der Langform übergeben werden.

Ein Sonderfall ist `-it`. Hierbei handelt es sich um *zwei* kurze Optionen, die kombiniert wurden. `-it` ist also eine Abkürzung für `-i -t`. Ebenso wäre `-abc` eine Kurzform für `-a -b -c`.

Eine vollständige Referenz aller Optionen für ein bestimmtes Kommando erhalten Sie unter macOS und Linux mit `man`, wobei Sie das Haupt- und das Subkommando in zwei Parametern übergeben können. Den Hilfetext zu `docker run` können Sie also mit `man docker run` lesen, bei Podman analog mit `man podman run`. Windows-Nutzerinnen und -Nutzer führen am besten `docker run --help` aus und erhalten so eine kompakte Liste aller Optionen des Kommandos. Noch mehr Details liefert das Online-Handbuch:

*https://docs.docker.com/engine/containers/run*
*https://docs.podman.io/en/latest/markdown/podman-run.1.html*

### Parallel weitere Prozesse mit docker exec ausführen

Häufig wird in einem Docker-Container nur ein Prozess ausgeführt – sei es eine interaktive Shell im Vordergrund wie in den vorigen Beispielen, sei es ein Serverdienst im Hintergrund. `docker exec` bietet Ihnen die Möglichkeit, parallel zu einem laufenden Container beliebige weitere Prozesse zu starten. `docker exec` ist primär zum Debugging gedacht, kann aber universell eingesetzt werden.

Das folgende Kommando, das in einem zweiten Terminal- oder PowerShell-Fenster auszuführen ist, startet parallel zum bereits laufenden `myubuntu`-Container das Kommando `top`. Es wird ausgeführt, bis es durch [Q] beendet wird.

```
docker exec -it myubuntu /usr/bin/top
```

Sie können auch mehrere Shell-Sessions parallel ausführen:

```
docker exec -it myubuntu /bin/bash
```

### Aufräumen

Vermutlich sind vom Experimentieren jetzt diverse Ubuntu-Container übrig geblieben. `docker ps -a` liefert einen Überblick über alle Container. In einem weiteren Kommando können Sie nun mit `docker rm <name1> <name2>` alle betreffenden Container löschen. In Abschnitt 3.9, »Administration«, zeigen wir Ihnen, wie Sie unter macOS und Linux mit einem einzigen Kommando sämtliche Container löschen können, die ein bestimmtes Image nutzen.

Prinzipiell könnten Sie nun mit `docker image rm ubuntu` auch das Ubuntu-Image löschen. Es ist aber gut möglich, dass Sie dieses Image später noch öfter brauchen werden. Wenn Sie jetzt auf das Löschen verzichten, ersparen Sie sich dann einen neuerlichen Download.

## 3.4 Portweiterleitung

Neben dem schon vorgestellten `hello-world`-Image gibt es im Docker Hub ein weiteres Image, das für erste Experimente gedacht ist. macOS- und Windows-Anwenderinnen und -Anwender werden nach der Installation von Docker Desktop dazu eingeladen, dieses Beispiel auszuprobieren. Wenn Sie sich nach der Installation dagegen entschieden haben oder wenn Sie das Beispiel unter Linux ausprobieren möchten, sind Sie in diesem Abschnitt richtig!

### Container-Ports mit lokalen Ports verbinden

`getting-started` ist im Vergleich zu den bisherigen Beispielen dieses Kapitels insofern spannend, als es einen weiteren Aspekt der Docker-Anwendung ins Spiel bringt: die Integration von Containern in das lokale Netzwerk. Bei `getting-started` handelt es sich um einen einfachen Webserver, dessen Container als Hintergrunddienst ausgeführt wird. Sofern Sie Port 80 des Containers mit einem freien Port Ihres Host-Rechners verbinden (Option `-p`), können Sie über einen Webbrowser die vom Webserver zur Verfügung gestellten HTML-Dokumente lesen. Die Inbetriebnahme erfolgt Docker-typisch mit einem unscheinbaren, kurzen Kommando:

```
docker run -d -p 80:80 docker/getting-started
```

Kurz eine Erklärung der Optionen: `-d` (*detach*) bedeutet, dass Docker den Container im Hintergrund ausführen soll. Aufgrund von `-p 80:80` verbindet Port 80 des lokalen Rechners mit Docker Port 80 des Containers.

Obwohl das `getting-started`-Image viele Docker-spezifische Anweisungen enthält, eignet es sich prinzipiell auch für Podman. Das Kommando sieht dann wie folgt aus (warum jetzt Port 8080 im Spiel ist, erklären wir Ihnen gleich):

```
podman run -d -p 8080:80 docker.io/docker/getting-started
```

Im Unterschied zu den bisherigen Beispielen reicht es bei diesem Beispiel nicht, als Image-Namen einfach nur `getting-started` anzugeben. Diese Kurzschreibweise ist nur für »offizielle« Images vorgesehen, die Basis-Images bzw. grundlegende Programmiersprachen, Server oder sonstige Tools zur Verfügung stellen. Offizielle Images müssen bestimmte Spielregeln einhalten, werden dafür aber innerhalb des Docker Hubs bevorzugt behandelt:

*https://docs.docker.com/docker-hub/official_images*

Bei allen anderen Images, die von Entwicklern oder Firmen über den Docker Hub bereitgestellt werden, muss dem Image-Namen der Firmen- oder Entwicklername vorangestellt werden – hier also `docker/getting-started`. Und in Podman ist außerdem die Angabe der Registry erforderlich, womit sich `docker.io/docker/getting-started` ergibt.

> **Sicherheitsrisiko durch Ports**
>
> Durch `-p` geöffnete Ports können nicht nur auf dem lokalen Rechner genutzt werden, sondern sind auch nach außen hin sichtbar! In manchen Fällen kann dies ein Sicherheitsrisiko sein. Dieses vermeiden Sie, wenn Sie die Port-Weiterleitung explizit auf `localhost` beschränken, z. B. mit `docker run -p 127.0.0.1:8080:80`.
>
> *https://docs.docker.com/engine/network*

Nach einigen Statusmeldungen (in der Regel muss Docker das Image zuerst herunterladen) passiert – scheinbar – nichts. `docker` hat das Kommando ausgeführt, aber anders als bei den bisherigen Beispielen gibt es kein visuelles Feedback in der Konsole. `docker ps` beweist immerhin, dass der Container tatsächlich läuft:

```
docker ps

  CONTAINER ID   IMAGE                     PORTS                  ...
  6f3f1d532659   docker/getting-started    0.0.0.0:80->80/tcp
```

Die Spalte `PORTS` verrät, dass Port 80 des Containers mit Port 80 des Docker-Hosts (also Ihres Rechners!) verbunden ist. Um zu sehen, was auf Port 80 passiert, öffnen Sie auf Ihrem Webbrowser die Adresse *localhost*. (Unter Umständen müssen Sie *http://localhost* eingeben, damit der Browser Ihre Eingabe nicht als Suchaufforderung versteht.) Damit kommen Sie auf eine Website, die der von Docker ausgeführte Container – genau genommen ein Webserver – zur Verfügung stellt (siehe Abbildung 3.1).

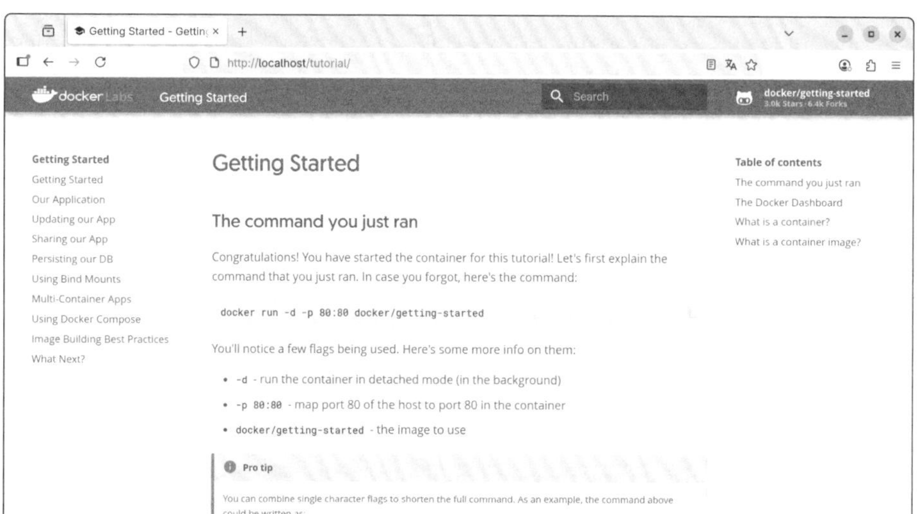


**Abbildung 3.1** Die »getting-started«-App im Webbrowser

Die Website besteht aus einer ganzen Palette von Seiten, die durch ein weiteres Beispiel für die Anwendung von Docker führen. Dabei geht es um die Inbetriebnahme eines weiteren Containers auf der Basis eines zuvor lokal erstellten Images. Dieses heißt – ein wenig verwirrend – ebenfalls `getting-started`, wenn auch ohne vorangestelltes `docker/`. Wir empfehlen Ihnen, zuerst Kapitel 4, »Eigene Images«, zu lesen, bevor Sie der Anleitung des `getting-started`-Beispiels folgen.

### Probleme mit Port 80

Nicht in jedem Fall führt das vorhin angegebene Kommando `docker run` zum Erfolg. Eine mögliche Fehlerursache kann darin bestehen, dass Port 80 schon belegt ist, weil auf Ihrem Rechner bereits ein Webserver aktiv ist. Gerade auf Entwicklungsrechnern ist das nicht ungewöhnlich. In diesem Fall verändern Sie die Optionen von `docker run` ein wenig und geben eben einen anderen Zielport an (hier 8080).

Beachten Sie die Syntax `-p hostport:containerport`! Die erste Portnummer bezieht sich also auf den Host (auf Ihren Computer), die zweite auf den Container. Die Reihenfolge widerspricht der Quelle-Ziel-Logik der meisten Linux-Kommandos. Grundsätzlich gilt bei allen Docker-Optionen, die eine Zuordnung zwischen Host und Container festlegen (Ports, Volumes etc.), dass zuerst die Host- und dann die Container-Daten angegeben werden.

```
docker run -d -p 8080:80 docker/getting-started
```

Wenn das klappt, dann müssen Sie nun Port 8080 auch in der Adresse verwenden, die Sie in Ihrem Webbrowser angeben – also *http://localhost:8080*.

Eine zweite Fehlerursache kann darin bestehen, dass Sie unter Linux mit Rootless Docker oder mit Podman arbeiten. Ohne `root`-Rechte kann Docker bzw. Podman nicht über die »privilegierten« Ports kleiner als 1024 verfügen. Der Lösungsweg ist der gleiche wie vorhin – Sie verwenden eben eine Portnummer, die größer ist als 1024 – z. B. 8080. (Jede Zahl zwischen 1024 und 65535 funktioniert, sofern der Port nicht schon für eine andere Funktion reserviert ist.)

### Aufräumen

Der `getting-started`-Container läuft im Hintergrund weiter, bis Sie ihn explizit beenden oder Ihren Rechner neu starten. Wenn Sie mit Podman oder Rootless Docker arbeiten, führt auch ein Logout dazu, dass die Container-Ausführung gestoppt wird.

Um die Container-Ausführung zu beenden, ermitteln Sie zuerst mit `ps` seinen Namen oder seine ID. In der Folge stoppen Sie den Container:

```
docker ps

  CONTAINER ID   IMAGE                      ...      NAMES
  3c8ac71262b8   docker/getting-started
    nervous_williams

docker stop 3c8ac71262b8
```

Wenn Sie denselben Container später noch einmal starten möchten, führen Sie entsprechend `docker start <id>` oder `<name>` aus. Die ID können Sie bei Bedarf mit `docker ps -a` ermitteln. Mit der Option `-a` listet `docker ps` alle Container auf, auch die, die gerade nicht ausgeführt werden.

`docker rm <id>` löscht den Container. Das funktioniert nur, wenn er nicht läuft. Gegebenenfalls führen Sie vorher `docker stop` aus oder übergeben `docker rm` die Option `-f` (*force*), um den Container sowohl zu stoppen als auch zu löschen.

Das Image löschen Sie mit `docker image rm docker/getting-started`. Das ist wiederum nur möglich, nachdem Sie vorher alle davon abgeleiteten Container gelöscht haben.

## 3.5 Datenspeicherung in Volumes

Dieser Abschnitt beschäftigt sich mit der Frage, wie und wo Container Daten speichern. Was würde sich besser zur Beantwortung dieser Fragen eignen als ein Container mit einem Datenbankserver? Wir haben uns hier für das mit MySQL kompatible Datenbanksystem MariaDB entschieden. Sie werden sehen, Sie müssen kein Datenbankexperte sein, um dem Beispiel folgen zu können. (Mehr Tipps zum praktischen Einsatz von MySQL und MariaDB folgen in Abschnitt 10.1.)

Im Docker Hub gibt es für die Datenbankserver MySQL und MariaDB diverse Images. Für diesen Abschnitt haben wir mit dem offiziellen MariaDB-Image gearbeitet. Es ist auf der folgenden Seite dokumentiert:

*https://hub.docker.com/_/mariadb*

Beim Einrichten des Containers mit dem folgenden Kommando wird das `root`-Passwort für den Datenbankserver als Parameter übergeben. Das ist kein optimaler Mechanismus, weil das Passwort kurz im Klartext in der Prozessliste für alle sichtbar ist. Eine bessere Vorgehensweise präsentieren wir Ihnen in Abschnitt 5.5, »Passwörter und andere Geheimnisse«. Der Inhalt von `MYSQL_ROOT_PASSWORD` kann später auch mit `docker inspect mariadb-test` ausgelesen werden – allerdings nur von Anwenderinnen und Anwendern, die selbst `docker` ausführen dürfen.

Anstelle von MYSQL_ROOT_PASSWORD können Sie die gleichwertige Variable MARIADB_ROOT_PASSWORD verwenden. Wir bleiben in diesem Kapitel bei MYSQL_xxx, weil diese Variablennamen universell für MariaDB- und für MySQL-Images funktionieren.

```
docker run -d --name mariadb-test \
         -e MYSQL_ROOT_PASSWORD=geheim mariadb
```

Wenn Sie Podman verwenden, müssen Sie für MariaDB docker.io als Image-Registry auswählen. Die interaktive Auswahl vermeiden Sie, indem Sie gleich den vollständigen Image-Namen angeben. Dieser funktioniert natürlich auch in Kombination mit docker.

```
podman run -d --name mariadb-test \
   -e MYSQL_ROOT_PASSWORD=geheim docker.io/library/mariadb
```

Das Kommando docker run gibt zwar die ID des neuen Containers aus, zeigt aber ansonsten keine Statusinformationen an, die auf einen erfolgreichen Start hinweisen. Sie können sich mit docker ps davon überzeugen, dass der Container wirklich läuft:

```
docker ps

  CONTAINER ID ...  COMMAND    CREATED          NAMES
  02f5b1017abb      mysqld     52 seconds ago   mariadb-test
  ...
```

Sollte docker ps keine Ausgaben liefern bzw. sollte mariadb-test in der Liste der aktiven Container fehlen, ergründen Sie am besten mit docker logs die Fehlerursache. Wenn Sie beispielsweise vergessen haben, das gewünschte Passwort mit der Option -e zu übergeben, erhalten Sie mit docker logs die folgende Fehlermeldung:

```
docker logs mariadb-test

  Entrypoint script for MariaDB Server 1:12.0.2+maria~ubu2404
  Switching to dedicated user 'mysql'
  ...
```

Beachten Sie, dass Sie vor einem neuerlichen Start den zuletzt erzeugten Container löschen, also docker rm mariadb-test ausführen müssen.

**Mehrzeilige Kommandos**

Wenn wir in diesem Buch Kommandos aus Platzgründen über zwei Zeilen verteilen müssen, kennzeichnen wir das Ende der umbrochenen Zeile mit dem Zeichen \. Unter Linux und macOS haben Sie nun die Wahl, ob Sie das Kommando einfach in einer Zeile eingeben oder ob Sie es wie im Buch abgedruckt mehrzeilig samt allen \-Zeichen eingeben.

Beachten Sie aber, dass mehrzeilige Kommandos in der PowerShell unter Windows mit dem Zeichen ` zu trennen sind! In der PowerShell müssten Sie das obige Kommando daher entweder in einer langen Zeile oder wie folgt eingeben:

```
docker run -d --name mariadb-test `
          -e MYSQL_ROOT_PASSWORD=geheim mariadb
```

Wenn der Start erfolgreich war, läuft der Datenbankserver wegen der Option `-d` im Hintergrund weiter, bis der Container explizit wieder gestoppt wird:

```
docker stop mariadb-test
```

### Speicherung der Datenbank in einem automatisch erzeugten Volume

MySQL und MariaDB speichern grundsätzlich alle Datenbankdateien im Verzeichnis `/var/lib/mysql`. Im `Dockerfile` von MariaDB, also in der Beschreibung des Images, ist `/var/lib/mysql` aber als *Volume* gekennzeichnet. Das bedeutet, dass dieses Verzeichnis *außerhalb* des Containers angelegt wird.

- Unter Linux richtet Docker dazu ein Unterverzeichnis innerhalb von `/var/lib/docker/volumes` auf dem Host-Rechner ein. Wenn Sie mit Rootless Docker arbeiten, landet das Unterverzeichnis entsprechend in `.local/share/docker/volumes`. Podman verwendet das Verzeichnis `.local/share/containers/storage/volumes`. Den genauen Verzeichnisnamen können Sie mit `docker inspect mariadb-test` ermitteln, wenn Sie in der mehrseitigen Ausgabe dieses Kommandos nach `Mounts` suchen.
- Unter Windows und macOS ist die Funktionsweise ganz ähnlich, allerdings wird das Volume-Verzeichnis nicht direkt im Dateisystem von Windows bzw. macOS eingerichtet, sondern innerhalb der virtuellen Maschine des Linux-Kernels, der für die Ausführung der Docker Engine zuständig ist. Das verstärkt den »Blackbox-Charakter« derartiger Volumes.

Was haben Sie davon, dass Docker zwischen Daten differenziert, die im Container gespeichert werden, und solchen, die außerhalb (also in einem Volume) abgelegt werden? Vorerst nicht viel. Sowohl die Container als auch die Volumes landen in einem von Docker verwalteten Verzeichnis (z. B. `/var/lib/docker`), auf dessen Inhalt Sie in keinem Fall direkt zugreifen sollten.

Aber mit Volumes haben Sie die Möglichkeit, die Daten eines beendeten Containers später in einen neuen Container zu übernehmen. Das ist z. B. dann sinnvoll, wenn Sie nach einem MariaDB-Update den vorhandenen Container löschen und durch einen neuen Container mit der aktuellen MariaDB-Version ersetzen möchten. Bei einem derartigen Update wollen Sie natürlich Ihre Daten nicht verlieren.

Außerdem werden Sie im nächsten Abschnitt lernen, wie Sie Volumes mit eigenen lokalen Verzeichnissen verbinden und so gewissermaßen aus der Docker-Blackbox herauslösen können.

### Volumes analysieren

Das Kommando `docker inspect` liefert in einem mehr als 100 Zeilen langen Listing unzählige Details zu einem bestimmten Container. Uns interessieren an dieser Stelle vor allem die Volume-Daten:

```
docker inspect mariadb-test

  ...
  "Mounts": [
      {
          "Type": "volume",
          "Name": "d19f5b86...",
          "Source": "/var/lib/docker/volumes/d19f5b86.../_data",
          "Destination": "/var/lib/mysql",
          "Driver": "local",
          "Mode": "",
          "RW": true,
          "Propagation": ""
      }
  ],
  ...
```

Der Container `mariadb-test` ist also einem Volume mit der ID `d19f5b86...` zugeordnet. Dieses Volume befindet sich physikalisch im folgenden Verzeichnis:

```
/var/lib/docker/volumes/d19f5b86.../_data
```

Anstatt die Volume-Daten mühsam aus dem Listing zu extrahieren, können Sie an `docker inspect` eine Formatoption übergeben und nur die für Sie relevanten Daten – in diesem Fall alle *Mounts* – herausfiltern:

```
docker inspect -f '{{ .Mounts }}' mariadb-test

  [{volume d19f5b86...
    /var/lib/docker/volumes/d19f5b86.../_data
    /var/lib/mysql
    local
    true }]
```

Sobald Sie den Namen eines Volumes kennen (hier `d19f5b86...`), können Sie mit `docker volume inspect` weitere Informationen herausfinden. (Beachten Sie, dass Sie dabei den gesamten, 64 Zeichen langen hexadezimalen Code angeben müssen. Wir geben in den Listings dieses Abschnitts zur besseren Übersichtlichkeit jeweils nur die ersten 8 Stellen an.)



```
docker volume inspect d19f5b86...
  [
    {
      "CreatedAt": "2025-11-07T14:44:34+01:00",
      "Driver": "local",
      "Labels": null,
      "Mountpoint": "/var/lib/docker/volumes/d19f5b86.../_data",
      "Name": "d19f5b86..",
      "Options": null,
      "Scope": "local"
    }
  ]
```

Leider verrät `docker volume inspect` nicht, wie groß ein Volume ist. Diese Information liefert `docker system df`, allerdings nicht spezifisch für ein Volume, sondern global für alle durch Docker verwalteten Images, Container, Volumes etc. Dementsprechend ist die Ausgabe von `docker system df` zumeist recht lang. Wir haben aus dem folgenden Listing alle Informationen entfernt, die nichts mit unserem Volume zu tun haben.

```
docker system df -v

  Images space usage: ...
  Containers space usage: ...
  Build cache usage: ...
  Local Volumes space usage:
    VOLUME NAME       LINKS      SIZE
    d19f5b86...       1          186.2MB
```

Vielleicht fragen Sie sich, warum das Volume derart groß ist: Wir haben ja noch gar keine Datenbanken erzeugt und mit Daten befüllt. Die Volume-Größe hat mit einer Eigenheit des MariaDB-Servers zu tun: Beim ersten Start werden Dateien eingerichtet, in denen später Datenbanken, Transaktionen usw. gespeichert werden. Die minimale Größe dieser Dateien ist bereits ziemlich beträchtlich.

### MariaDB-Client aufrufen

Bevor wir Ihnen im nächsten Abschnitt mehr Details zum effizienten Umgang mit Volumes verraten, möchten wir Ihnen kurz zeigen, wie Sie den MariaDB-Container ansehen bzw. analysieren können. Das ist insofern nicht ganz trivial, als eine interaktive Nutzung des Containers nicht vorgesehen ist. Sie können aber mit `docker exec` innerhalb des im Hintergrund laufenden Containers das interaktive Kommando mariadb starten. (mariadb ist ein Kommando, mit dem Sie SQL-Anweisungen auf einem MariaDB-Server ausführen können. Falls Sie einen Container mit einem MySQL-Server ausführen, lautet der Kommandoname entsprechend mysql.)

Als Login-Passwort geben Sie das gleiche Passwort wie beim Erzeugen des Containers an. Wenn Sie die vorherigen Kommandos exakt nachvollzogen haben, lautet es geheim.

```
docker exec -it mariadb-test mariadb -u root -p

  Enter password: ******** (root-Passwort für MariaDB)
  Welcome to the MariaDB monitor.
  Server version: 12.0.2-MariaDB

  MariaDB [(none)]> show status;
    ...

  MariaDB [(none)]> exit
```

### Ein Blick in den Container

Wenn Sie neugierig sind und weitere Details über den Container ermitteln möchten, starten Sie parallel zum MariaDB-Server mit docker exec einen bash-Prozess für den Container:

```
docker exec -it mariadb-test /bin/bash

  root@34de866bff12:/# cat /etc/os-release
    PRETTY_NAME="Ubuntu 24.04.3 LTS"
    ...

  root@34de866bff12:/#  ps -ax
    PID TTY      STAT   TIME COMMAND
      1 ?        Ssl    0:00 mariadbd
    147 ?        Ss     0:00 /bin/bash
    218 ?        R+     0:00 ps -ax

  root@34de866bff12:/#  mariadbd --version
    mariadbd  Ver 12.0.2-MariaDB-ubu2404 for debian-linux-gnu
    on aarch64 (mariadb.org binary distribution)

  root@34de866bff12:/#  exit
```

Anhand von cat /etc/os-release wissen Sie nun, dass MariaDB Ubuntu als Basis-Image verwendet.

### Logging

Da der MariaDB-Container im Hintergrund läuft, sehen Sie im Terminal weder Fehlermeldungen noch Logging-Ausgaben. Diese können Sie mit `docker logs` lesen:

```
docker logs mariadb-test

  Starting MariaDB 12.0.2-MariaDB-1 as process 1
  InnoDB: Compressed tables use zlib 1.3
  InnoDB: Number of transaction pools: 1
  ...
```

### Aufräumen

Beim Löschen eines Containers bleibt das dazugehörige Volume immer erhalten. Das ist zweckmäßig, weil sich in Volumes ja Daten befinden, die Sie in zukünftigen Containern vielleicht noch brauchen.

Bei diesem Beispiel ist das aber nicht der Fall. Wir wollen den Container *und* das Volume löschen. Deswegen sollten Sie unbedingt vor `docker rm` mit `docker inspect` den Namen des zugeordneten Volumes ermitteln! Das gibt Ihnen die Möglichkeit, in der Folge auch das Volume zu löschen:

```
docker inspect -f '{{ .Mounts }}' mariadb-test

  [{volume d19f5b86...  ...  /var/lib/mysql local  true }]

docker stop mariadb-test

docker rm mariadb-test

docker volume rm d19f5b86...
```

Sollten Sie den Container bereits gelöscht haben, ohne vorher die zugehörige Volume-ID ermittelt zu haben, ist es schwierig, das Volume zu löschen. `docker volume ls` listet zwar alle bekannten Volumes auf, verrät aber nicht, welchem Container diese Volumes zugeordnet sind.

Immerhin können Sie mit `docker volume prune` *alle* Volumes löschen, die keinem Container zugeordnet sind. Wenn Sie bisher nur mit Docker experimentiert haben, ist das ungefährlich. Andernfalls birgt `docker volume prune` aber die Gefahr in sich, dass Sie Volumes löschen, deren Daten Sie später vielleicht noch brauchen.

## 3.6 Volumes mit Namen

Im vorigen Abschnitt haben Sie Volumes als Mechanismus kennengelernt, veränderliche Daten eines Containers auszulagern, also losgelöst vom eigenen Container zu speichern. Sofern das Image entsprechend konfiguriert ist, kümmert sich Docker nahezu um alles selbst. Allerdings haben die automatisch erzeugten Volumes einen gravierenden Nachteil: Sie bekommen als Namen eine zufällige, 64-stellige hexadezimale Zahl. Die vorigen Beispiele haben gezeigt, wie unübersichtlich das die weitere Verwaltung bzw. das Löschen von Volumes macht.

Zum Glück gibt es einen einfachen Ausweg: Mit einer Option können Sie Volumes eigene Namen zuweisen. Wir verwenden für die folgenden Beispiele weiterhin MariaDB. Die Option `-v <vname>:<containerdir>` ordnet einem Verzeichnis des Containers einen Volume-Namen zu:

```
docker run -d --name mariadb-test \
           -v myvolume:/var/lib/mysql \
           -e MYSQL_ROOT_PASSWORD=geheim mariadb
```

An der Anwendung von MariaDB ändert sich nichts. Die Administration des Volumes wird aber einfacher. `docker inspect` und `docker system df` zeigen statt einer ID den Namen des Volumes an:

```
docker inspect -f '{{ .Mounts }}' mariadb-test

  [{volume myvolume
    /var/lib/docker/volumes/myvolume/_data
    /var/lib/mysql
    local z true }]

docker system df -v

  ...
  VOLUME NAME    LINKS      SIZE
  myvolume       1          186.2MB
```

### Container-Update ohne Datenverlust

Die Vorteile von Volumes werden klar, wenn Sie (z. B. nachdem im Docker Hub eine neue Version des MariaDB-Images veröffentlicht wurde) ein Container-Update durchführen möchten. Dazu stoppen und löschen Sie den aktuellen Container, laden mit `docker pull` das aktuelle Image herunter, erzeugen einen neuen Container und verbinden diesen mit dem schon vorhandenen Volume!

Beachten Sie, dass bei `docker run` nun die Option `-e` zur Einstellung des Passworts entfällt. In `myvolume` befinden sich nicht nur alle Datenbanken, die Sie bei der bisherigen

Nutzung des Containers eingerichtet haben, sondern auch das MariaDB-Passwort. Es muss daher nicht erneut konfiguriert werden.

```
docker stop mariadb-test
docker rm mariadb-test
docker pull mariadb
docker run -d --name mariadb-test \
        -v myvolume:/var/lib/mysql mariadb
```

### Aufräumen

Auch das Aufräumen gelingt mit benannten Volumes wesentlich einfacher. Natürlich sollten Sie das Volume nur löschen, wenn Sie die darin enthaltenen Daten nicht mehr brauchen. Für die weiteren Beispiele dieses Kapitels ist das Volume aber nicht erforderlich – wir werden bei nächster Gelegenheit ein neues erzeugen.

```
docker stop mariadb-test
docker rm mariadb-test
docker volume rm myvolume
```

## 3.7 Volumes in eigenen Verzeichnissen

Egal, ob mit eigenem Namen oder mit einer zufälligen ID: Standardmäßig landen alle Volumes in von Docker oder Podman verwalteten Verzeichnissen bzw. unter macOS in einer virtuellen Maschine bzw. unter Windows in einem WSL-Verzeichnis.

Es besteht aber auch die Möglichkeit, Volumes in einem eigenen Verzeichnis im lokalen Dateisystem zu speichern. Das hat den Vorteil, dass Sie losgelöst von Docker auf den Inhalt des Verzeichnisses zugreifen können. Die folgenden Kommandos zeigen die Kommandoabfolge. Die erste Kommandosequenz richtet den Container mit einem lokalen Volume-Verzeichnis ein. Dabei kommt wieder die Option `-v` zum Einsatz, diesmal aber in der Form `-v <localdir>:<containerdir>`:

```
mkdir /home/<username>/varlibmysql

docker run -d --name mariadb-test \
  -e MYSQL_ROOT_PASSWORD=geheim \
  -v /home/<username>/varlibmysql/:/var/lib/mysql mariadb
```

Unter Linux und macOS muss der Pfad zum lokalen Volume-Verzeichnis mit / beginnen. Ein relativer Pfad in der Form `./name` wird nicht akzeptiert. Wenn Sie nur `name` angeben, betrachtet `docker run` die Zeichenkette als Volume-Namen. Es erzeugt dann wie im vorigen Abschnitt selbst ein Volume und benennt dieses mit `name`.

**Volumes versus Mounts**

In der Docker-Dokumentation ist mal von Volumes die Rede, dann wieder von Mounts. Was ist der Unterschied?

*Mounts* bezeichnet einen Mechanismus zum Einbetten eines externen Dateisystems in den Verzeichnisbaum des Containers. Es gibt drei Typen von Mounts: `bind`, `volume` und `tmpfs`. Bei einem Volume handelt es sich – ein wenig verwirrend – um einen `bind`-Mount.

Anstelle der in diesem Buch oft genutzten Option `-v` bzw. `--volume` des Kommandos `docker run` können Sie auch die Option `--mount` verwenden. Aus

```
-v <hostdir>:<containerdir>
```

wird dann:

```
--mount type=bind,source=<hostdir>,destination=<containerdir>
```

Die langatmige Syntax von `--mount` ist der Grund, warum wir `-v` vorziehen.

### Mögliche Probleme mit SELinux

Bei Fedora, RHEL und damit kompatiblen Distributionen kann SELinux das Einrichten von Volumes außerhalb der für Docker oder Podman reservierten Verzeichnisse verbieten. Das gilt allerdings nur, wenn in Docker SELinux aktiviert ist. Wenn Sie das Programm aus den Docker-Paketquellen installiert haben, ist das nicht der Fall:

```
docker info | grep 'Security Options'

  Security Options:                  # Docker ohne SELinux
```

Wenn SELinux aktiv ist, sieht die Ausgabe so aus:

```
docker info | grep 'Security Options'

  Security Options: seccomp          # Docker mit SELinux
```

In diesem Fall führt das Einrichten von Volumes an nicht vorgesehenen Orten zu Fehlern. Abhilfe schafft das zusätzliche Flag `:z` oder `:Z`, das Sie der Volume-Option hinzufügen müssen (also z. B. `-v /home/kofler/varlibmysql/:/var/lib/mysql:z`). Wie gesagt: Weil SELinux in den üblichen Docker-Binarys nicht aktiv ist, ist diese Option heute nur noch in Ausnahmefällen erforderlich.

Die beiden Flags bewirken, dass den von Docker oder Podman erzeugten Dateien automatisch der erforderliche SELinux-Kontext zugewiesen wird. `:z` erlaubt eine Nutzung der Dateien durch unterschiedliche Container, während `:Z` die Dateien speziell dem einen zu startenden Container zuordnet. Details und Hintergrundinformationen finden Sie hier:

*https://stackoverflow.com/questions/44139279*

### Probleme auf Windows-Hosts

Grundsätzlich ist die Option `-v` zur Angabe eines lokalen Volume-Verzeichnisses auch auf Windows-Hosts erlaubt. Dabei sind drei Einschränkungen zu beachten:

- Die Pfadangabe kann mit dem in Windows unüblichen /-Zeichen erfolgen oder muss in Anführungszeichen gestellt werden, also z. B. so:

  ```
  -v C:/Users/name/dir:volumedir
  -v "C:\Users\name\dir":volumedir
  ```

- Lokale Volume-Verzeichnisse sind mit Einschränkungen verbunden, die sich aus den unterschiedlichen internen Strukturen von Windows- und Linux-Dateisystemen ergeben. Manche Dateioperationen funktionieren, andere wiederum nicht.
- Dateioperationen in lokalen Verzeichnissen sind deutlich langsamer als bei Volumes, die von Docker direkt verwaltet werden.

In den Docker-Foren gibt es eine Menge Threads von Benutzerinnen und Benutzern, die Probleme mit Volume-Verzeichnissen unter Windows haben. Sie machen sich das Leben einfacher, wenn Sie unter Windows auf Volumes in eigenen Verzeichnissen verzichten und stattdessen benannte Volumes verwenden.

### Aufräumen

Beim Stoppen und Löschen des Containers ändert sich nichts. Um das Löschen des Volume-Verzeichnisses müssen Sie sich nun aber selbst kümmern, wobei Sie je nach Betriebssystem `rm -rf verz` oder `rmdir /s verz` ausführen.

```
docker stop mariadb-test
docker rm   mariadb-test

sudo rm -rf varlibmysql     # Linux, macOS
rmdir /s varlibmysql        # Windows
```

Docker bzw. Podman erzeugen bei der Ausführung von Containern Dateien, die nicht Ihrem eigenen Account zugeordnet sind. Deswegen scheitert das `rm`-Kommando, wenn Sie `sudo` vergessen.

## 3.8 Kommunikation zwischen mehreren Containern

Für viele Container-Anwendungen gilt: Ein Container kommt selten allein! Sobald aber mehrere Container gleichzeitig ausgeführt werden, stellt sich die Frage, wie sie miteinander kommunizieren. Das gelingt am einfachsten über ein internes Netzwerk, das Sie mit `docker network` einrichten.

Die in diesem Abschnitt vorgestellten Kommandos zeigen die Kombination von drei Containern mit MariaDB, phpMyAdmin und WordPress. Die Beispiele funktionieren unverändert auch mit Rootless Docker und mit Podman.

**Mehr Komfort mit »compose«**

Wir zeigen Ihnen hier das manuelle Einrichten eines Docker-Netzwerks sowie mehrerer Container primär aus didaktischen Gründen. Wir wollen, dass Sie verstehen, wie Docker funktioniert.

In der Praxis ist es wesentlich effizienter, derartige Setups mit den Kommandos `docker compose` bzw. `podman-compose` zu bewerkstelligen. Wie Sie dazu vorgehen, lernen Sie in Kapitel 5, »Container-Setups mit compose«.

### Privates Docker-Netzwerk einrichten

Das Einrichten eines Docker-Netzwerks ist denkbar einfach:

```
docker network create testnet
```

### MariaDB

Schon deutlich komplizierter ist der Start des Datenbanksystems. Die Verwendung von MariaDB ist Ihnen ja aus den bisherigen Beispielen prinzipiell vertraut. Diesmal ändern sich aber ein paar Details:

- Wir möchten, dass MariaDB beim ersten Start eine leere Datenbank (`wp`) sowie einen neuen Account (`wpuser`) samt Passwort anlegt. Auf diese Datenbank erhalten später phpMyAdmin und WordPress Zugriff. Das MariaDB-Image kümmert sich um die notwendigen Initialisierungsarbeiten, wenn Sie die Variablen `MYSQL_DATABASE`, `MYSQL_USER` und `MYSQL_PASSWORD` mit `-e` an `docker run` übergeben.
- Für das Beispiel ist es nicht erforderlich, dass das `root`-Passwort von MariaDB den anderen Containern bekannt ist. Dank `-e MYSQL_RANDOM_ROOT_PASSWORD=1` verwendet MariaDB einfach ein zufälliges Passwort.
- Neu ist auch die Option `--network`, die den Container mit dem vorhin erzeugten Netzwerk verbindet.

Somit ergibt sich eine schon etwas komplexere Abfolge von Optionen für den Start des MariaDB-Containers:

```
docker run -d --name mariadb-test \
  -h mariadb-test \
  --network testnet \
  -e MYSQL_RANDOM_ROOT_PASSWORD=1 \
  -e MYSQL_DATABASE=wp  \
  -e MYSQL_USER=wpuser \
  -e MYSQL_PASSWORD=geheim \
  -v myvolume:/var/lib/mysql \
  mariadb
```

### phpMyAdmin

phpMyAdmin ist eine populäre Weboberfläche zur Administration von MariaDB (siehe Abbildung 3.2).

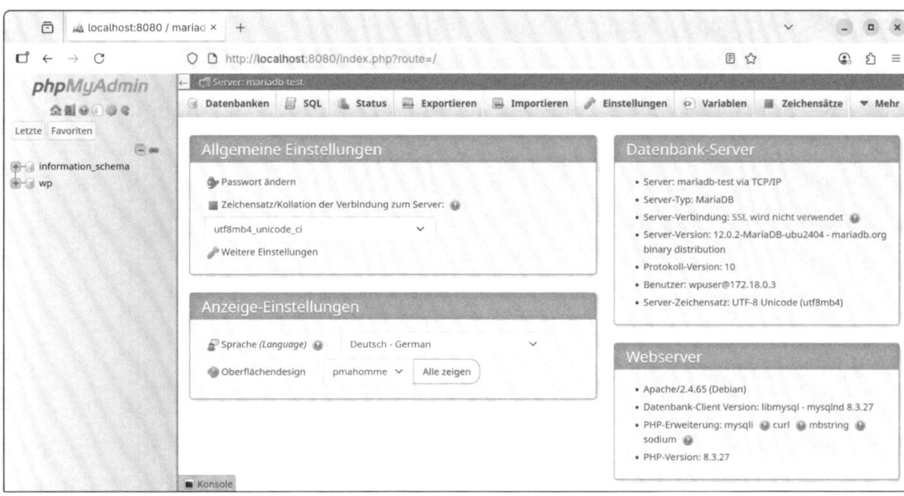


**Abbildung 3.2** phpMyAdmin und der MariaDB-Server laufen in zwei voneinander getrennten Containern.

Der Start des entsprechenden Containers gelingt unkompliziert:

```
docker run -d --name pma \
  --network testnet \
  -p 8080:80 \
  -e PMA_HOST=mariadb-test \
  phpmyadmin
```

Ein paar Anmerkungen zu den Optionen:

- Die Option --network verbindet auch diesen Container mit dem privaten Netzwerk dieses Beispiels.
- -p bewirkt, dass die Weboberfläche (Port 80 im Container) auf dem Host-System unter Port 8080 angesprochen werden kann.
- Dank der Variablen PMA_HOST weiß der phpMyAdmin-Container, unter welchem Host-Namen der MariaDB-Server im Netzwerk läuft. Docker-Netzwerke kümmern sich automatisch um die netzwerkinterne Namensauflösung, wobei die mit --name angegebenen Namen gelten.

Wie MariaDB wird auch der phpMyAdmin-Container im Hintergrund ausgeführt (Option -d). Um zu testen, ob alles funktioniert, öffnen Sie im Webbrowser Ihres Rechners die Adresse *localhost:8080*. Sie müssen sich beim Datenbankserver mit dem Accountnamen wpuser und dem Passwort geheim anmelden. Danach können Sie über die Weboberfläche die in den Tabellen enthaltenen Daten abfragen, neue Tabellen einrichten usw.

**root-Zugriff in phpMyAdmin**

Wenn Sie in phpMyAdmin nicht nur die Datenbank wp, sondern alle Datenbanken von MariaDB sehen wollen, müssen Sie beim Start des MariaDB-Containers wie in den bisherigen Abschnitten ein root-Passwort festlegen. Dann gelingt in phpMyAdmin der Login mit root und dem dazugehörigen Passwort. In diesem Beispiel ist das nicht möglich, weil das root-Passwort wegen der Variablen MYSQL_RANDOM_ROOT_PASSWORD=1 zufällig bestimmt wurde.

### WordPress

Wie lange haben Sie das letzte Mal gebraucht, um auf einem Server WordPress zu installieren? Wenn Sie das regelmäßig machen, vermutlich nur ein paar Minuten – aber beim ersten Mal dauert es oft viel länger, bis das Fundament, das aus Apache, PHP und MySQL oder MariaDB besteht, mit all seinen Zusatzpaketen installiert und konfiguriert ist.

Deutlich schneller geht es mit Docker. Einmal vorausgesetzt, dass Sie bereits einen MySQL- oder MariaDB-Container eingerichtet haben, ist zur Inbetriebnahme von WordPress lediglich das folgende, zugegebenermaßen nicht ganz kurze Kommando notwendig:

```
docker run -d --name wordpress-test \
  --network testnet \
  -h wordpress-test \
  -v wp-html:/var/www/html/wp-content \
  -p 8081:80  \
```

```
  -e WORDPRESS_DB_HOST=mariadb-test \
  -e WORDPRESS_DB_USER=wpuser \
  -e WORDPRESS_DB_NAME=wp \
  -e WORDPRESS_DB_PASSWORD=geheim \
  wordpress
```

Unter der Adresse *http://localhost:8081* nehmen Sie die Website nun in Betrieb (siehe Abbildung 3.3). Die Anfangskonfiguration beschränkt sich auf zwei Dialoge: Auf der ersten Seite wählen Sie die gewünschte Sprache aus, auf der zweiten Seite richten Sie den WordPress-Administrator ein. Die oft heikle Konfiguration der Zugangsdaten des Datenbankservers entfällt: Darum hat sich ein Script des WordPress-Containers bereits gekümmert.

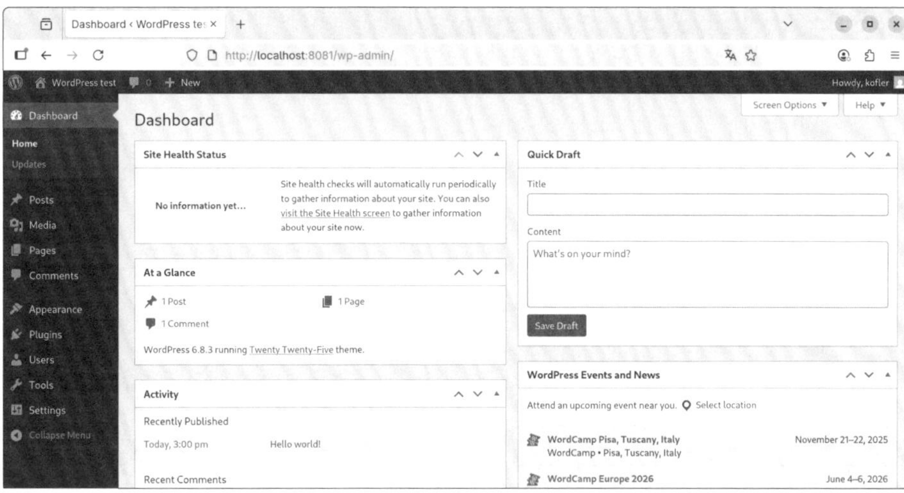


**Abbildung 3.3** WordPress komplettiert das Beispiel in einem dritten Container.

Nur zur Erklärung der `docker-run`-Optionen:

- `-d` bewirkt den Start des Containers als Hintergrunddienst.
- `--name` gibt dem Container seinen Namen.
- `--network testnet` sorgt dafür, dass der WordPress-Container im gleichen Netzwerk wie der MariaDB-Server und phpMyAdmin läuft.
- `-v` macht aus `/var/www/html/wp-content` ein Volume mit dem Namen `wp-html`. In diesem Verzeichnis werden hochgeladene Bilder, Plug-ins etc. gespeichert, also alle Daten, die nichts mit der eigentlichen WordPress-Installation zu tun haben. Der Volume-Name erleichtert die weitere Administration des Containers, z. B. bei Updates oder beim Löschen. Alle hochgeladenen Dateien und Erweiterungen bleiben dabei im Volume erhalten.

- Mit `-p` geben Sie an, unter welchem Port die WordPress-Installation auf dem Docker-Host angesprochen werden kann. Da Port 8080 im vorigen Beispiel schon für phpMyAdmin zum Einsatz kam, haben wir jetzt eben 8081 verwendet. Sofern Sie Docker mit `root`-Rechten ausführen und auf Ihrem Host-Rechner Port 80 frei ist, können Sie natürlich auch `-p 80:80` angeben.
- Die Variablen `WORDPRESS_DB_HOST`, `_USER`, `_PASSWORD` und `_NAME` geben an, unter welchem Host-Namen der MySQL- oder MariaDB-Server läuft, welcher Login-Name und welches Passwort beim Verbindungsaufbau verwendet werden sollen und wie der Name der Datenbank lautet. Diese Datenbank muss bereits existieren. (Im Gegensatz zu früheren Versionen des WordPress-Images wird die Datenbank nicht erzeugt.)

  Als Host-Namen müssen Sie den Namen (Option `--name`) des MariaDB-Containers angeben. Die Login- und Datenbank-Namen müssen mit den Angaben übereinstimmen, die Sie beim Start von MariaDB mit den Optionen `MYSQL_USER`, `MYSQL_PASSWORD` und `MYSQL_DATABASE` verwendet haben.

Weitere Umgebungsvariablen des offiziellen WordPress-Images sind hier dokumentiert:

*https://hub.docker.com/_/wordpress*

**Docker-Baukasten**

Es ist uns an dieser Stelle nur darum gegangen, einfache Beispiele zu präsentieren, die den Einsatz von Docker zeigen. Deutlich mehr Details zur praktischen Nutzung von Webservern (Apache, Nginx), Datenbanksystemen (MariaDB, MySQL etc.), Webapplikationen (WordPress, Joomla, Nextcloud etc.) folgen in Teil II dieses Buchs, in dem wir Ihnen eine Menge Docker-Images vorstellen. Diese Images sind wie ein Baukasten, aus dem Sie Ihre eigenen Applikationen zusammenstellen können.

### Container stoppen und neu starten

Wenn Sie die drei Container vorübergehend nicht mehr brauchen, können Sie sie stoppen und dann bei Bedarf wieder neu starten. Erfreulicherweise können Sie an `docker stop` bzw. `docker start` mehrere Container-Namen auf einmal übergeben.

```
docker stop  mariadb-test pma wordpress-test
...
docker start mariadb-test pma wordpress-test
```

### Updates

Wenn es von MariaDB, phpMyAdmin und WordPress neue Images gibt, können Sie wie folgt eine Neuinstallation durchführen:

```
docker stop mariadb-test pma wordpress-test
docker rm   mariadb-test pma wordpress-test

docker pull mariadb
docker pull phpmyadmin
docker pull wordpress

docker run -d --name mariadb-test \
  -h mariadb-test \
  --network testnet \
  -v myvolume:/var/lib/mysql mariadb

docker run -d --name pma --network testnet \
  -p 8080:80 \
  -e PMA_HOST=mariadb-test \
  phpmyadmin

docker run -d --name wordpress-test \
  --network testnet \
  -h wordpress-test \
  -v wp-html:/var/www/html/wp-content \
  -p 8081:80  \
  -e WORDPRESS_DB_HOST=mariadb-test \
  -e WORDPRESS_DB_USER=wpuser \
  -e WORDPRESS_DB_NAME=wp \
  -e WORDPRESS_DB_PASSWORD=geheim \
  wordpress
```

Im Vergleich zur Erstinstallation fällt `docker run` für MariaDB deutlich kürzer aus, weil die vorhandene Datenbank sowie alle Passwörter weitergenutzt werden. Diese Daten befinden sich in `myvolume`.

Bei phpMyAdmin bleibt `docker run` unverändert. Erstaunlicherweise gilt dies auch für den Start des WordPress-Containers. Hier hätte man ja annehmen können, dass die Konfigurationsdaten ebenfalls dauerhaft im Volume gespeichert wären. Tatsächlich enthält die entscheidende Konfigurationsdatei `wp_config.php` aber Code, der die Umgebungsvariablen auswertet. Fehlen die Umgebungsvariablen, scheitert der Verbindungsaufbau zwischen WordPress und dem Datenbankserver.

Dank der Wiederverwendung der Volumes bleiben bei dem Update alle Daten (also die Tabellen der `wp`-Datenbank, Blog-Beiträge in WordPress etc.) erhalten.

### Aufräumen

Wenn Sie sämtliche Komponenten dieses Beispiels löschen wollen, also das Netzwerk sowie die Container, Volumes und Images, dann führen Sie die folgenden Kommandos aus:

```
docker stop mariadb-test pma wordpress-test
docker rm   mariadb-test pma wordpress-test
docker volume rm myvolume
docker volume rm wp-html
docker network rm testnet
docker image rm mariadb wordpress phpmyadmin
```

## 3.9 Administration

Dieser Abschnitt gibt einen ersten Überblick über Kommandos, mit denen Sie Ihr Container-System administrieren können. Zu solchen Verwaltungsaufgaben zählen beispielsweise das Auflisten und Löschen von Images, Containern und Volumes. Eine detaillierte Beschreibung aller wichtigen docker-Kommandos folgt in Kapitel 7, »Kommandoreferenz«. Selbstverständlich funktionieren alle im Folgenden beschriebenen Kommandos analog auch mit podman.

### Platzbedarf von Images und Containern ermitteln

Wie groß ist eigentlich der Platzbedarf für Images bzw. für den Container-Layer (also für die Daten eines Containers, die vom ursprünglichen Image abweichen)? Diese Frage beantworten die Kommandos docker images und docker ps -a -s.

docker images liefert eine Liste aller heruntergeladenen bzw. selbst erzeugten Images samt Größenangabe:

```
docker images
  REPOSITORY       TAG       ...   CREATED          SIZE
  wordpress        latest          17 hours ago     550MB
  mariadb          latest          7 days ago       405MB
  phpmyadmin       latest          2 months ago     477MB
  ...
```

docker ps listet standardmäßig nur die laufenden Container auf. Die Option -a weitet die Ausgabe auf alle jemals eingerichteten Container aus. -s fügt die Spalte SIZE hinzu. Sie gibt an, wie viel Platz die gegenüber dem Image geänderten Dateien beanspruchen. Sofern die meisten veränderlichen Daten in einem Volume ausgelagert sind, ist der zusätzliche Platzbedarf oft winzig. Wenn es aber Änderungen gibt, dann ist der tatsächliche Platzbedarf im lokalen Dateisystem oft spürbar größer, als docker ps vermuten lässt. Das liegt am Overhead des Dateisystems bei der Speicherung vieler kleiner Dateien.

Die Informationen in Klammern (virtual) beziehen sich auf die Gesamtgröße des Containers inklusive der Read-only-Images. Diese Daten sind insofern virtuell, als sich mehrere Container gemeinsame Images gleichsam teilen können.

```
docker ps -a -s

  CONTAINER ID   IMAGE           ...   SIZE
  2bf9e954b4b7   wordpress             20.1MB (virtual 571MB)
  3af937080228   phpmyadmin/...        70B (virtual 477MB)
  ac98aca37f7a   mariadb               2B (virtual 405MB)
  ...
```

### Container und Images löschen

docker rm <id> bzw. docker rm <name> löscht den angegebenen Container. Container-IDs und -Namen können Sie gegebenenfalls mit docker ps -a ermitteln.

```
docker rm ac98aca37f7a
```

**Vorsicht**

docker rm hat große Ähnlichkeiten mit dem klassischen rm-Kommando unter Linux: Es löscht ohne Rückfrage und ohne die Möglichkeit, die Operation rückgängig zu machen!

Das folgende Kommando erzeugt zuerst mit ps eine Liste aller IDs von Containern, die vom Image ubuntu abgeleitet sind. Diese Liste wird an docker rm weitergegeben, um alle Container zu löschen. Wenn Sie also eine Weile mit docker run ubuntu experimentiert haben, können Sie so alle bei dieser Gelegenheit erzeugten Container wieder löschen. Die hier präsentierte Verkettung zweier Kommandos setzt voraus, dass eine Shell wie bash oder zsh verwendet wird, wie dies unter Linux oder macOS standardmäßig der Fall ist. Unter Windows funktioniert das Kommando ebenfalls, sofern Sie die PowerShell verwenden.

```
docker rm $(docker ps -a -q -f ancestor=ubuntu)
```

Noch radikaler ist das nächste Kommando: Es löscht alle existierenden Container!

```
docker rm $(docker ps -aq)
```

docker rmi imagename löscht das angegebene Image. Das ist nur möglich, wenn es keine von dem Image abgeleiteten Container gibt. Die folgenden Kommandos löschen zuerst alle hello-world-Container und dann das hello-world-Image:

```
docker rm $(docker ps -a -q -f ancestor=hello-world)
```

```
docker rmi hello-world
```

Beachten Sie, dass `docker rmi` nur lokal ausgeführt wird. Wenn Sie ein eigenes Image in den Docker Hub hochgeladen haben, bleibt das Image dort erhalten. Sie können es bei Bedarf in der Weboberfläche von *https://hub.docker.com* löschen.

### Volumes verwalten

Volumes werden getrennt von den Containern und Images in einem eigenen Verzeichnis gespeichert, unter Linux z. B. in `/var/lib/docker/volumes`. Beim Löschen von Containern rührt Docker Volumes generell nicht an. Sie können aber wie folgt eine Liste mit den Namen oder IDs aller Volumes erstellen, zu denen der dazugehörende Container nicht mehr existiert:

```
docker volume ls -q -f dangling=true

  4df85efbf1240b7429f7bf554e2ead52b90a1934875d57773c1c80c405d64a
  6eec952744a21b55c71b8e6dc28da822bf3c8147ed54351dcb88c30094eb1b
  ...
```

Die Größe der Volumes ermitteln Sie, indem Sie das obige Ergebnis an `du` weiterleiten. Das funktioniert in dieser Form allerdings nur auf einem Linux-Host. Unter Windows und macOS werden die Docker-Dateien in einem eigenen Dateisystem innerhalb einer virtuellen Maschine gespeichert, auf die Sie von außen keinen direkten Zugriff haben.

```
sudo du -h --max 0 \
  /var/lib/docker/volumes/$(docker volume ls -q -f dangling=true)
```

Dabei müssen Sie den Ort angeben, wo die Volumes auf Ihrem System gespeichert werden. Falls Sie Docker Desktop verwenden, befinden sich die Volumes in einer virtuellen Maschine.

```
/var/lib/docker/volumes                   (Docker Engine)
.local/share/docker/volumes               (Rootless Docker)
.local/share/containers/storage/volumes   (Podman)
```

Falls Sie mit Docker Desktop arbeiten, ist eine Bestimmung der Volume-Größe per Kommando nicht ohne Weiteres möglich. Die Volumes befinden sich in WSL-Verzeichnissen (Windows) bzw. in einer virtuellen Maschine (macOS, Linux). Aber dafür reicht nun ein Klick auf den VOLUMES-Tab in Docker Desktop aus, um diese Informationen zu ermitteln.

Alle verwaisten Volumes können Sie bei Bedarf mit dem folgenden Kommando löschen. Die Rückfrage können Sie mit `-f` unterdrücken.

```
docker volume prune

  WARNING! This will remove all volumes not used by at least
  one container. Are you sure you want to continue? [y/N] y
```

### Den Inhalt eines Volumes ansehen

Mitunter ist es riskant, ein Volume einfach zu löschen, wenn Sie sich nicht mehr genau erinnern können, wozu das Volume verwendet wurde. Vielleicht befinden sich dort doch noch Daten, die Sie später brauchen.

Wenn Sie Docker Desktop bzw. Podman Desktop installiert haben, können Sie unkompliziert in Volumes »hineinsehen«, also wie im Dateimanager alle Verzeichnisse des Volumes öffnen und die dort gespeicherten Dateien auflisten (siehe Abbildung 3.4).

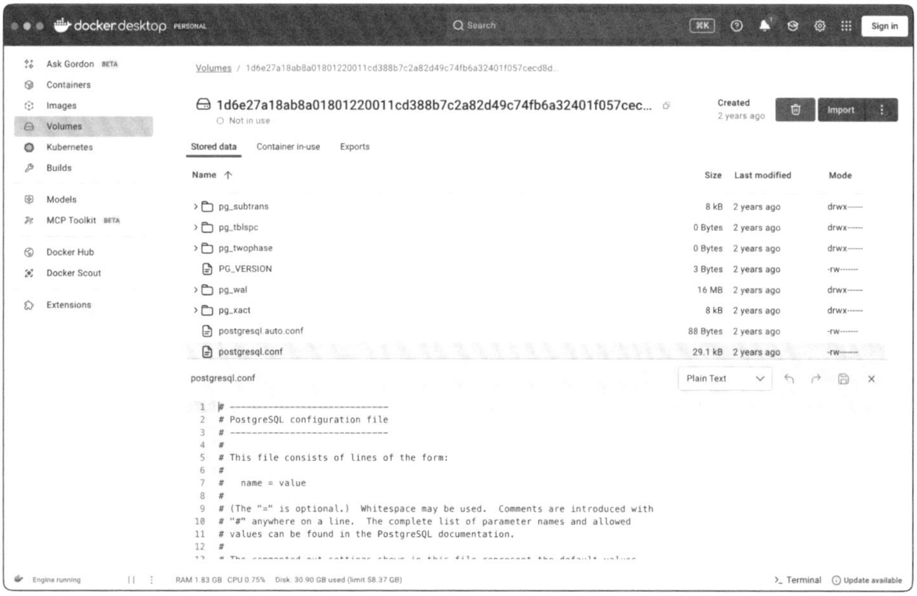


**Abbildung 3.4** Blick in ein Volume in Docker Desktop

Wenn Sie ohne Docker Desktop arbeiten, gelingt der Blick in das Volume beinahe ebenso einfach: Dazu starten Sie einfach einen Container und binden das Volume dort ein. In der Folge können Sie interaktiv alle Verzeichnisse erforschen. Prinzipiell reicht für diesen Zweck ein Minimal-Image (z. B. Alpine Linux oder BusyBox). Mehr Komfort, gerade bei der Vervollständigung von Datei- und Verzeichnisnamen, bietet aber ein Image, das die Shell `bash` enthält. Wir haben deswegen im folgenden Beispiel mit Ubuntu gearbeitet.

```
docker run -it --rm -v 98b95d8...:/myvol ubuntu

  root# ls /myvol
    index.php         wp-comments-post.php  wp-includes
    license.txt       wp-config-docker.php  wp-links-opml.php
    readme.html       wp-config-sample.php  wp-load.php
    wp-activate.php   wp-config.php         wp-login.php
    ...

  root# cat /myvol/index.php
    ...

  root# exit
```

Anstatt das Volume interaktiv zu erforschen, können Sie auch `find` anwenden. Dazu reicht das winzige busybox-Image aus:

```
docker run --rm -v 98b95d8...:/myvol busybox find /myvol
```

Zur Auswahl des Volumes müssen Sie seine vollständige ID (siehe `docker volume ls`) oder bei einem benannten Volume dessen Namen angeben. Die ID haben wir in den obigen Beispielen nur aus Platzgründen verkürzt.

### Gesamtüberblick

Einen kompakten Überblick über den Speicherbedarf aller Images, Container, Volumes und des Build Caches gibt `docker system df`:

```
docker system df
  TYPE            TOTAL     ACTIVE     SIZE       RECLAIMABLE
  Images          18        11         10.72GB    1.854GB (17%)
  Containers      33        4          496MB      495.9MB (99%)
  Local Volumes   2         1          169MB      119.8MB (70%)
  Build Cache     0         0          0B         0B
```

Wenn Sie Docker schon lange in Betrieb haben und es entsprechend viele Images, Container und Volumes gibt, kann die Ausführung dieses Kommandos eine Weile dauern. Mit der zusätzlichen Option `-v` listet das Kommando sämtliche Images, Container, Volumes usw. einzeln auf.

### Ungenutzten Speicher freigeben

Statt nach Images, Containern und Volumes zu suchen und sie einzeln zu löschen, können Sie für Ihre Aufräumarbeiten `docker system prune` zu Hilfe nehmen. Dieses Kommando löscht alle gerade nicht laufenden Container sowie alle Images, die nicht von anderen Images benötigt werden (*dangling images*).

Noch intensiver wird der Großputz durch zusätzliche Optionen:

- `-a` bzw. `--all` löscht auch Images, die nicht von Containern verwendet werden.
- `--volumes` löscht auch Volumes, die mit keinem Container verbunden sind. (Vorsicht!)



```
docker system prune -a --volumes

  WARNING! This will remove:
    - all stopped containers
    - all networks not used by at least one container
    - all volumes not used by at least one container
    - all images without at least one container associated
      to them
    - all build cache
  Are you sure you want to continue? [y/N]
```

`docker system prune` ist bequem anzuwenden, schießt aber manchmal über das Ziel hinaus. Sicherer ist es, in kleinen Schritten vorzugehen. Die beiden folgenden Kommandos ermitteln zuerst alle Volumes, die nicht mehr in Verwendung sind. Gegebenenfalls können Sie diese Volumes dann in einem zweiten Schritt löschen. Beachten Sie die Option `-q` im zweiten Kommando, die die Ausgabe von `docker volume ls` auf die IDs verkürzt.

```
docker volume ls  -f dangling=true
docker volume rm $(docker volume ls -q -f dangling=true)
```

`docker ps -a | grep Exit` listet alle beendeten Container auf. Das zweite Kommando extrahiert die erste Spalte mit den IDs aus der Liste und löscht diese Container:

```
docker ps -a | grep Exit
docker rm $(docker ps -a | grep Exit | cut -d ' ' -f 1)
```

Vielleicht gibt es Container, die Sie *nicht* löschen möchten. Anstatt das obige Kommando auszuführen, eliminieren Sie mit `grep -E -v` zuerst alle Zeilen, die einen der durch | getrennten Suchbegriffe enthalten. Wenn Sie mit der nun angezeigten Liste einverstanden sind, dann löschen Sie mit dem zweiten Kommando diese Container.

```
docker ps -a | grep Exit | grep -E -v 'mysql|mariadb'

docker rm $(docker ps -a | grep Exit | \
            grep -E -v 'mysql|mariadb' | cut -d ' ' -f 1)
```

Die folgenden beiden Kommandos listen zuerst alle Images auf, die von keinem Container verwendet werden, und löschen diese dann:

```
docker images -f dangling=true
docker rmi $(docker images -q -f dangling=true)
```

# Kapitel 4
# **Eigene Images**



Beim Kennenlernen von Docker oder Podman haben Sie mit fertigen Images gearbeitet. Diese werden bei der ersten Verwendung automatisch von Image-Registrys heruntergeladen, wobei die bei Weitem wichtigste Registry der Docker Hub ist. Sie kommt auch zur Anwendung, wenn Sie mit Podman arbeiten.

Oft ist es aber so, dass die vorgefertigten Images zwar weitgehend Ihren Anforderungen entsprechen, aber eben nicht zur Gänze. Nun können Sie jedes Mal, wenn Sie einen Container einrichten, die erforderlichen Zusatzarbeiten manuell erledigen, also z. B. einige Pakete installieren oder einige Konfigurationsdateien ändern.

Viel effizienter ist es, in solchen Fällen ein eigenes Image zu erstellen. Dazu tragen Sie die erforderlichen Änderungen in eine Datei namens `Dockerfile` ein, führen `docker build` bzw. `podman build` aus und bekommen so ein neues, lokales Image. Sofern Sie einen Account für eine Image-Registry wie den Docker Hub haben, können Sie Ihr Image auch mit anderen Benutzerinnen und Benutzern teilen und es hochladen.

Dieses Kapitel erläutert die Syntax der `Dockerfile`s, beschreibt das Hochladen von Images in den Docker Hub und gibt einige Anwendungsbeispiele. Eine ganze Menge weiterer Beispiele folgen in Teil II und in Teil III.

**»Dockerfile« versus »Containerfile«**

Der Name `Dockerfile` wurde durch Docker geprägt, wird aber auch von Podman akzeptiert. Wenn Sie mit Podman arbeiten, können Sie die Dateien zur Beschreibung eines Images auch `Containerfile` nennen. `podman build` sucht im aktuellen Verzeichnis sowohl nach einem `Dockerfile` als auch nach einem `Containerfile` und nimmt, was es findet. (`Containerfile` ist im Übrigen keine besonders gute Bezeichnung. Ein `Containerfile` beschreibt ein Image, keinen Container.)

Docker besteht allerdings auf dem Namen `Dockerfile`. Deswegen sind wir für dieses Buch und seine Beispieldateien bei diesem Namen geblieben.

## 4.1 Hello, Dockerfile!

Kurz gefasst sieht die Vorgehensweise zum Erstellen eines neuen Images so aus:

- Sie richten in einem eigenen Verzeichnis die Datei `Dockerfile` ein. Dort schreiben Sie mit Schlüsselwörtern die Eigenschaften Ihres Images fest.
- `docker build` bzw. `podman build` erzeugt das lokale Image.
- Mit `docker push` (siehe Abschnitt 4.4, »Images in den Docker Hub hochladen«) können Sie es schließlich in eine öffentliche Docker-Image-Sammlung hochladen, wenn Sie das möchten.

**GitHub-Builds, private Images, eigene Registrys**

An dieser Stelle gehen wir nur auf die einfachste Variante zum Einrichten und Hochladen von Docker-Images ein. Dabei befinden sich alle Dateien in einem lokalen Verzeichnis, und Sie laden das fertige Image manuell in den Docker Hub hoch.

Alternativen dazu sind die Verwendung einer GitHub- oder GitLab-Registry zur Speicherung des `Dockerfiles` und aller anderen erforderlichen Dateien zur Durchführung automatisierter Builds, die Verwendung privater Image-Registrys im Docker Hub (erfordert einen kostenpflichtigen Account) sowie das Einrichten einer eigenen Image-Registry. Weiterführende Informationen finden Sie in Kapitel 18, »Continuous Integration und Continuous Delivery«, sowie auf den folgenden Webseiten:

*https://docs.docker.com/docker-hub/repos/manage/builds/setup*
*https://docs.docker.com/docker-hub/repos/manage/builds/link-source*

### Einführungsbeispiel

Ein minimales `Dockerfile`, das das Ubuntu-Base-Image um das Paket des Editors `joe` erweitert, sieht so aus:

```
# Datei Dockerfile
FROM  ubuntu:24.04
LABEL maintainer="name@somehost.com"
RUN   apt-get update && \
      apt-get install -y joe && \
      apt-get clean && \
      rm -rf /var/lib/apt/lists/*
CMD   ["/bin/bash"]
```

Mit `RUN` geben Sie Kommandos an, die einmalig beim Erstellen des neuen Images ausgeführt werden. Diese Kommandos werden in dem zur Image-Erzeugung vorübergehend eingerichteten Container ausgeführt, also im Gastsystem, nicht im Host-System.

Oft handelt es sich dabei um Kommandos zur Installation von Paketen oder zum Kompilieren/Konfigurieren von Programmen.



### Image erzeugen

Auf die Syntaxregeln für `Dockerfiles` sowie auf die Bedeutung der wichtigsten Schlüsselwörter gehen wir gleich ein. Vorher wollen wir Ihnen aber zeigen, wie Sie aus dem `Dockerfile` zuerst ein Image und daraus einen Container erzeugen. Dazu führen Sie `docker build` bzw. `podman build` in dem Verzeichnis aus, in dem sich das `Dockerfile` befindet. Als Parameter übergeben Sie einen Punkt, mit dem Sie auf das Verzeichnis mit dem `Dockerfile` verweisen. Mit `-t` geben Sie den gewünschten Image-Namen an. Als `accountname` verwenden Sie den Namen Ihres Docker-Accounts (siehe Abschnitt 4.4, »Images in den Docker Hub hochladen«). Wenn Sie noch keinen Account eingerichtet haben, können Sie vorerst einen beliebigen Namen angeben oder den Accountnamen ganz weglassen.

```
cd projektverzeichnis
docker build -t accountname/imagename .
```

Wir verwenden im weiteren Beispiel den Accountnamen `koflerinfo` und den Image-Namen `ubuntu-joe`:

```
docker build -t koflerinfo/ubuntu-joe .
```

### Fehlersuche und Debugging

Sollten bei der Ausführung von `docker build` Fehler auftreten, korrigieren Sie das `Dockerfile` und wiederholen den Build-Prozess. Docker geht dabei recht intelligent vor: Es erzeugt in einem Cache-Verzeichnis für jede Anweisung im `Dockerfile` ein Interim-Image. Wenn nach einer Änderung am `Dockerfile` Anweisungen unverändert bleiben, kann `docker build` die entsprechenden Images aus dem Cache weiterverwenden. Das können Sie bei Bedarf mit der Option `--no-cache` verhindern.

Insofern ist es zum Debugging empfehlenswert, ein kompliziertes und fehleranfälliges `RUN`-Kommando zu vermeiden und stattdessen mehrere `RUN`-Kommandos für jeden Teilschritt vorzusehen.

Diese Vorgehensweise kann leider zu Images führen, die größer sind als unbedingt notwendig. Das ist insbesondere dann der Fall, wenn in einem `RUN`-Kommando etwas installiert oder kompiliert wird und in einem zweiten `RUN`-Kommando Aufräumarbeiten durchgeführt werden. Docker ist nicht in der Lage, in einem Delta-Image hinzugefügte und in einem weiteren Delta-Image wieder gelöschte Dateien vernünftig aufzuräumen. Wenn Ihr `Dockerfile` also funktioniert, sollten Sie sämtliche Kommandos wie im `Dockerfile` von Abschnitt 4.3, »Ein eigenes Webserver-Image«, in *einem* langen `RUN`-Kommando zusammen ausführen.

Damit Sie Fehlermeldungen während des Build-Prozesses besser lesen können, übergeben Sie am besten die zusätzliche Option `--progress=plain`. Damit liefert `docker build` eine lineare (nicht platzsparende) Abfolge von Status- und Fehlermeldungen, durch die Sie dann im Terminalfenster scrollen können.

```
docker build --progress=plain -t koflerinfo/ubuntu-joe .
```

`docker history imagename` liefert eine Auflistung der Interim-Images und der dabei ausgeführten Kommandos:

```
docker history koflerinfo/ubuntu-joe
```

### Image ausführen

Um das erfolgreich erzeugte Image auszuprobieren, erstellen Sie daraus einen Container und testen ihn – im vorliegenden Minibeispiel durch einen Aufruf des Editors `jmacs` aus dem Paket `joe`:

```
docker run -it --rm koflerinfo/ubuntu-joe

  root@b1c2c0a04f47:/# jmacs /etc/os-release
  ...
  root@b1c2c0a04f47:/# <Strg>+<D>
```

**»docker build« versus »docker buildx«**

Docker hat in den letzten Jahren das interne Build-System grundlegend umgestellt. Das neue Build-System hat den Namen `buildx`. In der Übergangsphase hatten Sie die Wahl zwischen `docker build` (altes Build-System) und `docker buildx build` (neues Build-System). Bei aktuellen Docker-Versionen sind beide Kommandos gleichwertig und verwenden in jedem Fall `buildx`.

Das neue Build-System ist in der Lage, Images parallel für mehrere CPU-Plattformen zu erzeugen. Es bietet darüber hinaus diverse neue Optimierungsfunktionen. Mehr Details zu `docker buildx` finden Sie hier:

*https://docs.docker.com/buildx/working-with-buildx*
*https://docs.docker.com/engine/reference/commandline/buildx*
*https://github.com/docker/buildx*

### Aufräumen

Oft bedarf es etlicher Versuche, bis das neue Image so funktioniert, wie es soll. Denken Sie daran, hin und wieder alle nicht mehr benötigten Container und Images zu löschen. In den folgenden Kommandos müssen Sie `accountname/imagename` natürlich durch Ihre Bezeichnungen ersetzen. Wenn die Kommandos Fehlermeldungen liefern, dann gibt es nichts zu löschen.

```
docker rm $(docker ps -a -q -f ancestor=accountname/imagename)

docker rmi \
  $(docker images accountname/imagename -f dangling=true -q)
```



## 4.2 Dockerfile-Syntax

Die Datei `Dockerfile` bestimmt die Eigenschaften eigener Images. Tabelle 4.1 fasst die wichtigsten Schlüsselwörter zusammen. Eine Menge weiterer Schlüsselwörter und Details finden Sie in der offiziellen Dokumentation:

*https://docs.docker.com/engine/reference/builder*

Lesenswert sind auch die *Best Practices* für den Umgang mit `Dockerfiles`:

*https://docs.docker.com/develop/develop-images/dockerfile_best-practices*

| Schlüsselwort | Bedeutung |
|---|---|
| `ADD` | kopiert Dateien in das Dateisystem des Images |
| `CMD` | führt das angegebene Kommando beim Container-Start aus |
| `COPY` | kopiert Dateien aus dem Projektverzeichnis in das Image |
| `ENTRYPOINT` | führt das angegebene Kommando immer beim Container-Start aus |
| `ENV` | setzt eine Umgebungsvariable |
| `EXPOSE` | gibt die aktiven Ports des Containers an |
| `FROM` | gibt das Basis-Image an |
| `LABEL` | legt eine Zeichenkette fest |
| `RUN` | führt das angegebene Kommando aus |
| `USER` | gibt den Account für `RUN`, `CMD` und `ENTRYPOINT` an |
| `VOLUME` | gibt Volume-Verzeichnisse an |
| `WORKDIR` | legt das Defaultverzeichnis für den Container fest |

**Tabelle 4.1** Wichtige Dockerfile-Schlüsselwörter

Eine einfache Methode, mit der Dockerfile-Syntax vertraut zu werden, besteht darin, sich im Docker Hub die Dockerfiles von Images anzusehen, die ähnliche Aufgaben erfüllen wie Ihr eigenes Image.

### Das Ausgangs-Image festlegen (FROM)

Eigene Images werden oft von anderen Images abgeleitet. Den Namen des Ausgangs-Image geben Sie mit FROM an. Nach Möglichkeit sollten Sie dabei offizielle, gut gewartete Images verwenden.

### Dateien hinzufügen (ADD versus COPY)

Die Kommandos ADD und COPY scheinen auf den ersten Blick dieselbe Aufgabe zu erfüllen: Sie kopieren Dateien in das Dateisystem des zu erstellenden Images. ADD ist dabei das flexiblere Kommando, das sich vom simplen COPY in drei Punkten abhebt:

- ADD akzeptiert als Quellparameter nicht nur eine lokale Datei, sondern auch eine URL. Damit können Dateien aus dem Internet heruntergeladen und in das Image-Dateisystem kopiert werden.
- Wenn der Quellparameter von ADD ein Verzeichnis ist, wird der gesamte Inhalt dieses Verzeichnisses in das Image kopiert.
- Wenn die Quelldatei bei ADD ein lokales TAR-Archiv ist, wird es automatisch ausgepackt. Das funktioniert auch für Archive, die mit den Verfahren gzip, bzip2 oder xz komprimiert sind.

Die Dockerfile-Dokumentation empfiehlt, ADD nur dann einzusetzen, wenn eine dieser Zusatzfunktionen genutzt wird. Für das simple Kopieren einer lokalen Datei ist COPY zu bevorzugen.

Sowohl bei ADD als auch bei COPY können Sie mit --chown=user:group angeben, welchem Account und welcher Gruppe die Datei im Image-Dateisystem zugeordnet werden soll.

Oft werden mit ADD oder COPY ganze Verzeichnisse in einen Container kopiert. Dabei ist es oft zweckmäßig, Backup-Dateien, temporäre Dateien etc. auszuschließen. Das gelingt ganz einfach, wenn Sie in dem Verzeichnis die Datei .dockerignore einrichten. Sie enthält Muster von Dateien, die *nicht* berücksichtigt werden sollen. Die Syntax entspricht der von .gitignore und ist leicht zu verstehen. Die folgenden .dockerignore-Zeilen schließen alle Dateien aus, die mit ~ enden, außerdem alle Dateien im Verzeichnis tmp:

```
*~
tmp/*
```

### Container-Startkommando (CMD und ENTRYPOINT)

Welches Programm wird ausgeführt, wenn ein Container mit `run` erstmalig bzw. später mit `start` ausgeführt wird? Auf diese Frage gibt es verwirrend viele Antworten:

- Sie können im `Dockerfile` mit den Schlüsselwörtern `CMD` und/oder `ENTRYPOINT` ein Defaultkommando angeben.
- Beim Einrichten des Containers können Sie bei der `CMD`-Variante ein alternatives Kommando angeben oder bei der `ENTRYPOINT`-Variante dieses um weitere Parameter ergänzen.
- Gegebenenfalls können Sie auch das `ENTRYPOINT`-Kommando durch ein eigenes Kommando ersetzen, wenn Sie dieses mit der Option `--entrypoint` an `docker run` übergeben.
- Während ein Container läuft, können Sie mit `docker exec` ein beliebiges weiteres Kommando ausführen.

Die empfohlene Syntax für `ENTRYPOINT` bzw. `CMD` sieht so aus, dass Sie den vollständigen Dateinamen des Kommandos sowie seine Parameter jeweils in doppelte Anführungszeichen stellen und durch Kommata getrennt in eckigen Klammern übergeben:

```
CMD  ["/bin/ls", "/var"]
```

`CMD` und `ENTRYPOINT` scheinen dieselbe Aufgabe zu erfüllen. Es gibt aber einen entscheidenden Unterschied:

- `CMD`: Das Kommando, das Sie an `docker run` nach dem Image-Namen übergeben, wird *anstelle* von `CMD` ausgeführt.
- `ENTRYPOINT`: Die an `docker run` übergebenen Parameter werden dem `ENTRYPOINT` hinzugefügt.

Eine mehrfache Angabe von `CMD` oder `ENTRYPOINT` ist nicht vorgesehen. Passiert dies doch, gilt die letzte derartige Anweisung.

In der Praxis ist bei vielen Basis-Images der `ENTRYPOINT` nicht definiert, also leer. `CMD` enthält den Namen einer Shell, also `/bin/sh` oder `/bin/bash`. Auch bei Images für Programmiersprachen ist `ENTRYPOINT` zumeist undefiniert, `CMD` startet entweder eine Shell der Programmiersprache oder ist auch leer.

Tabelle 4.2 zeigt, wie sich aus unterschiedlichen Angaben für `ENTRYPOINT`, `CMD` und dem Parameter von `docker run` das auszuführende Kommando ergibt. Beachten Sie, dass das Schlüsselwort `RUN` nichts mit `CMD` und `ENTRYPOINT` zu tun hat! `RUN` gibt Kommandos an, die einmalig beim Erzeugen des Images ausgeführt werden sollen. `CMD` bzw. `ENTRYPOINT` geben dagegen das Kommando an, das später beim Start des Containers auszuführen ist.

| ENTRYPOINT | CMD | run-Parameter | ausgeführt wird |
|---|---|---|---|
| ["script.sh"] | | | script.sh |
| ["script.sh"] | | /bin/bash | script.sh /bin/bash |
| ["script.sh"] | ["mysqld"] | | script.sh mysqld |
| ["script.sh"] | ["mysqld"] | /bin/bash | script.sh /bin/bash |
| | ["/bin/sh"] | | /bin/sh |
| | ["/bin/sh"] | /bin/bash | /bin/bash |

**Tabelle 4.2** Zusammensetzung des Kommandos, das durch »docker run« ausgeführt wird

Bei Images für Serverdienste verweist ENTRYPOINT dagegen oft auf ein Shell-Script, das sich zuerst um diverse Initialisierungsarbeiten kümmert (siehe Tabelle 4.3). Sind diese erledigt, wird das mit CMD angegebene Kommando ausgeführt, in der Regel also der Serverdienst gestartet. Wenn keine Initialisierungsarbeiten erforderlich sind, ist ENTRYPOINT leer.

| Image | ENTRYPOINT | CMD |
|---|---|---|
| Alpine Linux | | ["/bin/sh"] |
| Apache | | ["httpd-foreground"] |
| Debian | | ["/bin/bash"] |
| Nginx | | ["nginx", "-g", "daemon off;"] |
| MySQL/MariaDB | ["docker-entrypoint.sh"] | ["mysqld"] |
| Nextcloud | ["entrypoint.sh"] | ["apache2-foreground"] |
| Node.js | | ["node"] |
| OpenJDK (Java) | | ["jshell"] |
| PHP | ["docker-php-entrypoint"] | ["php", "-a"] |
| Python | | ["python3"] |
| Ubuntu | | ["/bin/bash"] |
| WordPress | ["docker-entrypoint.sh"] | ["apache2-foreground"] |

**Tabelle 4.3** ENTRYPOINT- und CMD-Einstellungen bei einigen populären Images

**Shell-Variante zu CMD und ENTRYPOINT**

Die Docker-Dokumentation empfiehlt, das auszuführende Kommando und seine Parameter wie in den obigen Beispielen in eckigen Klammern und in doppelten Anführungszeichen an `CMD` bzw. `ENTRYPOINT` zu übergeben. Es gibt aber eine zweite Syntaxform, gemäß der Sie das Kommando einfach ohne Klammern und Anführungszeichen weitergeben, also z. B. als `CMD ls /etc/*`. Das Kommando wird dann über eine Shell ausgeführt. In diesem Fall erhält nicht das Kommando die Prozess-ID 1, sondern die Shell.

Die Shell-Variante hat Vor- und Nachteile. Zu den Vorteilen zählt der Umstand, dass die von der Shell bekannten Substitutionsmechanismen funktionieren. Beispielsweise wird * durch Dateinamen ersetzt oder `$VAR` durch den Inhalt der Umgebungsvariablen. Außerdem können Sie darauf verzichten, den vollständigen Pfad des Kommandos anzugeben – die Shell findet das Kommando, sofern es sich in einem der `PATH`-Verzeichnisse befindet.

Der größte Nachteil besteht darin, dass es keine Signalweiterleitung gibt: [Strg]+[C] bei einem interaktiven Container bzw. `docker stop` bei einem nicht interaktiven Container stoppt zwar die Shell, gibt dem eigentlich auszuführenden Kommando aber keine Gelegenheit, die Signalverarbeitung selbst durchzuführen.

### Der Fehler »cannot execute binary file«

Zuletzt noch ein Hinweis auf einen Fehler, der in der Praxis immer wieder auftritt und dann oft zu großer Verwirrung führt. Wenn der `ENTRYPOINT` eine Shell ist, tritt beim Versuch, ein ganz gewöhnliches Kommando auszuführen, der merkwürdige Fehler *cannot execute binary file* auf:

```
# Dockerfile
...
ENTRYPOINT ["/bin/bash"]
```

Nun soll in einem Container des resultierenden Images das Kommando `ls` ausgeführt werden:

```
docker run -t --rm myimage ls

  /usr/bin/ls: /usr/bin/ls: cannot execute binary file
```

Das Problem besteht darin, dass die Binärdatei `/usr/bin/ls` als Parameter an die Shell übergeben wird (nicht das Kommando `'ls'`). Die Shell kann aber keine Binärdateien ausführen.

Abhilfe: Zum einen sollten Sie überdenken, ob Sie tatsächlich eine Shell als ENTRYPOINT brauchen. Das ist nur in Ausnahmefällen zweckmäßig. Wenn das wirklich beabsichtigt ist (z. B. für einen Shell-Wrapper mit Preprocessing), müssen Sie daran denken, die Option -c einzubauen:

```
# Dockerfile
...
ENTRYPOINT ["/bin/bash", "-c"]
```

Jetzt funktioniert `docker run -t myimage ls`, weil das auszuführende Kommando korrekt in der Form `/bin/bash -c "ls"` zusammengesetzt wird. Die Option -c sagt, dass die Shell das nachfolgende Kommando (keine Binärdatei) ausführen soll. Mehr Details können Sie hier nachlesen:

*https://stackoverflow.com/questions/61055324/docker-cannot-execute-binary-file*

### Arbeitsverzeichnis festlegen (WORKDIR)

WORKDIR legt fest, welches Verzeichnis beim Ausführen des Containers als aktives Verzeichnis gilt. Zugleich gilt das mit WORKDIR angegebene Verzeichnis auch für andere Schlüsselwörter wie RUN oder COPY als Defaultverzeichnis, wenn nicht ein anderes Zielverzeichnis mit einem absoluten Pfad angegeben wird.

### Kommandos ausführen (RUN)

Die mit RUN angegebenen Kommandos werden bei der Erzeugung des Images ausgeführt. Häufig handelt es sich dabei um Kommandos zur Installation von Paketen. Da der Prozess automatisiert abläuft, müssen Sie interaktive Rückfragen vermeiden. Bei vielen Paketverwaltungskommandos reicht dazu die Option -y aus (*yes*, also alle Rückfragen bejahen).

```
RUN apt-get update -y && \
    apt-get install -y --no-install-recommends \
        git \
        joe \
        vim \
        less && \
     apt-get clean && \
     rm -rf /var/lib/apt/lists/*
```

**Tipp**

Jedes RUN-Kommando fügt Ihrem Image einen weiteren Layer hinzu, also eine Dateisystemebene. (Wie Images aus mehreren übereinandergelegten Dateisystemen zusammengesetzt werden, beschreiben wir in Abschnitt 6.8, »Docker-Interna«.) Eine große Anzahl von Layern macht Images aber ineffizient. Deswegen ist es empfehlenswert, wie im obigen Beispiel möglichst viele Anweisungen in einem RUN-Kommando zu kombinieren.

Damit Images nicht größer als notwendig werden, sollten außerdem alle Cache-Dateien unmittelbar gelöscht werden (hier mit `apt-get clean` und `rm`). Wenn diese Dateien in einem Layer landen, blähen sie das Image unnötig auf.



### Volume-Verzeichnisse (VOLUME)

`VOLUME` gibt an, welche Verzeichnisse als Volumes im Dateisystem des Hosts abgebildet werden sollen. Wie bei `CMD` geben Sie mehrere Verzeichnisse in eckigen Klammern und jeweils in doppelten Anführungszeichen an:

```
VOLUME ["/var/lib/mysql", "/var/log/mysql"]
```

Wo die Volumes tatsächlich im Host-Dateisystem landen, hängt davon ab, wie der Container eingerichtet wird. Wenn Sie `docker run` oder `docker create` ohne die Option `-v` ausführen, richtet Docker für jedes Volume ein Verzeichnis mit einer zufälligen UID ein (`/var/lib/docker/volumes/uid`). Der Anwender des Images kann mit der Option `-v` den gewünschten Ort im Host auch selbst angeben:

```
docker run ... -v /myvolumes/mysql:/var/lib/mysql \
   -v /myvolumes/log:/var/log/mysql  imagename
```

Nur falls Docker mit SELinux-Unterstützung kompiliert wurde (bei den offiziellen Binarys der Firma Docker ist dies *nicht* der Fall!) müssen Sie daran denken, dass SELinux ohne Zusatzmaßnahmen Volumes außerhalb von `/var/lib/docker` verbietet. Abhilfe schafft in solchen Fällen das zusätzliche Flag `:z`, das Sie der Volume-Option hinzufügen (also z. B. `-v /myvolumes/mysql/:/var/lib/mysql:z`).

### Die Datei ».dockerignore«

Die Datei `.dockerignore` funktioniert ähnlich wie `.gitignore` in Git-Repositorys: Beide Dateien enthalten Dateinamen bzw. Muster von Dateien oder Verzeichnissen, die bei Docker- oder Git-Kommandos nicht berücksicht werden sollen. Im Docker-Kontext kann so z. B. verhindert werden, dass in einem Verzeichnis enthaltene temporäre Dateien, Build-Dateien oder Passwort-Dateien in das Docker-Image kopiert werden. `docker build` verhält sich so, als würden die durch `.dockerignore` angegebenen Dateien gar nicht existieren.

```
# Beispiel für .dockerignore

# Dokumentation beim Build-Prozess ignorieren
*.md

# Dateien mit Passwörtern ignorieren
.env
secrets

# Git- und Build-Dateien ignorieren
.git/
.gitignore
.dockerignore
build/
```

## 4.3 Ein eigenes Webserver-Image

Das Ziel dieses Beispiels ist es, ein Image für einen simplen Webserver zu erstellen. Die folgenden Zeilen zeigen das `Dockerfile`:

```
# Datei Dockerfile
FROM ubuntu:24.04

LABEL maintainer="name@example.com"
LABEL description="Test"

# Umgebungsvariablen und Zeitzone einstellen
# (erspart interaktive Rückfragen)
ENV TZ="Europe/Berlin" \
    APACHE_RUN_USER=www-data \
    APACHE_RUN_GROUP=www-data \
    APACHE_LOG_DIR=/var/log/apache2

# Zeitzone einstellen, Apache installieren, unnötige Dateien
# aus dem Paket-Cache gleich wieder entfernen, HTTPS aktivieren
RUN ln -snf /usr/share/zoneinfo/$TZ /etc/localtime && \
    echo $TZ > /etc/timezone && \
    apt-get update && \
    apt-get install -y apache2 && \
    apt-get -y clean && \
    rm -r /var/cache/apt /var/lib/apt/lists/* && \
    a2ensite default-ssl && \
    a2enmod ssl
```

```
# Ports 80 und 443 freigeben
EXPOSE 80 443

# gesamten Inhalt des Projektverzeichnisses
# samplesite nach /var/www/html kopieren
COPY samplesite/ /var/www/html

# Startkommando
CMD ["/usr/sbin/apache2ctl", "-D", "FOREGROUND"]
```

Die obige Datei beschreibt ein Image, das auf Ubuntu 24.04 basiert. Darin wird zusätzlich der Webserver Apache installiert. Er wird mit `a2ensite` und `a2enmod` auch für den HTTPS-Betrieb konfiguriert. Dementsprechend sollen die Ports 80 und 443 des Containers nach außen hin zugänglich sein. Die Einstellung der Zeitzone verhindert eine lästige interaktive Rückfrage während der Ausführung von `docker build`.

Das lokale Verzeichnis `samplesite`, das sich im gleichen Verzeichnis wie das `Dockerfile` befindet, enthält die Dateien `index.html` und `style.css`. Der gesamte Inhalt dieses Verzeichnisses wird durch die `COPY`-Anweisung im `Dockerfile` in das Verzeichnis `/var/www/html` des Containers kopiert.

Der entscheidende Vorteil dieser Konfiguration besteht darin, dass es unkompliziert möglich ist, das Image zu aktualisieren: Wenn es also eine neue Apache-Version gibt, erzeugen Sie mit den gleich beschriebenen Kommandos ein neues Image, stoppen den laufenden Container und starten einen neuen Container – fertig ist das Server-Update!

### Image erzeugen und testen

`docker build` erzeugt nun das Image. Mit der Option `-t` können Sie dem Image gleich den gewünschten Namen und eventuell auch ein Tag zuordnen. Dabei müssen Sie natürlich `koflerinfo` durch den Namen Ihres Docker-Accounts ersetzen.

```
cd projektverzeichnis

docker build -t koflerinfo/testwebserver .

  Step 1/8 : FROM ubuntu:24.04 ...
  Step 2/8 : LABEL maintainer="name@somehost.com" ...
  Step 3/8 : LABEL description="Test" ...
  ...
  Successfully built 37e3a605b0eb
  Successfully tagged koflerinfo/testwebserver:latest
```

Mit `docker run` erzeugen Sie vom lokalen Image einen Container und führen darin den Webserver aus. Wegen der Option `-d` läuft der Container im Hintergrund, bis Sie den Prozess mit `docker stop` beenden. `docker start name` startet den Container gegebenenfalls neu. `docker run` setzt voraus, dass der Port 8080 auf dem lokalen Rechner frei ist.

```
docker run -d -p 8080:80  \
  --name testwebserver koflerinfo/testwebserver

...
docker stop  testwebserver      # Container stoppen
docker start testwebserver      # wieder starten
docker rm    testwebserver      # oder löschen
```

In einem Webbrowser auf dem Docker-Host können Sie nun *http://localhost:8080* besuchen und so die Test-Website ansehen. Das bereits präsentierte Kommando `docker run` eignet sich für erste Tests, aber nicht für den dauerhaften Betrieb des Webservers. Für diesen ist es nämlich zweckmäßig, den Container von den veränderlichen Daten zu trennen. Das betrifft einerseits die Website an sich und andererseits die Logging-Dateien des Webservers.

Abhilfe schaffen zwei lokale Verzeichnisse, von denen eines die HTML- und CSS-Seiten für die lokale Website aufnimmt und das andere die Logging-Dateien.

```
mkdir /home/kofler/webdir
mkdir /home/kofler/logdir
```

Diese Verzeichnisse werden nun über die Option `-v` als Volumes an den Container weitergegeben und ersetzen so dessen lokale Verzeichnisse `/var/www/html` und `/var/log/apache2`. Im folgenden Beispiel gehen wir davon aus, dass sich die lokalen Verzeichnisse im Home-Verzeichnis befinden – aber jeder andere Ort ist ebenfalls denkbar.

Damit das Beispiel weiterhin funktioniert, müssen Sie die Beispieldateien aus dem Verzeichnis `samplesite` in das Webdir-Verzeichnis kopieren.

```
cp samplesite/* /home/kofler/webdir

docker run  -d -p 8080:80 \
  -v /home/kofler/webdir:/var/www/html \
  -v /home/kofler/logdir:/var/log/apache2 \
  -h webtest --name webtest koflerinfo/testwebserver
```

## 4.4 Images in den Docker Hub hochladen

Wenn Sie eigene Images auf der Grundlage eines `Dockerfiles` im Docker Hub hochladen möchten, müssen Sie auf der Website *https://hub.docker.com* einen Account einrichten. Sofern Sie sich für einen *Free*-Account entscheiden, müssen Sie dazu lediglich einen Accountnamen, eine E-Mail-Adresse und ein Passwort angeben.

Nach dem Anklicken der Bestätigungsmail melden Sie sich auf Ihrem Docker-Host mit `docker login` an. Für den eigentlichen Login werden Sie in den Webbrowser umgeleitet. Sofern Sie mit Docker Desktop arbeiten, können Sie den Login auch direkt in dessen Oberfläche durchführen.

```
docker login

  USING WEB-BASED LOGIN
  Your one-time device confirmation code is: xxxx-xxxx
  Press ENTER to open your browser or submit your device code
    here: https://login.docker.com/activate
  Waiting for authentication in the browser ...
  Login Succeeded
```

Wenn kein lokaler Webbrowser zur Verfügung steht (z. B. in einer SSH-Session), benötigen Sie für den Login ein Personal Access Token, das Sie vorweg unter *https://app.docker.com/accounts* einrichten (siehe Abbildung 4.1).

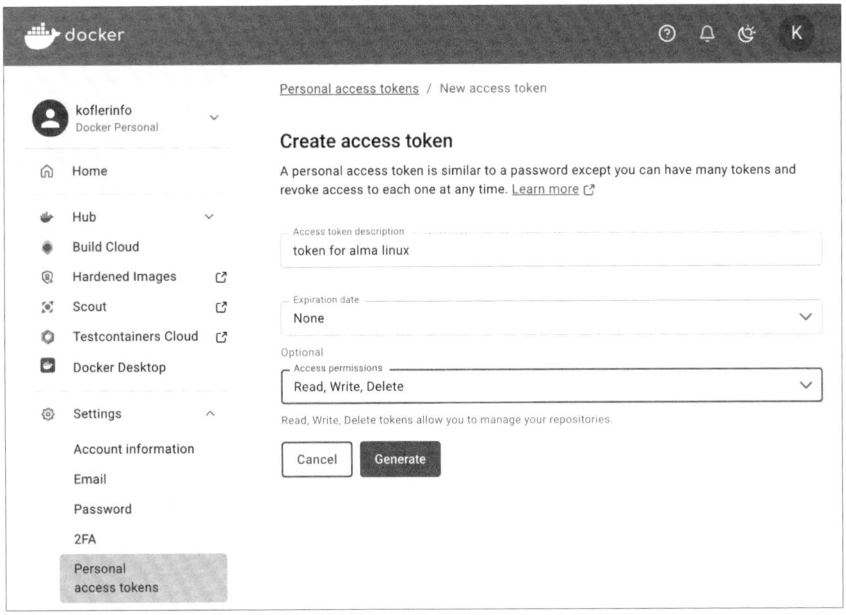


**Abbildung 4.1** Verwaltung von Access Tokens auf der Docker-Website

Beachten Sie, dass das Token im Webbrowser nur einmal angezeigt wird und danach nicht mehr zugänglich ist.

```
docker login --username <accountname>

  Password: <token-xxxx>

  WARNING! Your credentials are stored unencrypted in
  '/root/.docker/config.json'. Configure a credential helper
  to remove this warning. See
  https://docs.docker.com/go/credential-store/
  Login Succeeded
```

Unter Linux speichert `docker login --username` den Accountnamen und das Token in einer mit dem Verfahren `base64` codierten Zeichenkette in der Datei `.docker/config.json`. Das entsprechende Kommando sieht so aus:

```
echo -n '<accountname>:<token>' | base64
```

`docker login` warnt davor, das Passwort würde im Klartext gespeichert. Das trifft zwar nicht ganz zu, das Passwort kann aber auf jeden Fall trivial einfach mit `base64 -d` aus der Zeichenkette ermittelt werden. Docker empfiehlt, aus Sicherheitsgründen einen *Credential Helper* zu verwenden. Unter Linux ist das einfacher gesagt als getan, weil sich hierfür kein Verfahren oder Programm richtig etabliert hat. Am ehesten können wir `pass` empfehlen, siehe *https://www.passwordstore.org*.

### Podman

Auch mit Podman können Sie Images in den Docker Hub oder in andere Repositorys hochladen. Während sich `docker login` automatisch auf den Docker Hub bezieht, müssen Sie bei `podman login` die gewünschte Registry angeben:

```
podman login docker.io

  Username: koflerinfo
  Password: *********
  Login Succeeded!
```

`podman login` verwendet als Speicherort `${XDG_RUNTIME_DIR}/containers/auth.json`. Die Variable `XDG_RUNTIME_DIR` verweist normalerweise auf ein Verzeichnis, das im Arbeitsspeicher abgebildet wird (z. B. `/run/user/1000`), also mit jedem Reboot verloren geht. Sie können mit der Option `--authfile` aber einen anderen Ort festlegen (siehe `man podman login`).

### Image hochladen

Nachdem Sie das Image lokal getestet haben, können Sie es zur öffentlichen Verteilung hochladen:

```
docker push accountname/imagename
```

### Image-Beschreibung

Nach dem erfolgreichen Upload finden Sie das Image im Docker Hub. Auf der Weboberfläche können Sie über den Button REPOSITORY OVERVIEW • EDIT eine Kurzbeschreibung bearbeiten (siehe Abbildung 4.2).

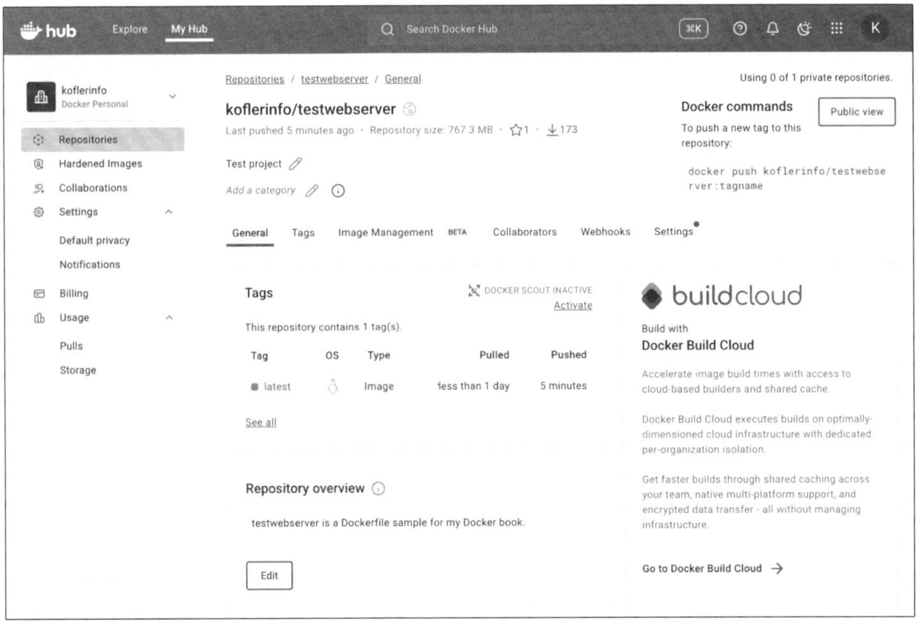


**Abbildung 4.2** Präsentation eines eigenen Docker-Images auf dem Docker Hub

Leider besteht keine Möglichkeit, diesen Text im `Dockerfile` anzugeben. Bei automatisierten Builds, bei denen Docker das `Dockerfile` und alle anderen Projektdaten von GitHub übernimmt, können Sie aber im Projektverzeichnis die Datei `README.md` vorsehen. Der Inhalt dieser Datei erscheint dann im Docker Hub als Image-Beschreibung. (Bei lokalen Builds, wie wir sie hier beschrieben haben, funktioniert dieser Mechanismus aber nicht!)

### Image-Tags

Standardmäßig erhält das neueste mit `docker build` erzeugte Image das Tag `latest`. In diesem Fall überschreibt `docker push` das zuletzt so bezeichnete Image.

Davon abweichende Tags können Sie wahlweise direkt bei der Ausführung von `docker build` oder mit `docker tag` setzen:

```
docker build -t account/image:tag
docker tag account/image[:oldtag] account/image:newtag
```

### Hochgeladene Images löschen

Wenn Sie einmal in den Docker Hub hochgeladene Images wieder löschen möchten, wechseln Sie in das Dialogblatt TAGS, markieren die nicht mehr benötigten Images und führen ACTIONS • DELETE aus. Im Dialogblatt SETTINGS besteht außerdem die Möglichkeit, das gesamte Projekt (die Weboberfläche spricht von einem *Repository*) zu löschen.

## 4.5 Multi-Arch-Images

Mit Docker oder Podman erzeugte Images werden grundsätzlich nur für die CPU-Plattform gebaut, unter der Sie arbeiten. Wenn Sie also ein Notebook mit Intel- oder AMD-CPU verwenden, funktioniert ein von Ihnen erzeugtes Image nur für andere Rechner mit der gleichen CPU-Architektur. Freundinnen des Raspberry Pi oder Anwender von MacBooks mit ARM-CPUs gehen leer aus.

Erfreulicherweise besteht die Möglichkeit, sogenannte *Multi-Arch-Images* zu erzeugen, die kompatibel mit mehreren CPU-Architekturen sind. Dazu brauchen Sie nicht einmal Rechner in allen betreffenden Architekturen. Sie können also ein Image für ARM-CPUs erzeugen, auch wenn Ihr eigener Rechner mit einer x86-64-CPU läuft. Sehr wohl vorausgesetzt wird dagegen, dass die von Ihnen eingesetzten Basis-Images (in den bisherigen Beispielen dieses Kapitels also `ubuntu:24.04`) für die richtigen Plattformen im Docker Hub bzw. in der Registry Ihrer Wahl zur Verfügung stehen.

Multi-Arch-Builds werden sowohl von Docker als auch von Podman unterstützt. Allerdings gibt es im Detail kleine Unterschiede, weswegen wir die erforderlichen Kommandos in zwei getrennten Abschnitten erläutern.

### Multi-Arch-Builds mit Docker

Um ein Multi-Arch-Image zu erzeugen, gehen Sie zuerst einmal so vor, wie wir das in den vorigen Abschnitten erläutert haben: Sie stellen also das `Dockerfile` zusammen, testen Ihr Image auf Ihrer Standard-Plattform und laden es in den Docker Hub hoch. Erst wenn alles zufriedenstellend funktioniert, führen Sie den relativ zeitaufwendigen Multi-Arch-Build durch. Dieser gelingt mit zwei erfreulich kurzen Kommandos:

```
docker buildx create --name multiarch \
  --driver docker-container --use

docker buildx build --push \
  --platform linux/arm/v7,linux/arm64/v8,linux/amd64 \
  -t koflerinfo/testwebserver .
```

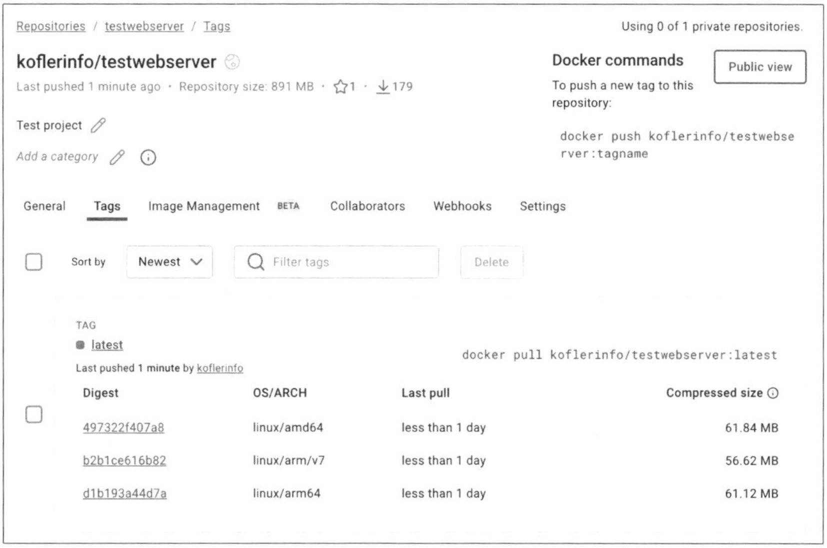


**Abbildung 4.3** Das Test-Image kann für drei CPU-Plattformen vom Docker Hub heruntergeladen werden.

Die vorhin abgedruckten Kommandos erfordern ein paar Erläuterungen:

- Multi-Arch-Builds sind ein Feature des neuen `buildx`-Systems. Während `docker build` und `docker buildx` bei aktuellen Docker-Versionen aus Kompatibilitätsgründen für Grundfunktionen gleichwertig sind, müssen Sie jetzt explizit angeben, dass Sie sich auf `buildx` beziehen.
- `docker buildx create` erzeugt eine neue Builder-Instanz, die anstelle des gewöhnlichen, in den Docker-Dämon integrierten Standardtreibers den Treiber `docker-container` aus dem `buildx`-System verwendet. (Andere unterstützte Treiber sind `kubernetes` und `remote`.) Aufgrund der Option `--use` wird die neue Instanz von nun an standardmäßig für alle `buildx`-Kommandos verwendet. Das erste Kommando muss daher nur einmalig ausgeführt werden.
- `docker buildx build` erzeugt die Images. Wichtig ist dabei die Option `--push`, die die neuen Images gleich in den Docker Hub hochlädt. Andernfalls bleiben die Images in einem lokalen Build Cache. Ein nachträgliches Hochladen ist nicht vorgesehen.

  Mit `--platform` übergeben Sie die Liste der gewünschten Plattformen. Ganz egal, ob Sie unter Windows, Linux oder macOS arbeiten – der Plattformname beginnt immer mit `linux`. Die Images verwenden also ein Linux-System als Basis, wie dies bei allen Beispielen in diesem Buch der Fall ist.

  - `linux/amd64` bezieht sich auf 64-Bit-CPUs von Intel und AMD.
  - `linux/arm/v7` ist die auf älteren Raspberry-Pi-Modellen übliche 32-Bit-Architektur.
  - `linux/arm64/v8` ist kompatibel mit Apple Silicon und aktuellen Raspberry-Pi-Versionen.
- Der Build-Prozess dauert spürbar länger als üblich, weil der Code für alle Plattformen außer der des Host-Rechners emuliert werden muss.

Sie können sich in der Folge auf der Website des Docker Hubs im Dialogblatt TAGS Ihres Projekts davon überzeugen, dass Build und Upload auf allen Plattformen funktioniert haben (siehe Abbildung 4.3). Anschließend sollten Sie die Images nun auf Testrechnern für alle Plattformen ausprobieren.

### Multi-Arch-Builds mit Podman

Podman unterstützt prinzipiell wie Docker Multi-Arch-Builds, wobei die Differenzierung zwischen `build` und `buildx` entfällt. (In Podman gibt es kein `buildx`, einfach `build` reicht.)

In der Vergangenheit hatten wir gute Erfahrungen mit Multi-Arch-Builds in Podman gemacht. Bei aktuellen Linux-Distributionen funktioniert das Zusammenspiel zwischen Podman und QEMU (erforderlich für den Build-Prozess in anderen Architekturen als der des Hostsystems) allerdings nicht mehr. Das früher gebräuchliche Paket `qemu-user-static` steht auf den meisten aktuellen Distributionen nicht mehr zur Verfügung. Die im Internet empfohlene ersatzweise Installation der Plattform-Interpreter mittels der beiden folgenden Kommandos hat bei unseren Tests auf zwei Testrechnern mit Fedora 43 bzw. Alma Linux 10 ebenfalls nicht funktioniert:

```
sudo systemctl start systemd-binfmt

sudo podman run --rm --privileged \
  docker.io/multiarch/qemu-user-static --reset -p yes
```

Nach einem halben Tag haben wir unsere Versuche ziemlich frustriert aufgegeben. Es hat früher funktioniert, und wir sind ziemlich sicher, dass es einen Weg geben muss, Multi-Arch-Builds auch in aktuellen Distributionen durchzuführen. Aber wir haben ihn nicht gefunden.

In gewisser Weise ist das Problem charakteristisch für das Spannungsfeld Docker versus Podman: Theoretisch ist Podman eine vollwertige, sicherheitstechnisch sogar überlegene Alternative. In der Praxis sind wir gerade bei Anwendungsfällen, die nicht ganz im Mainstream liegen, immer wieder an Kompatibilitäts- oder Dokumentationsgrenzen gestoßen. Und dann stellt sich jedes Mal neu die Frage: Lohnt sich der Zeitaufwand für die Lösungssuche, oder ist es nicht vielmehr einfacher, bei Docker zu bleiben?

## 4.6 Beispiel: Pandoc- und LaTeX-Umgebung als Image einrichten

Als letztes Beispiel in diesem Kapitel zeigen wir Ihnen das Dockerfile für unsere Arbeitsumgebung. Wir haben dieses Buch in der Markdown-Syntax verfasst. Das Kommando pandoc sowie eine ganze Sammlung selbst gebastelter Scripts erzeugen daraus eine HTML-Version (für die E-Book-Ausgaben) sowie LaTeX-Dateien, aus denen in weiterer Folge PDFs für den Druck des Buchs generiert werden.



Dieses Setup hat für uns Autoren den Vorteil, dass wir jeweils unseren Lieblingseditor verwenden können und uns nicht mit Word ärgern müssen. Es hat aber den Nachteil, dass es ausgesprochen mühsam ist, manuell die Fülle an Werkzeugen einzurichten, die zur Generierung einer fertigen PDF-Datei notwendig sind.

Glücklicherweise lässt sich dieses Problem mit Docker elegant umschiffen. Ein vergleichsweise winziges Dockerfile reicht aus, um ein Image zu bauen, das alle erforderlichen Programme enthält. Die Erläuterungen folgen im Anschluss an das Listing.

**Sorry, unvollständige Beispieldateien**

Zu diesem Beispiel gibt es nur unvollständige Beispieldateien zum Download. Die mit dem Beispiel verbundenen Fonts können nicht weitergegeben werden, und auch sonst erfüllt dieses Beispiel eher didaktische Funktionen. Obwohl der praktische Nutzen für uns Autoren groß ist, wird dies für die meisten Leserinnen und Leser nicht zutreffen.

```
# Datei Dockerfile
FROM ubuntu:24.04

# Pakete installieren
ENV TZ="Europe/Berlin"
RUN apt-get update -y && \
    apt-get install -y -o Acquire::Retries=10 \
                     --no-install-recommends \
      texlive-latex-recommended \
      texlive-latex-extra \
      texlive-fonts-recommended \
      texlive-lang-german \
      texlive-pstricks \
      texlive-fonts-extra \
      imagemagick \
      unzip \
      python3 \
      ghostscript \
      locales \
      vim \
```

```
        curl \
        wget \
        ca-certificates \
        less && \
    apt-get clean && \
    rm -rf /var/lib/apt/lists/*

# Zeitzone einstellen
ENV TZ="Europe/Berlin"
RUN ln -snf /usr/share/zoneinfo/$TZ /etc/localtime && \
    echo $TZ > /etc/timezone

# Pandoc installieren
ARG TARGETARCH
RUN if [ "$TARGETARCH" = "amd64" ]; then \
        curl -L https://github.com/jgm/pandoc/releases/\
                 download/3.8.2.1/pandoc-3.8.2.1-1-amd64.deb \
          -o /tmp/pandoc.deb && \
        dpkg -i /tmp/pandoc.deb && \
        rm /tmp/pandoc.deb; \
    elif [ "$TARGETARCH" = "arm64" ]; then \
        curl -L https://github.com/jgm/pandoc/releases/\
                 download/3.8.2.1/pandoc-3.8.2.1-1-arm64.deb \
          -o /tmp/pandoc.deb && \
        dpkg -i /tmp/pandoc.deb && \
        rm /tmp/pandoc.deb; \
    fi

# Fonts installieren
ADD myfonts.tgz /usr/local/share/texmf
RUN texhash

# Volume /data, bei docker run mit dem Arbeitsverzeichnis
# verbinden, also: docker run -v "$(pwd)":/data
VOLUME  ["/data"]

# Startkommando
ENTRYPOINT ["/bin/bash"]
```

### Installationsarbeiten

Als Ausgangspunkt haben wir wieder Ubuntu verwendet. Der erste Schritt im obigen `Dockerfile` besteht nun darin, diverse Pakete zu installieren und die Zeitzone einzustellen. Damit das `Dockerfile` gut lesbar bleibt, ist es empfehlenswert, die erforderlichen Pakete zeilenweise anzugeben.

Im nächsten Schritt wird Pandoc als fertiges Paket heruntergeladen und mit `dpkg` installiert. (Pandoc wird auch in den Ubuntu-Paketquellen angeboten, allerdings ist die dort befindliche Version selten aktuell.) Damit der Download unter beiden für uns relevanten Architekturen funktioniert, richten wir mit `ARG TARGETARCH` eine Variable ein, die die aktive CPU-Plattform des Host-Rechners enthält. Diese Variable wird im folgenden, leider ein wenig unübersichtlichen Code ausgewertet. Beachten Sie, dass die Download-URLs im Listing aus Platzgründen auf jeweils zwei Zeilen verteilt sind. Im `Dockerfile` handelt es sich jeweils um eine lange Zeile.



Zuletzt werden diverse Schriften so installiert, dass verschiedene LaTeX-Kommandos sowie `dvips` darauf zugreifen können. `ADD` packt das Archiv automatisch aus. Anschließend muss mit `RUN` das Kommando `texhash` ausgeführt werden. Auf diese Weise wird ein Datei-Index aktualisiert, damit LaTeX und Co. die Fonts finden können.

### Arbeitsverzeichnis und Volume

Die vom Image abgeleiteten Container sollen Zugriff auf ein lokales Arbeitsverzeichnis haben. Innerhalb des Images dient dabei `/data` als Arbeitsverzeichnis. Es ist nach dem Start eines Containers automatisch das aktive Verzeichnis. Nach außen hin erfolgt die Verbindung über ein Volume (siehe auch das folgende Kommando `docker run`).

Da das Image nicht ein Kommando, sondern eine Menge enthält (`latex`, `pandoc`, `dvips`, `ps2pdf` usw.), ist es nicht zweckmäßig, eines dieser Kommandos per Default zu bevorzugen. Vielmehr macht `ENTRYPOINT` die `bash` zum Defaultkommando.

### Image erzeugen

Um das Image in der auf Ihrem Rechner aktiven CPU-Plattform zu erzeugen, wechseln Sie in das Verzeichnis, in dem sich das `Dockerfile` und das Font-Archiv befinden, und führen dort `docker build` aus. Mit `-t` geben Sie dem Image einen Namen, den Sie frei wählen können:

```
docker build . -t pandoc_all
```

Beachten Sie, dass der Build-Prozess wegen der umfangreichen Downloads und Installationsarbeiten ca. 10 Minuten dauert. Das resultierende Image ist mit ca. 2,1 GByte riesig und insofern kein Beispiel für einen schlanken Container-Service.

**Tipps zur Entwicklung eigener Dockerfiles**

Bei kleinen Images funktioniert der Entwicklungsversuch nach der Methode »Versuch und Irrtum« gut. Wenn das Erzeugen eines Images aber wie in diesem Beispiel länger dauert, ist es ärgerlich, wenn am Ende dieses Prozesses ein Fehler auftritt.

Wir sind so vorgegangen, dass wir die Grundfunktionen sowie die auszuführenden Kommandos zuerst manuell in einem Ubuntu-Container getestet haben. Die Installationskommandos, die sich dort bewährt haben, haben wir dann in das `Dockerfile` übernommen.

### Container ausführen

Um das Image auszuprobieren, wechseln Sie in das Verzeichnis, in dem sich die Markdown-Dateien befinden, und erzeugen einen davon abgeleiteten Container. Dabei wird das aktuelle Verzeichnis mit dem Volume `/data` verbunden. Der Container erhält den Namen `mypandoc`.

```
cd <verzeichnis-mit-markdown-dateien>
docker run -it -v "$(pwd)":/data --name mypandoc \
           -h mypandoc pandoc_all

  # pandoc --version
    pandoc 3.8.2.1
```

Falls Sie einen Container in mehreren Terminals bzw. Terminal-Tabs parallel verwenden möchten, verwenden Sie dazu ab dem zweiten Terminal `docker exec`:

```
docker exec -it mypandoc bash
```

Wenn Sie den Haupt-Container mit `exit` oder [Strg]+[D] verlassen und ihn dadurch beenden, können Sie ihn mit dem folgenden Befehl später jederzeit wieder starten. Die Optionen `-a` und `-i` ermöglichen die interaktive Nutzung (entspricht `-it` bei `docker run` und `docker exec`).

```
docker start -ai mypandoc
```

Kapitel 5

# Container-Setups mit compose



Das Einrichten von Docker-Containern mit `docker run` ist zwar unkompliziert, aber wenn Sie immer wieder die gleiche Art von Containern benötigen, gibt es einen noch komfortableren Weg: Das Kommando `docker compose` wertet die Textdatei `compose.yaml` (ehemals `docker-compose.yml`) im aktuellen Verzeichnis aus und richtet dann die entsprechenden Container ein. Das ist besonders praktisch, wenn Sie mehrere Container in einem Setup kombinieren möchten.

Damit Sie `docker compose` bzw. das damit verwandte Kommando `podman compose` verwenden können, müssen Sie die Syntax von `compose.yaml` erlernen. Darauf konzentrieren wir uns in diesem Kapitel. Unzählige Anwendungsbeispiele folgen dann in nahezu allen weiteren Kapiteln dieses Buchs. Sie merken schon, wir sind große compose-Fans!

Die Implementierung des compose-Kommandos hat sich im Laufe der Zeit mehrfach verändert und hängt zudem vom Container-System ab:

- **Docker:** In der Vergangenheit war `docker-compose` ein von `docker` unabhängiges Python-Script (Version 1) bzw. Go-Programm (Version 2). Bei aktuellen Versionen ist `compose` dagegen ein `docker`-Subkommando. Der Aufruf erfolgt daher ohne Bindestrich. Intern greift `docker compose` auf ein als Plug-in installiertes Zusatzprogramm zurück:

  Paket: `docker-compose-plugin`
  Datei: `/usr/libexec/docker/cli-plugins/docker-compose`

  Die Version des Plug-ins ermitteln Sie so:

  ```
  docker compose version

    Docker Compose version v2.40.3
  ```

- **Podman:** Zusammen mit Podman kann das Python-Script `podman-compose` aus dem gleichnamigen Paket installiert werden:

  Paket: `podman-compose`
  Datei: `/usr/lib/python3.<nn>/site-packages/podman_compose.py`

```
podman compose version

  Executing external compose provider "/usr/bin/podman-compose"
  Please see podman-compose(1) for how to disable this message.

  podman-compose version 1.5.0
```

Falls Sie Podman Desktop einsetzen, wird im Rahmen der Installation automatisch und ungefragt das Programm `docker-compose` heruntergeladen. Weil dieses Programm eine höhere Kompatibilität herstellt, wird es von Podman gegenüber der eigenen Implementierung bevorzugt. Davon können Sie sich mit einem neuerlichen Aufruf von `podman compose version` überzeugen:

```
podman compose version

  Executing external compose provider
  "/usr/local/bin/docker-compose".

  Docker Compose version v2.39.3
```

Jetzt ist aber zu beachten, dass `podman compose` nur funktioniert, wenn vorher Podman Desktop gestartet wurde! Andernfalls kommt es zur irreführenden Fehlermeldung *cannot connect to the Docker daemon*. (`podman compose` arbeitet natürlich mit Podman zusammen und braucht Docker nicht. Aber das Programm Podman Desktop muss laufen.)

Soweit `compose`-Setups im Spiel sind, gehen wir in diesem Buch davon aus, dass Sie mit Docker arbeiten. Podman haben wir nur fallweise im Zusammenspiel mit Podman Desktop getestet. Egal, ob auf der Basis von `podman-compose` oder `docker-compose`: Compose-Setups sind leider nicht vollständig Podman-kompatibel! Weil Podman nicht dem Client/Server-Ansatz folgt, sind manche Funktionen, beispielsweise zum automatischen Container-(Re-)Start, nicht möglich. Auch bei der Realisierung interner Netzwerke gibt es Unterschiede.

**Von docker-compose.yml zu compose.yaml**

In der Vergangenheit wurde das Container-Setup in der Datei `docker-compose.yml` beschrieben. Mittlerweile hat sich der Dateiname `compose.yaml` durchgesetzt. Der alte Dateiname ist zwar weiterhin erlaubt, wir haben aber schon in der vorigen Auflage alle Beispiele auf `compose.yaml` umgestellt.

## 5.1 YAML-Syntax

Bevor Sie `docker compose` ausführen können, müssen Sie eine Datei mit dem Namen `compose.yaml` erstellen. Die Kennung `*.yaml` bezeichnet das YAML-Format (*YAML Ain't Markup Language*). Die Syntaxregeln von YAML haben wir Ihnen hier kurz zusammengefasst:



- `---` leitet einen neuen Abschnitt ein.
- `#` startet einen Kommentar, der bis zum Ende der Zeile reicht.
- Zeichenketten können in der Form `"abc"` oder `'abc'` ausgedrückt werden. Dies ist aber nur in Ausnahmefällen zwingend erforderlich – beispielsweise dann, wenn die Zeichenkette Sonderzeichen enthält oder als ein anderer YAML-Ausdruck interpretiert werden kann.
- Mehrere mit `-` eingeleitete Ausdrücke bilden eine Liste:

  ```
  - rot
  - grün
  - blau
  ```

  Alternativ können Listen auch in eckige Klammern gestellt werden:

  ```
  [rot, grün, blau]
  ```

- Assoziative Listen (Key-Value-Paare) werden in der Form `key: value` gebildet:

  ```
  name: Hermann Huber
  age: 37
  ```

  Auch hier gibt es eine platzsparende Variante, diesmal in geschwungenen Klammern:

  ```
  {name: Hermann Huber, age: 37}
  ```

- `|` leitet einen Textblock ein, in dem die Zeilenumbrüche erhalten bleiben:

  ```
  codeblock: |
    Zeile 1
    Zeile 2
  ```

- `>` leitet einen Textblock ein, in dem Zeilenumbrüche ignoriert werden. Leere Zeilen bleiben aber erhalten:

  ```
  textblock: >
    Zusammengehörender
    Text.

    Hier beginnt der
    zweite Absatz.
  ```

Alle vorgestellten Elemente können ineinander verschachtelt werden. Die Struktur wird durch Einrückungen hergestellt. Dabei müssen Leerzeichen verwendet werden (keine Tabulatoren!). Beim Zugriff auf die Elemente werden die Bezeichner (Keys) aneinandergereiht.

```
# Datei sample.yaml
data:
  list:
    - item1
    - item2
  key1: >
    Dieser Text ist dem
    Schlüssel 'data.key1' zugeordnet.
  key2: |
    code line 1
    code line 2
```

Einige fortgeschrittene Syntaxelemente von YAML, die jedoch in `compose.yaml`-Dateien normalerweise keine Rolle spielen, sind in der Wikipedia dokumentiert:

*https://en.wikipedia.org/wiki/YAML*

Zum Auslesen von YAML-Dateien können Sie das Python-Script `shyaml` verwenden.

```
shyaml get-value data.list < sample.yaml

  - item1
  - item2
```

Unter Ubuntu installieren Sie das Kommando wie folgt in das Verzeichnis `.local/bin`. Haben Sie keine Angst vor der Option `--break-system-packages`! Normalerweise ist es bei der Installation von Python-Modulen sinnvoll, diese als Distributionspaket oder in eine virtuelle Umgebung zu installieren. Beide Varianten sind für das das Kommando `shyaml` aber nicht optimal.

```
sudo apt install python-pip
pip3 install --break-system-packages shyaml
```

Beim Experimentieren mit YAML-Dateien sind auch die YAML-Validatoren bzw. -Parser auf den folgenden Websites hilfreich:

*https://www.yamllint.com*
*https://yaml-online-parser.appspot.com*
*https://codebeautify.org/yaml-validator*

## 5.2 Hello Compose!

Das folgende Einführungsbeispiel für die Syntax von `compose.yaml` beschreibt ein Docker-Setup, das aus zwei Services besteht: zum einen aus einem Datenbankserver (MariaDB in der gerade aktuellen Version), zum anderen aus dem CMS WordPress.

Ein Großteil der Einstellungen für die beiden Services sollte ohne Weiteres verständlich sein:



- Zur Speicherung der Datenbankdateien bzw. der HTML-Dateien werden jeweils benannte Volumes verwendet. (Die Namen der Volumes müssen *zweimal* angegeben werden, einmal bei der Beschreibung der jeweiligen Services und ein zweites Mal – üblicherweise am Ende der Datei `compose.yaml` – in einem separaten Abschnitt `volumes`.)
- In MariaDB sollen die Datenbank `wp` und der dazugehörende Benutzer `wpuser` mit dem Passwort `geheim` eingerichtet werden. Als `root`-Passwort kann eine zufällige Zeichenkette verwendet werden – es ist für das Setup nicht relevant.
- Damit WordPress auf die Datenbank zugreifen kann, müssen die entsprechenden `WORDPRESS`-Variablen initialisiert werden. `DB_HOST` verweist auf den Servicenamen `db` und die Defaultportnummer des MariaDB-Servers.
- Der für WordPress zuständige Webserver nutzt im Container Port 80. Dieser Port soll mit Port 8082 des Host-Rechners verbunden werden.

```
# Datei compose.yaml
services:
  db:
    image: mariadb:latest
    volumes:
      - vol-db:/var/lib/mysql
    environment:
      MYSQL_RANDOM_ROOT_PASSWORD: 1
      MYSQL_DATABASE:             wp
      MYSQL_USER:                 wpuser
      MYSQL_PASSWORD:             geheim
    restart: always

  wordpress:
    image: wordpress:latest
    volumes:
      - vol-www:/var/www/html/wp-content
    ports:
      - "127.0.0.1:8082:80"
    environment:
      WORDPRESS_DB_HOST:      db:3306
```

```
      WORDPRESS_DB_USER:     wpuser
      WORDPRESS_DB_NAME:     wp
      WORDPRESS_DB_PASSWORD: geheim
    restart: always

volumes:
  vol-www:
  vol-db:
```

**Sicherheitshinweis**

Beachten Sie in `compose.yaml` die Zeilen `ports:` und `"127.0.0.1:8082:80"`! Entscheidend ist hier `127.0.0.1`. Damit wird Port 8082 nur für den lokalen Hostrechner geöffnet.

Das Beispiel würde auch mit der Einstellung `"8082:80"` funktionieren. Das ist in vielen Internet-Anleitungen so zu sehen. Dementsprechend liefert auch die meisten KI-Tools derartigen Code. Port 8082 ist dann aber für *alle Netzwerkschnittstellen* geöffnet! Auf einem lokalen Entwicklungsrechner ist das nicht so schlimm, beim Deployment auf einem im Internet erreichbaren Server aber eine Katastrophe. Port 8082 macht WordPress ohne HTTPS-Absicherung nach außen hin sichtbar.

Bevor Sie Docker-Container mit Compose-Setup produktiv auf einem Server ausführen, lesen Sie unbedingt Abschnitt 5.4, »Ports und Netzwerke«!

## docker compose

Um `docker compose` auszuprobieren, wechseln Sie zuerst in das Verzeichnis mit der Datei `compose.yaml` – hier `wordpress-beispiel`. Beachten Sie, dass der Verzeichnisname zur Benennung der Container, Volumes, Netzwerke usw. verwendet wird.

`docker compose up -d` sucht im aktuellen Verzeichnis nach der Datei `compose.yaml`, lädt die erforderlichen Images herunter (natürlich nur, wenn diese noch nicht zur Verfügung stehen), erzeugt die Container, verbindet diese in einem eigens dafür erzeugten Netzwerk und startet sie als Hintergrundprozesse (Option `-d`). Der gesamte Vorgang dauert nur wenige Sekunden (plus gegebenenfalls die Zeit zum Download der Images). Beachten Sie, dass die Container wegen `restart: always` auch nach einem Reboot des Rechners automatisch neu gestartet werden.

```
cd wordpress-beispiel        (Verzeichnis mit compose.yaml)

docker compose up -d

  Creating network wordpress-beispiel_default" with the
    default driver
```

```
Creating wordpress-beispiel_wordpress_1 ... done
Creating wordpress-beispiel_db_1        ... done
```

Das Kommando docker compose ps zeigt die beiden laufenden Container. Die Ausgabe ist hier aus Platzgründen stark gekürzt. Nach wenigen Sekunden, die für die Initialisierung des Containers erforderlich sind, können Sie WordPress unter der Adresse *localhost:8082* nutzen.



```
docker compose ps

  NAME                            ...  PORTS
  wordpress-sample-db-1                3306/tcp
  wordpress-sample-wordpress-1         127.0.0.1:8082->80/tcp
```

Um die Ausführung aller zusammengehörenden Container zu stoppen, führen Sie docker compose stop aus. Analog setzt docker compose start die Ausführung fort. Alle Kommandos setzen voraus, dass sich compose.yaml im aktuellen Verzeichnis befindet.

Mit docker compose down stoppen und löschen Sie alle Container der Setups. Die Volumes bleiben erhalten. Bei Bedarf können Sie die Container unter Beibehaltung der bisherigen Daten mit docker compose up wieder neu einrichten:

```
docker compose down        # Container stoppen und löschen
...
docker compose up -d       # Container neu einrichten
```

Nach Änderungen in Umgebungsvariablen, die in compose.yaml ausgewertet werden, sowie nach Änderungen eines zu compose.yaml gehörenden Dockerfiles müssen Sie an docker compose up die zusätzliche Option --build übergeben:

```
docker compose up --build -d   # Images neu erzeugen, dann
                               # Container einrichten und starten
```

Wenn Sie die Container inklusive der dazugehörenden Volumes löschen möchten, führen Sie für das vorliegende Beispiel die folgenden Kommandos aus:

```
docker compose down -v         # Container und Volumes löschen
```

### Debugging

Im Idealfall geht beim Start der Container durch docker compose up alles gut. Was aber, wenn Fehler auftreten?

Ein erstes Hilfsmittel zur Fehlersuche besteht darin, docker compose up ohne die Option -d auszuführen. Damit erfolgen sämtliche Logging-Ausgaben aller Container direkt in der Konsole. Sie können also zu einem gewissen Grad mitverfolgen, was in den Containern vor sich geht.

Alternativ können Sie mit docker compose ps einen Blick in die Container-Liste werfen. Dort erkennen Sie in der Regel sofort, ob es Container gibt, die nicht wie geplant laufen oder die ständig neu gestartet werden. Mit docker compose logs <cname> können Sie dann die Logging-Ausgaben der betroffenen Container lesen. docker compose logs zeigt das kombinierte Logging aller Container der Gruppe.

Wie üblich können Sie mit docker compose exec einen zusätzlichen interaktiven Shell-Prozess starten und so in einen laufenden Container »hineinsehen«. Das folgende Beispiel bezieht sich auf den Container des db-Dienstes.

```
docker compose exec -it db /bin/sh

  ps -ax

    PID TTY       STAT   TIME COMMAND
      1 ?         Ssl    0:00 mariadbd
     71 pts/0     Ss     0:00 /bin/sh
     79 pts/0     R+     0:00 ps -ax
```

Alternativ können Sie auch Kommandos ohne Interaktion ausführen, z. B. um nachzusehen, welche PHP-Version im WordPress-Container läuft:

```
docker compose exec wordpress php --version

  PHP 8.3.27 (cli) (built: Nov  4 2025 01:24:55) (NTS)
```

#### podman compose

Das Beispiel funktioniert unverändert auch mit Podman, wenn Sie docker compose durch das Kommando podman compose ersetzen. Sofern Sie Podman Desktop installiert haben, dürfen Sie nicht vergessen, dieses Programm zu starten, bevor Sie podman compose im Terminal ausführen! Andernfalls liefert podman compose nur eine Fehlermeldung.

Beim Betrieb der Container gibt es einen kleinen Unterschied: Unter Docker bewirken die beiden Zeilen restart: always einen automatischen Neustart der Container nach einem Reboot des Rechners. Bei Podman gibt es keinen Hintergrunddienst, der sich darum kümmern kann. Dementsprechend müssen Sie das Container-Setup bei Bedarf selbst wieder neu starten.

## 5.3 Die Datei compose.yaml

In diesem Abschnitt fassen wir die wichtigsten Schlüsselwörter zusammen, die in der Datei compose.yaml vorkommen.

Eine vollständige Referenz zur Syntax von `compose.yaml` finden Sie hier:

*https://docs.docker.com/reference/compose-file*

Wir beziehen uns in diesem Buch grundsätzlich auf Compose v2 gemäß der aktuell geltenden Spezifikation:

*https://github.com/compose-spec/compose-spec/blob/master/spec.md*



Dieser Abschnitt beschreibt die Basissyntax. Auf zwei Spezialthemen gehen wir dann in Abschnitt 5.4, »Ports und Netzwerke«, sowie Abschnitt 5.5, »Passwörter und andere Geheimnisse«, näher ein.

### Services

`compose.yaml` beginnt in der Regel mit dem Bezeichner `services`, auf den eingerückt frei wählbare Namen mehrerer Dienste folgen. Die Eigenschaften jedes Dienstes werden, nochmals eingerückt, durch diverse Schlüsselwörter festgelegt:

```
# Grundsätzlicher Aufbau von compose.yaml
services:
  dienstname1:
    schlüsselwort1: einstellung1
    schlüsselwort2: einstellung2
    ...

  dienstname2:
    schlüsselwort1: einstellung1
    schlüsselwort2: einstellung2
    ...
```

In manchen Fällen folgen dem Top-Level-Abschnitt `services` weitere Top-Level-Abschnitte, z. B. `volumes`, `networks` oder `secrets`. Diese sind in der Regel mit gleichnamigen Schlüsselwörtern innerhalb eines Service verbunden. Entsprechende Beispiele folgen in den weiteren Abschnitten.

### Container-Basis: Vorgefertigtes Image oder Dockerfile?

Das Schlüsselwort `image` gibt an, welches Basis-Image verwendet werden soll. Dabei sind Image-Namen in allen Varianten (`registryname/reponame/imagename:tag`) sowie Image-IDs erlaubt.

```
image: ubuntu:24.04
```

Anstelle eines Images können Sie auch den Pfad zu einem Verzeichnis angeben, in dem sich das `Dockerfile` samt den erforderlichen Zusatzdateien befinden.

```
build: verzeichnis
```

Anstatt das Verzeichnis als einzige Information anzugeben, können Sie auch mehrere Parameter übergeben. Für das Verzeichnis ist dann das Schlüsselwort context vorgesehen:

```
build:
  context: verzeichnis
  args:
    - BUILD_ENV=production
```

docker compose berücksichtigt dann die Angaben in dieser Datei, erzeugt ein entsprechendes Image und verwendet dieses als Basis. Wenn Sie das Dockerfile im gleichen Verzeichnis wie compose.yaml gespeichert haben, geben Sie anstelle des Pfads einfach einen Punkt an.

Wenn Sie in einem Projekt zum ersten Mal docker compose up ausführen, erzeugt Docker automatisch die erforderlichen Images. Vergessen Sie aber in Zukunft die Option --build nicht, um nach Änderungen im Dockerfile die Images neu zu generieren!

### Containernamen

Beim Start eines Compose-Setups benennt Docker alle Container in der Form projektverzeichnis_servicename_nummer, wobei nummer meistens 1 ist – außer es gibt Namenskonflikte, z. B. weil ein Compose-Setup mehrfach ausgeführt wird.

Wenn Sie davon abweichend einen eigenen, kürzeren oder klareren Containernamen wünschen, geben Sie diesen mit container_name an:

```
services:
   db:
     image:        mariadb:lts
     service_name: mariadb
```

### Volumes

Dem Schlüsselwort volumes folgt eine Liste, in der Sie angeben, welche benannten Volumes mit welchen Container-Pfaden verbunden werden sollen. Die Volume-Namen müssen am Ende der Datei dann ein zweites Mal im Top-Level-Abschnitt volumes aufgelistet werden. Dort können Sie gegebenenfalls besondere Eigenschaften des Volumes festlegen. Der folgende Auszug aus dem Einführungsbeispiel dieses Kapitels zeigt die Logik.

```
services:
   db:
     ...
     volumes:
       - vol-db:/var/lib/mysql

   wordpress:
     ...
     volumes:
       - vol-www:/var/www/html/wp-content

volumes:
  vol-www:
  vol-db:
```



Docker kümmert sich darum, das Volume einzurichten. Der Volume-Name setzt sich aus dem aktuellen Verzeichnisnamen, dem in der Datei `compose.yaml` angegebenen Namen sowie `_data` zusammen. Sofern Sie Docker mit `root`-Rechten ausführen und das aktuelle Verzeichnis `test2` lautet, ergibt sich der folgende Pfad:

```
/var/lib/docker/volumes/test2_vol-www/_data
/var/lib/docker/volumes/test2_vol-db/_data
```

Anstelle von benannten Volumes, die von Docker verwaltet werden, können Sie den Ort von Volumes auch explizit angeben. Der folgende Eintrag bewirkt, dass das Volume `/var/lib/mysql` des Images auf dem Docker-Host im Verzeichnis `/data/db` gespeichert werden soll. Dieses Verzeichnis muss bereits existieren, wenn `docker compose` ausgeführt wird.

```
services:
   db:
     ...
     volumes:
       - /data/db:/var/lib/mysql
```

Der Pfad für das lokale Volume-Verzeichnis darf in der Form `./<name>` auch relativ zum Ort der Datei `compose.yaml` angegeben werden. Wenn SELinux am angegebenen Ort keine Volumes erlaubt, müssen Sie das Flag `:z` hinzufügen.

Bei Bedarf können auch einzelne Dateien als Volumes betrachtet werden. In diesem Fall muss die betreffende lokale Datei bereits existieren. Achten Sie aber darauf, dass Sie nicht Verzeichnisse und Dateien vermischen! Sie können also nicht eine lokale Datei einem Container-Verzeichnis zuordnen oder ein lokales Verzeichnis einer Container-Datei.

```
volumes:
  - ./default.conf:/etc/nginx/conf.d/default.conf
```

### UID und GID für lokale Volumes (Docker Engine unter Linux)

Wenn Sie ein lokales Verzeichnis in Ihrem Heimatverzeichnis zur Speicherung von Volumes verwenden, werden neue, vom Container erzeugte Dateien nicht Ihrem eigenen Benutzer bzw. Ihrer Gruppe zugeordnet, sondern root. Außerhalb des Docker-Containers können Sie diese Dateien deswegen nicht verändern und möglicherweise nicht einmal lesen (z. B. bei einem Backup).

Das hier beschriebene Problem tritt nur auf, wenn Sie unter Linux mit einer Standardinstallation der Docker Engine arbeiten. Es tritt nicht auf, wenn Sie mit Docker Desktop, Rootless Docker oder mit Podman arbeiten.

Am einfachsten ist das Problem anhand eines konkreten Beispiels zu verstehen: Die folgende Datei compose.yaml beschreibt einen Alpine-Container, der das gerade aktuelle Verzeichnis mit dem /home-Verzeichnis des Containers verbindet. In diesem Verzeichnis wird die neue Datei newfile erzeugt.

```
# Datei compose.yaml
services:
  secrettest:
    image: alpine
    volumes:
      - ./:/home:z
    command: ["touch", "/home/newfile"]
```

Wenn Sie das Setup unter Linux ausführen, gehört die neue Datei nicht Ihnen, sondern dem Benutzer root. Das liegt daran, dass der Docker-Dämon mit root-Rechten läuft.

```
sudo docker compose up

ls -l newfile
  -rw-r--r-- 1 root   root     0 17. Jun 09:46 newfile
```

Wenn Sie dagegen mit Rootless Docker oder mit Podman arbeiten, gehört die Datei Ihnen:

```
podman compose up

ls -l newfile
  -rw-r--r--. 1 kofler kofler   0 17. Jun 09:50 newfile
```

Wenn Sie im Zusammenspiel mit Docker und Linux vermeiden möchten, dass neue Dateien root gehören, können Sie compose.yaml um das Schlüsselwort user erweitern und dort eine UID (User Identification Number) oder GID (Group Identification Number) angeben. user legt fest, in welchem Account der Container-Prozess ausgeführt wird. Der Account kann auch durch das Schlüsselwort USER im zugrunde liegenden Dockerfile festgelegt werden.

```
# Datei compose.yaml
services:
  secrettest:
    image: alpine
    volumes:
      - ./:/home:z
    command: ["touch", "/home/newfile"]
    user: "1000:1000"
```

Das obige Listing setzt voraus, dass Ihre UID und GID jeweils 1000 ist. Das trifft für den ersten angelegten Benutzer zu. Allgemeingültiger ist die folgende Variante, die aber voraussetzt, dass Sie die Variable UID_GID vor dem Aufruf von docker compose initialisieren:

```
# in compose.yaml
...
    user: ${UID_GID}
```

Sie müssen nun docker compose wie folgt aufrufen:

```
sudo UID_GID="$(id -u):$(id -g)" docker compose up
```

Leider ist die Vorgehensweise mit user inkompatibel mit podman compose. Das Script verarbeitet das Schlüsselwort user zwar prinzipiell korrekt, allerdings tritt nun bei der Ausführung des Containers der Fehler *permission denied* auf. Das liegt daran, dass es im Podman-Namespace gar keinen Benutzer mit der UID 1000 gibt.

Fazit: Wenn Sie mit Podman arbeiten, lassen Sie user: ... einfach weg – Sie brauchen die Anweisung nicht. Wenn Sie dagegen Docker verwenden, ist die hier beschriebene Vorgehensweise mit einer Umgebungsvariablen und user: ... ein guter Weg. Docker erzeugt neue Dateien so, dass Sie diese später ohne sudo lesen und verändern können. Es scheint aber keinen Weg zu geben, der zu *beiden* Systemen kompatibel ist. (Auf jeden Fall haben wir keinen gefunden.)

### Umgebungsvariablen

Dem Schlüsselwort environment folgen wahlweise Key-Value-Paare oder Listenelemente in der Form var=wert. Die so definierten Umgebungsvariablen gelten bei der Ausführung des Kommandos im Container. Die beiden folgenden Listings sind gleichwertig:

```
environment:
  WORDPRESS_DB_HOST: mariadb
  WORDPRESS_DB_NAME: dockerbuch
```

```
environment:
  - WORDPRESS_DB_HOST=mariadb
  - WORDPRESS_DB_NAME=dockerbuch
```

Wenn Sie viele Umgebungsvariablen setzen müssen, können Sie die Einstellungen mit `env_file: dateiname` auch aus einer Datei lesen.

#### Labels

Mit `labels` können Sie einem Service Tags (Metadaten) zuordnen. Das ist dann sinnvoll, wenn andere Tools diese Daten auswerten. Ein Beispiel dafür ist Traefik (siehe Abschnitt 9.7, »Traefik-Proxy«). Hier werden also beim Service `prometheus` Zusatzinformationen für das Zusammenspiel mit Traefik in Form von `labels` formuliert:

```
services:
  prometheus:
    ...
    labels:
      # Zusammenspiel mit Traefik
      - traefik.enable=true
      - traefik.http.services.prometheus.loadbalancer.server.\
                                                    port=9090
```

#### Kommandoausführung

Normalerweise wird in Containern bzw. Services das Kommando ausgeführt, das im Image durch `ENTRYPOINT` und/oder `CMD` vorgegeben ist (siehe auch den Abschnitt »Container-Startkommando« in Abschnitt 4.2, »Dockerfile-Syntax«). Bei einem Apache-Image wird das ein Startkommando für den Webserver sein, bei einem MySQL-Image der Dienst des MySQL-Servers etc.

Wenn davon abweichend ein anderes Kommando ausgeführt werden soll, geben Sie dieses mit den Schlüsselwörtern `entrypoint` und/oder `command` an. Beachten Sie, dass Sie Kommandos, die aus mehreren Teilen zusammengesetzt sind, entweder als Liste oder in der Form `["teil1", "teil2", "teil3"]` übergeben müssen.

```
entrypoint: ["some-script.sh"]
command:    ["/bin/bash"]

# mehrteiliges Kommando
command: ["php", "-a"]

# gleichwertig
command:
  - "php"
  - "-a"
```

Bei vielen Images ist im Dockerfile das auszuführende Programm als Entrypoint festgelegt. Mit command können dann Optionen angegeben werden:

```
services:
  traefik:
    image:          traefik:latest
    command:
      # Optionen für den Aufruf von Traefik
      - --providers.docker=true
      - --providers.docker.exposedbydefault=false
      - --entrypoints.web.address=:80
      - --entrypoints.websecure.address=:443
```

### Startreihenfolge (»depends_on«)

Mit depends_on können Sie ausdrücken, welches Service von welchem/welchen anderen abhängig ist. compose up startet dann zuerst die genannten Container und zuletzt die Container, bei denen die Abhängigkeiten formuliert sind.

```
# compose up startet zuerst db, dann web
services:
  web:
    image: nginx
    depends_on:
      - db

  db:
    image: postgres
```

Beachten Sie, dass depends_on zwar die Startreihenfolge beeinflusst, aber nicht abwartet, bis ein Container für die Nutzung bereit ist. Im obigen Beispiel wird zwar db zuerst gestartet, Docker wartet aber nicht die vollständige Initialisierung des Datenbank-Containers ab, bevor es das Web-Frontend startet.

### Restart-Verhalten

Bei Containern, die mit docker compose erzeugt werden, können Sie mit dem Schlüsselwort restart einstellen, ob sie bei einem Rechnerneustart oder nach einem Fehler automatisch neu gestartet werden sollen. Das Defaultverhalten lautet no. Die anderen zulässigen Einstellungen lauten always, on-failure und unless-stopped. Eine Erläuterung der Schlüsselwörter folgt in Abschnitt 6.6, »Container automatisch starten«.

```
restart: always
```

### Privilegierte Container

Docker und Podman bieten die Möglichkeit, Container »privilegiert« auszuführen (`docker run ... --privileged`). Damit werden diverse Schutzmechanismen deaktiviert, die den Container vom Host-System isolieren. In seltenen Fällen ist das erforderlich, damit der Container Hardware-Zugriff bekommt (z. B. auf USB-Geräte), spezielle Netzwerkfunktionen nutzen darf, Monitoring-Funktionen ausüben kann oder Zugriff auf Device-Dateien erhält. In `compose.yaml` wird die Option in der Form `privileged: true` auf Service-Ebene aktiviert.

Die `privileged`-Option wird in vielen Internet-Anleitung als praktische und einfache Lösung für diverse Probleme angepriesen. Wir empfehlen Ihnen dagegen Zurückhaltung! Sie handeln sich damit potenziell viele Sicherheitsprobleme ein. In vielen Fällen sollte eine der Optionen `cap_add`, `devices` oder `security_opt` ausreichen, um Ihrem Container ganz spezifisch die Funktionalität zu geben, die er benötigt. Eine Referenz dieser und weiterer Schlüsselwörter, leider nur mit einer sehr knappen Beschreibung, finden Sie hier:

*https://docs.docker.com/reference/compose-file/services*

## 5.4 Ports und Netzwerke

Viele Compose-Setups bestehen aus mehreren Containern. Diese kommunizieren intern über Netzwerk-Ports miteinander. Außerdem gibt es zumeist einen, manchmal auch mehrere Ports, die die resultierende Anwendung nach außen hin zugänglich machen. Oft wird die Schnittstelle nach außen über das Protokoll HTTP realisiert, aber prinzipiell ist jedes Netzwerkprotokoll denkbar.

Sowohl zur internen Kommunikation als auch zur Portweiterleitung nach außen gibt es mehrere Wege. Entscheidend ist nicht nur, dass das Setup funktioniert, sondern auch, dass es sicher ist. Darum geht es in diesem Abschnitt. Weitere Details und Sonderfälle können Sie hier nachlesen:

*https://docs.docker.com/compose/how-tos/networking*
*https://docs.docker.com/reference/compose-file/networks*
*https://docs.docker.com/engine/network/drivers*

### Vernetzung von Containern

Wenn ein Compose-Setup aus mehreren Services besteht, richtet `docker compose` zur internen Kommunikation automatisch ein privates Netzwerk ein, in dem die Container miteinander kommunizieren können. Wenn dieses Defaultverhalten nicht ausreichend ist, können Sie im Top-Level-Abschnitt `networks` ein oder mehrere Netzwerke definieren. In den Service-Abschnitten geben Sie dann an, welcher Dienst welche Netzwerke benutzen darf. Im folgenden Beispiel kann der Dienst web mit dem Netzwerk myownnet kommunizieren.

```
services:
  web:
    ...
    networks:
      - myownnet

# Top-Level-Abschnitt zur Definition zusätzlicher Netzwerke
networks:
  myownnet:
    driver:   bridge
    internal: true
```



Per Default verwendet Docker den Netzwerktyp bridge mit internal: false. Solche Netzwerke isolieren die darin befindlichen Container von anderen Docker-Containern, erlauben aber Port-Forwarding zum Host und verwenden Masquerading, um den Containern Zugriff auf das Internet bzw. auf das externe Netzwerk zu geben (vergleichbar mit NAT). internal: true trennt das Netzwerk vom Host.

### Ports nach außen öffnen

Dem Schlüsselwort ports folgt eine Liste von Port-Zuordnungen in der Syntax portnummer (den Port einfach weiterleiten) oder lokal:dienst (einen Port des Dienstes auf einen anderen Port des lokalen Computers umleiten). Die folgende Einstellung macht die Ports 80 und 443 des Docker-Containers bzw. -Service auf den Ports 8080 und 8443 des Docker-Hosts zugänglich:

```
# offen für alle Netzwerkschnittstellen
ports:
  - "8080:80"
  - "8443:443"
```

Beachten Sie, dass die lokalen Ports (hier 8080 und 8443) für *alle* Netzwerkschnittstellen offen sind. Oft ist das aus Sicherheitsgründen nicht wünschenswert. Dann müssen Sie der Portnummer explizit 127.0.0.1 voranstellen:

```
# Port 8080 und 8443 können nur von localhost verwendet werden
ports:
  - "127.0.0.1:8080:80"
  - "127.0.0.1:8443:443"
```

Wenn Sie einen Port nur innerhalb desjenigen Netzwerks freigeben möchten, das docker compose für die Container bzw. Services des Projekts einrichtet, geben Sie diese Ports mit expose an:

```
expose:
  - "7500"
  - "7501"
```

expose ist bei einfachen Setups optional, weil in einem internen Netzwerk befindliche Container ohnedies uneingeschränkt miteinander kommunizieren können. expose dient dann mehr zur Dokumentation, welche Ports intern wichtig sind.

### Beispiel: REST-API mit Backend

Auf den folgenden Seiten zeigen wir Ihnen anhand eines ganz einfachen Beispiels verschiedene Möglichkeiten, zwei Services intern zu verbinden und nach außen zu öffnen. Das Setup besteht aus zwei winzigen Python-Scripts: eines bietet eine REST-API nach außen an, das zweite dient als internes Backend (denken Sie an einen Datenbank- oder Netzwerkdienst). Die interne Kommunikation erfolgt über Port 5555. Die REST-API nutzt Port 8088. In einer realen App würden Sie diesen Port über einen Reverse Proxy per HTTPS nach außen leiten. Entsprechende Beispiele folgen in Kapitel 9, »Webserver und Co.«.

Das Setup besteht aus fünf Dateien:

```
tree

  api/
    app.py
    Dockerfile
  backend/
    app.py
    Dockerfile
  compose.yaml
```

Da es hier nicht um Python-Programmierung geht, habe ich den Code so minimal wie möglich gehalten. Der Python-Code für die REST-API ist mit 15 Zeilen minimalistisch. Die mit dem Flask-Framework realisierte API reagiert allerdings nur auf Get-Requests für /.

```
# Beispieldatei net-sample/api/app.py
from flask import Flask, jsonify
import requests

app = Flask(__name__)
@app.route('/')
def hello():
    # Backend-Kommunikation über Port 5555
    backend_response =
      requests.get('http://backend:5555/data').json()
```

```
    return jsonify({
        "message": "Hello World",
        "backend_data": backend_response
    })

if __name__ == '__main__':
    app.run(host='0.0.0.0', port=8088)
```



Das dazugehörige Dockerfile macht daraus und aus Python 3.13 ein Image:

```
# Beispieldatei net-sample/api/Dockerfile
FROM python:3.13-slim
WORKDIR /app
RUN pip install flask requests
COPY app.py .
CMD ["python", "app.py"]
```

Noch kürzer ist der Hello-World-Code für das Backend. Auch hierbei handelt es sich um eine REST-API, die wieder nur einen Request verarbeiten kann – /data auf Port 5555.

```
# Beispieldatei net-sample/backend/app.py
from flask import Flask, jsonify

app = Flask(__name__)

@app.route('/data')
def data():
    return jsonify({"internal": "This came from backend:5555"})

if __name__ == '__main__':
    app.run(host='0.0.0.0', port=5555)
```

Das Dockerfile stimmt mit jenem der REST-API überein.

Auch ohne Python- und Flask-Kenntnisse sollte verständlich sein, wie das Setup funktioniert: api/app.py kann einen Get-Request für Port 8088 beantworten. In das Ergebnis wird die Reaktion auf den Request http://backend:5555/data eingebaut, d. h., die beiden in Python realisierten Mini-Server müssen miteinander kommunizieren.

Ein erstes (unsicheres!) Compose-Setup könnte nun so aussehen:

```
# Beispieldatei net-sample/compose-insecure.yaml
# Vorsicht, dieses Setup ist unsicher!
services:
  api:
    build: ./api
```

```
    ports:
      - "8088:8088"
    depends_on:
      - backend

  backend:
    build: ./backend
    ports:
      - "5555:5555"
```

Mit `docker compose up -d` starten Sie die Container. Mit `curl` können Sie nun einen Request versenden. Das Kommando `jq` formatiert das JSON-Ergebnis ordentlich:

```
curl -s http://localhost:8088 | jq

  {
    "backend_data": {
      "internal": "This came from backend:5555"
    },
    "message": "Hello World"
  }
```

Wenn soweit alles funktioniert, können wir uns den Sicherheitsfragen zuwenden. Warum ist dieses Setup unsicher? Es gibt zwei Probleme:

- Port 8088 muss zwar vom Docker-Setup zum Host geöffnet werden, aber der Zugriff sollte unbedingt auf den lokalen Host beschränkt werden. Ein Reverse Proxy (nicht Teil des Beispiels) ist dafür verantwortlich, Port 8088 an Port 443 weiterzuleiten und dabei für eine zeitgemäße Verschlüsselung per HTTPS zu sorgen. Port 8088 darf also keineswegs über eine Netzwerkschnittstelle nach außen gehen – und genau das ist hier der Fall! `ports: "8088:8088"` öffnet den Port bei *jeder* Netzwerkschnittstelle des Host-Rechners.
- Port 5555 ist eigentlich nur für den internen Einsatz gedacht. Aber wegen `ports: "5555:5555"` steht auch dieser Port für die ganze Welt offen – zumindest dann, wenn der Host-Rechner eine öffentliche IP-Adresse hat:

  ```
  curl -s http://localhost:5555/data

    {"internal": "This came from backend:5555"}
  ```

Vielleicht denken Sie: »Kein Problem, dann schließe ich die Ports 5555 und 8088 eben per Firewall.« Leider nutzen aktuelle Docker-Versionen unter Linux das veraltete Firewall-Framework iptables. Das funktioniert dank einer Kompatibilitätsschicht, aber moderne Firewalls können nichts mit den Regeln anfangen, die Docker erstellt. (Das wird sich in zukünftigen Docker-Versionen hoffentlich bessern. Als wir dieses Buch fertigstellten, war das neue nftables-Backend noch nicht produktionsreif.)

Welche Möglichkeiten gibt es nun, das Setup sicherer zu machen? Zum einen sollten Sie die Nutzung von Port 8088 auf das lokale Netzwerk (also auf die IP-Adresse 127.0.0.1) einschränken, auf der anderen Seite Port 5555 überhaupt nicht nennen. Der Port bleibt intern benutzbar, es gibt überhaupt keine Notwendigkeit, ihn mit `ports` nach außen zu führen. Dann ergibt sich diese neue Version von `compose.yaml`.



```
# Beispieldatei net-sample/compose-better.yaml
# dieses Setup ist deutlich besser
services:
  api:
    build: ./api
    ports:
      - "127.0.0.1:8088:8088"
    depends_on:
      - backend

  backend:
    build: ./backend
```

Optional können Sie beim `backend`-Service mit dem Schlüsselwort `expose` den Port 5555 nennen. Das ändert das Verhalten des Setups nach außen hin nicht, dokumentiert aber, dass Port 5555 intern wichtig ist.

```
# Variante zu net-sample/compose-better.yaml
services:
  ...

  backend:
    build: ./backend
    expose:
      - "5555"
```

Bei Setups, in denen mehrere Services bzw. Container auf unterschiedliche Weise miteinander kommunizieren bzw. voneinander getrennt werden sollen, ist es am besten, explizit private Netzwerke zu definieren und diese den betreffenden Services zuzuordnen. Bei diesem einfachen Beispiel ergeben sich daraus keine Vorteile, weil `docker compose` sowieso ein internes Netzwerk erstellt. Aber das Listing verdeutlicht, wie Sie zwei Services intern vernetzen können, ohne Ports nach außen hin zu öffnen. Beachten Sie, dass Docker Compose per Default den Bridge-Netzwerktyp verwendet. Deswegen können Sie auf die `bridge`-Anweisungen auch verzichten.

```
# Beispieldatei net-sample/compose-secure.yaml
services:
  api:
    build: ./api
    ports:
      - "127.0.0.1:8088:8088"
    networks:
      - backend_net
      - frontend_net
    depends_on:
      - backend

  backend:
    build: ./backend
    networks:
      - backend_net

networks:
  # internes Netzwerk zur Kommunikation zwischen den Containern
  backend_net:
    driver:   bridge
    internal: true
  # externes Netzwerk zur Kommunikation nach außen
  frontend_net:
    driver:   bridge
```

## 5.5 Passwörter und andere Geheimnisse

In Abschnitt 5.2, »Hello Compose!«, haben wir das MySQL-Passwort als Umgebungsvariable an die beiden Container bzw. Services übergeben. Sicherheitstechnisch ist das natürlich nicht perfekt. Besser ist es, Passwörter, SSH-Schlüssel, SSL-Zertifikate und vergleichbare Daten als sogenannte *Geheimnisse* zwischen Docker-Containern bzw. -Services zu übertragen.

`docker compose` sieht dazu das Schlüsselwort `secrets` vor. Sie müssen es in der Compose-Datei zumindest zweimal angeben: einmal innerhalb des Service, den Sie definieren wollen, und ein zweites Mal als Top-Level-Abschnitt. Im folgenden Beispiel ist der Inhalt der lokalen Datei `./top-secret.txt` (wobei der Pfad relativ zu `compose.yaml` ist) im Container unter dem Pfad `/run/secrets/mypassword` zugänglich. Die Datei enthält die Zeichenkette `nobody knows :-)`.

```
# Datei compose.yaml
services:
  secrettest:
    image: alpine
    secrets:
      - mypassword
    command: ["cat", "/run/secrets/mypassword"]
secrets:
  mypassword:
    file: ./top-secret.txt
```

Wenn Sie das Beispiel ausprobieren, wird mit `cat` der Inhalt der Datei `/run/secrets/mypassword` ausgegeben. Anschließend endet die Container-Ausführung.

```
docker compose up
  Recreating alpine-secret_secrettest_1 ... done
  Attaching to alpine-secret_secrettest_1
  secrettest_1  | nobody knows :-)
  alpine-secret_secrettest_1 exited with code 0
```

**Probleme mit podman compose**

Die Beispiele in diesem Abschnitt funktionieren mit `docker compose`, aber nicht mit `podman compose`. Da der Fehler *cannot open /run/secrets/xxx*) schon seit Jahren auftritt, rechnen wir nicht mehr damit, dass dieses Problem in zukünftigen Podman-Versionen behoben wird.

### MariaDB/MySQL-Passwörter zwischen zwei Containern austauschen

Etwas raffinierter ist das folgende Beispiel. Hier erstellen Sie zunächst im gleichen Verzeichnis, in dem sich auch `compose.yaml` befindet, die beiden Textdateien `mysql-user-pw.txt` und `mysql-root-pw.txt`. Diese enthalten zwei Passwörter.

In den Services `wordpress` und `mariadb` geben Sie jeweils mit `secrets` an, welche der Geheimnisdateien Sie verwenden möchten. Die im WordPress- bzw. MariaDB-Image vorgesehenen Umgebungsvariablen `WORDPRESS_DB_PASSWORD_FILE`, `MYSQL_ROOT_PASSWORD_FILE` und `MYSQL_PASSWORD_FILE` initialisieren Sie mit den entsprechenden Pfaden zu `/run/secrets/<name>`. Der sonstige Aufbau des Listings entspricht der Datei `compose.yaml` aus Abschnitt 5.2, »Hello Compose«.

```
# Datei compose.yaml (Listing gekürzt)
services:
   db:
     image: mariadb:latest
```

```
    secrets:
      - mysql_root
      - mysql_user
    environment:
      MYSQL_ROOT_PASSWORD_FILE:    /run/secrets/mysql_root
      MYSQL_PASSWORD_FILE:         /run/secrets/mysql_user
      ...
  wordpress:
    image: wordpress:latest
    secrets:
      - mysql_user
    environment:
      WORDPRESS_DB_PASSWORD_FILE: /run/secrets/mysql_user
      ...
secrets:
  mysql_root:
    file: ./mysql-root-pw.txt
  mysql_user:
    file: ./mysql-user-pw.txt
```

## 5.6 Neue Projekte einrichten (docker init)

Bei aktuellen Docker-Versionen können Sie mit `docker init` ein neues Projekt einrichten. Das Kommando wird interaktiv ausgeführt. Im ersten Schritt erscheint eine Frage, um welche Art von Projekt es sich handelt. Zum Zeitpunkt unserer Tests standen nur drei Typen zur Auswahl: Go, Python (für Webapplikationen) und Node. Danach folgen weitere Fragen zu den Konfigurationsdetails (siehe das folgende Listing).

```
docker init

  PHP with Apache - (detected) suitable for a PHP web application
  Java    - (detected) suitable for a Java application that uses
            Maven and packages as an uber jar
  Go      - suitable for a Go server application
  Python  - suitable for a Python server application
  Node    - suitable for a Node server application
  Rust    - suitable for a Rust server application
  ASP.NET Core - suitable for an ASP.NET Core application
  Other   - general purpose starting point for containerizing your
            application

  What application platform does your project use? Python
  What version of Python do you want to use?       3.13.2
```

```
What port do you want your app to listen on?     8085
What is the command to run your app?
  gunicorn 'myapp.example:app' --bind=0.0.0.0:8085

Created .dockerignore
Created Dockerfile
Created compose.yaml
Created README.Docker.md

Warning: No requirements.txt file found. Create one with the
dependencies for your application, including an entry for the
gunicorn package, before running it.

What's next?
Start your application by running: docker compose up --build
Your application will be available at http://localhost:8085
```



Anhand der angegebenen Informationen erstellt `docker init` im lokalen Verzeichnis drei neue Dateien: `Dockerfile`, `compose.yaml` und `.dockerignore`. Diese Dateien sind ein guter Ausgangspunkt für eigene Ergänzungen. Zuletzt können Sie Ihr Projekt mit `docker compose up` starten. Die Option `--build` bewirkt, dass zuerst das durch `Dockerfile` beschriebene Image erzeugt wird.

Zum Zeitpunkt unserer Tests befand sich `docker init` noch in einer Testphase und stand nur bei einer Komplettinstallation des Docker-Desktop-Pakets zur Verfügung.

**docker init versus podman init**

Das relativ neue Kommando `docker init` ist ein weiteres Beispiel für die unvollständige Kompatibilität zwischen Docker und Podman. Es gibt zwar das Kommando `podman init`, dieses hat aber nichts mit `docker init` zu tun; vielmehr initialisiert es einen vorhandenen Container, führt also Vorbereitungsmaßnahmen wie Volume-Mounts durch, ohne den Container letztlich auszuführen. Das kann für Debugging-Zwecke sinnvoll sein.

# Kapitel 6
# Tipps, Tricks und Interna



Dieses Kapitel versammelt Tipps, Tricks und technische Details rund um den Einsatz von Docker und Podman. Die Themenliste ist breit gefächert:

- **Docker Desktop und Podman Desktop:** Auch wenn wir persönlich keine riesigen Fans von Docker und Podman Desktop sind, wollen wir Ihnen doch einen kurzen Überblick über die wichtigsten Funktionen geben.
- **Docker mit Visual Studio Code und Portainer:** Wenn Ihnen das Arbeiten auf Kommandoebene zu mühsam ist, Docker oder Podman Desktop aber nicht infrage kommen, dann können Sie auf andere Benutzeroberflächen ausweichen. Zwei Beispiele dafür sind der Editor *VS Code* und die Weboberfläche *Portainer*.
- **Pull Limit:** Seit Ende 2020 sind im Docker Hub nur mehr 100 anonyme Pull-Requests innerhalb von sechs Stunden zulässig. Wir erklären Ihnen, wie Sie vorgehen, wenn dieses Limit Ihre Docker-Anwendung einschränkt.
- **Unterschiedliche CPU-Architekturen:** Die Dominanz der x86-64-Architektur schwindet. Wir erklären Ihnen, was Sie beachten müssen, wenn Sie auf Rechnern mit einer anderen CPU-Architektur arbeiten.
- **Automatischer Container-Start:** Je nach Anwendung sollen Container automatisch starten. Im einfachsten Fall reicht es unter Docker aus, den Container mit der Option `--restart` auszuführen. Alternativ richten Sie unter Linux eine entsprechende systemd-Servicedatei ein.
- **Windows via Docker ausführen:** Das Projekt *dockur* ermöglicht es, innerhalb weniger Minuten Windows zu installieren. Die Bedienung erfolgt über den Webbrowser oder via RDP. *dockur* ist nicht für den dauerhaften Betrieb von Windows gedacht, ermöglicht aber den unkomplizierten Aufbau von Testumgebungen.
- **Interna:** In zwei Abschnitten werfen wir einen Blick hinter die Kulissen von Docker und Podman. Wir beantworten unter anderem die folgenden Fragen: Wo und wie werden Container und Images gespeichert? Was sind Namespaces? Wie funktioniert Docker unter macOS und Windows?
- **Toolbx:** Dieses Projekt hilft dabei, portable Software-Umgebungen einzurichten. Im Unterschied zu richtigen Containern entfällt aber die Isolierung. Derart ausgeführte Setups können auf das Heimatverzeichnis zugreifen, die GPU nutzen etc.

## 6.1 Docker Desktop und Podman Desktop

Docker Desktop und Podman Desktop sind grafische Benutzeroberflächen, die bei der Verwaltung von Images, Containern und Volumes helfen. Die Grundfunktionen sind ähnlich: Drei Dialogblätter zeigen alle vorhandenen Objekte des jeweiligen Typs zusammen mit diversen Metadaten an; bei Images ist das z. B. das Download-Datum, bei Volumes die Größe usw.

Auf die in Docker/Podman Desktop aufgelisteten Objekte können Sie Aktionen anwenden: Beendete Container neuerlich starten, zu laufenden Containern ein Terminalfenster öffnen (entspricht `docker exec -it ... sh`), die Logging-Ausgaben eines Containers lesen, nicht mehr benötigte Images löschen, in Volumes hineinsehen usw.

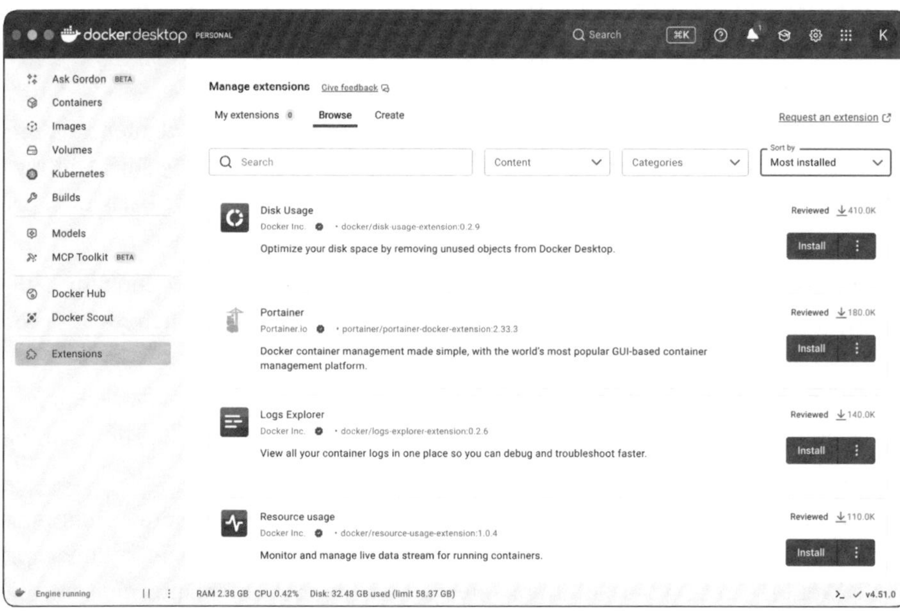


**Abbildung 6.1** Für Docker Desktop stehen eine Menge Erweiterungen zur Auswahl.

### Docker Desktop

Abseits dieser Grundfunktionen unterscheiden sich Docker Desktop und Podman Desktop grundlegend. Auf diese Unterschiede gehen wir in diesem und dem folgenden Abschnitt näher ein.

- **Alles oder nichts:** Die Firma Docker verwendet Docker Desktop als Vehikel, um eine möglichst unkomplizierte Komplettinstallation von Docker zu erleichtern. Unter macOS und Windows funktioniert das großartig, unter Linux auch ganz gut.

Leider ist es unter Linux unmöglich, eine vorhandene Docker-Installation nachträglich um Docker Desktop zu ergänzen. Sie müssen sich schon vor der Installation entscheiden: Wollen Sie Docker Desktop verwenden? Dann werden Images und Container in einer virtuellen Maschine gespeichert bzw. ausgeführt. Oder wollen Sie eine »gewöhnliche« Installation der Docker Engine verwenden? Dann werden die Images direkt im Dateisystem Ihres Rechners gespeichert, die Container direkt in Form von Prozessen ausgeführt. Das ist effizienter, aber Sie müssen auf den Komfort von Docker Desktop verzichten.

- **Administration:** Der erwähnte Alles-oder-nichts-Ansatz bedingt, dass Docker Desktop mit einer virtuellen Maschine (macOS, Linux) bzw. mit WSL2 (Windows) zusammenspielt. Die Grundparameter dieses externen Systems zur Container-Ausführung können Sie in den Konfigurationsdialogen verändern. Dort können Sie die Größe des reservierten Speicherplatzes für Images und Container einstellen, die Art des Virtualisierungssystems auswählen usw. Auf einige Details gehen wir in Abschnitt 6.8, »Docker-Interna«, näher ein.
- **Updates:** Einmal installiert, weist Docker Desktop auf verfügbare Updates hin und ermöglicht eine ganz unkomplizierte Aktualisierung aller Softwarekomponenten. Ganz neue Features stehen oft zuerst in Docker Desktop zur Verfügung, bevor sie in Form gewöhnlicher Pakete auch bei einer Docker-Engine-Installation unter Linux genutzt werden können.
- **Keine Open-Source-Lizenz:** Fast alle Docker-Komponenten unterliegen einer Open-Source-Lizenz und können kostenfrei genutzt werden. Für Docker Desktop gilt dies aber nicht! Die kostenfreie Nutzung ist nur für Privatanwender sowie für kleine Firmen erlaubt (weniger als 250 Mitarbeitende und weniger als 10 Millionen Dollar Jahresumsatz).
- **Erweiterbarkeit:** Das größte Potenzial für den anhaltenden Erfolg von Docker Desktop ist dessen Plug-in-System (siehe Abbildung 6.1). Diese Erweiterungen, die intern natürlich als Container ausgeführt werden, verbinden Docker Desktop mit externen (Cloud-)Systemen, vereinfachen die Integration mit diversen Programmen (Grafana, Nginx, Memgraph etc.) oder stellen einfach praktische Zusatzfunktionen zur Verfügung (Ressourcennutzung verfolgen, Logging-Dateien ansehen etc.).

  Wir haben keine Erweiterung gefunden, die ein absolutes Must-have ist. Aber je nachdem, in welchem Kontext Sie Docker anwenden, kann die eine oder andere Erweiterung Abläufe vereinfachen und Zeit sparen.

### Podman Desktop

Podman Desktop realisiert ähnliche Funktionen wie Docker Desktop (siehe Abbildung 6.2). Das Programm kann allerdings nur teilweise mit dem Original mithalten. Um ein Beispiel zu nennen: Mit Docker Desktop können Sie den Inhalt von Volumes ansehen. Das geht in Podman Desktop noch nicht. Podman Desktop hat auch die Erweiterbarkeit von Docker Desktop übernommen. Das Angebot ist allerdings wesentlich geringer.

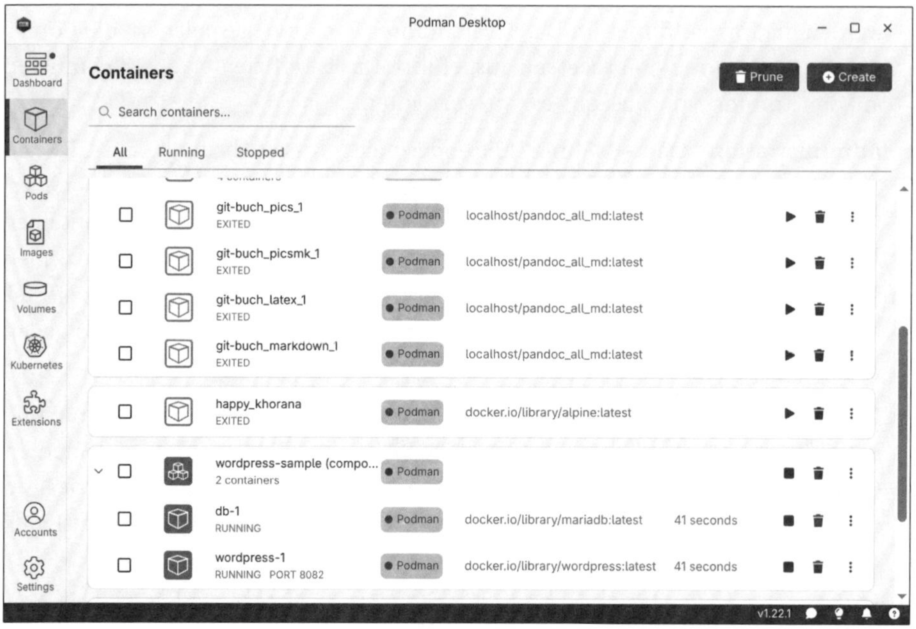


**Abbildung 6.2** Container-Überblick in Podman Desktop

Ein großer Nachteil für Linux-Anwenderinnen und -Anwender besteht darin, dass die Software nicht in Form gewöhnlicher Pakete installiert werden kann. Sie haben die Wahl zwischen einem `tar`-Archiv, dessen Installation spätere Updates schwierig macht, oder einem Flatpak-Paket, das die Flatpak-Infrastruktur voraussetzt und fast 1,5 GByte Platz beansprucht. Beide Varianten sind aus unserer Sicht unbefriedigend.

**Open-Source-Lizenz**

Podman Desktop untersteht wie alle anderen Podman-Komponenten einer Open-Source-Lizenz. Die Nutzung ist ohne Einschränkungen kostenlos, auch in großen Unternehmen.

## 6.2 Visual Studio Code

Für den populären Editor Visual Studio Code (im Weiteren kurz VS Code) gibt es zwei Erweiterungen, die die Arbeit mit Docker vereinfachen: die *Docker Extension* und *Dev Containers*. In diesem Abschnitt stellen wir Ihnen beide Erweiterungen vor.



**Docker und VS Code unter Linux**

Unter Linux funktionieren die Docker-Erweiterungen für VS Code nur dann zufriedenstellend, wenn das Kommando `docker` ohne `sudo` ausgeführt werden kann. Dazu müssen Sie entweder mit Rootless Docker arbeiten oder Ihren Account mit der `docker`-Gruppe verbinden (`sudo usermod -aG docker <username>`). Bedenken Sie, dass diese Gruppenzuordnung dem betreffenden Benutzer indirekt `root`-Rechte gibt (siehe Abschnitt 6.8, »Docker-Interna«).

### Docker Extension

Die offizielle *Docker Extension* von Microsoft bietet eine ganze Fülle von Funktionen (siehe Abbildung 6.3).

**Abbildung 6.3** VS Code mit der »Docker Extension«

- Mit einem Klick auf das Docker-Icon können Sie In der Seitenleiste (im »Explorer«) durch alle Container, Images, Volumes und Netzwerke scrollen. Per Mausklick können Sie Container starten und stoppen, Images aktualisieren (`pull`), aus Images neue Container erzeugen, ungenutzte Volumes löschen usw.

Bei laufenden Containern können Sie sogar in das Dateisystem des Containers sehen, einzelne Dateien öffnen und direkt in VS Code ändern.

- VS Code unterstützt Sie beim Verfassen von `Dockerfiles` und Compose-Dateien durch Syntax-Highlighting und die automatische Vervollständigung von Schlüsselwörtern.

  Per Kontextmenü oder mit `F1` und DOCKER IMAGES: BUILD IMAGE können Sie ein Image zu einem `Dockerfile` erzeugen. Analog stehen beim Editieren einer Docker-Compose-Datei in der Seitenleiste Kontextmenükommandos wie COMPOSE UP zur Auswahl.

Die Docker Extension ist nicht Podman-kompatibel, und es existiert aktuell auch keine vergleichbare Erweiterung für Podman.

### Dev Containers

Auch die Erweiterung Dev Containers wurde von Microsoft entwickelt. Es handelt sich dabei um eine Variante der wesentlich bekannteren Erweiterung *Remote SSH*, die es ermöglicht, in VS Code Dateien zu bearbeiten, die sich auf einem externen, via SSH zugänglichen Rechner befinden.

Dev Containers funktioniert so ähnlich. Die Erweiterung erlaubt es Ihnen, Dateien zu bearbeiten, die sich in einem (gerade laufenden) Container befinden. Die Erweiterung geht aber noch einen Schritt weiter und ergänzt Ihr Projektverzeichnis um das Unterverzeichnis `.devcontainer`. Dieses Verzeichnis enthält ein `Dockerfile` und die Datei `devcontainer.json`. Diese beiden Dateien beschreiben das für die Entwicklung erforderliche Image und seine Anwendung.

Um sich mit Dev Containers vertraut zu machen, installieren Sie am besten das von Microsoft angebotene Beispielprojekt auf Ihrem Rechner:

```
git clone https://github.com/Microsoft/vscode-remote-try-node
```

In VS Code öffnen Sie das Projektverzeichnis. VSCode fragt dann, ob Sie das Verzeichnis als Container öffnen möchten. Alternativ führen Sie `F1` und REMOTE-CONTAINERS: OPEN FOLDER IN CONTAINER aus. VS Code erzeugt nun automatisch das durch das `Dockerfile` beschriebene Image und startet einen davon abgeleiteten Container. Wie üblich dauert der beim ersten Start erforderliche Image-Download eine Weile. In VS Code können Sie nun die Projektdateien bearbeiten und den Code mit RUN • START DEBUGGING ausführen. VS Code weist in der Statusleiste darauf hin, dass Sie gegenwärtig nicht lokal arbeiten, sondern in einem Development Container (siehe Abbildung 6.4).

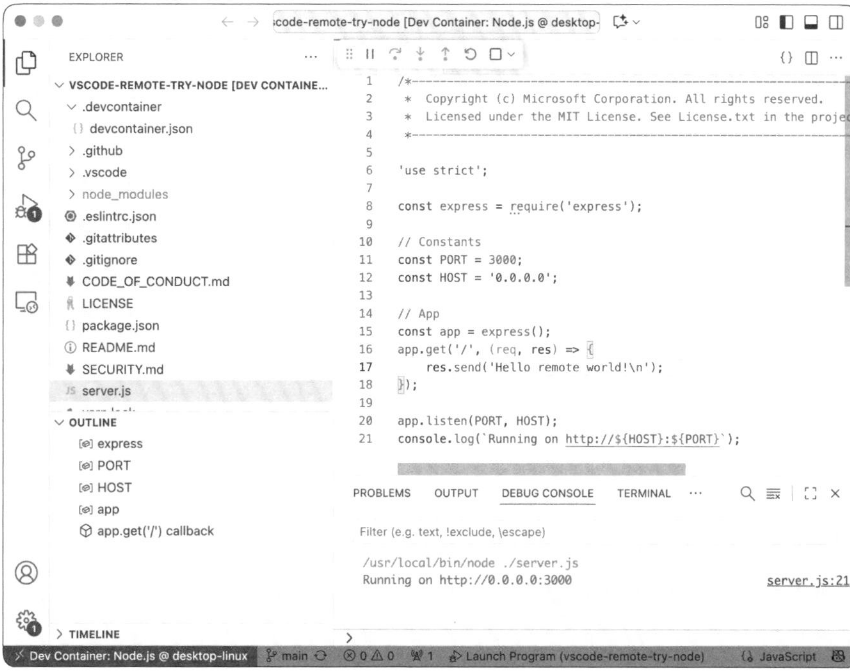


**Abbildung 6.4** Ein in VS Code geöffneter Development Container

Wir haben Development Container nur kurz getestet. Das Konzept macht einen durchaus sinnvollen Eindruck. Es bietet die Möglichkeit, ein mit `git` verwaltetes Entwicklungsprojekt rasch und unkompliziert auf unterschiedlichen Entwicklungsrechnern zum Laufen zu bringen.

Ein bisschen scheinen uns Dev Container die unterschiedlichen Denkwelten von Microsoft versus Unix/Linux widerzuspiegeln. Microsoft bemüht sich in der Regel, *eine* Oberfläche bzw. *ein* Programm zu schaffen, das alle Bedürfnisse abdeckt. Für Entwicklerinnen und Entwickler war dieses Produkt in der Vergangenheit Visual Studio, inzwischen entwickelt sich VS Code in diese Richtung. Unter Linux ist das Ziel dagegen meistens, viele kleine, voneinander unabhängige Tools zu entwickeln, die für sich funktionell sind und die sich beliebig kombinieren lassen. Beide Denkansätze sind sehr erfolgreich, aber sie sprechen wohl unterschiedliche Zielgruppen an.

Wenn Sie mehr über Dev Containers nachlesen möchten, starten Sie am besten auf der Seite mit der offiziellen Beschreibung des Plug-ins sowie bei der Syntaxreferenz für die Datei `devcontainer.json`:

*https://code.visualstudio.com/docs/devcontainers/containers*
*https://marketplace.visualstudio.com/items?itemName=ms-vscode-remote.remote-containers*
*https://containers.dev/implementors/json_reference/*

## 6.3 Portainer

Portainer (siehe *https://portainer.io*) ist eine webbasierte Alternative zum Docker Desktop. Das Programm läuft selbst als Container und ist einfach zu installieren. Es hilft bei der Verwaltung von Docker, Docker Swarm, Podman, Kubernetes und Azure ACI. Das Open-Source-Programm kann wahlweise als kostenlose *Community Edition* oder in einer *Business Edition* mit zusätzlichen, kostenpflichtigen Funktionen genutzt werden.

Portainer unterstützt nur Linux und Windows, wobei unter Linux auch ein Zusammenspiel mit Rootless Docker möglich ist.

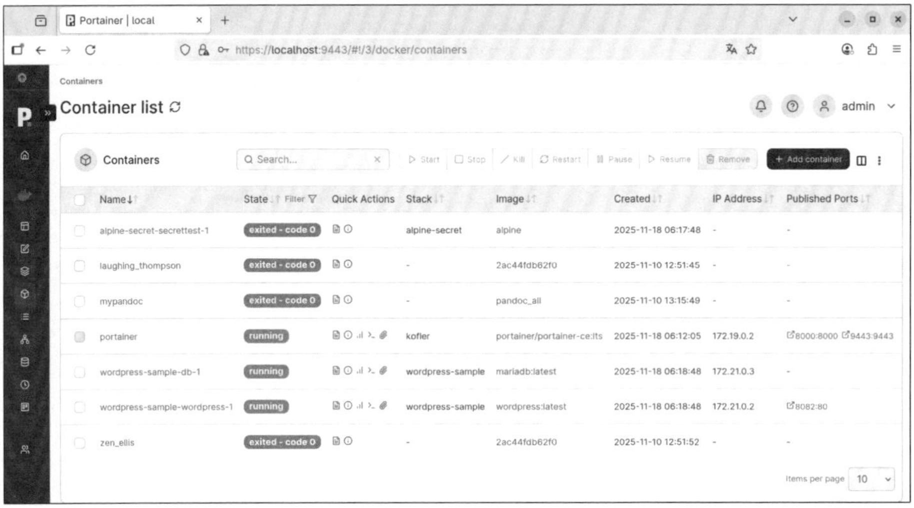


**Abbildung 6.5** Die Weboberfläche von Portainer

### Installation

Bezeichnenderweise wird Portainer in Form eines Docker-Containers installiert. Am einfachsten richten Sie ein neues Verzeichnis ein, laden sich die Datei `portainer-compose.yaml` herunter und starten das Setup wie folgt:

```
mkdir portainer

cd portainer

curl -L https://downloads.portainer.io/ce-lts/\
        portainer-compose.yaml -o portainer-compose.yaml

docker compose -f portainer-compose.yaml up -d
```

**Tipp**

Anstatt die Kommandos fehleranfällig abzutippen, kopieren Sie sie besser von der folgenden Seite:

*https://docs.portainer.io/start/install-ce/server/docker/linux*

Portainer kann auch als Docker-Desktop-Extension installiert werden.



Nach dem Start des Portainer-Containers (nettes Wortspiel!) öffnen Sie im Webbrowser die Seite *https://localhost:9443*, akzeptieren das selbst signierte HTTPS-Zertifikat und legen dann für den Benutzer `admin` ein Passwort fest. Im nächsten Schritt loggen Sie sich ein und können sofort lokale Container, Images, Volumes und sonstige Objekte der Docker-Instanz administrieren.

Bei unseren Tests hat Portainer einen guten Eindruck hinterlassen. Portainer vereinfacht die Administration vieler Container und Images. Natürlich bietet das Kommando `docker` letztlich die gleichen Funktionen, aber Portainer lässt sich auch dann intuitiv und effizient bedienen, wenn man nicht sämtliche `docker`-Kommandos und -Optionen auswendig kennt.

**Portainer und Podman**

Wir haben Portainer nur im Zusammenspiel mit Docker ausprobiert. Prinzipiell ist Portainer aber auch mit Podman kompatibel, sofern Podman eine Socket-Datei zur Kommunikation zur Verfügung stellt. Mehr Informationen zu diesem Thema finden Sie in Abschnitt 6.9, »Podman-Interna«, sowie auf der folgenden Seite:

*https://github.com/portainer/portainer/issues/2991#issuecomment-1139101638*

### Aufräumen

Falls Portainer Sie nicht überzeugen kann, erfolgt die Deinstallation wie folgt:

```
docker compose -f portainer-compose.yaml down -v
```

## 6.4 Pull-Limit im Docker Hub

2020 versetzte Docker seine Fangemeinde mit einem Limit für Docker-Hub-Pull-Requests in Aufregung. Nachdem sich herausgestellt hat, dass viele Docker-Anwenderinnen und -Anwender davon gar nicht betroffen sind, ist es um das Thema wieder etwas ruhiger geworden. In diesem Abschnitt erläutern wir, warum sich

Docker zu dem Limit entschlossen hat, welche Ausnahmen gelten und wie Sie das Limit gegebenenfalls erhöhen oder umgehen können.

### Viel Aktivität im Docker Hub

Docker Hub hat schon seit mehreren Jahren keine statistischen Angaben zur Docker-Hub-Aktivität veröffentlicht. 2022 befanden sich im Docker Hub über 8 Millionen Applikationen (Images bzw. Repositorys). Damals wurden pro Monat über 10 Milliarden Pulls durchgeführt. Seither sind die Zahlen sicher gestiegen, auch wenn wir diese leider nicht quantifizieren können. Beachten Sie auch, dass der Docker Hub auch alternativen Container-Systemen wie Podman zur Verfügung steht. Es gibt zwar neben dem Docker Hub auch andere Registrys, aber aktuell kann keine auch nur annähernd mit dem breiten Angebot des Docker Hubs mithalten.

Es liegt auf der Hand, dass der Betrieb der Infrastruktur für den Docker Hub sehr teuer ist. Gleichzeitig fällt es Docker aber schwer, mit seinen Angeboten Geld zu verdienen. Mit dem Pull-Limit bezweckt Docker zweierlei: Zum einen möchte es größere Firmen dazu bewegen, kostenpflichtige Docker-Accounts zu erwerben. Zum anderen sollen die Limits größere Docker-Anwender dazu bringen, eigene Registrys einzurichten.

### Kein unlimitierter Zugriff auf Images

Seit Ende 2020 ist der Pull-Zugriff auf den Docker Hub also limitiert (siehe Tabelle 6.1). Wenn Sie das für Sie geltende Limit bei der Ausführung von `docker pull` oder `docker run` überschreiten, tritt der folgende Fehler auf:

```
docker pull <imagename>
  You have reached your pull rate limit. You may increase the
  limit by authenticating and upgrading:
  https://www.docker.com/increase-rate-limit
```

| Account | Anzahl |
|---|---|
| anonymer Zugriff ohne Login | 100 pro 6 Stunden |
| Personal-Account (kostenlos) | 100 pro Stunde |
| Pro-/Team-/Business-Account | unlimitiert |

**Tabelle 6.1** Anzahl der zulässigen Pull-Requests (Stand November 2025)

Im normalen Entwickleralltag werden Sie diese Limits vermutlich nie erreichen. Bei der doch recht intensiven Arbeit an diesem Buch sind wir nicht einmal in die Nähe der Limits gekommen. Sehr wohl zur Anwendung kann das Limit kommen, wenn Sie automatisiert über mehrere Rechner verteilt Images herunterladen und Container starten – wenn Sie also Docker, möglicherweise in Kombination mit Kubernetes, im Produktivbetrieb auf einer ganzen Gruppe von Servern einsetzen. Dasselbe gilt für automatisierte Build-Systeme mit *Continuous Integration* und *Continuous Delivery* (CI/CD).

**Die Limits gelten pro Nutzer, nicht pro Image!**

Die Pull-Limits werden benutzerspezifisch gerechnet und nicht einzelnen Images zugeordnet. Es können also z. B. 10.000 verschiedene anonyme Benutzer innerhalb von sechs Stunden dasselbe Image herunterladen. *Ein* Benutzer kann aber nicht mehr als 100 Images pro sechs Stunden herunterladen.

Beim anonymen Zugriff auf Docker gibt es allerdings ein gravierendes Problem: Bei Requests ohne Login verwendet Docker die IPv4-Adresse bzw. das IPv4/64-Netz zur Zählung. Bei Firmen oder Cloud-Systemen, deren privates Netzwerk nach außen hin nur *eine* IPv4-Adresse nutzt (*Network Address Translation*, also NAT), werden alle Pull-Requests zusammengezählt. Mehrere parallel arbeitende Entwickler oder Build-Tools überschreiten das Limit dann sehr schnell.



Mit den folgenden Kommandos können Sie unter macOS oder Linux die Gesamtanzahl der erlaubten Downloads (Pull-Requests) innerhalb von sechs Stunden bei einem anonymen Zugriff auf den Docker Hub ermitteln (`ratelimit-limit`). Die Zeile `ratelimit-remaining` gibt an, wie viele Zugriffe noch zur Verfügung stehen. Dabei verrät `w` den für das Limit geltenden Zeitraum in Sekunden.

```
TOKEN=$(curl "https://auth.docker.io/token?service=registry.\
  docker.io&scope=repository:ratelimitpreview/test:pull" \
  | jq -r .token)

curl --head -H "Authorization: Bearer $TOKEN" \
  https://registry-1.docker.io/v2/ratelimitpreview/test/\
  manifests/latest

    HTTP/1.1 200 OK
    content-length: 2782
    ...
    ratelimit-limit:          100;w=21600
    ratelimit-remaining:       94;w=21600
    docker-ratelimit-source:  2001:871:264:d7e3::
```

Anstatt die obigen Kommandos abzutippen, kopieren Sie sie besser von der folgenden Seite der Docker-Dokumentation. Dort finden Sie auch Kommandos, die für Pull-Requests mit Login gelten:

*https://docs.docker.com/docker-hub/usage/pulls*

Das Kommando zur Ermittlung eines Tokens greift auf `jq` zurück. Dieses Tool hilft bei der Verarbeitung von JSON-Zeichenketten. Es muss gegebenenfalls extra installiert werden:

```
apt/dnf install jq          # Linux
brew install jq             # macOS
```

### Das Limit umgehen

Sollten Sie vom Pull-Limit betroffen sein, gibt es eine ganze Reihe von Möglichkeiten, das Limit anzuheben bzw. zu umgehen.

- **Docker-Nutzung mit Login:** Als erste Maßnahme sollten Sie auf der Docker-Website einen *Personal*-Account einrichten. Wenn Sie unter macOS oder Windows arbeiten, loggen Sie sich anschließend in Docker Desktop ein. Unter Linux führen Sie stattdessen einmalig `docker login` aus (siehe Abschnitt 4.4, »Images in den Docker Hub hochladen«). Das kostet nichts und erhöht das Pull-Limit.

  Wenn mehrere Entwicklerinnen und Entwickler in einem gemeinsamen Firmennetzwerk mit NAT oder in einem IPv6/64-Adressbereich arbeiten, ist die Verwendung von *Personal*-Accounts zumeist unumgänglich. Wie bereits erwähnt, ordnet Docker die anonymen Pull-Requests der nach außen hin sichtbaren IP-Adresse zu und addiert deswegen die anonymen Requests aller Mitarbeitenden.

- **Pro-, Team- oder Business-Account:** Die Firma Docker würde sich natürlich freuen, wenn Sie oder Ihr Unternehmen sich für eines der kostenpflichtigen Angebote entscheiden.

- **Ausnahmen für Open-Source-Projekte:** Etablierte Open-Source-Organisationen können bei Docker um die Aufnahme in den kostenlosen *Free Team Plan* bitten.

  *https://www.docker.com/blog/expanded-support-for-open-source-software-projects*
  *https://www.docker.com/developers/free-team-faq*

### Alternative Registrys verwenden

Niemand zwingt Sie dazu, den Docker Hub als Image-Repository zu verwenden. Natürlich ist der Docker Hub die erste und bequemste Wahl, aber seit Docker das Pull-Limit eingeführt hat, betreiben immer mehr große IT-Firmen eigene Registrys (Amazon, GitHub, Google, IBM/Red Hat, Microsoft etc.):

*https://aws.amazon.com/de/ecr*
*https://docs.github.com/en/packages/working-with-a-github-packages-registry/working-with-the-container-registry*
*https://cloud.google.com/artifact-registry/docs*

*https://www.redhat.com/en/technologies/cloud-computing/quay*
*https://azure.microsoft.com/en-us/products/container-registry*

Die Registrys funktionieren ganz ähnlich wie der Docker Hub, sind allerdings zumeist zahlenden Kunden vorbehalten. Die Nutzung solcher Registrys bietet sich dann an, wenn Sie bzw. Ihre Firma ohnedies schon Cloud- oder Container-Dienste bei einem der betreffenden Unternehmen nutzt. Dann ist die Registry-Nutzung möglicherweise bereits im Preis inbegriffen.



Im einfachsten Fall stellen Sie die gewünschte Registry bei der Ausführung von `docker pull` oder `docker run` dem Image-Namen voran. Die beiden folgenden Kommandos laden das Image `amazonlinux` aus der öffentlichen AWS-Registry herunter und führen es aus. (Falls Sie die aktuellste Version bereits heruntergeladen haben, müssen Sie nur das zweite Kommando ausführen.)

```
docker pull public.ecr.aws/amazonlinux/amazonlinux

  latest: Pulling from amazonlinux/amazonlinux
  a802d1401e24: Pull complete
  ...
  public.ecr.aws/amazonlinux/amazonlinux:latest

docker run -it --rm public.ecr.aws/amazonlinux/amazonlinux
```

**Qualität und Aktualität variieren stark je nach Registry**

Wenn Sie bisher nur mit dem Docker Hub gearbeitet haben, können Sie davon ausgehen, dass die wichtigsten dort angebotenen Images (zumindest alle offiziellen Images sowie alle Images von verifizierten Anbietern) stets aktuell sind. Wenn Sie auf andere öffentliche Registrys ausweichen, trifft diese Annahme leider bei Weitem nicht immer zu. Verwenden Sie nur gut gewartete Images aus vertrauenswürdigen Quellen. (Diese Grundregel gilt natürlich auch für den Docker Hub; aber sie gilt umso mehr für Registrys, die noch nicht so etabliert sind.)

Erstaunlicherweise bietet Docker keine Möglichkeit, anstelle des Docker Hubs eine andere Registry als Defaultquelle für Images einzurichten:

*https://stackoverflow.com/questions/33054369*
*https://github.com/moby/moby/issues/11815*

Deswegen müssen Sie den Registry-Namen bei den Kommandos `docker pull` oder `docker run` stets voranstellen. Wesentlich einfacher ist die Sache, wenn Sie mit Podman arbeiten. Die zu verwendenden Registrys können in diesem Fall in `/etc/containers/registries.conf` festgeschrieben werden (siehe auch Abschnitt 6.9, »Podman-Interna«).

## 6.5 Unterschiedliche CPU-Architekturen nutzen

Bis vor Kurzem war für die meisten Entwicklerteams klar: Neuer Code wird auf Rechnern mit x86-kompatiblen CPUs von Intel oder AMD programmiert. Und auch im Produktivbetrieb kommen Server mit x86-CPUs zum Einsatz.

Dieses Weltbild ist stark ins Wanken gekommen: Vom Raspberry Pi über die neuen Macs mit *Apple Silicon* bis hin zu Servern mit unzähligen Kernen (*Ampere*, *Neoverse* etc.) sind Rechner mit ARM-CPUs auf dem Vormarsch. Die wichtigsten Argumente für die ARM-Architektur sind niedrigere Preise und eine höhere Leistung pro Watt.

Grundsätzlich unterstützt Docker schon seit Jahren Rechner mit unterschiedlichen Architekturen. Wir konzentrieren uns in diesem Abschnitt mangels Testmöglichkeiten auf weiteren Architekturen aber spezifisch auf die Anwendung von Docker auf ARM-Systemen.

Für den Betrieb von Docker braucht es mehr als ARM-kompatible Binärdateien von `docker`, `dockerd` usw. Auch alle Images müssen für die ARM-Architektur kompiliert werden. Wenn Sie beispielsweise auf einem Apple-Rechner mit ARM-CPU einen Container mit Alpine Linux ausführen, kommt dabei ein vollkommen anderes Image zum Einsatz als auf einem Windows- oder Linux-Notebook mit einer Intel- oder AMD-CPU.

Jedes Image muss also explizit die betreffende Architektur unterstützen und entsprechend kompiliert werden. Wie Sie selbst Images für unterschiedliche CPU-Plattformen erzeugen, haben wir in Abschnitt 4.5, »Multi-Arch-Images«, bereits erläutert. Im Docker Hub werden mittlerweile fast alle populären Images in den Architekturen x86-64 und ARM 64 angeboten, manche Images sogar für noch mehr Plattformen.

### Arbeiten auf ARM-Rechnern

Sollten Sie sich unsicher sein, welche Architektur die Docker-Installation auf Ihrem Rechner verwendet, führen Sie einfach `docker version` aus:

```
docker version | grep Arch

  OS/Arch:  darwin/arm64   # macOS, Raspberry Pi OS
```

Grundsätzlich müssen Sie beim Arbeiten auf einem Rechner mit ARM-Architektur keine besonderen Regeln beachten. Wenn Sie mit `docker run` ein Image herunterladen und den entsprechenden Container starten, berücksichtigt Docker automatisch nur Images, die für Ihre Architektur zur Verfügung stehen. Gegebenenfalls kommt es zu einer Fehlermeldung, dass das gewünschte Image die CPU-Architektur Ihres Rechners nicht unterstützt: *no matching manifest for linux/arm64/v8 in the manifest list entries*.

In Docker-Repositorys kann es zu einem Image Varianten für mehrere Architekturen geben. Eine Aufzählung der zur Auswahl stehenden Architekturen gibt `docker manifest inspect <imagename>`. Während Alpine Linux sechs verschiedene Architekturen unterstützt, gibt es für MySQL Server nur Images für zwei Plattformen:

```
docker manifest inspect alpine | grep architecture
  "architecture": "amd64",
  "architecture": "arm",
  "architecture": "arm64",
  "architecture": "386",
  "architecture": "ppc64le",
  "architecture": "s390x", ...

docker manifest inspect mysql | grep architecture
  "architecture": "arm64",
  "architecture": "amd64",
```

**Praktische Erfahrungen**

Wir haben während der Arbeit an diesem Buch viele Beispiele (aber zugegebenermaßen nicht alle) auf einem MacBook mit M3-CPU getestet. Dabei haben wir sehr gute Erfahrungen gemacht. In vielen Fällen verhält sich Docker unabhängig von der verwendeten Architektur absolut identisch.

Zudem betreiben wir manche unserer Container auf Servern mit ARM-CPU. Auch dabei haben wir keinerlei architekturspezifischen Probleme festgestellt. Zusammengefasst: »It just works.«

### Architekturfremde Container ausführen

Es ist möglich, Images einer anderen Architektur mithilfe eines Emulators auszuführen (zumeist `qemu` oder Rosetta). Die Verwendung eines Emulators ist aber mit spürbaren Performancenachteilen verbunden und selten empfehlenswert. Das folgende Kommando, das wir auf einem Apple-Rechner mit M1-CPU getestet haben, führt dort das x86-64-Image von Alpine Linux aus:

```
armhost$ docker run -it --rm --platform linux/amd64 alpine
```

Beachten Sie aber, dass es umgekehrt nicht ohne Weiteres möglich ist, auf einem x86-Rechner einen Container auf der Basis eines ARM-Images auszuführen:

```
x86host$ docker run -it --rm --platform arm64 alpine

  exec /bin/sh: exec format error
```

Abhilfe schuf in der Vergangenheit die Installation von qemu und binfmt-support oder binfmt-static. Die binfmt-Pakete stehen in neuen Distributionen aber nicht mehr zur Verfügung. Stattdessen können die darin enthaltenen Dateien nun mit dem folgenden Kommando installiert werden (siehe auch *https://github.com/multiarch/qemu-user-static*):

```
docker run --rm --privileged multiarch/qemu-user-static \
  --reset -p yes
```

Allerdings sind auch damit alle unsere Versuche gescheitert, einen Container aus einem ARM-Image auf einem Docker-Host mit x86-Hardware auszuführen.

Um festzustellen, welche Architektur ein heruntergeladenes Image verwendet, führen Sie docker image inspect aus.

```
docker image inspect alpine | grep Arch
        "Architecture": "amd64",
```

## 6.6 Container automatisch starten

Gerade zum Testen von Serverfunktionen besteht oft der Wunsch, dass ein Container stets läuft. Wenn Sie sich also einloggen und zu arbeiten beginnen, soll der Container sofort gestartet werden. Dieser Wunsch lässt sich leicht erfüllen, indem Sie beim erstmaligen Start des Containers mit docker run die Option --restart always übergeben:

```
docker run -p 8080:80 --name apache \
  -v "${PWD}":/usr/local/apache2/htdocs \
  -d --restart always httpd
```

Der Vollständigkeit halber wiederholen wir kurz die Bedeutung der restlichen Optionen (siehe auch Kapitel 3, »Grundlagen«): -p verbindet Port 80 des Containers mit Port 8080 des Host-Rechners. --name gibt dem Container einen Namen.

-v verbindet das aktuelle Verzeichnis (den Inhalt der Umgebungsvariablen PWD) mit dem Verzeichnis /usr/local/apache2/htdocs des Containers. Damit kann der Webserver alle Dateien im gerade aktuellen Verzeichnis via HTTP ausliefern. (Falls Sie unter Fedora, RHEL und Co. arbeiten, müssen Sie bei dieser Option zusätzlich das SELinux-Flag :z übergeben.)

-d startet den Webserver als Hintergrunddienst. Weitere Informationen zur Anwendung des httpd-Images folgen in Abschnitt 9.1, »Apache HTTP Server«.

**Docker only**

Podman in seiner Standardkonfiguration unterstützt den automatischen Start von Containern nicht – es fehlt ganz einfach der Dämon, der sich im Hintergrund darum kümmert. Unter Linux können Sie Podman-Container mit systemd automatisch starten. Eine entsprechende Anleitung folgt gleich.



### Die restart-Option

Für die Option `--restart` gibt es vier Einstellungen:

- `--restart no` gilt standardmäßig. Wenn der Container endet, egal aus welchem Grund, wird er nicht neu gestartet.
- `--restart always` bewirkt, dass der Container automatisch neu gestartet wird, sobald er endet. Diese Neustartregel gilt auch für einen Reboot des Rechners! Dabei wird im Rahmen des Init-Prozesses der Docker-Dienst gestartet; dieser startet wiederum alle Container, die zuletzt mit der Option `--restart always` liefen.

  Aber Vorsicht: `--restart always` gilt auch für ein Programmende aufgrund eines Fehlers. Wenn der Container einen Fehler enthält, kann es passieren, dass der Container immer wieder gestartet wird. Die einzige Ausnahme ist ein manueller Stopp (`docker stop`): In diesem Fall wird der Container nicht unmittelbar neu gestartet. Wenn Sie aber Ihren Rechner herunterfahren, dann wird der Container beim nächsten Docker-Neustart wiederum gestartet.
- `--restart unless-stopped` funktioniert ganz ähnlich wie `--restart always`. Der Unterschied besteht darin, dass ein mit `docker stop` beendeter Container beim nächsten Docker-Neustart nicht mehr automatisch gestartet wird.
- `--restart on-failure` führt zu einem automatischen Neustart nach einem Fehler im Container, aber zu keinem Autostart bei einem Neustart des Docker-Systems.

Das eingestellte Restart-Verhalten können Sie mit `docker inspect` ermitteln:

```
docker inspect <containername>
  ...
  "RestartPolicy": {
      "Name": "always",
      "MaximumRetryCount": 0
  },
  ...
```

Mit `docker update` können Sie das Update-Verhalten eines Containers verändern, während er läuft:

```
docker update --restart on-failure <containername>
```

### Restart-Verhalten bei »docker compose«

Einen automatischen Neustart können Sie auch in der Datei compose.yaml festschreiben, und zwar mit dem Schlüsselwort restart:

```
services:
  db:
    image: mariadb:latest
    restart: always
```

Die vier zulässigen Einstellungen lauten no (gilt per Default), always, unless-stopped und on-failure. Die Bedeutung der Schlüsselwörter ist wie bei der vorhin erläuterten Option --restart von docker run. Die Einstellung restart: always gilt so lange, bis die durch die Datei compose.yaml beschriebenen Dienste explizit durch compose down wieder beendet und gelöscht werden.

Achten Sie darauf, dass Sie das Schlüsselwort restart in der richtigen Ebene angeben, also direkt bei den Einstellungen des jeweiligen Containers (im vorigen Beispiel db)! Einer der Autoren dieses Buchs hat sich wochenlang gewundert, warum bei der folgenden Datei compose.yaml das Restart-Verhalten nicht funktionierte:

```
# Vorsicht, die restart-Einstellung ist hier fehlerhaft!
services:
  db:
    image: mariadb:latest
    volumes:
      - vol-db:/var/lib/mysql
    environment:
      MYSQL_USER: wpuser
      MYSQL_PASSWORD: geheim
      restart: always
```

Die Fehlerursache sollte klar sein: Die Option restart ist zu weit eingerückt und bezieht sich nicht auf den Container db, sondern auf seine environment-Einstellungen. Dort wird restart einfach ignoriert. Die falsch platzierte Option führt also zu keiner Warnung oder gar Fehlermeldung.

### Docker-Container auf einem Linux-Server mit systemd automatisch starten

Anstatt den Start von Containern durch Docker zu steuern, besteht auch die Möglichkeit, dies durch Funktionen des Betriebssystems zu erledigen. Diese Vorgehensweise ist relativ umständlich und wird in der Praxis daher nur recht selten gewählt. Sie hat aber den Vorteil, dass ein Container wie ein Dienst des Betriebssystems behandelt und mit den gleichen Kommandos gesteuert werden kann. Außerdem funktioniert diese Startvariante in Kombination mit Rootless Docker und mit Podman.

Wir konzentrieren uns in diesem Abschnitt auf systemd, das dominierende Init-System von Linux. Sobald die Konfiguration einmal funktioniert, können auf den betreffenden Container Kommandos wie `systemctl restart` oder `systemctl enable --now` angewendet werden.

Der Ausgangspunkt des folgenden Beispiels ist ein MySQL-Container, der zuerst testweise eingerichtet wurde und der nun dauerhaft gestartet werden soll. Das Volume mit den Datenbanken befindet sich in `/home/kofler/docker-mysql-volume`. Beim erstmaligen Einrichten des Containers wurde das MySQL-Root-Passwort festgelegt. Es ist in einer Datenbank im Volume-Verzeichnis gespeichert und muss deswegen nicht mehr mit `-e MYSQL_ROOT_PASSWORD=...` übergeben werden.



### Eine eigene Servicedatei

Damit sich systemd selbstständig um den Start kümmert, muss im Verzeichnis `/etc/systemd/system` eine `*.service`-Datei eingerichtet werden. Bei unserem Beispiel sieht die Datei so aus:

```
# Datei /etc/systemd/system/docker-mysql.service
[Unit]
Description=starts MySQL server as Docker container
After=docker.service
Requires=docker.service

[Service]
RemainAfterExit=true
ExecStartPre=-/usr/bin/docker stop mysql-db-buch
ExecStartPre=-/usr/bin/docker rm mysql-db-buch
ExecStartPre=-/usr/bin/docker pull mysql:8.4
ExecStart=/usr/bin/docker run -d --restart unless-stopped \
  -v /home/kofler/docker-mysql-volume:/var/lib/mysql \
  -p 13306:3306 --name mysql-db-buch mysql:8.4
ExecStop=/usr/bin/docker stop mysql-db-buch

[Install]
WantedBy=multi-user.target
```

Der `Unit`-Abschnitt beschreibt den Dienst. Die Schlüsselwörter `Requires` und `After` stellen sicher, dass der Dienst nicht vor Docker gestartet wird.

Der `Service`-Abschnitt legt fest, welche Aktionen zum Start bzw. zum Stopp des Diensts erforderlich sind. Die drei `ExecStartPre`-Anweisungen sorgen dafür, dass der Container mit dem Namen `mysql-db-buch` gestoppt und gelöscht wird und dass die neueste Version des MySQL-Images heruntergeladen wird. Das Minuszeichen vor den `stop`- und `rm`-Kommandos bedeutet, dass ein Fehler beim Ausführen dieser Kommandos einfach ignoriert wird. (Wenn das Image bereits zuvor gestoppt und/oder gelöscht wurde, dann ist das kein Grund zur Sorge.)

Die über mehrere Zeilen verteilte `ExecStart`-Anweisung startet schließlich den Container, wobei das Volume-Verzeichnis `/home/kofler/docker-mysql-volume` und der Host-Port 13306 verwendet werden.

Aufpassen müssen Sie bei der Angabe der Versionsnummer des Images! Einfach `docker pull mysql` und `docker run ... mysql` führt dazu, dass Sie stets die neueste MySQL-Version erhalten, eventuell auch eine unfertige Beta-Version. Deswegen sollten Sie hier explizit die von Ihrer Applikation genutzte Versionsnummer angeben. Beim obigen Beispiel bekommen Sie Updates zur Version 8.4, aber keine grundlegend neuen Versionen (z. B. 9.n).

`ExecStop` gibt an, was zu tun ist, um den Dienst zu stoppen.

`RemainAfterExit=true` bedeutet, dass sich systemd den gerade aktivierten Status merkt. Ohne diese Option würde systemd nach der erfolgreichen Ausführung von `docker run` glauben, der Dienst sei bereits wieder beendet. Tatsächlich wird der Container aber im Hintergrund weiter ausgeführt.

`WantedBy` im `Install`-Abschnitt legt fest, dass der Dienst Teil des Multi-User-Targets sein soll. (Dieses Target beschreibt den normalen Betriebszustand eines Linux-Servers.)

Selbstverständlich können Sie in der Servicedatei anstelle von `docker` auch `docker compose` aufrufen. Das ist zweckmäßig, wenn der gewünschte Dienst nicht aus nur einem Container besteht, sondern aus einer ganzen Gruppe von Containern. Denken Sie daran, dass Sie beim Aufruf von `docker compose` den vollständigen Ort der Datei `compose.yaml` mit der Option `-f` explizit angeben müssen.

### Den Service starten und beenden

Damit systemd die neue Servicedatei berücksichtigt, müssen Sie einmalig das folgende Kommando ausführen:

```
systemctl daemon-reload
```

Sollten Sie in der Servicedatei einen Fehler eingebaut haben und ihn später korrigieren, vergessen Sie nicht, das obige Kommando neuerlich auszuführen!

Mit den folgenden Kommandos testen Sie, ob der manuelle Start und Stopp des Docker-Containers funktionieren:

```
systemctl start docker-mysql

systemctl status docker-mysql
  docker-mysql.service - starts MySQL server as Docker container
```

```
    Loaded: loaded (/etc/systemd/system/docker-mysql.service;
                    disabled; vendor preset: enabled)
    Active: active (exited) since 19:28:20 CEST; 3min 41s ago
    ...
```

```
systemctl stop docker-mysql
```

Sofern alles klappt, müssen Sie den automatischen Start des Dienstes nun noch dauerhaft aktivieren:

```
systemctl enable --now docker-mysql
```

Sollten Sie den Dienst später nicht mehr brauchen, beenden Sie ihn wie folgt dauerhaft:

```
systemctl disable --now docker-mysql
```

**systemd-Dokumentation**

Wir können hier nicht im Detail auf die Grundlagen des Init-Systems systemd eingehen. systemd ist mehr als umfassend dokumentiert:

*https://www.freedesktop.org/wiki/Software/systemd*

Das Problem ist eher, einen vernünftigen Startpunkt zu finden, ohne von Details erschlagen zu werden. Ein guter Einstieg für Linux-affine Leser gibt das Arch-Linux-Wiki:

*https://wiki.archlinux.org/title/Systemd*

## 6.7 Windows mit dockur ausführen

2025 machte das GitHub-Projekt *dockur* Furore (siehe *https://github.com/dockur/windows*). Es ermöglicht die Ausführung von Windows mit einem einzigen Docker-Kommando:

```
docker run -it --rm --name windows \
  -e "VERSION=11" \
  -p 8006:8006 \
  --device=/dev/kvm \
  --device=/dev/net/tun \
  --cap-add NET_ADMIN \
  -v "${PWD:-.}/windows:/storage" \
  --stop-timeout 120 \
  docker.io/dockurr/windows
```

```
Starting Windows for Docker v5.12...
For support visit https://github.com/dockur/windows
CPU: AMD Ryzen 7 8745H | RAM: 22/23 GB | DISK: 191 GB (xfs)
KERNEL: 6.12.0-55.40.1.el10_0.x86_64...
Requesting Windows 11 from the Microsoft servers...
Downloading Windows 11... /storage/tmp/win11x64.iso7.20G
Extracting Windows 11 image...
Adding drivers to image...
Adding win11x64.xml for automatic installation...
Building Windows 11 image...
Creating a 64 GB growable disk image in raw format...
Booting Windows using QEMU v10.0.3...
...
Windows started successfully, visit http://127.0.0.1:8006/
```

Sie können bereits während der Installation die Adresse *127.0.0.1:8006* im Webbrowser öffnen und zusehen, wie Windows konfiguriert und mehrfach neu gestartet wird. Sie ersparen sich die ganze Mühe einer manuellen Installation inklusive der Ablehnung aller Zusatzoptionen, die Microsoft Ihnen aufdrängen will. Das ist einfach großartig!

Nach dem letzten Neustart werden Sie automatisch eingeloggt (siehe Abbildung 6.6). Sollte später doch ein Login erforderlich sein, gelten `Docker` und `admin` als Benutzername und Passwort.

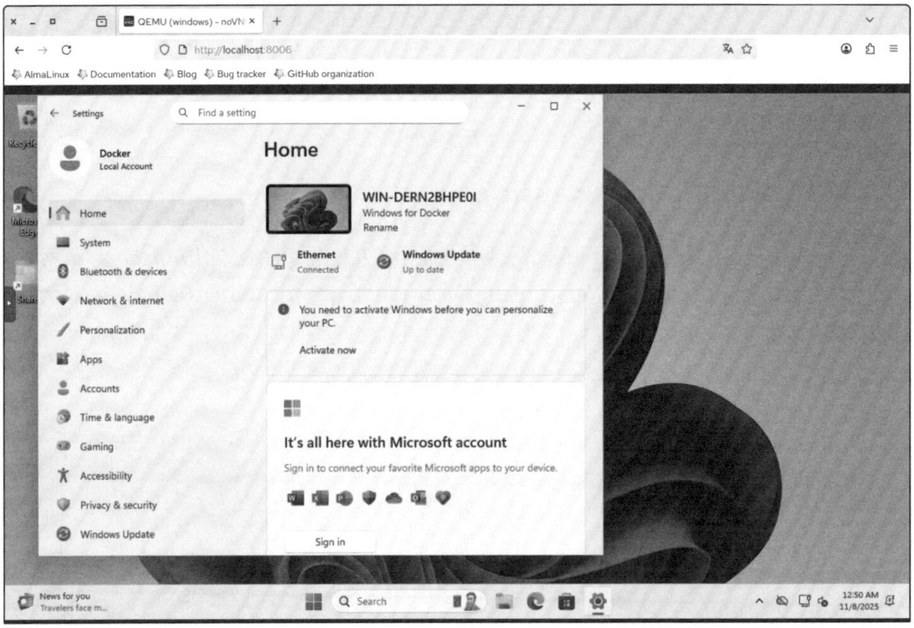


**Abbildung 6.6** Die Windows-Installation kann über den Webbrowser genutzt werden.

Für die erfolgreiche dockur-Anwendung müssen einige Voraussetzungen erfüllt sein:

- Als Hostsystem kommt nur Linux oder Windows 11 infrage.
- Die Container-Ausführung kann wahlweise mit Docker oder Podman erfolgen. Unter Linux brauchen Sie die Docker Engine; der Docker Desktop wird nicht unterstützt.
- Auf dem Hostrechner muss das Virtualisierungssystem QEMU/KVM zur Verfügung stehen. Unter Linux sind die erforderlichen Pakete meist standardmäßig installiert bzw. können unkompliziert nachinstalliert werden. Windows-Downloads finden Sie hier: *https://www.qemu.org/download/#windows*
- Ihr Rechner muss über ausreichend RAM (sinnvoll sind 16 GiB oder mehr) und freien Speicherplatz am Datenträger verfügen (für erste Tests mindestens 25 GiB, für die langfristige Nutzung deutlich mehr).



`docker run` richtet das Verzeichnis `windows` ein und speichert dort alle Dateien der virtuellen Maschine. Am wichtigsten ist `data.img` mit einer Image-Datei des Windows-Dateisystems. In das Image eingebettet ist auch

Die einmal durchgeführte Windows-Installation können Sie später durch die Wiederholung des vorhin angegebenen Kommandos `docker run` neuerlich starten. Wenn Sie die Installation hingegen nicht mehr benötigen, stoppen Sie den Container und führen dann die folgenden Kommandos aus:

```
sudo rm -rf windows/     # Dateien der virtuellen Maschine löschen
docker rm windows        # Container löschen
```

### Windows mit »docker compose« ausführen

Nachdem Sie sich mit `docker run` überzeugt haben, dass dockur auf Ihrem System wirklich funktioniert, empfehlen wir für die weitere Anwendung eine Compose-Datei nach dem folgenden Muster:

```
# Datei compose.yaml
services:
  windows:
    image: dockurr/windows
    container_name: windows
    environment:
      VERSION: "11"
      # diverse Konfigurationseinstellungen
      DISK_SIZE: "80G"
      RAM_SIZE:  "8G"
      CPU_CORES: "4"
      USERNAME:  "michael"
      PASSWORD:  "topSecret"
```

```
      LANGUAGE:   "German"
      REGION:     "de-DE"
      KEYBOARD:   "de-DE"
    devices:
      - /dev/kvm
      - /dev/net/tun
    cap_add:
      - NET_ADMIN
    ports:
      - 8006:8006
      # für RDP
      - 3389:3389/tcp
      - 3389:3389/udp
    volumes:
      - ./windows:/storage
      # zum Datenaustausch Windows <--> Host
      - ./shared:/shared
    restart: always
    stop_grace_period: 2m
```

Die Musterdatei enthält diverse Optionen zur Personalisierung Ihrer Windows-Installation (Disk- und RAM-Größe, Anzahl der CPU-Cores, Login-Daten, Lokalisierung). Das Verzeichnis `shared`, das sich im gleichen Verzeichnis wie `compose.yaml` befinden muss, ermöglicht einen unkomplizierten Datenaustausch zwischen der Windows-Installation und dem Hostsystem.

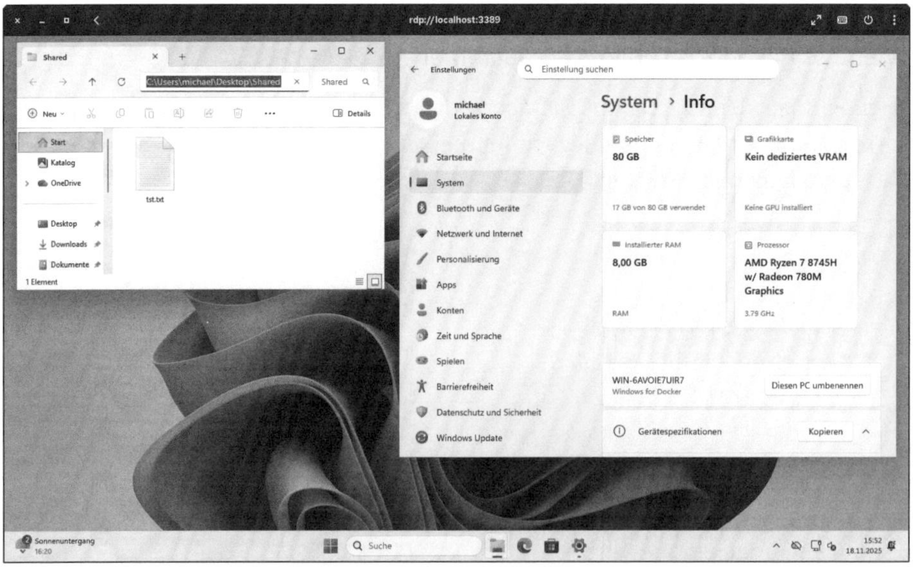


**Abbildung 6.7** Deutschsprachige Windows-Installation im RDP-Viewer »gnome-connections«

Die Weboberfläche ist nur für erste Experimente gedacht. Alternativ können Sie Windows auch über das *Remote Desktop Protocol* (RDP) nutzen. Damit sind mehrere Vorteile verbunden: eine höhere Bildschirmauflösung, ein schärferes Bild und eine höhere Darstellungsgeschwindigkeit. Unter Linux können Sie beispielsweise das Programm *Verbindungen* (`gnome-connections`) als RDP-Client verwenden (siehe Abbildung 6.7). Für RDP ist per Default der Port 3389 vorgesehen.



## Einschränkungen und Interna

Windows läuft *nicht* als Docker-Container, sondern vielmehr als virtuelle Maschine mit QEMU/KVM. Der vom dockur-Image abgeleitete Container dient nur als Bindeglied und kümmert sich um den Download der ISO-Datei, um die Steuerung der virtuellen Maschine zur automatischen Durchführung der Installation sowie um die Weiterleitung der Windows-Oberfläche über einen Netzwerk-Port.

Windows wird bei der Inbetriebnahme weder aktiviert noch lizenziert. Dementsprechend gibt es diverse Einschränkungen im Betrieb, die mit zunehmender Nutzungsdauer mehr werden. Soweit Sie nicht über eigene Lizenz-Keys verfügen, sollten Sie die Installation als »Wegwerfsystem« betrachten, um für begrenzte Zeit Tests durchführen können – sei es zur Software-Entwicklung, zum Penetration-Testing bzw. Hacking oder zur kurzzeitigen Ausführung eines Programms, das unter Linux nicht zur Verfügung steht.

Um Platz zu sparen, wird die zur Windows-Installation heruntergeladene ISO-Datei gelöscht, sobald der Container das erste Mal gestoppt wird. Das spart Platz, kostet aber Zeit, wenn Sie die Installation wiederholen möchten. Der beste Weg besteht darin, die ISO-Datei vorweg herunterzuladen und den Pfad in `compose.yaml` anzugeben. Alternativ können Sie eine Kopie der ISO-Datei während der ersten Container-Ausführung erstellen.

```
services:
  windows:
    ...
    volumes:
      # myown.iso zur Installation verwenden
      - ./myown.iso:/boot.iso
```

Es gibt einige Varianten des Projekts für die ARM-Architektur bzw. zur Ausführung von macOS:

*https://github.com/dockur/windows-arm/* (Windows ARM ausführen)
*https://github.com/dockur/macos* (macOS ausführen)

Wir haben dockur ausschließlich unter Linux als Host-System (x86) in Kombination mit der Docker Engine getestet.

## 6.8 Docker-Interna

Wenn Sie Docker einfach nur anwenden möchten, können Sie diesen Abschnitt getrost überspringen. Wenn Sie aber wissen möchten, wie die Prozesse eines Docker-Containers laufen, wo Image-Dateien gespeichert werden, wie sich das Dateisystem eines Containers zusammensetzt etc., dann finden Sie in diesem Abschnitt erste Antworten.

Wir beginnen dabei mit der Linux-Docker-Engine, also mit dem Fall, dass Sie eine »gewöhnliche« Docker-Installation (kein Docker Desktop, kein Rootless Docker) unter Linux durchgeführt haben.

Im Anschluss daran gehen wir dann auf einige Varianten ein, insbesondere auf das mit der Installation von Docker Desktop verbundene Setup unter Linux, Windows und macOS. Der entscheidende Unterschied besteht darin, dass das Dateisystem und die Prozessausführung nicht nativ integriert sind; vielmehr wird die Docker Engine in einer virtuellen Umgebung ausgeführt. Je nach Betriebssystem kommen dazu QEMU/KVM, WSL2 oder das macOS Hypervisor Framework zum Einsatz.

Auf Podman gehen wir getrennt in Abschnitt 6.9, »Podman-Interna«, ein.

### docker, dockerd und containerd

Neben dem Ihnen schon vertrauten Kommando `docker` laufen auf einem Docker-System zwei Hintergrunddienste: `dockerd` und `containerd`. Genau genommen sind es diese Hintergrunddienste, die die gesamte Arbeit erledigen – die also Images herunterladen und speichern, Container erzeugen und ausführen etc. Das Kommando `docker` hat primär den Zweck, Kommandos an den Docker-Dämon weiterzugeben und dessen Antworten zurück an den Benutzer zu liefern.

Im Detail kommuniziert `docker` mit `dockerd`, dieses Programm wiederum mit `containerd`. Wenn Sie so wollen, ist `dockerd` für die High-Level-Aufgaben zuständig, während `containerd` als Schnittstelle zum Kernel dient, SELinux- und cgroups-Funktionen nutzt etc.

### Das Overlay-Dateisystem

Eine zentrale Funktion von Docker ist der Umgang mit Images und mit den darauf aufbauenden Dateisystemen für die Container. Der Grundansatz ist einfach: Mehrere Images werden als Read-only-Dateisysteme übereinandergelegt (siehe Abbildung 6.8). Als Ausgangspunkt dient die vom Docker-Host vorgegebene Infrastruktur, die aus dem Kernel, dem Device-Mapper, cgroups usw. besteht.

Darauf aufbauend kommt als Fundment für einen Container ein Basis-Image zum Einsatz, also ein Image, das ein minimales Linux-System enthält (z. B. Alpine Linux,

RHEL UBI oder Debian). Weitere Images können dieses System nun um Applikationen ergänzen, z. B. um einen Webserver und um eine Webanwendung. Tatsächlich gibt es in der Praxis meist wesentlich mehr Layer als hier dargestellt. Die vielen Layer entstehen im Build-Prozess, wenn ein vorhandenes Image in mehreren Schritten um weitere Komponenten erweitert wird.

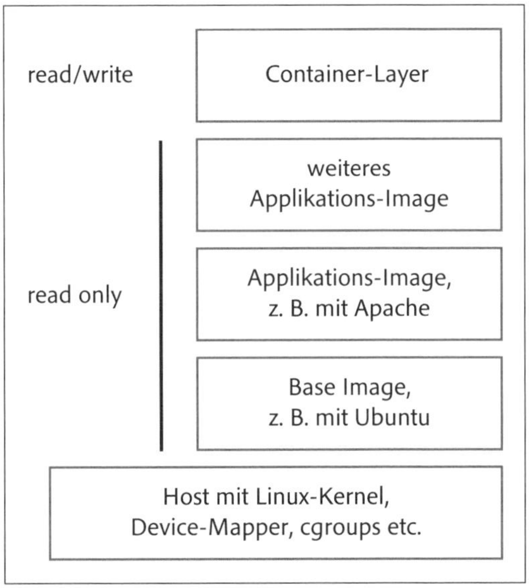


**Abbildung 6.8** Das Dateisystem des Containers setzt sich aus Read-only-Images und einem veränderlichen Container-Layer zusammen.

Erst an der Spitze dieser Konstruktion befindet sich der sogenannte *Container-Layer*. Alle Veränderungen an dem durch mehrere Images zusammengesetzten Dateisystem werden physisch im Container-Layer gespeichert.

Zur tatsächlichen Implementierung des Overlay-Dateisystems stellt Linux mehrere Varianten zur Auswahl. Unter Linux verwendet Docker normalerweise den `overlay2`-Treiber. Wenn das Host-System `btrfs` einsetzt, kann auch dieses Dateisystem die Layering-Funktionen übernehmen. Welcher Treiber für das Overlay-Dateisystem bei Ihnen zum Einsatz kommt, können Sie mit `docker info` feststellen:

```
docker info | grep Storage

  Storage Driver: overlay2
```

### Das Verzeichnis /var/lib/docker

Jetzt bleibt noch die Frage zu klären, wo die Docker-Images und Container-Layer nun tatsächlich im Host-Dateisystem gespeichert werden. Grundsätzlich landen alle

Docker-Daten im Verzeichnis `/var/lib/docker`. Dieses ist allerdings wieder in zahlreiche Unterverzeichnisse gegliedert, von denen wir hier nur zwei herausgreifen:

- `/var/lib/docker/image` enthält Metadaten zu den Images.
- `/var/lib/docker/<overlay-driver>` enthält die ausgepackten Images, jeweils optimiert für das eingesetzte Overlay-Dateisystem (`overlay2`, `btrfs` etc.). Die Unterverzeichnisse `diffs` und `merged` enthalten für jeden Container die geänderten bzw. neuen Dateien des Container-Layers.

Die Architektur des Overlay-Dateisystems ist sehr komplex, was sich auch in den zeilenlangen `mount`-Anweisungen widerspiegelt. (Führen Sie `mount | grep docker` aus, während ein Container läuft!) Viele Dateien und Verzeichnisse verwenden UIDs als Namen und sind entsprechend schwer zu lesen. Generell ist es das Beste, den gesamten Inhalt von `/var/lib/docker` als Blackbox zu betrachten und nicht anzurühren. Wenn Sie aufräumen wollen, löschen Sie nicht mehr benötigte Container und Images mit den schon erwähnten Kommandos `docker rm` bzw. `docker rmi`. Eine große Hilfe beim Aufräumen ist zudem `docker system prune`.

**Rootless Docker und Podman**

Wenn Sie das `docker`-Kommando ohne `root`-Rechte ausführen, landen die Docker-Dateien im Verzeichnis `.local/share/docker` innerhalb des Heimatverzeichnisses. Podman verwendet stattdessen das Unterverzeichnis `.local/share/container`.

### Prozessverwaltung

Zwischen virtuellen Maschinen und Containern gibt es gleich zwei elementare Unterschiede bei der Prozessverwaltung: Der eine betrifft die Anzahl der aktiven Prozesse, der zweite deren Kontrolle direkt durch die Host-Prozessverwaltung.

In gewöhnlichen Linux-Installationen auf physischer Hardware oder in virtuellen Maschinen laufen typischerweise Dutzende Prozesse gleichzeitig. In Docker-Containern ist das zwar nicht verboten, aber unüblich. Viele Container sind so konzipiert, dass beim Start genau ein Prozess ausgeführt wird – z. B. die `bash`, ein Web- oder ein Datenbankserver.

Obwohl es keine strenge Regel *one process per container* gibt, sollte jeder Container laut den *Best Practices* für das `Dockerfile` nur genau eine überschaubare Aufgabe übernehmen. Daraus ergibt sich dann fast automatisch eine sehr kleine Prozessanzahl.

*https://docs.docker.com/build/building/best-practices*

Docker-Prozesse laufen unter Linux nicht in einer eigenen virtuellen Umgebung, sondern werden von der Prozessverwaltung des Host-Systems verwaltet. Wenn Sie `ps ax` auf dem Host-System ausführen, enthält die Prozessliste auch alle Docker-Prozesse. Besonders klar sehen Sie das, wenn Sie `pstree` oder `ps axf` ausführen.

Die folgende, stark gekürzte Ausgabe ist entstanden, während Docker einen Container ausführte. In diesem Container liefen der Webserver Nginx (Prozessnummern 2680, 2742 und 2743) sowie eine Shell-Session (`docker exec -it sh`, Prozessnummer 3056).



```
hostrechner$ ps axf

   838 /usr/bin/dockerd -H fd:// --containerd=/run/...
  2638     /usr/bin/docker-proxy -proto tcp -host-port 80 ...
  2644     /usr/bin/docker-proxy -proto tcp -host-port 80 ...
  2660 /usr/bin/containerd-shim-runc-v2 -namespace moby ...
  2680     nginx: master process nginx -g daemon off;
  2742         nginx: worker process
  2743         nginx: worker process
  3056     sh
```

### Ressourcenmanagement durch Control Groups

Grundsätzlich können Docker-Prozesse die gesamte CPU-Leistung oder den gesamten Arbeitsspeicher des Hosts in Anspruch nehmen. Das können Sie verhindern, indem Sie beim Erzeugen eines Containers durch `docker run` Limits für den Speicher, die Anzahl der CPU-Cores etc. angeben.

Die beiden wichtigsten Optionen lauten `-m 256m` (der Container darf maximal 256 MiB Arbeitsspeicher nutzen) und `--cpus="2.5"` (der Container darf durchschnittlich 2,5 CPU-Cores auslasten). Zur Feinsteuerung gibt es unzählige weitere Optionen, die hier dokumentiert sind:

*https://docs.docker.com/engine/containers/resource_constraints*

Hinter den Kulissen verwendet Docker den Linux-spezifischen Steuerungsmechanismus *Control Groups* (`cgroups2`), um die Einhaltung dieser Limits sicherzustellen.

Im Zusammenspiel mit Docker Desktop ist die Gesamtleistung aller Docker-Container außerdem durch die Konfiguration der in einer virtuellen Maschine ausgeführten Docker Engine limitiert. Dabei wird die maximale Anzahl der CPU-Cores und des verfügbaren RAMs für alle Container zusammen vorgegeben.

### Container-Isolierung durch Namespaces

Docker-Container sind voneinander und gegenüber dem Host schlechter isoliert als virtuelle Maschinen. Das heißt aber nicht, dass es gar keine Trennung gibt:

- Docker stellt durch sogenannte *Namespaces* sicher, dass jeder Container eigene UIDs, GIDs und PIDs hat (also eigene User-, Gruppen- und Prozessnummern) und somit die Prozesse des Hosts oder anderer Container nicht sieht.
- Mount-Namespaces vermitteln jedem Container seine eigene Sichtweise auf das Dateisystem. Der Container kann außer seinem bereits beschriebenen Overlay-Dateisystem und eventuell gemeinsam genutzten Volumes nicht auf andere Verzeichnisse des Host-Dateisystems zugreifen. Mount-Namespaces sind auf Kernel-Ebene implementiert und sicherer als eine `chroot`-Umgebung. (`chroot` ist ein relativ simples Linux-Kommando, das einem Prozess den Zugriff auf Verzeichnisse außerhalb eines Startverzeichnisses verwehrt.)
- Schließlich erhält jeder Container seinen eigenen Netzwerk-Stack.

**Sicherheitsrisiko Docker**

Trotz vielfältiger Maßnahmen zur Container-Isolierung muss Ihnen bewusst sein, dass Docker nicht mit den Sicherheitsmodellen virtueller Maschinen mithalten kann (und selbst dort gab es in der Vergangenheit immer wieder Probleme). Solange Docker nur für Entwicklungs- und Testaufgaben verwendet wird, spielt das eine untergeordnete Rolle. Wenn Docker aber für Serverdienste im Produktionseinsatz genutzt wird, ist größte Vorsicht angebracht!

Besonders problematisch ist der Umstand, dass Docker-Prozesse oft mit `root`-Rechten ausgeführt werden. Das ist nicht immer zwingend erforderlich, aber es ist aus Entwicklersicht die einfachste und bequemste Lösung.

Aktuell machen sich leider nicht alle `Dockerfile`-Autorinnen und -Autoren die Mühe, ihre Images sicherheitstechnisch zu optimieren. Eine positive Ausnahme stellen die meisten offiziellen Images dar.

Diese Sicherheitsbedenken sind der Grund, warum die Docker-Alternative Podman von Anfang an darauf gesetzt hat, möglichst ohne `root`-Rechte zu arbeiten. Docker ist diesem Trend mit Rootless Docker gefolgt. Leider ist das Ausführen von Containern ohne `root`-Rechte mit Einschränkungen verbunden, weswegen sich nicht jedes Anwendungsszenario durch Rootless Docker bzw. Podman abbilden lässt.

Weitere Details zur Container-Isolation und zu anderen Sicherheitsthemen können Sie in Kapitel 19, »Sicherheit«, sowie auf den folgenden Seiten nachlesen:

*https://docs.docker.com/engine/security*
*https://docs.docker.com/engine/security/rootless*
*https://security.stackexchange.com/questions/107850*
*https://www.aquasec.com/blog/rootless-containers-boosting-container-security*

Dass Sicherheitsrisiken durch Docker keineswegs nur abstrakt sind, beweist ein im Mai 2019 veröffentlichter Fehler bei der Verarbeitung von Links, der Containern unter bestimmten Umständen Lese- und Schreibzugriff auf das Dateisystem des Hosts gibt:



*https://nvd.nist.gov/vuln/detail/CVE-2018-15664*

Natürlich ist dieser Fehler längst behoben, aber es ist nicht auszuschließen, dass weitere Sicherheitsprobleme folgen.

### Warum erfordert das docker-Kommando normalerweise root-Rechte?

Soweit Sie nicht Rootless Docker verwenden, muss das Kommando `docker` zur Steuerung von Containern unter Linux mit `root`-Rechten bzw. mit `sudo` ausgeführt werden. `dockerd` und `docker` kommunizieren über die Socket-Datei `/var/run/docker.sock` miteinander.

Diese kann nur von `root` und von Mitgliedern der `docker`-Gruppe gelesen und beschrieben werden:

```
ls -l /var/run/docker.sock
  srw-rw----. 1 root docker ... /var/run/docker.sock
```

Um das `docker`-Kommando mehr Benutzern zugänglich zu machen, besteht die naheliegende Lösung darin, diese einfach der `docker`-Gruppe hinzuzufügen, beispielsweise so:

```
usermod -aG docker kofler
```

Damit kann `kofler` nun nach einem neuerlichen Login alle `docker`-Kommandos ohne `sudo` oder `su` ausführen. Leider ist diese Bequemlichkeit mit einem riesigen Sicherheitsproblem verbunden, wie die folgende Box erläutert.

**Vorsicht, Sicherheitsproblem!**

Die Zuordnung zur `docker`-Gruppe ist bequem, gibt dem betreffenden Benutzer aber indirekt `root`-Rechte! Der Benutzer kann einen Container einrichten, der Zugriff auf das Wurzelverzeichnis / des Hosts hat, und kann so alle Sicherheitsmechanismen des Linux-Hosts aushebeln. Lesen Sie unbedingt die folgende Seite und speziell den Abschnitt »Docker daemon attack surface«:

*https://docs.docker.com/engine/security*

Auf einem Entwicklungsrechner kann das Hinzufügen eines Benutzers zur docker-Gruppe dennoch zweckmäßig sein; andernfalls besteht die Gefahr, dass alle Arbeiten (nicht nur die Ausführung von docker-Kommandos) als root erledigt werden. Das ist niemals wünschenswert.

Eine letzte Anmerkung: Oft haben die Entwickler und Entwicklerinnen, die docker anwenden, sowieso uneingeschränkte sudo-Rechte. In diesem Fall spielt die Veränderung der Gruppenzugehörigkeit keine Rolle, und Sie können diese Sicherheitswarnung ignorieren!

### Mehr sudo-Komfort

Wenn Sie Ihren Account nicht zur docker-Gruppe hinzufügen möchten, aber dennoch die ständige Eingabe von sudo vermeiden möchten, können Sie sich in .bashrc den folgenden Alias definieren:

```
# in der Datei /home/<accountname>/.bashrc
...
alias docker='sudo docker'
```

Diese Einstellung wird aktiv, sobald Sie ein neues Terminalfenster starten. Jedes Mal, wenn Sie nun docker ausführen, wird automatisch sudo docker ausgeführt.

Nun bleibt noch das Ärgernis, dass sudo immer wieder nach Ihrem Passwort fragt. Die Passwortabfrage können Sie verhindern, indem Sie in /etc/sudoers eine Regel einbauen, die Ihnen die Ausführung des docker-Kommandos ohne Passwort erlaubt. Dabei müssen Sie natürlich accountname durch den Namen Ihres Linux-Accounts ersetzen.

```
# in der Datei /etc/sudoers
...
accountname  ALL=(ALL:ALL) NOPASSWD: /usr/bin/docker
```

### Netzwerkverwaltung

Standardmäßig laufen Docker-Container in einem privaten Netzwerk, um dessen Verwaltung sich Docker selbstständig kümmert. Einen Überblick über die aktuelle Netzwerkkonfiguration erhalten Sie mit den Kommandos docker network ls und docker network inspect:

```
docker network ls

  NETWORK ID      NAME        DRIVER    SCOPE
  3646ca641eed    bridge      bridge    local
  812c2a539b16    host        host      local
```

```
  9ea2794fb2df      none        null       local
  f216244842c2      testnet     bridge     local

docker network inspect testnet    # Ausgabe stark gekürzt

  "Subnet": "172.18.0.0/16",
  "Gateway": "172.18.0.1"
  ...
  "Containers":
      "Name": "mariadb-test",
      "IPv4Address": "172.18.0.2/16",
      ...
      "Name": "pma",
      "IPv4Address": "172.18.0.3/16",
      ...
```



Ungewollt im gesamten Netzwerk offene Ports verursachen im Testbetrieb und (noch schlimmer!) im produktiven Einsatz Sicherheitsrisiken. Soweit Ports überhaupt nach außen geöffnet werden müssen, ist oft eine Einschränkung auf localhost empfehlenswert (also `docker run -p 127.0.0.1:8080:80` bzw. eine analoge Konfiguration in `compose.yaml`). Die Kommunikation zwischen den Containern eines Compose-Setups sollte generell nur in einem internen Netzwerk erfolgen. In diesem Buch gehen wir in Abschnitt 5.4, »Ports und Netzwerke«, ausführlich auf dieses Thema ein.

Soweit Sie mit Docker Desktop arbeiten, können Sie seit Version 4.52 das Port-Binding per Default auf localhost beschränken und so Sicherheitsproblemen aus dem Weg gehen. Dazu öffnen Sie in den Einstellungen das Dialogblatt RESSOURCES • NETWORK und suchen nach der Option PORT BINDING BEHAVIOUR.

Weitere Hintergrundinformationen zur Docker-Netzwerkverwaltung finden Sie ausgehend von der folgenden Seite:

*https://docs.docker.com/engine/network*

### IPv6

Normalerweise verwendet Docker nur IPv4. Die Docker Engine für Linux (und nur sie!) enthält aber auch Funktionen zur IPv6-Unterstützung. Um ein IPv6-Netzwerk zu erzeugen, übergeben Sie an `docker network create` die Option `--ipv6`:

```
docker network create --ipv6 myip6net
```

Analog verwenden Sie in `compose.yaml` die Option `enable_ipv6`:

```
networks:
   myip6net:
     enable_ipv6: true
```

Weitere Tipps zur Anwendung von IPv6 finden Sie in der Docker-Dokumentation:

*https://docs.docker.com/engine/daemon/ipv6*

### Docker-Container in das lokale Netzwerk einbinden

Immer wieder taucht die Frage auf, ob es möglich ist, Docker-Container in das lokale Netzwerk zu integrieren. Viele Virtualisierungssysteme bieten entsprechende Funktionen an (*Bridged Networking*).

Die kurze Antwort auf diese Frage lautet: »Nein.« Die Container laufen in einem privaten Netzwerk. Der Standardnetzwerktyp heißt zwar `bridge`, aber die Verbindung zum Host-Rechner erfolgt durch simple Portweiterleitungen. Dazu gab es ja schon eine Menge Beispiele.

Bei Webanwendungen im produktiven Betrieb kommt häufig ein Reverse Proxy am Host zum Einsatz. Er stellt eine Verbindung zwischen dem Container und dem Internet her und kümmert sich auch gleich um die Verschlüsselung (HTTPS). Entsprechende Konfigurationsbeispiele folgen in Kapitel 9, »Webserver und Co.«.

Es ist also unüblich, Docker-Container direkt in das lokale Netzwerk zu integrieren, es ist aber nicht unmöglich. Ein Beispiel-Setup, das sich an Linux-Profis richtet, ist im folgenden Blog-Beitrag beschrieben. Der Artikel ist zwar schon 2018 erschienen, er wurde aber 2023 aktualisiert und ist immer noch gültig.

*https://blog.oddbit.com/post/2018-03-12-using-docker-macvlan-networks*

### Firewall-Probleme

Es führt hier zu weit, im Detail auf die Docker-interne Realisierung der Netzwerkfunktionen einzugehen. Kurz gesagt sind Firewall-Regeln dafür verantwortlich, dass Netzwerkpakete richtig zwischen in einem Netzwerk befindlichen Containern geleitet werden, andere Container aber nicht erreichen können. Firewall-Regeln steuern auch die Kommunikation zwischen Containern und dem Host-System: Dabei geht es darum, dass die Container zwar Internet- und Nameserver-Zugang brauchen, sonstiger Netzwerkverkehr aber mit Ausnahme der geöffneten Ports blockiert werden muss.

An dieser Stelle konzentrieren wir uns auf einen speziellen Aspekt, das Firewall-Backend. Die Docker Engine verwendet bis einschließlich Version 29 (verfügbar seit November 2025) *iptables*. Linux-Experten werden jetzt den Kopf schütteln. *iptables* wurde doch schon 2020 vom neuen Firewall-System *nftables* abgelöst! Und genau hier liegt das Problem ...

Sämtliche Linux-Distributionen verwenden seit Jahren nftables als Firewall-System. Auch die meisten Programme, die Firewall-Funktionen verwenden, wurden auf nftables portiert. Übrig geblieben ist Docker, das nur aufgrund einer Kompatibilitätsschicht funktioniert. Diese Altlast verursacht aber zunehmend Probleme im Zusammenspiel mit anderen Linux-Programmen:

- Von Docker eingerichtete Netzwerke und Firewall-Regeln können durch andere Firewall-Tools nicht blockiert werden.
- Docker und die libvirt-Bibliothek zur Ausführung virtueller Maschinen stehen seit 2025 in einem direkten Konflikt zueinander. Wenn auf einem Linux-Rechner die Docker Engine installiert wird, funktioniert bei mit libvirt eingerichteten virtuellen Maschinen das NAT-Networking nicht. (Dabei handelt es sich um den Default-Netzwerktyp von libvirt!) Die einzig bekannte Abhilfe besteht darin, libvirt von nftables zurück auf iptables zu stellen:

  ```
  # in der Datei /etc/libvirt/network.conf
  firewall_backend = "iptables"
  ```



Wenn Sie neugierig sind, wie die Docker-Firewall-Regeln im Detail aussehen, führen Sie `iptables -L -n -v` aus, um zuerst einen Überblick über *alle* Regeln zu erhalten. Danach können Sie sich einzelne Docker-spezifische Regelketten (`DOCKER`, `DOCKER-CT`, `DOCKER-BRIDGE`, `DOCKER-USER` usw.) ansehen. Wenn Sie verstehen wollen, was die Regeln bewirken, benötigen Sie ein gutes Verständnis darüber, wie iptables intern funktioniert.

```
iptables -L 'DOCKER'

  Chain DOCKER (3 references)
  target   prot  opt  source     destination
  ACCEPT   tcp   --   anywhere   172.18.0.5   tcp dpt:9093
  ACCEPT   tcp   --   anywhere   172.18.0.4   tcp dpt:https
  ACCEPT   tcp   --   anywhere   172.18.0.4   tcp dpt:http
  ACCEPT   tcp   --   anywhere   172.18.0.3   tcp dpt:9115
  DROP     all   --   anywhere   anywhere
  DROP     all   --   anywhere   anywhere
  DROP     all   --   anywhere   anywhere
```

Der Firma Docker sind die Probleme mit iptables natürlich bekannt. Die bereits erwähnte Engine-Version 29 enthält erstmals ein noch experimentelles und unvollständiges nftables-Backend. Zum Zeitpunkt der Fertigstellung dieses Buchs war vollkommen unklar, wie lange es noch brauchen wird, bis dieses Backend ausgereift ist und womöglich per Default zum Einsatz kommt. Aktuelle Dokumentation zu diesem Thema finden Sie hier:

*https://docs.docker.com/engine/network/firewall-nftables*

Bis nftables zum Default-Backend wird, empfiehlt die Docker-Dokumentation, auf produktiven Docker-Servern keine anderen Netzwerkfunktionen bzw. -dienste auszuführen. Sicherheitstechnisch ist dieser Ratschlag nachvollziehbar, aber er ist nicht immer leicht einzuhalten. Gerade bei kleinen Firmen ohne riesige Server-Landschaften ist oft *ein* Server für mehrere Aufgaben zuständig. Wenn jetzt für manche Aufgaben ein Docker-Container erforderlich ist, stehen Sie im Widerspruch zu den Docker-Empfehlungen. Es wird also höchste Zeit, dass Docker seine Firewall-Funktionen endlich umstellt!

### Docker Desktop unter Windows (WSL2)

Docker Desktop unter Windows setzt das *Windows Subsystem for Linux* (WSL2) voraus. Bei der Inbetriebnahme von Docker wird die virtuelle WSL-Maschine `docker-desktop` eingerichtet. Sie ist für die Ausführung und Speicherung der Container zuständig.

```
wsl -l -v
    NAME                    STATE            VERSION
    docker-desktop          Running          2
    ... (evtl. andere WSL-Distributionen)
```

Mit `wsl` können Sie sogar einen Blick in das Linux-System `docker-desktop` werfen:

```
wsl -d docker-desktop -u root

ls /
  bin                              lib            run
  dev                              lost+found     sbin
  docker-desktop-deploy-version    media          srv
  docker-desktop-proxy             mnt            sys
  etc                              opt            tmp
  home                             proc           usr
  init                             root           var

uname -r
  6.6.87.2-microsofts-standard-WSL2

cat /etc/os-release
  PRETTY_NAME="Docker Desktop"
```

Hintergrundinformationen zu den Implementierungsdetails des WSL2-Backends für Docker können Sie hier nachlesen:

*https://docs.docker.com/desktop/features/wsl*
*https://www.docker.com/blog/new-docker-desktop-wsl2-backend*

### RAM-Nutzung durch Docker und WSL2 limitieren

Microsoft hat WSL in den letzten Jahren stark vorangetrieben, und Docker nutzt diese Funktionen ausgezeichnet: Anders als Docker Desktop unter Linux und macOS verfügt WSL nicht über ein starr vorgegebenes RAM-Kontingent wie eine virtuelle Maschine, sondern teilt sich den Arbeitsspeicher dynamisch mit Windows.

Dieser Vorteil kann allerdings zum Nachteil werden, wenn Sie Container ausführen, die sehr viel RAM beanspruchen. Für solche Fälle bietet WSL die Möglichkeit, den Speicherbedarf von WSL zu limitieren. Dazu richten Sie mit einem Editor in Ihrem Benutzerverzeichnis (typischerweise `C:\Users\<name>`) die Datei `.wslconfig` ein. Die beiden folgenden Einstellungen bewirken, dass WSL maximal 5 GByte RAM und maximal drei CPU-Cores beansprucht:

```
# Datei C:\Users\<name>\.wslconfig
[wsl2]
memory=5GB
processors=3
```

Diese Einstellungen werden erst nach einem Neustart von WSL gültig (`wsl --shutdown`) und gelten nicht nur für Docker, sondern für sämtliche durch WSL ausgeführte Linux-Distributionen! Weitere WSL-Optionen sind hier dokumentiert:

*https://learn.microsoft.com/en-us/windows/wsl/wsl-config*

### Docker Desktop unter Linux

Bei der Installation von Docker Desktop unter Linux wird automatisch eine virtuelle Maschine eingerichtet. Wenn Sie also `docker run` ausführen, läuft der gestartete Container in der virtuellen Maschine und nicht direkt im Prozessraum Ihres Linux-Rechners. Sicherheitstechnisch ist das vorteilhaft. Der Nachteil ist aber, dass die Speicherverwaltung Ihres Host-Rechners und der virtuellen Maschine voneinander getrennt sind. Einmal für Docker reservierter Disk-Space bzw. RAM kann nicht mehr freigegeben werden.

Immerhin können Sie in den Konfigurationsdialogen von Docker Desktop den Docker-Speicher, den für Docker reservierten RAM sowie die Anzahl der CPU-Cores limitieren. Jede Änderung erfordert aber einen Neustart des Docker-Systems. Es ist unmöglich, dass sich Ihr Host-Rechner und das Docker-System die Ressourcen dynamisch nach Bedarf teilen, wie dies bei einer Linux-Installation ohne Docker Desktop der Fall ist.

Auf einem Rechner mit guter Hardwareausstattung und bei moderater Nutzung von Docker-Containern werden Sie die mit Docker Desktop verbundenen Nachteile nie wahrnehmen. Das Gesamtsystem funktioniert großartig. Je intensiver Sie Docker nutzen, desto größer werden die damit verbundenen Einschränkungen. Einer der

Autoren dieses Buchs verwendet häufig pandoc in einem Docker-Container. Wenn dieses Programm die Markdown-Dateien eines ganzen Buchs verarbeiten muss, benötigt es bis zu 10 GByte Arbeitsspeicher. Für solche Anwendungsfälle ist Docker Desktop nur schlecht geeignet.

Hinter den Kulissen führt Docker Desktop die virtuelle Maschine mit QEMU/KVM aus. Führen Sie `ps axu | grep qemu` aus, wenn Sie die vielen dabei eingesetzten Optionen sehen möchten! Das Image der virtuellen Maschine befindet sich im Verzeichnis `.docker/desktop/vms`.

### Docker Desktop unter macOS

Die Docker Engine unter macOS hat von ihrer Konzeption her viele Ähnlichkeiten mit der von Linux. Abermals wird die Docker Engine als virtuelle Maschine ausgeführt, diesmal auf der Basis des *Virtualization Frameworks* von macOS. Die Image-Datei sowie diverse weitere Dateien der virtuellen Maschine werden im folgenden Verzeichnis gespeichert:

```
/Users/<accountname>/Library/Containers/com.docker.docker/Data
```

Den Ort der Image-Datei können Sie im Dialog PREFERENCES • RESSOURCES verändern. An dieser Stelle können Sie die Image-Datei auch vergrößern.

**Sie brauchen genug RAM!**

Aufgrund der Preispolitik von Apple sind Macs selten mit mehr Arbeitsspeicher als unbedingt notwendig ausgestattet. Wenn Docker Desktop dann einen erheblichen Anteil für sich reserviert, wirkt sich das natürlich ungünstig auf die Performance des Rechners aus. Falls Sie also vor dem Kauf eines MacBooks oder eines anderen Apple-Rechners stehen und Docker einsetzen möchten, sparen Sie nicht beim Arbeitsspeicher!

### Ein Blick in die virtuelle Maschine von Docker Desktop (Linux, macOS)

Wenn Sie wissen möchten, was in der virtuellen Maschine von Docker Desktop unter Linux oder macOS vor sich geht, führen Sie das folgende, zugegebenermaßen recht kryptische Kommando aus:

```
docker run -it --rm --privileged --pid=host debian \
  nsenter -t 1 -m -u -n -i sh
```

Das Kommando erzeugt einen Debian-Container. (Sie können aber auch ein anderes Basis-Image verwenden.) Der Container wird interaktiv ausgeführt (`-it`) und beim Verlassen gleich wieder gelöscht (`--rm`). Die Option `--privileged` gibt dem Docker-

Container `root`-Rechte für den Zugriff auf alle Ressourcen des Host-Systems. Diese Option ist mit großer Vorsicht zu verwenden.

`nsenter` führt wiederum einen Prozess (hier die Shell `sh`) in einem fremden Namensraum aus. Die `nsenter`-Optionen haben die folgende Bedeutung:

- `-t 1` gibt den Target-Prozess an, dessen Namespace verwendet werden soll.
- `-m` nutzt den Mount-Namespace.
- `-u` nutzt den UTS-Namespace und gibt Zugriff auf den Host-Namen und andere Informationen. (UTS steht für *Unix Timesharing System*.)
- `-n` aktiviert den Netzwerk-Namespace.
- `-i` nutzt den System-V-IPC-Namespace. (IPC steht für *Interprocess Communication*.)

In der Folge können Sie Kommandos ausführen, die direkt für die virtuelle Maschine gelten, in der die Docker-Prozesse ausgeführt werden. Insbesondere können Sie den laufenden Linux-Kernel herausfinden, einen Blick in das Verzeichnis `/var/lib/docker` werfen usw.:

```
uname -a
  Linux docker-desktop 6.12.54-linuxkit

du -h -d 1 /var/lib/docker

  123M    /var/lib/docker/swarm
   32K    /var/lib/docker/jfs
   79M    /var/lib/docker/image
   54G    /var/lib/docker/overlay2
  4.0K    /var/lib/docker/runtimes
  8.0K    /var/lib/docker/tmp
  180K    /var/lib/docker/network
  1.4G    /var/lib/docker/containers
  1.6G    /var/lib/docker/volumes
   21M    /var/lib/docker/buildkit
   57G    /var/lib/docker
   ...

cat /etc/os-release
  PRETTY_NAME="Docker Desktop"
```

Hintergrundinformationen zum Kommando `nsenter` und zu den Namespace-Funktionen des Linux-Kernels finden Sie hier:

*https://en.wikipedia.org/wiki/Linux_namespaces*
*https://man7.org/linux/man-pages/man1/nsenter.1.html*
*https://alanastorm.com/accessing-docker-desktops-virtual-machine*

## 6.9 Podman-Interna

Bei der Anwendung sieht Podman aus wie Docker, und tatsächlich funktioniert in vielen Fällen alias docker=podman, also der simple Austausch des docker-Kommandos durch podman. Hinter den Kulissen ist Podman aber vollkommen anders organisiert. In diesem Abschnitt gehen wir daher auf einige Details der Implementierung von Podman ein.

Um zu begreifen, wie sich Podman von Docker unterscheidet, müssen Sie zuerst die Grundidee bei der Implementierung von Docker verstehen: Dabei hat docker primär die Aufgabe, mit den beiden Hintergrundprozessen dockerd und containerd zu kommunizieren. Diese erledigen die eigentliche Arbeit, verwalten also die Container- und Image-Dateisysteme, führen Container aus usw.

Fundamental anders sieht die Arbeitsweise von Podman aus: Das Kommando podman kümmert sich direkt um das Image-Management und die Container-Ausführung. Es gibt keinen im Hintergrund laufenden Dämon. Das Kommando podman erledigt somit selbst alle Aufgaben, für die im Docker-Universum dockerd bzw. containerd zuständig sind. podman greift natürlich auch auf andere Programme und Bibliotheken zurück – aber eben nicht auf einen zentralen Dämon. Die Podman-Entwicklerinnen und Entwickler sehen darin den größten Vorteil ihrer Architektur: Es gibt damit keinen *Single Point of Failure*.

Allerdings stößt der viel beworbene Betrieb von Containern ohne root-Rechte in der Praxis manchmal an die Grenzen des technisch Möglichen: In diesem Abschnitt werden wir Ihnen zeigen, dass auch Podman im root-Modus ausgeführt werden kann, um technische Einschränkungen zu überwinden.

### Container-Registrys

Unter Docker stellt sich die Frage nach der Image-Herkunft nicht: Das Kommando docker lädt Images automatisch aus dem weltweit größten öffentlichen Container-Angebot herunter, nämlich dem Docker Hub. Bei Podman ist die Situation anders: Dort entscheidet die Datei /etc/containers/registries.conf, von welchen Quellen (*Registrys*) die Container heruntergeladen werden.

Bei den meisten Distributionen enthält registries.conf nach der Installation bereits sinnvolle Defaulteinstellungen. Die folgenden Zeilen zeigen die unter Fedora gültige Konfiguration:

```
# Datei /etc/containers/registries.conf (Fedora)
unqualified-search-registries = ["registry.fedoraproject.org",
                                  "registry.access.redhat.com",
                                  "docker.io"]
```

Wenn Sie podman run name ausführen, ohne dem Projektnamen explizit eine Registry voranzustellen, fragt das Kommando, welche der vier obigen Quellen Sie verwenden möchten. In aller Regel ist docker.io (also der Docker Hub) die richtige Wahl. Die anderen beiden Registrys sind dem Red-Hat-Kosmos zuzuordnen und enthalten fast ausschließlich Images zu Red-Hat-nahen Projekten. Letzten Endes ist es also so, dass Sie zwar mit Podman eine alternative Container-Implementierung verwenden, aber weiterhin auf den Docker Hub als zentrale Image-Quelle angewiesen sind.



Ergänzend zu registries.conf ordnet die Datei 000-shortnames.conf wichtige Repositorys der richtigen Registry zu. Wenn Sie also podman run node ausführen, weiß podman, dass es das Image aus dem Docker Hub herunterladen soll, und verzichtet auf die Nachfrage.

```
# Datei /etc/containers/registries.conf.d/000-shortnames.conf
[aliases]
  "almalinux"         = "docker.io/library/almalinux"
  "almalinux-minimal" = "docker.io/library/almalinux-minimal"
  "amazonlinux"       = "public.ecr.aws/amazonlinux/amazonlinux"
  "archlinux"         = "docker.io/library/archlinux"
  "node"              = "docker.io/library/node"
  "oraclelinux"       =
    "container-registry.oracle.com/os/oraclelinux"
  "php"               = "docker.io/library/php"
  "python"            = "docker.io/library/python"
  "rhel"              = "registry.access.redhat.com/rhel"
  "rust"              = "docker.io/library/rust"
  "ubi9"              = "registry.access.redhat.com/ubi9"
  "ubi9-minimal"      = "registry.access.redhat.com/ubi9-minimal"
  "ubuntu"            = "docker.io/library/ubuntu"
  ...
```

### Rootless Podman versus Rootful Podman

Normalerweise wird das Kommando podman ohne root-Rechte ausgeführt, d. h., *Rootless Podman* ist der Normalfall. Wenn Sie Ports kleiner als 1024 nutzen oder auf Kompatibilitätsprobleme stoßen, können Sie Podman aber auch ganz unkompliziert *rootful* (was für ein Wort!) verwenden. Dazu stellen Sie dem podman-Kommando einfach sudo voran. Fertig!

```
sudo podman run -d --rm -p 80:80 --name mywebserver httpd
sudo podman stop mywebserver
```

Beachten Sie aber, dass Podman unter Linux für Container, Images usw. unterschiedliche Verzeichnisse verwendet, je nachdem, ob podman mit oder ohne sudo ausgeführt wird. Ein bereits in Rootless Podman genutztes Image muss ein zweites Mal heruntergeladen werden, wenn Sie es *rootful* ausführen möchten. `podman ps` zeigt alle Container an, die *rootless* laufen, `sudo docker ps` dagegen die, die *rootful* gestartet wurden.

Rootless und Rootful Podman sind also vollständig voneinander getrennt. In der Regel werden Sie – der Podman-Philosophie folgend – anfänglich versuchen, ohne `root`-Rechte auszukommen. Stoßen Sie dabei auf eine unüberwindbare Grenze, heißt es: »Zurück an den Start.« Sie müssen alle `podman`-Kommandos neuerlich ausführen und Ihr Setup neu einrichten, diesmal eben mit vorangestelltem `sudo` und entsprechend mit `root`-Rechten.

**Rootful Docker unter Windows und macOS**

Wir behandeln in diesem Buch Podman nur im Linux-Kontext und gehen auf die Nutzung von Podman unter Windows und macOS nicht ein. Aber an dieser Stelle müssen wir doch eine kleine Ausnahme machen. Podman unter Windows und macOS setzt wie bei Docker eine virtuelle Maschine bzw. WSL-Instanz voraus.

Wenn Sie möchten, dass Container in dieser virtuellen Maschine mit `root`-Rechten ausgeführt werden, hilft `sudo podman` nicht weiter. Stattdessen müssen Sie mit `podman machine` den `root`-Modus aktivieren:

```
podman machine set --rootful
```

Um zurück in den Standardmodus zu wechseln, setzen Sie `rootful` auf `false`:

```
podman machine set --rootful=false
```

Weitere Optionen dieses Kommandos sind hier dokumentiert:

*https://docs.podman.io/en/latest/markdown/podman-machine-set.1.html*

### Socket-Datei

Docker verwendet eine Socket-Datei zur Kommunikation zwischen dem Kommando `docker` und dem im Hintergrund laufenden Docker-Dämon. Prinzipbedingt ist diese Datei in Podman überflüssig. Aus Gründen der Kompatibilität mit Docker ist es aber auch unter Podman möglich, eine Socket-Datei einzurichten. Wenn Sie also ein Docker-kompatibles Tool zusammen mit Podman einsetzen möchten, können Sie die Socket-Datei mit einem der folgenden Kommandos aktivieren:

```
systemctl --user enable --now podman.socket      # Rootless Podman
sudo systemctl enable --now podman.socket        # Rootful Podman
```

Wenn Sie später die automatische Aktivierung der Socket-Datei wieder abstellen wollen, führen Sie eines der beiden folgenden Kommandos aus:

```
systemctl --user disable --now podman.socket      # Rootless Podman
sudo systemctl disable --now podman.socket        # Rootful Podman
```

Hintergrundinformationen zu Sockets sind hier zusammengefasst:

*https://github.com/containers/podman/blob/main/docs/tutorials/socket_activation.md*



### Speicherort für Container und Images

Wenn das Kommando `podman` mit gewöhnlichen Benutzerrechten ausgeführt wird, dann werden auch Images, Container usw. im Benutzeraccount gespeichert. Dabei wird das folgende Verzeichnis verwendet:

```
/home/<accountname>/.local/share/containers
```

Sollten Sie `podman` mit `root`-Rechten ausführen, kommt OCI-konform das Verzeichnis `/var/lib/containers` zum Einsatz. Dieses Verzeichnis erfüllt also dieselbe Funktion wie `/var/lib/docker`.

### Subordinate UIDs/GIDs

Podman verwendet genauso wie Rootless Docker UIDs und GIDs jenseits von 100.000 – also Nummern, die im normalen Linux-Betrieb ungenutzt sind. Subordinate UIDs/GIDs basieren auf einem Kernel-Mechanismus, der Benutzern die Kontrolle über einen Bereich von UIDs/GIDs gibt. Für die Zuordnung der UIDs und GIDs zu einem bestimmten Benutzer sind die Dateien `/etc/subuid` und `/etc/subgid` zuständig (siehe auch Abschnitt 2.5, »Rootless Docker«).

### Netzwerkeinbindung

Dieser Abschnitt erläutert einige Netzwerkinterna von Podman. Diese Interna sind für die gewöhnliche Anwendung nicht wichtig. Soweit es darum geht, einen Container auszuführen, diesem Internetzugang zu gewähren und einen externen Port festzulegen, funktioniert Podman einfach – unabhängig davon, welche Netzwerktechnik im Hintergrund zum Einsatz kommt. Eine grundlegende Einschränkung im Rootless-Modus betrifft aber die Port-Nummer: Diese muss zumindest 1024 sein. Kleinere Portnummern sind nur mit `sudo podman` möglich.

Das Netzwerk-Backend von Podman wurden in den letzten Jahren komplett umgestaltet. Seit Version 4 (2022) kommt der Netzwerk-Stack *Netavark* zum Einsatz. Er ist für die Netzwerkbrücken und Firewall-Regeln von Containern verantwortlich. Dazu kommt *Aardvark*: Dieser DNS-Server stellt sicher, dass die Container gegenseitig ihre Hostnamen kennen.

```
podman info

  ...
  networkBackend: netavark
  networkBackendInfo:
    version: netavark 1.16.1
    dns:
      version: aardvark-dns 1.16.0
      ...
```

In Version 5 (2024) wurde zudem das Verfahren verändert, wie rootless Container mit dem Backend verbunden werden: Anstelle von *slirp4netns* kommt jetzt *pasta* zum Einsatz. Das hat umfassende Konsequenzen: Per Default verwenden Container jetzt Host-Networking und haben deswegen die gleichen IP-Adressen wie der Podman-Hostrechner!

```
hostname -I   # IP-Adressen des Hostrechners

  192.168.178.79
  2001:871:264:d7e3:f98:332d:2d03:fbd9
  fd92:cc52:e7e8:0:c50a:3a54:33cc:201e

podman run -it --rm  debian hostname -I  # IP-Adr. des Containers

  192.168.178.79
  2001:871:264:d7e3:f98:332d:2d03:fbd9
  fd92:cc52:e7e8:0:c50a:3a54:33cc:201e
```

Wenn Sie den Container dagegen mit `sudo` ausführen (rootful), kommt standardmäßig eine Netzwerkbrücke zum Einsatz (ähnlich wie bei Docker). Mit der Option `--network bridge` können Sie dieses Verhalten auch im rootless-Modus nutzen:

```
sudo podman run -it --rm  debian hostname -I

  10.88.0.2

podman run -it --rm  --network bridge debian hostname -I

  10.88.0.2
```

Mit `podman compose` ausgeführte Container verwenden private Netzwerke im `bridge`-Modus. Informationen über die von Podman eingerichteten Netzwerke liefert das Kommando `podman network`:

```
podman network ls

  NETWORK ID    NAME                        DRIVER
  e992a4fbc72b  git-buch_default            bridge
  2f259bab93aa  podman                      bridge
  bee8144444bd  wordpress-sample_default    bridge
  ...

podman network inspect wordpress-sample_default

  [
    {
      "name": "wordpress-sample_default",
      "id": "bee8144444bd6fbc4acf1bbfec69a3eae34...",
      "driver": "bridge",
      "network_interface": "podman2",
      "created": "2025-11-17T07:25:09.562068011+01:00",
      "subnets": [
            {
                 "subnet": "10.89.1.0/24",
                 "gateway": "10.89.1.1"
            }
      ],
      ...
```

Wenn manuell oder durch `podman compose` eigene Netzwerke für Container-Gruppen gebildet werden, landen die dazugehörigen Konfigurationsdateien im folgenden Verzeichnis:

```
.local/share/containers/storage/networks
```

Im Vergleich zu Docker gibt es bei Podman wesentlich weniger Firewall-Regeln. Ausgangspunkt ist eine Regeltabelle, deren Verwaltung Netavark übernimmt. Dabei kommt nftables zum Einsatz. Sie können die Regeln wie folgt ansehen:

```
sudo nft list table inet netavark

  table inet netavark {
    chain INPUT {
      type filter hook input priority filter; policy accept;
    }
    chain FORWARD {
      type filter hook forward priority filter; policy accept;
      ct state invalid drop
      jump NETAVARK-ISOLATION-1
    }
    ...
```

**Veraltete Informationen im Internet!**

Die in den letzten Jahren durchgeführte Umgestaltung der Netzwerkfunktionen von Podman bringt mit sich, dass viele im Internet verfügbare Informationen veraltet sind. Auch KI-Tools, die ja mit diesen Daten trainiert wurden, liefern oft falsche Antworten. Hinterfragen Sie immer, auf welche Podman-Version sich Ihre Informationsquellen beziehen!

### Kein ping

Wie bei Rootless Docker führt auch in durch Podman ausgeführten Containern `ping` meistens zu einer Fehlermeldung. Zum Testen müssen Sie `ping` zuerst im Container installieren, z. B. mit `dnf install iputils-ping` oder mit `apt update` und `apt install iputils-ping`.

Den von `ping` ausgelösten Fehler *operation not permitted* verhindern Sie, indem Sie dem Host-Rechner die Ausführung von `ping` für den von Podman reservierten UID-Bereich (siehe `/etc/subuid`) erlauben. Bei manchen Distributionen gilt eine derartige Konfiguration per Default.

```
root# sysctl -w "net.ipv4.ping_group_range=0 20000000"
```

Damit diese Änderung dauerhaft gilt, müssen Sie die Einstellung für `ping_group_range` in `/etc/sysctl.conf` einbauen. Diesen Tipp und einige weitere Anleitungen zur Behebung häufiger Probleme können Sie hier nachlesen:

*https://github.com/containers/podman/blob/master/troubleshooting.md*

**Immer noch kein ping!**

Selbst wenn Sie das obige `sysctl`-Kommando ausgeführt haben, liefert das `ping`-Kommando bei manchen Containern weiterhin den Fehler *operation not permitted*. Die Ursache dieses zweiten Problems besteht darin, dass das `ping`-Kommando je nach Linux-Distribution unterschiedlich eingerichtet ist. Damit `ping` aus dem Container heraus funktioniert, benötigt das `ping`-Kommando das Recht, Netzwerkfunktionen zu nutzen. In hartnäckigen Fällen führen Sie *im* Container zuerst `setcap cap_net_raw+p /usr/bin/ping` aus. Danach funktioniert `ping` – jetzt wirklich!

### Pods

Haben Sie sich gefragt, woher der Name »Podman« kommt? Es handelt sich dabei um eine Kurzform von *Pod Manager*. Demnach ist `podman` ein Kommando zum Verwalten von Pods. Was aber sind Pods? Der durch Kubernetes geprägte Begriff *Pods* (siehe Kapitel 21, »Kubernetes«) bezeichnet eine Gruppe zusammengehöriger Container.

Das folgende Beispiel zeigt, wie Sie den Pod mypod mit einer Portumleitung von Port 80 (Container) auf 8080 (Host) einrichten. Genau genommen wird durch podman pod create ebenfalls ein Container erzeugt, der dauerhaft pausiert wird. Seine primäre Aufgabe besteht darin, die Container-Gruppe am Leben zu halten, solange es darin keine weiteren Container gibt.

In dem Pod werden nun ein MariaDB-Datenbankserver und das Administrations-Tool phpMyAdmin ausgeführt. Bei den beiden run-Kommandos ist die Option --pod mypod entscheidend. An den phpMyAdmin-Container übergeben Sie mit PMA_HOST wahlweise den Namen des MariaDB-Containers oder den Namen des Pods (hier mypod). Beachten Sie, dass alle Container in einem Pod intern dieselbe IP-Adresse verwenden!

```
podman pod create -p 8080:80  -n mypod

podman run -d --name mariadb-test --pod mypod \
  -e MYSQL_ROOT_PASSWORD=geheim \
  -v myvolume:/var/lib/mysql \
  mariadb

podman run -d --name pma --pod mypod \
   -e PMA_HOST=mariadb-test phpmyadmin/phpmyadmin
```

Auf dem Host-Rechner können Sie nun im Webbrowser mittels *http://localhost:8080* auf den Webserver von phpMyAdmin zugreifen und sich auf dem MariaDB-Server als root mit dem Passwort geheim anmelden. Die hier skizzierte Vorgehensweise sieht also ganz ähnlich wie ein vergleichbares Setup unter Docker aus und unterscheidet sich primär bei der Netzwerkkonfiguration. Pods stoßen allerdings an ihre Grenzen, wenn Sie mehrere Dienste nach außen hin mit unterschiedlichen Ports freigeben möchten, wenn Sie also z. B. phpMyAdmin mit Port 8080 und WordPress mit Port 8081 verbinden möchten. Dann müssen Sie sich auch in Pods mit einem Netzwerk-Setup auseinandersetzen.

podman pod kennt außer create eine Menge weiterer Unterkommandos:

- podman pod ps bzw. podman pod list listet alle Pods auf.
- podman pod top <podname> liefert eine Liste aller Prozesse aus allen Containern, die im angegebenen Pod ausgeführt werden.
- podman pod stop <podname> beendet alle Container des angegebenen Pods. Wie üblich können Sie anstelle des Podnamens auch die Option --all angeben, um die Container aller aktiven Pods zu beenden.
- podman pod start <podname> startet alle Container eines Pods.
- podman pod pause <podname> bzw. podman pod unpause <podname> pausiert die Container eines Pods bzw. setzt ihre Ausführung fort.

- `podman pod rm <podname>` löscht den Pod, sofern er keine Container enthält. Um einen Pod samt Containern zu löschen, verwenden Sie `podman pod rm --force <podname>`. Laufende Container werden vor dem Löschen gestoppt.
- `podman pod prune [--force]` löscht alle Pods, die gerade nicht laufen.

Die vorhin eingerichtete Container-Gruppe kann somit unkompliziert gestoppt und gelöscht werden:

```
podman pod stop mypod

podman pod rm mypod
```

**Praktische Bedeutung von Pods**

Wenn Sie wie in diesem Buch vorgeschlagen Container-Setups mit `podman compose` erstellen, spielen Pods keine große Rolle. `podman compose` verwendet (wohl auch aus Gründen der Kompatibilität mit `docker compose`) keine Pods, sondern erstellt mit `podman network` ein eigenes Netzwerk für alle in der Compose-Datei definierten Services.

Pods sind aber dann ein spannendes Unterscheidungsmerkmal zu Docker, wenn Sie Container-Gruppen manuell oder per Script erstellen oder wenn Sie mit Kubernetes-nahen Tools arbeiten. Merkwürdigerweise geht die offizielle Podman-Dokumentation auf das Konzept von Pods kaum ein und enthält nur eine Referenz der `pod`-Subkommandos. Ein erster Startpunkt ist dieser Blog-Artikel:

*https://fedoramagazine.org/simplifying-container-management-with-podman-pods-on-fedora-linux*

## Zugriff auf Container-Dateisysteme (podman mount)

Während der Zugriff eines Containers auf ein Verzeichnis des Hosts ein aus Docker vertrautes Verfahren ist, können Sie in Podman umgekehrt auch auf das Dateisystem eines Containers zugreifen. Dazu müssen Sie zuerst mit `pod mount <containername>` den Ort des Mount-Verzeichnisses ermitteln. Dieses Kommando können Sie allerdings nicht als normaler Benutzer ausführen – das führt nur zu einer Fehlermeldung. Vielmehr müssen Sie zuerst `podman unshare` ausführen, um in den von Podman benutzten Namespace zu wechseln. Alle weiteren Kommandos werden in dieser Umgebung ausgeführt; ihnen ist das Zeichen # vorangestellt.

Im folgenden Beispiel starten Sie einen Container mit dem Webserver Apache. Während der Container läuft, führen Sie `podman mount <containername>` aus. Das Kommando liefert eine ziemlich lange Zeichenkette mit dem Mount-Verzeichnis zurück. Normalerweise ist es zweckmäßig, diese Zeichenkette in einer Variablen zu speichern. Anschließend können Sie sich den Inhalt dieses Verzeichnisses ansehen und sogar Veränderungen durchführen. Wenn Sie fertig sind, verlassen Sie die Namespace-Umgebung mit `exit` oder [Strg]+[D].



```
user$ podman run --name myapache -d -p 8080:80 \
        docker.io/library/httpd

user$ podman unshare

  # podman mount myapache
    /home/kofler/.local/share/containers/storage/.../merged

  # mountdir=$(podman unshare podman mount myapache)

  # ls -l $mountdir
    ... root root 4096 21. Okt 15:39 bin
    ... root root 4096 21. Okt 15:39 boot
    ... root root 4096 18. Nov 08:16 dev

  # exit
```

Standardmäßig haben Sie auf das Mount-Verzeichnis Schreib- und Leserechte. Sie können also beispielsweise auf dem Host-Rechner ein Script ausführen, das Veränderungen im Dateisystem des Containers durchführt.

`podman mount` ohne Parameter listet alle aktuell in den Host-Verzeichnisbaum eingebundenen Container-Dateisysteme auf. Mit `podman mount --latest` wenden Sie das Kommando auf den zuletzt gestarteten Container an, was oft Tipparbeit spart.

### Images erzeugen (podman build, Buildah)

`podman build -t <imgname> .` liest die Datei `Dockerfile` oder `Containerfile` aus dem lokalen Verzeichnis und erzeugt daraus ein Image. Dabei gilt die in Kapitel 4, »Eigene Images«, beschriebene Syntax. Hinter den Kulissen greift `podman build` allerdings auf *Buildah* zurück. Dabei handelt es sich um ein eigenes Image-Build-Tool der Podman-Familie:

*https://buildah.io*
*https://www.redhat.com/de/topics/containers/what-is-buildah*

## 6.10 Toolbx

Ein ausgesprochen interessantes Projekt im Umfeld von Podman ist »Toolbx«. Das Projekt verwendet tatsächlich diese merkwürdige Schreibweise, auch wenn das zentrale Kommando `toolbox` heißt und die damit erzeugten Umgebungen üblicherweise Toolboxes genannt werden.

*https://containertoolbx.org/doc*

Mit Toolbx können Sie unkompliziert gekapselte Software-Umgebungen erzeugen und ausführen. Toolbx nutzt die Container-Infrastruktur von Podman, aber mit einem grundlegenden Unterschied: Docker, Podman & Co. versuchen, die ausgeführten Container sicherheitstechnisch möglichst gut vom Host-System zu isolieren. Genau das macht Toolbx *nicht*! Im Gegenteil, per Toolbx ausgeführte Programme können auf das Heimatverzeichnis des aktiven Benutzers sowie auf das `/dev`-Verzeichnis zugreifen, Wayland nutzen, Netzwerkschnittstellen bedienen, im Journal protokollieren, die GPU nutzen usw.

Toolbx wurde ursprünglich als Werkzeug zur Software-Installation für Linux-Distributionen auf der Basis von OSTree konzipiert (z. B. Fedora CoreOS und Siverblue). Die Grundidee solcher Distributionen besteht darin, auf ein veränderliches Root-Verzeichnis samt Paketverwaltung und Updates zu verzichten. Stattdessen basiert die Distribution auf Images, die ähnlich wie bei Docker und Podman funktionieren.

Toolbx hat zuletzt außerhalb dieses ursprünglichen Einsatzgebiets eine hohe Popularität erreicht. Es ist ein großartiges Hilfsmittel, um komplexe Software-Umgebungen getrennt vom Hostsystem zu installieren, aber mit weitreichenden Zugriffsrechten auf die Systemarchitektur auszuführen. Besonders beliebt sind Toolboxes in der KI-Szene. Sie ermöglichen es, verschiedene GPU-Bibliotheken auszuprobieren, *ohne* diese Bibliotheken auf Systemebene zu installieren. Das hilft dabei, Vergleiche zwischen verschiedenen Bibliotheken bzw. Optionen durchzuführen, ohne die Stabilität das Host-Systems zu gefährden.

Dieser Abschnitt gibt eine Art Crash-Kurs zu Toolbx, wobei wir uns explizit auf Fedora als Host-Betriebssystem beziehen. Grundsätzlich kann Toolbx aber auch in Kombination mit anderen Linux-Distributionen verwendet werden.

### Hello, Toolbx!

Das Kommando `toolbox` aus dem gleichnamigen Paket wird ohne `sudo` ausgeführt. In der Minimalvariante erzeugen Sie mit `toolbox <name>` eine neue Toolbox, die als Basis ein Image Ihrer Host-Distribution verwendet. Wenn Sie also wie in diesen Beispielen unter Fedora arbeiten, fragt `toolbox` beim ersten Aufruf, ob es die Fedora-Toolbox herunterladen soll:

```
toolbox create test1

  Image required to create Toolbx container.
  Download registry.fedoraproject.org/fedora-toolbox:43
    (356.7MB)? [y/N]: y
  Created container: test1
```

Wenn Sie als Basis eine andere Distribution verwenden möchten, geben Sie den Distributionsnamen und die Versionsnummer in zwei Optionen an:

```
toolbox create --distro rhel --release 9.7 rhel97
```

Das Kommando `toolbox list` gibt einen Überblick, welche Images Sie heruntergeladen haben und welche Toolboxes (in der Podman/Docker-Nomenklatur: welche Container) Sie erzeugt haben:

```
toolbox list

  IMAGE ID       IMAGE NAME                                          ...
  f06fdd638830   registry.access.redhat.com/ubi9/toolbox:9.7
  b1cc6a02cef9   registry.fedoraproject.org/fedora-toolbox:43

  CONTAINER ID   CONTAINER NAME     STATUS    IMAGE NAME
  695e17331b4a   llama-vulkan-radv  exited    docker.io/kyuz0/am...
  dc8fd94977a0   rhel97             created   registry.access.re...
  dd7d51c65852   test1              created   registry.fedorapro...
```

Um eine Toolbox aktiv zu nutzen, aktivieren Sie diese mit `toolbox enter`. Damit starten Sie im Terminal eine neue Session. Sie erkennen nur am veränderten Prompt, dass Sie sich nun in einer anderen Umgebung befinden. Sie haben weiterhin vollen Zugriff auf Ihr Heimatverzeichnis; die restlichen Verzeichnisse stammen aber überwiegend von Toolbox-Container. Hinter den Kulissen setzt sich der in der Toolbox sichtbare Verzeichnisbaum aus einer vollkommen unübersichtlichen Ansammlung von Dateisystem-Mounts zusammen. `findmnt` liefert eine über 350 Zeilen lange Auflistung!

```
toolbox enter test1

[kofler@toolbx ~]$ cat /etc/os-release

  NAME="Fedora Linux"
  VERSION="43 (Toolbx Container Image)"
  RELEASE_TYPE=stable
  ID=fedora
  VERSION_ID=43
  ...
```

```
[kofler@toolbx ~]$ findmnt | wc -l

  359
```

Innerhalb einer Fedora-Toolbox können Sie wie üblich mit rpm und dnf Pakete verwalten. Standardmäßig ist nur ein relativ kleines Subset an Paketen installiert.

```
[kofler@toolbx ~]$ rpm -qa | wc -l

  340
```

Innerhalb der Toolbox können Sie mit sudo administrative Aufgaben erledigen, z. B. sudo dnf install <pname>. Dabei ist *kein* Passwort erforderlich.

Mit exit oder Strg+D verlassen Sie die Toolbox. Sie können sie später mit toolbox enter <name> wieder reaktivieren. Alle zuvor durchgeführten Änderungen gelten weiterhin. Hinter den Kulissen verwendet das Toolbx-Projekt einen Podman-Container und speichert Toolbox-lokale Änderungen in einem Overlay-Dateisystem.

Bei ersten Experimenten mit Toolbx ist mitunter schwer nachzuvollziehen, welche Dateien/Einstellungen Toolbox-lokal sind und welche vom Host übernommen werden. Beispielsweise listet ps ax *alle* Prozesse auf, sowohl die der Toolbox als auch alle anderen des Hostsystems!

/etc/passwd ist eine Toolbox-lokale Datei. Allerdings wurden beim Erzeugen dieser Datei die Einstellungen Ihres lokalen Accounts von der Host-weiten Datei /etc/passwd übernommen. Wenn Sie also auf Host-Ebene Fish als Shell verwenden, ist /bin/fish auch in der Toolbox-lokalen passwd-Datei enthalten. Das ist insofern problematisch, als im Standard-Image für Fedora und RHEL zwar die Bash enthalten ist, nicht aber die Fish. In diesem Fall erscheint beim Start der Toolbox eine Fehlermeldung, die Bash wird als Fallback verwendet:

```
toolbox enter test1

  bash: Zeile 1: /bin/fish: Datei oder Verzeichnis nicht gefunden
  Error: command /bin/fish not found in container test1
  Using /bin/bash instead.
```

Es spricht aber natürlich nichts dagegen, die Fish in der Toolbox zu installieren:

```
[kofler@toolbx ~]$ sudo dnf install fish
```

Auf Host-Ebene liefern die Kommandos podman ps -a und podman images sowohl herkömmliche Podman-Container und -Images als auch Toolboxes. Aus Podman-Sicht gibt es keinen Unterschied. Der Unterschied zwischen einem Podman-Container und einer Toolbox ergibt sich erst durch die Ausführung (bei Podman mit Isolierung zwischen Container und Host, bei Toolbox hingegen ohne diese Isolierung).

### Eigene Toolboxes erzeugen

Eigene Toolboxes richten Sie ein wie eigene Podman-Images. Die Ausgangsbasis ist ein `Containerfile`, das die gleiche Syntax wie ein `Dockerfile` hat:

```
# Datei my-directory/Containerfile
FROM registry.fedoraproject.org/fedora-toolbox:43

# Add metadata labels
ARG NAME=my-toolbox
ARG VERSION=43
LABEL com.github.containers.toolbox="true" \
      name="$NAME" \
      version="$VERSION" \
      usage="This image is meant to be used with toolbox" \
      summary="Custom Fedora Toolbox with joe and fish"

# Install your software
RUN dnf --assumeyes install \
    fish \
    joe

# Clean up
RUN dnf clean all
```

Mit `podman build` erzeugen Sie das entsprechende lokale Image:

```
cd my-directory

podman build --squash --tag localhost/my-dev-toolbox:43 .
```

Jetzt können Sie auf dieser Basis eine eigene Toolbox einrichten:

```
toolbox create --image localhost/my-toolbox:43 test2

toolbox enter test2
```

### Sprachmodelle mit Toolbx ausführen

Das Toolbx-Projekt bietet eine großartige Basis, um GPU-Bibliotheken und KI-Programme auszuprobieren, ohne die erforderlichen Bibliotheken auf Systemebene zu installieren. Eine ganze Sammlung von KI-Toolboxes zum Test diverser Software-Umgebungen für llama.cpp finden Sie auf GitHub, beispielsweise hier:

*https://github.com/kyuz0/amd-strix-halo-toolboxes*

`toolbox create` erzeugt eine Toolbox mit dem Namen `llama-vulkan-radv` auf Basis des Images `vulkan-radv`, das der Entwickler `kyuz0` im Docker Hub hinterlegt hat. Das alleinstehende Kürzel -- trennt die toolbox-Optionen von denen für Podman/Docker. Die folgenden drei Optionen sind erforderlich, um der Toolbox direkten Zugriff auf das Device der GPU zu geben.

```
toolbox create llama-vulkan-radv \
  --image docker.io/kyuz0/amd-strix-halo-toolboxes:vulkan-radv \
  -- --device /dev/dri \
     --group-add video \
     --security-opt seccomp=unconfined
```

Mit toolbox enter starten Sie die Toolbox. Innerhalb der Toolbox steht das Kommando llama-cli zur Verfügung. In einem ersten Schritt können Sie testen, ob diese Bibliothek zur Ausführung von Sprachmodellen eine GPU findet.

```
toolbox enter llama-vulkan-radv

llama-cli --list-devices

  ggml_vulkan: Found 1 Vulkan devices:
  ggml_vulkan: 0 = Radeon 8060S Graphics (RADV GFX1151) (radv) |
    uma: 1 | fp16: 1 | bf16: 0 | warp size: 64 |
    shared memory: 65536 | int dot: 1 | matrix cores: KHR_coopmat
  Available devices:
    Vulkan0: Radeon 8060S Graphics (RADV GFX1151)
    (107008 MiB, 99195 MiB free)
```

Wenn Sie auf Ihrem Rechner noch keine Sprachmodelle heruntergeladen haben, finden Sie geeignete Modelle unter *https://huggingface.co*. Wir haben stattdessen im folgenden Kommando ein Sprachmodell ausgeführt, das wir zuvor im Programm *LM Studio* heruntergeladen haben. Wie gesagt: In der Toolbox haben Sie vollen Zugriff auf alle Dateien in Ihrem Home-Verzeichnis!

```
llama-server \
  -m  /home/kofler/.lmstudio/.../gpt-oss-20b-MXFP4.gguf \
  -c 32000 -ngl 999 -fa 1 --no-mmap
```

Dabei gibt -c die maximale Kontextgröße an. -ngl bestimmt die Anzahl der Layer, die von der GPU verarbeitet werden sollen (alle). -fa 1 aktiviert *Flash Attention*. Das ist eine Grundvoraussetzung für eine effiziente Ausführung moderner Modelle. --no-mmap bewirkt, dass das ganze Modell zuerst in den Arbeitsspeicher geladen wird. (Die Alternative wäre ein Memory-Mapping der Datei.) Der Server kann auf der Adresse *localhost:8080* über eine Weboberfläche bedient werden.

Anstatt erste Experimente in der Weboberfläche durchzuführen, können Sie mit dem folgenden Kommando einen einfachen Benchmarktest ausführen. Die pp-Ergebnisse beziehen sich auf das *Prompt Processing*, also die Verarbeitung des Prompts zu Input Token. tg bezeichnet die *Token Generation*, also die Produktion der Antwort.

```
llama-bench \
  -m /home/kofler/.lmstudio/.../gpt-oss-20b-MXFP4.gguf \
  -ngl 999 -fa 1

  model                          size   params ...  test   t/s
  gpt-oss 20B MXFP4 MoE  11.27 GiB    20.91      pp512  1219
  gpt-oss 20B MXFP4 MoE  11.27 GiB    20.91      tg128    78
```

6

# Kapitel 7
# **Kommandoreferenz**

7

Dieses Kapitel enthält eine Referenz der wichtigsten Kommandos, die Sie mit `docker` ausführen können. Die Kommandos werden im weiteren Verlauf in alphabetischer Reihenfolge beschrieben. Auch wenn in diesem Kapitel nur von `docker` die Rede ist, gilt die Referenz größtenteils auch für `podman`!

| Kommando | Funktion |
|---|---|
| `docker attach` | die Ein- und Ausgabe eines Containers mit einem Terminal verbinden |
| `docker build` | neues Image laut `Dockerfile` erzeugen |
| `docker commit` | ein neues Image aus einem Container erzeugen |
| `docker compose` | mehrere Container erzeugen und ausführen |
| `docker container` | Container verwalten |
| `docker create` | neuen Container erzeugen, aber nicht starten |
| `docker diff` | veränderte Dateien des Containers anzeigen |
| `docker events` | Aktionen des Docker-Systems anzeigen |
| `docker exec` | Kommando in einem laufenden Container ausführen |
| `docker export` | Container in Dateiarchiv speichern |
| `docker image` | Images verwalten |
| `docker images` | Images auflisten |
| `docker import` | Container aus Dateiarchiv erzeugen |
| `docker info` | Status des Docker-Systems anzeigen |
| `docker init` | ein neues Projekt einrichten |
| `docker inspect` | Konfiguration und Status eines Containers anzeigen |
| `docker kill` | Container-Ausführung sofort beenden |
| `docker login\|logout` | bei einem Docker-Account an-/abmelden |

**Tabelle 7.1** Die in diesem Kapitel vorgestellten docker-Kommandos

| Kommando | Funktion |
|---|---|
| docker logs | Logging-Ausgaben eines Containers zeigen |
| docker network | Netzwerkkonfiguration verwalten |
| docker node | Knoten eines Docker-Schwarms verwalten |
| docker pause\|unpause | Container-Ausführung anhalten/fortsetzen |
| docker port | Port-Zuordnungen eines Containers auflisten |
| docker ps | Container auflisten |
| docker pull | Image herunterladen bzw. aktualisieren |
| docker push | eigenes Image in ein Docker-Repository hochladen |
| docker rename | Container umbenennen |
| docker restart | Container beenden und neu starten |
| docker rm\|rmi | Container bzw. Image löschen |
| docker run | neuen Container erzeugen und starten |
| docker secret | Geheimnisse für Services verwalten |
| docker service | Services verwalten |
| docker stack | Gruppe (Stack) von Services erzeugen |
| docker start | vorhandenen Container neu starten |
| docker stats | CPU- und Speicherbedarf regelmäßig anzeigen |
| docker stop | (im Hintergrund) laufenden Container beenden |
| docker swarm | Docker-Schwarm einrichten bzw. verwalten |
| docker system | Informationen über das Docker-System anzeigen |
| docker tag | Image-Namen oder -Tag ändern |
| docker top | Prozesse eines Containers anzeigen |
| docker update | Optionen eines Containers verändern |
| docker volume | Volumes verwalten |
| docker wait | auf das Ende eines Containers warten |

**Tabelle 7.1** Die in diesem Kapitel vorgestellten docker-Kommandos (Forts.)

Die hier präsentierte Kommandoreferenz konzentriert sich auf die wichtigsten Kommandos und die am häufigsten benötigten Optionen. Eine vollständige Beschreibung aller Kommandos finden Sie auf der folgenden Docker-Website:

*https://docs.docker.com/reference/cli/docker*

> **Subkommando erforderlich**
>
> Einige Docker-Kommandos erwarten Subkommandos, die angeben, was zu tun ist. Beispielsweise kann `docker container` nicht für sich ausgeführt werden, sondern muss durch ein Subkommando ergänzt werden (`docker container rm` oder `docker container stop`). In diesem Kapitel sind derartige Kommandos in der Überschrift durch einen Stern gekennzeichnet, also z. B. »docker container *«.



## docker attach

`docker attach <cname/cid>` verbindet die Standardeingabe und -ausgabe eines Containers mit dem aktuellen Terminal. Das ist nur bei Containern zweckmäßig, bei denen dies nicht ohnehin der Fall ist, die also nicht mit `docker run -it` oder mit `docker start -a -i` gestartet wurden.

Bei im Hintergrund laufenden Docker-Containern von Serverdiensten ermöglicht es `docker attach` häufig, Logging-Meldungen im laufenden Betrieb mitzulesen.

## docker build

`docker build [optionen] <verzeichnis/url>` liest die Datei `Dockerfile` oder `Containerfile` vom angegebenen Ort und erzeugt ein entsprechendes Image (siehe auch Abschnitt 4.2, »Dockerfile-Syntax«, und Abschnitt 4.4, »Images in den Docker Hub hochladen«).

Mit der Option `-t name:tag` kann das Image mit einem Tag markiert werden. Außerdem können mit diversen Optionen, die identisch mit denen des Kommandos `docker run` sind (siehe Tabelle 7.2), Voreinstellungen für Container festgelegt werden.

`docker build` verwendet automatisch das neue Build-System `buildx`. (In älteren Docker-Versionen gab es eine Differenzierung zwischen `docker build` und `docker buildx`.) `podman build` ist prinzipiell mit `docker build` kompatibel, verwendet aber wieder ein anderes Build-System.

## docker commit

`docker commit <cname/id> [<[accountname/]imagename[:tag]>]` erzeugt aus einem Container ein neues Image mit dem angegebenen Namen. Fehlt der zweite Parameter, erhält das Image keinen Namen, sondern nur eine zufällige ID. Eventuelle Volumes werden nicht in das Image integriert.

Sollte der Container gerade laufen, wird er während der Ausführung von `docker commit` vorübergehend angehalten. Das können Sie mit `--pause false` verhindern. Sie riskieren dann aber ein inkonsistentes Image, das entstehen kann, wenn sich das Dateisystem des Containers während des Commits verändert.

Wenn Sie selbst neue Images einrichten möchten, ist es in der Regel zweckmäßiger, ein `Dockerfile` zu verfassen und dann `docker build` auszuführen. Zwar ist `docker commit` oft einfacher und bequemer anzuwenden; der Vorgang ist aber später nicht reproduzierbar. Insofern ist `docker commit` eher eine Debugging-Hilfe, um einen Container in einem bestimmten Zustand zu speichern und daraus bei Bedarf später wieder neue, identische Container zu erzeugen.

## docker compose *

`docker compose` startet bzw. verwaltet eine Gruppe von Containern. Das Setup der Gruppe muss in der Datei `compose.yaml` beschrieben werden (siehe auch Kapitel 5, »Container-Setups mit compose«). Alternativ kann der Dateiname mit der Option `-f` angegeben werden. Wenn `docker compose` keine Compose-Datei findet, tritt ein Fehler auf.

In den folgenden Abschnitten beschreiben wir die wichtigsten Subkommandos von `docker compose`. Wie üblich beschränken wir uns auf die für die Praxis wichtigsten Varianten und Optionen. Die vollständige Dokumentation finden Sie hier:

*https://docs.docker.com/reference/cli/docker/compose*

## docker compose config

`docker compose config` überprüft, ob `compose.yaml` frei von Syntaxfehlern ist, und zeigt die Datei an. Die Datei wird freilich nicht wie durch `cat` oder `less` unverändert ausgegeben, sondern so, wie sie von `docker compose` interpretiert wird. Unter anderem werden dabei relative Pfade durch absolute ersetzt.

Leider bleibt die Reihenfolge der Einstellungen nicht erhalten. Vielmehr werden alle Schlüsselwörter in jeder Hierarchieebene alphabetisch geordnet. Davon abgesehen kann Ihnen `docker compose config` helfen, zu verstehen, wie `docker compose` einzelne Einstellungen intern verarbeitet.

## docker compose down

`docker compose down` stoppt alle durch `compose.yaml` beschriebenen Container, Netzwerke etc. und löscht sie.

## docker compose events

`docker compose events` zeigt die Events aller laufenden Container des Projekts an, bis das Kommando mit [Strg]+[C] beendet wird.

## docker compose exec <service> <cmd>

docker compose exec führt ein Kommando für den angegebenen Dienst aus. Das ist oft für Debugging-Zwecke hilfreich. Mit docker compose exec -it <service> sh oder docker compose exec -it <service> /bin/bash können Sie den betreffenden Container interaktiv erforschen.

## docker compose kill



docker compose kill beendet alle Container unmittelbar. Dieses Kommando ist nur eine Notlösung, wenn docker compose stop oder down nicht fruchtet.

## docker compose logs

docker compose logs [<servicename>] zeigt die Logging-Ausgaben aller Container bzw. des angegebenen Containers an. Beachten Sie, dass das Kommando nur für laufende Container funktioniert. Wenn der Start eines Containers scheitert, ist docker compose logs kein Hilfsmittel zur Fehlersuche. Besser ist es, docker compose up ohne die Option -d auszuführen, damit Sie eventuelle Fehlermeldungen sofort sehen.

Normalerweise endet docker compose logs mit der Ausgabe der Logging-Zeilen. Wenn Sie die Logging-Ausgaben live verfolgen möchten, führen Sie das Kommando mit der Option -f (*follow*) aus. Sie müssen nun Strg+C drücken, wenn Sie das Kommando beenden möchten.

## docker compose pause und docker compose unpause

docker compose pause hält die Ausführung aller in der Compose-Datei beschriebenen Container an. docker compose unpause setzt die Ausführung fort.

## docker compose ps

docker compose ps listet alle Container des Projekts auf:

```
docker compose ps
  Name                Command                          State
  test_db_1           docker-entrypoint.sh mysqld      Up
  test_wordpress_1    docker-entrypoint.sh apach ...   Up
```

## docker compose rm

docker compose rm löscht nach einer Rückfrage alle gestoppten Container. Mit -f verzichtet das Kommando auf die Sicherheitsabfrage, mit -v löscht es auch die dazugehörenden anonymen Volumes (also Volumes, deren Ort Sie nicht selbst explizit vorgegeben haben).

### docker compose run

`docker compose run <servicename> [<kommando>]` startet den durch `<servicename>` ausgewählten Container und führt im Vordergrund entweder das angegebene Kommando (z. B. `/bin/sh`) oder das Defaultkommando der Images aus. Wenn mit `run` eine Shell gestartet wird, kann sie interaktiv bedient werden.

`docker compose run` startet zusätzlich zu dem im ersten Parameter ausgewählten Container auch alle abhängigen Container. Solche Abhängigkeiten müssen durch das Schlüsselwort `depends_on` in `compose.yaml` formuliert werden. Dieses Verhalten können Sie mit der Option `--no-deps` verhindern.

Mit den Optionen `-v <volume>`, `-p <port>` und `-e VAR=value` können Sie Volumes, Ports und Umgebungsvariablen angeben. Die zusätzliche Option `--rm` bewirkt, dass der Container nach seiner Nutzung sofort wieder gelöscht wird. Mit `-d` wird das Kommando im Hintergrund ausgeführt.

### docker compose start, docker compose stop und docker compose restart

`docker compose stop` beendet die Ausführung der Container. `docker compose start` startet die Container wieder. `docker compose restart` entspricht der Kombination aus `stop` und `start`.

### docker compose top

`docker compose top` zeigt die Prozesse aller Container an. (Im folgenden Listing fehlen aus Platzgründen einige Spalten.)

```
docker compose top

  test_db_1
  UID    PID     C   STIME    TIME       CMD
  ------------------------------------------
  999    27869   3   12:51    00:00:00   mysqld

  test_wordpress_1
  UID        PID     C   STIME   TIME       CMD
  ---------------------------------------------------------------
  root       27979   1   12:51   00:00:00   apache2 -DFOREGROUND
  www-data   28159   0   12:51   00:00:00   apache2 -DFOREGROUND
  www-data   28160   0   12:51   00:00:00   apache2 -DFOREGROUND
  www-data   28161   0   12:51   00:00:00   apache2 -DFOREGROUND
  www-data   28162   0   12:51   00:00:00   apache2 -DFOREGROUND
```

## docker compose up

docker compose up erzeugt die in compose.yaml im services-Abschnitt aufgelisteten Container und startet sie. Gleichzeitig wird für die Container-Gruppe ein Netzwerk eingerichtet, in dem die Container miteinander kommunizieren.

Den Namen aller Container, Netzwerke, Volumes etc. wird der Name des aktuellen Verzeichnisses vorangestellt. Wenn in compose.yaml also beispielsweise der Service mydb beschrieben wird und sich compose.yaml im Verzeichnis nctest befindet, dann ergibt sich der Container-Name nctest_mydb_1. Wenn Sie einen anderen Projektnamen wünschen, können Sie ihn mit der Option -p angeben.



Mit der üblicherweise verwendeten Option -d führt docker compose die Container im Hintergrund aus. Fehlt diese Option, läuft docker compose hingegen so lange weiter, bis alle Container enden – bei Serverdiensten in der Regel also endlos. Das hat den Vorteil, dass die gesammelten Logging- und Fehlermeldungen aller Container angezeigt werden.

Für Debugging-Zwecke kann es also durchaus sinnvoll sein, auf die Option -d bewusst zu verzichten. Um das Kommando zu beenden, müssen Sie nun [Strg]+[C] drücken. Die Container werden dann gestoppt, aber nicht gelöscht. Die Ausführung der Container kann mit docker compose start fortgesetzt werden.

## docker container *

docker container ist der Startpunkt von mehr als zwei Dutzend Kommandos zur Verwaltung von Containern. In vielen Fällen gibt es allerdings gleichwertige kürzere Kommandos, die weiter verbreitet sind und denen in diesem Buch der Vorzug gegeben wird. Anstelle von docker container rm <name/id> führen Sie also einfach docker rm <name/id> aus, statt docker container stop <name> einfach docker stop <name> usw.

## docker create

docker create [optionen] <imagename> [<kommando> [argumente]] erzeugt ähnlich wie docker run einen Container, der vom angegebenen Image abgeleitet ist. Anders als bei docker run wird der Container allerdings nicht gestartet. Dazu müssen Sie zu einem späteren Zeitpunkt docker start <containername> ausführen. Eine Übersicht der vielen Optionen, die Sie an docker create übergeben können, finden Sie bei der Beschreibung von docker run im weiteren Verlauf dieses Abschnitts.

## docker diff

docker diff <cname/cid> liefert eine Liste aller Dateien, die sich im Container im Vergleich zum Image geändert haben. Die Dateien bzw. Verzeichnisse werden mit drei Buchstaben gekennzeichnet: A (*added*), D (*deleted*) oder C (*changed*).

```
docker diff apache
  C /usr/local/apache2/logs
  A /usr/local/apache2/logs/httpd.pid
```

## docker events

`docker events` zeigt kontinuierlich an, welche Aktionen das Docker-System ausführt. Dazu zählen z. B. der Start und das Beenden von Containern, das Herstellen von Netzwerkverbindungen, der Verbindung von Containern mit Volumes (*mount*) etc. Das für Debugging-Zwecke gedachte Kommando läuft, bis es mit [Strg]+[C] beendet wird.

## docker exec

`docker exec [optionen] <containername> kommando [argumente]` führt in einem bereits laufenden Container ein weiteres Kommando aus. Wie bei `docker run` ermöglichen die Optionen `-i -t` eine interaktive Bedienung. Mit der Option `-d` (*detached*) wird das Kommando im Hintergrund ausgeführt.

```
docker exec -it mariadb_container /bin/sh
```

## docker export

`docker export <cname/cid> > datei.tar` schreibt alle Dateien eines Containers in ein TAR-Archiv. Unter Linux und macOS kann die resultierende Datei anschließend mit `tar tf datei.tar` angesehen oder mit `tar xf datei.tar` ausgepackt werden. Unter Windows übernehmen ZIP-Oberflächen diese Funktionen. Mit `docker import` können Sie aus der TAR-Datei ein neues Image erzeugen.

Wenn Sie das Archiv gleich komprimieren möchten, führen Sie das Kommando unter Linux oder macOS wie folgt aus:

```
docker export <cname> | gzip -c > export.tar.gz
```

`docker export` verarbeitet *alle* Dateien des Containers, nicht nur die, die sich im Vergleich zum zugrunde liegenden Image verändert haben. In Volumes befindliche Dateien werden dagegen nicht berücksichtigt.

**export/import versus save/load**

Neben `docker export` und `docker import` gibt es auch die in diesem Buch nicht behandelten Kommandos `docker save` und `docker load`. Die Subkommandos `export` und `import` sind für Container gedacht. Die Ebenen der zugrunde liegenden Images gehen bei `export` verloren.

Im Gegensatz dazu dienen docker save und docker load zur Verarbeitung von Images. Dabei bleiben Ebenen und Tags erhalten. Mit docker save können Sie ein Image von einem Docker-Host zu einem anderen Host mit gleicher CPU-Architektur übertragen.

Achten Sie darauf, die die Kommandos nicht zu vermischen – sonst kommt es zu merkwürdigen Fehlern:

*https://stackoverflow.com/questions/45106927*



## docker image *

docker image ist der Startpunkt für diverse Subkommandos zur Verwaltung von Images. Einige Kommandos sind auch in kürzeren Formen verfügbar. Beispielsweise entspricht docker image rm dem Kommando docker rmi.

- docker image build <pfad/url> verarbeitet das Dockerfile im angegebenen Verzeichnis bzw. an der angegebenen Adresse und generiert daraus ein neues Image (siehe docker build).
- docker image prune löscht nach einer Rückfrage alle Images, die nicht von anderen Images benötigt werden. Wird das Kommando mit der Option -a ausgeführt, löscht es darüber hinaus alle Images, von denen keine Container abgeleitet wurden.
- docker image pull/push lädt ein Image vom Docker Hub herunter bzw. lädt ein selbst erzeugtes Image hoch (siehe docker pull und docker push).
- docker image rm <name/id> löscht ein Image (siehe docker rmi).

**Vorsicht**

Passen Sie auf, dass Sie nicht versehentlich docker images ls oder ein anderes Subkommando ausführen. docker images mit Plural-s ist ein eigenes Kommando (siehe den nächsten Abschnitt). Bei docker images xy wird xy nicht als Subkommando, sondern als Image-Name interpretiert. Normalerweise gibt es keine Images, die ls, prune etc. heißen; daher führt docker images zu keinem Ergebnis – aber auch zu keiner Fehlermeldung. Es sieht dann so aus, als würde das Kommando nicht funktionieren.

## docker images

docker images [<reponame:tag>] listet alle lokal vorhandenen Images auf. Wenn an das Kommando der Name eines Repositorys übergeben wird, dann werden nur Images dieser Quelle angezeigt.

An das Kommando können die folgenden Optionen übergeben werden:

- Mit `-a` zeigt das Kommando auch Interim-Images auf, die beim Erzeugen eigener Images mit `docker build` entstehen.
- Mit `-f "key=value"` (*filter*) zeigt das Kommando nur Images an, die ein bestimmtes Kriterium erfüllen. Zulässige Filter sind `dangling`, `before`, `since` und `reference`. Beispielsweise liefert das Kommando mit `-f "dangling=true"` Images, die aktuell von keinem Container genutzt werden.
- Mit `-q` (*quiet*) liefert das Kommando nur eine Liste von Image-IDs, aber keine weiteren Informationen. Die Option ist dann empfehlenswert, wenn die IDs an ein anderes Kommando weitergegeben werden sollen.

## docker import

docker import <datei.tar> <imagename> erzeugt aus einem zuvor mit `docker export` erzeugten TAR-Archiv ein neues Image. Wenn Sie das TAR-Archiv aus der Standardeingabe lesen möchten, geben Sie anstelle des Dateinamens das Zeichen - an:

```
gunzip -c datei.tar.gz | docker import - newimagename
```

## docker info

`docker info` sowie das gleichwertige Kommando `docker system info` zeigen umfassende Informationen zur Docker-Installation an.

Wesentlich detailliertere Informationen zur installierten Docker-Version liefert `docker version`. Suchen Sie hingegen Informationen zu einem bestimmten Container, führt `docker inspect` zum Ziel. `docker system df` verrät schließlich Informationen zur Speichernutzung von Docker.

Die Kommandos `docker events` und `docker stats` zeigen kontinuierlich Informationen über den laufenden Betrieb des Docker-Systems an. `docker stats` entspricht dabei dem unter Linux und macOS bekannten `top`-Kommando.

## docker init

`docker init` richtet ein neues Projektverzeichnis für ein Compose-Setup ein (siehe auch Abschnitt 5.6, »Neue Projekte einrichten (docker init)«}). Bei der interaktiven Ausführung des Kommandos wählen Sie zuerst eine Programmiersprache bzw. ein Framework aus (z. B. Node), in der Folge einige Eckparameter des Projekts (z. B. Versionsnummern und Ports).

Zu `docker init` gibt es keine Podman-Entsprechung. Es gibt zwar das Kommando `podman init`, dieses hat aber eine ganz andere Aufgabe: Es initialisiert einen vorhandenen Container, ohne ihn letztlich auszuführen.

### docker inspect

`docker inspect <containername>` liefert umfassende Informationen über den angegebenen Container. Aus den in JSON-Syntax dargestellten Daten, die üblicherweise mehr als 200 Zeilen lang sind, gehen unter anderem die folgenden Informationen hervor: das zugrunde liegende Image, die Speicherorte für den Container und seine Volumes, der aktuelle Status sowie diverse Konfigurations- und Netzwerkparameter. Anstelle des Namens können Sie natürlich auch die ID des Containers an das Kommando übergeben.

```
docker inspect -s apache-test

  [
    {
      "Id": "e53b...",
      "Created": "2021-05-28T12:03:44.949853801Z",
      "Path": "httpd-foreground",
      "Args": [ ],
      "State": {
          "Status": "exited",
          "Running": false,
      ...
```

Wenn Sie aus den Daten nur ein bestimmtes Element herausfiltern möchten, können Sie dieses Element mit `-f` (*format*) auswählen. Die beiden folgenden Beispiele zeigen, wie Sie den Status des Containers sowie alle Volumes anzeigen:

```
docker inspect -s -f "{{.State.Status}}" apache-test

  exited

docker inspect -s -f "{{.Mounts}}" mariadb-test1

  [{volume 0fbd.... /var/lib/docker/volumes/0fbd.../_data
    /var/lib/mysql local  true }]
```

### docker kill

`docker kill <cname/id>` sendet standardmäßig das Signal `KILL` an den Container. In der Regel wird die Ausführung des Containers damit unmittelbar beendet. Der Prozess hat keine Möglichkeit, Dateien zu schließen oder Transaktionen zu beenden. Mit der Option `-s` können auch andere Signale gesendet werden, z. B. `-s TERM`.

In der Regel sollten Sie `docker stop` vorziehen, wenn Sie die Ausführung eines Containers beenden möchten. `docker stop` sendet zuerst ein `TERM`-Signal an den Hauptprozess des Containers und gibt dem Container so die Chance, ordentlich herunterzufahren. Nur wenn der Prozess nach einer bestimmten Zeit nicht reagiert, folgt ein `KILL`-Signal.

### docker login und docker logout

`docker login` öffnet den Webbrowser, stellt eine Verbindung zu einem Docker-Account her und speichert das Authentifizierungs-Token dauerhaft. Ein Login ist beispielsweise erforderlich, bevor Sie ein selbst erzeugtes Image mit `docker push` in den Docker Hub hochladen.

Wenn kein lokaler Webbrowser zur Verfügung steht, müssen Sie vorweg auf der Docker-Website ein Token einrichten. Danach führen Sie `docker login --username <accountname>` aus und geben das Token an.

`docker logout` löscht ein mit `docker login` eingerichtetes Authentifizierungs-Token.

### docker logs

`docker logs <containername/id>` zeigt die protokollierten Nachrichten des Containers an. Dieser Zugriff auf die Logging-Daten funktioniert nur, wenn das zugrunde liegende Image entsprechend eingerichtet wurde. Bei vielen populären Images ist das bereits der Fall. Je nach Konfiguration werden die Logging-Nachrichten in einen Ring-Puffer geschrieben. Sobald dieser Puffer vollläuft, überschreiben neue Logging-Nachrichten alte.

Sollte `docker logs` keine Resultate liefern, können Sie im Container nach Logging-Dateien suchen. Dazu starten Sie parallel zum Container eine Shell (z. B. mit `docker exec <cname> /bin/bash`) und werfen einen Blick in das Verzeichnis `/var/log`.

**Logging für eigene Images konfigurieren**

Wenn Sie selbst Docker-Images zusammenstellen, finden Sie auf der folgenden Seite ausführliche Informationen über die Logging-Mechanismen von Docker und deren Anwendung und Konfiguration:

*https://docs.docker.com/engine/logging/configure*

### docker network *

`docker network` ist der Ausgangspunkt zu mehreren Subkommandos zur Administration der Docker-Netzwerkfunktionen. Die Kommandos betreffen nicht einzelne Container oder Images, sondern das Docker-System in seiner Gesamtheit.

Standardmäßig stellt Docker seinen Containern über ein vorkonfiguriertes Netzwerk mit dem Namen `bridge` ein privates Netzwerk mit Internetzugang zur Verfügung. Den Containern werden IP-Adressen im Bereich 172.17.0.0/16 zugewiesen.

Zur Ausführung einzelner Container reicht die Defaultkonfiguration in der Regel aus. Um Gruppen von Containern hingegen von anderen Containern zu trennen, wird für sie häufig ein eigenes Netzwerk eingerichtet, in dem die Container miteinander kommunizieren. Grundsätzlich ist dies manuell möglich, einfacher ist es aber, den Vorgang zu automatisieren (siehe Kapitel 5, »Container-Setups mit compose«).



- `docker network create/rm` richtet ein zusätzliches Netzwerk für Docker ein bzw. löscht es wieder.
- `docker network connect <nwid> <cname/cid>` verbindet ein Netzwerk mit einem Container.
- `docker network inspect <nwname/nwid>` liefert Details zu einem bestimmten Netzwerk:

```
docker network inspect bridge
  [
    {
      "Name": "bridge",
      "Id": "91ad2ea2...",
      "Created": "2021-06-01T07:25:42.526455289+02:00",
      "Scope": "local",
      "Driver": "bridge",
      "EnableIPv6": false,
      "IPAM": {
        "Driver": "default",
        "Options": null,
        "Config": [
          {
            "Subnet": "172.17.0.0/16",
            "Gateway": "172.17.0.1"
          }
        ]
      },
  ...
```

- `docker network ls` listet auf, welche (virtuellen) Netzwerke Docker kennt:

```
docker network ls
  NETWORK ID     NAME     DRIVER   SCOPE
  91ad2ea2bccf   bridge   bridge   local
  416eaaaac506   host     host     local
  0f0d89d189f8   none     null     local
```

- docker network prune löscht alle Netzwerke, die aktuell nicht genutzt werden. Das Kommando ist hilfreich, um nach Experimenten mit docker compose oder docker stack deploy verwaiste Netzwerke zu eliminieren.

Details zur Docker-Netzwerkkonfiguration finden Sie in Abschnitt 6.8, »Docker-Interna«, sowie unter *https://docs.docker.com/engine/network*.

podman network funktioniert im Prinzip wie docker network, allerdings kommt hinter den Kulissen ein ganz anderer Netzwerk-Stack zur Anwendung (siehe auch Abschnitt 6.9, »Podman-Interna«).

### docker node *

Wenn Sie mehrere Docker-Instanzen als Schwarm konfigurieren (siehe docker swarm), hilft docker node bei der Administration der Knoten des Schwarms. docker node ist der Ausgangspunkt für diverse Subkommandos:

- docker node ls listet alle Knoten auf und gibt ihre ID-Zeichenketten, Host-Namen und Status an.
- docker node inspect <nodeid/hostname> liefert Detailinformationen zu einem Knoten. Mit der Option --pretty wird die Ausgabe besser lesbar als Text formatiert.
- docker node rm <nodeid/hostname> entfernt einen Knoten aus dem Schwarm.

Dieses Kommando existiert bei Podman nicht.

### docker pause und docker unpause

docker pause <cname/cid> hält die Ausführung eines Containers an.

docker unpause <cname/cid> setzt die Ausführung eines pausierten Containers fort.

### docker port

docker port <cname/cid> listet alle Port-Zuordnungen eines Containers auf:

```
docker port apache
  80/tcp -> 0.0.0.0:8080
```

Wenn Sie als zweiten Parameter einen Port des Containers angeben, liefert docker port lediglich den entsprechenden Port auf dem Host-System:

```
docker port apache 80/tcp
  0.0.0.0:8080
```

podman port funktioniert weitestgehend wie docker port. Allerdings müssen Sie als Parameter den Namen oder die ID eines Containers übergeben oder die Option -a angeben, damit alle Ports aufgelistet werden.

## docker ps

Ohne weitere Optionen gibt docker ps eine Liste aller laufenden Container zurück. Mit der Option -a enthält die Liste alle eingerichteten Container, unabhängig davon, ob sie gerade laufen oder nicht.

Fügen Sie noch die Option -s hinzu, erfahren Sie auch die Container-Größe. Die Größe wird in zwei Zahlen angegeben. Die erste Zahl gibt auch den Platzbedarf der Images an. Es ist aber möglich, dass mehrere Container gemeinsam auf ein Image zurückgreifen. Deswegen wird in Klammern außerdem die virtuelle Größe angegeben. Das ist die Größe der veränderlichen Overlay-Datei, also der Daten, durch die sich der Container von seinem Basis-Image unterscheidet. (Beide Werte berücksichtigen nicht die Größe der Volumes. Die Gesamtgröße aller Volumes finden Sie am einfachsten mit docker system df heraus.)

Mit der Option -f <kriterium=wert> können Sie ein Filterkriterium angeben. Dabei können Sie unter anderem die folgenden Schlüsselwörter verwenden:

- id/name/label=... liefert Container mit einer vorgegebenen ID, einem Namen oder Label.
- status=created|restarting|running|removing|paused|exited|dead liefert Container im angegebenen Zustand.
- ancestor=<imagename/id> liefert Container, die vom angegebenen Image abgeleitet sind.
- before=<cname/id> und since=<cname/id> liefert Container, die vor oder nach einem Referenz-Container erzeugt wurden.

## docker pull

docker pull imagename[:tag] lädt die neueste Version eines Images herunter. Da dieser Vorgang im Rahmen der ersten Ausführung von docker create oder docker run für ein bestimmtes Image ohnedies automatisch erfolgt, ist es nicht erforderlich, docker pull vor dem Einrichten eines neuen Containers explizit auszuführen.

In der Folge verwenden docker create und docker run weiterhin einmal heruntergeladene Images, auch dann, wenn mittlerweile neuere Versionen zur Verfügung stehen. Mit docker pull erzwingen Sie ein Update eines Images. Dabei ist es aber wichtig, dass Sie die interne Vorgehensweise von Docker verstehen:

- Bereits vorhandene Container, die auf einer alten Version eines Images basieren, bleiben unverändert, werden also nicht aktualisiert. Derartige Container-Updates sind in Docker gar nicht vorgesehen.

  docker ps zeigt bei solchen Containern in der Spalte IMAGE nun nicht mehr den Namen des Images an, sondern die ID des alten Images. Es sieht also so aus, als gäbe es das alte Image gar nicht mehr. Tatsächlich bleiben aber alle Layerdateien des alten Images erhalten, solange es Container gibt, die darauf aufbauen.

- Nur neue Container, die von nun an mit `docker create` oder `docker run` eingerichtet werden, verwenden die mit `docker pull` heruntergeladene neueste Image-Version.

### docker push

`docker push <accountname/imagename[:tag]>` lädt ein selbst erzeugtes Image in Ihren Docker-Account hoch. Das setzt voraus, dass Sie sich zuvor mit `docker login` angemeldet haben und dass Sie mit `docker build` oder `docker commit` ein eigenes Image erzeugt haben.

### docker rename

`docker rename <oldname/id> <newname>` gibt einem Container einen neuen Namen.

### docker restart

`docker restart <cname/id>` beendet einen Container und startet ihn dann wieder. Das Kommando entspricht der Kombination von `docker stop` und `docker start`.

### docker rm und docker rmi

`docker rm <containername/id>` löscht den angegebenen Container. Mit der Option `-f` (*force*) kann das Kommando selbst dann ausgeführt werden, wenn der Container noch läuft. Volumes bleiben standardmäßig erhalten. Diese können Sie entweder mit der zusätzlichen Option `-v` sofort löschen oder zu einem späteren Zeitpunkt mit `docker volume rm <volid>`.

`docker rmi <imagename/id>` löscht analog ein Image. Wenn es mehrere gleichnamige Images mit unterschiedlichen Tags gibt, müssen Sie das Tag ebenfalls angeben, also z. B. `docker rmi ubuntu:18.04`.

Standardmäßig können Sie nur Images löschen, die nicht von einem Container genutzt werden. Mit der Option `-f` überwinden Sie diesen Schutzmechanismus. Das Image wird dann allerdings nicht vollständig gelöscht. Vielmehr bleiben die Layerdateien des Images erhalten, damit der Container weiter ausgeführt werden kann. Sie können aber keine neuen Container von diesem Image ableiten. Außerdem zeigt `docker ps` in der Spalte `IMAGE` nicht mehr den Image-Namen, sondern nur eine ID an.

## docker run

Das Kommando erzeugt einen neuen Container und führt ihn dann sofort aus. In der Folge müssen Sie zum neuerlichen Ausführen des bereits vorhandenen Containers aber das Kommando `docker start` verwenden. Die an `docker run` übergebenen Optionen bestimmen dauerhaft die Eigenschaften des neuen Containers (siehe Tabelle 7.2).



| Option | Bedeutung |
|---|---|
| `--cpus="1.25"` | Der Container darf maximal 1,25 CPU-Cores auslasten. |
| `-d` | Container als Dämon ausführen |
| `-e VAR=value` | Umgebungsvariable für den Container setzen |
| `-h hostname` | den Host-Namen für den Container festlegen |
| `-i` | Container diesmal interaktiv ausführen |
| `-m 512m` | Container-RAM auf 512 MiB limitieren |
| `--name cname` | dem Container einen Namen zuweisen |
| `--network nname` | das angegebene Netzwerk verwenden |
| `-p localport:cport` | Ports des Containers mit Ports des Hosts verbinden |
| `-P` | alle Ports des Containers mit zufälligen Host-Ports verbinden |
| `--rm` | Container löschen, sobald die Ausführung endet |
| `--restart xxx` | Restart-Verhalten festlegen (siehe Abschnitt 6.6) |
| `-t` | Pseudoterminal mit Standardeingabe verbinden |
| `-u uid:gid` | den Container mit diesen Rechten ausführen (statt als `root`) |
| `-v cdir` | Container-Verzeichnis als Volume einrichten |
| `-v vname:cdir` | Volume mit Namen erzeugen |
| `-v /localdir:cdir` | Host-Verzeichnis mit Container-Verzeichnis verbinden |
| `--volumes-from cn` | Volumes eines anderen Containers nutzen |

**Tabelle 7.2** Wichtige Optionen des docker-run-Kommandos

Wir konzentrieren uns hier auf die wichtigsten Optionen. Der Manual-Text von `man docker-run` würde sich in der Formatierung dieses Buchs über rund 15 Seiten erstrecken! Die allgemeine Syntax für `docker run` sieht so aus:

```
docker run [optionen] <imagename> [<kommando> [<argumente>]]
```

Wenn Sie nach dem Image-Namen kein Kommando angeben, wird das für das Image festgelegte Defaultkommando ausgeführt (siehe auch die Beschreibung der Schlüsselwörter `CMD` und `ENTRYPOINT` in Abschnitt 4.2, »Dockerfile-Syntax«). Bei Base-Images für Linux-Distributionen lautet das Defaultkommando oft `bash` und ermöglicht so die interaktive Verwendung des Containers.

Beachten Sie, dass Sie sich beim Erzeugen eines neuen Containers nicht nur mit den Optionen, sondern auch mit dem auszuführenden Kommando festlegen! Wenn Sie den mit `docker run` erzeugten Container später mit `docker start` neuerlich ausführen, wird im Container dasselbe Kommando wie beim ersten Start ausgeführt. Immerhin besteht die Möglichkeit, bei einem laufenden Container mit `docker exec` ein weiteres Kommando parallel auszuführen. Diese Möglichkeit ist aber primär zu Debugging-Zwecken gedacht.

Die einzelnen Optionen eines Containers können Sie dann später mit `docker update` verändern.

`podman run` funktioniert grundsätzlich wie `docker run`. Der wichtigste Unterschied betrifft die Angabe des Image-Namens. `docker run` lädt Images automatisch vom Docker Hub herunter, es sei denn, Sie geben explizit eine andere Registry an.

Für Podman ist hingegen häufig unklar, auf welche Registry Sie sich beziehen. Das Kommando listet dann die in `/etc/containers/registries.conf` definierten Einträge auf, und Sie müssen die Auswahl interaktiv vornehmen. Diesen Schritt ersparen Sie sich, indem Sie dem Image-Namen die Registry und das Repository voranstellen, beispielsweise so:

```
podman run -d docker.io/library/httpd
```

Alternativ können Sie in einer `*.conf`-Datei in `/etc/containers/registries.conf.d` für häufig benötigte Images Aliasse definieren.

### docker secret *

*Secrets* bieten eine Möglichkeit, Passwörter, Schlüssel, Zertifikate und andere vertrauliche Daten so in einen Service zu übertragen, dass sie niemals persistent im Dateisystem des Containers landen. Secrets setzen voraus, dass Sie einen Docker-Schwarm einrichten und mit Services arbeiten (siehe `docker swarm` und `docker service`).

Das Kommando `docker secret` ist der Startpunkt zu mehreren Subkommandos:

- `docker secret create <secretname> <dateiname>` erzeugt ein Geheimnis, wobei die Daten wahlweise entweder aus einer Datei oder der Standardeingabe (Dateiname `-`) stammen.

  ```
  echo "geheim" | docker secret create mysecret -
  ```

- docker secret inspect <sid/sname> zeigt Details zum Geheimnis an, also z. B. den Zeitpunkt, wann es eingerichtet wurde. Der Inhalt wird nicht angezeigt.
- docker secret ls listet die Namen aller Geheimnisse auf.
- docker secret rm <sid/sname> löscht ein Geheimnis.

In der Praxis werden Secrets nur selten manuell administriert. Weitaus öfter werden Referenzen auf vertrauliche Dateien in compose.yaml angegeben (siehe Kapitel 5). docker stack deploy führt dann automatisch docker secret aus und übergibt die vertraulichen Daten an die Services.



### docker service *

docker service ist der Startpunkt für diverse Kommandos zur Verwaltung von Services. In Docker helfen *Services* dabei, Docker-Dienste in einem Cluster bzw. Schwarm zu administrieren.

- docker service create erzeugt einen neuen Service. Ähnlich wie bei docker run oder docker create müssen dabei eine Menge Parameter übergeben werden. Effizienter ist es, die Services in einer compose.yaml-Datei zu beschreiben und mit docker stack deploy einzurichten.
- docker service inspect <sname/sid> liefert detaillierte Informationen zu einem Service. Mit der Option --pretty wird die Ausgabe besser lesbar als Text formatiert.
- docker service logs <sname/sid> zeigt Logging-Informationen zu einem Service an.
- docker service ls listet alle laufenden Services auf.
- docker service ps <sname/sid> listet die Tasks (Prozesse) eines Service auf.
- docker service remove <sname/sid> löscht einen Service.
- docker service update <sname/sid> verändert die Parameter eines Service.

Zu docker service gibt es kein äquivalentes Podman-Kommando.

### docker stack *

docker stack ist der Startpunkt für diverse Kommandos zur Verwaltung von Stacks. Ein *Stack* ist eine Gruppe von Services, die in einem Docker-Cluster (Schwarm) ausgeführt werden können. Das Kommando setzt daher voraus, dass der aktuelle Rechner Teil eines Docker-Schwarms ist (siehe auch docker swarm init).

- docker stack deploy -c <datei> <stackname> erzeugt eine Gruppe von mehreren Services, wobei die mit <datei> angegebene compose.yaml-Datei ausgewertet wird. <stackname> gibt dem neuen Stack einen Namen. Das Kommando muss auf einem Managerknoten ausgeführt werden. Die prinzipielle Syntax von compose.yaml ist in

Kapitel 5, »Container-Setups mit compose«, beschrieben. Für `docker stack deploy` gelten allerdings einige Ausnahmen und Zusatzoptionen.

- `docker stack ls` listet alle Stacks auf und gibt an, aus wie vielen Services sie bestehen.
- `docker stack ps <stackname>` listet alle Tasks eines Stacks auf. Das Kommando muss auf einem Managerknoten ausgeführt werden.
- `docker stack rm <stackname>` löscht den angegebenen Stack mit all seinen Services, Netzwerken etc. Auch dieses Kommando muss auf einem Managerknoten ausgeführt werden.
- `docker stack services <stackname>` liefert eine Liste aller Services, aus denen der angegebene Stack besteht. Auch dieses Kommando funktioniert nur auf einem Managerknoten.

Zu `docker stack` gibt es kein äquivalentes Podman-Kommando. Dafür kennt Podman sogenannte *Pods*. Dabei handelt es sich ebenfalls um Gruppen von Containern. Ihre Verwaltung erfolgt durch `podman pod`. Ein kurzes Beispiel für die Anwendung dieses Kommandos haben wir in Abschnitt 6.9, »Podman-Interna«, präsentiert.

### docker start und docker stop

`docker start [optionen] <containername>` startet einen bereits eingerichteten, aber aktuell nicht laufenden Container. Mit der Option `-a` (*attach*) werden Standardausgaben und Fehlermeldungen weitergeleitet. Die Option `-i` (*interactive*) gilt analog für die Standardeingabe wie bei `docker run`.

`docker stop [-t <n>] <containername>` beendet einen im Hintergrund laufenden Container. Der Hauptprozess wird dazu mit dem Signal `TERM` aufgefordert, herunterzufahren. Läuft der Container nach 10 Sekunden noch immer, wird der Hauptprozess mit dem Signal `KILL` unmittelbar beendet. Die Zeitspanne für die Reaktion auf `TERM` kann mit der Option `-t` eingestellt werden.

### docker stats

`docker stats [optionen] [cname/cid]` zeigt kontinuierlich an, welcher Container wie viel CPU-Leistung, Speicherplatz, Netzwerk- und I/O-Ressourcen beansprucht. Die Ausgabe wird regelmäßig aktualisiert, bis Sie die Ausführung des Kommandos mit [Strg]+[C] beenden. Das Kommando hat damit eine ähnliche Funktion wie das `top`-Kommando unter Linux bzw. macOS.

`docker stats` berücksichtigt standardmäßig alle laufenden Container. Mit der Option `-a` listet das Kommando auch alle aktuell gestoppten Container auf. Umgekehrt zeigt `docker stats` nur Informationen zu einem oder mehreren Containern an, wenn deren Namen oder IDs als Parameter übergeben werden.

Das folgende Listing ist aus Platzgründen stark gekürzt:

```
docker stats
  ID        NAME      CPU %   MEM        NET I/O   BLOCK I/O  PIDS
  b1d9...   dock...   1.81%   49.05MiB   1.07kB    94.2kB     21
  4cf3...   u180...   0.00%   1.008MiB   578B      0B         1
  e53b...   mari...   0.00%   92.53MiB   1.11kB    14.2MB     30
```

**docker top und docker system df**

Wenn Sie wissen möchten, welche Prozesse *innerhalb* eines Containers laufen, verwenden Sie `docker top`. Sind Sie daran interessiert, wie viel Platz Images, Container etc. auf Ihrem Docker-Rechner beanspruchen, verwenden Sie `docker system df`.



### docker swarm *

Ein *Docker Swarm* (dt. *Docker-Schwarm*) ist ein Netzwerk aus mehreren Computern, auf denen jeweils Docker läuft. Oft wird ein derartiges Netzwerk auch als *Cluster* bezeichnet. Es bietet diverse Möglichkeiten, große Docker-Installationen ausfallsicher und skalierbar zu gestalten. (In Podman gibt es keine Schwarmfunktionen.)

`docker swarm` ist der Startpunkt zur Verwaltung eines Docker-Schwarms:

- `docker swarm init` initialisiert die Schwarmfunktionen auf der aktuellen Docker-Instanz. Die Ausführung dieses Kommandos reicht bereits aus, damit Sie in der Folge `docker stack` ausführen können. Allerdings besteht der Schwarm dann vorerst nur aus einem einzigen Rechner.

  Auch im Schwarmmodus kann die Docker-Instanz selbstverständlich weiterhin »gewöhnliche« Container ausführen.
- `docker swarm join` fügt den aktuellen Computer als Knoten bzw. als Manager zu einem Schwarm hinzu. Zur Verwaltung der Knoten verwenden Sie das Kommando `docker node`. Jeder Knoten kann je nach Konfiguration als *Worker*, als *Manager* oder in beiden Funktionen arbeiten.
- `docker swarm leave` entfernt den aktuellen Computer aus einem Docker-Schwarm.

**Netzwerk und Firewall**

Wenn die Schwarmfunktionen genutzt werden, richtet Docker neue Netzwerke ein. Diese dienen zur Kommunikation der Knoten und stellen eine Verbindung zum physischen Netzwerk her. In der Auflistung durch `docker network ls` haben diese Netzwerke die Namen `docker_gwbridge` sowie `ingress`.

Für die Kommunikation zwischen den Knoten werden die Ports 7946 (TCP/UDP) und 4789 (nur UDP) verwendet. Zur Durchführung der Cluster-Administration ist außerdem Port 2377 (TCP) erforderlich. Diese Ports müssen in der Firewall freigeschaltet werden. Weitere Informationen können Sie hier nachlesen:

*https://docs.docker.com/engine/network/drivers/overlay*

### docker system *

`docker system` ist der Startpunkt für diverse Kommandos, die Informationen zum aktuellen Zustand des Docker-Systems geben:

- `docker system df` listet den Platzbedarf von Images, Containern und Volumes auf:

  ```
  docker system df

    TYPE            TOTAL     ACTIVE    SIZE      RECLAIMABLE
    Images          56        14        29.88GB   26.44GB (88%)
    Containers      49        7         499.4MB   499.1MB (99%)
    Local Volumes   18        7         1.459GB   475MB (32%)
    Build Cache     546       0         88.63MB   88.63MB
  ```

  Wenn Sie zusätzlich die Option `-v` übergeben, listet das Kommando im Detail jedes einzelne Image, jeden Container usw. samt individueller Größenangabe auf.

- `docker system info` zeigt umfassende Informationen zur Docker-Installation an. Das Kommando liefert das gleiche Ergebnis wie `docker info`.

- `docker system prune` löscht alle aktuell ungenutzten Daten. Vorsicht! Als »ungenutzt« gelten nicht laufende Container sowie Images, die nicht von anderen Images benötigt werden (*dangling images*).

  Sofern Sie die Option `--volumes` übergeben, werden auch alle Volumes gelöscht, die von keinem Container genutzt werden. Vor der Ausführung dieses Großputzes müssen Sie eine Rückfrage mit `y` bestätigen.

  Beachten Sie, dass das Kommando keine Images löscht, die Sie zum Erzeugen von Images heruntergeladen haben. Wollen Sie sie ebenfalls löschen, führen Sie `docker image prune -a` aus.

### docker tag

`docker tag <iname/id> <[repository/]newname[:tag]>` bezeichnet das angegebene Image mit einem Namen bzw. *Tag*. Das folgende Kommando gibt dem Image mit der ID 8d... den Namen `ubuntu` und das Tag `2304beta`:

```
docker tag 8dcaef637b41 ubuntu:2304beta
```

## docker top

`docker top <cname/cid>` liefert eine Liste aller Prozesse, die innerhalb eines Containers laufen. Bei vielen einfachen Containern handelt es sich dabei nur um einen Prozess. Anders als bei dem aus Linux bekannten `top`-Kommando erfolgt die Ausgabe nur einmalig, d. h., die Prozessliste wird nicht regelmäßig aktualisiert.

```
docker top docker_reload_1
  PID     USER    TIME    COMMAND
  8275    0       0:00    npm
  8404    0       0:00    sh -c gulp
  8405    0       0:04    gulp
```



## docker update

`docker update [optionen] <cname/id>` verändert mit `docker run` oder `docker create` festgelegte Optionen des Containers. Insbesondere können Sie damit die maximale CPU-, Speicher- und I/O-Nutzung des Containers limitieren (Optionen `--cpus`, `-m` und `--blkio-weight`). Außerdem können Sie das Restart-Verhalten ändern.

```
docker update --restart always <containername>
```

`docker update` kann auch ausgeführt werden, während ein Container läuft. Das Kommando funktioniert allerdings nicht für Windows-Container.

## docker volume *

`docker volume` ist der Ausgangspunkt zu mehreren Subkommandos:

- `docker volume ls` listet alle bekannten Volumes aller Container auf.
- `docker volume inspect <volname>` liefert Detailinformationen zu einem Volume, unter anderem den Mount-Punkt innerhalb des Containers. Allerdings verrät das Kommando nicht, zu welchem Container ein Volume gehört.
- `docker volume prune` löscht alle Volumes, die mit keinem Container verbunden sind.
- `docker volume rm <volname>` löscht das angegebene Volume.

## docker wait

`docker wait <cname/cid>` wartet, bis die Ausführung des angegebenen Containers endet, und gibt dann den Exit-Code aus.

TEIL II

# Werkzeugkasten

Kapitel 8

# Alpine Linux



Als Basis für Container kommen alle möglichen Linux-Distributionen zum Einsatz: Debian, Fedora, Ubuntu etc. Im Mittelpunkt dieses Kapitels steht aber eine Linux-Distribution, die außerhalb der Container-Welt (und eventuell im Umfeld von *Embedded Linux*) weitgehend unbekannt ist: *Alpine Linux* ist im Hinblick auf Sicherheit und den sparsamen Umgang mit Ressourcen optimiert und unterscheidet sich in vielen technischen Details von anderen Linux-Distributionen. Das wichtigste Unterscheidungsmerkmal geht aber aus Tabelle 8.1 hervor: Der Platzbedarf des Images ist im Vergleich zu dem anderer Distributionen verschwindend klein!

| Distribution | Image-Größe |
|---|---:|
| Alpine Linux | ca. 8 MByte |
| BusyBox | ca. 4 MByte |
| Debian 13 | ca. 120 MByte |
| Fedora 42 | ca. 170 MByte |
| Red Hat ubi10 | ca. 210 MByte |
| Red Hat ubi10-init | ca. 230 MByte |
| Red Hat ubi10-minimal | ca. 90 MByte |
| Red Hat ubi10-micro | ca. 70 MByte |
| Ubuntu 24.04 | ca. 80 MByte |
| Ubuntu 25.10 | ca. 90 MByte |

**Tabelle 8.1** Größe von wichtigen Linux-Images (x86)

Generell gehen wir in diesem Buch davon aus, dass Sie Linux zumindest in seinen Grundzügen kennen und mit seinen wichtigsten Funktionen und Kommandos vertraut sind. (Sollte das nicht der Fall sein, empfehlen wir Ihnen natürlich die Lektüre von »Linux – Das umfassende Handbuch« von Michael Kofler, ebenfalls erschienen im Rheinwerk Verlag!)

Aber selbst viele Linux-Profis haben noch nie von Alpine Linux gehört. Deswegen fassen wir in diesem Kapitel ganz kurz zusammen, in welchen Details sich Alpine Linux von anderen Distributionen unterscheidet und wie es zu bedienen ist. Ein Hauptaugenmerk legen wir dabei auf die Paketverwaltung, die beim Zusammenstellen eigener Images von großer Bedeutung ist.

### BusyBox

Alpine ist im Docker-Umfeld sehr beliebt, aber natürlich gibt es auch Alternativen. Ein Blick auf Tabelle 8.1 macht schon klar: Mit BusyBox gibt es ein Image, das *noch* kleiner ist als jenes von Alpine Linux. BusyBox ist eine kompakte Zusammenstellung wichtiger Linux-Kommandos. Die Unterschiede zwischen dem BusyBox- und dem Alpine-Linux-Image sind nicht riesig, weil Alpine selbst auch auf das Programm BusyBox zurückgreift.

Der größte Vorteil von Alpine Linux ist die Integration einer echten Paketverwaltung (Kommando `apk`). Das vereinfacht die Installation zusätzlicher Software enorm. Wir konzentrieren uns deswegen hier auf Alpine Linux.

Nur wenn die Größe eigener Images von höchster Bedeutung für Sie ist, sollten Sie BusyBox in Erwägung ziehen. Die Handhabung ist allerdings etwas umständlicher. Die Images von BusyBox und Alpine Linux unterscheiden sich auch durch die Art und Weise, wie die Binarys mit den dazugehörigen Bibliotheken gelinkt sind (BusyBox statisch versus Alpine Linux dynamisch). Welche Vor- und Nachteile sich daraus ergeben, fasst der folgende Stack-Overflow-Artikel zusammen:

*https://stackoverflow.com/questions/67529042*

### Red Hat Universal Base Images

Eine weitere Alpine-Alternative sind die Universal Base Images (UBIs) von Red Hat. Die Images kommen vor allem im kommerziellen Linux- bzw. Cloud-Umfeld zum Einsatz. Sie basieren auf Red Hat Enterprise Linux (RHEL) und sind in verschiedenen Versionen verfügbar (aktuell `ubi8`, `ubi9` und `ubi10`). Zum Basis-Image `ubi10` gibt es zudem drei Varianten:

- `ubi10-init` enthält ein Init-System und kann mehrere Dienste gleichzeitig ausführen.
- `ubi10-minimal` ist eine besonders platzsparende Variante, die anstelle des normalen Paketverwaltungssystem `dnf` den Paketmanager `microdnf` verwendet.

- `ubi10-micro` ist noch ein wenig kleiner und hat gar keinen Paketmanager. Zusätzliche Software muss manuell installiert werden, z. B. mit `COPY` im `Dockerfile`.

Im Unterschied zu RHEL dürfen UBIs frei weitergegeben werden. Die Paketverwaltung `dnf` funktioniert aber erst nach einer Registrierung über den `subscription-manager`. Diese Hürde macht den Einsatz von UBIs außerhalb einer Red-Hat-Infrastruktur weitgehend uninteressant.

## 8.1 Merkmale



Um Alpine Linux möglichst schlank zu halten, haben seine Entwicklerinnen und Entwickler andere Komponenten ausgewählt als in »großen« Linux-Bibliotheken üblich. Beispielsweise nutzt Alpine Linux die C-Standardbibliothek `musl` anstelle von `glibc` oder das Init-System OpenRC anstelle von systemd. Auch die grundlegenden Linux-Kommandos stehen nicht in ihren Vollversionen zur Verfügung, sondern stammen in abgespeckter Form aus dem schon erwähnten Paket *BusyBox*.

Beim interaktiven Arbeiten bietet Alpine Linux deswegen vergleichsweise wenig Komfort. Aber Alpine Linux reicht aus, um einen Serverdienst wie z. B. Apache oder Nginx mit minimalem Overhead auszuführen – und darauf kommt es im Docker-Umfeld an. Weitere Informationen können Sie hier nachlesen:

*https://alpinelinux.org/about*
*https://de.wikipedia.org/wiki/Alpine_Linux*

### Alpine Linux ausprobieren

Auch wenn Alpine Linux nicht für die interaktive Nutzung gedacht ist, sollten Sie sich zum Ausprobieren der Grundfunktionen einen Container erstellen. Am schnellsten gelingt dies mit dem folgenden Kommando:

```
docker run -it --rm -h alpine --name alpine alpine
```

Damit gelangen Sie in eine interaktive `root`-Shell, in der Sie die Versionsnummer von Alpine Linux ergründen können:

```
cat /etc/os-release
  NAME="Alpine Linux"
  ID=alpine
  VERSION_ID=3.22
  PRETTY_NAME="Alpine Linux v3.22"
  HOME_URL="https://alpinelinux.org/"
  BUG_REPORT_URL=\
    "https://gitlab.alpinelinux.org/alpine/aports/-/issues"
```

### Shell

In Alpine Linux wird die Shell /bin/sh ausgeführt, die Teil von BusyBox ist (siehe den nächsten Abschnitt). Diese Shell kann nicht mit dem Komfort der bash mithalten, die bei anderen Linux-Distributionen zum Einsatz kommt. Deswegen kann es sich lohnen, zur Erkundung von Alpine Linux die viel größere bash zu installieren. Details zum Kommando apk folgen in Abschnitt 8.2, »Paketverwaltung mit apk«.

```
apk add --update bash bash-completion

bash
```

Wenn Sie nun in einem zweiten Terminal docker ps -s ausführen, werden Sie sehen, dass die Container-Größe von wenigen Bytes auf gut 6 MByte angewachsen ist. Mit anderen Worten: Allein die bash beansprucht fast gleich viel Speicherplatz wie das gesamte Alpine-Image!

### BusyBox

*BusyBox* ist ein für Alpine-Verhältnisse relativ großes Programm (0,8 MByte). Dafür enthält es aber Implementierungen von rund 140 Standardkommandos wie cat, echo, grep, gzip, hostname, ip, ls, mount, ping, rm, route oder su. Diese Kommandos stehen in Form von symbolischen Links auf busybox zur Verfügung:

```
ls /bin /sbin -l
  /bin
  ...         12  ash -> /bin/busybox
              12  base64 -> /bin/busybox
              12  bbconfig -> /bin/busybox
          808712  busybox
              12  cat -> /bin/busybox
                  ...
  /sbin
              12  acpid -> /bin/busybox
              12  adjtimex -> /bin/busybox
           69648  apk
              12  arp -> /bin/busybox
                  ...
```

Der offensichtliche Vorteil von BusyBox besteht darin, dass der Platzbedarf für diese Standardkommandos gering ist. Der Nachteil von BusyBox ist, dass die Kommandos zum Teil in einer vereinfachten Form realisiert sind und diverse Optionen fehlen, die unter Linux gebräuchlich sind. Eine Zusammenfassung aller Kommandos und Optionen, die mit BusyBox verwendet werden können, finden Sie hier:

*https://busybox.net/downloads/BusyBox.html*

### Init-System und Logging

Das Init-System ist unter Linux dafür zuständig, beim Hochfahren des Rechners Hintergrund- und Netzwerkdienste zu starten. Dazu besteht bei der Anwendung unter Docker aber keine Notwendigkeit. (Das gilt auch für viele andere Linux-Images für Docker.)

Ähnlich sieht es beim Logging aus: Standardmäßig ist im Alpine-Image kein Logging vorgesehen. Bei Bedarf können Sie das Paket `rsyslog` installieren und müssen sich um dessen Start kümmern.



### Die musl-Bibliothek

Die in Alpine Linux eingesetzte Bibliothek `musl` ist eine schlankere `libc`-Implementierung als die weitverbreitete `glibc`. Allerdings führt diese Bibliothek mitunter zu Problemen. Eines besteht darin, dass die Auswertung von `/etc/resolv.conf` vereinfacht wurde. So ignoriert `musl` die Schlüsselwörter `domain` und `search`. Sollten Sie Probleme beim Auflösen von Domainnamen haben, werfen Sie unbedingt einen Blick auf die folgenden Webseiten:

*https://github.com/gliderlabs/docker-alpine/blob/master/docs/caveats.md*
*https://wiki.musl-libc.org/functional-differences-from-glibc.html*

Schwierigkeiten machen auch Binärdateien, die nicht für Alpine Linux kompiliert wurden. Sie verwenden mitunter Symbole, die es zwar in der `glibc` gibt, nicht aber in `musl`. Bei der Fehlersuche hilft das Kommando `ldd <binary>`.

Ein weiteres Problem ist die fehlende Unterstützung von Lokalisierungsdateien (*locales*). Ein möglicher Ausweg besteht darin, eine für Alpine Linux optimierte Variante der `glibc` zu installieren. Details können Sie hier nachlesen:

*https://github.com/gliderlabs/docker-alpine/issues/144#issuecomment-339906345*
*https://github.com/sgerrand/alpine-pkg-glibc*

### Fehlendes root-Passwort

Im Mai 2019 wurde bekannt, dass die Docker-Images von Alpine Linux ohne `root`-Passwort ausgeliefert wurden. Zum Glück klingt das dramatischer als es tatsächlich ist: Im Docker-Umfeld ist es eher ungewöhnlich, dass innerhalb eines Containers eine Benutzerverwaltung aktiv ist. Standardmäßig ist dies weder in Alpine Linux noch in unzähligen darauf aufbauenden Images der Fall. Umgekehrt ist es aber eben nicht auszuschließen, dass einzelne Docker-Anwenderinnen und -Anwender Zusatzpakete für die Benutzerverwaltung mit `apk` installieren – und dann wird die Möglichkeit eines `root`-Logins ohne Passwort zum Sicherheitsrisiko.

Das Problem ist natürlich längst behoben. `cat /etc/shadow` zeigt, dass in der Hash-Code-Spalte für das `root`-Passwort ein Stern im Sinne von »ungültiges Passwort« gespeichert ist.

```
cat /etc/shadow
  root:*::0:::::
  bin:!::0:::::
  daemon:!::0:::::
  ...
```

## 8.2 Paketverwaltung mit apk

Unter Debian und Ubuntu verwenden Sie zur Installation von Paketen `apt`, unter Fedora und RHEL `dnf`. Das äquivalente Kommando unter Alpine Linux heißt `apk`. Die beiden wichtigsten Kommandos `apk update` zum Einlesen der Paketquellen sowie `apk add <name>` zur Installation eines Pakets haben Sie im vorigen Abschnitt ja schon kennengelernt. Einige weitere Kommandos fasst Tabelle 8.2 zusammen.

| Kommando | Funktion |
|---|---|
| `apk add <name>` | installiert das angegebene Paket |
| `apk del <name>` | entfernt das angegebene Paket |
| `apk info` | listet die installierten Pakete auf |
| `apk search <name>` | sucht nach Paketen in den Paketquellen |
| `apk stats` | zeigt an, wie viele Pakete installiert sind |
| `apk update` | ermittelt, welche Pakete aktuell verfügbar sind |
| `apk upgrade` | aktualisiert alle installierten Pakete |

**Tabelle 8.2** Die wichtigsten Kommandos zur Paketverwaltung

Noch mehr Details und Optionen können Sie hier nachlesen:

*https://wiki.alpinelinux.org/wiki/Alpine_Linux_package_management*

Standardmäßig sind im Docker-Image von Alpine Linux nur wenige Pakete installiert:

```
apk info | sort

  alpine-baselayout
  alpine-baselayout-data
  alpine-keys
```

```
  alpine-release
  apk-tools
  busybox
  busybox-binsh
  ca-certificates-bundle
  libapk2
  libcrypto3
  libssl3
  musl
  musl-utils
  scanelf
  ssl_client
  zlib
```



### Paketquellen

Die Paketquellen für Alpine Linux sind in der Datei /etc/apk/repositories definiert:

```
cat /etc/apk/repositories
  https://dl-cdn.alpinelinux.org/alpine/v3.22/main
  https://dl-cdn.alpinelinux.org/alpine/v3.22/community
```

Das Paketangebot ist nicht ganz so riesig wie unter Debian oder Ubuntu, aber mit 26.000 Paketen doch mehr als beachtlich:

```
apk update
  ...
  OK: 26320 distinct packages available
```

Die Indexdateien der Paketquellen werden in /var/cache/apk gespeichert und beanspruchen mehr als 2 MByte Platz. Um Speicherplatz zu sparen, können Sie die dort befindlichen Dateien nach Abschluss der Installationsarbeiten wieder löschen.

Mit apk search können Sie in den Paketquellen nach Paketen suchen:

```
apk search php8 | sort

  php84-8.4.14-r0
  php84-apache2-8.4.14-r0
  php84-bcmath-8.4.14-r0
  ...
```

Alternativ können Sie zur Paketsuche auch einen Blick auf die folgende Seite werfen:

*https://pkgs.alpinelinux.org/packages*

**Vergessen Sie »apk update« nicht!**

Bevor Sie das erste Paket installieren können, müssen Sie mit `apk update` einen lokalen Index erstellen, der alle aktuell in den Paketquellen verfügbaren Pakete enthält. Alternativ können Sie `apk add` mit der Option `--update` aufrufen: Dann wird `apk update` automatisch ausgeführt.

Wenn Sie `apk` in einem `Dockerfile` verwenden, um ein neues Image zu erstellen, das zusätzliche Pakete nutzt, sollten Sie anstelle der Option `--update` die Option `--no-cache` verwenden. Auch diese Option bewirkt ein `apk update`, allerdings wird der heruntergeladene Paketindex nach der Installation sofort aus dem Cache gelöscht. Das verhindert, dass das Image durch unnötige Daten aufgebläht wird.

Ebenfalls empfehlenswert ist es, nur vorübergehend benötigte Pakete sofort wieder zu löschen, wie Sie im folgenden Beispiel sehen:

```
# Datei Dockerfile
...
RUN apk add --no-cache \
    build-base \
    python3-dev \
    py3-pip \
    jpeg-dev \
    zlib-dev \
    ffmpeg \
    && pip3 install --break-system-packages sigal \
    && pip3 install --break-system-packages cssmin \
    && apk del build-base python3-dev jpeg-dev zlib-dev
```

### Pakete und ihre Dateien

`apk info <name>` fasst die wichtigsten Informationen zu einem Paket zusammen:

```
apk info musl

  musl-1.2.5-r10 description:
  the musl c library (libc) implementation
  musl-1.2.5-r10 webpage:        https://musl.libc.org
  musl-1.2.5-r10 installed size: 646 KiB
```

Mit `apk info -L <name>` liefert das Kommando eine Liste aller Dateien, die zu einem Paket gehören:

```
apk info -L musl

  musl-1.2.5-r10 contains:
```

```
  lib/ld-musl-x86_64.so.1
  lib/libc.musl-x86_64.so.1
```

Umgekehrt können Sie mit `apk info --who-owns <datei>` feststellen, zu welchem Paket die angegebene Datei gehört:

```
apk info --who-owns /bin/ls
  /bin/ls symlink target is owned by busybox-1.37.0-r19
```

# Kapitel 9
# Webserver und Co.

In diesem Kapitel werden wir Ihnen zeigen, wie Sie gängige Webserver in einem Docker-Container betreiben können. Obwohl Docker nicht auf Serverdienste beschränkt ist, sind es in der Praxis doch oft diese Dienste, bei denen Docker zum Einsatz kommt. Dabei konzentrieren wir uns auf die folgenden Programme:

- Apache
- Nginx (mit SSL-Zertifikaten von Let's Encrypt)
- Caddy
- Node.js mit Express
- HAProxy
- Traefik

Bei vielen Beispielen in diesem Kapitel geht es (auch) darum, den Webserver mittels Reverse Proxy mit einer HTTPS-Verschlüsselung auszustatten. Damit Sie diese Beispiele ausprobieren können, brauchen Sie einen im Internet erreichbaren Server (eine kleine Cloud-Instanz reicht vollkommen) sowie eine eigene Domain mit der Möglichkeit, selbst neue Subdomains einzurichten und mit der IP-Adresse Ihres Servers zu verbinden. Ein Test von Let's-Encrypt-Zertifikaten auf einer lokalen Docker-Installation zuhause ist nicht möglich.

**Vorgefertigte Images versus eigene Images**

Für alle hier vorgestellten Programme gibt es schon *fertige* Docker-Images zum Download vom Docker Hub. Ob Sie diese verwenden wollen oder ob Sie lieber ein eigenes Image erzeugen, ist ganz Ihnen überlassen und hängt von der konkreten Anforderung ab. Für den schnellen Start sind die vorgefertigten Images sehr gut geeignet.

Zur Umsetzung eines konkreten Projekts ist es meist sinnvoll, ein eigenes Image auf Basis einer Linux-Distribution zu entwickeln und das gewünschte Programm dort zu installieren und zu adaptieren. Das ist vor allem dann sinnvoll, wenn Sie zusätzlich zu den Standardkomponenten spezielle Module verwenden möchten.

## 9.1 Apache HTTP Server

Die »Grande Dame« im Kreise der Webserver-Software ist der *Apache HTTP Server*. Im April 1995 erstmals veröffentlicht, bestand er aus vielen Erweiterungen (*Patches*) zum damals verbreiteten NCSA-HTTPd-Server. Auch wenn *Nginx* (Details dazu folgen in Abschnitt 9.2) immer mehr an Beliebtheit gewinnt, hat der Apache Webserver nach wie vor die größte Verbreitung.

### Offizielles Docker-Image ausprobieren

Selbstverständlich gibt es zum Apache ein offizielles Docker-Image, das wir für den ersten Test verwenden wollen. Sie finden die Beschreibung und die Links zu den `Dockerfiles` unter *https://hub.docker.com/_/httpd*. Das Image können Sie ohne Ihr eigenes `Dockerfile` direkt verwenden, um zum Beispiel HTML-Dateien aus dem aktuellen Verzeichnis online zu stellen:

```
docker run -p 8080:80 --rm --name apache \
  -v "${PWD}":/usr/local/apache2/htdocs/ httpd:2.4
```

Die Parameter des obigen Kommandos erfüllen die folgenden Funktionen:

- `-p 8080:80` verbindet Port 8080 auf Ihrem Host mit Port 80 des Containers, Sie können also mit *http://localhost:8080* auf den Content zugreifen.
- `--rm` löscht den Container nach der Ausführung sofort wieder.
- `--name apache` bewirkt, dass der Container zusätzlich zur Container-ID über den Namen `apache` angesprochen werden kann.
- `-v "${PWD}":/usr/local/apache2/htdocs/` bindet das aktuelle Verzeichnis auf dem Host (das Sie in der Variablen `PWD` angeben) an der Stelle `/usr/local/apache2/htdocs` in den Container ein.
- `httpd:2.4` gibt das gewünschte Image an. Das offizielle Apache-Webserver-Image heißt `httpd`. Sie starten die Version `2.4` von diesem Image.

Anschließend läuft der Webserver im Vordergrund; er blockiert also Ihr aktuelles Terminal. Dafür können Sie jetzt in Ihrem Browser die Adresse *http://localhost:8080* öffnen. Sie werden entweder die Liste der Dateien des aktuellen Verzeichnisses sehen oder, sofern sich die Datei `index.html` in dem Verzeichnis befindet, den Inhalt dieser Datei.

Um den Webserver zu stoppen, können Sie die Tastenkombination [Strg]+[C] in der blockierten Konsole eingeben. Alternativ öffnen Sie ein zweites Terminalfenster und beenden den laufenden Container mit `docker stop apache`.

### Anwendung mit einem eigenen Dockerfile

Für ein ernsthaftes Projekt werden Sie Ihr eigenes `Dockerfile` erzeugen wollen. Das Einbinden lokaler Verzeichnisse vom Host macht das Docker-Image unflexibel. Also wäre es wahrscheinlich sinnvoll, den Web-Content in das Image zu kopieren oder ein Volume dafür zu verwenden. Außerdem wollen Sie vielleicht auch die eine oder andere Einstellung im Webserver ändern (z. B. ein zusätzliches Modul laden).

Welches Basis-Image Sie für das Projekt verwenden, hängt stark davon ob, welche zusätzlichen Funktionen Sie in Ihrem Ziel-Image haben wollen. Das eben verwendete offizielle Image von Apache baut auf Debian auf und verbraucht ca. 200 MByte Speicherplatz, was nicht übertrieben viel ist. Sie können es aber auch noch wesentlich sparsamer haben, indem Sie den Apache Webserver als Paket in der schlanken Alpine-Linux-Distribution verwenden:

9

```
# Datei: webserver/apache/alpine/Dockerfile
FROM alpine:3.22
RUN apk --no-cache add apache2 apache2-utils
RUN mkdir -p /run/apache2
EXPOSE 80
CMD ["/usr/sbin/httpd", "-DFOREGROUND"]
```

Das resultierende Image, das ebenso den Apache Webserver startet, ist mit gerade einmal 12,5 MByte beeindruckend klein. Die Paketauswahl bei Alpine Linux kann natürlich nicht mit der von Debian mithalten. Wenn Sie also für Ihr Projekt noch weitere Komponenten benötigen, müssen Sie sich entscheiden, auf welches Basis-Image Sie setzen.

Wir werden uns im weiteren Verlauf des Buchs hauptsächlich auf das Debian-Basis-Image und auf die Pakete der Debian-Community verlassen. Um selbst ein Docker-Image mit dem aktuellen Debian-Basis-Image zu erstellen, eignet sich dieses `Dockerfile`:

```
# Datei: webserver/apache/debian/Dockerfile (docbuc/apache)
FROM debian:trixie
RUN apt-get update && apt-get install -y \
  apache2 \
  && rm -rf /var/lib/apt/lists/*
RUN a2enmod rewrite headers
COPY default.conf /etc/apache2/sites-enabled/
COPY html /var/www/html
EXPOSE 80
CMD [ "/usr/sbin/apache2ctl", "-DFOREGROUND" ]
```

Damit wird im aktuellen Basis-Image `debian:trixie` zuerst der lokale Zwischenspeicher der Pakete aktualisiert (`apt-get update`) und anschließend mit `apt-get install`

-y apache2 das Paket *apache2* installiert. Das -y ist hier von entscheidender Bedeutung, da der Paketmanager sonst mit der Frage hängenbleibt, ob Sie das Paket und weitere dafür benötigte Pakete wirklich installieren wollen.

Im gleichen RUN-Aufruf wird der gerade aktualisierte Paket-Zwischenspeicher wieder gelöscht. Die Docker-Dokumentation schlägt diese Vorgehensweise vor, da jedes Kommando im Dockerfile eine »Schicht« im Docker-Image erzeugt. Wird der einige MByte große Paketzwischenspeicher im gleichen Schritt wieder gelöscht, so schlägt er sich nicht in der Größe der Docker-Schicht nieder und vergrößert das endgültige Docker-Image nicht unnötig.

Die Docker-Dokumentation empfiehlt außerdem, beim Installieren von Paketen jedes Paket in eine eigene Zeile mit dem abschließenden Backslash \ zu schreiben. Im vorliegenden Beispiel wirkt das unnötig. Wenn Sie jedoch mehrere Pakete beim Zusammenstellen Ihres Dockerfiles verwenden, führt diese Vorgehensweise aber zu einer deutlich besseren Lesbarkeit der Datei. Häufig werden Sie in der Situation sein, ein Paket hinzufügen oder ein Paket entfernen zu müssen. Das Löschen bzw. Einfügen einer Zeile ist dann deutlich komfortabler, als den Namen in einer langen Zeile zu suchen.

Die nächste RUN-Anweisung aktiviert die Module rewrite und headers, zwei oft verwendete Erweiterungen für den Apache. Anschließend wird eine Konfigurationsdatei in das Image kopiert. Hier spezifizieren Sie die Einstellungen für Ihren »Virtual Host«. Mit COPY wird der Ordner html im aktuellen Verzeichnis in das Image kopiert. Hier sollten Sie die HTML-Dateien ablegen, die der Webserver liefert. Der Ordner /var/www/html ist dabei in der Datei default.conf als DocumentRoot definiert.

Mit EXPOSE 80 ist im Dockerfile dokumentiert, dass das Image Port 80 verwendet. Es verändert nichts an der eigentlichen Funktion des Containers, aber es zeigt dem Benutzer an, dass der Port vom Container verwendet wird. Zur Veranschaulichung können Sie einen Apache-Container starten und anhand der Ausgabe von docker ps erkennen, dass Port 80 im Container geöffnet ist:

```
docker run -d --rm httpd:2.4
  085e9ac80f304b3e46dcdd618eab8eb2de1664cd698cef7aadde56d9fcdb491

docker ps --format "table {{.ID}}\t{{.Names}}\t{{.Ports}}"
  CONTAINER ID   NAMES                    PORTS
  085e9ac80f30   nervous_pike             80/tcp

docker stop nervous_pike
  nervous_pike
```

Außerdem ermöglicht EXPOSE, dass der Parameter -P beim docker run-Kommando Port 80 mit einem freien Port auf Ihrem Host verbindet. Um herauszufinden, für welchen Port sich das Kommando entschieden hat, können Sie das Kommando docker port <container name> verwenden. Ist der vom Container verwendete Port mit einem Port am Host verbunden, so wird dies wie im folgenden Listing angezeigt:

```
docker run -d -P --name apachePortTest --rm httpd:2.4
  659754e22aa11bb5b537ef2351a047f4755f599b9c196b2de12c3a106443a19

docker port apachePortTest
  80/tcp -> 0.0.0.0:32775
  80/tcp -> :::32775

docker stop apachePortTest
  apachePortTest
```



Ein Vorteil dieser Vorgehensweise ist, dass sich der Docker-Dämon darum kümmert, einen freien Port auf dem Host-System zu finden. Vor allem wenn viele Container gestartet werden, kann das sehr praktisch sein.

Als Kommando, das beim Start eines Containers ausgeführt werden soll, wird das Programm apache2ctl mit dem Parameter -DFOREGROUND angegeben. Diese Option bewirkt, dass der Apache Webserver nicht wie sonst üblich im Hintergrund, sondern als Vordergrundprozess läuft. Der Docker-Philosophie entsprechend soll ein Container nur für eine Aufgabe zuständig sein, und diese Aufgabe wird auch direkt mit dem Container verknüpft. »Stirbt« die Aufgabe, soll auch der Container beendet werden.

Jetzt können Sie das Apache-Image erzeugen, wobei die Ausgaben des Build-Prozesses ähnlich wie im folgenden Listing aussehen werden:

```
docker build -t docbuc/apache-debian .
  ...
  => [1/5] FROM docker.io/library/debian:trixie@sha256:fd8f5a1...
  ...
  => [5/5] COPY html /var/www/html
  => exporting to image
  => => exporting layers
  => => writing image sha256:5bf929335dfbf86949dc9d00afd9014fe...
  => => naming to docker.io/docbuc/apache-debian
```

Docker arbeitet die einzelnen Schichten in dem Dockerfile ab und gibt dem Image zum Schluss den Namen docbuc/apache-debian:latest. Die Erweiterung latest wird verwendet, weil wir beim build-Kommando keine spezielle Version für das Tag angegeben haben.

Starten Sie den neuen Apache-Container mit folgendem Kommando:

```
docker run --rm -p 8080:80 docbuc/apache-debian
```

Öffnen Sie nun den Browser mit der Adresse *http://localhost:8080*, und der Apache Webserver wird Ihre HTML-Datei ausliefern.

### Anwendung mit dem offiziellen Docker-Image

Der im vorigen Abschnitt beschriebene Weg ist für geübte Linux-Administratoren sehr einfach: Wer sich bereits mit der Debian-Linux-Distribution auseinandergesetzt hat, weiß, wo die Konfigurationsdateien liegen und an welche Position die HTML-Inhalte kopiert werden müssen. Wer sich lieber auf das offizielle Docker-Image von der Apache Software Foundation verlässt, kommt meist nicht umhin, sich etwas ausführlicher mit der Dokumentation für dieses Image zu beschäftigen.

Wir wollen jetzt ein Docker-Image erzeugen, das auf dem offiziellen httpd-Image basiert und in dem das Serverstatusmodul aktiviert ist. Voreingestellt sind nur sehr wenige Apache-Module aktiviert, das macht das Image weniger angreifbar. Um die Konfiguration zu ändern, könnten wir, wie im vorigen Beispiel, eine geänderte Version der Konfigurationsdatei in das neue Image kopieren. Hier werden wir einen anderen Weg wählen und die bestehende Konfigurationsdatei verändern. Der nicht interaktive Editor `sed` kann diese Aufgabe ausführen:

```
RUN sed -i \
  -e 's/^#\(LoadModule info_module modules\/mod_info.so\)/\1/' \
  -e 's/^#\(Include conf\/extra\/httpd-info.conf\)/\1/' \
  conf/httpd.conf
```

Dabei wird die Datei `conf/httpd.conf` geöffnet, die Zeile mit dem Inhalt `#LoadModule info_module modules/mod_info.so` gesucht und das Kommentarzeichen (#) entfernt. Der Parameter `-i` (*in place*) veranlasst den Editor, die Datei direkt zu verändern (normalerweise wird die Datei nicht verändert, sondern das Ergebnis auf die Konsole geschrieben), und `-e` führt das Suchen-und-Ersetzen-Kommando als regulären Ausdruck aus. Die gleiche Technik wenden wir für eine weitere Zeile in der Konfigurationsdatei an, in der weitere Einstellungen aus der Datei `conf/extra/httpd-info.conf` geladen werden.

Das *Suchen und Ersetzen* in `Dockerfiles` ist eine gängige Praxis. Wenn Sie mit regulären Ausdrücken nicht so vertraut sind, kann ein kurzer Crash-Kurs auf einer der vielen Websites zu diesem Thema sehr hilfreich sein. *https://regexr.com/* zum Beispiel hat eine sehr interessante interaktive Benutzeroberfläche, die zum Ausprobieren von regulären Ausdrücken einlädt.

Das `Dockerfile` für das offizielle Apache-Image setzt das `WORKDIR` auf den Ordner, in dem sich alle Ressourcen zum Webserver befinden. Daher können wir bei der `sed`-Anweisung den relativen Pfad `conf/httpd.conf` verwenden. Diese Einstellung muss aber nicht bei jedem Image so sein, ein Blick in die Dokumentation zum Image ist daher meist unerlässlich.

Das Serverstatusmodul ist in der Voreinstellung nur von der lokalen IP-Adresse aus erreichbar, was uns den Zugriff von außerhalb des Containers nicht erlaubt. Wir werden diese Einschränkung zu Testzwecken wieder mit dem sed-Kommando deaktivieren. Im Produktivbetrieb müssten Sie auf jeden Fall eine andere Form der Zugangsbeschränkung (zum Beispiel Benutzername und Passwort) einrichten. Hier das gesamte Dockerfile, in dem wir auch wieder die HTML-Datei kopieren:

```
# Dockerfile for docbuc/apache-httpd-status (docbuc/httpd-status)
FROM httpd:2.4
RUN sed -i \
  -e 's/^#\(LoadModule info_module modules\/mod_info.so\)/\1/' \
  -e 's/^#\(Include conf\/extra\/httpd-info.conf\)/\1/' \
  conf/httpd.conf
RUN sed -i \
  -e 's/^ *Require host/## Require host/' \
  -e 's/^ *Require ip/## Require ip/' ,\
  conf/extra/httpd-info.conf
COPY ./html/ /usr/local/apache2/htdocs/
```



Beachten Sie, dass wir hier kein abschließendes CMD im Dockerfile benötigen, um den Webserver zu starten; das Basis-Image httpd:2.4 macht das für uns. Mit den bereits bekannten Docker-Kommandos build und run erzeugen wir zuerst das Image und starten dann den Container:

```
docker build -t docbuc/apache-httpd-status .
docker run -d -p 8080:80 --name apache-httpd-status \
  docbuc/apache-httpd-status
```

Der Aufruf der Webseite *http://localhost:8080/server-status* zeigt uns nun den aktuellen Zustand des neu gestarteten Webservers, und unter *http://localhost:8080/server-info* finden wir zahlreiche Interna zum Server, wie zum Beispiel alle geladenen Module und deren Konfiguration.

Der wesentliche Unterschied zu dem im vorigen Abschnitt vorgestellten Dockerfile, in dem wir den Webserver aus den Paketquellen von Debian installiert haben, ist, dass Sie mit dem offiziellen Apache-Image immer auf dem letzten Stand bleiben können. Beim Verwenden der Paketquellen setzen Sie automatisch die Version ein, die die Debian-Entwicklerinnen und -Entwickler für passend für ihre Distribution halten.

## 9.2 Nginx

*Nginx* betrat 10 Jahre nach Apache die Internetbühne. Die Zielsetzung war es, einen hochperformanten Webserver zu entwickeln, der einfach zu konfigurieren ist und gleichzeitig einen geringen Ressourcenverbrauch hat. Nginx war und ist erfolgreich, was sich in den ständig steigenden Nutzerzahlen niederschlägt. Dank der ausgefeilten Möglichkeiten, Anfragen weiterzuleiten (Proxyfunktion), wird Nginx gern als Load Balancer oder SSL-Termination-Proxy verwendet.

Auch für Nginx gibt es ein offizielles Docker-Image im Store und auf dem Docker Hub. Bei einer genaueren Betrachtung des `Dockerfiles` für dieses Image erkennt man, dass als Basis-Image `debian:trixie-slim` verwendet wird, also die aktuelle Debian-Version in einer reduzierten und aktuell noch als *experimentell* gekennzeichneten Version. Für gängige Prozessorarchitekturen werden dann das Nginx-Paket und die vier Nginx-Module `xslt`, `geoip`, `image-filter` und `njs` aus den Paketquellen von *nginx.org* installiert.

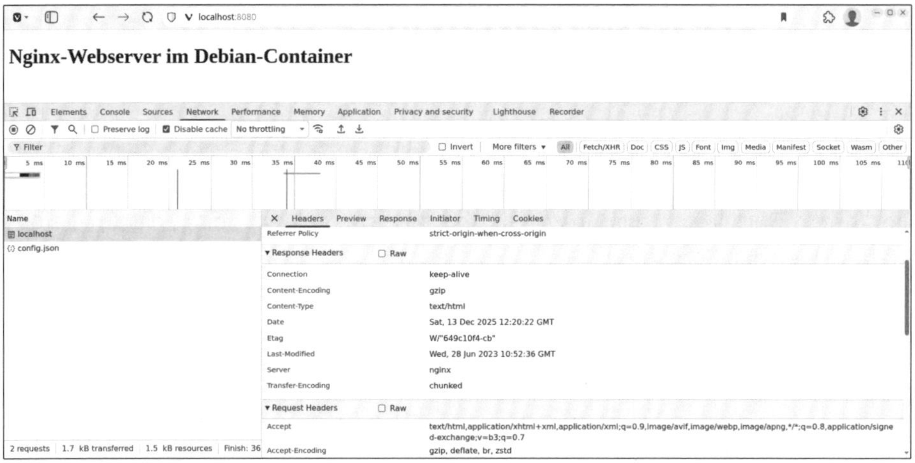


**Abbildung 9.1** Der Nginx-Webserver im Docker-Container

### Anwendung mit einem eigenen Dockerfile

Wir wollen Nginx mit dem klassischen Debian-Basis-Image verwenden und werden, wie bei dem Apache-Beispiel, die HTML-Dateien in das Image kopieren. Das erforderliche `Dockerfile` sieht dann so aus:

```
# Datei: webserver/nginx/debian/Dockerfile (docbuc/nginx)
FROM debian:trixie
RUN apt-get update && apt-get install -y \
  nginx \
  && rm -rf /var/lib/apt/lists/*
```

```
COPY default /etc/nginx/sites-available/
COPY html/ /var/www/html/
EXPOSE 80
CMD ["nginx", "-g", "daemon off;"]
```

Um die Konfiguration von Nginx anzupassen, wird die Datei `default` an die entsprechende Stelle im Dateisystem kopiert. Wenn Sie eine Vorlage für diese Datei haben wollen, so können Sie diese einfach aus einem »frischen« Debian-Container kopieren. Dazu führen Sie die folgenden Kommandos aus:

```
docker run -it --name nginxVorlage debian:trixie
  root@5df9bd275234:/# apt-get update && apt-get install -y nginx
    Get:1 http://deb.debian.org/debian trixie InRelease [140 kB]
    ...
    Setting up nginx (1.26.3-3+deb13u1)
    Processing triggers for libc-bin (2.41-12) ...
  root@5df9bd275234:/# exit

docker cp nginxVorlage:/etc/nginx/sites-available/default .
docker rm nginxVorlage
```

Mit dem ersten Kommando, `docker run`, erzeugen Sie einen neuen Container vom aktuellen Debian-Image und nennen ihn `nginxVorlage`. Außerdem starten Sie den Container als interaktive Sitzung (`-it`). Am `root`-Prompt im Container installieren Sie dann Nginx. (Die Ausgaben sind hier verkürzt dargestellt.) Danach verlassen Sie den Container und kopieren die Standardkonfigurationsdatei aus dem Container in das lokale Dateisystem (`docker cp`). Anschließend können Sie diesen Container wieder löschen (`docker rm`).

Jetzt können Sie die Konfiguration nach Ihren Bedürfnissen ändern. (Für dieses Beispiel reicht es aus, die Standardeinstellungen unverändert zu lassen.) Außerdem legen Sie den Ordner `html` an. In diesem Ordner speichern Sie die folgende `index.html`-Datei:

```
<!-- Datei: html/index.html -->
<!DOCTYPE html>
<html>
  <head>
    <meta charset="utf-8">
    <title>nginx</title>
  </head>
  <body>
    <h1>Nginx-Webserver im Debian-Container</h1>
  </body>
</html>
```

Jetzt können Sie das Image erzeugen:

```
docker build -t docbuc/nginx .
```

Um das neue Nginx-Image auszuprobieren, starten Sie den Container:

```
docker run --rm -p 8080:80 docbuc/nginx
```

Wieder verwenden wir Port 8080 am lokalen Computer und verbinden ihn mit Port 80 des Containers, auf dem Nginx antwortet (siehe Abbildung 9.1).

## 9.3 Nginx als Reverse Proxy mit SSL-Zertifikaten von Let's Encrypt

Ein gängiges Setup bei Docker-Webapplikationen ist es, einen Webserver als *Reverse Proxy* auf Ihrem physischen Host einzusetzen. Dieser Server leitet dann alle Zugriffe auf Port 80 und 443 an den entsprechenden Docker-Container weiter. Die Konfigurationsmöglichkeiten sind hierbei vielfältig, denn Sie können nicht nur über den Host-Namen unterschiedliche Container ansprechen, sondern auch auf Basis des URL-Pfades. So kann zum Beispiel Ihre API unter dem gleichen Host-Namen erreichbar sein wie statische Inhalte und nur aufgrund der URL (z. B. `/api/...`) auf einen anderen Container zugreifen.

Ein weiterer Vorteil eines derartigen Setups ist, dass verschlüsselte Verbindungen an einer Stelle verwaltet werden und in den verschiedenen Containern gar nicht berücksichtigt werden müssen. Bei dieser Technik, die man auch als *TLS/SSL Termination Proxy* bezeichnet, wird der verschlüsselte Verkehr über das unsichere Internet von dem Proxyserver entschlüsselt und dann unverschlüsselt über das private, sichere Docker-Netzwerk zu den entsprechenden Containern weitergeleitet.

Die unterschiedlichen Dienste, die in Docker-Containern hinter dem Proxy laufen, sind über das Internet sicher erreichbar, verwalten aber selbst keine SSL-Zertifikate.

**Traefik**

Sehr komfortabel und inzwischen sehr weit verbreitet für das hier beschriebene Setup ist der eigens dafür entwickelte Proxyserver *Traefik*. Sie finden eine ausführliche Beschreibung in Abschnitt 9.7, »Traefik-Proxy«, am Ende dieses Kapitels.

Für das folgende Beispiel wollen wir die kostenlosen Zertifikate von *Let's Encrypt* verwenden, um den vorgeschalteten Proxyserver abzusichern. Mit Let's Encrypt gibt es seit einigen Jahren die Möglichkeit, sich ein Zertifikat für die eigene Domain automatisiert und kostenlos erstellen zu lassen.

Die Organisation hinter Let's Encrypt, die *Internet Security Research Group*, arbeitet gemeinnützig und stellt die Infrastruktur für die Verwaltung der Zertifikate zur

Verfügung. Wenn Sie schon einmal selbst ein Zertifikat bei einer offiziellen Zertifizierungsstelle beantragt oder ein selbst signiertes Zertifikat erstellt haben, kennen Sie wahrscheinlich den Ablauf mit dem Erstellen eines CSR (*Certificate Signing Request*), der mit einem Private Key signiert sein muss, und dem anschließenden Erhalt des Zertifikats.

Bei Let's Encrypt wird dieser Ablauf glücklicherweise etwas vereinfacht. Im Idealfall reicht der Aufruf des Kommandozeilenprogramms `certbot` mit dem entsprechenden Domainnamen, und die Konfiguration wird wie von Zauberhand angepasst. Damit das Ganze auch in der Docker-Umgebung funktioniert, müssen wir ein paar Anpassungen vornehmen.



**Domainname und öffentliche IP-Adresse erforderlich**

Um das folgende Beispiel erfolgreich auszuprobieren, müssen Sie einen gültigen Domainnamen haben und das Beispiel auf demjenigen Server laufen lassen, dem der Domainname laut DNS-Konfiguration zugewiesen ist. Let's Encrypt überprüft, ob die Zertifikatanfrage von dem entsprechenden Server aus gestartet wird.

### Der Nginx-Reverse-Proxy

Wir beginnen mit der Konfiguration des Reverse-Proxy-Servers. Für den weiteren Verlauf ist es wichtig, welchen Namen Sie dem Verzeichnis geben, in dem Sie die `compose.yaml`-Datei des Reverse Proxys abspeichern. `docker compose` benennt sowohl Container als auch Volumes nach diesem Verzeichnis. Wir verwenden `nginxterminator` als Verzeichnisnamen und speichern folgende `compose.yaml`-Datei dort ab:

```
# Datei: webserver/nginx/nginxterminator/compose.yaml
services:
  proxy:
    image: nginx:1
    restart: always
    ports:
      - "80:80"
      - "443:443"
    volumes:
      - ./conf.d:/etc/nginx/conf.d
      - certs:/etc/letsencrypt
      - certs-data:/data/letsencrypt

volumes:
  certs:
  certs-data:
```

Wir definieren nur einen Service, der das Standard-Nginx-Image in der aktuellen Version 1.x vom Docker Hub verwendet. Sowohl Port 80 als auch Port 443 werden an den physikalischen Host weitergeleitet. Interessanter ist der Abschnitt volumes in diesem Beispiel. Zuerst wird ein lokaler Ordner ./conf.d unter /etc/nginx/conf.d in den Container eingebunden. Das Nginx-Image ist so konfiguriert, dass es Dateien, die auf .conf enden und in diesem Verzeichnis liegen, automatisch abarbeitet. So ist es sehr einfach, einen neuen Dienst hinzuzufügen: Sie müssen nur eine neue Datei mit den entsprechenden Einstellungen in dieses Verzeichnis kopieren und den Server neu starten.

Die zwei folgenden Volumes sind Let's-Encrypt-spezifisch:

- Im Volume certs, das unter /etc/letsencrypt in den Container eingebunden wird, werden die ausgestellten Zertifikate und einige Einstellungen zu Let's Encrypt gespeichert.
- Das certs-data-Volume wird von Let's Encrypt verwendet, um sicherzustellen, dass der Domainname, für den die Anfrage nach einem Zertifikat ausgeführt wird, dem Server zugewiesen ist, auf dem das certbot-Programm läuft. Technisch wird das mithilfe einer temporären Datei bewerkstelligt, die certbot in diesem Volume anlegt und die vom Nginx-Server bereitgestellt wird. Nur wenn der *Let's Encrypt validation server* die Datei erfolgreich abrufen kann, wird das Zertifikat ausgestellt, und certbot löscht die temporäre Datei wieder.

Speichern Sie nun eine minimale Nginx-Konfiguration im conf.d/-Ordner ab. Der location-Eintrag stellt die temporäre Datei zur Validierung der Domain zur Verfügung.

```
# Datei: webserver/nginx/nginxterminator/conf.d/default.conf
server {
    listen       80;
    server_name  localhost;

    location ^~ /.well-known {
      allow all;
      root  /data/letsencrypt/;
    }
}
```

Starten Sie nun das docker compose-Setup, damit Nginx Ihren Server auf Port 80 erreichbar macht.

### Das erste Zertifikat erstellen

Unter dem Domainnamen api.dockerbuch.info soll eine REST-API erreichbar sein, die als Container hinter dem Nginx-Proxy läuft und über das Internet via HTTPS erreichbar ist. Als ersten Schritt werden wir das Zertifikat für die Domain beantragen und herunterladen. Wie bereits erwähnt, erledigt diesen Schritt das certbot-Kommando, das wir ebenfalls aus einem Container starten:

```
docker run -it --rm \
      -v nginxterminator_certs:/etc/letsencrypt \
      -v nginxterminator_certs-data:/data/letsencrypt \
      certbot/certbot \
      certonly \

      --webroot --webroot-path=/data/letsencrypt \
      -d api.dockerbuch.info

  Unable to find image 'certbot/certbot:latest' locally
  latest: Pulling from certbot/certbot
  ...
  b524cdf16a36: Pull complete
  Digest: sha256:92092d214a4eb75d049720d04f7acc50b40ea226d7773...
  Status: Downloaded newer image for certbot/certbot:latest
  Saving debug log to /var/log/letsencrypt/letsencrypt.log

  Enter email address (used for urgent renewal and security no...
  (Enter 'c' to cancel): info@dockerbuch.info
  ...
  Requesting a certificate for api.dockerbuch.info

  Successfully received certificate.
  Certificate is saved at: /etc/letsencrypt/live/api.dockerbuc...
  Key is saved at:         /etc/letsencrypt/live/api.dockerbuc...
  This certificate expires on 2025-11-10.
```

Bei der ersten Verwendung von certbot werden Sie nach einer E-Mail-Adresse gefragt, an die Sicherheitswarnungen gesendet werden können. Außerdem müssen Sie die Geschäftsbedingungen des Let's-Encrypt-Service akzeptieren. Wenn das docker run-Kommando erfolgreich war, wird das neue Zertifikat im certs-Volume unter /etc/letsencrypt/live/<domainname>/fullchain.pem abgelegt.

Im Hintergrund hat das certbot-Programm die oben erwähnte temporäre Datei in das gemeinsame Docker-Volume nginxterminator_certs-data gespeichert, und die Let's-Encrypt-Server haben die Domain bestätigt.

Anschließend können Sie eine Konfigurationsdatei für den Dienst im conf.d-Verzeichnis ablegen:

```
# Datei: webserver/nginx/nginxterminator/conf.d/api.conf
server {
  listen       80;
```

```
  server_name  api.dockerbuch.info;

  location / {
    proxy_set_header    Host $host;
    proxy_set_header    X-Real-IP $remote_addr;
    proxy_set_header
      X-Forwarded-For $proxy_add_x_forwarded_for;
    proxy_set_header    X-Forwarded-Proto $scheme;
    proxy_pass
      http://dockerbuch-api-1.nginxterminator_default:80;
    proxy_read_timeout  90;
  }

  location ^~ /.well-known {
    allow all;
    root  /data/letsencrypt/;
  }

  listen 443 ssl;
  ssl_certificate
    /etc/letsencrypt/live/api.dockerbuch.info/fullchain.pem;
  ssl_certificate_key
    /etc/letsencrypt/live/api.dockerbuch.info/privkey.pem;
  include /etc/letsencrypt/options-ssl-nginx.conf;
  if ($scheme != "https") {
    return 301 https://$host$request_uri;
  }
}
```

Der Nginx-Webserver verarbeitet Anfragen für den Host-Namen `api.dockerbuch.info`. Er wird auf Port 80 unverschlüsselt und auf Port 443 verschlüsselt gestartet. Die `location`-Abschnitte definieren, was mit Zugriffen auf den Server passiert. Beginnt die URL mit `/.well-known`, wird das Verzeichnis für HTML-Dokumente auf `/data/letsencrypt` gesetzt, also auf den Bereich, auf den das `certbot`-Programm auch über das gemeinsame Docker-Volume zugreifen kann. Diese Konfiguration muss für jeden Webserver hinter dem Proxy eingegeben werden, damit das Zertifikat vor Ablauf der Gültigkeit über diesen Server erneuert werden kann.

Alle anderen Zugriffe auf den Webserver werden in der `location /`-Sektion verarbeitet. Nach dem Hinzufügen der Proxy-Header kommt die entscheidende `proxy_pass`-Zeile. Hier wird der Docker-Container angegeben, der den entsprechenden Dienst zur Verfügung stellt, in diesem Fall den Zugriff auf eine REST-API.

Interessant ist hier der Host-Name, an den die Anfrage weitergeleitet wird. In den bisher gezeigten `docker compose`-Umgebungen konnten Sie als Host-Name einfach die Namen der jeweils genutzten Services verwenden. Der Container, in dem der API-Dienst läuft, ist aber nicht in der docker compose-Konfiguration des Nginx-Proxyservers eingetragen, und das soll er auch nicht sein. Die Dienste hinter dem Proxy sollen ganz unabhängig von der Proxykonfiguration funktionieren. Die Lösung für das Problem ist ein Docker-Netzwerk vom Typ external, das wir gleich im Anschluss erklären werden. Die Verbindung erfolgt auf Port 80 unverschlüsselt, da wir hier ja in einem sicheren Netzwerk sind.

In den weiteren Zeilen der Nginx-Konfiguration legen Sie den Speicherplatz für die Let's-Encrypt-Zertifikate fest (in dem gemeinsamen Volume nginxterminator_certs) und inkludieren die SSL-Einstellungen von Let's Encrypt. Hier wird unter anderem festgelegt, welche SSL-Version und welche Chiffrensammlung aktiviert wird. Abschließend werden noch unverschlüsselte Zugriffe auf das sichere HTTPS-Protokoll umgeleitet.



Die SSL-Einstellungen von Let's Encrypt befinden sich noch nicht in dem dafür vorgesehenen Volume. Sie können sie mit einem einfachen wget-Aufruf von der certbot-GitHub-Seite herunterladen:

```
docker run -it --rm -v nginxterminator_certs:/etc/letsencrypt \
  alpine wget -O /etc/letsencrypt/options-ssl-nginx.conf \
  https://raw.githubusercontent.com/certbot/certbot/master/\
    certbot-nginx/certbot_nginx/_internal/tls_configs/\
    options-ssl-nginx.conf
```

Diese sehr übersichtliche Konfiguration kann als Vorlage für unterschiedliche Dienste hinter dem Proxy dienen. Sie müssen nur entsprechend den Host-Namen, die proxy_pass-Zeile und den Speicherort der Zertifikate anpassen.

### Der API-Server

Wie wir bereits im vorangegangenen Abschnitt erwähnt haben, ist ein Vorteil der hier vorgestellten Lösung, dass die Container hinter dem Proxy keine Konfigurationsanpassungen für die Verschlüsselung benötigen. Die Dienste laufen auf den Standardports innerhalb des Containers. Eine kleine Erweiterung wird aber dennoch notwendig: Sie müssen die Container zusätzlich zu dem eigenen Netzwerk (default) mit dem Netzwerk des Proxyservers verbinden.

Erreicht wird das durch den Eintrag external: true für das nginxterminator_default-Netzwerk in dem networks-Abschnitt der docker compose-Datei:

```
# Datei: webserver/nginx/dockerbuch/compose.yaml
services:
  api:
    image: nginx
    restart: always
```

```
    networks:
      - nginxterminator_default
      - default
networks:
  nginxterminator_default:
    external: true
```

Dass Ihr Container nun zwei externe Netzwerkschnittstellen verwaltet, können Sie sehr einfach mit dem Linux-Kommando `cat /proc/net/dev` im Container feststellen (die Ausgabe wurde leicht gekürzt):

```
docker exec dockerbuch-api-1 cat /proc/net/dev

  Inter-|   Receive
   face |bytes    packets errs drop ...
     lo:       0        0    0    0  ...
   eth0:    1726       21    0    0  ...
   eth1:    4181       45    0    0  ...
```

Außer der lokalen Loopback-Schnittstelle `lo` werden `eth0` und `eth1` aufgelistet. Um genauer herauszufinden, welche Netzwerkschnittstelle zu welchem Netzwerk gehört, verwenden Sie den Befehl `docker inspect`. Damit erhalten Sie eine Menge Informationen zu dem entsprechenden Container. Für uns ist nur der Abschnitt `Networks` interessant:

```
docker inspect dockerbuch-api-1
  ...

  "Networks": {
      "dockerbuch_default": {
          "IPAMConfig": null,
          "Links": null,
          "Aliases": [
              "dockerbuch-api-1",
              "api",
              "a1de94c33e5d"
          ],
          "NetworkID": "04223e04a22...",
          "EndpointID": "06af8f498f...",
          "Gateway": "172.19.0.1",
          "IPAddress": "172.19.0.2",
          ...
          "MacAddress": "02:42:ac:13:00:02",
          "DriverOpts": null
      },
```

```
    "nginxterminator_default": {
        "IPAMConfig": null,
        "Links": null,
        "Aliases": [
            "dockerbuch-api-1",
            "api",
            "a1de94c33e5d"
        ],
        "NetworkID": "f43fadead...",
        "EndpointID": "1efcb68d...",
        "Gateway": "172.18.0.1",
        "IPAddress": "172.18.0.2",
        ...
        "MacAddress": "02:42:ac:12:00:02",
        "DriverOpts": null
    }
```



### Zertifikate erneuern

Wenn Sie das Setup so weit erfolgreich eingerichtet haben, laufen Ihre verschiedenen Dienste jetzt sicher über das Internet hinter dem Proxyserver. Die Let's-Encrypt-Zertifikate haben aktuell nur eine Gültigkeit von 90 Tagen, weshalb eine automatisierte Zertifikatserneuerung sinnvoll ist. Glücklicherweise ist auch die Erneuerung der Zertifikate ein Einzeiler.

Verwenden Sie wie bereits beim Erstellen des Zertifikats die beiden Docker-Volumes `nginxterminator_certs` und `nginxterminator_certs-data`, und starten Sie das `certbot`-Programm mit dem Parameter `renew`:

```
docker run -t --rm \
  -v nginxterminator_certs:/etc/letsencrypt \
  -v nginxterminator_certs-data:/data/letsencrypt \
  certbot/certbot \
  renew \
  --webroot --webroot-path=/data/letsencrypt
```

Dabei werden alle Ihre aktiven Zertifikate auf eine mögliche Erneuerung überprüft. Wenn diese notwendig ist, wird sie auch vollständig automatisch durchgeführt. Um die Erneuerung der Zertifikate nicht zu vergessen, empfiehlt es sich, einen `cron`-Job auf dem Host einzurichten, der die Überprüfung regelmäßig ausführt. Ein `cron`-Eintrag für einen wöchentlichen Check am Sonntag um fünf Minuten nach vier Uhr früh könnte so aussehen (das `docker run`-Kommando wurde gekürzt):

```
5 4 * * 0    docker run -t --rm -v nginxterminator_certs:/et[...]
```

**Hinweis**

Testen Sie Ihre Zertifikate regelmäßig mit einem Dienst wie SSLLabs. Der Onlinedienst (*https://www.ssllabs.com/ssltest*) weist Sie auf neue Sicherheitslücken oder Konfigurationsfehler bei Ihrem Server hin. Für Monitoring-Dienste wie Prometheus, Nagios oder Icinga gibt es fertige Plug-ins.

## 9.4 Caddy

Caddy ist das jüngste Projekt der hier vorgestellten Webserver. Wie Apache und Nginx steht auch Caddy in einer Open-Source-Lizenz (Apache 2.0) frei zum Download zur Verfügung. Die Software wurde in der modernen Programmiersprache Go entwickelt und zeichnet sich vor allem durch eine sehr einfache Konfiguration und die eingebaute Unterstützung für HTTPS aus, mit automatischer Erzeugung und Erneuerung der notwendigen Zertifikate.

Um Caddy auszuprobieren, wechseln Sie in ein Verzeichnis, in dem sich eine `index.html`-Datei befindet, und führen folgendes Kommando aus:

```
docker run --rm -v "$(pwd)":/usr/share/caddy -p 8080:80 caddy
```

Dadurch wird das offizielle Caddy-Docker-Image vom Docker Hub heruntergeladen und ein Container gestartet, der den internen Port 80 auf Port 8080 auf Ihrem Computer verbindet. In der Standardkonfiguration fungiert Caddy als statischer Webserver, der die Inhalte im Verzeichnis /usr/share/caddy zur Verfügung stellt. Öffnen Sie nun *http://localhost:8080*, um die `index.html` Datei anzuzeigen.

### Automatisches TLS

Spannender wird es, wenn Sie Caddy auf einem öffentlich erreichbaren Server mit einem zugewiesenen Domainnamen verwenden. Wir haben dazu einen DNS-Eintrag für `caddy.dockerbuch.info` in unserer Domainverwaltung gespeichert. Überschreiben Sie nun die Standardkonfiguration von Caddy, indem Sie folgende Datei mit dem Namen `Caddyfile` anlegen:

```
# Datei: webserver/caddy/Caddyfile
caddy.dockerbuch.info
root * /usr/share/caddy
file_server
```

Legen Sie nun die Datei `compose.yaml` für das `docker compose`-Setup an. Dabei wird das gerade erzeugte `Caddyfile` an der Stelle `/etc/caddy/Caddyfile` im Container eingebunden. Außerdem definieren Sie hier die zwei Volumes `caddy-config` und `caddy-data`, die für die permanente Speicherung der Zertifikate und der Konfiguration verwendet werden:

```
# Datei: webserver/caddy/compose.yaml
services:
  caddy:
    image: caddy:latest
    ports:
      - 80:80
      - 443:443
      - "443:443/udp"
    volumes:
      - ./Caddyfile:/etc/caddy/Caddyfile
      - caddy-config:/config
      - caddy-data:/data

volumes:
  caddy-config:
  caddy-data:
```

Wenn Sie nun `docker compose up` aufrufen, werden Sie Logeinträge in der folgenden Art sehen (stark gekürzt):

```
...":"server running","name":"srv0","protocols":["h1","h2","h3"]}
..."msg":"enabling automatic TLS certificate management",
"domains":["caddy.dockerbuch.info"]}
..."msg":"authorization finalized",
"identifier":"caddy.dockerbuch.info","authz_status":"valid"}
..."msg":"certificate obtained successfully",
"identifier":"caddy.dockerbuch.info"}
```

Nun können Sie mit HTTPS verschlüsselt auf Ihre Domain zugreifen. Verglichen mit den Anstrengungen im vorangegangenen Abschnitt war der Aufwand mit Caddy nur ein Klacks.

Wie Sie jetzt wahrscheinlich richtig vermuten, ist es für Caddy auch ein Leichtes, als Proxyserver zu agieren. Mit der Konfigurationsanweisung `reverse_proxy :3000` werden zum Beispiel alle Anfragen auf Port 3000 umgeleitet. In `docker compose`-Anwendungen wird der Proxyserver oft verwendet, um Anfragen unterhalb eines gewissen Pfads auf einen weiteren Container umzuleiten.

Wenn Sie das oben gezeigte `Caddyfile` wie folgt ändern

```
# Datei: webserver/caddy/Caddyfile
caddy.dockerbuch.info
root * /usr/share/caddy
```

```
handle_path /nginx/* {
  reverse_proxy nginx:80
}
file_server
```

wird die Anfrage *https://caddy.dockerbuch.info/nginx/* zum Nginx-Service weitergeleitet (siehe Abbildung 9.2). Dabei wird der Teil `/nginx` bei der Anfrage an den Container nicht mehr mitgesendet. Ergänzen Sie die `compose.yaml`-Datei noch um den Nginx-Service, und zwar mit folgenden Zeilen:

```
  nginx:
    image: nginx
```

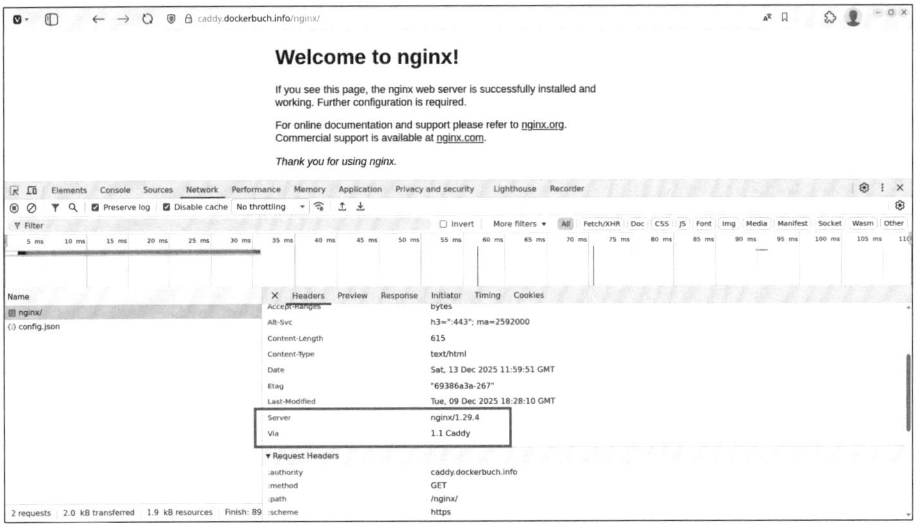


**Abbildung 9.2** Die Nginx-Startseite durch Caddy als Proxyserver ausgeliefert

**Caddy-Konfiguration**

Wir haben hier nur eine sehr einfache Konfiguration vorgestellt. Caddy kann aber viel mehr: mehrere Server (bei Apache *virtuelle Hosts*), komplexe Umleitungen, eine API zur Konfiguration und Module. Weitere Informationen finden Sie auf den ausgezeichneten Hilfeseiten zu Caddy:

*https://caddyserver.com/docs*

## 9.5 Node.js mit Express

Node.js ist kein Webserver, sondern ein Interpreter für JavaScript. Der Grund dafür, dass wir es trotzdem in dieses Kapitel aufgenommen haben, ist die große Beliebtheit von Node.js bei Webapplikationen, und in dieser Verbindung wird Node.js auch gern um die Webserver-Komponente erweitert. Wie Sie Node.js ohne Serverkomponente einsetzen können und ein paar technische Details zu der Runtime erfahren Sie in Abschnitt 11.1, »JavaScript (Node.js)«.

### Express Framework



Der Node.js-Webserver in Abschnitt 1.3, »Node.js«, ist zwar de facto schon ein Webserver, aber für den Praxisbetrieb wenig geeignet, da er, egal auf welche Anfrage, immer mit derselben Seite antwortet. Um die verschiedenen Ansprüche an einen Webserver möglichst gut abzudecken, verwenden Sie am besten ein Node.js-Modul, wobei sich das *Express Framework* als beliebtestes Modul anbietet. Zur Installation verwenden Sie das Kommandozeilenprogramm `npm`, den Node.js-Package-Manager:

```
npm i express
```

Da bei diesem Aufruf einige zusätzliche Bibliotheken installiert werden, kann er je nach Internetverbindung etwas dauern. Abschließend müssen Sie noch den Server programmieren. Das klingt komplizierter, als es ist, denn die folgende kurze JavaScript-Datei reicht aus, um statische Dateien aus dem Ordner `files` über HTTP auf Port 8080 auszuliefern:

```
// Datei node-express-test/index.js
const express = require('express');
const app = express();
app.use(express.static('files'));
app.listen(8080);
```

So viel in aller Kürze. Ein großer Vorteil bei der Verwendung von Node.js als Webserver besteht darin, dass Sie keine zusätzliche Programmiersprache installieren müssen – JavaScript steht von Haus aus bereit. Im weiteren Verlauf dieses Abschnitts werden wir eine Entwicklungs- und eine Produktivumgebung für den Express-Webserver in Docker erstellen.

### Docker-Entwicklungsumgebung für Express

Erstellen Sie wieder ein eigenes Verzeichnis für dieses Beispiel, wir nennen es `node-express`. Node.js verwendet bei der Verwaltung von Projekten eine Konfigurationsdatei mit dem Namen `package.json`. Dort werden alle für die Applikation relevanten Metadaten – wie Applikationsname, Version, benötigte Node.js-Pakete und vieles mehr – gespeichert. Sie können diese Datei mit einem Texteditor erstellen, komfortabler ist es aber, wenn Sie `npm init` aufrufen und einige Fragen beantworten.

Alternativ können Sie auch das `express-generator`-Modul für den Start verwenden. Es ist zwar schon etwas in die Jahre gekommen, erstellt aber nach wie vor eine Dateistruktur und bindet Module für ein HTML-Template-System und einen Stylesheet-Compiler ein.

Sie benötigen für das folgende Beispiel keine Node.js-Runtime auf Ihrem Computer; wir werden alle Anforderungen innerhalb von Docker-Containern erledigen. Erstellen Sie zuerst ein `Dockerfile`, das als Basis für Ihre Entwicklungsumgebung dient:

```
# Datei: webserver/node-express/Dockerfile-dev (docbuc/node-ex...
FROM node:24
WORKDIR /src
RUN npm i -g express-generator
USER node
```

Ihr Image leitet sich vom offiziellen Node.js-Image ab. Anschließend wird darin das Node.js-Module `express-generator` installiert. Der Parameter `-g` (*global*) beim `npm`-Kommando führt dazu, dass das Modul nicht im aktuellen Verzeichnis, sondern in einem Verzeichnis im Suchpfad installiert wird. Wechseln Sie abschließend zum unprivilegierten Benutzer `node`.

Erstellen Sie jetzt eine `compose.yaml`-Datei, damit Sie die Parameter für das `docker run`-Kommando nicht jedes Mal eingeben müssen:

```
# Datei: webserver/node-express/compose.yaml
services:
  dev:
    build:
      context: .
      dockerfile: Dockerfile-dev
    volumes:
      - ./src:/src
      - node_exp_modules:/src/node_modules
    ports:
      - 8080:3000
    environment:
      DEBUG: "src"
    command: [ "node", "bin/www" ]
volumes:
  node_exp_modules:
```

Der `dev`-Service verwendet die oben beschriebene Datei `Dockerfile-dev` als Ausgangspunkt und bindet zwei Volumes ein. Ein Verzeichnis `src/` im aktuellen Verzeichnis wird unter `/src` im Container gemountet. Hier werden sowohl statische als auch dynamische Inhalte für den Webserver abgelegt. Ein von Docker verwaltetes Volume mit dem Namen node_exp_modules dient als Speicherplatz für die unterschiedlichen Node.js-Module. Das Kommando, das beim Start des Containers ausgeführt wird, lautet node bin/www.

Zuerst erzeugen Sie die Projektstruktur mit dem Express-Generator, wobei Sie jetzt das Startkommando mit express --view hbs überschreiben. In diesem Beispiel verwenden Sie das Templating-System *Handlebars*. Mit dem Aufruf express -h können Sie sich auch andere Varianten anzeigen lassen. Legen Sie zuvor das Verzeichnis ./src für Ihren Quellcode an:



```
mkdir src

docker compose run -u $UID dev express --view hbs

  destination is not empty, continue? [y/N] y

   create : public/
   create : public/javascripts/
   create : public/images/
   create : public/stylesheets/
   create : public/stylesheets/style.sass
   create : routes/
   create : routes/index.js
   ...

   install dependencies:
     $ npm install

   run the app:
     $ DEBUG=src:* npm start
```

Die Frage, ob ein nicht leeres Verzeichnis für das Projekt verwendet werden soll, können Sie mit Ja (y) beantworten, hier wird der bereits eingehängte Mountpoint von node_modules erkannt. In der Ausgabe sehen Sie bereits, welche Dateien erstellt wurden und was die nächsten Schritte sind. Installieren Sie als Nächstes die notwendigen Module:

```
docker compose run -u root dev chown -R $UID /src/node_modules/
docker compose run -u $UID dev npm i
```

Das chown-Kommando zuvor ist notwendig, da docker compose beim Einhängen neuer Verzeichnisse root als Besitzer verwendet; Sie möchten aber, dass diese Verzeichnisse unter Ihrer Benutzerkennung installiert werden. Mit npm i werden die in der Datei package.json aufgeführten Node.js-Module inklusive ihrer Abhängigkeiten installiert.

Da der Express-Generator nicht die aktuellsten Versionen der npm-Pakete eingespielt hat, können Sie die inzwischen entdeckten Sicherheitsprobleme mit folgendem Aufruf eliminieren:

```
docker compose run -u $UID dev npm audit fix --force
```

Den --force-Parameter sollten Sie sehr vorsichtig verwenden. In diesem Fall funktioniert das Update, da die aktualisierten Pakete keine inkompatiblen Änderungen aufweisen. Bei Projekten mit vielen npm-Paketen wird dieses Kommando mit großer Wahrscheinlichkeit zu Problemen führen.

Jetzt ist Ihre Entwicklungsumgebung bereit, und Sie können den Server mit docker compose up dev starten. Dabei wird das von dem express-generator-Modul installierte Programm bin/www mit dem Node.js-Interpreter gestartet. Öffnen Sie nun *http://localhost:8080* in Ihrem Browser, und Sie werden den Willkommen-Bildschirm sehen.

### Docker-Produktivumgebung für Express

Wenn Ihre Anwendung für den Produktivbetrieb bereit ist, verpacken Sie den Quellcode und die Runtime in ein Docker-Image:

```
# Datei: webserver/node-express/Dockerfile (docbuc/node-express)
FROM node:24
WORKDIR /src
COPY ./src/package.json /src/
RUN npm i --omit=dev
COPY /src/ /src/
EXPOSE 3000
USER node
CMD [ "node", "/src/bin/www" ]
```

Erzeugen Sie das Image mit docker build -t docbuc/node-express ., und starten Sie es anschließend mit docker run -p 8080:3000 docbuc/node-express. Ihre Webapplikation läuft jetzt auf *http://localhost:8080* im Produktivmodus. Wenn Sie dieses Image auf einem Server betreiben, werden Sie vielleicht eine Reverse-Proxy-Lösung verwenden wollen (siehe Abschnitt 9.3, »Nginx als Reverse Proxy mit SSL-Zertifikaten von Let's Encrypt«).

### Debuggen der Anwendungen

Vielleicht ist Ihnen in der compose.yaml-Datei die Umgebungsvariable DEBUG aufgefallen. Das Express-Framework installiert automatisch auch ein Node.js-Modul zum Debuggen Ihrer Anwendung mit.

Die Verwendung im Code ist sehr einfach: Möchten Sie zum Beispiel die Kopfzeilen der Anfrage untersuchen, so rufen Sie einfach `debug('Kopfzeilen: ', req.headers);` im JavaScript-Code auf. Der Vorteil gegenüber dem `console.log`-Kommando ist, dass die Ausgabe nur dann stattfindet, wenn die `DEBUG`-Variable gesetzt ist. Hier sehen Sie das Listing mit den Debug-Zeilen, das die Anfrage zur Homepage verarbeitet:

```
// Datei: node-express/src/routes/index.js
var express = require('express');
var router = express.Router();
const debug = require('debug')('src');

/* GET home page. */
router.get('/', function(req, res, next) {
  debug('Headers: ', req.headers);
  res.render('index', { title: 'Express' });
});
module.exports = router;
```

Mit dieser Technik können Sie Ihren Code sehr einfach um Debug-Einträge erweitern, ohne dass Sie diese für den Produktivbetrieb ausklammern müssen. Möchten Sie das Debugging auch im Produktivbetrieb temporär aktivieren, so reicht es, den Container mit dem Kommando `docker run -p 8080:3000 -e "DEBUG=src" docbuc/node-express` zu starten.

## 9.6 HAProxy

*HAProxy* ist ein sehr effizient arbeitender Proxyserver und Load Balancer für HTTP- bzw. ganz allgemein für TCP-Verbindungen. Die Software wird aktuell von einigen sehr prominenten und viel frequentierten Websites verwendet, zum Beispiel von GitHub, Stack Overflow oder Reddit. Noch mehr Referenzen finden Sie hier:

*https://www.haproxy.org/they-use-it.html*

Im Docker-Umfeld ist eine Load-Balancer-Lösung besonders spannend, weil sich Container sehr einfach duplizieren lassen und ein Load Balancer Anfragen entsprechend auf weniger ausgelastete Container verteilen kann.

### Hello World!

Für den ersten Versuch mit HAProxy verwenden wir das offizielle Image vom Docker Hub. Ein Load Balancer allein ergibt wenig Sinn, aber da wir in den ersten beiden Abschnitten schon jeweils einen Webserver als Docker-Image umgesetzt haben, werden wir hier den Load Balancer vor diese zwei laufenden Container stellen. Um das

Einrichten des Netzwerks für dieses Beispiel nicht zu kompliziert zu machen, verwenden wir docker compose (siehe Kapitel 5).

Zuerst erstellen Sie aber das Dockerfile für das HAProxy-Image:

```
# Datei: webserver/haproxy/manual/Dockerfile (docbuc/haproxy)
FROM haproxy:3.2
COPY haproxy.cfg /usr/local/etc/haproxy/haproxy.cfg
```

Die Proxy-Konfigurationsdatei haproxy.cfg muss den folgenden Inhalt haben:

```
# Datei: webserver/haproxy/manual/haproxy.cfg
defaults
    mode http
    timeout connect 5000ms
    timeout client 50000ms
    timeout server 50000ms

frontend http-in
    bind *:80
    default_backend servers

backend servers
    server apache apache:80 maxconn 32
    server nginx nginx:80 maxconn 32
```

Wir wollen uns hier nicht zu sehr mit den Konfigurationsmöglichkeiten von HAProxy beschäftigen, darum startet unser Proxy mit einer minimalen Variante. In der defaults-Sektion wird der Modus auf http gestellt und werden anschließend einige Timeout-Einstellungen vorgenommen.

Der spannendere Teil kommt in den Sektionen frontend und backend: Das Frontend verbindet sich mit Port 80 aller Netzwerkschnittstellen und verweist bei default_backend auf servers. In dem entsprechenden Abschnitt werden zwei Server definiert: der erste mit dem Namen apache und dem Host-Namen apache:80 und der zweite mit dem Namen nginx und dem Host-Namen nginx:80. Die Benennung der Server in der HAProxy-Konfiguration ist willkürlich, die Host-Namen der beiden Server kommen aus dem von docker compose aufgebauten Netzwerk.

```
# Datei: webserver/haproxy/manual/compose.yaml
services:
  haproxy:
    image: docbuc/haproxy
    build: .
    ports:
      - 8080:80
```

```
  nginx:
    image: docbuc/nginx
  apache:
    image: docbuc/apache
```

`docker compose` vergibt die Host-Namen im lokalen Netzwerk nach den Servicenamen in der Datei `compose.yaml`. Sie können die Namen auch in der HAProxy-Konfiguration verwenden. Der HAProxy findet so den Weg zu seinen Backend-Servern.

Sobald Sie `docker compose up` nun im aktuellen Verzeichnis starten, erzeugt Docker drei Container und startet sie.

Wenn Sie in Ihrem Browser die Seite *http://localhost:8080* aufrufen, sollten Sie die Antwort von einem der beiden Webserver bekommen. Beim mehrfachen Neuladen der Seite werden Sie sehen, dass der Proxy abwechselnd auf die beiden Server zugreift.



Es ist faszinierend, dass es mit so geringer Konfigurationsarbeit gelingt, ein funktionierendes Setup für einen Load-Balancing-Webserver zu erstellen.

**HAProxy-Dokumentation**

Vor dem Einsatz von HAProxy im Produktivbetrieb sollten Sie sich mit der ausführlichen Dokumentation zu den möglichen Proxyeinstellungen befassen:

*https://docs.haproxy.org/3.2/configuration.html*

## 9.7 Traefik-Proxy

Traefik ist ein *Reverse Proxy* und *Load Balancer*, also eine Software, die im Umfeld von Containern und Microservices sehr beliebt ist. Im Unterschied zu den bisher besprochenen Lösungen mit Nginx oder HAProxy, die bereits vor Docker existierten, wurde Traefik speziell für die modernen Anforderungen von Container-Infrastrukturen entwickelt. Dementsprechend komfortabler ist seine Verwendung in Kombination mit Docker.

Im besten Fall reichen ein paar Zeilen in der Datei `compose.yaml` Ihres Projekts aus, und ein vorgeschalteter Traefik-Proxyserver kümmert sich um die Erstellung der Let's-Encrypt-Zertifikate und leitet alle Anfragen an den korrekten Service weiter. Außerdem bekommen Sie ein modernes Dashboard dazu, das Sie über den aktuellen Status des Proxyservers informiert (siehe Abbildung 9.3). Wie das geht, zeigen wir Ihnen in diesem Abschnitt.

Damit Sie dieses Beispiel vollständig testen können, benötigen Sie einen Server mit einer öffentlichen IP-Adresse und zumindest zwei DNS-Einträge, die auf diesen Server zeigen. Wir haben dafür einen virtuellen Server gemietet, darauf Docker installiert und die DNS-Einträge für `demo.dockerbuch.info` und `me.dockerbuch.info` daraufgelegt.

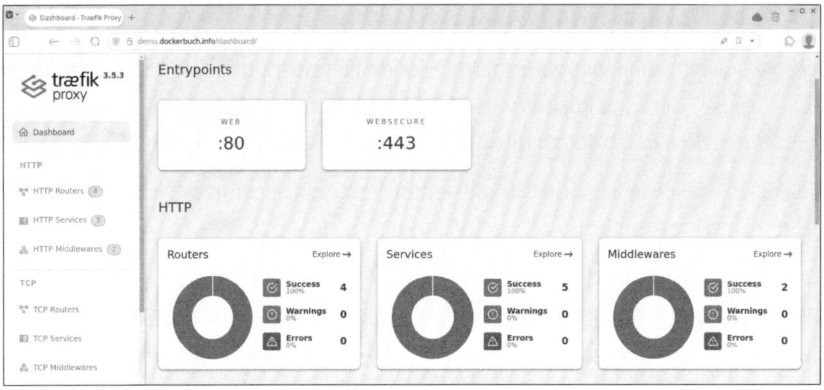


**Abbildung 9.3** Ein Teil des Dashboards des Traefik-Proxyservers

### Installation und Konfiguration von Traefik

Der Traefik-Proxy steht auf GitHub unter der freien MIT-Lizenz zum Download zur Verfügung. Dort können Sie kompilierte Binärpakete herunterladen, oder Sie starten Traefik als Docker-Container. Wir haben uns natürlich für die zweite Variante entschieden und verwenden dazu die folgende `compose.yaml`-Datei:

```
# Datei: webserver/traefik/compose.yaml
services:
  traefik:
    restart: unless-stopped
    image: traefik:v3.5
    networks:
      - web
    ports:
      - "80:80"
      - "443:443"
    volumes:
      - /var/run/docker.sock:/var/run/docker.sock:ro
      - ./acme:/acme
      - ./traefik.yml:/traefik.yml
      - ./traefik_api.yml:/traefik_api.yml
networks:
  web:
    external: true
```

Der Service verwendet die aktuelle Version v3.5 des offiziellen Docker-Images von Traefik. Wir starten den Service im Netzwerk `web`, das am Ende der Datei als externes

Netzwerk definiert wird. Alle Applikationen, die Traefik verwalten soll, werden ebenfalls mit diesem Netzwerk verbunden.

Die Ports für HTTP (80) und sicheres HTTPS (443) werden vom Server auf den Container weitergeleitet. Außerdem werden vier lokale Dateien eingebunden: Der Docker-Socket wird benötigt, damit Traefik erkennen kann, ob es einen neuen Service gibt oder ob sich ein bestehender Service geändert hat. Der Ordner `acme` wird verwendet, um die SSL-Zertifikate zu speichern. Wir legen ihn außerhalb des Containers ab, damit wir auch bei einem Update der Traefik-Version die Zertifikate nicht verlieren.

Abschließend verwenden wir noch zwei Konfigurationsdateien für den Traefik-Proxy: In `traefik.yml` legen wir fest, welche Ports bedient werden, ob und wie SSL-Zertifikate verwaltet werden und welche Provider zur Verfügung stehen.



```
# Datei: webserver/traefik/traefik.yml
entryPoints:
  web:
    address: ':80'
    http:
      redirections:
        entryPoint:
          to: websecure
          scheme: https
  websecure:
    address: ':443'
api:
  dashboard: true
certificatesResolvers:
  lets-encrypt:
    acme:
      email: info@dockerbuch.info
      storage: /acme/acme.json
      tlsChallenge: {}
providers:
  docker:
    watch: true
    network: web
    exposedByDefault: false
  file:
    filename: traefik_api.yml
```

Im `entryPoints`-Abschnitt wird die Umleitung des unsicheren Webports 80 auf den verschlüsselten Port 443 festgelegt. Der nächste Abschnitt, `api`, aktiviert den internen API-Dienst von Traefik. Über das dort integrierte Dashboard sehen Sie eine grafische Übersicht der von Traefik verwalteten Dienste (siehe Abbildung 9.3).

Der certificatesResolvers-Abschnitt enthält die Einstellungen für die Erstellung der Let's-Encrypt-Zertifikate. Spannender ist noch einmal der letzte Abschnitt: Über sogenannte *Provider* kann Traefik verschiedene Konfigurationen verwalten. Außer den hier verwendeten *File-* und *Docker*-Providern kann Traefik zum Beispiel mit Kubernetes oder Amazon ECS umgehen.

Wir aktivieren den Docker-Provider und konfigurieren ihn mit dem in compose.yaml definierten Netzwerk web. watch stellt sicher, dass Änderungen an einem Docker-Service, der hinter dem Proxy läuft, automatisch integriert werden. Die Einstellung exposedByDefault ist standardmäßig auf true gestellt, wodurch Traefik jeden Service, der einen Port exportiert, freischalten würde. Wir möchten hier etwas mehr Kontrolle und aktivieren die Services explizit mit dem Label traefik.enable=true (siehe weiter unten). Der file-Provider verweist auf die Datei traefik_api.yml, in der die Einstellungen für das Dashboard konfiguriert sind:

```
# Datei: webserver/traefik/traefik_api.yml
http:
  middlewares:
    simpleAuth:
      basicAuth:
        users:
          - 'admin:$apr1$BljPhhOR$G5q4JAD2r11vw3VFf04Bm/'
  routers:
    api:
      rule: Host(`demo.dockerbuch.info`)
      entrypoints:
        - websecure
      middlewares:
        - simpleAuth
      service: api@internal
      tls:
        certResolver: lets-encrypt
```

Im ersten Teil der Datei wird eine Middleware definiert, die den Benutzer admin mit dem Passwort geheim verlangt. Dabei wird *HTTP Basic Authentication* verwendet, was bei einem Aufruf im Browser zu dem bekannten Dialogfenster führt (siehe Abbildung 9.4).

Um den Hash-Wert für das Passwort zu erzeugen, rufen Sie einfach das htpasswd-Programm aus dem Apache-Docker-Image auf:

```
docker run --rm httpd htpasswd -nb admin geheim
  admin:$apr1$BljPhhOR$G5q4JAD2r11vw3VFf04Bm/
```

Damit das Dashboard über das Internet erreichbar ist, definieren wir in der routers-Sektion den entsprechenden Host-Namen dafür (demo.dockerbuch.info). Außerdem wird die gerade erwähnte Middleware aktiviert und ein Let's-Encrypt-Zertifikat angefordert. Der Servicename `api@internal` ist von Traefik so voreingestellt.

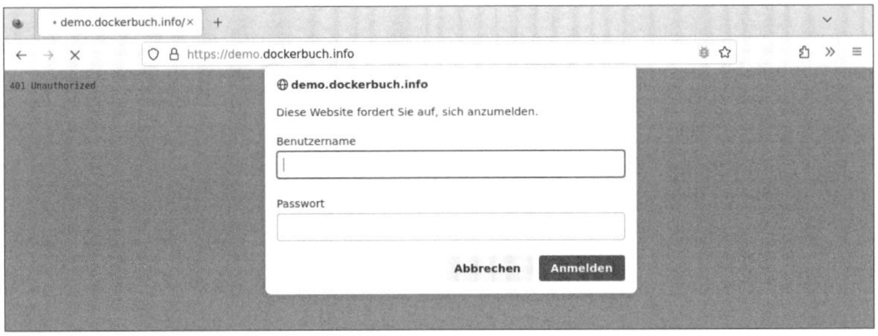


**Abbildung 9.4** HTTP Basic Authentication für den Zugang zum Traefik-Dashboard



Wir starten diese Konfiguration mit `docker compose up -d` und können nach kurzer Zeit auf das Dashboard unter *https://demo.dockerbuch.info* zugreifen (siehe Abbildung 9.3).

### Docker-Services mit Traefik verbinden

Die `docker compose`-Applikation, die wir hinter dem Traefik-Proxy starten, besteht der Einfachheit halber nur aus einem Nginx-Service. Dieser läuft auf Port 80 und zeigt die Standard-Startseite von Nginx an. Wenn Sie eine andere Compose-Konfiguration verwenden möchten, brauchen Sie nur die entsprechenden Labels in Ihrer `compose.yaml`-Datei hinzuzufügen.

```
# Datei: webserver/traefik/me/compose.yaml
services:
  buch:
    image: nginx:1
    networks:
      - default
      - web
    labels:
      - traefik.enable=true
      - traefik.http.routers.buch.rule=Host(`me.dockerbuch.info`)
      - traefik.http.routers.buch.tls=true
      - traefik.http.routers.buch.tls.certresolver=lets-encrypt
      - traefik.http.services.buch.loadbalancer.server.port=80
networks:
  web:
    external: true
```

In der `docker compose`-Konfiguration werden Docker-Labels (siehe Abschnitt 4.2, »Dockerfile-Syntax«) verwendet, um notwendige Einstellungen an den Traefik-

Proxyserver zu übergeben. Nach genauerer Betrachtung sind Ihnen die Ähnlichkeiten zur `traefik_api.yml`-Datei sicher aufgefallen. Die Einträge werden hier allerdings in einer mit Punkt verknüpften Kurzbeschreibweise verwendet.

Da wir in der Traefik-Konfiguration das automatische Freischalten aller Services deaktiviert haben (`exposedByDefault: false`, in der Datei `traefik.yml`), müssen wir den Proxy für diesen Service zuerst aktivieren (`traefik.enable=true`).

Wie schon bei der Dashboard-Konfiguration setzen wir den Host-Namen (`me.dockerbuch.info`) und fordern die Let's-Encrypt-Zertifikate an. Der letzte Eintrag (`loadbalancer.server.port`) weist Traefik an, auf welchen Port dieses Service die Anfragen weitergeleitet werden sollen. In unserem Beispiel hätten wir diese Zeile sogar weglassen können, da das Nginx-Docker-Image Port `80` mit dem Schlüsselwort `EXPOSE` explizit angibt und Traefik diese Einstellung auswertet. Sollte ein Image aber mehrere Ports freigeben oder das `EXPOSE`-Schlüsselwort fehlen, ist es notwendig, die Weiterleitung manuell zu konfigurieren.

Nach dem neuerlichen Aufruf von `docker compose up -d` erzeugt der Traefik-Proxy in Sekundenschnelle die SSL-Zertifikate und richtet die Weiterleitung ein (siehe Abbildung 9.5). Weder um die erste Ausstellung des Zertifikats noch um die regelmäßige Erneuerung müssen Sie sich selbst kümmern, da Traefik das für Sie übernimmt.

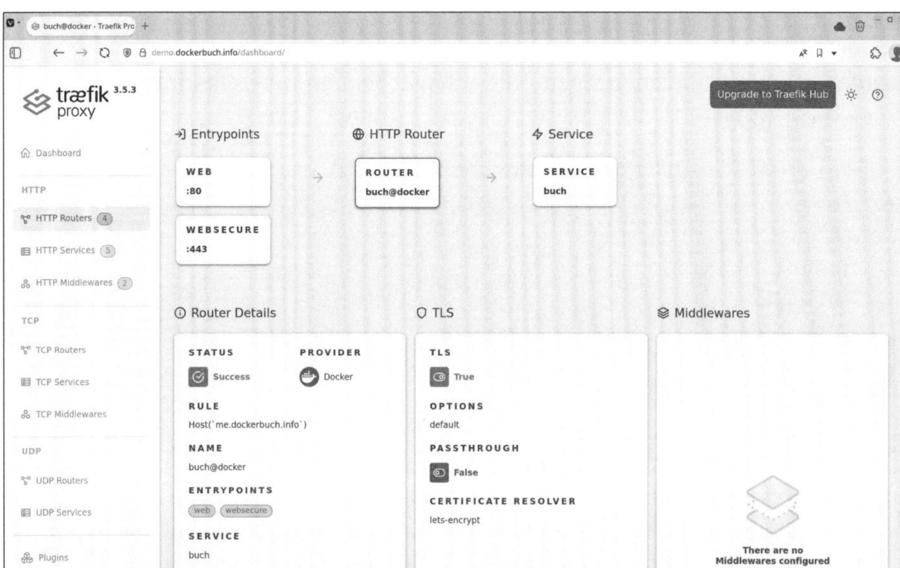


**Abbildung 9.5** Traefik-Dashboard mit den Details zum neuen Router

Kapitel 10

# Datenbanksysteme



Die meisten Anwendungsprogramme müssen in irgendeiner Form Daten speichern. In manchen Fällen reichen dazu simple Dateien aus. Bei komplexeren Apps, die netzwerk-, multi-user- und transaktionsfähig sein sollen, geht aber kein Weg an einem »richtigen« Datenbank-Management-System (DBMS) vorbei.

Dank Docker können Sie sich zumindest für den Test- und Entwicklungsbetrieb die mühsame Konfiguration eines Datenbankservers sparen und stattdessen das gewünschte Datenbanksystem mit wenigen Kommandos bzw. mit ein paar Zeilen in `compose.yaml` in Betrieb nehmen.

In diesem Kapitel behandeln wir die folgenden Datenbanksysteme:

- MySQL/MariaDB
- PostgreSQL
- MongoDB
- Redis

Beispiele zur konkreten Anwendung dieser Datenbanksysteme folgen in Kapitel 12, »Webapplikationen und CMS«, sowie in Teil III dieses Buchs.

## 10.1 MySQL und MariaDB

MySQL zählt zu den populärsten Open-Source-Datenbanksystemen zur Entwicklung von Webanwendungen. Websites wie Facebook oder Wikipedia sind mit MySQL als Datenbank-Management-System groß geworden. MySQL ist ein »klassisches« relationales DBMS mit SQL als primärer Sprache.

**MySQL versus MariaDB**

MySQL wurde ursprünglich von der MySQL AB entwickelt, einer schwedischen Firma. Später wurde Oracle der Eigentümer von MySQL. Einige der ursprünglichen MySQL-Gründer initiierten dann ein neues Projekt, dessen Ergebnis ein weitgehend mit MySQL kompatibler Datenbankserver mit dem Namen MariaDB ist.

Damit haben Sie nun die Wahl zwischen MySQL und MariaDB. In der Docker-Anwendung werden Sie nur wenige Unterschiede zwischen den beiden Systemen feststellen. Die Konfiguration erfolgt exakt gleich, selbst die Dokumentation auf dem Docker Hub ist über weite Strecken Wort für Wort identisch:

*https://hub.docker.com/_/mysql*
*https://hub.docker.com/_/mariadb*

In diesem Buch geben wir MariaDB den Vorzug. Für den Wechsel zwischen MariaDB und MySQL reicht es, anstelle von `mariadb` den Image-Namen `mysql` zu verwenden. Dabei ist aber zu beachten, dass ein derartiger Wechsel nur gelingt, solange noch keine Daten gespeichert wurden. Die internen Datenbankdateien von MariaDB und MySQL sind nämlich nicht kompatibel miteinander. Eine manuelle Portierung der Daten mit den Kommandos `mysqldump` und `mysql` bzw. `mariadump` und `mariadb` ist in der Regel möglich, aber umständlich.

Noch eine letzte Vorbemerkung: Ihrer Popularität zum Trotz sind weder MySQL noch MariaDB ideale DBMS-Kandidaten für den Docker-Einsatz! Zwei Gründe sprechen gegen MySQL und MariaDB:

- **Konzeption:** MySQL und MariaDB sind für den Servereinsatz optimiert und können bei richtiger Konfiguration mit unzähligen Datenbanken und Clientverbindungen umgehen. Im Docker-Umfeld passiert es aber häufig, dass nicht nur ein, sondern gleich mehrere Datenbank-Container nebeneinander eingerichtet werden. Das kostet eine Menge Platz und Geschwindigkeit.
- **Platzbedarf:** Das Paradigma von Docker ist, dass Images, Container und Volumes möglichst schlank sein sollen. MySQL und MariaDB sind vergleichsweise riesige Systeme (siehe Tabelle 10.1), wobei MariaDB diesbezüglich noch das kleinere Übel ist. Das Volume für das Verzeichnis `/var/lib/mysql` enthält Datenbank-, Logging- und Transaktionsdateien. Sobald Datenbanken angelegt werden, steigt der Platzbedarf dort natürlich weiter.

| DBMS | Image-Größe | Anfängliche Volume-Größe |
|---|---|---|
| MariaDB 12.0 | 330 MByte | 170 MByte |
| MySQL 8.4 | 790 MByte | 220 MByte |

**Tabelle 10.1** MySQL und MariaDB sind Docker-Schwergewichte.

In der Praxis führt dennoch oft kein Weg an MariaDB bzw. MySQL vorbei. Viele Webapplikationen setzen diese Programme voraus oder sind zumindest für sie optimiert. Im Produktivbetrieb sollten Sie versuchen, den gleichzeitigen Betrieb mehrerer

Container oder Services mit MySQL oder MariaDB zu vermeiden. Aus Performancegründen ist es besser, wenn es *einen* dedizierten MySQL- oder MariaDB-Container gibt, dem ausreichend Ressourcen zugewiesen sind. Wenn Sie es mit wirklich großen Datenbanken zu tun haben, sollten Sie unter Umständen sogar eine native MySQL- oder MariaDB-Installation in Erwägung ziehen, auch wenn Sie so die von Docker gewohnte Flexibilität verlieren.

**Vorsicht mit »latest«!**

Mit `docker pull mariadb` bzw. `docker pull mariadb:latest` erhalten Sie die aktuellste *stabile* Version von MariaDB, was Sinn macht. Wenn Sie etwas konservativer vorgehen möchten, verwenden Sie `mariadb:lts` und erhalten so die aktuellste Version mit *Long Time Support*.

Mit `docker pull mysql` bzw. `docker pull mysql:latest` erhalten Sie dagegen die neueste MySQL-Entwicklerversion, ganz egal, in welchem Zustand diese ist. In aller Regel wollen Sie aber nicht Entwicklerversionen ausprobieren! Deswegen ist es bei MySQL wichtig, explizit die gewünschte Versionsnummer anzugeben oder zumindest das Tag `:lts` anzugeben.



### MariaDB-Container manuell einrichten und nutzen

In Kapitel 3, »Grundlagen«, haben wir Ihnen bereits gezeigt, wie Sie MariaDB als Container einrichten und ausprobieren können. Dort haben wir darauf hingewiesen, dass es in der Regel zweckmäßig ist, das Volume für das Container-Verzeichnis `/var/lib/mysql` zu benennen. Das folgende Kommando erzeugt also einen Container zum MariaDB-Betrieb, gibt ihm den Namen `mariadb`, verwendet `geheim` als MariaDB-Root-Passwort und speichert alle Datenbankdateien im Volume `mariavol`:

```
docker run -d --name mariadb -e MYSQL_ROOT_PASSWORD=geheim \
  -v mariavol:/var/lib/mysql mariadb
```

Der Container wird nun im Hintergrund ausgeführt. Sie können Logging-Meldungen mit `docker logs mariadb` lesen und Clientverbindungen durch `docker exec` testen. Die merkwürdige Verdoppelung von `mariadb` im folgenden Kommando ergibt sich daraus, dass der Container oben mit `mariadb` bezeichnet wurde, dass aber auch das auszuführende Client-Tool `mariadb` heißt. (Bei MySQL hat dieser Client entsprechend den Namen `mysql`.)

```
docker exec -it mariadb mariadb -u root -p
  Enter password: ******** (root-Passwort für MariaDB)
```

Eine Anleitung, wie Sie die MariaDB-Instanz mit phpMyAdmin administrieren können, finden Sie in Abschnitt 3.8, »Kommunikation zwischen mehreren Containern«.

Wenn sich im Volume für das Verzeichnis /var/lib/mysql bereits Datenbankdateien befinden, werden sie beim Einrichten eines neuen Containers durch docker run verwendet und nicht etwa überschrieben. Wenn Sie explizit einen Neustart wünschen, müssen Sie das Volume mariavol löschen.

### Einen MariaDB-Service mit compose einrichten

Das manuelle Einrichten von MariaDB ist sicherlich die Ausnahme. In der Regel werden Sie MariaDB als Teil einer ganzen Gruppe von Docker-Services einrichten und dabei auf docker compose zurückgreifen.

Im einfachsten Fall sehen die MariaDB-spezifischen Zeilen in compose.yaml wie folgt aus:

```
# Datei: compose.yaml
services:
  mariadb:
    image:   mariadb:lts
    restart: always
    environment:
      MYSQL_ROOT_PASSWORD: geheim
    volumes:
      - mariavol:/var/lib/mysql

volumes:
  mariavol:
```

Um die Datenbank im Hintergrund zu starten, führen Sie das folgende Kommando aus:

```
docker compose up -d
```

Während der Initialisierung des Containers werden die folgenden Umgebungsvariablen ausgewertet:

- MYSQL_ROOT_PASSWORD: Diese Variable bestimmt das root-Passwort für den Datenbankserver.

  Beachten Sie, dass diese Variable (so wie die weiteren Variablen) dauerhaft im Container gesetzt bleibt. Jeder Benutzer, der docker exec -it <mariadbcontainer> bash ausführen darf, kann diese Variable auslesen. Die Variable wird auch in den Container-Eigenschaften gespeichert und kann somit durch docker inspect <mariadbcontainer> ermittelt werden.

- MYSQL_DATABASE: Wenn diese Variable gesetzt ist, wird während der Initialisierung eine Datenbank mit dem angegebenen Namen erzeugt.

- MYSQL_USER und MYSQL_PASSWORD: Wenn diese beiden Variablen gesetzt sind, richtet das Initialisierungs-Script einen entsprechenden Benutzer ein. Der Benutzer erhält uneingeschränkte Zugriffsrechte auf die durch MYSQL_DATABASE angegebene Datenbank (GRANT ALL).
- MYSQL_ALLOW_EMPTY_PASSWORD: Wenn diese Variable auf yes gesetzt wird, akzeptiert das Initialisierungs-Script ein leeres root-Passwort. Aus Sicherheitsgründen ist das natürlich nicht zu empfehlen.
- MYSQL_RANDOM_ROOT_PASSWORD: Wenn diese Variable auf yes gesetzt wird, erzeugt das Initialisierungs-Script ein zufälliges root-Passwort und gibt dieses im Terminal aus.

Die gerade aufgezählten Variablen können auch in der Form <NAME>_FILE=filename verwendet werden, also z. B. MYSQL_ROOT_PASSWORD_FILE=./pw.txt. In diesem Fall liest das Initialisierungs-Script den Inhalt der Variablen aus der angegebenen Datei. Damit vermeiden Sie die Klartext-Angabe des Passworts in compose.yaml.



Die _FILE-Umgebungsvariablen können auch mit dem Secrets-Mechanismus kombiniert werden (siehe Abschnitt 5.5, »Passwörter und andere Geheimnisse«). Aktuell funktioniert das aber nur mit Docker, nicht mit Podman.

Anstelle der MYSQL_xxx-Variablen können Sie auch die gleichwertigen Variablen mit dem Präfix MARIADB_ verwenden. Wir bleiben in diesem Buch bei den MYSQL_xxx-Varianten, weil sie gleichermaßen für MariaDB und MySQL funktionieren.

**Weitere Beispiele**

Eine Menge konkreter Beispiele für compose.yaml-Dateien folgen in Kapitel 12, »Webapplikationen und CMS«. Dort kommt MariaDB als Datenbank-Backend für WordPress, Nextcloud und Joomla zum Einsatz. Das WordPress-Beispiel zeigt auch, wie Sie mit Secrets das MySQL-Root-Passwort einstellen.

### Datenbank während der Initialisierung einrichten

Das Initialisierungs-Script wertet das Verzeichnis /docker-entrypoint-initdb.d aus. Alle dort gefundenen Scripts (*.sh-Dateien) werden ausgeführt; alle dort befindlichen SQL-Dateien (*.sql- sowie *.sql.gz-Dateien) werden in die durch MYSQL_DATABASE bezeichnete Datenbank importiert.

Das folgende Beispiel zeigt, wie Sie diesen Mechanismus nutzen können. Dazu legen Sie neben der Datei compose.yaml das Verzeichnis init an und speichern dort eine SQL-Datei, die vielleicht das Ergebnis eines früheren Backups ist:

```
mkdir init
cp /mybackup/db.sql init/
```

In compose.yaml verwenden Sie dieses Verzeichnis als Volume für das oben erwähnte Entrypoint-Verzeichnis:

```
# Datei: compose.yaml
services:
  mariadb:
    image:   mariadb
    restart: always
    environment:
      MYSQL_ROOT_PASSWORD: secret
      MYSQL_DATABASE:      db1
    volumes:
      - mariavol:/var/lib/mysql
      - ./init:/docker-entrypoint-initdb.d

volumes:
  mariavol:
```

Wenn Sie nun das erste Mal docker compose up -d ausführen, wird das Verzeichnis db im lokalen Verzeichnis erzeugt und initialisiert. Bei weiteren Starts des Containers ist das Volume-Verzeichnis db bereits initialisiert. In diesem Fall erfolgt keine neuerliche Initialisierung mehr. Wenn Sie das wünschen, müssen Sie das Volume mariavol vor dem Neustart des MariaDB-Containers löschen.

### Backups

Die einfachste Form eines Backups besteht darin, das gesamte Volume-Verzeichnis zu sichern. Der Container bzw. der Service darf dabei nicht in Betrieb sein!

Oft ist stattdessen ein Backup in SQL-Form wünschenswert. Gerade bei kleinen Datenbanken ist der Platzbedarf wesentlich kleiner, weil das Volume für /var/lib/mysql nicht nur die Datenbanken, sondern auch diverse andere Dateien enthält.

Ein Backup einer Datenbank in SQL-Form können Sie mit mariadb-dump erstellen (bzw. mit mysqldump, wenn Sie mit MySQL arbeiten). Der Aufruf von mariadb-dump ist aber recht komplex:

```
docker compose exec mariadb sh -c \
  'mariadb-dump -u root -p$MYSQL_ROOT_PASSWORD db1' > backup.sql
```

docker compose exec mariadb startet das nachfolgende Kommando für das Service mariadb. Dabei bedeutet sh -c '...', dass die im Container installierte Shell ausgeführt werden soll. Diese Shell soll wiederum das mit der Option -c übergebene Kommando verarbeiten.

Dieses Kommando lautet `mariadb-dump -u root -pxxx db1`. Der Clou besteht darin, dass das Passwort (hier `xxx`) aus der Umgebungsvariablen `MYSQL_ROOT_PASSWORD` entnommen wird. Diese Variable wurde in `compose.yaml` definiert und steht im Container als Umgebungsvariable zur Verfügung. Der hier präsentierte Mechanismus vermeidet die unsichere Angabe des Passworts im Klartext.

`mariadb-dump` erstellt ein Backup der Datenbank `db1`. Dieses Backup wird mit `> backup.sql` im lokalen Verzeichnis gespeichert. Achten Sie darauf, dass die Ausgabeumleitung außerhalb des mit `-c` übergebenen Kommandos durchgeführt werden muss – sonst würde das Backup *im* Container gespeichert. Das wäre aber nicht zielführend.

Wenn Sie interaktiv mit `mariadb` im Container arbeiten möchten, passen Sie das obige Kommando wie folgt an:



```
docker compose exec -it mariadb sh -c \
  'mariadb -u root -p$MYSQL_ROOT_PASSWORD db1'
```

### Eigene Konfigurationsdatei verwenden (my.cnf)

Die Konfiguration des MariaDB-Servers erfolgt durch die Datei `/etc/mysql/my.cnf`. Außerdem werden diverse weitere `*.cnf`-Dateien im Verzeichnis `/etc/mysql` sowie in seinen Unterverzeichnissen ausgewertet.

Davon abweichende Einstellungen schreiben Sie am besten in eine eigene Konfigurationsdatei, die Sie als Volume-Datei einbinden. Im Container können Sie z. B. den Pfad `/etc/mysql/conf.d/myown.cnf` verwenden.

Wenn Sie beispielsweise ein besonders schnelles (aber nicht ACID-konformes) Transaktions-Logging wünschen, richten Sie die folgende Datei `myown.cnf` ein:

```
# Datei myown.cnf
[mysqld]
innodb_flush_log_at_trx_commit=0
```

Bei der Auflistung der Volumes in `compose.yaml` fügen Sie nun einen entsprechenden Eintrag hinzu:

```
# Datei: compose.yaml
services:
  mariadb:
    volumes:
      - ./myown.cnf:/etc/mysql/conf.d/myown.cnf
      ...
```

## 10.2 PostgreSQL

PostgreSQL behauptet sich schon seit vielen Jahren auf dem Markt der Open-Source-Datenbanken. Mit Features, die sonst nur sehr teure Enterprise-Datenbanksysteme aufweisen, hat sich PostgreSQL bei vielen großen Projekten als Datenbank der Wahl bewährt.

Im Unterschied zu MySQL/MariaDB bietet PostgreSQL neben dem klassischen relationalen Datenbankmodell auch einen objektorientierten Zugang, der zum Beispiel die Vererbung von Tabellen ermöglicht.

Was wir zuvor für Docker und MariaDB gesagt haben, gilt auch für PostgreSQL. Viele PostgreSQL-Container parallel zu betreiben, widerspricht der Konzeption dieser Datenbank. Für produktive Umgebungen mit vielen Zugriffen auf die Datenbank ist eine hochverfügbare, dedizierte Datenbankumgebung das Mittel der Wahl.

Bei der Entwicklung oder für kleinere Projekte eignet sich PostgreSQL im Docker-Container aber auf jeden Fall. Sie profitieren allein schon davon, dass Sie exakt bestimmen können, welche Version von PostgreSQL Sie verwenden möchten, und dass die Dateien bei der Installation nicht im Betriebssystem Ihrer Entwicklermaschine verteilt werden, sondern mit einem Kommando restlos gelöscht werden können.

Die Docker-Images von PostgreSQL auf dem Docker Hub sind sehr gut gewartet und liegen in den letzten fünf Versionen vor, jeweils wahlweise auf Debian- oder Alpine-Basis. Der Größenunterschied ist bei diesen Images beträchtlich (siehe Tabelle 10.2).

| Image-Variante | Image-Größe | Basis-Image |
|---|---:|---|
| postgres:18 | 456 MByte | Debian Trixie Slim |
| postgres:18-alpine | 280 MByte | Alpine Linux 3.22 |

**Tabelle 10.2** Der Größenunterschied der PostgreSQL-18-Docker-Images

Wie MariaDB/MySQL berücksichtigt auch PostgreSQL Shell-Scripts (`*.sh`) oder SQL-Dateien (`*.sql`, `*.sql.gz`) im Verzeichnis `/docker-entrypoint-initdb.d`, die beim Start des Containers ausgeführt beziehungsweise in die Datenbank importiert werden. In Verbindung mit `docker compose` oder `docker stack deploy` können Sie so Datenbankbenutzer oder Stored Procedures anlegen, ohne ein eigenes Docker-Image bauen zu müssen.

### PostgreSQL und pgAdmin mit docker compose

Für viele Datenbankprofis ist die Kommandozeile das Mittel der Wahl, um Arbeiten an der Datenbank durchzuführen. Für einen schnellen Überblick kann aber eine grafische Benutzeroberfläche sehr hilfreich sein. Für PostgreSQL gibt es schon seit längerer Zeit ein Werkzeug namens *pgAdmin*. Was früher eine Desktop-Anwendung war, ist seit Version 4 eine sehr moderne und angenehm zu bedienende Weboberfläche.

*pgAdmin 4* bietet vieles, was das Herz eines Datenbankadministrators erfreut: Grafiken zur Auslastung, ein Abfragewerkzeug und natürlich eine Übersicht über alle Elemente der Datenbank.

**Beispieldaten**

Wir haben einen Beispieldatensatz als PostgreSQL-Dump für Sie auf GitHub hinterlegt. Klonen Sie einfach das Git-Repo von *https://github.com/docker-compendium/docker5-samples*, oder laden Sie den komprimierten Dump aus dem `init`-Ordner herunter. Die Datenbank enthält mehr als 210.000 geografisch referenzierte Objekte in Deutschland aus dem freien Datensatz von *https://www.geonames.org*.



Die folgende `compose.yaml`-Datei startet einen Container mit der aktuellen PostgreSQL-Version und einen weiteren Container mit dem pgAdmin-Web-Frontend (in diesem Fall auf dem lokalen Port 5050):

```
# Datei: db/postgres/compose.yaml
services:
  db:
    image: postgres:18
    environment:
      POSTGRES_PASSWORD: geheim
      POSTGRES_DB: geonames
    volumes:
      - ./init:/docker-entrypoint-initdb.d
      - pgdata:/var/lib/postgresql
  pgadmin:
    image: dpage/pgadmin4
    ports:
      - 5050:80
    volumes:
      - pgadmindata:/var/lib/pgadmin
    environment:
      PGADMIN_DEFAULT_EMAIL: info@dockerbuch.info
      PGADMIN_DEFAULT_PASSWORD: geheim
volumes:
  pgdata:
  pgadmindata:
```

Wie bereits erwähnt, unterstützt PostgreSQL eine Datenbankinitialisierung während des Starts im Ordner `/docker-entrypoint-initdb.d`. Wenn Sie die Beispieldatei von

GitHub im init-Verzeichnis abgespeichert haben oder einen anderen PostgreSQL-Dump dort platziert haben, werden Sie beim Start der Container eine ähnliche Ausgabe wie diese sehen (hier gekürzt):

```
[...]
db_1 | server started
db_1 | CREATE DATABASE
db_1 | /usr/local/bin/docker-entrypoint.sh: running /docker-e...
db_1 | SET
[...]
db_1 | CREATE TABLE
db_1 | ALTER TABLE
```

Nachdem der Datenbankserver gestartet wurde, erstellt PostgreSQL die Datenbank, die Sie als Umgebungsvariable POSTGRES_DB in der compose.yaml-Datei definiert haben. Anschließend importiert das docker-entrypoint.sh-Script den Datenbank-Dump. Ob mit oder ohne Demodaten, Sie erreichen pgAdmin jetzt unter der Adresse *http://localhost:5050*. Geben Sie beim ersten Login den Benutzernamen und das Passwort aus den Umgebungsvariablen des pgadmin-Containers ein, und fügen Sie anschließend einen Server mit dem Link ADD NEW SERVER im Dashboard hinzu. Im folgenden Dialog stellen Sie den Host-Namen (db), den Benutzernamen (postgres) und das Passwort (geheim) für die Datenbank ein (siehe Abbildung 10.1).

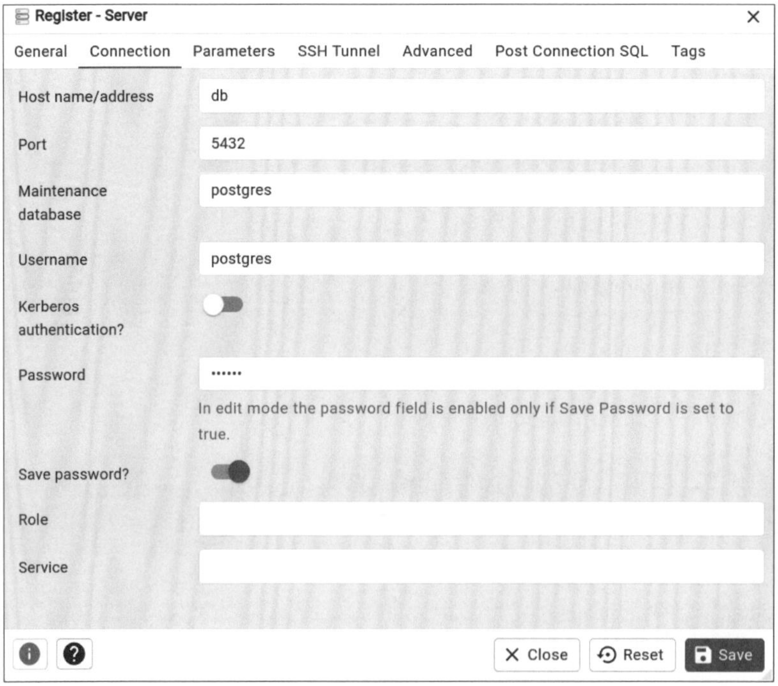


**Abbildung 10.1** Die Datenbankverbindung im pgAdmin-Web-Frontend

Wenn Sie die Demodaten importiert haben, können Sie jetzt im linken Teil der Oberfläche zur geonames-Datenbank navigieren. Unter SCHEMAS • PUBLIC • TABLES finden Sie die importierten Daten (siehe Abbildung 10.2).

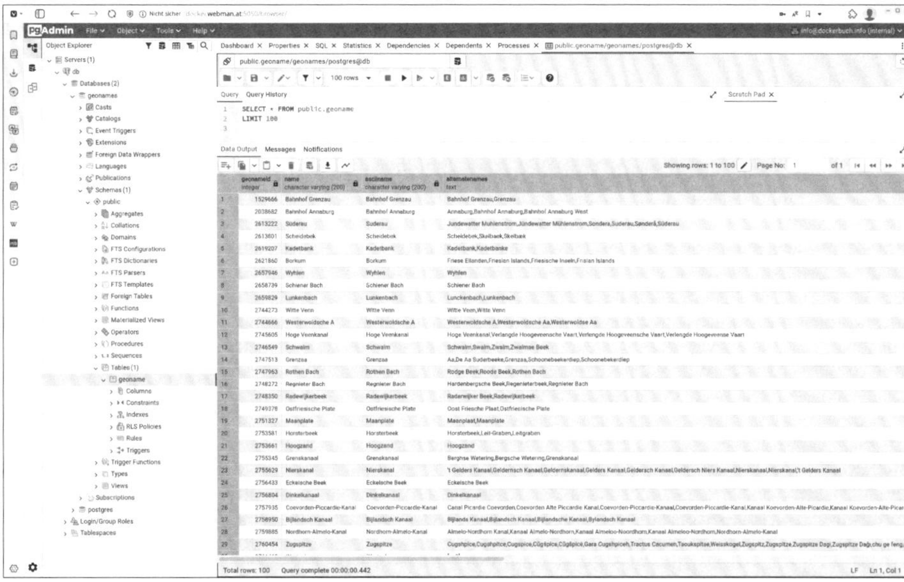


**Abbildung 10.2** Das Web-Frontend »pgAdmin 4« mit der »geonames«-Demo-Datenbank

## Backups mit docker compose

Für Backups gilt auch bei PostgreSQL das Gleiche wie bei MariaDB: Der einfachste Weg, ohne die Datenbank auszuschalten, führt über docker exec:

```
docker exec postgres-db-1 pg_dump --username=postgres \
  geonames > geonames_backup.sql
```

Hier möchten wir Ihnen noch eine weitere Möglichkeit zeigen, mit docker compose komfortabel Backups anzulegen. Dazu erstellen Sie zusätzlich zu der bestehenden compose.yaml eine weitere Konfigurationsdatei. Wir werden sie compose-backup.yaml nennen.

```
# Datei: db/postgresql/compose-backup.yaml
services:
  backup:
    image: postgres:18-alpine
    depends_on:
      - db
    volumes:
      - backup_vol:/backup
```

```
    command: >
      pg_dump --host db -F c -f /backup/geonames.dump
      --username=postgres geonames
    environment:
      PGPASSWORD: geheim
volumes:
  backup_vol:
```

In dieser Datei befindet sich nur der backup-Service. Dieser verwendet das aktuelle PostgreSQL-Image und zeigt mit der depends_on-Anweisung an, dass der Datenbankserver auch gestartet sein muss. Als Kommando für den backup-Service soll nicht die PostgreSQL-Datenbank gestartet werden, sondern pg_dump (hier in der mehrzeiligen YAML-Schreibweise).

Die Backup-Datei wird in /backup/geonames.dump gespeichert. In diesem Fall ist das ein von Docker verwaltetes Volume, Sie können hier natürlich auch ein lokales Verzeichnis Ihres Computers einbinden. Das pg_dump-Kommando liest aus der Umgebungsvariablen PGPASSWORD das Datenbankpasswort aus, das im environment-Abschnitt definiert ist.

Der Trick bei diesem Setup ist, dass docker compose mit beiden Konfigurationsdateien und der run-Anweisung für den backup-Service aufgerufen wird:

```
docker compose -f compose.yaml \
  -f compose-backup.yaml run --rm backup
```

Damit starten Sie einen Container, der den backup-Service ausführt und mithilfe des pg_dump-Kommandos die Sicherung nach /backup speichert. Im Anschluss wird der Container wieder gelöscht (--rm), das Volume bleibt mit dem Backup erhalten.

## 10.3 MongoDB

Mit MongoDB wollen wir nur eine der vielen NoSQL-Datenbanken vorstellen. Im Unterschied zu relationalen Datenbanksystemen verzichten NoSQL-Datenbanken auf Tabellen und feste Strukturen. Daten werden in *Dokumenten* gespeichert, deren Aufbau keinem strengen Schema unterliegt. Das ist einerseits sehr praktisch, weil man sich komplizierte Datenbankschema-Anpassungen spart, kann aber auch zu Verwirrung führen, wenn jedes Dokument eine andere Struktur aufweist.

Gerade im Umfeld von modernen Webapplikationen sind NoSQL-Datenbanken sehr beliebt. Das als Austauschformat zwischen Frontend und Backend verbreitete JSON-Format lässt sich sehr komfortabel, oft ohne es zu modifizieren, in NoSQL-Datenbanken speichern oder aktualisieren.

MongoDB hat außerdem den Ruf, bei sehr großen Datenmengen (Stichwort *Big Data*) gut zu skalieren, selbst da, wo relationale Datenbanken an ihre Grenzen stoßen. Abstriche macht man dafür bei der Transaktionssicherheit und einer möglichen Datenduplizierung.

**NoSQL ausprobieren**

Auch wenn Ihr Webprojekt nicht Millionen von Zugriffen verzeichnen wird, sollten Sie einen Blick auf MongoDB werfen. Für viele Einsatzzwecke ist es eine sehr interessante Alternative zu MySQL/MariaDB oder PostgreSQL.

### Einfaches docker-compose-Setup mit MongoDB



Für das erste Beispiel werden wir, wie im vorangegangenen Abschnitt über PostgreSQL, wieder den Deutschland-Datensatz von Geonames importieren. MongoDB verfügt in der Standardinstallation bereits über einige sehr praktische Funktionen für räumliche Abfragen. Da der Beispieldatensatz georeferenzierte Punkte enthält, können Sie mit MongoDB einfach Abfragen erstellen, wie *Gib mir alle Hotels im Umkreis von einem Kilometer um den Kölner Dom*. Genau das wollen wir im folgenden Beispiel erreichen.

Das offizielle Image auf dem Docker Hub baut auf Debian auf und bietet ebenso wie PostgreSQL und MariaDB die Möglichkeit, eine Datenbank während der Initialisierung einzurichten. Wenig überraschend heißt der Ordner, in dem die Daten dabei vorliegen müssen, wieder `docker-entrypoint-initdb.d`. MongoDB akzeptiert hier allerdings keine Datenbank-Dumps, sondern verlangt entweder Shell-Scripts oder JavaScript-Dateien, die direkt auf diejenige Datenbank angewendet werden, die in der Umgebungsvariablen `MONGO_INITDB_DATABASE` angegeben ist.

Laden Sie sich die CSV-Datei von *http://download.geonames.org/export/dump/DE.zip* herunter, und entpacken Sie sie in einem Verzeichnis namens `init`. Sie haben dort jetzt eine Datei `DE.txt`, die im CSV-Format (mit Tabulatoren getrennt) über 210.000 Punkte in Deutschland enthält. Mit dem kleinen Shell-Script `01_seed.sh` werden Sie diese Daten in die Datenbank »füttern«:

```
# Datei: db/mongo/init/01_seed.sh
mongoimport --db geonames --collection geoname \
  --type tsv \
  --fields=geonameid,\
name,\
asciiname,\
alternatenames,\
latitude,\
```

```
longitude,\
feature_class,\
feature_code,\
country_code,\
cc2,\
admin1_code,\
admin2_code,\
admin3_code,\
admin4_code,\
population,\
elevation,\
dem,\
timezone,\
modification_date\
 /docker-entrypoint-initdb.d/DE.txt
```

Dem mongoimport-Kommando muss die Liste aller Felder in der CSV-Datei übergeben werden, denn der Datensatz enthält keine eigene Kopfzeile mit diesen Angaben (sonst könnten Sie diese mit der Option --headerline übernehmen). Der Name der Datenbank ist geonames, und die Collection heißt geoname. (Eine *Collection* ist in etwa mit einem Ordner für Dokumente vergleichbar.) MongoDB ist hier sehr nachsichtig: Wenn die Datenbank oder die Collection nicht existiert, wird sie erstellt. Der Typ tsv teilt dem Importer mit, dass die Felder durch Tabulatoren und nicht durch andere Trennzeichen (wie etwa Kommata oder Strichpunkte) getrennt sind.

Um räumliche Abfragen zu erstellen, benötigen Sie einen speziellen Index in der Collection. Ein Index vom Typ 2d kann Distanzen auf einer ebenen Oberfläche berechnen; mit dem Typ 2dsphere werden Abstände auf einer erdähnlichen Kugel errechnet. Mit folgendem Script erstellen Sie die notwendige Struktur und den Index:

```
// Datei: db/mongo/init/02_createindex.js
print("Generate GeoJson points...");
let i = 0;

db.geoname.find().forEach(data => {
  i++;
  db.geoname.update( { _id: data._id }, {
    $set: { location: { type: "Point",
      coordinates: [parseFloat(data.longitude), parseFloat(data.
    latitude)] } }
  })
});

print(i + " points done, generate 2d-index...")
db.geoname.createIndex( { location: "2dsphere" } );
```

Die forEach-Schleife läuft über alle Dokumente in der Collection (find() ohne Einschränkung liefert alle Dokumente) und erweitert jedes Dokument um einen location-Eintrag. Hier werden Längen- und Breitengrad-Angaben in dem standardisierten *GeoJSON*-Format gespeichert. Die abschließende Zeile erzeugt den Index vom Typ 2dsphere auf dem location-Feld.

Jetzt fehlt nur noch die compose.yaml-Datei, und das MongoDB-Setup ist bereit:

```
# Datei: db/mongo/compose.yaml
services:
  db:
    image: mongo:5
    volumes:
      - mongo:/data/db
      - ./init:/docker-entrypoint-initdb.d
      - ./queries:/queries
    environment:
      MONGO_INITDB_DATABASE: geonames
volumes:
  mongo:
```



Starten Sie nun das Setup mit docker compose up. Die Ausgabe sollte so ähnlich aussehen wie hier:

```
db-1  | /usr/local/bin/docker-entrypoint.sh:
  running /docker-entrypoint-initdb.d/01_seed.sh
db-1  | {"t":{"$date":"2025-11-11T13:00:55.329+00:00"},...
[...]
db-1  | 2025-11-11T13:00:55.332+0000  connected to:
  mongodb://localhost/
db-1  | 2025-11-11T13:01:01.333+0000  [#############.........]
  geonames.geoname  15.2MB/25.6MB (59.2%)
db-1  | 2025-11-11T13:01:04.332+0000  [#######################.]
  geonames.geoname  24.9MB/25.6MB (97.3%)
db-1  | 2025-11-11T13:01:04.600+0000  [########################]
  geonames.geoname  25.6MB/25.6MB (100.0%)
db-1  | 2025-11-11T13:01:04.600+0000  210628 document(s)
  imported successfully. 0 document(s) failed to import.
[...]
db-1  | /usr/local/bin/docker-entrypoint.sh: running
  /docker-entrypoint-initdb.d/02_createindex.js
db-1  | Generate GeoJson points...
db-1  | 210628 points done, generate 2d-index...
```

Das docker-entrypoint.sh-Script führt die Dateien im init-Verzeichnis in alphabetischer Reihenfolge aus, wodurch die Benennung der Dateien mit 01_seed.sh und

02_createindex.js sinnvoll ist. Wie Sie sehen, wird zuerst das Shell-Script ausgeführt, das die 210.628 Datensätze importiert, und anschließend die JavaScript-Datei, die die GeoJSON-Punkte erzeugt und den Index erstellt.

### Datenbankzugriff

Normalerweise werden Sie auf die Datenbank über eine Programmiersprache zugreifen. In diesem Beispiel wollen wir aber kein Programm schreiben, sondern Abfragen über das mitgelieferte Kommandozeilenprogramm mongosh ausführen. mongosh kann mit einer JavaScript-Datei als Parameter aufgerufen werden, ähnlich wie Sie es schon bei dem Script 02_createindex gesehen haben. Speichern Sie das folgende Script in einem Ordner queries; in der docker compose-Konfiguration haben wir den Ordner schon im Container eingebunden:

```
// Datei: db/mongo/queries/koeln.js
let cathedral = db.geoname.findOne({
  name: /Köln.*Dom/
});

const query = [
  {
    $geoNear: {
      near: cathedral.location,
      spherical: true,
      distanceField: 'dis',
      query: { feature_code: 'HTL' }
    }
  }, {
    $limit: 10
  }
];

let res = db.geoname.aggregate(query);

res.forEach(data => {
  print(Math.round(data.dis)+ "m: " + data.name);
});
```

In dem Script werden zwei Abfragen ausgeführt: Zuerst suchen wir genau ein Dokument (findOne), in dem das Feld name den regulären Ausdruck /Köln.*Dom/ enthält. Das Ergebnis bleibt in der Variablen dom gespeichert.

Die zweite Abfrage verwendet dieses Ergebnis und setzt es in der aggregate-Abfrage bei near ein. Außerdem schränken wir dabei die gesuchten Dokumente über das feature_code-Feld ein.

Abschließend läuft eine `forEach`-Schleife über alle gefundenen Ergebnisse und gibt die Entfernung und den Namen des Hotels an. Das Script können Sie jetzt mit dem `mongosh`-Kommando im Container ausführen:

```
docker compose exec db mongosh geonames /queries/koeln.js
```

```
  90m: Dom Hotel Le Meridien
  121m: Dom Hotel - A Meridien Hotel
  126m: Althoff Dom Hotel Koln
  147m: Sofitel Cologne Mondial Am Dom
  156m: City Class Hotel Europa Am Dom
  166m: Sofitel am Dom
  168m: Eden Früh Am Dom
  185m: Gir Keller Gästehaus
  185m: Altstadthotel Und Apartments Hayk
  185m: Hotel Kunibert Der Fiese
```



Alle, die jetzt auf den Geschmack von MongoDB gekommen sind und sich etwas intensiver mit dieser Datenbank auseinandersetzen wollen, möchten wir auf das sehr nützliche Werkzeug *Compass* hinweisen (siehe Abbildung 10.3):

*https://www.mongodb.com/products/compass*

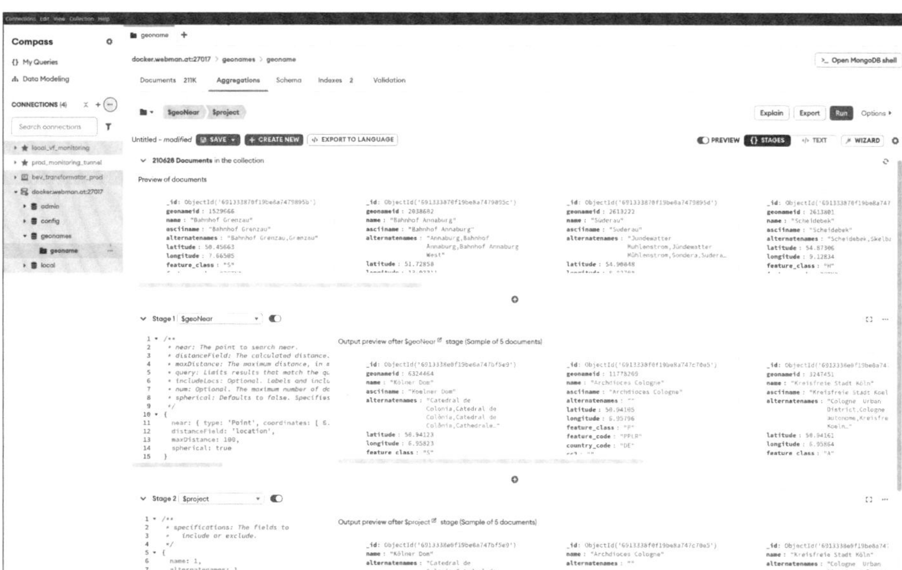


**Abbildung 10.3** Das Programm MongoDB-Compass bei der Erstellung einer Aggregate-Abfrage

In der freien grafischen Benutzeroberfläche können Sie Ihre Mongo-Datenbanken übersichtlich verwalten, und es hilft vor allem bei der Erstellung und Analyse von *Aggregation-Pipelines*, eine sehr mächtige Abfragemöglichkeit, die wir im vorliegenden Beispiel verwendet haben (`$geoNear`).

### MongoDB mit Authentifizierung

In der Standardeinstellung benötigt der Zugriff auf MongoDB keine Authentifizierung. Das klingt im ersten Moment etwas unheimlich, für ein abgeschottetes Setup oder eine reine Entwicklungsumgebung kann es aber ausreichend sein. Bei einem Produktivsystem kann es nicht schaden, auch für MongoDB einen Benutzernamen und ein Passwort zu verlangen.

Um die Authentifizierung zu aktivieren, reicht es, die beiden Umgebungsvariablen `MONGO_INITDB_ROOT_USERNAME` und `MONGO_INITDB_ROOT_PASSWORD` zu setzen. Beim Start des Containers wird dadurch automatisch der Parameter `--auth` an den Datenbankserver übergeben; der Dienst ist dann nur noch mit der entsprechenden Authentifizierung zu erreichen.

Das Start-Script kann auch mit Docker-Secrets umgehen (siehe den Abschnitt »Passwörter und andere Geheimnisse« in Abschnitt 5.3, »Die Datei compose.yaml«). Verwenden Sie dazu einfach statt `MONGO_INITDB_ROOT_PASSWORD` die Variable `MONGO_INITDB_ROOT_PASSWORD_FILE`, ergänzen Sie die `compose.yaml`-Datei um den notwendigen `secrets`-Abschnitt, und speichern Sie die Datei `mongo_root.txt` mit dem Passwort im aktuellen Verzeichnis:

```
# Datei: db/mongo-auth/compose.yaml
services:
  db:
    image: mongo:5
    volumes:
      - mongo:/data/db
      - ./init:/docker-entrypoint-initdb.d
    environment:
      MONGO_INITDB_DATABASE: geonames
      MONGO_INITDB_ROOT_USERNAME: dockerbuch
      MONGO_INITDB_ROOT_PASSWORD_FILE: /run/secrets/mongo_root
    secrets:
      - mongo_root
volumes:
  mongo:
secrets:
  mongo_root:
    file: ./mongo_root.txt
```

Der so erzeugte Superuser wird in der Regel verwendet, um die Rechte für die Benutzer der Datenbanken zu verwalten, aber nicht, um selbst Datenbanken anzulegen und zu befüllen. Wenn Sie die Authentifizierung für die Datenbank aktivieren, ist es also außerdem sinnvoll, beim Start des Containers einen Benutzer mit Schreibrechten für eine Datenbank hinzuzufügen. Wir werden einen Benutzer geonames einrichten, der Schreibzugriff auf die Datenbank geonames erhält. Bei der Ausführung der JavaScript-Dateien im docker-entrypoint-initdb.d-Verzeichnis wird noch keine Authentifizierung verlangt, daher reicht das folgende kurze Script zum Erstellen des Benutzers:

```
// Datei: db/mongo-auth/init/adduser.js
db.createUser({user: 'geonames', pwd: 'geheim',
    roles: [{role: 'readWrite', db: 'geonames'}]});
```



Wenn Sie sich in diesem Setup ohne Angabe von Benutzername und Passwort mit der Datenbank verbinden, können Sie keine Abfragen mehr ausführen:

```
$ docker compose exec db mongosh geonames

  Current Mongosh Log ID: 69133ca5121a42722ace5f46
  Connecting to:     mongodb://127.0.0.1:27017/geonames?dir...
  Using Mongosh:     2.5.8

  For mongosh info see: https://www.mongodb.com/docs/mongodb-s...

  geonames> db.getCollectionNames()
  MongoServerError[Unauthorized]: Command listCollections
  requires authentication
```

Starten Sie das Kommando mit der Angabe des Benutzernamens, so können Sie nach Eingabe des Passworts die mongosh-Shell wie gewohnt verwenden.

```
$ docker compose exec db mongosh -u geonames geonames
  Enter password: ******
  Current Mongosh Log ID: 64a3fba5add2290b6d754d67
  Current Mongosh Log ID: 69133d9b8af85d2085ce5f46
  Connecting to:     mongodb://<credentials>@127.0.0.1:27017/ge...
  Using MongoDB:     8.2.1
  Using Mongosh:     2.5.8
  [...]
geonames> db.getCollectionNames()
[ 'geonames' ]
```

## 10.4 Redis

Redis ist ein leichtgewichtiger Datenbankserver, der einen Key-Value-Speicher im flüchtigen Arbeitsspeicher verwaltet. Wegen der hohen Geschwindigkeit bei Lese- und Schreibzugriffen wird Redis gern für Sessiondaten bei Webanwendungen verwendet. Außerdem kommt Redis häufig in der Funktion eines Full-Page-Cache zum Einsatz, was die Geschwindigkeit von datenbanklastigen Anwendungen merklich beschleunigt. Da Redis Datentypen wie Listen, Sets und Hashtables unterstützt, wird es auch gern im Zusammenhang mit Warteschlangen oder Ranglisten verwendet.

Bei unserem ersten Versuch starten wir das offizielle Redis-Image vom Docker Hub:

```
docker run -d --name rd redis
```

Der Container mit dem Namen `rd` läuft im Hintergrund. Starten Sie nun das Kommandozeilenprogramm `redis-cli` im Redis-Container, um die Datenbank abzufragen:

```
docker exec -it rd redis-cli

  127.0.0.1:6379> get meinKey
  (nil)

  127.0.0.1:6379> set meinKey "Hello world"
  OK

  127.0.0.1:6379> get meinKey
  "Hello world"
```

Mit `get` und `set` können Sie Daten in Redis abfragen beziehungsweise speichern. Unsere erste Abfrage nach dem Wert für den Schlüssel `meinKey` wird mit `(nil)` beantwortet. Das ist wenig verwunderlich, denn diesem Schlüssel ist noch kein Wert zugewiesen. Nachdem wir den Wert `Hello world` mit `set` gespeichert haben, können wir ihn auch erfolgreich abfragen.

**Redis-Volumes**

Redis ist zwar eine In-Memory-Datenbank, die Inhalte können aber trotzdem auf die Festplatte ausgelagert werden, damit sie auch nach einem Serverneustart zur Verfügung stehen. Binden Sie dazu ein Volume unter `/data` ein, Redis kümmert sich um die Speicherung beim Ausschalten.

### Redis-Replikation mit docker compose

Mit dem Begriff *Datenbankreplikation* verbindet man oft eine aufwendige Installation oder eine komplexe Konfiguration. Redis und Docker zeigen uns, dass das nicht so sein muss. Das Setup für die Installation einer Master-Slave-Replikation könnte nicht einfacher sein:

```
# Datei: db/redis/compose.yaml
services:
  rd-master:
    image: redis:8
  rd-slave:
    image: redis:8
    command: redis-server --slaveof rd-master 6379
```

In `compose.yaml` werden zwei Services definiert: `rd-master` und `rd-slave`. Beide verwenden das aktuelle `redis:8`-Image vom Docker Hub.



Der Unterschied zwischen den beiden Services besteht nur im Startkommando des Containers. Während der Master die Datenbank regulär startet, übergibt der Slave den Parameter `--slaveof rd-master 6379`. Sie haben natürlich gleich erkannt, dass es sich dabei um den Host-Namen (im `docker compose`-Netzwerk) und den Port des Masters handelt.

Öffnen Sie nun zwei Terminalfenster nebeneinander. In einem Fenster verbinden Sie sich mit dem Master, im zweiten mit dem Slave. Führen Sie dann am Slave die `SUBSCRIBE`-Funktion von Redis aus, die auf Nachrichten zu einem bestimmten Thema wartet:

```
docker compose exec rd-slave redis-cli

  127.0.0.1:6379> SUBSCRIBE meinKanal
  1) "subscribe"
  2) "meinKanal"
  3) (integer) 1
  Reading messages... (press Ctrl-C to quit or any key to type...
```

Am Master führen Sie das `PUBLISH`-Kommando mit den Parametern `meinKanal` (der Kanal für diese Nachricht) und einer Zeichenkette als Nachricht aus:

```
docker compose exec rd-master redis-cli

  127.0.0.1:6379> PUBLISH meinKanal "Testnachricht vom Master"
  (integer) 0
```

Sie sollten jetzt im Terminalfenster mit der Slave-Verbindung die Nachricht sehen.

# Kapitel 11
# Programmiersprachen

Das vorliegende Kapitel behandelt einige aktuelle Programmiersprachen und zeigt Beispiele dafür, wie Sie sie in Kombination mit Docker verwenden können. Ein sehr kurzes Beispielprogramm zieht sich durch das ganze Kapitel: Es lädt die Nachrichtenseite der beliebten Heise-News (*https://heise.de/newsticker*), extrahiert die News-Überschriften und gibt sie auf der Konsole aus. Das Beispiel lässt sich in allen Programmiersprachen mit sehr wenig Code umsetzen, und wir verwenden immer externe Bibliotheken, um Ihnen die Installation im `Dockerfile` zu illustrieren. Damit das Beispiel funktioniert, benötigen Sie natürlich eine Internetverbindung.



Wir behandeln in diesem Kapitel die folgenden Sprachen:

- JavaScript (Node.js)
- Java
- PHP
- Ruby
- Python
- Go

Vielleicht wundern Sie sich, warum hier Programmiersprachen wie C oder C++ fehlen. Das hat damit zu tun, dass diese Sprachen für den Docker-Einsatz nicht so gut geeignet sind. Normalerweise ist es in solchen Fällen zweckmäßig, den jeweiligen Compiler lokal zu installieren. Der in C oder C++ entwickelte Code wird damit kompiliert. Das Kompilat kann anschließend eigenständig (also ohne eine Runtime-Umgebung) weitergegeben werden. Dieser Prozess wird durch Docker auch nicht einfacher.

## 11.1 JavaScript (Node.js)

JavaScript, eine interpretierte High-Level-Programmiersprache, erreichte durch den Einsatz in Webbrowsern große Verbreitung. Früher nur für relativ kleine interaktive Elemente in Webseiten verwendet, hat sich JavaScript heute zu einer beliebten

Sprache sowohl in der Client- als auch in der Serverprogrammierung entwickelt. Die Möglichkeit, sowohl Backend als auch Frontend in einer Programmiersprache zu entwickeln und dabei die gleichen Bibliotheken zu verwenden, ist sehr attraktiv.

Wollen Sie JavaScript ohne einen Browser verwenden, benötigen Sie einen eigenständigen Interpreter. Mit *Node.js* gibt es dabei eine unter der MIT-Lizenz veröffentlichte Open-Source-Software, die sich großer Beliebtheit erfreut.

Im Node.js-Release-Plan werden LTS-Versionen mit einer geraden Versionsnummer (14.x, 16.x, 18.x, 20.x) gekennzeichnet, wobei der gerade aktuelle LTS-Zweig die Versionsnummer 20 trägt und bis Ende April 2026 mit Sicherheits-Updates versorgt wird.

Da der Kern von Node.js bewusst sehr schlank gehalten wird, verwendet man für häufige Operationen wie den Datentransfer via HTTP oder das Lesen und Schreiben von Dateien kleine Bibliotheken. Damit Sie hier nicht den Überblick zu verlieren, liefert Node.js den Paketmanager `npm` mit, der diese Bibliotheken und ihre Abhängigkeiten voneinander verwaltet.

Bei der weiten Verbreitung von Node.js in modernen Anwendungen versteht es sich fast von selbst, dass fertige Images auf dem Docker Hub zur Verfügung stehen. Das Standard-Image baut auf Debian Linux auf (wobei für alle unterstützten Node.js-Versionen auch unterschiedliche Debian-Versionen angeboten werden), es gibt aber auch sehr schlanke Versionen für Alpine Linux.

### Node.js ausprobieren

Wenn Sie den Node.js-Interpreter schnell mit einem Einzeiler ausprobieren möchten, können Sie folgendes Kommando absetzen:

```
docker run --rm node:24 node -e \
  'console.log(Math.max(2, 4, 6, 1, 0));'
```

Das `docker run`-Kommando lädt die Version 20 des Node.js-Image vom Docker Hub und startet einen Container, in dem `node` aufgerufen wird. Die mit `-e` übergebene Zeichenkette mit JavaScript-Anweisungen wird dann vom Interpreter ausgeführt. In diesem Beispiel wird die höchste Zahl einer Liste mit der integrierten Funktion `Math.max` ermittelt und mit `console.log` am Bildschirm ausgegeben.

### printheadlines: Node.js-Script als Docker-Image verpacken

Das folgende Beispiel zeigt, wie Sie ein Node.js-Script als Docker-Image verpacken. Das sehr kleine Testprogramm gibt die Schlagzeilen des Heise-Newstickers als Text in der Konsole aus.

Legen Sie ein neues Verzeichnis an, und speichern Sie dort die Datei printheadlines.js mit folgendem Inhalt ab:

```
// Datei: prog/nodejs/printheadlines.js
const Parser = require('rss-parser')
  parser = new Parser();

parser.parseURL('https://www.heise.de/newsticker/heise-atom.xml')
  .then(feed => {
    feed.items.forEach(entry => {
      console.log("* [%s]: %s",
        new Date(entry.pubDate).toISOString().replace('T', ' ')
          .slice(0, 19),
        entry.title);
    })
  });
```



Der Quellcode ist nicht sehr kompliziert: Zu Beginn wird die Bibliothek rss-parser geladen, die wiederum den Newsfeed des Heise-Newstickers lädt (parseURL()). Ist die Anfrage erfolgreich, gibt die Variable feed Zugriff auf das XML-Dokument.

Die einzelnen News-Einträge sind in der Variablen feed.items gespeichert. Die forEach-Schleife läuft über alle Einträge und gibt den Titel (entry.title) und ein formatiertes Datum mit der console.log-Funktion aus.

Node.js-Projekte verwenden eine Konfigurationsdatei mit dem Namen package.json, die Sie von Hand erstellen können. Wesentlich einfacher gelingt dies aber mit dem Paketmanager npm: Dazu starten Sie eine interaktive Shell in einem Container mit node:20 und mounten das aktuelle Verzeichnis in diesem Container unter dem Verzeichnis /src. Die Angabe von -u "$(id -u):$(id -g)" lässt den Container unter Ihrer Benutzer- und Gruppenkennung laufen, wodurch die erzeugten Dateien Ihnen gehören:

```
docker run -it --rm -w /src -v "$(pwd)":/src \
  -u "$(id -u):$(id -g)" node:24 bash
```

Jetzt können Sie in diesem Container die package.json-Datei mit dem Kommando npm init -y erzeugen. -y bewirkt, dass die Standardeinstellungen ohne Rückfragen in der Datei gespeichert werden. Anschließend installieren Sie die erforderliche Bibliothek rss-parser mit dem Kommando npm i rss-parser. Bei der Installation werden die Abhängigkeiten unseres Programms von diesen Bibliotheken in der Datei package.json hinzugefügt. Wenn die Installation erfolgreich war, können Sie das Programm node printheadlines.js ausprobieren.

Um ein eigenes Docker-Image zu erzeugen, das die Node.js-Runtime, alle Bibliotheken und das eigene Script enthält, können Sie jetzt ein `Dockerfile` erstellen:

```
# Datei: prog/nodejs/Dockerfile (docbuc/printheadlines:node)
FROM node:24
WORKDIR /src
RUN chown node:node /src
USER node
COPY --chown=node:node package.json package-lock.json /src/
RUN npm i
COPY printheadlines.js /src/
CMD [ "node", "printheadlines.js" ]
```

Mit dem Kommando `docker build -t docbuc/printheadlines:node .` erzeugen Sie das Image, und mit `docker run docbuc/printheadlines:node` starten Sie von dem Image einen Container, der die Nachrichten des Heise-Newstickers auf der Konsole ausgibt. Hier sehen Sie eine gekürzte Ansicht:

```
* [2025-11-11 20:10:00]: Bundesregierung: IT-Sicherheit im Kan...
* [2025-11-11 19:36:00]: Gigawattstunden-Netzspeicher wird in ...
* [2025-11-11 19:03:00]: 5,5 Milliarden Euro: Googles "BIP-Boo...
* [2025-11-11 19:00:00]: Top 10: Der beste Mini-Beamer mit Akk...
* [2025-11-11 17:00:00]: Ein erster Ausblick auf den Mercedes ...
* [2025-11-11 16:07:00]: CNCF standardisiert KI-Infrastruktur ...
[...]
```

In dem sehr kurzen `Dockerfile` ändern wir zunächst den Besitzer des Verzeichnisses `/src` in den Benutzer `node` und wechseln zu dieser Benutzerkennung. Daraufhin kopieren wir die `package*`-Dateien (wieder mit der Änderung des Besitzers), installieren die Node.js-Module und kopieren anschließend das eigentliche Programm nach `/src`.

Diese Vorgehensweise macht sich vor allem dann bezahlt, wenn Sie den JavaScript-Code verändern und das Image neu erzeugen. Docker greift dann nämlich auf die Cache-Funktion zurück und installiert die Node.js-Module nicht bei jedem `docker build`-Aufruf von Neuem. Kopieren Sie hingegen Ihren Quellcode bereits vor dem Installieren der Module, wird der Cache ungültig, und `npm i` wird bei jeder Veränderung Ihres Programms erneut ausgeführt.

**Mehr Beispiele**

Weitere Beispiele für wesentlich komplexere Node.js-Projekte folgen in Kapitel 13, »Eine moderne Webapplikation«, sowie in Kapitel 16, »Modernisierung einer traditionellen Applikation«.

## 11.2 Java

Seit vielen Jahren ist Java im *TIOBE-Index* der am meisten verwendeten Programmiersprachen im Spitzenfeld zu finden. Java ist eine objektorientierte Sprache, die mit großem Augenmerk auf Portabilität entwickelt wurde. Heute läuft Java-Code quasi überall: auf Großrechnern genauso wie auf dem Smartphone. Java eignet sich gut für Programmierneulinge, lässt aber in vielen Bereichen eine elegantere Schreibweise vermissen. Hier sind moderne Programmiersprachen wie Ruby oder aktuelle JavaScript-Versionen angenehmer in der Anwendung.

Java ist als kompilierte Sprache mit riesigen Bibliotheken eigentlich nicht für den Docker-Einsatz prädestiniert. Aber seit Oracle die glorreiche Idee hatte, Entwickler und Linux-Distributoren mit halbjährlichen Major-Releases in den Wahnsinn zu treiben, stellt Docker eine gute Möglichkeit dar, einzelne Projekte unabhängig voneinander in dafür geeigneten Java-Releases auszuführen bzw. weiterzuentwickeln.



Lange Zeit pflegte die Firma Red Hat die OpenJDK-Implementierung des Java Developer Kits als quasi offizielles Docker-Image. Im Juni 2022 gab Red Hat bekannt, dass dieses Image jetzt als veraltet (*deprecated*) gilt und nicht mehr gepflegt wird:

*https://hub.docker.com/_/openjdk*

Die empfohlene Alternative ist das Docker-Image `eclipse-temurin`, das von Adoptium, einem Projekt der Eclipse Foundation, betreut wird – Sie merken schon, es wird nicht einfacher:

*https://hub.docker.com/_/eclipse-temurin*

Im November 2025 standen dort die Major-Versionen 8, 11, 17, 21 und 25 zur Auswahl, wobei 25 als die zu diesem Zeitpunkt stabile Version als *latest* gekennzeichnet war. Die Anzahl der unterschiedlichen Build-Varianten für die vier Versionen ist dermaßen groß, dass sie auf der Docker-Hub-Website gar nicht mehr angezeigt wird. Es finden sich darunter Builds auf Basis unterschiedlicher Versionen von `WindowsServerCore` sowie verschiedene Linux-Distributionen.

### printheadlines-Beispiel

Leider konnten wir für Java keine einfach zu installierende und aktuelle RSS-Bibliothek finden. Daher werden wir im folgenden Beispiel die Nachrichten direkt aus der Website des Heise-Newstickers extrahieren. Wir verwenden dazu eine Zusatzbibliothek, *jsoup*, die es Ihnen ermöglicht, den DOM-Baum eines HTML-Dokuments anhand von Tags und CSS-Klassen zu durchsuchen. Der Nachteil an dieser Vorgehensweise ist, dass dieses Programm nicht mehr funktioniert, sobald der Website-Betreiber das Design ändert, sprich, die CSS-Klassen umbenennt. Hier sehen Sie die Java-Klasse zum Extrahieren der Nachrichtenliste:

```
// Datei: prog/java/printheadlines.java
import org.jsoup.Jsoup;
import org.jsoup.nodes.Document;
import org.jsoup.nodes.Element;
import org.jsoup.select.Elements;
import java.io.IOException;

public class printheadlines {
  private static String url = "https://heise.de/newsticker/";
  void main() throws IOException {
    IO.println("Fetching "+ url);

    Document doc = Jsoup.connect(url).get();
    Elements news = doc.select("article.a-article-teaser");

    IO.println("\nNews: "+ news.size());
    for (Element item : news) {
      IO.println("* "+ item.text());
    }
  }
}
```

In der main-Funktion unseres kleinen Java-Programms laden wir zuerst die HTML-Seite mit der jsoup-Funktion connect(url).get(). Der folgende Aufruf doc.select erzeugt eine Liste von HTML-Elementen, die zu der CSS-Anweisung passen. In der for-Schleife werden die Elemente auf dem Bildschirm ausgegeben, wobei die text()-Funktion von jsoup Leerzeichen und andere HTML-Tags innerhalb des Elements entfernt.

Bei Java ist es üblich, externe Bibliotheken als Jar-Dateien herunterzuladen und im Classpath sowohl beim Kompilieren als auch bei der Ausführung anzugeben. In unserem Dockerfile werden wir die Bibliothek in der zurzeit aktuellen Version 1.21.2 von der Website des Projekts herunterladen und im Docker-Image speichern. Außerdem werden wir beim Erzeugen des Docker-Images den Quellcode übersetzen, sodass ein abgeleiteter Container Zugriff auf das fertig kompilierte Programm hat.

```
# Datei: prog/java/Dockerfile (docbuc/printheadlines:java)
FROM eclipse-temurin:25
RUN adduser -r java
WORKDIR /src
RUN chown java /src
USER java
ENV JSOUP_VER=1.21.2
ADD --chown=java:java \
  https://jsoup.org/packages/jsoup-$JSOUP_VER.jar /src
```

```
COPY printheadlines.java /src/
RUN javac -verbose -cp /src/jsoup-$JSOUP_VER.jar:. \
  printheadlines.java
SHELL ["/bin/bash", "-c"]
CMD java -cp jsoup-$JSOUP_VER.jar:. printheadlines
```

Aus Sicherheitsgründen wollen wir den Container nicht als `root`-Benutzer laufen lassen. Da es keinen geeigneten unprivilegierten Benutzer im `eclipse-temurin`-Image gibt, erstellen wir den Benutzer mit dem `adduser`-Kommando, wobei der `-r` Parameter festlegt, dass der Benutzer ein Systembenutzer wird und damit keinen normalen Login erhält.

Die Angabe einer Umgebungsvariablen, in diesem Fall `JSOUP_VER`, ist praktisch, wenn Sie die Bibliothek zu einem späteren Zeitpunkt aktualisieren möchten. Solange die Struktur der Download-Links gleich bleibt, reicht es dann aus, die Versionsnummer anzupassen.



Für den ersten Versuch verwenden wir die Version 25 des Java Developer Kits, die aktuell (Stand: November 2025) als `latest` gekennzeichnet ist. Wenn Sie dieses Buch in den Händen halten, wird sich das aber wohl schon geändert haben: Oracle hat den Entwicklungszyklus deutlich beschleunigt und bringt halbjährlich neue Major-Versionen auf den Markt.

Egal, wie diese Entwicklung weitergeht, mit Docker haben Sie das ideale Werkzeug an der Hand, um Ihre Software mit unterschiedlichen Java-Versionen zu testen und auszuliefern. Ändern Sie einfach die Versionsnummer des offiziellen Docker-Images in Ihrem `Dockerfile` von 25 in 17, und Sie testen mit einer anderen Java-Version. Parallele Installationen unterschiedlicher Versionen des Java Developer Kits in einem Betriebssystem sind zwar prinzipiell möglich, machen aber in der Praxis immer wieder Schwierigkeiten. Docker ist wie geschaffen, um Ihnen dabei Ärger zu ersparen.

Erzeugen Sie das Docker-Image mit `docker build -t docbuc/printheadlines:java .`, und führen Sie es anschließend mit `docker run docbuc/printheadlines:java` aus. Hier sehen Sie die leicht gekürzte Ausgabe des Build-Prozesses:

```
[1/7] FROM docker.io/library/eclipse-temurin:25@sha256:b457b00...
[2/7] RUN useradd -r java
[3/7] WORKDIR /src
[4/7] RUN chown java /src
[5/7] RUN curl -SL https://jsoup.org/packages/jsoup-1.21.2.jar...
[6/7] COPY printheadlines.java /src/
[7/7] RUN javac -cp /src/jsoup-1.21.2.jar:.   printheadlines.java
exporting to image
=> exporting layers
=> writing image sha256:ad2f139e6157c53b7f2c0156b8ade075c101a7...
=> naming to docker.io/library/printheadlines:java
```

Versuchen Sie, die Java-Version in Ihrem `Dockerfile` zu ändern. Unsere Versuche mit der älteren Version 17 schlugen erwartungsgemäß fehl, weil wir in unserem Programm neue Syntax-Elemente aus Java 25 verwenden.

## 11.3 PHP

Ein bisschen in die Jahre gekommen, aber immer noch weitverbreitet: PHP hält sich schon erstaunlich lange als Programmiersprache für Webapplikationen. Mit der aktuellen Version 8 hält sogar die Möglichkeit, Variablen strikt zu typisieren, Einzug in die Sprache.

Meist wird PHP in Verbindung mit einem Webserver verwendet, entweder als integriertes Modul (Apache) oder als externer Prozess mit dem *FastCGI Process Manager*. Prinzipiell kann PHP aber auch als Programmiersprache auf der Kommandozeile verwendet werden. Wir werden beide Varianten beschreiben.

### Offizielle PHP-Docker-Images

Die Auswahl an Varianten des offiziellen Docker-Images von PHP ist beeindruckend lang. Einige Varianten sind:

- **8-cli:** die aktuelle Version mit dem Kommandozeilen-Interpreter
- **8-apache:** der Apache Webserver mit dem PHP-8-Modul (HTTP auf Port 80)
- **8-fpm:** der *FastCGI Process Manager* (FPM) mit PHP 8 (auf Port 9000)
- **8-zts:** der Kommandozeilen-Interpreter mit der neuen *Zend Thread Safety*
- **8-alpine:** der Kommandozeilen-Interpreter im schlanken Alpine Linux
- **8-fpm-alpine:** der FPM in Alpine Linux

Die ersten vier Images bauen auf Debian Bookworm auf, während die *alpine*-Varianten mit Alpine Linux als Basis-Image erzeugt wurden.

### PHP als Kommandozeilenprogramm

Mit dem folgenden Beispiel können Sie, wie schon im vorangegangenen Node.js-Beispiel, den RSS-Feed der Nachrichtenseite von *https://heise.de/newsticker* laden und den Text der Schlagzeilen extrahieren. Ebenso wie bei Node.js verwenden wir eine externe Bibliothek, um den XML-Code zu verarbeiten, in diesem Fall `zend-feed` und `zend-http` aus dem Zend-Framework.

Für die Installation von PHP-Paketen und deren Abhängigkeiten wird seit einiger Zeit häufig ein Werkzeug mit dem Namen *Composer* eingesetzt. Leider ist es nicht im Standardumfang von PHP enthalten, weshalb wir ein eigenes Docker-Image auf Basis von Debian Bookworm erstellen werden. Die Standardpaketquellen von Debian enthalten sowohl PHP 8 als auch das Composer-Werkzeug. Sie brauchen also nur den Paketmanager zu starten und die notwendigen Pakete zu installieren:

```
# Datei: prog/php/Dockerfile (docbuc/printheadlines:php)
FROM debian:trixie-slim
RUN apt-get update && apt-get install -y --no-install-recommends\
  composer \
  php8.4 \
  php8.4-dom \
  php8.4-zip \
  unzip \
  && rm -rf /var/lib/apt/lists/*
RUN useradd -ms /bin/bash php8
WORKDIR /home/php8
USER php8
RUN composer require zendframework/zend-feed \
  zendframework/zend-http
COPY printheadlines.php ./
CMD ["php", "printheadlines.php"]
```

Starten Sie das Beispiel mit dem `debian:trixie-slim`-Basis-Image; es enthält alle benötigten Bibliotheken, und Sie erhalten ein kleineres Image als Ergebnis. Bei den *Slim Builds* wird versucht, möglichst viele Dateien, die nicht unbedingt in Docker-Images benötigt werden (z. B. die Hilfetexte), aus dem System zu entfernen. Die Slim-Variante wird dadurch deutlich kleiner (ca. 79 MByte) als das Original-Image (ca. 120 MByte).

Bei der Installation der Debian-Pakete mit dem bereits bekannten Kommando `apt-get` verwenden Sie dieses Mal außerdem den Schalter `--no-install-recommends`. Normalerweise installiert `apt-get` auch die Pakete, die für die Ausführung nicht unbedingt notwendig sind, die Paketbetreuer aber zusätzlich empfehlen. Im vorliegenden Beispiel wäre das unter anderem der Apache Webserver, auf den Sie hier verzichten können.

Das Composer-Programm warnt eindrücklich davor, es mit `root`-Rechten auszuführen. Fügen Sie daher mit `useradd` einen neuen Benutzer im Container hinzu. Nachdem Sie das `WORKDIR` auf das Heimatverzeichnis des neuen Benutzers gesetzt haben, wechseln Sie im `Dockerfile` zu der neuen Benutzerkennung und installieren mit dem Composer die gewünschten Module (`zendframework/zend-feed` und `zendframework/zend-http`).

Abschließend kopieren Sie das kurze `printheadlines.php`-Script nach `/home/php8` und starten es zusammen mit dem Container:

```
<?php
// Datei: php/printheadlines.php
use Zend\Feed\Reader\Reader;
```

```
require 'vendor/autoload.php';
$feed = Reader::import(
  'https://www.heise.de/newsticker/heise-atom.xml');
foreach($feed as $entry) {
  printf("* [%s]: %s\n",
    $entry->getDateModified()->format("Y-m-d H:i:s"),
    $entry->getTitle());
}
```

Das Reader-Modul aus dem Zend-Framework liest das XML-Dokument vom Heise-Webserver ein und stellt ein Array von Einträgen bereit. In der `foreach`-Schleife werden, wie schon bei den vorangegangenen Beispielen, das formatierte Datum und der Titel des Eintrags ausgegeben.

Um das Docker-Image für die PHP-Variante zu erzeugen und anschließend zu starten, verwenden Sie folgende Kommandos:

```
docker build -t docbuc/printheadlines:php .
docker run docbuc/printheadlines:php
```

### PHP mit Webservern (Exif-Beispiel)

Wie bereits eingangs erwähnt, spielt PHP hauptsächlich in Verbindung mit Webservern eine wichtige Rolle. Sowohl für die beliebte Kombination aus Apache und PHP als auch für das noch nicht so verbreitete, aber immer öfter verwendete Setup aus Nginx und PHP mit dem *FastCGI Process Manager* (FPM) gibt es fertige Docker-Images.

In der Docker-Umgebung ist die FPM-Variante deswegen sehr beliebt, weil der PHP-Prozess, dem Microservice-Gedanken folgend, vom Webserver abgekoppelt ist. Damit läuft er in einem eigenen Container und kann so unabhängig davon skaliert werden.

Das folgende Beispiel mit der Nginx/PHP-FPM-Kombination liest die Meta-Informationen eines Digitalfotos aus und zeigt diese an (siehe Abbildung 11.1). Dazu muss in PHP das Exif-Modul installiert werden, was mit dem vorgefertigten Script `docker-php-ext-install` eine einfache Übung ist.

Wenn Sie sich die lästige Mühe ersparen wollen, HTML-Code selbst zu schreiben, können Sie eine externe PHP-Bibliothek verwenden, die die einfache Markdown-Syntax in HTML umsetzt. Das PHP-Script zum Erzeugen der HTML-Seite sieht dann folgendermaßen aus:

```
<?php
// Datei: prog/php-fpm/www/index.php
require 'vendor/autoload.php';
$Parsedown = new Parsedown();
$img = 'wing.jpg';
```

```
$exif = exif_read_data($img);

// Markdown-Code einlesen
$md =  <<<EOD
![pic]($img)

# Exif Info:

* Kamera: {$exif['Make']}/{$exif['Model']}
* Aufnahmedatum: {$exif['DateTimeOriginal']}
* Belichtungszeit: {$exif['ExposureTime']}
* Blende: {$exif['FNumber']}
* ISO: {$exif['ISOSpeedRatings']}
EOD;

// Markdown-Code in HTML umwandeln und ausgeben
echo $Parsedown->text($md);
```



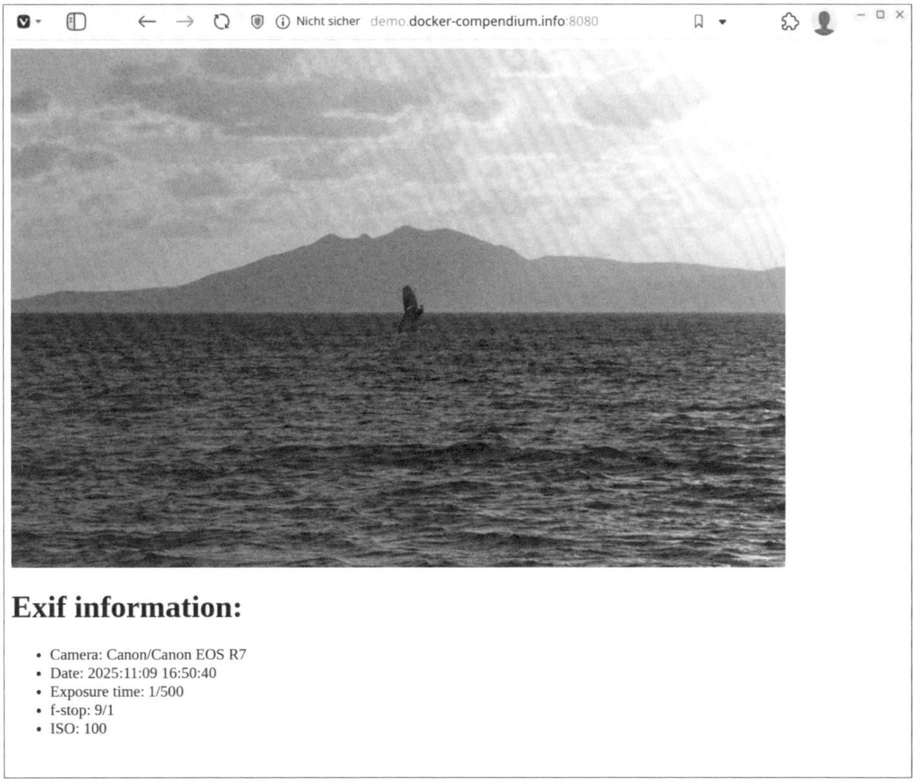


**Abbildung 11.1** Die Anzeige der Exif-Daten eines Digitalfotos im Browser

### Dockerfile für das Exif-Beispiel

Im Docker-Image müssen Sie sowohl die `composer`-Erweiterung als auch das Exif-Modul installieren:

```
# Datei: prog/php-fpm/Dockerfile (docbuc/php-fpm:alpine-exif)
FROM php:8-fpm-alpine
RUN curl -sS https://getcomposer.org/installer \
  | php -- --install-dir=/usr/bin --filename=composer
RUN docker-php-ext-install exif
WORKDIR /var/www/html
COPY www/ /var/www/html/
RUN chown -R www-data /var/www/html
USER www-data
RUN composer require erusev/parsedown
VOLUME [ "/var/www/html", "/var/www/html/vendor" ]
```

Das Beispiel verwendet das offizielle PHP-8-Image in der Variante FPM auf Basis von Alpine Linux. Für die hier vorliegende Aufgabenstellung reicht das reduzierte Alpine Linux vollkommen aus. Mit rund 78 MByte ist das PHP-Image sehr kompakt.

Als ersten Schritt installieren Sie den Paketmanager *Composer* mit dem Installations-Script von seiner Website *https://getcomposer.org*. Das ist besonders einfach, da das Installations-Script in PHP ausgeführt wird und keine weiteren Abhängigkeiten enthält.

Als Nächstes wird das Exif-Modul für PHP installiert. Das Script `docker-php-ext-install` kümmert sich um die Abhängigkeiten, die das Modul hat, kompiliert und installiert die notwendige C-Bibliothek und entfernt anschließend die nicht mehr benötigten Pakete wieder aus dem Docker-Image. Dadurch wird das abgeleitete Image nur geringfügig größer als das Basis-Image.

Das folgende Listing zeigt eine gekürzte Fassung der Bildschirmausgabe während des Build-Prozesses für das Image:

```
docker build .
  ...
  [+] Building 19.9s (12/12) FINISHED
   => [internal] load build definition from Dockerfile
   => => transferring dockerfile: 382B
   => [internal] load metadata for docker.io/library/php:8-fpm...
   => [internal] load .dockerignore
   => => transferring context: 2B
   => [internal] load build context
   => => transferring context: 111.51kB
   => CACHED [1/7] FROM docker.io/library/php:8-fpm-alpine@sha...
   => [2/7] RUN curl -sS https://getcomposer.org/installer   |...
```

```
=> [3/7] RUN docker-php-ext-install exif
=> [4/7] WORKDIR /var/www/html
=> [5/7] COPY www/ /var/www/html/
=> [6/7] RUN chown -R www-data /var/www/html
=> [7/7] RUN composer require erusev/parsedown
=> exporting to image
=> => exporting layers
=> => writing image sha256:9220f56bf339b4925deeca5e7d54d9c7cd
...
```

Nach der Exif-Installation verwenden Sie als Arbeitsverzeichnis (`WORKDIR`) im `Dockerfile` das Verzeichnis, in dem der Webserver die Dokumente findet. `docker build` kopiert anschließend den Inhalt des lokalen `www`-Verzeichnisses dorthin und installiert das Composer-Modul `erusev/parsedown` an dieser Stelle.

Zuvor ändern Sie noch die Zugriffsrechte für die Dateien unterhalb von `/var/www/html` so, dass der Benutzer `www-data` hier Schreibrechte hat, und wechseln zu dieser Benutzerkennung.

*Parsedown* ermöglicht, wie schon eingangs erwähnt, die Umsetzung von Markdown-Syntax in HTML. Abschließend werden noch die zwei Volumes `/var/www/html` und `/var/www/html/vendor` erzeugt, wobei Zweiteres der Installationsort für Composer-Module ist.

### compose.yaml für das Exif-Beispiel

Die Trennung der beiden Verzeichnisse in zwei verschiedene Volumes wird klar, wenn wir uns die folgenden `compose`-Dateien anschauen:

```
# Datei: prog/php-fpm/compose.yaml
services:
  php:
    build: .
    image: docbuc/php-fpm:alpine-exif
    volumes:
      - www:/var/www/html
      - vendor:/var/www/html/vendor
  nginx:
    image: nginx:1
    volumes:
      - ./default.conf:/etc/nginx/conf.d/default.conf
      - www:/var/www/html
      - vendor:/var/www/html/vendor

    ports:
      - 8080:80
```

```
volumes:
  vendor:
  www:
```

Die obige compose.yaml-Datei könnte ein Produktivsystem darstellen. Alle Dateien sind in von Docker verwalteten Volumes untergebracht. Damit läuft der Server unabhängig vom lokalen Dateisystem. Bei der Applikationsentwicklung ist das Setup etwas mühsam: Um ein Update von Ihren Änderungen zu erhalten, müssen Sie das Image neu erzeugen (docker compose build php), den bestehenden Service stoppen und löschen (docker compose stop && docker compose rm) und anschließend den Service neu starten (docker compose up).

Docker bietet aber auch die Möglichkeit, mit einer weiteren compose-Datei die bestehende Konfiguration zu erweitern beziehungsweise zu überschreiben. Dazu legen Sie eine weitere Datei mit dem Namen compose.override.yaml im Projektverzeichnis an:

```
# Datei: prog/php-fpm/compose.override.yaml
services:
  php:
    volumes:
      - ./www:/var/www/html
  nginx:
    volumes:
      - ./www:/var/www/html
```

Beim Aufruf von docker compose wird die Datei compose.override.yaml erkannt und in die Konfiguration eingebracht. Im vorliegenden Fall wird dabei das von Docker verwaltete Volume www mit einem bind mount auf das lokale Verzeichnis ./www überschrieben (beachten Sie das führende ./). Alle Änderungen, die Sie jetzt an Dateien im Verzeichnis www vornehmen, können Sie unmittelbar durch einen Browser-Reload ausprobieren, so wie man sich das in einer Entwicklungsumgebung vorstellt. Dabei müssen die vom Composer installierten Bibliotheken nicht in das www/-Verzeichnis kopiert werden, weil dieses ja ein eigenes Docker-Volume ist.

## 11.4 Ruby

Die Entwicklung von Ruby als objektorientierte Programmiersprache begann bereits im Jahr 1993, große Bekanntheit erlangte die Sprache allerdings erst um 2005, als *Ruby on Rails* das Licht des Internets erblickte. Das auf dem Model-View-Controller-Paradigma beruhende Framework für Webapplikationen wurde begeistert aufgenommen, und noch heute finden sich viele bedeutende Webanwendungen, die auf dieser Basis entwickelt werden – beispielsweise Airbnb, GitHub, Hulu oder Kickstarter.

### printheadlines-Beispiel

Wie schon bei den vorangegangenen Programmiersprachen zeigen wir Ihnen den Einsatz von Ruby anhand eines Beispiels. Zum Verarbeiten des schon bekannten RSS-Feeds vom Heise-Newsticker verwenden wir in Ruby die RSS-Bibliothek.

Bibliotheken werden bei Ruby als *Gems* (Schmuckstücke oder Juwelen) bezeichnet. Davon leitet sich auch der Name des Paketmanagers ab. Normalerweise würden Sie die RSS-Bibliothek mit dem Aufruf von `gem install rss` installieren, aber im offiziellen Docker-Image von Ruby ist dieses Gem bereits enthalten. Das `Dockerfile` für dieses Beispiel ist daher besonders kurz:

```
# Datei: prog/ruby/Dockerfile (docbuc/printheadlines:ruby)
FROM ruby:3
WORKDIR /src
COPY printheadlines.rb /src/
USER www-data
CMD [ "ruby", "printheadlines.rb" ]
```



Das Ruby-Programm zum Verarbeiten der Nachrichten benötigt ebenfalls nur wenige Zeilen (beachten Sie, dass die Zeilenumbrüche beim Backslash hier dem Buchdruck geschuldet sind, der Code ist aber auch so lauffähig):

```
require 'rss'
require 'time'

feed = RSS::Parser.parse("https://www.heise.de/newsticker/"\
       "heise-atom.xml")
feed.items.each do |item|
    d = Time.parse(item.updated.content.to_s)
    puts "* [#{d.strftime('%Y-%m-%d %H:%M:%S')}]:"\
    "#{item.title.content}"
end
```

Mit `docker build -t docbuc/printheadlines:ruby .` erzeugen Sie nun das Image und starten es mit `docker run docbuc/printheadlines:ruby`. Als Ausgabe sollten Sie die Liste der aktuellen Nachrichten im Konsolenfenster sehen.

## 11.5 Python

Python hat sich über viele Jahre zu einer sehr beliebten Programmiersprache entwickelt. Linux-Distributionen setzen die Sprache zur Entwicklung von wichtigen Werkzeugen, im Betrieb und in der Wartung ein. Python wird auch gern als Unterrichtssprache für den Programmiereinstieg verwendet, da die strengen Anforderungen an die Einrückungen die Lesbarkeit erleichtern und die interpretierte Sprache schnell zu Erfolgserlebnissen führt.

### printheadlines-Beispiel

Zu Beginn wollen wir das aus den vorherigen Abschnitten nun schon bekannte Beispiel in einer Python-Variante zeigen: Das Script soll also wieder die Nachrichten aus dem RSS-Feed des Heise-Newstickers extrahieren und als Liste im Konsolenfenster ausgeben. Das Script greift auf das Modul `feedparser` zurück. Es wird im `Dockerfile` installiert:

```
# Datei: prog/python/Dockerfile (docbuc/printheadlines:python)
FROM python:3
WORKDIR /src
RUN pip install --no-cache-dir feedparser
COPY printheadlines.py /src/
USER www-data
CMD [ "python", "/src/printheadlines.py" ]
```

Das Beispiel verwendet die aktuelle Version 3 von Python und baut auf dem offiziellen Docker-Hub-Image auf. Dieses basiert wiederum auf Debian Bookworm.

Als Arbeitsverzeichnis dient `/src`. Das mit `pip` installierte `feedparser`-Modul analysiert das XML-Dokument und konvertiert es in Python-Variablen. Die Option `--no-cache-dir` bewirkt, dass bei der Installation keine Cache-Dateien bleibend gespeichert werden und die Image-Größe somit minimiert wird. (Der Cache wäre nur bei einer mehrfachen Verwendung von `pip` von Vorteil.) `COPY` kopiert das Python-Script in das Arbeitsverzeichnis. `CMD` legt fest, dass beim Container-Start der Python-Interpreter mit dem Script als Parameter ausgeführt wird.

Das Python-Script selbst importiert das Modul, lädt die Newsticker-URL von *heise.de* und führt die Schleife über alle News-Elemente anschließend in einer Lambda-Funktion aus.

```
#!/usr/bin/env python3
# Datei: python/printheadlines.py
import feedparser
import time
feed = feedparser.parse(
  "https://www.heise.de/newsticker/heise-atom.xml")
[ print("* [%s]: %s" %
    (time.strftime("%Y-%m-%d %H:%M:%S", entry.published_parsed),
     entry.title))
    for entry in feed.entries ]
```

Rufen Sie nun `docker build -t printheadlines:python .` auf, um das Image zu erzeugen, und starten Sie es anschließend mit `docker run printheadlines:python`. Die Ausgabe sollte die schon bekannte Liste der aktuellen Schlagzeilen sein.

### Eine bestehende Python-Anwendung als Docker-Image verpacken

Bei dem Versuch, eine vorhandene Python-Anwendung auf dem neu installierten Server oder Laptop zum Laufen zu bringen, können einem schnell graue Haare wachsen: Die spezielle Bibliothek *A* hängt von Bibliothek *B* ab, nur leider kann *B* auf dem neuen System nicht mehr kompiliert werden.

Einer der großen Vorteile von Docker ist es, dass Software in einer genau definierten Umgebung ausgeführt werden kann. Welche Bibliotheken in welchen Versionen zur Verfügung stehen, bestimmen Sie beim Erzeugen des Docker-Images.

Die Idee für das folgende Beispiel entstand bei einem Docker-Workshop mit der lokalen Wetterdienst-Stelle. Hier werden Python-Scripts verwendet, um die Luftdruck-Verteilung über Europa auf Grafiken darzustellen. Das Einlesen der Binärdaten und die Berechnung der Isobaren ist ein aufwendiger Prozess; leider wurde die Entwicklung der *Basemap*-Bibliothek eingestellt, die bisher zur Ausgabe verwendet wurde. Die Installation auf einem neuen Server gestaltet sich daher schwierig.

Das folgende `Dockerfile` zeigt die Installation der Python-Bibliothek `matplotlib` mit der Erweiterung `basemap`:

```
# Datei: prog/python-legacy/Dockerfile (docbuc/python-legacy)
FROM python:2.7
RUN pip install --no-cache-dir matplotlib
WORKDIR /tmp
RUN curl -L http://download.osgeo.org/geos/geos-3.6.1.tar.bz2 \
  > geos.tar.bz2 \
  && tar xf geos.tar.bz2 && cd geos-3.6.1/ \
  && export GEOS_DIR=/usr/local \
  && ./configure --prefix=$GEOS_DIR \
  && make && make install \
  && rm -rf /tmp/geos-3.6.1/ /tmp/geos.tar.bz2
RUN curl -L https://downloads.sourceforge.net/project/matplotlib\
     /matplotlib-toolkits/basemap-1.0.7/basemap-1.0.7.tar.gz > \
     basemap.tar.gz \
  && cd /tmp && tar zxf basemap.tar.gz \
  && cd basemap-1.0.7 && python setup.py install \
  && rm -rf /tmp/basemap-1.0.7 /tmp/basemap.tar.gz
WORKDIR /src
COPY *.py /src/
USER www-data
CMD [ "python", "main.py" ]
```

Interessant in diesem Dockerfile sind sowohl die Installation der geos-Bibliothek, die eine Voraussetzung für die Basemap ist, als auch die Basemap selbst. Beide Bibliotheken müssen selbst kompiliert werden und werden zuvor als komprimierte Archivdateien aus dem Internet geladen. Bei geos wird das mit dem klassischen Dreisatz configure && make && make install erledigt. Die Basemap hat ein Python-Setup-Script, das die Installation übernimmt.

Bei Installationen dieser Art haben Administratoren früher gern die Kommandos in einer Textdatei protokolliert, um das Setup auf einem anderen Server wiederholen zu können. Sie sehen schon, das Dockerfile ist eigentlich genau diese Datei.

Bei der Entwicklung dieses Beispiels im Februar 2018 funktionierte das Dockerfile genau mit diesen Anweisungen. Beim Korrekturlesen im Juni 2018 brach docker build mit einer Fehlermeldung ab. Etwas entsetzt stellten wir fest, dass dieser Abschnitt damit eigentlich seine Gültigkeit verloren hatte. Denn wir wollten hier ja demonstrieren, dass Dockerfiles auch zu einem späteren Zeitpunkt funktionieren. Das Problem war schnell gefunden: Für die matplotlib gab es ein Update von Version 2.1.2 auf Version 2.2.2, das eine Inkompatibilität mit der basemap-Bibliothek enthält. Als Lösung muss beim Installieren der matplotlib eine fixe Versionsnummer angegeben werden:

```
# Datei: prog/python-legacy/Dockerfile (Ausschnitt)
FROM python:2.7
RUN pip install --no-cache-dir matplotlib==2.1.2
```

### Beispielcode

Um die Funktionsweise der matplotlib-Bibliothek zu demonstrieren, entwickeln wir ein kurzes Python-Programm, das die aktuelle Tag-Nacht-Situation auf einer Weltkarte darstellt. Es handelt sich um eine leichte Abwandlung eines Beispiels der Basemap-Webseite. In unserem Fall wird die Grafik in eine Datei gespeichert:

```
import matplotlib
matplotlib.use('Agg')
import numpy as np
from mpl_toolkits.basemap import Basemap
import matplotlib.pyplot as plt
from datetime import datetime
plt.figure(figsize=(10.24, 7.68), dpi=100)
mp = Basemap(projection='merc', llcrnrlat=-80, urcrnrlat=80,\
    llcrnrlon=-180, urcrnrlon=180, lat_ts=20, resolution='c')
mp.drawcoastlines()
mp.drawparallels(np.arange(-90,90,30), labels=[1,0,0,0])
mp.drawmapboundary(fill_color='aqua')
mp.fillcontinents(color='coral', lake_color='aqua')
```

```
date = datetime.utcnow()
CS = mp.nightshade(date)
plt.title('Tag und Nacht am %s (UTC)' %
          date.strftime("%d %b %Y %H:%M:%S"))
plt.savefig('/src/out/tag_nacht.png')
```

Normalerweise gibt die `matplotlib` die Ausgabe auf einem Bildschirm aus. Da im Docker-Container kein Display zur Verfügung steht, initialisieren wir in der zweiten Zeile des Listings das `Agg`-Backend, das eine Berechnung auch ohne Bildschirmausgabe ermöglicht.

Nach den `import`-Anweisungen wird die Plotgröße auf 1.024 × 768 Pixel festgelegt (10,24 Zoll bei 100 Pixel pro Zoll). Die Basemap bildet die Weltkarte von 80 Grad Nord bis 80 Grad Süd in der Mercator-Projektion ab. Nach dem Zeichnen der Kontinente und der Breitengrade ermittelt das Script die aktuelle Uhrzeit und das Datum und ruft die `nightshade`-Methode der Basemap auf. Zuletzt speichern wir die Karte in die Datei `tag_nacht.png` (siehe Abbildung 11.2).



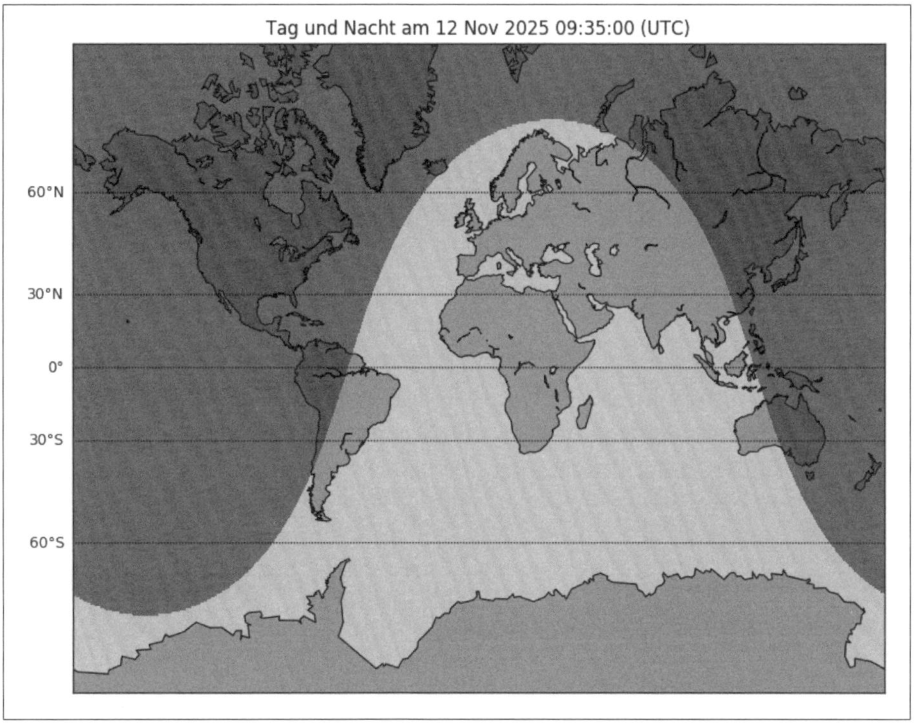


**Abbildung 11.2** Die Ausgabe des Python-Beispielprogramms, das die Tag-Nacht-Beleuchtung der Erde anzeigt

Erzeugen Sie das Docker-Image mit

```
docker build -t docbuc/python-legacy .
```

und führen Sie es anschließend mit

```
docker run -v "$(pwd)":/src/out -u "$(id -u):$(id -g)" \
  docbuc/python-legacy
```

aus. Durch das Einbinden des aktuellen Verzeichnisses im Container unter `/src/out` wird die PNG-Grafik im aktuellen Ordner gespeichert.

Die Angabe von `-u "$(id -u):$(id -g)"` führt dazu, dass der Container nicht wie im `Dockerfile` angegeben unter der Benutzerkennung `www-data` läuft, sondern mit Ihrer Benutzer- und Gruppenkennung. Dadurch kann die Datei im aktuellen Verzeichnis erstellt werden (sofern Sie hier Schreibrechte haben).

### Lokalisierung und Zeichensätze in Python-Programmen

Wenn Sie Nicht-ASCII-Zeichen (z. B. Umlaute) im Quelltext verwenden, müssen Sie bei Python besonders aufpassen. In Python 2 reicht unter gewissen Umständen schon ein Umlaut in einem Kommentar aus, damit Python die Ausführung des Programms abbricht. Wenn Sie die offiziellen Docker-Images für Python vom Docker Hub verwenden, müssen Sie beachten, dass hier noch keine Unterstützung für Locales eingebaut ist. Das folgende Beispiel illustriert das Problem:

```
docker run --rm python:3 python -c \
    'import time, locale; print(time.strftime("%c"))'

  Wed Nov 12 09:29:19 2025
```

Die Python-Funktion `time.strftime("%c")` gibt die aktuelle Uhrzeit in dem für die Region üblichen Format aus. Da Python nicht weiß, in welcher Region es sich befindet, wird hier die amerikanische Datumsformatierung verwendet. Damit die Uhrzeit im deutschen Gebietsschema ausgegeben werden kann, müssen Sie dieses zuerst in Python mit `locale.setlocale` einstellen:

```
docker run --rm python:3 python -c \
    'import time, locale;
     locale.setlocale(locale.LC_ALL, "de_DE.UTF-8");
     print(time.strftime("%c"))'

  Traceback (most recent call last):
    File "<string>", line 2, in <module>
    locale.setlocale(locale.LC_ALL, "de_DE.UTF-8");
    File "/usr/local/lib/python3.11/locale.py", line 626,
        in setlocale
      return _setlocale(category, locale)
  locale.Error: unsupported locale setting
```

Hier bricht Python aber mit einer Fehlermeldung ab. Das gewünschte Locale-Setting ist nicht vorhanden. Um in den offiziellen Python-Images mit der korrekten Locale arbeiten zu können, müssen Sie das `locales`-Paket nachträglich installieren und die gewünschte Sprache aktivieren. Ein entsprechendes `Dockerfile` sieht folgendermaßen aus:

```
# Datei: prog/python-locale/Dockerfile (docbuc/python-locale)
FROM python:3
WORKDIR /src
RUN apt-get update \
  && apt-get install -y locales \
  && rm -rf /var/lib/apt/lists/*
RUN sed -i -e 's/# de_DE.UTF-8 UTF-8/de_DE.UTF-8 UTF-8/' \
        /etc/locale.gen \
  && locale-gen
COPY umlaut.py /src/
USER www-data
CMD [ "python", "umlaut.py" ]
```



Das `locales`-Paket wird mit `apt-get` installiert. Um die Image-Größe zu minimieren, löscht `rm -rf` den Cache für die Paketquellen.

Im nächsten Schritt entfernen Sie das Kommentarzeichen (#) vor der entsprechenden Sprache in der Datei `/etc/locale.gen`. Das Unix-Werkzeug `sed` ist hier das Mittel der Wahl. Den regulären Ausdruck zum Suchen und Ersetzen geben Sie mit dem Parameter `-e` (*execute*) an, während `-i` dafür steht, dass die Datei direkt verändert werden soll (*in place*).

Nach dieser Änderung erzeugt das Programm `locale-gen` die aktivierten Locales, und Ihr Python-Image kann jetzt nicht nur Umlaute korrekt ausgeben, sondern auch Datum und Uhrzeit im deutschen Format anzeigen. Als Beweis dient das folgende Script:

```
# -*- coding: utf-8 -*-
# Datei: prog/python-locale/umlaut.py
import time, locale
locale.setlocale(locale.LC_TIME, 'de_DE.UTF-8')
print("Fix Schwyz! quäkt Jürgen blöd vom Paß")
print(time.strftime("%c"))
```

Das Programm verwendet die Bibliotheken `time` und `locale`, um die Uhrzeit im deutschen Format anzuzeigen:

```
docker build -t docbuc/python-locale .

  => [internal] load .dockerignore
  => transferring context: 2B
```

```
  ...
  => naming to docker.io/docbuc/python-locale

docker run docbuc/python-locale

  Fix Schwyz! quäkt Jürgen blöd vom Paß
  Mi 12 Nov 2025 09:33:19 UTC
```

## 11.6 Go

Go ist die aktuellste Programmiersprache, die wir in diesem Kapitel verwenden. Die von den beiden Computer-Urgesteinen Ken Thompson und Rob Pike zusammen mit Robert Griesemer entwickelte Sprache zeichnet sich durch starke Typisierung und effiziente Speicherverwaltung aus. Im Unterschied zu Python oder PHP wird bei Go ein Compiler verwendet, der den Quellcode in ein Binärprogramm umwandelt. Darin eingebettet sind die verwendeten Bibliotheken und die Go-Runtime, was Go-Programme sehr einfach zu installieren und zu verteilen macht.

Go übernimmt damit zwei wichtige Funktionen, die wir bei Docker sehr schätzen: einfache Verteilbarkeit und zuverlässiges Ausführen auf unterschiedlichen Zielsystemen. Für Kommandozeilenprogramme, wie das `printheadlines`-Beispiel, wird es daher nicht immer sinnvoll sein, die Entwicklung und die Ausführung in Docker-Containern laufen zu lassen. Wir werden Ihnen die Funktionsweise hier dennoch zeigen, so ersparen Sie sich eine lokale Installation des Go-Compilers.

### printheadlines-Beispiel

Um ein Go-Programm kompilieren zu können, müssen Sie in Ihrem Arbeitsverzeichnis eine `go.mod`-Datei erstellen. Am einfachsten rufen Sie dazu das Kommando `go mod init` in einem noch leeren Verzeichnis auf. Da wir von keiner lokal installierten Go-Version ausgehen, verwenden Sie dazu ein offizielles Docker-Image von Go. Verbinden Sie das lokale Verzeichnis (`$(pwd)`) mit dem Ordner `/app` im Container, und setzen Sie das Arbeitsverzeichnis auf diesen Ordner (`-w /app`):

```
docker run -it -v "$(pwd)":/app -w /app golang:1.25 bash

root@cbf2d55dce96:/app# go mod init github.com/docbuc/prog/go
  go: creating new go.mod: module github.com/docbuc/prog/go
```

Ihr Go-Modul benötigt eine einmalige Kennung. Wenn Sie es später öffentlich zur Verfügung stellen wollen, dann muss diese Kennung die Internetadresse sein, von der das Modul geladen werden kann; darum verwenden wir hier `github.com/docbuc/prog/go`. Zu Testzwecken können Sie einfach `example.com/app` benutzen.

Der Quellcode für das `printheadlines`-Beispiel beschränkt sich auch in Go auf wenige Zeilen:

```
package main
import (
  "fmt"
  "github.com/mmcdole/gofeed"
)
func main() {
  fp := gofeed.NewParser()
  feed, err := fp.ParseURL("https://www.heise.de/newsticker/...
  if err != nil {
    panic(err)
  }
  for _, item := range feed.Items {
    fmt.Printf("* [%s]: %s\n",
      item.PublishedParsed.Local().Format("2006-01-02 15:04:05"),
      item.Title)
  }
}
```



Zum Entwickeln des Programms verwenden Sie den oben gestarteten Container, oder wenn Sie ihn bereits beendet haben, starten Sie einen neuen Container:

```
docker run -it -v "$(pwd)":/app -w /app golang:1.25 bash
```

Laden Sie nun das benötigte Modul `gofeed`, und starten Sie anschließend den Compiler im Container:

```
root@0a038a9e5ab3:/app# go get github.com/mmcdole/gofeed

  go: downloading github.com/mmcdole/gofeed v1.3.0
  go: downloading github.com/json-iterator/go v1.1.12
  go: downloading github.com/PuerkitoBio/goquery v1.8.0
  go: downloading github.com/mmcdole/goxpp v1.1.0
  go: downloading golang.org/x/net v0.4.0
  ...
root@0a038a9e5ab3:/app# go build printheadlines.go
root@0a038a9e5ab3:/app# ./printheadlines

  * [2025-11-12 10:14:00]: Kräftiger Sonnensturm sorgt für Pol...
  ...
```

Etwas eleganter wird der Vorgang, wenn Sie sich zum Entwickeln ein eigenes Docker-Image erstellen. Das folgende `Dockerfile` leitet sich vom derzeit aktuellen offiziellen Go-Image in der Version 1.25 ab:

```
# Datei prog/go/Dockerfile
FROM golang:1.25
ENV TZ=Europe/Vienna
# cache modules
COPY go.mod go.sum ./
RUN go mod download && go mod verify
COPY printheadlines.go .
RUN go build -v -o printheadlines ./printheadlines.go
CMD ["/app/printheadlines"]
```

Durch das Setzen der Zeitzone (`ENV TZ=Europe/Vienna`) wandelt die `Local()`-Funktion im Go-Code Datum und Uhrzeit in die korrekte Zeit für jeden Eintrag um. Die Dateien `go.mod` und `go.sum` enthalten Informationen zu den benötigten Go-Modulen. Der Build Cache bewirkt, dass die Module nur neu geladen werden, wenn sich eine dieser Dateien geändert hat. Erzeugen Sie nun das Docker-Image, und führen Sie es anschließend aus:

```
docker build -t docbuc/printheadlines:go .
docker run --rm docbuc/printheadlines:go

  * [2025-11-12 10:30:00]: heise+ | Bastel-Projekt: ZigBee-Gat...
  * [2025-11-12 10:24:00]: Google: Private AI Compute soll Clo...
  ...
```

### Eine JSON Web-API mit Go

Im abschließenden Beispiel dieses Kapitels werden wir eine JSON-Web-API in Go programmieren. Sowohl die Entwicklungsumgebung als auch der Produktivserver werden in einem Container laufen. Bei der Entwicklung wollen wir auf ein automatisches Kompilieren und Neustarten der Applikation nicht verzichten. Außerdem soll der Debugger auch im Container mit einer Entwicklungsumgebung am Desktop (VS Code) funktionieren.

Die API enthält den Code zur Anmeldung eines Benutzers, zum Starten einer Session sowie zum Abruf der Benutzerinformationen des gerade angemeldeten Benutzers und einer Liste aller Benutzer. Die Sessiondaten speichern wir in einer Redis-Datenbank, die sich dank ihrer unkomplizierten Installation und sehr guten Geschwindigkeit ideal dafür eignet.

Beginnen wir mit dem `Dockerfile` für den Go-Server. Wir verwenden einen Multistage-Build, in dem wir zuerst die Entwicklungsumgebung definieren und in einer zweiten Phase eine auf das Nötigste reduzierte Produktivumgebung.

Als Basis-Images verwenden wir die Alpine-Variante des offiziellen Go-Docker-Images beziehungsweise das offizielle Alpine-Image. Da Alpine die Zeitzoneninformation nicht inkludiert hat, installieren wir sie als Erstes in beiden Phasen (RUN apk add --no-cache tzdata).

```
# Datei: prog/go-api/Dockerfile
FROM golang:1.25-alpine AS dev
RUN apk add --no-cache tzdata
ENV TZ=Europe/Vienna
WORKDIR /app
RUN go install github.com/air-verse/air@latest
RUN go install github.com/go-delve/delve/cmd/dlv@latest
COPY go.mod go.sum ./
RUN go mod download && go mod verify
COPY . .
RUN go build -o ./api-server
CMD ["air", "-c", ".air.toml"]

FROM alpine:latest AS runner
RUN apk add --no-cache tzdata
ENV TZ=Europe/Vienna
WORKDIR /app
COPY --from=dev /app/api-server .
EXPOSE 8000
ENTRYPOINT ["./api-server"]
```



Für die Entwicklungsumgebung, die wir in unserem Dockerfile als dev bezeichnen, laden wir zwei Module von GitHub: Air überwacht Dateien auf Änderungen und führt bei Bedarf ein konfiguriertes Kommando aus. delve ist ein Debugger für Go, mit dem wir Haltepunkte im Quellcode setzen können – eine Funktion, die am Backend sehr praktisch ist, um den aktuellen Zustand von Variablen zu untersuchen und den Programmablauf Schritt für Schritt zu verfolgen.

Die weiteren Schritte im dev-Abschnitt sind identisch mit denjenigen im Dockerfile aus dem vorangegangenen Abschnitt: Die Module werden für den Build gecacht, und der Server wird kompiliert. Als abschließendes Kommando wird nicht der Server selbst, sondern das Modul air gestartet, das in der Konfigurationsdatei .air.toml Anweisungen enthält, welche Dateien überwacht werden sollen und wie ein neuerliches Kompilieren des Servers ausgeführt werden soll.

Im Produktivabschnitt, hier als runner bezeichnet, wird der im dev-Abschnitt kompilierte Server in das Verzeichnis /app kopiert und beim Start des Containers als ENTRYPOINT ausgeführt.

Mit der compose.yaml-Datei für unsere Entwicklungsumgebung werden der Go-Server und der Redis-Service gestartet.

```
# Datei: prog/go-api/compose.yaml
services:
  api:
    build:
      context: .
      target: dev
    ports:
      - "8000:8000"
      - "2345:2345"
    environment:
      GO_SESSION_KEY: ohphoo1soChuon3veebie9ae
    volumes:
      - ./:/app
  redis:
    image: redis
```

Beachten Sie hier das `target` im `build`-Abschnitt, wo auf den ersten Teil des Multistage-Builds verwiesen wird. Außerdem verbinden wir neben Port 8000, auf dem der Go-Server Anfragen beantwortet, auch Port 2345, den der Delve-Debugger verwendet, um mit VSCode zu kommunizieren. Die Umgebungsvariable `GO_SESSION_KEY` verwenden wir im Quellcode zur sicheren Initialisierung der Sessionspeicherung. Im `volumes`-Abschnitt wird das lokale Verzeichnis mit dem Verzeichnis `/app` im Container verbunden. Wir können dadurch den Quellcode lokal bearbeiten, während das Kompilieren im Container stattfindet.

Die Konfigurationsdatei `.air.toml` für das Go-Modul `air` enthält die Anweisung zum Start des Debuggers (`dlv`) auf Port 2345 und weitere Einstellungen, welche Dateien überwacht werden sollen. Hier ein Ausschnitt aus dieser Datei:

```
[build]
  bin = "./api-server"
  full_bin = "dlv exec --accept-multiclient --log --headless
    --continue --listen :2345 --api-version 2 ./api-server"
  cmd = "go build -o ./api-server"
  include_ext = ["go", "tpl", "tmpl", "html"]
```

Der Vollständigkeit halber zeigen wir Ihnen hier noch zwei wichtige Ausschnitte aus dem Go-Server-Quellcode. Wir verwenden das weitverbreitete Go-Modul *Gin* (*https://gin-gonic.com*). Die `main`-Funktion in der Datei `server.go`, die uns als Einstiegspunkt dient, enthält Anweisungen zum Port und den bereits erwähnten Session-Key. Anschließend registrieren wir die `User`-Struktur, um Benutzer in der Session ablegen zu können. Der Redis-Server wird als Speicher für die Sessiondaten initialisiert und als Middleware im Gin-Router verwendet.

```
// Datei: prog/go-api/server.go (Ausschnitt)
var router = gin.Default()
func main() {
  port := os.Getenv("PORT")
  if port == "" {
    port = "8000"
  }
  sessionKey := os.Getenv("GO_SESSION_KEY")
  if sessionKey == "" {
    log.Fatal("error: set GO_SESSION_KEY to a secret string")
  }
  gob.Register(User{})
  store, err := redis.NewStore(10, "tcp", "redis:6379",
    "", "", []byte(sessionKey))
  if err != nil {
    panic(err)
  }
  router.Use(sessions.Sessions("mysession", store))
  UserRoutes()
  router.Run(fmt.Sprintf(":%s", port))
}
```



Die Funktion UserRoutes() kommt aus der zweiten Go-Datei in unserem Arbeitsverzeichnis, nämlich users.go. Hier werden alle verfügbaren Pfade am Server definiert. In unserem Fall sind das /users/, /users/me und mit der POST-Methode /users/login. Zuvor haben wir Strukturen für die Daten beim Login beziehungsweise für die vollständigen Benutzerdaten angelegt.

```
// Datei: prog/go-api/users.go (Ausschnitt)
type UserLogin struct {
  Email    string `json:"email" binding:"required"`
  Password string `json:"password" binding:"required"`
}
type User struct {
  Id    int    `json:"id"`
  Name  string `json:"name"`
  Email string `json:"email"`
}
func UserRoutes() {
  users := router.Group("/users")
  users.GET("/", NeedsAdmin(), UserList)
  users.POST("/login", Login)
  users.GET("/me", Me)
}
func Login(c *gin.Context) {
```

```
  var u UserLogin
  session := sessions.Default(c)
  if err := c.ShouldBindJSON(&u); err != nil {
    c.JSON(http.StatusBadRequest, gin.H{
      "message": "User validation failed!",
    })
    return
  }
  if u.Email == "admin@dockerbuch.info" &&
      u.Password == "geheim" {
    user := User{
      Id: 0, Name: "admin", Email: "admin@dockerbuch.info",
    }
    session.Set("user", user)
    session.Save()
    c.JSON(http.StatusOK, user)
    return
  }
  c.JSON(http.StatusForbidden, gin.H{
    "message": "Login failed"
    })
}
```

**Abbildung 11.3** Ein Login bei der Go-Web-API mit der freien Software *Bruno*

Den Funktionen, die beim Aufruf des jeweiligen Pfades ausgeführt werden, wird ein Pointer auf den `gin.Context` übergeben. Dadurch können wir in der Funktion auf die Session zugreifen oder das Ergebnis als JSON an den Client zurückschicken. Natürlich würden Sie in einem ernsthaften Programm das Passwort nie im Quelltext kodieren und so überprüfen.

Bei der Anfrage nach der Liste aller Benutzer wird die Middleware-Funktion `NeedsAdmin()` zwischengeschaltet. Dort wird überprüft, ob der angemeldete Benutzer (aus der Session) über Admin-Rechte verfügt. Das ist eine sehr angenehme und gut lesbare Möglichkeit, Teile der API abzusichern.

Um die Web-API auszuprobieren, können Sie `curl` an der Kommandozeile verwenden oder, etwas komfortabler, zum Beispiel mit der freien Software Bruno (*https://www.usebruno.com*) arbeiten (siehe Abbildung 11.3).

# Kapitel 12
# Webapplikationen und CMS

In diesem Kapitel werden wir einige gängige Webapplikationen in Containern starten. Softwareprodukte auf der Basis von PHP und MySQL/MariaDB haben nach wie vor eine große Nutzergemeinde: Die Einstiegshürde für Entwicklerinnen und Entwickler ist gering, da PHP keine sehr komplexe Sprache ist, und trotzdem arbeiten die meisten Programme performant.



Mit WordPress und Joomla stellen wir zwei weitverbreitete Contentmanagement-Systeme vor; bei Nextcloud handelt es sich um eine sehr beliebte *Private-Cloud*-Lösung, die Ihnen universellen Zugriff auf Ihre Dateien ermöglicht.

## 12.1 WordPress

*WordPress* startete 2003 als Fork der Blogging-Software *b2*. Als technologische Basis hat das Entwicklungsteams von Beginn an auf PHP und MySQL gesetzt, was die Einstiegshürde für potenzielle Mitarbeitende niedrig hält. Laut aktuellen Statistiken (siehe *https://trends.builtwith.com/cms/WordPress*) wird WordPress momentan aktiv von etwa 20 Millionen Websites verwendet. Es ist die erfolgreichste Blogging- und Contentmanagement-Software.

Für WordPress finden Sie viele verschiedene Varianten des offiziellen Images auf dem Docker Hub:

*https://hub.docker.com/_/wordpress*

Egal, ob Sie das klassische Apache-PHP-MySQL-Image verwenden möchten, ein schlankes Image auf Basis von Alpine Linux oder ein Image mit FPM (dem *FastCGI Process Manager*, der PHP unabhängig vom Webserver laufen lässt) – es ist für jeden Geschmack ein fertiges Image vorhanden.

In klassischer *Microservice-Architektur* enthält das Image keine Datenbank; MySQL oder MariaDB muss als eigener Service gestartet und zu dem WordPress-Container gelinkt werden. Bei der Verwendung eines FPM-Images benötigen Sie außerdem noch einen Webserver-Service. Sollten Sie eine aufwendigere WordPress-Website planen, die Sie durch komplexe WordPress-Plug-ins erweitern, werden Sie auf das Problem stoßen, dass PHP-Erweiterungen verlangt werden.

### Eigene Docker-Images

Spätestens dann müssen Sie Ihr eigenes Docker-Image erzeugen, wobei es sich anbietet, auf den vorgefertigten Images aufzubauen, indem Sie Ihr `Dockerfile` zum Beispiel mit folgender Zeile beginnen:

```
FROM wordpress:fpm
```

Damit bauen Sie auf dem aktuellen WordPress-Image für FastCGI auf, das wiederum auf dem `php:fpm`-Image aufsetzt. Zur Installation von PHP-Erweiterungen müssen Sie in diesem Fall die Scripts `docker-php-ext-install` und `docker-php-ext-enable` aus diesem Basis-Image verwenden.

Für das WordPress-Beispiel wollen wir die Standardkombination aus Apache und MariaDB verwenden. Um die zwei Services möglichst einfach zu verbinden, verwenden Sie `docker compose`:

```
# Datei: wordpress/compose.yaml
services:
  web:
    image: wordpress:apache
    restart: always
    volumes:
      - webdata:/var/www/html
    ports:
      - 8080:80
    environment:
      WORDPRESS_DB_HOST: mariadb
      WORDPRESS_DB_NAME: dockerbuch
      WORDPRESS_DB_USER: dockerbuch
      WORDPRESS_DB_PASSWORD: johroo2zaeQu

  mariadb:
    image: mariadb:11
    restart: always
    environment:
      MYSQL_ROOT_PASSWORD: eengi7suXeut
      MYSQL_DATABASE: dockerbuch
      MYSQL_USER: dockerbuch
      MYSQL_PASSWORD: johroo2zaeQu

volumes:
  webdata:
```

Der `web`-Service verwendet die `apache`-Variante des WordPress-Images und bindet das Volume `webdata` ein. Dieses wird am Ende der `compose.yaml`-Datei als ein von Docker verwaltetes Volume definiert. Ist dieses Volume noch nicht vorhanden, werden beim Erzeugen des WordPress-Containers die PHP-Dateien, Stylesheets und weitere Assets der WordPress-Installation hierher kopiert.

Mit dem Port-Mapping von `8080:80` wird der Host-Port 8080 mit dem Container-Port 80 verbunden, wodurch Sie die WordPress-Seite unter der Adresse *http://localhost:8080* auf dem Host erreichen können.

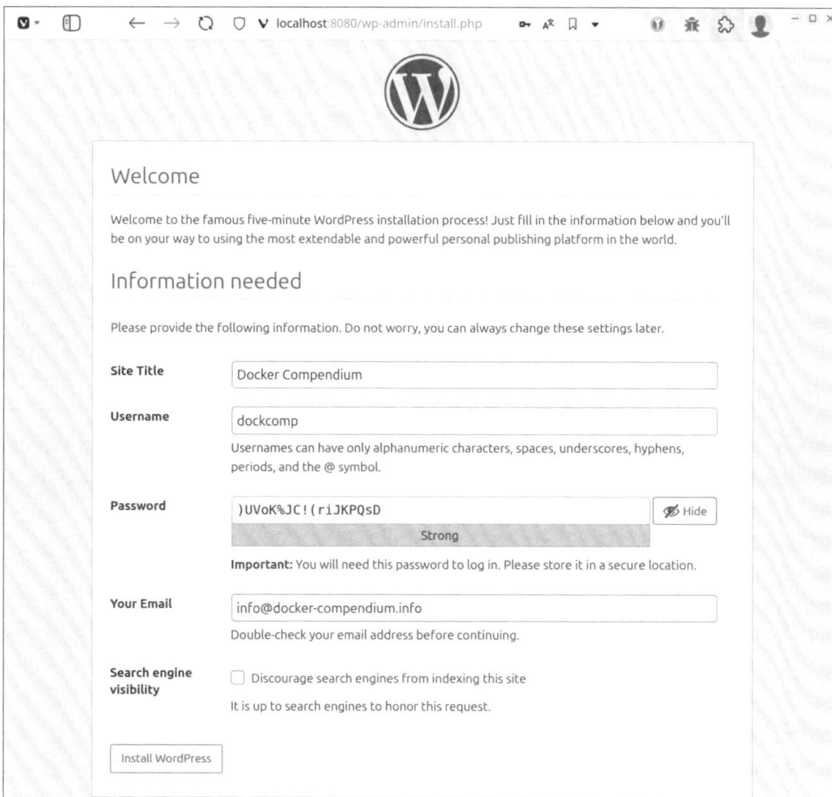


**Abbildung 12.1** Das WordPress-Setup im Browser



In der Konfigurationsdatei des WordPress-Containers werden außer den bereits genannten Einstellungen vier Umgebungsvariablen definiert:

- `WORDPRESS_DB_HOST` verweist auf den Host-Namen des Datenbank-Containers im internen Docker-Netzwerk, in diesem Fall `mariadb`.
- Außerdem werden der Name der Datenbank (`WORDPRESS_DB_NAME`), ein Benutzername für den Login beim Datenbankserver (`WORDPRESS_DB_USER`) und das entsprechende Passwort für den Benutzer angegeben (`WORDPRESS_DB_PASSWORD`). Wie

Sie sicher schon erkannt haben, entsprechen diese Werte den Umgebungsvariablen bei der Definition des `mariadb`-Service. Dieser benötigt außerdem ein `root`-Passwort (`MYSQL_ROOT_PASSWORD`).

Jetzt starten Sie die WordPress-Installation mit `docker compose up -d`. Sobald die Images heruntergeladen und die Container erzeugt sind, rufen Sie den WordPress-Setup-Prozess unter *http://localhost:8080* auf (siehe Abbildung 12.1).

### Das wp-cli-Kommando

Bei den offiziellen Docker-Images für WordPress auf dem Docker Hub finden Sie außer den Servervarianten Images für das WordPress-Kommandozeilenprogramm `wp-cli`. Mithilfe des mächtigen Werkzeugs lässt sich WordPress ohne die Weboberfläche administrieren. Sie können zum Beispiel Befehle wie `plugin update --all` verwenden, um automatisch alle installierten Plug-ins auf den aktuellen Stand zu bringen.

Um das Docker-Image für den CLI-Aufruf zu verwenden, müssen Sie einerseits das Volume mit der WordPress-Installation einbinden und andererseits dem Netzwerk beitreten, in dem Docker läuft. Wenn Sie ebenso wie wir das Verzeichnis `wordpress` für Ihr `Dockerfile` verwendet haben, so heißt Ihr Netzwerk `wordpress_default`. Der Aufruf für das WordPress-CLI lautet dann so:

```
docker run --rm -t \
  --volumes-from wordpress-web-1 --network wordpress_default \
  -e "WORDPRESS_DB_USER=dockerbuch" \
  -e "WORDPRESS_DB_PASSWORD=johroo2zaeQu" \
  -e "WORDPRESS_DB_HOST=mariadb" \
  -e "WORDPRESS_DB_NAME=dockerbuch" \
  --user 33:33 \
  wordpress:cli plugin update --all
```

Der von dem `docker run`-Kommando erzeugte Container soll gleich nach der Ausführung wieder gelöscht werden (`--rm`), außerdem wird mit `-t` angegeben, dass die Ausgabe auf ein Terminal erfolgt. Sie erhalten dann schöner formatierte Tabellen und farbige Statustexte.

Mit `--volumes-from wordpress-web-1` wird das gemeinsame Volume `webdata` unter `/var/www/html` eingebunden. Der `--network`-Parameter verbindet den Container mit dem `wordpress_default`-Netzwerk, das `docker compose` beim Start anlegt.

Als Image, von dem der Container abgeleitet werden soll, verwenden Sie `wordpress:cli`. Damit die Verbindung zur Datenbank funktioniert, müssen Sie die Zugangsdaten aus der `compose.yaml`-Datei über Umgebungsvariablen einstellen. Außerdem basieren neuere Versionen des `cli`-Images auf der Alpine-Linux-Variante, wodurch die Benutzerzuweisungen zu dem laufenden Debian-Image nicht übereinstimmen. Der

Parameter `--user 33:33` bewirkt, dass im neu gestarteten Container der ausführende Benutzer und die Gruppe auf die ID 33 gesetzt werden, was im Debian-Container `www-data` entspricht.

Das auszuführende Kommando lautet `plugin update --all`. Bei einer neuen Installation sollte die Ausgabe »Success: Plugin already updated« lauten. Mit dem Kommando `user list` lassen Sie eine Liste der registrierten Benutzer ausgeben.

**CLI-Kommandos**

Eine Übersicht aller Kommandos für das WordPress-CLI finden Sie hier:

*https://developer.wordpress.org/cli/commands*

### Umgang mit Passwörtern



Passwörter im Klartext in einer Konfigurationsdatei zu speichern oder sie in einer Umgebungsvariablen zu setzen, löst immer ein gewisses Unbehagen aus. Auch wenn es sich wie hier um automatisch generierte Passwörter handelt, beschleicht einen doch das Gefühl, dass es eine elegantere Lösung für das Problem geben sollte.

Das Docker-Team dachte wohl Ähnliches und bescherte uns eine Möglichkeit, Passwörter beim Erzeugen des Containers in eine flüchtige Datei zu schreiben, die nie auf der Festplatte gespeichert wird. Der Datenbankserver und die WordPress-Konfiguration können die Geheimnisse aber aus diesen Dateien auslesen, was die automatische Konfiguration weiterhin ermöglicht. Die offiziellen Images von WordPress und MariaDB haben diesen neuen Mechanismus bereits implementiert. Die `compose.yaml`-Datei ändert sich damit wie folgt:

```
# Datei: webapps/wordpress-secrets/compose.yaml
services:
  wordpress:
    image: wordpress:apache
    restart: always
    ports:
      - 8080:80
    volumes:
      - webdata:/var/www/html
    environment:
      WORDPRESS_DB_HOST: mariadb
      WORDPRESS_DB_NAME: dockerbuch
      WORDPRESS_DB_USER: dockerbuch
      WORDPRESS_DB_PASSWORD_FILE: /run/secrets/mysql_user
    secrets:
      - mysql_user
```

```
  mariadb:
    image: mariadb:11
    restart: always
    secrets:
      - mysql_root
      - mysql_user
    environment:
      MYSQL_ROOT_PASSWORD_FILE: /run/secrets/mysql_root
      MYSQL_PASSWORD_FILE:      /run/secrets/mysql_user
      MYSQL_DATABASE:           dockerbuch
      MYSQL_USER:               dockerbuch
volumes:
  webdata:
secrets:
  mysql_root:
    file: ./mysql_root.txt
  mysql_user:
    file: ./mysql_user.txt
```

Die Änderungen betreffen jeweils die Zeilen `MYSQL_PASSWORD`, `MYSQL_ROOT_PASSWORD` und `WORDPRESS_DB_PASSWORD`: Das an die Variablen angehängte `_FILE` zeigt auf die Dateien, die die Passwörter enthalten.

Im globalen Abschnitt `secrets` werden die zu verwendenden Passwörter definiert, in diesem Fall `mysql_root` und `mysql_user`. Die Werte für die Passwörter werden in diesem Fall aus Dateien im aktuellen Verzeichnis ausgelesen. Anstelle der `file:`-Zuweisung könnte auch `external: true` angegeben werden. Dann müsste das Passwort zuvor mit `docker secret create` erzeugt worden sein (das funktioniert nur im Schwarmmodus, siehe Kapitel 20, »Swarm«).

**pwgen-Kommando**

Wenn Sie unter Linux arbeiten, können Sie mit dem Kommando `pwgen` sehr komfortabel Passwörter erzeugen. Um die Datei `mysql_user.txt` mit einem zufälligen Passwort mit 14 Zeichen anzulegen, reicht zum Beispiel das Kommando `pwgen 14 1 > mysql_user.txt`, wobei `14` für die Anzahl der Zeichen und `1` für die Anzahl der Passwörter steht. Verwenden Sie `pwgen --help`, um mehr Informationen zum Kommando zu bekommen.

### Update

Ein unverzichtbarer Teil von Software im Web sind Updates. WordPress hat einen eigenen Update-Mechanismus, der sich selbstständig darum kümmert, dass die aktuelle

Version installiert ist. Dazu benötigt der Account des Webservers Schreibrechte im Verzeichnis der WordPress-Installation (und in allen Unterverzeichnissen).

Diese Voraussetzungen sind im Docker-Image für WordPress gegeben, also funktionieren die Updates standardmäßig (siehe Abbildung 12.2). Allerdings betrifft das nur den Quellcode von WordPress, nicht die Versionen von Apache und PHP. Wie bei Docker-Images üblich sind Sie hier selbst in der Pflicht, die Aktualisierungen einzuspielen.

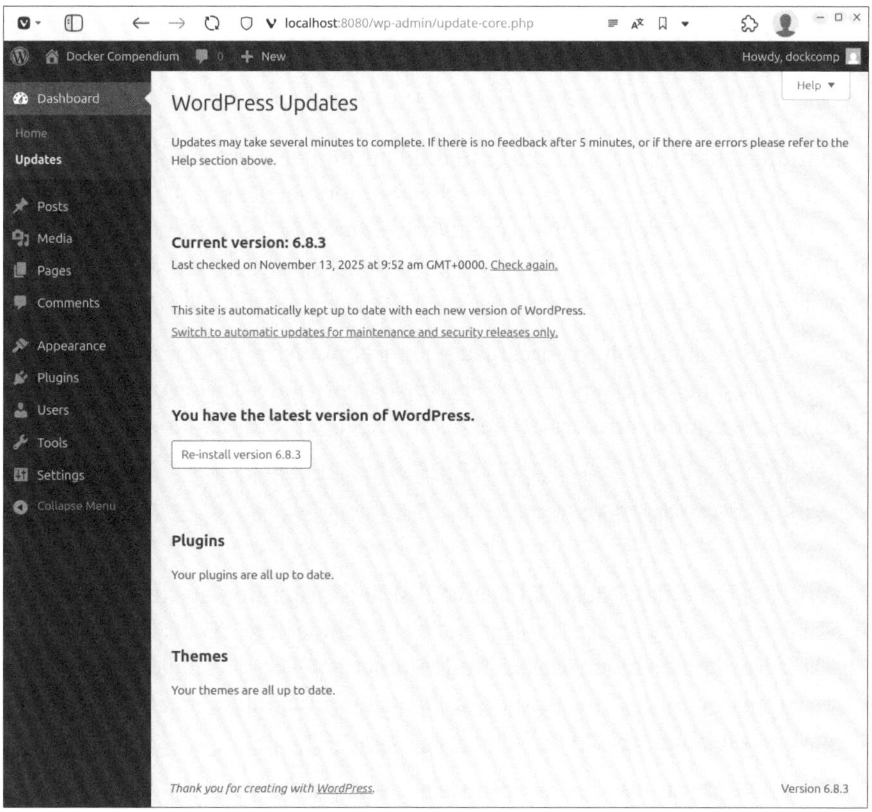


**Abbildung 12.2** Das WordPress-Auto-Update

Das hier gezeigte Setup verwendet das benannte Volume `webdata` für `/var/www/html`. An diesem Ort liegen sowohl der WordPress-Quellcode als auch hochgeladene Inhalte (z. B. Bilder und PDFs).

Bei einer Aktualisierung der Docker-Images (`docker compose pull`) und einem Neustart der Konfiguration (`docker compose up -d`) wird ein neuer Container mit dem aktualisierten WordPress-Quellcode erzeugt. Das Volume `webdata` wird aber *über* den Quellcode gemountet und ist von dem Update damit nicht betroffen. Das mag im ersten Moment verwirrend erscheinen, funktioniert aber in der Praxis sehr gut. Die große Gefahr einer Sicherheitslücke im WordPress-Code sollte durch das automatische Update gebannt sein, und für Sicherheitslücken auf den darunter liegenden Softwareebenen ist der Administrator verantwortlich.

Weil bei der Konfiguration des Docker-Images Tags verwendet werden (im vorliegenden Beispiel `wordpress:apache`), kann mit großer Wahrscheinlichkeit ausgeschlossen werden, dass es Inkompatibilitäten mit einem aktualisierten Image gibt, und ein automatisches Update via `cron` auf dem Host kann unbedenklich durchgeführt werden. Dazu reicht es aus, die zwei Kommandos `docker compose pull` und `docker compose up -d` im entsprechenden Verzeichnis hintereinander auszuführen.

### Backup

Auch wenn man mit Docker das Setup redundant und verteilt konfigurieren kann, sollten Sie dennoch nicht auf ein klassisches Backup verzichten. Für ein vollständiges Backup der hier vorgestellten WordPress-Container benötigen Sie einerseits einen Dump der Datenbank und andererseits eine Sicherung der Dateien unter `/var/www/html`.

Da die Dateien in einem Volume organisiert sind, können sie einfach in einem anderen Docker-Container mit `--volumes-from` verwendet und gesichert werden. Zum Erzeugen einer komprimierten `tar`-Datei reicht folgendes Kommando:

```
docker run --rm -v /var/backups/wordpress:/backup \
  --volumes-from=wordpress-web-1 \
  alpine tar zcvf /backup/wordpress.tar.gz /var/www/html
```

Dabei verwenden Sie das Docker-Image von Alpine Linux und starten daraus den `tar`-Befehl. Mit `-v /var/backups/wordpress:/backup` binden Sie das lokale Verzeichnis `/var/backups/wordpress` unter `/backup` im Container ein. Der entscheidende Parameter ist `--volumes-from`, der wie beim WordPress-Commandline-Interface den PHP-Quellcode und die hochgeladenen Dateien einbindet.

Wenn Sie diesen Aufruf per `cron`-Script jede Nacht laufen lassen und dabei mehrere Versionen der Datei sichern wollen, können Sie den Dateinamen um den Wochentag erweitern. Unter Linux funktioniert das mit einer Erweiterung für den Dateinamen wie `/backup/wordpress-$(date +%w).tar.gz`, wobei `date +%w` den Tag der Woche (beginnend mit Sonntag als `0`) ausgibt. So haben Sie immer eine Backup-Datei für jeden der letzten sieben Tage.

Das Datenbank-Backup wollen wir mit einem klassischen Datenbank-Dump erledigen. Für sehr große Datenbanken ist diese Art der Sicherung nicht ideal, da die resultierende Datei trotz Komprimierung sehr groß werden kann und die Zeit, die der Dump benötigt, beträchtlich sein kann. Im ungünstigsten Fall sind die Tabellen während des Dumps auch noch gesperrt, sodass Ihre WordPress-Seite kurzfristig nicht funktioniert.

Glücklicherweise verwendet WordPress in aktuellen Versionen das transaktionssichere Tabellenformat InnoDB, das beim Dump einen großen Vorteil mit sich bringt: Der Parameter --single-transaction in Kombination mit --skip-lock-tables sorgt dafür, dass der Zustand der Tabellen zum Zeitpunkt des Kommando-Aufrufs eingefroren wird und die Datenbank im Hintergrund Veränderungen annimmt. In der Sicherungsdatei wird daher ein Zustand gespeichert, der über alle Tabellen konsistent ist.

Im Unterschied zu der Dateisicherung starten wir hier keinen eigenen Container, sondern rufen das mysqldump-Kommando in dem laufenden MariaDB-Container auf. Zugriff auf den Container erhalten wir mit docker compose exec mariadb im entsprechenden Verzeichnis. Wenn Sie die Passwörter als Umgebungsvariablen in der docker compose-Datei gespeichert haben, können Sie das Backup mit folgendem Kommando ausführen:



```
docker compose exec mariadb sh -c 'mariadb-dump \
   --password=$MYSQL_ROOT_PASSWORD --single-transaction \
   --skip-lock-tables dockerbuch' > \
   /var/backups/dockerbuch-wordpress.sql
```

An dieser Stelle verwenden wir einen kleinen Trick, um an die Umgebungsvariable aus der Datei docker compose zu gelangen: Eigentlich könnten Sie auch docker compose exec mariadb mysqldump ... aufrufen, nur hätten Sie dann keinen Zugriff auf die Variable $MYSQL_ROOT_PASSWORD. Starten Sie hingegen eine Shell mit einem Kommando (sh -c), dann können Sie die Variablen bei der Kommandoausführung verwenden.

Das mariadb-dump-Kommando liefert die Ausgabe direkt an das Terminal, das in unserem Beispiel in eine Datei (/var/backups/dockerbuch-wordpress.sql) umgeleitet wird. Diese Datei befindet sich nicht innerhalb des Containers, sondern wie der Aufruf docker compose exec auf dem Host. (Stellen Sie sicher, dass Sie in dem Verzeichnis Schreibrechte haben!) Natürlich können Sie auch hier, wie bei der Sicherung der Dateien, die Backup-Dateinamen um einen Datumswert erweitern.

**Andere Backup-Strategien**

Verschiedene Backup-Strategien zu erklären, würde den Rahmen dieses Buchs sprengen. Ein Backup der letzten 7 Tage ist aber sicher besser als kein Backup, und diese simple Strategie kann bei Bedarf auf weitere Tage ausgedehnt werden (z. B. liefert date +%j den Tag des Jahres, von 001 bis 365/366). Mit inkrementellen Backups können Sie außerdem den Speicherplatzbedarf der Backups optimieren.

## 12.2 Nextcloud

Cloud-Speicher haben inzwischen einen fixen Platz im Computeralltag. Ob bei Google, Apple, Amazon oder Dropbox, irgendwo haben wir alle mehr oder weniger Daten gespeichert, weil es sehr praktisch ist und gut funktioniert. Wenn Sie Ihre privaten Daten nicht gern bei einem der großen IT-Dienstleister speichern möchten und ausreichend Zugriffsrechte auf einen Server haben, dann können Sie Ihre eigene Cloud installieren.

Eine weitverbreitete und ausgereifte private Cloud-Lösung, die noch dazu als Open-Source-Software zur Verfügung steht, ist *Nextcloud* (*https://nextcloud.com*), ein Fork des beliebten ownCloud-Projekts. Mit Nextcloud können Sie nicht nur Ihre Dateien verwalten, wie Sie es von Dropbox kennen, mithilfe von Apps lässt sich Nextcloud um viele nützliche Funktionen erweitern. Beliebte Apps sind zum Beispiel der Kalender, ein Adressbuch oder eine Webmail-Erweiterung.

### Installation mit docker compose

In diesem Abschnitt werden wir Nextcloud in einer Microservice-Architektur mit `docker compose` installieren. Die erste Version enthält drei Services: Datenbank, PHP und einen Webserver. Im Verzeichnis `nextcloud` legen wir die folgende `compose.yaml`-Datei an:

```
# Datei: webapps/nextcloud/compose.yaml
services:
  db:
    image: mariadb:11
    restart: unless-stopped
    volumes:
      - db:/var/lib/mysql
    environment:
      - MYSQL_ROOT_PASSWORD=ciel5eeNgeez
      - MYSQL_PASSWORD=IeMaovahM2ba
      - MYSQL_DATABASE=nextcloud
      - MYSQL_USER=nextcloud
  app:
    image: nextcloud:fpm
    volumes:
      - nextcloud:/var/www/html
      - nextcloud_data:/var/www/html/data
    restart: unless-stopped
    environment:
      - MYSQL_PASSWORD=IeMaovahM2ba
      - MYSQL_DATABASE=nextcloud
```

```
      - MYSQL_USER=nextcloud
      - MYSQL_HOST=db
  web:
    image: nginx:1
    ports:
      - 8080:80
    volumes:
      - ./nginx.conf:/etc/nginx/nginx.conf:ro
      - nextcloud:/var/www/html
      - nextcloud_data:/var/www/html/data
    restart: unless-stopped

volumes:
  db:
  nextcloud:
  nextcloud_data:
```



Der Datenbankservice verwendet das offizielle MariaDB-Image in der Version 11.x und speichert die Daten in ein Volume, das `db` heißt. Die Umgebungsvariablen definieren die notwendigen Datenbankeinstellungen (siehe Kapitel 10, »Datenbanksysteme«).

Um die Microservice-Architektur möglichst flexibel zu gestalten, verwenden wir das FPM-Image von Nextcloud (im Service `app`) und Nginx als Webserver (im Service `web`). Durch die Angabe der `MYSQL_`-Variablen im Abschnitt `environment` des `app`-Service konfiguriert Nextcloud den Datenbankzugriff automatisch.

Um das Sichern der Daten einfacher zu gestalten, verwenden wir zwei Volumes im Nextcloud-Container: das `nextcloud`-Volume mit den Daten der PHP-Applikation und das `nextcloud_data`-Volume, in dem die von uns hochgeladenen Daten gespeichert werden. Mit einem Backup des zweiten Volumes und einem Datenbank-Backup kann das System nach einem Crash wiederhergestellt werden.

Starten Sie die Konfiguration mit `docker compose up`. Nach wenigen Sekunden können Sie auf die Webadresse *http://localhost:8080* zugreifen. Die Werte aus den `MYSQL_*`-Umgebungsvariablen werden dabei vorausgefüllt (siehe Abbildung 12.3).

### Backups erstellen

Das regelmäßige Sichern der Daten sollte selbstverständlich sein. Mit dem `nextcloud_data`-Volume haben Sie die Möglichkeit, eine einfache Sicherung der Daten zu starten:

```
docker run --rm \
  -v nextcloud_nextcloud_data:/data:ro \
  -v "$(pwd)":/backup alpine \
  tar cjvf /backup/data.tar.bz2 -C /data ./
```

Das docker run-Kommando legt ein mit tar gepacktes und bzip2 komprimiertes Archiv der Nextcloud-Daten an. Da sowohl tar als auch bzip2 in der schlanken Alpine-Linux-Distribution enthalten sind, leiten wir einen Container von diesem Image ab und hängen das Nextcloud-Volume (nextcloud_nextcloud_data) nur lesend in diesen Container ein.

Das tar-Kommando erzeugt die Sicherungsdatei data.tar.bz2 im Verzeichnis /backup, das über ein weiteres Volume mit dem aktuellen Verzeichnis verbunden ist.

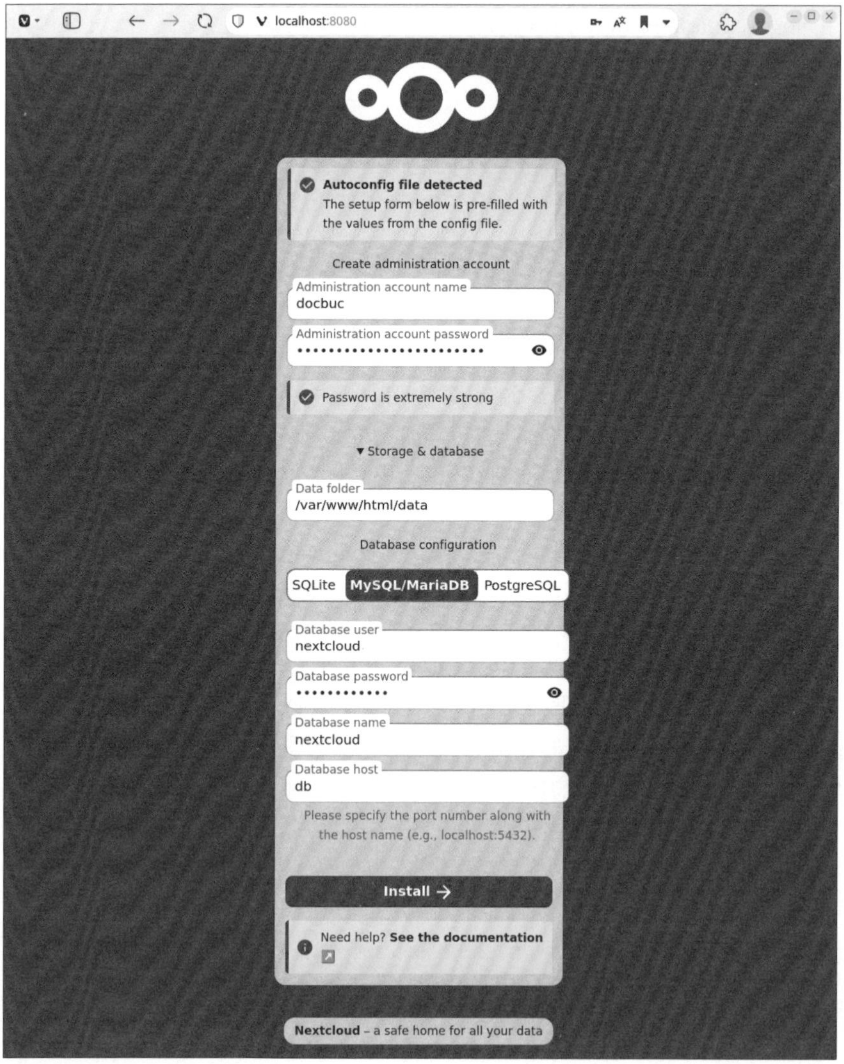


**Abbildung 12.3** Der Installationsbildschirm beim ersten Start von Nextcloud

## 12.3 Joomla

*Joomla* wurde im Jahr 2005 als Abspaltung des Open-Source-CMS *Mambo* gestartet. Ähnlich wie WordPress basiert es auf PHP und MySQL/MariaDB und erfreut sich großer Beliebtheit.

Das offizielle Image auf dem Docker Hub ist gut gewartet und bietet vier unterschiedliche Varianten:

- PHP 8 und Apache, das aktuelle Standard-Image
- PHP 8 FPM

Während die Apache-Varianten auf das im Webserver integrierte PHP-Modul setzen, arbeiten die FPM-Varianten mit einem eigenständigen Server, dem *FastCGI Process Manager*. Dieser verarbeitet PHP-Dateien ähnlich wie das Apache-Modul, ohne für jeden Aufruf einen separaten Prozess zu starten, nur eben nicht innerhalb des Webservers, sondern als eigenständiger Server.

12

Alle Images bauen auf den offiziellen Images von PHP auf und bieten noch keine Datenbank; die FPM-Varianten benötigen außerdem einen Webserver. Für unser Beispiel wollen wir die aktuelle PHP-8-Version mit dem Apache Webserver und MariaDB als Datenbank einsetzen.

Um die Services zusammen zu starten, verwenden wir wie bei den vorangegangenen Beispielen `docker compose`. Die entsprechende Datei sieht wie folgt aus:

```
# Datei: webapps/joomla/compose.yaml
services:
  joomla:
    image: joomla:apache
    ports:
      - 8080:80
    volumes:
      - webdata:/var/www/html
    environment:
      JOOMLA_DB_HOST: mariadb
      JOOMLA_DB_NAME: dockerbuch
      JOOMLA_DB_USER: dockerbuch
      JOOMLA_DB_PASSWORD: chohbaeB3ooY9Ooyah4iech
  mariadb:
    image: mariadb:11
    environment:
      MYSQL_ROOT_PASSWORD: eengi7suXeut
      MYSQL_DATABASE: dockerbuch
      MYSQL_USER: dockerbuch
      MYSQL_PASSWORD: chohbaeB3ooY9Ooyah4iech
volumes:
  webdata:
```

Im `services`-Abschnitt werden der `joomla`- und der `mariadb`-Service konfiguriert. Als lokaler Port für den Webserver wird 8080 verwendet. Das benannte Volume `webdata` enthält die gesamte Installation von Joomla.

Wie bei WordPress können die Datenbankzugangsdaten als Umgebungsvariable angegeben werden, beim initialen Konfigurationsdialog wurden diese Werte bei unseren Versuchen aber nicht übernommen.

Wenn Sie diese Konfiguration mit `docker compose up` starten und in Ihrem Browser auf die Adresse *http://localhost:8080* navigieren, sehen Sie den dreistufigen Installationsassistenten von Joomla. Nach der Angabe des Seitentitels, eines Admin-Benutzers und der Datenbankzugangsdaten (siehe Abbildung 12.4) können Sie die Installation abschließen.

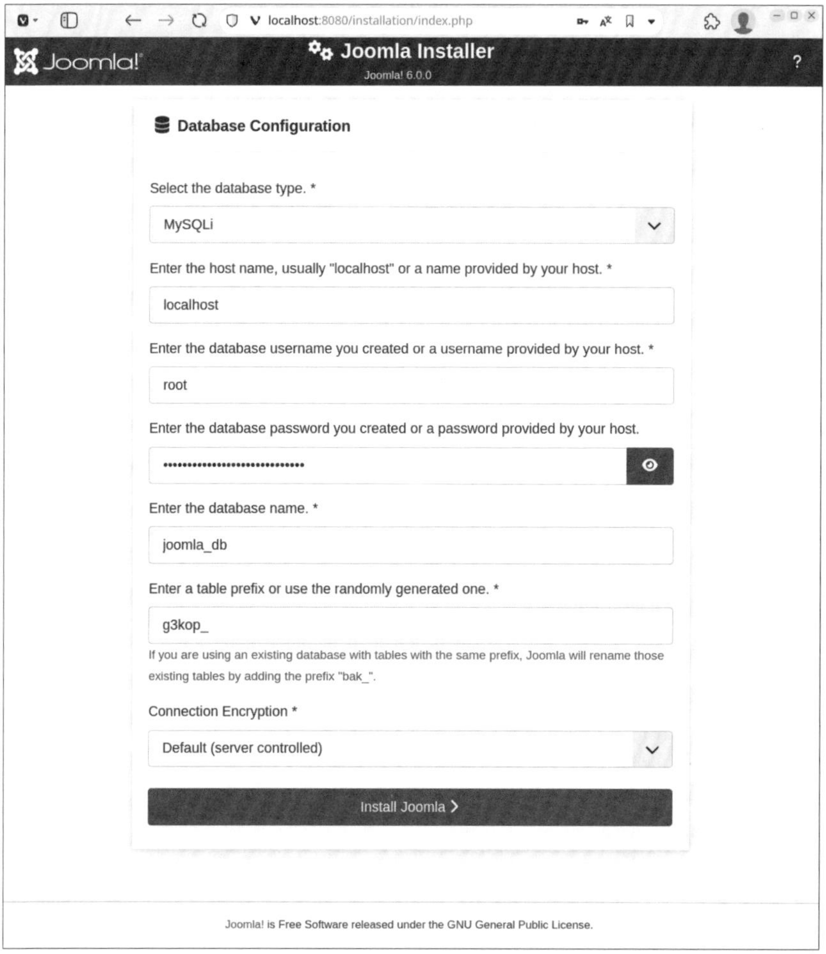


**Abbildung 12.4** Die Eingabe der Datenbankzugangsdaten beim ersten Start von Joomla

TEIL III

# Praxis

Kapitel 13

# Eine moderne Webapplikation

In diesem Kapitel wollen wir das Zusammenspiel von Docker mit einem modernen Webapplikations-Framework vorstellen. Das Setup enthält folgende Komponenten:

- ein Web-Frontend mit *Vue.js* (als *Single-Page Application*)
- einen API-Backend-Server auf der Basis von Node.js (Express)
- ein Datenbank-Backend (MongoDB)
- ein Session-Backend (Redis)



Die Anwendung soll gut skalierbar sein. Dabei hilft uns Docker: Das Web-Frontend, eine Single-Page Application, läuft in einem Container mit Nginx als Webserver; die REST-API läuft in einem Container mit Node.js. Die MongoDB-Datenbank läuft in drei Containern, die als ein repliziertes Setup mit automatischem Failover konfiguriert sind. Außerdem gibt es einen Container, in dem die Redis-Datenbank einen flüchtigen Sessionspeicher zur Verfügung stellt (siehe Abbildung 13.1).

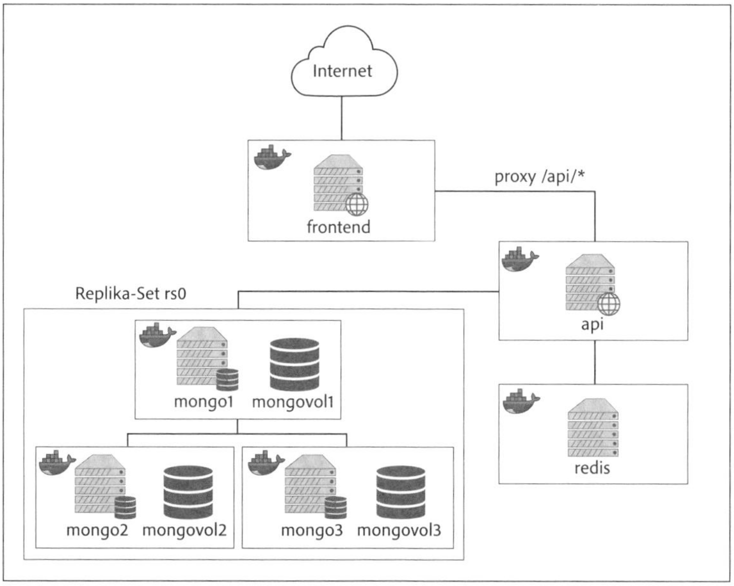


**Abbildung 13.1** Das Microservice-Setup für den Produktivbetrieb der Beispielanwendung

Die gesamte Anwendung ist in einer modernen Version von JavaScript programmiert. Einige der Docker-Kniffe, die wir in diesem Kapitel zeigen werden, sind spezifisch für Werkzeuge aus dem JavaScript- und Node.js-Umfeld. Gute Kenntnisse in dieser Programmiersprache sind für das Kapitel daher von Vorteil.

## 13.1 Die Anwendung

Die einfache Beispielanwendung dient zum Schreiben eines Tagebuchs. Jeder Eintrag wird mit einem Foto versehen, im Vordergrund steht jedoch der Text. Ein neuer Tagebucheintrag beginnt mit dem Hochladen eines Bildes, wobei die Auflösung der Bilder bereits vor dem Hochladen heruntergerechnet wird. Der Text zu einem Eintrag wird im Markdown-Format verfasst und im HTML-Format angezeigt.

Über ein Kalender-Modul können Sie zu älteren Einträgen navigieren. Die vollständigen Einträge erscheinen im unteren Seitenbereich (siehe Abbildung 13.2).

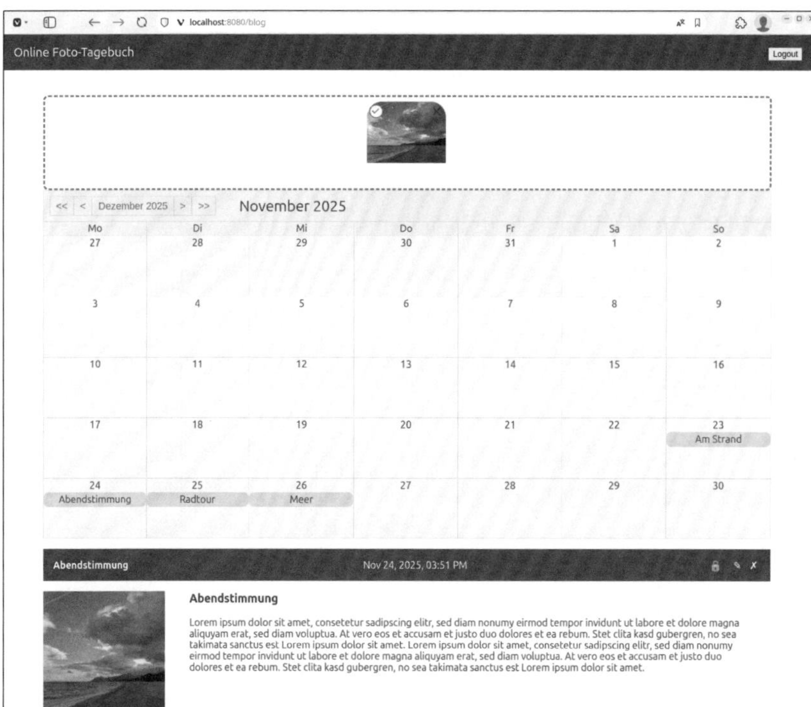


**Abbildung 13.2** Der Kalender und einige Tagebucheinträge in der App

Einzelne Einträge können öffentlich freigegeben und natürlich auch verändert und gelöscht werden (siehe Abbildung 13.3). Außerdem ist ein *Lightbox*-Modul integriert, das einzelne Bilder vergrößert darstellen kann (siehe Abbildung 13.4).

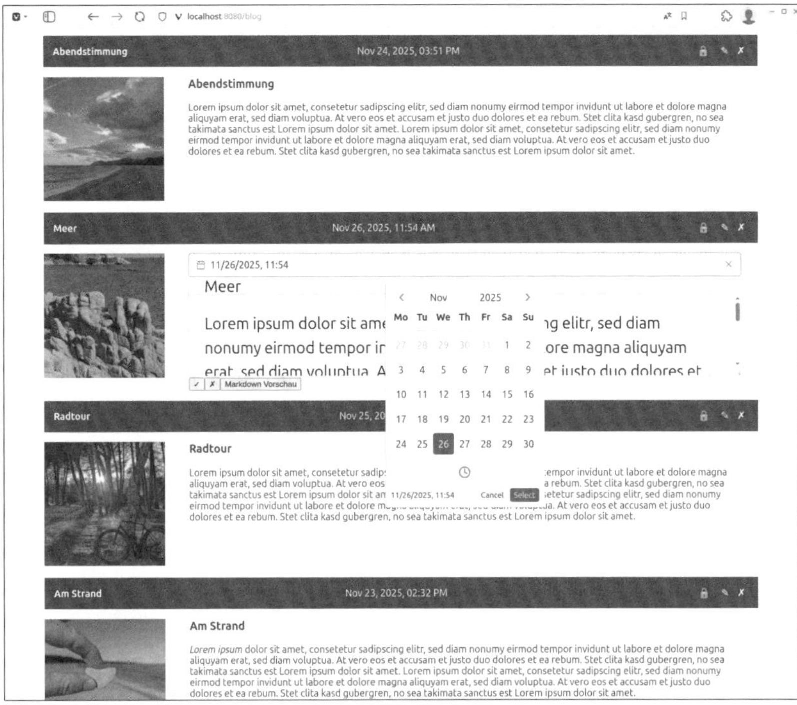


**Abbildung 13.3** Bearbeiten eines Tagebucheintrags mit dem »vue-simple-calendar«-Modul

**Abbildung 13.4** Die vergrößerte Bildansicht

Die Benutzerverwaltung liegt in der MongoDB-Datenbank. Passwörter sind mit dem aktuell als sicher geltenden bcrypt-Algorithmus gehasht und in der `users`-Collection gespeichert.

### Technischer Hintergrund

Für dieses Kapitel haben wir uns folgendes Ziel gesetzt: Der Computer, der für die Anwendungsentwicklung verwendet wird, soll keinerlei spezielle Software benötigen, wenn man einmal von der Versionsverwaltung *Git* (zum Verwalten des Quellcodes) und natürlich von Docker absieht.

In der Praxis kommt gerade bei der Anwendungsentwicklung oft lokal installierte Software zum Einsatz, um den Build-Prozess zu steuern. Für Vue.js sind das einige Werkzeuge aus dem Node.js-Umfeld (zum Beispiel `vite` und `eslint`). In unserem Beispiel sind derartige Werkzeuge aber direkt im Docker-Setup integriert. Dieses Setup bietet die folgenden Vorteile:

- Es ist sofort einsatzbereit.
- Sie können es jederzeit auf einen anderen Entwicklungsrechner portieren.
- Es nutzt eine stabile Version der Node.js-Runtime.
- Es ist nicht vom Betriebssystem abhängig.

**Editoren im Container**

Die Grenze für die Docker-Integration haben wir beim Editor gezogen. Zwar wäre es denkbar, auch einen Editor im Docker-Container zu starten und das Setup damit noch unabhängiger vom verwendeten Betriebssystem zu machen; wir wollten es hier aber nicht übertreiben und Sie mit dem Editor Ihrer Wahl arbeiten lassen.

Wenn Sie sich für ausgefallene Docker-Techniken interessieren, können wir Ihnen die `Dockerfiles` von Jessie Frazelle empfehlen:

*https://github.com/jessfraz/dockerfiles*

Die frühere Docker-Mitarbeiterin hat mit unterschiedlichen Tricks Desktop-Editoren wie Visual Studio Code, Atom oder Sublime Text in `Dockerfiles` verpackt. Zur Ausführung wird ein laufender X-Server vorausgesetzt, da der X11-Socket im Container eingebunden wird.

## 13.2 Das Frontend – Vue.js

*Vue.js* ist ein sehr leichtgewichtiges JavaScript-Framework zur Erstellung von Webanwendungen. Die komprimierte Datei für den Produktivbetrieb ist gerade einmal

67 KByte groß und kann direkt in eine HTML-Seite eingebunden werden. Wir wollen Ihnen hier aber einen Weg zeigen, wie Sie Vue.js mit einigen praktischen Werkzeugen in einer lokalen Entwicklungsumgebung einsetzen können. Die Vue.js-Bibliothek wird dabei mit allen ihren Komponenten und anderen Node.js-Modulen zu einem optimierten JavaScript-Bundle kompiliert. Alle diese Werkzeuge laufen natürlich in einem Docker-Container.

### Vue.js-Setup

Beim Start eines neuen Projekts bietet Vue.js Ihnen die Möglichkeit, über ein Kommandozeilenprogramm die initiale Projektstruktur automatisch zu erzeugen. Dieser Schritt erspart Ihnen viel Tipparbeit und Kopfzerbrechen bei den Konfigurationseinstellungen für Werkzeuge wie `vite` und `eslint`.

Da wir davon ausgehen, dass auf Ihrem Computer keine Node.js-Runtime installiert ist und auch nicht installiert werden soll, verwenden Sie einfach ein Docker-Image, um das Vue.js-Kommandozeilenprogramm zu starten:



```
# Datei: mwa/frontend/setup/Dockerfile (docbuc/mwa-fe-setup)
FROM node:24-alpine
RUN apk add --no-cache git
WORKDIR /src
CMD ["npm", "init", "vue@latest"]
```

Wir haben das Image mit den folgenden Kommandos erzeugt und auf unserem Docker-Hub-Account hinterlegt:

```
docker build -t docbuc/mwa-fe-setup .
docker push docbuc/mwa-fe-setup
```

Starten Sie die Initialisierung mit folgendem Docker-Kommando, am besten im `frontend`-Verzeichnis des aktuellen Projekts:

```
docker run -it --rm -u "$(id -u):$(id -g)" \
  -v "$(pwd)":/src docbuc/mwa-fe-setup
```

Der `-it`-Parameter wird benötigt, weil Sie eine interaktive Eingabe im Terminal machen müssen. Mit `--rm` löschen Sie den Container sofort nach der Ausführung; er wird später nicht mehr benötigt. Das Initialisierungsprogramm legt in einem Unterordner des aktuellen Ordners Dateien an, die Sie später in einem Editor Ihrer Wahl bearbeiten werden.

Sollten Sie unter Linux arbeiten, starten Sie den Container unter Ihrer Benutzer- und Gruppenkennung mit dem Parameter `-u "$(id -u):$(id -g)"`. Mit `$(id -u)` und `$(id -g)` starten Sie das Programm `id` und veranlassen es zur Ausgabe der numerischen

Benutzerkennung beziehungsweise der Gruppenkennung. Unter Windows und am Mac ist das nicht notwendig.

Verwenden Sie folgende Einstellungen im Installationsassistenten:

- **Project name:** `vue-project`
- **Select features to include in your project:**
  - **TypeScript**
  - **Router** (SPA development)
  - **ESLint** (error prevention)
  - **Prettier** (code formatting)
- **Select experimental features to include in your project**: *None*
- **Skip all example code and start with a blank Vue project?** *Yes*

Das Kommando erstellt den Unterordner `vue-project`, der alle Dateien enthält, die für das Frontend notwendig sind. Im `src`-Ordner liegt der Quellcode für die Applikation. Im Unterordner `components` können Sie Ihre Vue.js-Komponenten ablegen.

### Entwicklungs- und Produktiv-Image (Multi-Stage-Builds)

Gerade bei der Entwicklung des Frontends, also der Komponente, die im Browser läuft, tritt das Problem auf, dass die Anforderungen für die Entwicklung und für den Produktivbetrieb stark unterschiedlich sind. Zwar könnte man mit zwei verschiedenen `Dockerfiles` arbeiten, Docker kennt aber noch eine elegantere Möglichkeit, dem Problem beizukommen: *Multi-Stage-Builds*.

Um einen Multi-Stage-Build zu verwenden, fügen Sie in Ihrem `Dockerfile` einfach ein weiteres Mal eine `FROM`-Anweisung hinzu. Der Vorteil gegenüber getrennten `Dockerfiles` ist, dass Sie im zweiten `Dockerfile` auf die Layer des ersten zugreifen können.

Das Vue.js-Framework in unserem Beispiel setzt für die Entwicklung auf die Node.js-Runtime. Leiten Sie das `Dockerfile` daher von dem offiziellen `node:24`-Image ab. Im ersten Teil der Anweisungen installieren Sie die notwendigen Node.js-Module, kopieren den Quellcode in das Verzeichnis `/src/vue` und starten den Build-Prozess von Vue.js (`npm run-script build`). Das Ergebnis ist die fertige Web-App im Ordner `/src/vue/dist`. Die App besteht aus HTML-, JavaScript- und Stylesheet-Dateien. Auf die Funktionsweise des `ENTRYPOINT`-Scripts werden wir etwas später genauer eingehen.

```
FROM node:24 AS builder
WORKDIR /src/vue
COPY vue-project/package* /src/vue/
RUN chown -R node:node /src
USER node
RUN npm install
```

```
COPY vue-project/ /src/vue/
RUN npm run-script build
COPY dev-entrypoint.sh /src/
ENTRYPOINT [ "/src/dev-entrypoint.sh" ]
CMD [ "npm", "run", "dev", "--", "--host"]

FROM nginx:alpine
WORKDIR /usr/share/nginx/html
COPY --from=builder /src/vue/dist/ .
COPY default.conf /etc/nginx/conf.d/
RUN touch /var/run/nginx.pid && \
  chown -R nginx:nginx /var/run/nginx.pid
# USER nginx
EXPOSE 8080
HEALTHCHECK --interval=10s --timeout=3s CMD wget -O - \
  http://localhost:8080/ || exit 1
```



Das Docker-Image ist zu diesem Zeitpunkt über ein Gigabyte groß, was für den Zweck, ein paar HTML-Seiten auszuliefern, unnötig ist. Außerdem enthält das Image noch gar keinen Webserver. Hier kommt der Multi-Stage-Build ins Spiel: Mit der weiteren `FROM`-Anweisung leiten Sie ein neues Docker-Image von `nginx:alpine`, der schlanken Variante von Nginx, ab.

Die `COPY --from=builder`-Anweisung greift auf den Layer zu, den Sie im ersten Teil des `Dockerfiles` erzeugt haben und in dem die fertige Webapplikation liegt. Die Dateien werden in das `WORKDIR` kopiert, von wo aus Nginx sie standardmäßig ausliefert. Das fertige Docker-Image ist jetzt nur noch 18 MByte groß und hat dennoch die volle Funktionalität, die die Anwendung benötigt.

Nun kann man durchaus zu Recht sagen, dass ein paar Megabyte mehr oder weniger in der heutigen Zeit keine Rolle spielen. Was aber mit den geringeren Image-Größen einhergeht, sind blitzschnelle Updates und eine Reduktion der Angriffsmöglichkeiten: Wenn ein Image nur über die absolut notwendigen Bibliotheken verfügt, kann ein Angreifer auch nur diese attackieren. Dank Multi-Stage-Builds lassen sich diese Vorteile nahezu ohne Mehraufwand realisieren.

### Realisierung mit compose.override.yaml

Um Multi-Stage-Builds mit `docker compose` zu nutzen (wir verwenden hier wieder die erweiterte Konfiguration mit `compose.override.yaml`, siehe Abschnitt 11.3, »PHP«), haben wir den Kontext `build` um den Eintrag `target` erweitert:

```
# Datei: mwa/compose.override.yaml (Ausschnitt)
services:
[...]
  frontend:
```

```
    build:
      context: frontend
      target: builder
    image: docbuc/mwa-fe-build:latest
    environment:
      - API_BASE=http://localhost:8080/api
    volumes:
      - ./frontend/vue-project:/src/vue
    ports:
      - 8080:8080
```

Der Aufruf von `docker compose build frontend` stoppt nach dem ersten Teil der `Dockerfile`-Datei, da wir als `target` hier `builder` angegeben haben. Das Docker-Image bekommt den Namen (also eigentlich das *Tag* im Docker-Jargon) `docbuc/mwa-fe-build:latest`. Der Eintrag für das Frontend in der `compose.yaml`-Datei verwendet hingegen kein `target`, wodurch das gesamte `Dockerfile` (mit allen Stages) abgearbeitet wird. Das Docker-Image, das mit dem Kommando `docker compose -f compose.yaml build frontend` erzeugt wird, »taggen« Sie mit `docbuc/mwa-fe`:

```
# Datei: mwa/compose.yaml (Ausschnitt)
services:
[...]
  frontend:
    restart: always
    build: frontend
    image: docbuc/mwa-fe
    depends_on:
      - api
    ports:
      - 80:8080
```

Beachten Sie auch die weiteren Unterschiede in den Konfigurationen: In der Entwicklungsumgebung binden Sie das lokale Verzeichnis `/frontend/vue-project` in den Container ein und verbinden Port 8080, auf dem der Vite-Server (siehe den folgenden Abschnitt) läuft, mit dem Host. Für den Produktivbetrieb wird Port 80 mit dem auf dem unprivilegierten Port 8080 laufenden Nginx-Server im Container verbunden.

### JavaScript-Code mit Vite bündeln

Wenn Sie mit Vue.js entwickeln, können Sie externe Bibliotheken einfach als Node.js-Module einbinden. Diese Bibliotheken können generelle JavaScript-Bibliotheken sein, wie zum Beispiel die praktische `moment.js`-Bibliothek, oder spezielle Vue.js-Bibliotheken, die eine Vue.js-Komponente darstellen.

Im Hintergrund ist *Vite* für die Einbindung der Module zuständig. Dieses Programm sammelt alle notwendigen Bibliotheken und kann anschließend gewisse Änderungen an Ihrem Quelltext durchführen. So können alle `console.log`-Meldungen für den Produktivbetrieb entfernt werden.

Während der Entwicklung der Applikation werden Sie weitere externe Bibliotheken benötigen, die normalerweise einfach mit `npm i --save-dev <lib>` eingespielt werden. In unserem Fall ist auf dem Entwicklercomputer aber kein `npm`-Kommando vorhanden. Verwenden Sie daher folgenden Befehl:

```
docker compose exec frontend npm i --save-dev dropzone-vue
```

Damit installieren Sie das Modul `dropzone-vue` im Frontend-Container, wobei die lokal eingebundene `package.json`-Datei mit der Installationsanweisung befüllt wird. Das Modul wird dadurch in der Entwicklungsumgebung sofort verfügbar; für die Produktivumgebung werden beim nächsten Docker-Build-Prozess die Dateien aus der `package.json`-Datei geladen und installiert. Häufig müssen Sie bei der Entwicklung Module ausprobieren, stellen aber dann fest, dass ein Modul nicht die gewünschte Wirkung erzielt. Zum Entfernen solcher Module verwenden Sie auch das `docker compose`-Kommando:



```
docker compose exec frontend npm rm --save-dev exif-reader
```

Die Konfigurationsdatei, die wir hier vorstellen, verwendet den *Vite*-Server, der während der Entwicklung einiges an Komfort bietet. Der Server überwacht den Quelltext und führt bei geänderten Dateien automatisch einen neuen Build mit Vite durch. Außerdem wird automatisch der Browser neu geladen. Das unmittelbare Feedback beim Speichern einer Datei macht die Entwicklung sehr dynamisch und animiert zum Ausprobieren.

Der Server wird mit dem Eintrag `CMD [ "npm", "run", "dev", "--", "--host"]` am Ende des ersten Teils des `Dockerfiles` gestartet. Konfigurationseinstellungen für den Vite-Server finden Sie auch bei der Überschrift »Zugriff auf die API« in Abschnitt 13.3, »Der API-Server – Node.js Express«.

### ENTRYPOINT-Skript für Node.js-Module

Das `ENTRYPOINT`-Skript erfüllt zwei Aufgaben für das Entwickler-Image: Erstens werden alle notwendigen Node.js-Module installiert und zweitens wird der Wert aus der Umgebungsvariablen `API_BASE` in der Konfigurationsdatei eingetragen.

```
#!/bin/bash
# Datei: mwa/frontend/dev-entrypoint.sh

# zur Sicherheit alle npm-Pakete installieren
cd /src/vue
```

```
npm i

API_BASE=${API_BASE:-https://api.dockerbuch.info}

# Vorsicht: ändert die Datei config/index.js
sed -i "s|^const apiBaseUrl.*$|const apiBaseUrl= '$API_BASE';|" \
    /src/vue/config/index.js

exec "$@"
```

Die Installation der Node.js-Module ist vor allem bei der ersten Verwendung hilfreich. Zwar sind die Module im Image vorhanden, wenn Sie aber das lokale Verzeichnis in der `compose.override.yaml`-Datei einbinden, fehlen sie. Der Aufruf von `npm i` stellt sicher, dass die benötigten Module in jedem Fall vor dem Container-Start-Kommando vorhanden sind.

Die Ersetzung der JavaScript-Konstanten `apiBaseUrl` erfolgt mit dem `sed`-Kommando von Unix. Der reguläre Ausdruck sucht nach der Zeichenkette `const apiBaseUrl` am Zeilenanfang der Datei `config/index.js` und ersetzt diese Zeile durch die Zuweisung der Umgebungsvariablen `API_BASE` oder, wenn diese nicht gesetzt ist, durch den eingestellten Standardwert `https://api.dockerbuch.info`. Beachten Sie aber, dass bei der Shell-Ersetzung der Wert von `$API_BASE` ausgegeben wird, nicht der Name der Variablen.

**Achtung, Versionskonflikte**

Das Ersetzen der `apiBaseUrl`-Konstante in der JavaScript-Datei ist ein zweischneidiges Schwert: Zwar kann man so unkompliziert das Setup von *Proxy durch das Frontend* auf *alleinstehender API-Server* umstellen, andererseits schreiben die Änderungen den versionierten Quelltext um. Und das nur beim Start eines Containers in der Entwicklungsumgebung!

Vielleicht ist es für Ihren Anwendungsfall besser, wenn Sie Änderungen an dieser Einstellung manuell in der Datei vornehmen.

Die letzte Zeile im `ENTRYPOINT`-Skript (`exec "$@"`) übergibt die Ausführung an das als `CMD` definierte Kommando. Das Ergebnis dieser Schreibweise ist, dass das Kommando die Prozess-ID 1 erhält und dadurch korrekt auf Signale für den Container reagiert.

### Quelltext

Wir können in diesem Abschnitt nicht auf den gesamten Quellcode der Beispiel-App eingehen – das würde zu weit weg von Docker führen. Damit Sie dennoch einen

Einblick bekommen, wie Vue.js funktioniert, stellen wir hier zumindest das Einstiegs-Script und eine Komponente vor.

Wie wir bereits erwähnt haben, kompiliert Vite im Hintergrund den JavaScript-Code und stellt Ihnen während der Entwicklung auch eine Serverkomponente zur Verfügung. Die Konfiguration von Vite erwartet einen Einstiegspunkt, in unserem Fall die main.js-Datei:

```
// Datei: mwa/frontend/vue-project/src/main.js
import App from './App.vue'
import router from './router'
import store from './store'
import DateFilter from './filters/date'
import { createApp } from 'vue'

const app = createApp(App)
app.use(store)
app.use(router)
app.config.globalProperties.$filters = {
    dateFormat: DateFilter
}
app.mount("#app")
```

Nach den import-Anweisungen für die notwendigen JavaScript-Bibliotheken erzeugen Sie die Vue-Applikation mit der Funktion createApp aus dem Vue-Modul. Das router-Modul kümmert sich um die korrekte Behandlung der URL-Pfade, und das store-Modul stellt einen Datenspeicher zur Verfügung, den die ganze Applikation nutzen kann. Anschließend erzeugen Sie einen globalen Filter, der später in allen Ihren HTML-Vorlagen verwendet werden kann. Abschließend hängen Sie die Vue-Applikation an dem DOM-Element mit der ID app ein.

In unserem Beispiel wird die Applikation mit der Komponente App initialisiert. Diese ist als *Single-File Component* umgesetzt. Alle zur Komponente gehörenden Teile befinden sich in einer Datei mit der Endung .vue. Diese ist in drei Sektionen geteilt:

- <template>: Die Vorlage ist eine Mischung aus HTML und der Template-Syntax in der bekannten *Moustache*-Form {{ variable }}.
- <script>: JavaScript-Code, der die Funktionsweise der Komponente steuert
- <style>: CSS-Anweisungen, die diese Komponente betreffen

Dank des flexiblen Build-Systems mit Vite können die einzelnen Teile zusätzlich von anderen Werkzeugen bearbeitet werden. Zum Beispiel werden durch die Angabe von <script lang="ts"> die Script-Anweisungen mit dem TypeScript-Compiler umgewandelt.

### Die Vue.js-Hauptkomponente

Im ersten Teil der App-Komponente erstellen Sie den Kopfzeilenbereich der Applikation. Dieser wird auf allen Seiten angezeigt. Er besteht aus einem Link zur Startseite im linken Bereich und – abhängig davon, ob der Benutzer angemeldet ist oder nicht – einem Link zur Login-Seite oder der Logout-Komponente.

```
<!-- Datei: mwa/frontend/vue-project/src/App.vue (Ausschnitt) -->
<template>
  <div id="app">
    <header>
      <span>
        <router-link to="/">Online-Foto-Tagebuch</router-link>
      </span>
      <logout v-if="loggedIn"></logout>
      <span v-else>
        <router-link to="/login">Login</router-link>
      </span>
    </header>
    <main>
      <router-view></router-view>
    </main>
    <DialogWrapper />
  </div>
</template>
```

Ob die Logout-Komponente angezeigt wird, hängt vom Inhalt der Variablen `loggedIn` ab. Er wird mit der Vue.js-Syntax `v-if` überprüft. Dabei wird nicht einfach der HTML-Teil mit der CSS-Anweisung `display: none` versteckt, sondern die Elemente werden nur dann in das Dokument eingebaut, wenn die Variable wahr ist. Statt der `router-link`-Komponente könnten Sie auch einfach das HTML-Element `<a href=...>` verwenden. Die Komponente hat aber den Vorteil, dass sie im Zusammenspiel mit der *HTML5 History API* das Neuladen der Seite unterdrückt. Außerdem werden CSS-Klassen eingefügt, die anzeigen, ob der Link auf die aktuelle Seite verweist. Nach dem `<header>` laden Sie die `<router-view>`-Komponente, die je nach URL-Pfad den entsprechenden Inhalt anzeigt.

Im JavaScript-Code für diese Komponente importieren Sie zuerst das `Logout`-Modul und das Hilfsmodul `request`, das die Anfragen an den Backend-Server abwickelt:

```
<!-- Datei: mwa/frontend/vue/src/App.vue (Ausschnitt) -->
<script>
import Logout from './components/Logout.vue'
import request from './util/request'
import { DialogWrapper } from 'vue3-promise-dialog'
export default {
```

```
  name: 'app',
  created() {
    request.get('/session').then((resp) => {
      if (resp.user) {
        this.$store.commit('login', resp.user)
      }
    })
  },
  computed: {
    loggedIn() {
      return this.$store.state.loggedIn
    },
    user() {
      return this.$store.state.user
    }
  },
  components: { Logout, DialogWrapper }
}
</script>
```



Mit dem `name`-Schlüssel geben Sie Ihrer Komponente einen Namen. Dieser Schlüssel dient auch als Referenz für das HTML-Element, um die Komponente in andere Komponenten einzubauen (in diesem Fall in `<app></app>`).

Die `created`-Funktion wird aufgerufen, sobald die Komponente erzeugt wurde (zu diesem Zeitpunkt ist sie noch nicht im Browser sichtbar). Starten Sie jetzt eine Anfrage an den API-Server, um zu überprüfen, ob es eine aktive Session für diesen Browser gibt (mehr dazu folgt im nächsten Abschnitt). Antwortet der Server mit einem Benutzernamen (`resp.user`), so wird die Funktion `login` im globalen `store`-Modul ausgeführt. Mehr Informationen zu den Funktionen, die für alle Vue.js-Komponenten vorhanden sind, finden Sie hier in der ausgezeichneten Vue.js-Dokumentation:

*https://vuejs.org/api/options-lifecycle.html*

Dynamische Variablen innerhalb einer Komponente speichern Sie in dem `computed`-Objekt. Der Zugriff auf `this.loggedIn` führt die entsprechende Funktion aus und gibt in diesem Fall den Status aus dem `store`-Modul zurück.

Abschließend folgt noch ein Ausschnitt aus den Stylesheet-Anweisungen der App-Komponente. Formatieren Sie die Kopfzeile mit `display: flex` und `justify-content: space-between`. Dadurch bleiben die zwei `span`-Elemente links und rechts am Seitenrand.

```
<!-- Datei: mwa/frontend/vue-project/src/App.vue (Ausschnitt) -->
<style>
header {
```

```
  margin: 0;
  height: 56px;
  padding: 0 16px;
  background-color: #35495e;
  color: #ffffff;
  display: flex;
  justify-content: space-between;
}
```

Wenn Ihnen die voreingestellte Konfiguration zum Programmierstil (`eslint` und `prettier`) nicht gefällt, können Sie sie in den jeweiligen Konfigurationsdateien anpassen. Während sich `prettier` um die Formatierung des Codes kümmert, versucht `eslint`, die Codequalität zu verbessern (zum Beispiel warnt Eslint vor initialisierten, aber nicht verwendeten Variablen).

Die Voreinstellungen in der Datei `.editorconfig` sehen unter anderem eine Einrückung um zwei Leerzeichen und das Löschen von unnötigen Leerzeichen am Zeilenende vor. Sobald Sie `npm run format` im Frontend-Container aufrufen (oder die VS-Code-Erweiterung *Prettier* verwenden), werden diese Regeln auf alle JavaScript- und Vue.js-Dateien angewendet. Über solche Maßnahmen lässt sich bekanntlich trefflich streiten. Wenn Sie das als zu viel Bevormundung beim Programmieren empfinden, können Sie die Regeln einfach anpassen oder das Werkzeug schon beim Setup vollständig deaktivieren.

**Vue.js-Dokumentation und der Code des Beispielprojekts**

Sollten wir jetzt Ihr Interesse für Vue.js geweckt haben, so möchten wir Ihnen die sehr gute Dokumentation empfehlen:

*https://vuejs.org/guide/introduction.html*

Den Quellcode zum gesamten Beispielprojekt finden Sie auf unserer GitHub-Seite:

*https://github.com/docker-compendium/docker5-samples/tree/main/mwa*

## 13.3 Der API-Server – Node.js Express

Der Backend-Server, der Anfragen vom Web-Frontend entgegennimmt und mit der Datenbank kommuniziert, wurde ebenso in JavaScript umgesetzt. Vor allem, wenn Sie Frontend und Backend selbst programmieren, ist es sehr angenehm, wenn Sie nicht zwischen unterschiedlichen Programmiersprachen wechseln müssen.

Auch beim Backend verwenden wir ein Multi-Stage-Docker-Image. In diesem Fall geht es aber nicht darum, kompilierte Dateien aus einem Layer in einen anderen Layer zu kopieren, sondern ausschließlich darum, die Größe der Produktiv-Images gering zu halten.

```
# Datei: mwa/api/Dockerfile (docbuc/mwa-api)
FROM node:24 AS dev
WORKDIR /src
RUN chown node:node /src
USER node
COPY package.json /src/
RUN npm i
COPY server.js routes.js dev-entrypoint.sh /src/
ENV TZ="Europe/Amsterdam"
ENTRYPOINT [ "/src/dev-entrypoint.sh" ]
CMD [ "npx", "nodemon", "server.js" ]
FROM node:20-alpine
WORKDIR /src
RUN chown node:node /src
USER node
COPY package.json /src/
RUN npm i --omit=dev
COPY server.js routes.js health.js /src/
HEALTHCHECK --interval=10s --timeout=3s CMD node /src/health.js \
  || exit 1
EXPOSE 3000
ENV TZ="Europe/Amsterdam"
CMD [ "npm", "start" ]
```

Während im ersten Teil des Docker-Images die Standardversion des Node.js-Images als Basis dient, verwenden wir im Produktiv-Image wieder die Alpine-Linux-Variante. Außerdem fügen wir beim `npm`-Aufruf den Parameter `--omit=dev` hinzu, der nur diejenigen Node-Pakete installiert, die mit `--save` gespeichert wurden, nicht die `--save-dev`-Pakete. Wie schon beim Frontend-Image ist der Größenunterschied auch hier beachtlich: Das Entwickler-Image liegt bei 1,06 GByte, das Produktiv-Image hingegen bei 195 MByte.

Für das `dev`-Image installieren Sie zuerst die benötigten Node.js-Module unter der Benutzerkennung `node` im Ordner `/src`. Anschließend kopieren Sie die beiden Dateien, die den Quellcode für den Server enthalten (`server.js` und `routes.js`), sowie das `ENTRYPOINT`-Script (`dev-entrypoint.sh`) ebenfalls in diesen Ordner.

Das `ENTRYPOINT`-Script hat hier wieder die Aufgabe, fehlende Node.js-Module zu installieren. Die Funktionsweise entspricht der desjenigen Scripts, das wir im vorigen Abschnitt beschrieben haben, außer dass hier keine weitere Variablenersetzung stattfindet.

Verwenden Sie als Startkommando für das dev-Image nicht `node server.js`, sondern `nodemon server.js`. Ähnlich wie der Vite-Server überwacht das nodemon-Modul Ihren Quelltext und startet den Server bei Bedarf neu. Das vorangestellte npx-Kommando sorgt für die korrekte Ausführung von nodemon.

Der HEALTHCHECK gibt rasch Auskunft über den Status des Containers. Sie könnten hier `curl` oder `wget` verwenden, um die eigens angelegte Route auf dem API-Server zu überprüfen. Da es in Node.js aber ein Leichtes ist, mit wenigen Zeilen Code einen eigenen Client zu schreiben, und Sie damit außerdem unabhängig von den Paketen sind, die auf dem System installiert sind, können Sie folgendes Script verwenden:

```
// Datei: mwa/api/health.js
const http = require('http');
const url = process.env.HEALTH_URL ||
  'http://localhost:3000/health';
http.get(url, res => {
  console.log("status: ", res.statusCode);
  if (res.statusCode === 200) {
    process.exit(0);
  } else {
    process.exit(1);
  }
});
```

In dem JavaScript-Programm überprüfen Sie zuerst den Inhalt der Umgebungsvariablen `HEALTH_URL` und setzen, sollte sie keinen Wert enthalten, den Standardwert auf `http://localhost:3000/health`. Das macht das Script flexibel, da Sie über das Setzen einer Variablen in der `compose.yaml`-Datei eine andere Route überprüfen können. Dann laden Sie die URL mit dem `http`-Modul und überprüfen den Status der Antwort. Bei einem Code 200 wird der Prozess ohne Fehler beendet (Rückgabewert `0`), bei einem anderen Antwortcode wird mit `1` als Rückgabewert ein Fehler angezeigt.

### Stateless oder stateful?

Ein verbreitetes Muster bei Single-Page Applications ist ein Backend-Server, der bei der Anmeldung eines Benutzers ein Token ausstellt und dieses bei jeder weiteren Anfrage in einer Kopfzeile erwartet. Oft werden hier *JSON Web Tokens* verwendet, ein standardisiertes Format (*https://tools.ietf.org/html/rfc7519*), das JSON-Objekte in einer URL-sicheren Zeichenkette speichert. Diese Zeichenkette kann signiert und verschlüsselt sein. In der Regel haben Tokens eine Gültigkeitsdauer, die man je nach Anwendungsfall zwischen wenigen Minuten und Tagen oder Monaten wählen kann.

Der Vorteil für den Server bei einem solchen Setup ist, dass keine Informationen zu aktuell angemeldeten Benutzern auf dem Server gespeichert werden müssen. Der Server läuft *stateless*, da jede Anfrage das Autorisierungs-Token mitschickt, das vom

Server ohne Weiteres auf Gültigkeit überprüft werden kann. Das ist geradezu der Idealzustand für ein Microservice-Setup, bei dem man Container beliebig skalieren möchte: Egal, mit welchem der mehrfach gestarteten Container der Client sich verbindet, jeder kann die Gültigkeit des Tokens überprüfen.

Dieser Vorteil bringt leider auch ein paar Nachteile mit sich, vor allem dann, wenn der Client ein Webbrowser ist: Die Frontend-Applikation im Browser muss das Token irgendwo zwischenspeichern. Da die verschlüsselten Tokens in aller Regel größer sind als die für Cookies zugelassenen 4 KByte, machen die meisten Anwendungen hier von dem Browserspeicher `localStorage` Gebrauch. Genau dabei entsteht ein Sicherheitsproblem: Während der Zugriff auf `HttpOnly`-Cookies vom Browser für JavaScript unterbunden wird, kann jedes JavaScript, das auf der Webseite läuft, auf den `localStorage` zugreifen. Das trifft auch für JavaScript-Dateien zu, die über ein Content-Delivery-Network ausgeliefert werden oder die als Node.js-Modul in die Anwendung integriert werden. Daraus ergibt sich ein großes Einfallstor für Angreifer, die sich ein Token ergaunern wollen.



Ein weiteres Problem mit Tokens ist, dass es von Haus aus keine Möglichkeit gibt, sie als ungültig zu kennzeichnen. Damit gibt es auch keine Möglichkeit, ein korrektes Logout auszuführen. Zwar kann das Token im Frontend gelöscht werden, der Server akzeptiert das Token aber bis zu dessen Ablaufdatum weiterhin als gültig.

Mit Sessions ist das ganz anders. Nach der Benutzeranmeldung wird dem Browser ein Cookie mit einer ID zurückgegeben. Der Server hält für diese ID irgendwo Daten bereit, womit der State in diesem Fall auf dem Server bleibt. Dementsprechend kann auch der Server eine laufende Session einfach beenden, indem er die Daten dazu löscht; das Cookie ist damit wertlos. Der Angriff auf das Cookie, das genauso einen Schlüssel darstellt wie das Token, ist deutlich schwieriger, da `HttpOnly`-Cookies nicht von JavaScript ausgelesen werden können.

Ein Nachteil von Sessions ist, dass ein Client nach der Anmeldung immer mit dem gleichen Server kommunizieren muss. Diese Einschränkung entsteht, da Webapplikations-Server Sessioninformationen meist lokal (im Arbeitsspeicher oder in lokalen Dateien) vorhalten. Das macht die Skalierbarkeit schwieriger, da bei erhöhter Last nicht einfach ein neuer Server hinzugeschaltet werden kann.

Um diese Einschränkung zu umgehen, verwenden wir die gängige Technik, Sessiondaten in eine Datenbank auszulagern, auf die die Applikationsserver Zugriff haben. Hierbei eignet sich Redis gut als Datenbank, da es performant arbeitet und wenig bis gar keinen Konfigurationsaufwand bedeutet. Diese Variante haben wir in unserem Beispiel letztlich realisiert.

## Node.js-Module in der Entwicklungsumgebung

Da der Kern der Node.js-Runtime sehr schlank gehalten ist, ist die Verwendung von Modulen eine Selbstverständlichkeit. Node.js-Module werden mit `npm` in dem Verzeichnis `node_modules/` im Wurzelverzeichnis eines Projekts installiert. In der Datei `package.json` sind alle Module mit ihren Versionsnummern referenziert, was eine Installation auf einem anderen System erleichtert.

Ein gängiges Muster bei der Entwicklung mit Node.js und Docker ist es, die Module in einem eigenen Docker-Volume zu speichern (siehe Abschnitt 9.5, »Node.js mit Express«). Ihr Quellcodeverzeichnis wird dadurch nicht mit Hunderten Megabyte an Modulen belastet, und es entstehen auch keine Probleme mit den Dateirechten, wenn Docker neue Module installiert.

Moderne Editoren wie *Visual Studio Code* oder *Vim* können durch die Analyse der Module Vorschläge zur Codevervollständigung machen (siehe Abbildung 13.5). Voraussetzung dafür ist, dass der `node_modules`-Ordner eingelesen werden kann. Bei diesem Beispiel haben wir uns deshalb entschieden, den Ordner nicht als eigenes Docker-Volume einzubinden, sondern lassen Docker die Module im lokalen Ordner installieren.

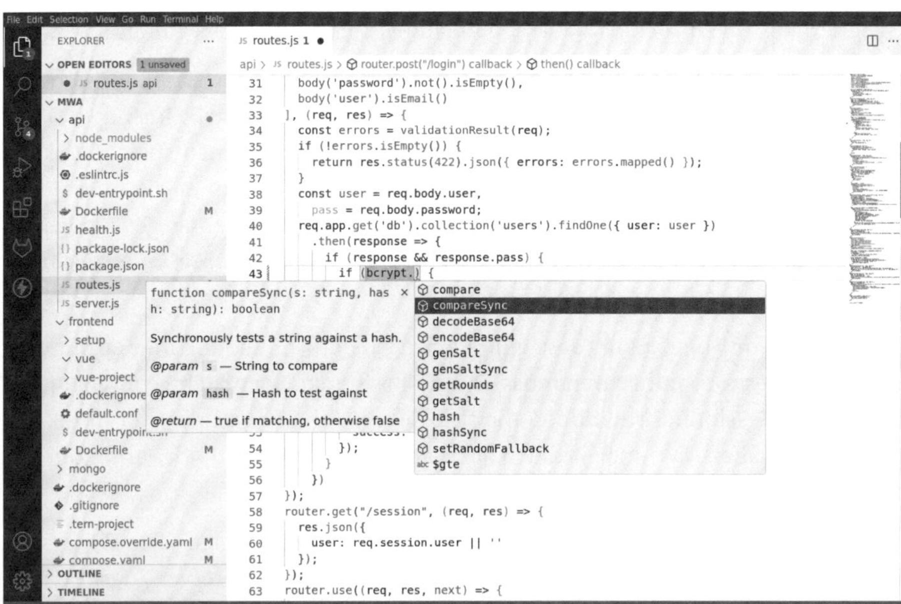


**Abbildung 13.5** Codevervollständigung für das »Node.js«-Modul »bcrypt« im Editor »Visual Studio Code«

**Lokale Node.js-Installation vs. Docker-Installation**

Wenn Sie das hier vorgeschlagene Setup wählen, bei dem alle Komponenten außer dem Editor in Docker-Containern laufen, dann sollten Sie nicht parallel mit einer lokal installierten Node.js-Runtime arbeiten. Sie werden sonst in den meisten Fällen Probleme mit den Modulen bekommen.

Das liegt zum einen daran, dass manche Module binäre Pakete herunterladen oder kompilieren, die zwar mit Ihrem Container kompatibel sind, aber nicht zwangsläufig mit Ihrem Betriebssystem. Zum anderen ergeben sich Probleme, da die Node.js- und die npm-Versionen im Container und auf dem Host meist nicht identisch sind.

Um neue Module zu installieren, rufen Sie das npm-Kommando in dem entsprechenden Container auf:

```
docker compose exec api npm i --save express-validator
```



### Zugriff auf die API

Der Zugriff auf den API-Server erfolgt über eine Proxyanweisung im Frontend-Server. Technisch ist das eine einfache Lösung, bei der die Nginx-Konfigurationsdatei für den Produktivbetrieb um einen Abschnitt erweitert wird:

```
# Datei: mwa/frontend/default.conf (Ausschnitt)
location /api {
  proxy_set_header     Host $host;
  proxy_set_header     X-Real-IP $remote_addr;
  proxy_set_header     X-Forwarded-For $proxy_add_x_forwarded_for;
  proxy_set_header     X-Forwarded-Proto $scheme;
  rewrite     /api/(.+)$ /$1 break;
  proxy_pass  http://api:3000;
  proxy_read_timeout  90;
}
```

Alle Zugriffe auf den URL-Pfad /api werden an den Host api auf Port 3000 weitergeleitet. Zuvor wird noch der erste Teil des Pfades, /api, mit der rewrite-Anweisung aus der Adresse entfernt. Der API-Server hat diesen Namensraum nicht, sondern erwartet Anfragen wie /entries oder /viewimage.

Um den gleichen Effekt in der Entwicklungsumgebung zu erreichen (hier läuft ja nicht Nginx, sondern der Vite-Entwicklungsserver), müssen Sie die Vite-Konfigurationsdatei im Frontend anpassen. Ändern Sie in der Datei vite.config.ts den server-Abschnitt wie folgt:

```
// Datei: mwa/frontend/vue-project/vite.config.ts (Ausschnitt)
export default defineConfig({
  ...
  server: {
    proxy: {
      "/api": {
        target: "http://api:3000/",
        rewrite: (path) => path.replace(/^\/api/, ""),
        changeOrigin: true,
      },
    },
  },
}
```

Der Zugriff auf die API muss aber nicht über den Proxy erfolgen. Sollte es aus irgendwelchen Gründen erwünscht sein, die API-Aufrufe nicht durch den Frontend-Server zu leiten, kann der API-Server auch ganz ohne einen Proxy funktionieren. Voraussetzung dafür ist, dass der Server die entsprechenden *CORS*-Kopfzeilen mitschickt. Nehmen wir an, der Frontend-Webserver ist unter der URL *https://diary.dockerbuch.info* zu erreichen und der API-Server unter *https://api.dockerbuch.info*, dann muss der API-Server folgende Kopfzeilen mitsenden:

```
access-control-allow-origin: https://diary.dockerbuch.info
access-control-allow-credentials: true
```

Vielleicht ist Ihnen die Angabe von `allow-origin` mit dem Platzhalter * geläufig: In diesem Fall müssen Sie die Domain, von der das Script geladen wird, explizit angeben, da Sie auch Cookies zur Authentifizierung übertragen wollen. Die zweite Kopfzeile, `allow-credentials`, ermöglicht diese Verwendung.

### Quelltext (server.js)

Hier folgen einige der wichtigen Abschnitte aus dem API-Server-Quelltext. Der Code teilt sich auf zwei Dateien auf, `server.js` und `routes.js`:

- `server.js` enthält die generelle Serverlogik (Sessioninitialisierung, Datenbank-Verbindung, allgemeine Kopfzeilen).
- `routes.js` behandelt die Anfragen (HTTP-Requests) je nach Pfad. Details dazu folgen im nächsten Abschnitt.

```
// Datei: mwa/api/server.js (Ausschnitt)
const express = require("express"),
  cors = require("cors"),
  MongoClient = require('mongodb').MongoClient,
  session = require('express-session'),
  redis = require('redis'),
```

```
  RedisStore = require('connect-redis')(session),
  routes = require('./routes'),
  app = express();

const port = process.env.PORT || 3000;
const mongourl = process.env.MONGO_URL || 'mongodb://mongo:27017'
const secretsalt = process.env.SECRETSALT || 'waitieOrah5ie[...]'
const redisClient = redis.createClient({
  host: 'redis',
});
```

Zu Beginn werden die verwendeten Bibliotheken geladen. Hier findet sich neben den Modulen für MongoDB und Redis auch das `cors`-Modul, das die Kopfzeilen einfügt, die wir im vorigen Abschnitt besprochen haben. Außerdem können die Standardeinstellungen für den Port, auf dem der Server laufen wird, die Verbindungseinstellungen für die MongoDB-Datenbank (`mongourl`) und ein Initialisierungswert für die Signierung der Sessions (`secretsalt`) mit Umgebungsvariablen überschrieben werden.



```
app.use(cors({
  origin: 'https://diary.dockerbuch.info',
  credentials: true
}));

app.use(express.json());
app.use(session({
  store: new RedisStore({
    client: redisClient,
  }),
  saveUninitialized: false,
  secret: secretsalt,
  resave: false
}));

app.get("/health", (req, res) => {
  debug("health-check von ", req.ip);
  res.json({ healthy: true });
});
app.use('/', routes);
app.listen(port, () => {
  console.log("API-Server auf Port ", port);
});
```

Das `express-session`-Modul kann auf unterschiedliche Backends zugreifen; wir wollen die Sessiondaten in einer Redis-Datenbank speichern. Bei der Initialisierung der

Session wird dazu ein neuer RedisStore erzeugt, der wiederum den zuvor erzeugten RedisClient umfasst. Dieser Client enthält die Angabe des Redis-Datenbankservers, in diesem Fall ist das der Eintrag für den Redis-Server in der compose.yaml-Datei.

Die Angabe der Option secret ist verpflichtend. secret enthält den oben erwähnten Initialisierungswert für das Signieren des Session-Cookies. Die folgende app.use-Anweisung setzt Ihr routes-Modul (siehe unten) für alle Zugriffe auf den Server ein. Definieren Sie anschließend die erste Route, /health, die der Docker HEALTHCHECK verwendet, um zu überprüfen, ob der Node.js-Server läuft. Dabei wird das JSON-Objekt { healthy: true } mit dem HTTP-Statuscode 200 gesendet. Der app.listen-Aufruf startet schließlich den Server auf dem eingangs definierten Port.

Nach dem erfolgreichen Herstellen der Datenbankverbindung wird die Variable db mit dem Datenbankverweis (diary) auf die Express-Applikation gesetzt. Ihr routes-Modul greift über diese Variable auf die Datenbank zu.

```
function connect() {
  console.log('Verbinde mit MongoDB: ', mongourl);
  MongoClient.connect(mongourl, { useNewUrlParser: true,
      useUnifiedTopology: true },
    (err, client) => {
    if (err) {
      throw err;
    }
    const diary = client.db('diary')
    app.set('db', diary);
  });
}
setTimeout(connect, 20000);    // gibt dem Replika-Set etwas Zeit
```

Die setTimeout-Funktion verzögert die Datenbankverbindung um 20 Sekunden. Das ist ein Behelf, um dem Replika-Set der MongoDB etwas Zeit für den Start zu geben.

### Quelltext (routes.js)

Im routes-Modul werden die Pfade definiert, die die API zur Verfügung stellt. Dazu wird die Router-Funktion aus dem express-Modul verwendet, das HTTP-Funktionen wie .get(), .post() oder .patch() zur Verfügung stellt. Bei einem Aufruf dieser Funktionen wird eine Callback-Funktion genutzt, der die Anfrageparameter (req) und die Antwortfunktionen (res) übergeben werden. Mit dem req.app-Parameter haben Sie Zugriff auf die Express-Applikation, in der Sie zuvor den Datenbankverweis mit app.set() gespeichert haben.

```
// Datei: mwa/api/routes.js (Ausschnitt)
const Jimp = require('jimp'),
[...]
```

```
  express = require('express'),
  router = express.Router(),
  debug = require("debug")("api"),
  bcrypt = require('bcryptjs');

router.get("/openblogs", (req, res) => {
  req.app.get('db').collection('entries')
    .find({ publicEntry: true })
    .project({ pic: 0 })
    .sort({ date: -1 })
    .limit(5).toArray((err, blogs) => {
      res.json(blogs);
    });
});
```

Der Aufruf von /openblogs führt zu einer Datenbankabfrage, wobei hier die Collection entries nach allen Einträgen mit der Eigenschaft publicEntry: true durchsucht wird. Die Suche wird auf fünf Ergebnisse beschränkt, nach Datum sortiert, und der Eintrag pic wird aus dem Resultat entfernt (für die Vorschau wird nur der thumbnail-Eintrag verwendet).



Der Login wird mit folgender Route abgebildet:

```
// Datei: mwa/api/routes.js (Ausschnitt)
router.post("/login", [
  body('password').not().isEmpty(),
  body('user').isEmail()
], (req, res) => {
  const errors = validationResult(req);

  if (!errors.isEmpty()) {
    return res.status(422).json({ errors: errors.mapped() });
  }
  const user = req.body.user,
    pass = req.body.password;

  req.app.get('db').collection('users').findOne({ user: user })
    .then(response => {
      if (response && response.pass) {  // Benutzer gefunden
        if (bcrypt.compareSync(pass, response.pass)) {
          req.session.user = user;
          res.json({ success: true });
        } else {  // Passwort falsch
          return res.status(401).send({
            success: false, message: 'login failed'
          });
```

```
      }
    } else {  // Benutzer nicht in der Datenbank
      return res.status(401).send({
        success: false, message: 'login failed'
      });
```

Zu Beginn überprüfen Sie die Parameter user und password mit der body-Funktion aus dem express-validator-Modul, das als Middleware zum Einsatz kommt. Treten dabei bereits Fehler auf, wird ein HTTP-Status von 422 an den Browser gesendet. Entsprechen der Benutzername und das Passwort den Vorgaben, suchen Sie den Eintrag in der users-Collection der MongoDB-Datenbank.

Das Passwort aus dem Eingabeformular wird mit dem Hash-Wert aus der Datenbank an die bcrypt.compareSync-Funktion übergeben, die das Passwort überprüft. Nach der Überprüfung wird der Status 200 mit dem JSON-Objekt { success: true } übermittelt. Außerdem wird in dem req.session-Objekt ein Eintrag user vorgenommen und damit die Session gestartet. Stimmt das Passwort nicht oder gibt es den Benutzer nicht in der Datenbank, wird der Status 401 (*unauthorized*) gesendet.

Um zu überprüfen, ob der Benutzer eine aktive Session hat, können Sie eine einfache Route /session hinzufügen:

```
// Datei: mwa/api/routes.js (Ausschnitt)
router.get("/session", (req, res) => {
  res.json({
    user: req.session.user || ''
  });
});
```

Am Client können Sie dann einfach den Wert von user überprüfen und so feststellen, ob eine Session aktiv ist.

Ein letzter Ausschnitt aus dem Server-Quelltext zeigt Ihnen eine Technik, Pfade mit dem Express-Framework so einzuschränken, dass sie nur von angemeldeten Benutzern aufgerufen werden können:

```
// Datei: mwa/api/routes.js (Ausschnitt)
router.use((req, res, next) => {
  if (!req.session || !req.session.user) {
    return res.status(403).send({
      success: false, message: 'login required'
    });
  }
  next();
});
```

Alle Einträge, die nach dieser Middleware-Funktion aufgeführt sind, können nur aufgerufen werden, wenn eine aktive Session für den Client besteht.

## 13.4 Die MongoDB-Datenbank

Sollten Sie sich nicht für NoSQL-Datenbanken interessieren, so können Sie diesen Abschnitt überspringen. Für dieses Beispiel können Sie einfach das offizielle MongoDB-Docker-Image verwenden, und die Anwendung funktioniert wunderbar. Wir gehen in diesem Abschnitt aber einen Schritt weiter und beschreiben ein repliziertes Setup von MongoDB, das einen automatischen Failover beim Ausfall eines Knotens unterstützt.

Wenn Daten das Gold des 21. Jahrhunderts sind, so sollte der Speicher dafür sehr verlässlich sein. MongoDB wurde mit dem Gedanken an Big Data entwickelt und verspricht horizontale Skalierbarkeit. Mit *Sharding* und *Replika-Sets* stehen sehr ausgereifte Techniken zur Verfügung, um stark wachsenden Datenmengen und Zugriffszahlen Paroli zu bieten.

Diese Techniken sind unabhängig von Docker und seinen Möglichkeiten, Container zu skalieren. Daher werden hochverfügbare Datenbanken nach wie vor gern auf spezieller Hardware oder virtuellen Maschinen eines Cloud-Providers installiert und laufen unabhängig von Microservices unterschiedlicher Applikationen.



Insofern sollten Sie den folgenden Abschnitt primär als *proof of concept* betrachten, der zeigt, wie Sie MongoDB in einem Replika-Set einsetzen können. Bei der Verwendung auf einem Host mit `docker compose` gewinnen Sie dabei weder Datensicherheit noch Geschwindigkeit. Spannend wird die Sache aber, wenn Sie diese Konfiguration in der Cloud ausrollen, was wir später in Kapitel 20, »Swarm«, zeigen werden.

Für die Datenbankreplikation verwenden wir drei Datenbankinstanzen, `mongo1`, `mongo2` und `mongo3`:

```
# Datei mwa/compose.yaml (Ausschnitt)
services:
  mongo1:
    image: mongo:8
    command: --replSet "rs0"
    volumes:
      - mongovol1:/data/db
  mongo2:
    image: mongo:8
    command: --replSet "rs0"
    volumes:
      - mongovol2:/data/db
  mongo3:
    image: mongo:8
    command: --replSet "rs0"
    volumes:
      - mongovol3:/data/db
[...]
```

```
volumes:
  mongovol1:
  mongovol2:
  mongovol3:
```

Alle Instanzen verwenden das aktuelle `mongo:8`-Image und starten den Container mit dem Zusatz `--replSet "rs0"`. Dieser Parameter teilt dem Datenbankserver mit, dass er dem Replika-Set `rs0` angehört, wobei die Zeichenkette `rs0` natürlich frei wählbar ist. Jeder Container schreibt die Datenbankdaten in ein eigenes, von Docker verwaltetes Volume. Nach dem Start der drei Datenbanken müssen Sie einmalig die Replikation initialisieren. Verwenden Sie dazu folgendes Kommando:

```
docker compose exec mongo1 mongosh --eval '
rs.initiate( {
   _id : "rs0",
   members: [
      { _id: 0, host: "mongo1:27017" },
      { _id: 1, host: "mongo2:27017" },
      { _id: 2, host: "mongo3:27017" }
   ]
})
'
```

Sie verbinden sich mit dem ersten Knoten aus dem Replika-Set und führen dort das Kommando `mongo --eval ...` aus. Ohne die Angabe des Parameters `--host` verbindet sich das `mongo`-Programm mit `localhost`, also dem Container selbst, auf dem MongoDB-Standardport 27017. Sofern die drei Datenbankserver aktiv sind, sollte das Kommando eine Antwort im JSON-Format liefern:

```
{
  ok: 1,
  '$clusterTime': {
    clusterTime: Timestamp({ t: 1763124608, i: 1 }),
    signature: {
      hash: Binary.createFromBase64('AAAAAAAAAAAAAAAAAAAAAAAA...
      keyId: Long('0')
    }
  },
  operationTime: Timestamp({ t: 1763124608, i: 1 })
}
```

In unseren Versuchen ist es uns nicht gelungen, das Kommando in irgendeiner Form als `ENTRYPOINT` oder als automatisch ausgeführtes Script im Verzeichnis `/docker-entrypoint-initdb.d` zu starten. Sie müssen das Kommando aber nur beim ersten Start der Konfiguration eingeben, MongoDB speichert diese Einstellungen intern.

Um den Status Ihrer Replikation zu überprüfen, führen Sie folgendes Kommando aus:

```
docker compose exec mongo1 mongosh --eval 'rs.status()'

  {
    set: 'rs0',
    date: ISODate('2025-11-14T12:51:41.443Z'),
    myState: 1,
    term: Long('1'),
    syncSourceHost: '',
    syncSourceId: -1,
    heartbeatIntervalMillis: Long('2000'),
    ...
    members : [
     {
        _id: 0,
        name: 'mongo1:27017',
        health: 1,
        state: 1,
        stateStr: 'PRIMARY',
      ...
```

Unter dem Schlüssel `members` sehen Sie die einzelnen Knoten mit ihrem Status. In diesem Fall ist der `mongo1`-Knoten als `PRIMARY` gewählt worden und die beiden anderen sind `SECONDARY`.

Als Erstes wollen wir einen Benutzer in der Datenbank anlegen, der auf die Tagebuchanwendung Zugriff bekommt. Verwenden Sie dazu das `mongo`-Programm aus einem der Datenbank-Container, und setzen Sie den `--host`-Parameter auf die Verbindung des Replika-Sets `rs0/mongo1,mongo2,mongo3`. MongoDB findet selbst den `PRIMARY`-Node und fügt den Datensatz dort ein.

```
docker compose exec mongo1 mongosh \
  --host 'rs0/mongo1,mongo2,mongo3' diary --eval '

db.users.insert({
  "user":"info@dockerbuch.info",
  "pass":"$2b$10$PY3p2eGZ2TrOEoD4dvNRhOIbKV2xjabSq.8TUxcU0a[...]"
})'
```

**Passwörter in der Datenbank**

Ein heikles Sicherheitsthema sind immer wieder die Benutzertabellen in der Datenbank. Werden hier Passwörter mit einem schwachen Hash-Verfahren oder gar im Klartext gespeichert, ist das ein gefundenes Fressen für Einbrecher. Derzeit gilt der *bcrypt*-Algorithmus als relativ sicher, den wir auch in unserem Beispiel einsetzen.

Zum Testen können Sie einen Hash auf der Website *https://bcrypt-generator.com* erzeugen und kontrollieren. Alternativ können Sie auch das htpasswd-Programm des Apache Webservers verwenden, das ebenfalls den bcrypt-Algorithmus unterstützt:

```
$ docker run --rm httpd htpasswd -nbBC 10 info geheim
  info:$2y$10$56jvsy/s7wOKbZN6DuxMJeCrKAG65wzC6OGvyfZfzkcUBFoMtXeq6
```

Um nun zu überprüfen, ob die Replikation funktioniert, starten Sie einfach mongosh auf einem der SECONDARY-Datenbankserver und lassen sich den Inhalt der users-Collection ausgeben:

```
docker compose exec mongo3 mongosh diary
  [...]
  Using MongoDB:        8.2.1
  Using Mongosh:        2.5.8

  [...]
  rs0 [direct: ...] diary> db.getMongo().setReadPref('secondary')
  rs0 [direct: secondary] diary> db.users.find().pretty()
  [
    {
      _id: ObjectId('6917272c0de7514b39ce5f47'),
      user: 'info@docker-compendium.info',
      public: false,
      pass: '$2b$10$PY3p2eGZ2TrOEoD4dvNRhOIbKV2xjabSq.8
    TUxcUOafQYuQ8tavYS'
    }
  ]
```

Der Befehl db.getMongo().setReadPref('secondary') ist notwendig, da MongoDB standardmäßig nicht von Replikas liest. In diesem Fall wollen wir aber genau das machen.

Abschließend können Sie noch ausprobieren, was passiert, wenn Sie den aktuellen PRIMARY-Knoten ausschalten. In unserem Fall ist das mongo1:

```
docker compose stop mongo1
  [+] Stopping 1/1
     Container mwa-mongo1-1  Stopped 10.2s
```

Verbinden Sie sich anschließend wieder mit dem Replika-Set, und überprüfen Sie den Status:

```
docker compose exec mongo2 mongosh \
     --host 'rs0/mongo1,mongo2,mongo3' diary --eval 'rs.status()'
```

```
  {
    set: 'rs0',
    date: ISODate('2025-11-14T15:25:09.099Z'),
    myState: 1,
    ...
    members : [
      {
        _id: 0,
        name: 'mongo1:27017',
        health: 0,
        state: 8,
        stateStr: '(not reachable/healthy)',
        lastHeartbeatMessage: 'Error connecting to
mongo1:27017 :: caused by :: Could not find address for
mongo1:27017: SocketException: onInvoke :: caused by ::
Host not found (non-authoritative), try again later',
```

Obwohl der Datenbankserver `mongo1` nicht erreichbar ist, ist das Replika-Set voll funktionsfähig.



## 13.5 Der Sessionspeicher – Redis

Wie wir bereits in Abschnitt 13.3 ausgeführt haben, fiel die Entscheidung zwischen Sessions oder Tokens auf dem Backend zugunsten von Sessions aus. Um das System dennoch flexibel und skalierbar zu gestalten, speichern wir die Sessiondaten in einer Datenbank, die von allen Backend-Servern erreichbar ist.

Verwenden Sie Redis in der aktuellen Version 8, und verzichten Sie auf persistente Daten. Das bedeutet zwar, dass bei einem Neustart von Redis alle aktuellen Sitzungen verschwinden und sich die Benutzer neu anmelden müssen. Für dieses Beispiel ist diese Einschränkung aber kein Problem. Der Konfigurationsaufwand beschränkt sich damit auf ein Minimum; zwei Zeilen in der `compose.yaml`-Datei genügen, in denen wir die Alpine-Linux-Variante des Redis-Images einbinden:

```
# Datei: mwa/compose.yaml (Ausschnitt)
services:
[...]
  redis:
    image: redis:8-alpine
```

Sollte sich Ihre Applikation extremer Beliebtheit erfreuen und die Sessionspeicherung von Redis zum Flaschenhals werden (was eher unwahrscheinlich scheint), so können Sie die Konfiguration um eine Master-Slave-Replikation erweitern. Die erforderliche Vorgehensweise haben wir bereits in Teil II des Buchs beschrieben (siehe Abschnitt 10.4, »Redis«).

# Kapitel 14
# **Grafana**

Im IT-Umfeld gibt es unzählige Daten, die analysiert werden müssen. Die meisten Menschen – mal abgesehen von Statistikern – tun sich schwer, Zahlen in Tabellen auf einen Blick sinnvoll zu interpretieren. Wir verwenden dazu gern Grafiken, und wenn diese Grafiken auch noch gut aussehen, dann ist das umso besser.

Zwar gibt es für alle möglichen Programmiersprachen eine große Anzahl von Bibliotheken, mit denen man Grafiken zeichnen kann. Sie erfordern aber meist etwas Programmieraufwand, was es dem Endanwender nicht ermöglicht, die Ausgabe maßgeblich zu beeinflussen.



Grafana ist angetreten, um grafisch schöne und inhaltlich flexible Dashboards zu verwalten. Das soll auch für Nichtprogrammierer möglich sein, und zwar über eine Weboberfläche.

Warum stellen wir Grafana in diesem Buch vor? Wenn Sie Grafana einmal ausprobieren wollen, helfen Ihnen die für alle Plattformen zur Verfügung gestellten Pakete nur begrenzt weiter: Sie benötigen einen Dienst, der Daten sammelt, und einen weiteren Dienst, der Daten in einem kompatiblen Format speichert, um sie mit Grafana zu visualisieren. Sie merken schon: Mit einer einzelnen Windows-EXE-Datei ist es hier nicht getan, und auch unter Linux werden Sie verschiedene Pakete mit mehreren Abhängigkeiten installieren müssen, um zu einem lauffähigen Grafana-System zu gelangen.

Mit Docker können Sie diese Aufgabe quasi in einem Handgriff erledigen: Sie benötigen drei verschiedene Docker-Images für die drei angesprochenen Dienste in einem `docker compose`-Setup sowie minimalen Konfigurationsaufwand, um ein Testsystem zu starten. Wir sprechen hier von wenigen Minuten Aufwand, und wenn Sie nach Ihren Tests nicht zufrieden sind, löschen Sie Container, Images und Volumes von Ihrem Computer (`docker compose down --rmi all -v`), und Ihr System bleibt *sauber*.

Grafana werden Sie in Kapitel 15, »Prometheus«, noch einmal begegnen. Dort verwenden wir das Programm zur Visualisierung der Monitoring-Daten, die das Programm Prometheus sammelt und speichert.

## 14.1 Grafana-Docker-Setup

In diesem Abschnitt wollen wir ein Docker-Setup vorstellen, in dem Grafana mit einer Datenbank und einem Collector arbeitet. Das Setup liest Performancedaten von Ihrem Computer aus und erzeugt daraus Grafiken (siehe Abbildung 14.1).

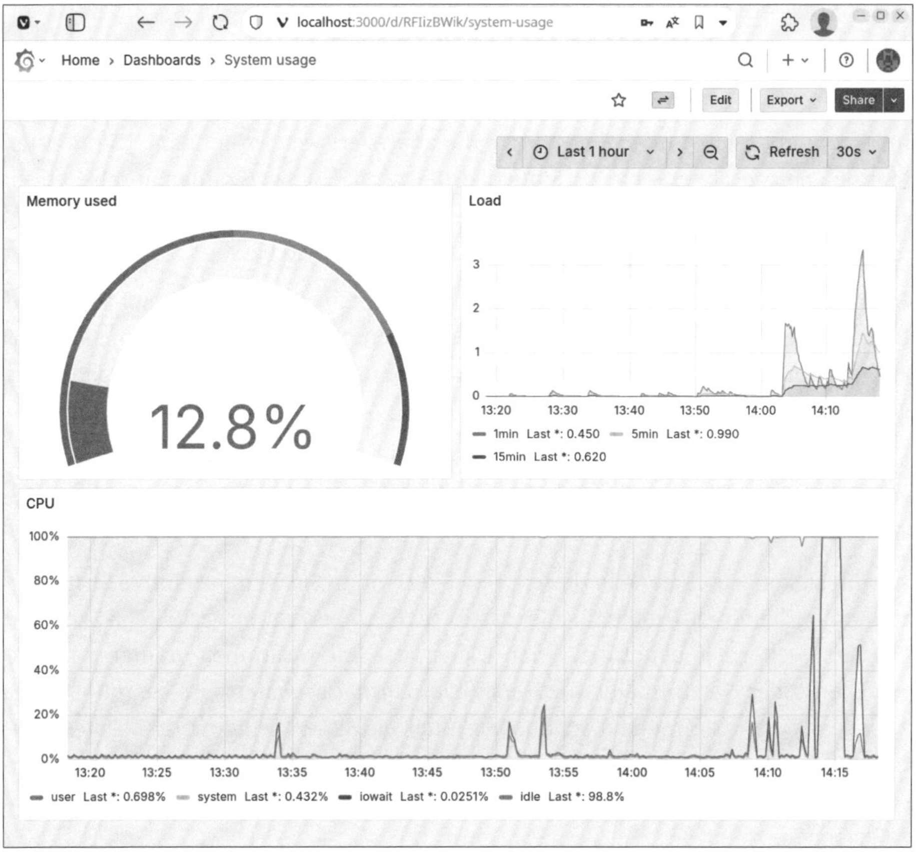


**Abbildung 14.1** Informationen zur Systemauslastung in Grafana (hier mit dem hellen Theme)

**Beispielcode auf GitHub**

Wie zu den meisten Beispielen in diesem Buch finden Sie auch den vollständigen Quellcode zu diesem Kapitel auf GitHub:

*https://github.com/docker-compendium/docker5-samples/tree/main/grafana*

### Daten mit Kollektoren erzeugen (Telegraf)

Die Daten, die wir visualisieren wollen, werden wir selbst erzeugen, indem wir sie vom laufenden Computer abgreifen. Performancedaten zur Auslastung Ihres Computers eignen sich hervorragend zur Darstellung mit Grafana.

In klassischer Microservice-Architektur werden wir für jeden Dienst einen Docker-Container verwenden. Für die Datensammlung verwenden wir *Telegraf*. Telegraf ist ein in der Programmiersprache Go geschriebener Dienst, der mithilfe von Plug-ins verschiedenste Daten erheben kann. Die Liste der *Input-Plug-ins* ist sehr lang. Hier folgt nur ein kurzer Auszug einiger der bekannteren Dienste:

- Apache
- AWS CloudWatch
- Docker
- Dovecot
- iptables
- Kubernetes
- MongoDB
- MySQL
- ping
- ...



Nachdem wir die Daten erhoben haben, können wir sie transformieren und aggregieren, bevor wir sie an ein *Output-Plug-in* weiterleiten. Für die Ausgabe wird meist eine zeitreihenoptimierte Datenbank verwendet, wie etwa *InfluxDB*, die aus dem gleichen Softwareprojekt entstanden ist. Mehr dazu finden Sie im nächsten Abschnitt.

In unserem Setup wollen wir Statistiken zur Systemauslastung (CPU und Speicher), zur Netzwerkverfügbarkeit (*ping*) und zu Docker selbst visualisieren. Der entsprechende Ausschnitt aus der `compose.yaml`-Datei sieht folgendermaßen aus:

```
telegraf:
  image: telegraf:1.36
  volumes:
    - ./telegraf.conf:/etc/telegraf/telegraf.conf:ro
    - /var/run/docker.sock:/var/run/docker.sock:ro
  restart: always
```

Wir verwenden das offizielle Docker-Image für Telegraf in der aktuellen Version `1.36` und binden zwei Volumes ein: die Konfigurationsdatei `telegraf.conf` aus dem aktuellen Verzeichnis und den Docker-Socket. Beides wird nur lesend eingebunden, was Sie an der abschließenden Zeichenkette `:ro` (*read only*) erkennen. Während Statistiken zur CPU und zum Speicher des Host-Computers auch innerhalb des Containers abgefragt werden können, benötigen wir für die Docker-Statistiken den eingebundenen

Socket. Da Telegraf selbst keine Daten speichert, verwenden wir hier kein separates Docker-Volume.

**Docker unter Windows**

Der Docker-Socket /var/run/docker.sock steht Ihnen unter Windows nicht zur Verfügung. Wenn Sie die vorgestellte Konfiguration mit der aktuellen Version von Docker unter Windows starten möchten, ist es am einfachsten, diese Zeile auszukommentieren. Sie erhalten dann natürlich keine Statistiken zum Docker-Dämon.

Die (hier leicht gekürzte) Telegraf-Konfigurationsdatei ist nicht weiter kompliziert:

```
[agent]
  interval = "10s"
[[outputs.influxdb_v2]]
  urls = ["http://influx:8086"]
  token = "gahPae6deiv..."
  organization = "dockerbuch"
  bucket = "dockerbuch"
[[inputs.cpu]]
  percpu = true
  totalcpu = true
[[inputs.mem]]
[[inputs.system]]
[[inputs.ping]]
  urls = ["www.google.com"]
  count = 1
[[inputs.docker]]
  endpoint = "unix:///var/run/docker.sock"
...
```

Wie Sie erkennen, gibt es einen *globalen* Abschnitt `[agent]`, in dem Sie das Abfrage-Intervall einstellen. Die weiteren Abschnitte definieren jeweils Input- beziehungsweise Output-Plug-ins. Das Docker-Input-Plug-in benötigt die Angabe eines `endpoints`, in unserem Fall ist dies der eingebundene Unix-Socket. Das Plug-in könnte auch einen Docker-Dämon auf einem entfernten System überwachen, wenn dieser über das Netzwerk erreichbar ist. Die Zeile müsste dann entsprechend die IP-Adresse enthalten, zum Beispiel `endpoint = "tcp://1.2.3.4:2375"`.

Als Output-Plug-in verwenden wir `influxdb_v2`. Neben der Angabe einer oder mehrerer `urls` werden die Organisation, der Speicherort (`bucket`) und ein Token zur Anmeldung benötigt. Lesen Sie mehr dazu auch im nächsten Abschnitt zu InfluxDB.

Wenn Sie sich für weitere Plug-ins interessieren, kopieren Sie sich am besten die Original-Konfigurationsdatei aus dem Telegraf-Container. Sie ist sehr ausführlich kommentiert und erklärt zahlreiche Einstellungen. Telegraf hat eine Option, die die aktuelle Konfiguration auf der Kommandozeile ausgibt. Sie können einen Container starten und die Ausgabe mit der Standardkonfigurationsdatei in eine Datei auf Ihrem Computer umleiten:

```
docker run --rm telegraf:1.36 telegraf config > telegraf.conf
```

**Konfiguration ohne Kommentare**

Wenn Sie nur die aktiven Konfigurationseinstellungen ohne Kommentare oder leere Zeilen sehen möchten, führen Sie unter Linux folgendes Kommando aus:

```
docker run -t telegraf:1.36 telegraf config | grep -Pv '(^ *\r$|^ *#)'
```

In dem regulären Ausdruck hinter `grep` müssen Sie das unterschiedliche Zeilenende unter Windows berücksichtigen. Verwenden Sie dazu `\r`, was dem Zeichen *carriage return* oder `ASCII 13` entspricht. Außerdem müssen Sie `grep` mit der Option für Perl-kompatible reguläre Ausdrücke aktivieren (`-P`).

Eine andere Möglichkeit, den regulären Ausdruck zu formulieren, wäre, statt des Windows-Zeilenendes ein beliebiges Steuerzeichen zu suchen. Die Syntax lautet dann so:

```
egrep -v '(^ *[[:cntrl:]]$|^ *#)'
```



### Daten speichern mit InfluxDB

Wie schon in der Telegraf-Konfigurationsdatei zu sehen war, verwenden wir *InfluxDB* zum Speichern der Daten. Es handelt sich dabei um eine *Time Series Database*, einen speziellen Typ Datenbank, der auf zeitbezogene Inhalte spezialisiert ist. Vor allem aggregierte Abfragen über einen längeren Zeitraum können mit solchen Datenbanken effizient beantwortet werden.

**Mehr zu InfluxDB**

Weitere Informationen und Statistiken zur aktuellen Verwendung von Time Series Databases finden Sie unter:

*https://www.influxdata.com/time-series-database*

Sie können InfluxDB gemäß der freien MIT-Lizenz nutzen. InfluxDB funktioniert als Container im `docker compose`-Setup wunderbar unkompliziert. Um die gesammelten Daten auch bei einem Neustart von Containern nicht zu verlieren, verwenden wir ein benanntes Volume:

```
# Datei: grafana-manual/compose.yaml (Auszug)
...
influx:
  image: influxdb:2.7
  restart: unless-stopped
  volumes:
    - influx:/var/lib/influxdb
  environment:
    - DOCKER_INFLUXDB_INIT_MODE=setup
    - DOCKER_INFLUXDB_INIT_USERNAME=dockerbuch
    - DOCKER_INFLUXDB_INIT_PASSWORD=geheimgeheim
    - DOCKER_INFLUXDB_INIT_ORG=dockerbuch
    - DOCKER_INFLUXDB_INIT_BUCKET=dockerbuch
    - DOCKER_INFLUXDB_INIT_ADMIN_TOKEN=gahPae6deiv...
volumes:
  influx:
...
```

Das Volume `influx` wird mit dem Ordner `/var/lib/influxdb` verbunden, dem Standardordner für die Datenbankdaten. InfluxDB ab Version 2 benötigt eine Authentifizierung. Mit den Umgebungsvariablen `DOCKER_INFLUXDB_INIT_*` können wir diese Werte direkt in der `compose.yaml`-Datei einstellen. Das Admin-Token verwenden wir sowohl in der zuvor besprochenen Telegraf-Konfiguration als auch später in der Grafana-Weboberfläche. Die Token-Zeichenkette sollte ein ausreichend langer String sein; das Influx-Kommandozeilenwerkzeug generiert zum Beispiel 88 Zeichen. Wir haben die Darstellung der Zeichenkette in diesem Kapitel immer abgekürzt.

### Daten visualisieren mit Grafana

Jetzt, da die Daten in der speziellen Datenbank vorhanden sind, geht es noch darum, sie zu visualisieren. Hier kommt Grafana ins Spiel. Im Grafana-Image von Docker Hub wird eine Konfigurationsdatei verwendet, deren Werte mit Umgebungsvariablen überschrieben werden können – ideal für unser Docker-Setup.

Wenn Sie lieber mit einer Konfigurationsdatei arbeiten, können Sie sie auch aus einem laufenden Container kopieren, entsprechend anpassen und mit einem Bind-Mount in Ihren Container einbinden. Um die Standardkonfigurationsdatei mit einem Kommando aus dem Image zu kopieren, müssen Sie bei Grafana den `entrypoint` überschreiben, zum Beispiel mit diesem Kommando:

```
docker run --rm -v "$(pwd)":/src -u "$(id -u):$(id -g)" \
  --entrypoint=cp grafana/grafana:12.2 \
  /etc/grafana/grafana.ini /src/
```

Der Trick dabei ist, dass der `entrypoint` für den Container das `cp`-Kommando ist und dass die Parameter für das Kommando (Quelldatei und Zielverzeichnis) nach der Bezeichnung des Images aufgeführt werden. Weil wir `$(pwd)` unter `/src` in den Container einhängen, landet die Konfigurationsdatei im aktuellen Verzeichnis.

Für die erste Version werden wir aber gar nicht viele Einstellungen in der Konfigurationsdatei vornehmen; es reicht, mit der Variablen `GF_SECURITY_ADMIN_PASSWORD` ein Passwort für die Weboberfläche zu setzen. Außerdem richten wir ein Volume für die veränderlichen Daten in Grafana ein und verbinden Port 3000 des Containers mit dem Host. Hier sehen Sie die vollständige `compose.yaml`-Datei, mit der wir die erste Version von Grafana starten:

```
# Datei: grafana-manual/compose.yaml
services:
  grafana:
    image: grafana/grafana:12.2
    restart: always
    ports:
      - 3000:3000
    environment:
      - GF_SECURITY_ADMIN_PASSWORD=geheim
    volumes:
      - grafana:/var/lib/grafana
  telegraf:
    image: telegraf:1.36
    hostname: telegraf
    volumes:
      - ./telegraf.conf:/etc/telegraf/telegraf.conf:ro
      - /var/run/docker.sock:/var/run/docker.sock:ro
    restart: always
  influx:
    image: influxdb:2.7
    restart: always
    volumes:
      - influx:/var/lib/influxdb
    environment:
      - DOCKER_INFLUXDB_INIT_MODE=setup
      - DOCKER_INFLUXDB_INIT_USERNAME=dockerbuch
      - DOCKER_INFLUXDB_INIT_PASSWORD=geheimgeheim
      - DOCKER_INFLUXDB_INIT_ORG=dockerbuch
      - DOCKER_INFLUXDB_INIT_BUCKET=dockerbuch
      - DOCKER_INFLUXDB_INIT_ADMIN_TOKEN=gahPae6deiv...
volumes:
  influx:
  grafana:
```

Starten Sie jetzt das Setup mit `docker compose up -d`. Anschließend können Sie sich mit dem Benutzernamen `admin` und dem Passwort `geheim` unter der Adresse *http://localhost:3000* einloggen (siehe Abbildung 14.2).

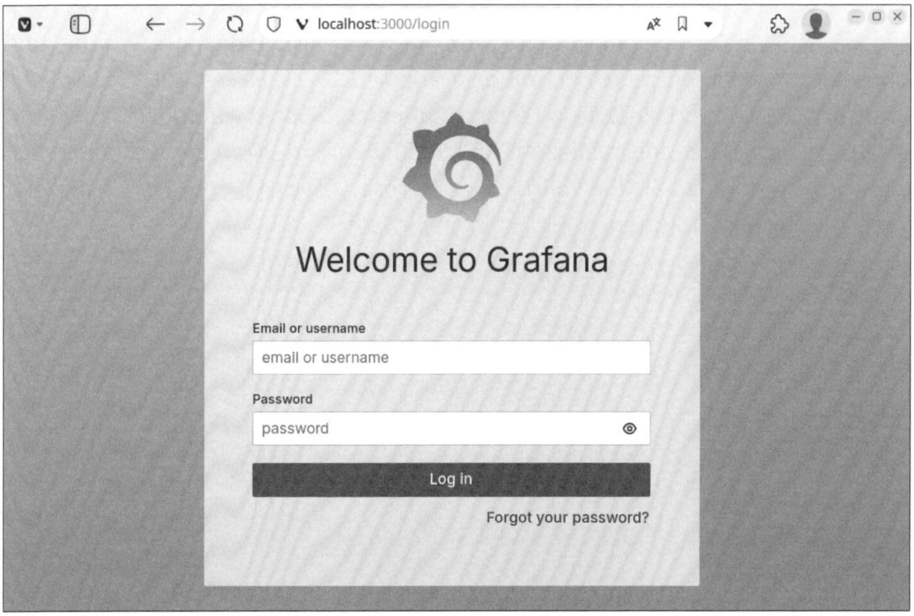


**Abbildung 14.2** Der Login-Bildschirm von Grafana

## Datenquelle und Dashboard erstellen

Nach dem erfolgreichen Login fügen Sie als Erstes eine Datenquelle (*Data Source*) hinzu. Wählen Sie dabei unter TYPE INFLUXDB aus der Auswahlliste, vergeben Sie einen sprechenden Namen (wir verwenden »InfluxDB«), und stellen Sie unter HTTP • URL »http://influx:8086« ein. Belassen Sie den Wert für QUERY LANGUAGE auf INFLUXQL; die neuere Sprache *Flux* ist aktuell noch als Beta-Version gekennzeichnet und erfordert etwas mehr Einarbeitung.

Abschließend müssen Sie noch das Token zur Authentifizierung angeben. Fügen Sie dazu den *Custom HTTP Header* `Authorization` mit dem Wert `Token gahPae6deiv...` ein, und testen Sie die neue Datenquelle (siehe Abbildung 14.3).

Der Grafana-Container greift über die URL *http://influx:8086* auf den Influx-Container zu. Da diese URL außerhalb des Docker-Netzwerks nicht erreichbar ist, muss der Grafana-Container diese Adresse mithilfe eines Proxys vor dem Webbrowser verbergen.

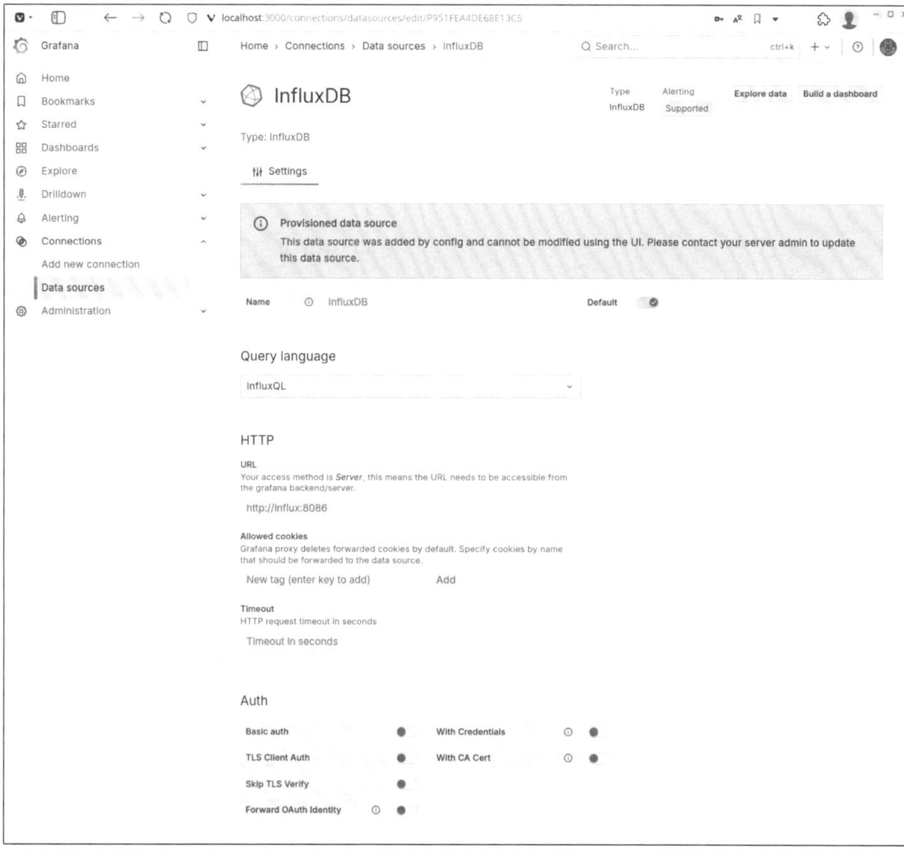


**Abbildung 14.3** Die Einstellungen zur Datenquelle »InfluxDB«

Als weiteren Eintrag auf dieser Seite müssen Sie noch den Namen der Datenbank einstellen. Verwenden Sie dabei den Namen, den Sie in der Datei `telegraf.conf` im Abschnitt `[[outputs.telegraf]]` als `database` eingestellt haben (bei uns war das `dockerbuch`).

Stellen Sie abschließend noch das Zeitintervall auf mehr als 10 Sekunden ein (`>10s`). Da Sie Telegraf mit einem Intervall von 10 Sekunden gestartet haben, macht es keinen Sinn, wenn InfluxDB Abfragen beantworten würde, die in kürzeren Abständen als 10 Sekunden eingehen.

Grafana verwaltet die grafische Ausgabe in sogenannten *Dashboards*. Diese lassen sich einfach erstellen (über die Weboberfläche) und noch einfacher verbreiten (als JSON-Strings), was für unser Vorhaben, ein flexibles, lauffertiges Docker-Setup zu entwickeln, noch wichtig sein wird.

Sobald die Datenquelle funktioniert, können Sie Ihr erstes Dashboard erstellen (siehe Abbildung 14.4). Klicken Sie im neuen *Panel* auf ADD QUERY, um die Abfrage zu erstellen, die die Daten aus der Datenbank holt.

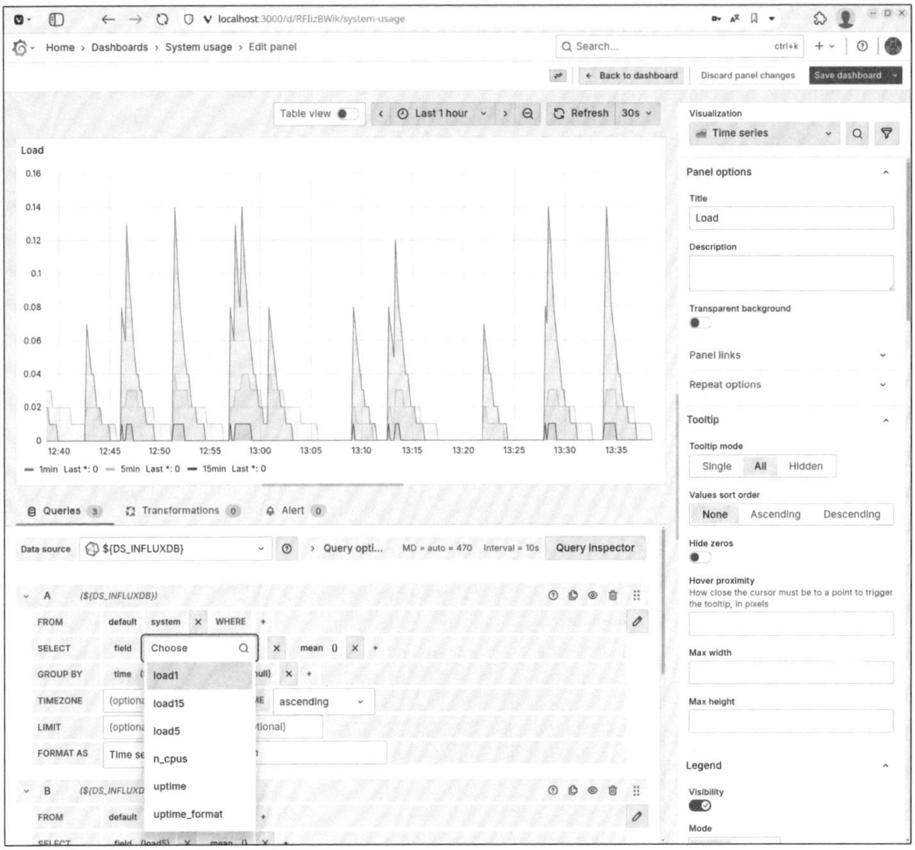


**Abbildung 14.4** Das erste Diagramm mit Daten zur Systemauslastung in Grafana

Die vorgeschlagene Abfrage hilft schon sehr beim Erzeugen der ersten Grafik. Die Syntax lautet:

```
SELECT MEAN("value") FROM "measurement"
WHERE $timeFilter
GROUP BY time($__interval) fill(null)
```

Wenn Sie mit der Datenbanksprache SQL vertraut sind, werden Sie sich hier gleich auskennen. Aber auch wenn Sie SQL nicht beherrschen, ist es ein Leichtes, mit dem grafischen Editor die Syntax anzupassen. Wählen Sie einfach unter SELECT MEASUREMENT SYSTEM aus und anschließend bei dem Feld FIELD (VALUE) LOAD1 (siehe Abbildung 14.4). Schon erscheint die erste Liniengrafik in der Anzeige.

Sie müssen aber nicht bei null beginnen, wenn Sie ein Dashboard erstellen. Auf der Website von Grafana finden Sie eine Menge Dashboards, die von der Community erstellt wurden und die Sie sehr einfach in Ihre eigene Grafana-Installation importieren können.

Filtern Sie nun die Liste der verfügbaren Dashboards unter *https://grafana.com/dashboards* nach INFLUXDB und TELEGRAF, und suchen Sie sich ein ansprechendes Dashboard aus. Zum Importieren kopieren Sie einfach die ID des Dashboards im Menü + CREATE • IMPORT in die leere Textzeile. Im nächsten Schritt werden Sie nach der Datenquelle gefragt. Wählen Sie hier die zuvor konfigurierte InfluxDB-Datenbank aus (siehe Abbildung 14.5).

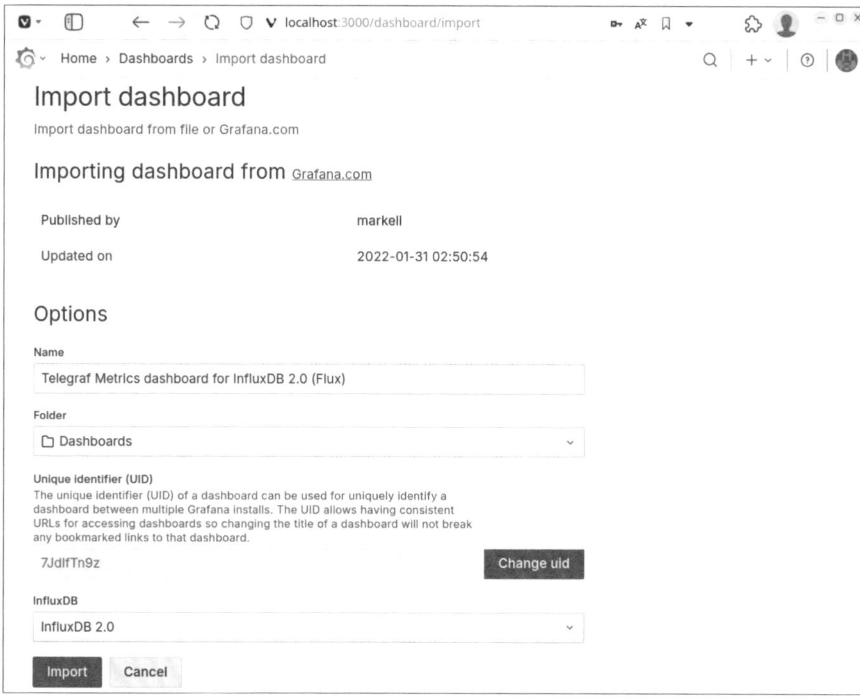


**Abbildung 14.5** Import eines Dashboards von der Grafana-Webseite



Nach dem erfolgreichen Import können Sie die Grafiken in dem neuen Dashboard nach Belieben verändern und speichern. Bei manchen Dashboards werden Sie eine Variable namens *Host* oder *Server* finden. Das bisher vorgestellte Setup verwendet nur einen Collector; mehr zu einem verteilten Setup finden Sie in Abschnitt 14.3.

**Grafana-Dashboards**

Wir wollen hier nicht allzu sehr in die Konfiguration von Grafana-Dashboards eintauchen. Die Gestaltungsmöglichkeiten sind vielfältig und, wenn man einmal das Konzept verstanden hat, auch sehr einfach über die Weboberfläche einzustellen. Mehr zu Grafana-Dashboards können Sie auf der folgenden Webseite nachlesen:

*https://grafana.com/docs/grafana/latest/dashboards*

## 14.2 Provisioning

Die Standardinstallation von Grafana enthält keine vorkonfigurierten Datenquellen oder Dashboards, weshalb Sie diese üblicherweise als Erstes über die Weboberfläche einrichten müssen. Seit Grafana 5 gibt es aber die Möglichkeit, Dashboards und Datenquellen für eine Installation im Voraus bereitzustellen (*Provisioning*), was wir im Folgenden auch machen wollen. Der Vorteil dabei ist, dass wir eine funktionierende Grafana-Instanz ausliefern können, ohne irgendwelche Konfigurationen in der Weboberfläche vorzunehmen.

In der aktuellen Version kann Grafana sowohl Dashboards als auch Datasources vorkonfigurieren. Die Angaben dazu werden in dem Ordner `/etc/grafana/provisioning` als YAML-Dateien erwartet. Die Vorgabe für die InfluxDB-Datenbank sieht in unserem Fall so aus:

```
# Datei: grafana/provisioning/datasources/influx.yml
apiVersion: 1
datasources:
  - name: InfluxDB
    type: influxdb
    access: proxy
    url: http://influx:8086
    isDefault: true
    jsonData:
      dbName: dockerbuch
      httpMode: GET
      httpHeaderName1: 'Authorization'
      pdcInjected: false
      version: InfluxQL
      timeInterval: '>10s'
    secureJsonData:
      httpHeaderValue1: 'Token gahPae6deiv...'
    readOnly: true
```

Wichtig ist der Eintrag `access: proxy`, damit Abfragen, die Grafana an die Datenbank richtet, vor dem Browser verborgen bleiben. Das minimale Zeitintervall für Abfragen an die Datenbank sehen Sie in der Struktur `jsonData - timeInterval`. In `jsonData` beziehungsweise `secureJsonData` werden auch die Angaben zur Authentifizierung gespeichert. Das bereits erwähnte Token für die InfluxDB wird als HTTP-Header mitgesendet. Mit der abschließenden Einstellung `editable` stellen Sie ein, ob die Datenquelle in der Weboberfläche bearbeitet werden kann oder schreibgeschützt ist.

Die Vorgaben zu Dashboards sehen etwas anders aus. Auch hier werden im Ordner `/etc/grafana/provisioning/dashboards/` YAML-Dateien ausgewertet. Diese enthalten aber nur den Pfad zu dem Ordner, in dem die Dashboards als JSON-Dateien abgelegt werden. (Sie können auch mehrere Ordner angeben.) Speichern Sie zum Beispiel eine Datei `default.yml` wie folgt in diesem Ordner ab:

```
# Datei: grafana/provisioning/dashboards/default.yml
apiVersion: 1
providers:
- name: 'default'
  orgId: 1
  folder: ''
  type: file
  disableDeletion: false
  editable: false
  options:
    path: /var/lib/grafana/dashboards
```

Grafana sucht jetzt nach Dashboards im Ordner `/var/lib/grafana/dashboards`. Damit Ihr Docker-Setup korrekt funktioniert, müssen Sie jetzt die entsprechenden Ordner in die Datei `compose.yaml` einbinden:



```
# Datei: grafana/compose.yaml (Auszug)
grafana:
  image: grafana/grafana:12.2
  [...]
  volumes:
    - ./dashboards:/var/lib/grafana/dashboards
    - ./provisioning:/etc/grafana/provisioning
[...]
```

Damit das Setup automatisch funktioniert, müssen Sie noch einen Trick in der Konfiguration des Dashboards einbauen. Grafana speichert die Datenquelle in der Dashboard-Definition als Variable ab. Das Dashboard kann die Verknüpfung mit der Datenquelle automatisch herstellen, wenn Sie die Variable im Dashboard korrekt definieren.

Die Benennung der Variablen basiert auf dem Namen, den Sie der Datenquelle gegeben haben. Heißt, wie in unserem Fall, die Datenquelle `InfluxDB`, so lautet der Name der Variablen `DS_INFLUXDB`. Definieren Sie diese Variable in den Dashboard-Einstellungen (VARIABLES • NEW • GENERAL • TYPE • DATASOURCE), wobei Sie die Variable ruhig verstecken können (VARIABLES • EDIT • GENERAL • HIDE-VARIABLE); andernfalls wird sie im Dashboard ganz oben angezeigt (siehe Abbildung 14.6).

Exportieren Sie Ihr Dashboard jetzt mit der Funktion SHARE DASHBOARD • EXPORT, und legen Sie die JSON-Datei dann im Ordner `dashboards` ab.

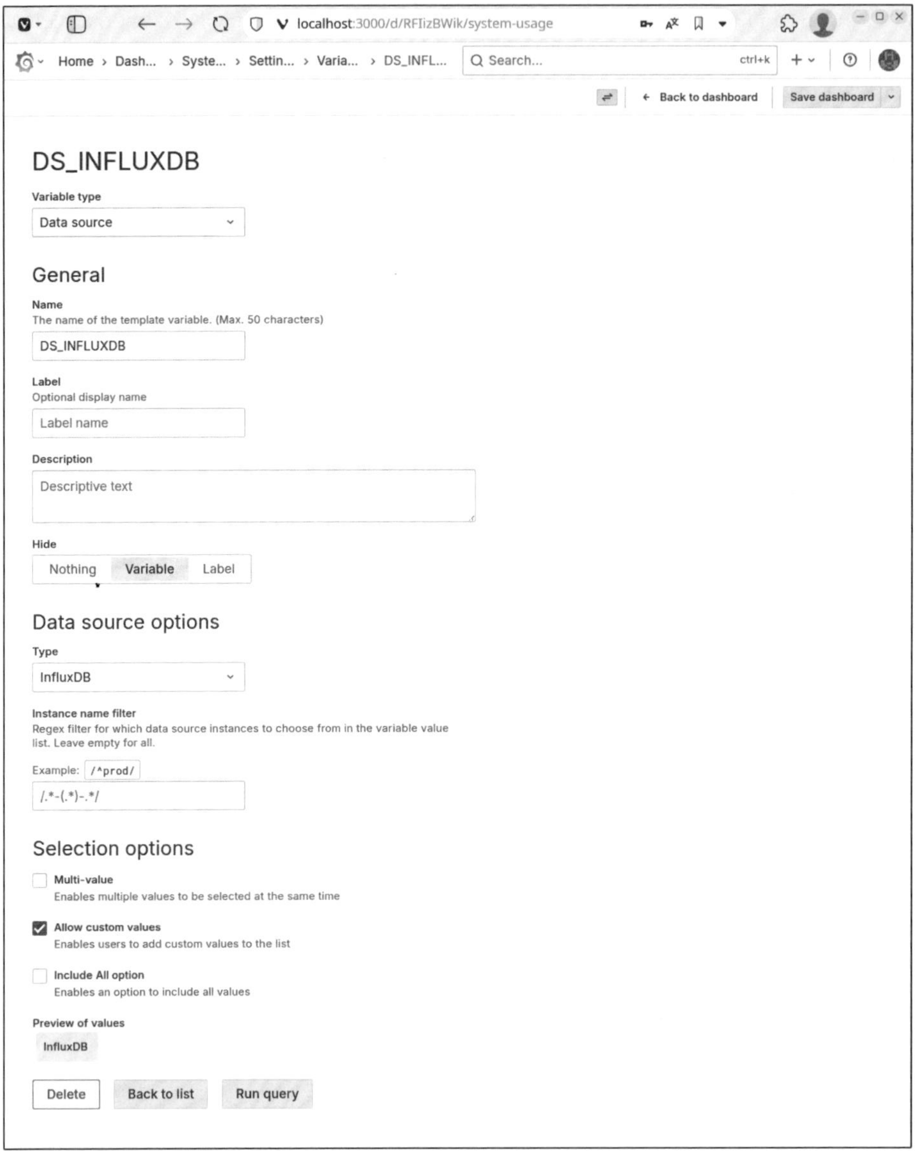


**Abbildung 14.6** Variablendefinition in Grafana

Der Dateisystembaum in Ihrem Projektverzeichnis sollte ähnlich aussehen wie hier:

```
.
|-- dashboards
|   `-- System_usage.json
|-- compose.yaml
|-- provisioning
|   |-- dashboards
```

```
|   |   `-- default.yml
|   `-- datasources
|       `-- influx.yml
`-- telegraf.conf
```

Am besten legen Sie dieses Setup auch in einem Git-Repository ab, wie wir es auf GitHub getan haben:

*https://github.com/docker-compendium/docker5-samples/tree/main/grafana*

## 14.3 Ein angepasstes Telegraf-Image

Das Setup mit Grafana, InfluxDB und Telegraf läuft jetzt auf einem Computer und sammelt fleißig Daten. Im nächsten Schritt wollen wir ein Docker-Image auf der Basis von Telegraf erzeugen, das auf einem anderen Computer gestartet werden kann und Performancedaten zu der laufenden InfluxDB sendet.

Das Image soll ganz ohne weitere Dateien auskommen. Es soll also nur mit einem Aufruf in der Form

```
docker run -d docbuc/telegraf:5
```

gestartet werden können, woraufhin der Dienst direkt Daten an die InfluxDB sendet. Dies ist eine einfache Übung, wenn Sie die Daten in die `telegraf.conf`-Datei eintragen und diese in das Image integrieren:

```
# Datei: grafana/telegraf/Dockerfile (docbuc/telegraf:5)
FROM telegraf:1.36
COPY telegraf.conf /etc/telegraf
```

Die Lösung ist aber ein wenig unflexibel, da Sie das Image nur genau mit diesem InfluxDB-Server verwenden können. Eine bessere Möglichkeit besteht darin, Serveradresse, Serverport sowie Benutzername und Passwort für die Datenbank als Umgebungsvariablen beim Start zu setzen. Im Container brauchen wir dann eine Möglichkeit, diese Variablen in der Konfigurationsdatei zu ersetzen.

Da die Variablen erst zur Laufzeit im Container verfügbar sind, können Sie diese Ersetzung nicht im `Dockerfile` vornehmen. Sie müssen ein `ENTRYPOINT`-Script erstellen, das diese Aufgabe übernimmt.

Prinzipiell kann als `ENTRYPOINT` jedes ausführbare Programm verwendet werden, das im Image vorhanden ist. Für unseren Zweck verwenden wir ein kurzes Bash-Script:

```
#!/bin/bash
# Datei: grafana/telegraf/entrypoint.sh
set -e
```

```
INFLUXDB_URL=${INFLUXDB_URL:-http://influx:8086}
INFLUXDB_TOKEN=${INFLUXDB_TOKEN:-geheim}
INFLUXDB_BUCKET=${INFLUXDB_BUCKET:-bucket1}
INFLUXDB_ORG=${INFLUXDB_ORG:-org}

sed -i "s#http://influx:8086#$INFLUXDB_URL#g;
  s/token = \"geheim\"/token = \"$INFLUXDB_TOKEN\"/g;
  s/organization = \"org\"/organization = \"$INFLUXDB_ORG\"/g;
  s/bucket = \"bucket1\"/bucket = \"$INFLUXDB_BUCKET\"/g" \
    /etc/telegraf/telegraf.conf

if [ "${1:0:1}" = '-' ]; then
    set -- telegraf "$@"
fi
exec "$@"
```

In diesem Script sind einige interessante Bash-Tricks versteckt, die im Docker-Umfeld sehr nützlich sind:

- `set -e` beendet das Script mit einem Fehlerstatus, sobald ein Schritt in dem Script fehlschlägt. Da der `ENTRYPOINT` der Prozess ist, der mit dem Container-Status verbunden ist, wird auch der Container beendet, wenn das Script fehlschlägt.
- **Variablendefinition:** In den Zeilen werden die Variablen `INFLUXDB_*` definiert. Dabei wird der Inhalt der übergebenen Variablen mit dem gleichen Namen ausgewertet, und wenn die Variablen nicht gesetzt sind, wird ein Standardwert festgelegt (hinter dem -).
- **Variablenersetzung:** Das `sed`-Kommando ersetzt bestimmte Zeichenketten in der Konfigurationsdatei `/etc/telegraf/telegraf.conf`. Der Parameter `-i` bewirkt die Ersetzung, ohne eine Kopie der Datei anzulegen (*in place*). Bei der Ersetzung wird der Inhalt der Variablen und nicht deren Bezeichnung in der Datei gespeichert.
- **Überprüfung von CMD:** Das folgende `if`-Konstrukt haben wir direkt aus dem Original-`Dockerfile` des `telegraf`-Images übernommen. Es überprüft, ob das Kommando, das beim Container-Start übergeben wurde, mit dem Zeichen - beginnt. Dabei werden die erweiterten Bash-Variablenfunktionen verwendet, um das erste Zeichen der Variablen `$1` zu extrahieren (`${1:0:1}`). `$1` entspricht in Bash-Scripts dem ersten Parameter, der dem Script übergeben wird. Trifft die Bedingung zu, so wird die Zeichenkette `telegraf` vor alle anderen übergebenen Parameter gesetzt (`set -- telegraf "$@"`).
- **Ausführung von CMD:** Abschließend werden alle Script-Parameter mit `exec` ausgeführt. Damit gibt das Shell-Script die Kontrolle an das Programm ab, das als `$1` in der Liste der Parameter steht. Dieses Programm bekommt jetzt die Prozess-ID 1, und Signale an den Container werden an dieses Programm weitergeleitet.

Im Dockerfile müssen Sie jetzt noch das Script kopieren und den ENTRYPOINT setzen:

```
# Datei: grafana/telegraf/Dockerfile (docbuc/telegraf:5)
FROM telegraf:1.36
COPY telegraf.conf /etc/telegraf
COPY entrypoint.sh /
ENTRYPOINT ["/bin/bash", "/entrypoint.sh"]
CMD ["telegraf"]
```

Mit dem beschriebenen ENTRYPOINT-Script in der Kombination mit CMD ist Ihr Docker-Image sehr flexibel geworden. Sie können einen Container starten, der Telegraf mit der vorgegebenen Konfiguration betreibt:

```
docker run -d -v /var/run/docker.sock:/var/run/docker.sock:ro \
  docbuc/telegraf:5
```

Der Container startet jetzt mit den Einstellungen aus der telegraf.conf-Datei, wobei die Ersetzungen im entrypoint.sh-Script mit den Standardwerten durchgeführt werden. Da Sie kein Kommando beim docker run-Befehl übergeben haben, wird das CMD aus dem Dockerfile verwendet, und es startet telegraf. Wenn Sie, wie oben angegeben, den Docker-Socket einbinden, werden auch die Statistiken zu Docker protokolliert.

14

Sie können sich aber auch einfach die Hilfeseite zu telegraf anzeigen lassen:

```
docker run --rm docbuc/telegraf:5 --help

  Telegraf, The plugin-driven server agent for collecting and
  reporting metrics.
  Usage:
  telegraf [commands|flags]
  ...
```

Hier kommt die if-Abfrage ins Spiel: Das übergebene Kommando startet mit dem Zeichen -, also wird die Parameterliste neu zusammengesetzt. Sie besteht anschließend aus telegraf --help.

Außerdem funktioniert die Variablenersetzung in der Konfigurationsdatei im Container, was folgendes Beispiel zeigt:

```
docker run --rm \
  -e INFLUXDB_URL=https://influxdb.dockerbuch.info \
  -e INFLUXDB_TOKEN=gahPae6deiv...\
  docbuc/telegraf:5 cat /etc/telegraf/telegraf.conf

  ...
  [[outputs.influxdb_v2]]
    urls = ["https://influxdb.dockerbuch.info"]
  ...
```

Als weiteren Bonus dieser Variante können Sie jedes andere Programm starten, das in dem Image installiert ist:

```
docker run --rm -it docbuc/telegraf:5 bash
```

Wenig überraschend wird eine Shell gestartet, und Sie können sich in dem Container umsehen. Wenn Sie sich im Container alle laufenden Prozesse anzeigen lassen (`ps xa`), werden Sie feststellen, dass Ihre Shell die Prozessnummer 1 hat:

```
root@9f7c30fca7df:/# ps xa
  PID TTY      STAT   TIME COMMAND
    1 pts/0    Ss     0:00 bash
    9 pts/0    R+     0:00 ps xa
```

Starten Sie nun das Docker-Image auf einigen verschiedenen Computern, und lassen Sie die Daten zu der InfluxDB-Datenbank senden:

```
docker run -v /var/run/docker.sock:/var/run/docker.sock:ro \
  --name telegraf -d \
  -e INFLUXDB_URL=https://influxdb.dockerbuch.info \
  -e INFLUXDB_TOKEN=gahPae6deiv...\
  --hostname laptop@home docbuc/telegraf:5
```

Wir haben zu diesem Zweck einen InfluxDB-Container auf dem Host `influxdb.dockerbuch.info` gestartet, der hinter einem Reverse-Proxy-Server (siehe Kapitel 9, »Webserver und Co.«) Anfragen aus dem Internet entgegennimmt. Die explizite Angabe des Parameters `--hostname` ist sinnvoll, weil Telegraf beim Senden der Metriken auch den Host-Namen des Computers mitsendet, auf dem das Programm ausgeführt wird. Innerhalb eines Docker-Containers wäre der Host-Name eine automatisch generierte Kennung, zum Beispiel `eeafca0dc73c`. Im Dashboard ist es angenehmer, wenn Sie einen sprechenden Namen für Ihre Computer sehen.

### Anpassungen im Dashboard

Nachdem Sie das Telegraf-Image auf verschiedenen Computern gestartet haben und Ihre Performancedaten nun an eine zentrale Influx-Datenbank gesendet werden, müssen Sie das Dashboard noch ein wenig anpassen.

Fügen Sie dem Dashboard eine Variable mit dem Namen *server* hinzu. Sie erreichen das Menü über SETTINGS • VARIABLES • NEW in der Dashboard-Ansicht. Die Variable muss vom Typ QUERY sein, und die entsprechende Abfrage für InfluxDB lautet:

```
SHOW TAG VALUES WITH KEY = "host"
```

Wenn Sie alles richtig eingestellt haben, erhalten Sie bereits eine Vorschau auf die verfügbaren Hosts (siehe Abbildung 14.7).

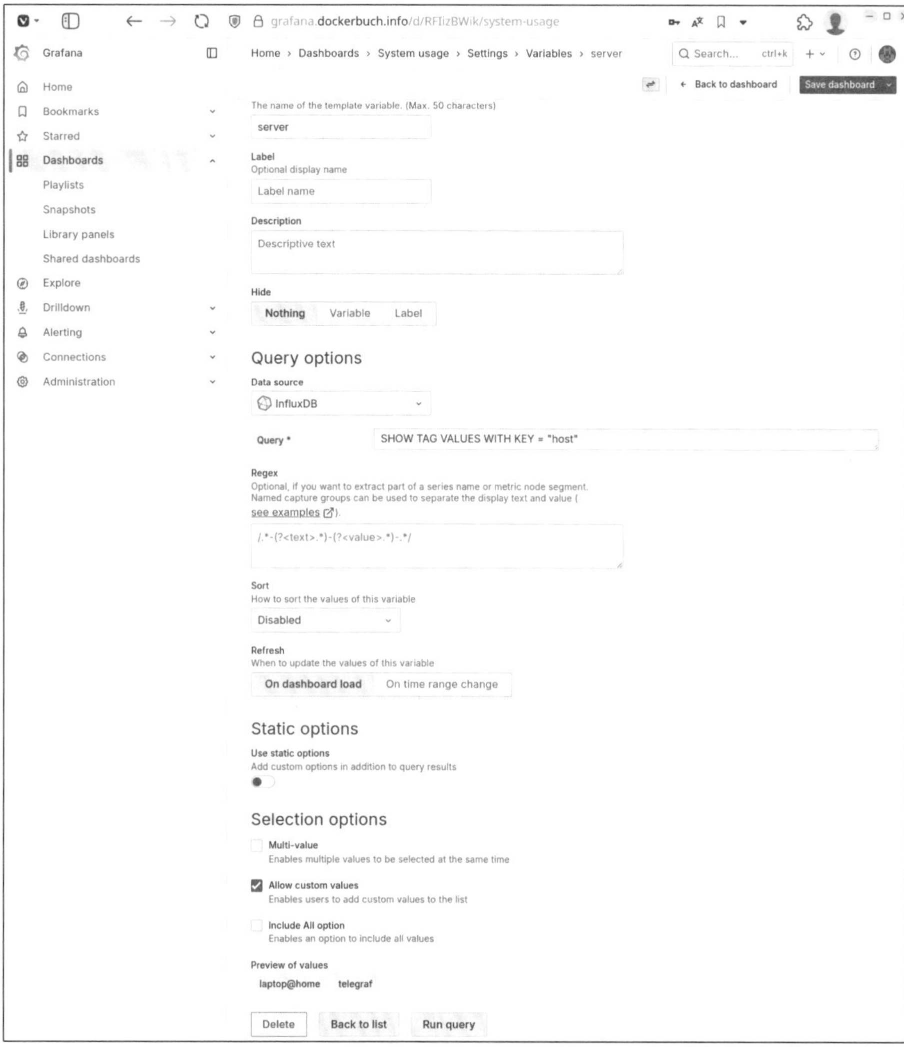


**Abbildung 14.7** Fügen Sie die Server-Variable hinzu, um zwischen den unterschiedlichen Statistiken umschalten zu können.



Zurück im Dashboard sehen Sie bereits das neue Auswahlmenü. Aber leider ändern sich die Werte noch nicht entsprechend. Damit die einzelnen Grafiken mit den korrekten Werten für den Host angezeigt werden, müssen Sie die einzelnen Panels bearbeiten. Fügen Sie bei jeder Abfrage in dem METRICS-Tab die Anweisung

```
WHERE ("host" =~ /^$server$/)
```

hinzu. Der praktische QUERY BUILDER in der Weboberfläche hilft hier enorm und schlägt gleich die richtigen Werte vor.

# Kapitel 15
# Prometheus

Prometheus ist das aktuell beliebteste Programm zum Server-Monitoring. Sie können damit den zeitlichen Verlauf wichtiger Eckdaten Ihrer Server verfolgen, also z. B. die CPU-Auslastung und Speichernutzung. Diese Daten werden mit dem im vorigen Kapitel vorgestellten Programm Grafana visualisiert.

Bei geeigneter Konfiguration bietet Prometheus eine Menge weiterer Funktionen:

- Das Programm sendet Ihnen Warn-Mails, wenn kritische Limits überschritten werden oder Zertifikate abzulaufen drohen.
- Es hilft beim Server-Tuning und bei der Fehlersuche.
- Es überwacht parallel mehrere Server sowie die unterschiedlichsten Server-Dienste (Apache, nginx, MySQL usw.)
- Es verarbeitet Logging-Dateien und zeigt nach verschiedenen Kriterien gefilterte Informationen.



Dieses Kapitel zeigt die schrittweise Inbetriebnahme von Prometheus. Das Programm wird natürlich in einem Docker-Container ausgeführt, ebenso wie diverse Zusatzdienste. Für das Setup ist `compose.yaml` zuständig, für die HTTPS-Auslieferung Traefik. Damit vermittelt dieses Kapitel nicht nur Detailwissen rund um Prometheus, sondern zeigt gleichzeitig die Anwendung vieler Docker-Techniken, die wir in früheren Kapiteln vermittelt haben.

Der Fokus dieses Kapitels liegt – dem Buchtitel entsprechend – bei der Docker-Konfiguration. Wir setzen also ein wenig Vorwissen rund um das Monitoring sowie bei der Linux-Server-Administration voraus.

## 15.1 Grundlagen und Setup-Überblick

Prometheus ist eigentlich ein Datenbanksystem für Zeitreihen, dient also zur kontinuierlichen Speicherung von Parametern bzw. Messdaten, die regelmäßig erfasst werden. Prometheus enthält zudem ein Alert-System, um bei der Überschreitung von Bedingungen Aktionen auszulösen.

Prometheus kann zwar einzelne Zeitreihen als Graph visualisieren, aber das grafische Talent von Prometheus hält sich in engen Grenzen. Hier kommt das im vorigen Kapitel beschriebene Programm *Grafana* ins Spiel. Für Grafana gibt es eine Menge vorgefertigter Dashboards, die bei der Visualisierung der von Prometheus gespeicherten Daten helfen.

Bleibt noch die Frage, woher die zu überwachenden Daten überhaupt kommen. Dazu müssen auf dem Server, den Sie beobachten wollen, sogenannte Exporter installiert sein. Das wichtigste derartige Programm ist der *Node Exporter*, der die Grunddaten eines Linux-Servers (CPU-Auslastung, Arbeitsspeichernutzung, Disk-Space etc.) in einer per HTTP zugänglichen Seite zusammenfasst. Daneben gibt es Exporter für einzelne Server-Dienste, z. B. für Apache, MySQL/MariaDB, PostgreSQL, nginx, Postfix oder Samba. Prometheus liest diese Daten in regelmäßigen Abständen (z. B. alle 15 Sekunden) und speichert sie.

### Internes oder externes Monitoring?

Eine grundsätzliche Frage betrifft den Ort, an dem das Monitoring-System platziert wird. Es gibt zwei Optionen: möglichst nahe bei den überwachten Systemen (idealerweise im gleichen lokalen Netzwerk) oder außerhalb (geografisch und netzwerktechnisch):

- Für das Monitoring innerhalb eines lokalen Netzwerks oder Rechenzentrums sprechen geringere Netzwerklatenzen und höhere Sicherheit. Idealerweise befinden sich sowohl die überwachten Server als auch der Monitoring-Host hinter einer Firewall. Dann müssen Sie sich keine Sorgen machen, dass Exporter-Dienste von außen zugänglich sind und vielleicht Interna über Ihre IT-Infrastruktur verraten.
- Aber auch für das Monitoring außerhalb gibt es gute Gründe. Der wichtigste besteht darin, dass das Monitoring-System losgelöst vom restlichen System läuft und selbst dann noch Fehlermeldungen senden kann, wenn Ihr Rechenzentrum gerade Netzwerkprobleme hat oder der Server-Raum einen Stromausfall.

In diesem Kapitel haben wir uns für die Variante von außen entschieden. Das bedeutet allerdings, dass Sie die auf den überwachten Servern laufenden Exporter-Dienste durch Firewall-Regeln absichern sollten. Auf diesen Aspekt gehen wir nur am Rande ein.

### Setup-Überblick

Bevor wir ins Detail gehen, möchten wir Ihnen hier einen kurzen Überblick über das Gesamtsystem und über die in diesem Kapitel verwendeten Hostnamen geben.

- Sie beginnen damit, dass Sie den Node Exporter auf einem Server installieren, den Sie später überwachen möchten. Dieser Server (in der folgenden Anleitung *myser-*

*ver.com*) ist nicht identisch mit dem Rechner, auf dem das Monitoring-System läuft!

- Danach installieren Sie das Monitoring-System auf einem anderen Linux-Server. In unserer Anleitung hat der Server den Hostnamen *monitor.example.com*. Wir gehen hier davon aus, dass Sie den Server nur für das Monitoring nutzen. Einer der Autoren dieses Buchs verwendet dazu den günstigsten Cloud-Server-Typ bei Hetzner: 2 CPU-Cores, 4 GiB RAM, 40 GiB Disk-Space. Sofern Sie nicht sehr viele Server überwachen möchten, ist das mehr als ausreichend. Kostenpunkt: weniger als 5 €/Monat.
- Auf dem Docker-Host laufen nur Docker sowie einige Container:
  - Prometheus kümmert sich anfänglich nur um die Datenerfassung; später werden Sie dort auch Reporting-Funktionen realisieren, also z. B. eine automatische Benachrichtigung per Mail, wenn bestimmte Grenzwerte überschritten werden.
  - Grafana visualisiert die erfassten Daten.
  - Traefik arbeitet als *Reverse Proxy* und stellt die Weboberflächen von Prometheus und Grafana nach außen hin zur Verfügung, und zwar unter den Adressen *prometheus.example.com* und *grafana.example.com* (siehe Abbildung 15.1).

15

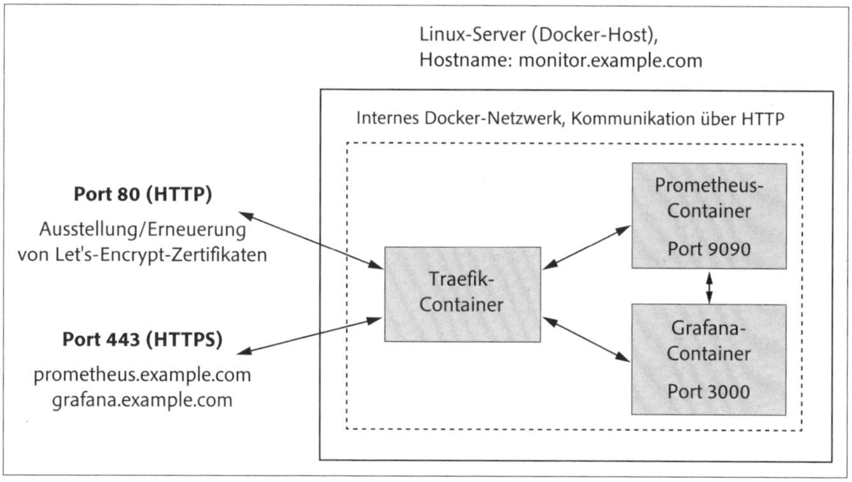


**Abbildung 15.1** Docker- und Traefik-Setup

### Docker-Host-Konfiguration

Im Weiteren gehen wir davon aus, dass Sie auf der für das Monitoring vorgesehenen Cloud-Instanz eine Linux-Minimalinstallation durchführen. Wir haben mit Ubuntu 24.04 gearbeitet. Sie können aber natürlich jede andere Distribution verwenden. Der

Docker-Host ist öffentlich im Internet erreichbar. Seine IPv4- und IPv6-Adressen sind den folgenden drei Domainnamen zugeordnet:

- *monitor.example.com* für die Administration bzw. SSH
- *prometheus.example.com* und *grafana.example.com* für die Weboberflächen von Prometheus und Grafana

Auf dem Server sind nur ein SSH-Server und die Docker Engine installiert (siehe Abschnitt 2.4, »Docker-Installation unter Linux«). Wichtig: Auf dem Server darf kein Webserver (Apache, nginx etc.) laufen! Die Ports 80 und 443 müssen frei für Docker bzw. Traefik sein.

## 15.2 Den Node Exporter installieren

Bevor Sie sich der Docker-Konfiguration zuwenden, müssen Sie auf einem zu überwachenden Server (also *nicht* auf dem Docker-Host!) den Prometheus-Node-Exporter installieren. Das ist ein einfacher Dienst, der in einer Textdatei die wichtigsten Eckdaten eines Linux-Servers zusammenfasst. Dazu gehören unter anderem die CPU-, I/O- und Netzwerkaktivität, die RAM-Nutzung und der freie Disk-Space. Wir gehen hier davon aus, dass der erste zu überwachende Server den Hostnamen *myserver.com* hat.

Später werden Sie den Node Exporter vermutlich auf diversen weiteren Rechnern einrichten. Vorerst brauchen wir als Startpunkt und als Grundlage zum Testen zumindest *einen* Server, auf dem der Node Exporter läuft.

### Debian, Ubuntu

Wenn es sich dabei um ein Debian- oder Ubuntu-System handelt, reicht zur Installation ein simples apt-Kommando aus:

```
sudo apt install prometheus-node-exporter
```

Der Exporter wird sofort gestartet. Der Node Exporter stellt nun die Zustandsdaten auf Port 9100 unverschlüsselt und in Textform zur Verfügung. Sie können sich davon mit curl vergewissern:

```
curl localhost:9100

  # TYPE apt_autoremove_pending gauge
  apt_autoremove_pending 0
  ...
  # TYPE go_memstats_alloc_bytes gauge
  go_memstats_alloc_bytes 2.468064e+06
  ...
```

**Aktuellere Version ausführen**

Die mit Debian bzw. Ubuntu ausgelieferten Node-Exporter-Pakete sind in der Regel nicht ganz aktuell. Abhilfe schafft die manuelle Installation der aktuellen Version aus einem TAR-Archiv wie unter RHEL (siehe den nächsten Abschnitt).

### RHEL

Für RHEL und seine Klone gibt es leider keine offiziellen Prometheus-Pakete, auch nicht in der EPEL-Paketquelle. Stattdessen finden Sie hier Binärdateien für diverse Architekturen:

*https://prometheus.io/download*

Die Installation gelingt mit wenigen Kommandos, wobei Sie natürlich den Link zur neuesten Version in der für Ihren Server passenden Architektur verwenden:

```
wget https://github.com/prometheus/node_exporter/releases/\
     download/v1.10.2/node_exporter-1.10.2.linux-amd64.tar.gz

tar xzf node_exporter-1.10.2.linux-amd64.tar.gz
sudo cp node_exporter-1.10.2.linux-amd64/node_exporter /usr/bin
node_exporter --version

  node_exporter, version 1.10.2 ...
```



Der Node Exporter soll von nun an automatisch ausgeführt werden. Dazu müssen Sie eine systemd-Service-Datei einrichten:

```
# neue Service-Datei /etc/systemd/system/node_exporter.service
[Unit]
Description=Node Exporter
After=network.target
[Service]
User=node_exporter
Group=node_exporter
Type=simple
ExecStart=/usr/bin/node_exporter

[Install]
WantedBy=multi-user.target
```

Jetzt brauchen Sie noch den Benutzer, in dessen Account der Exporter laufen soll. Anschließend starten Sie den Dienst:

```
sudo adduser -M -r -s /sbin/nologin node_exporter
sudo systemctl daemon-reload
```

```
sudo systemctl enable --now node_exporter
```

Ein kurzer Test beweist, dass alles funktioniert hat:

```
sudo curl localhost:9100/metrics

  # TYPE go_gc_duration_seconds summary
  go_gc_duration_seconds{quantile="0"} 0
  go_gc_duration_seconds{quantile="0.25"} 0
  ...
```

Unter RHEL blockiert die Firewall den Port 9100 nach außen. Deswegen muss dieser Port geöffnet werden:

```
sudo firewall-cmd --permanent --add-port=9100/tcp
sudo firewall-cmd --reload
```

### Absicherung des Node Exporters

Leider kann nun nicht nur Prometheus die vom Node Exporter auf *myserver.com* zur Verfügung gestellten Daten von Port 9100 lesen, vielmehr kann dies jeder tun, der den Hostnamen des überwachten Servers mit Port 9100 und der Adresse `metrics` kombiniert:

*http://myserver.com:9100/metrics*

Je mehr Server Sie überwachen, desto mehr Server-Daten stellen Sie frei zugänglich in das Internet. Die HTTP-Seite ist Read-only, insofern ist sie nach heutigem Stand der Technik kein Startpunkt für einen Einbruch auf der Basis einer Sicherheitslücke. Dennoch stellen Sie mit dem Node Exporter Daten öffentlich, die Sie eigentlich nicht unbedingt mit der ganzen Welt teilen möchten: wie viel RAM Ihr Server hat, wie viel Speicherplatz noch frei ist etc.

Es gibt verschiedene Möglichkeiten, den freien Zugriff auf die Metric-Daten zu verhindern. Sie können den Node Exporter z. B. hinter einem anderen Port und einer zufälligen URL verstecken. Sicherer ist es, den Zugriff auf den Node Exporter per Firewall einzuschränken. Die Vorgehensweise hängt davon ab, ob es schon eine Firewall gibt oder nicht.

- **Aktuell keine Firewall (z. B. Ubuntu):** Wenn der zu überwachende Server bisher keine Firewall hat (z. B. Ubuntu Server im Grundzustand), dann richten Sie eine neue Datei mit `nft`-Firewall-Regeln ein, die wie das folgende Muster aussieht. Dabei geben Sie anstelle von `1.2.3.4` die IPv4-Adresse Ihres Monitoring-Hosts an, analog statt `1234::1` die IPv6-Adresse.

```
#!/usr/sbin/nft -f
# Datei /etc/nftablesport9100.nft
table inet port9100_filter {
     chain input {
        # hohe Priorität, vor Default-Regeln ausführen
        type filter hook input priority -50
        policy accept
        # von ausgewählten IP-Adressen akzeptieren, sonst
        # blockieren
        tcp dport 9100 ip  saddr 1.2.3.4 accept
        tcp dport 9100 ip6 saddr 1234:::1 accept
        tcp dport 9100 drop
    }
}
```

Diese Datei importieren Sie am Ende der schon vorhandenen Datei `nftables.conf`:

```
# am Ende von nftables.conf
...
include "/etc/nftablesport9100.nft"
```

Schließlich aktivieren Sie die nft-Firewall:



```
sudo systemctl enable --now nftables
```

- **Aktive firewalld-Firewall (RHEL):** Bei Distributionen auf Red-Hat-Basis formulieren Sie Ihre Regeln am besten so, dass diese mit dem Programm *firewalld* zusammenspielen. Per Default sind alle Ports blockiert, auch Port 9100. Wenn Sie den Port im Rahmen der Node-Exporter-Konfiguration so wie oben beschrieben freigeschaltet haben, machen Sie diesen Schritt rückgängig:

```
sudo firewall-cmd --permanent --remove-port=9100/tcp
```

Um den Port nun neuerlich freizugeben, jetzt aber nur für die IP-Adresse Ihres Monitoring-Hosts, führen Sie die folgenden Kommandos aus. Dabei ersetzen Sie `1.2.3.4` bzw. `1234::1` durch die IPv4- und IPv6-Adressen Ihres Monitoring-Hosts.

```
sudo firewall-cmd --add-rich-rule='rule family="ipv4"
                                  source address="1.2.3.4"
                                  port protocol="tcp"
                                  port="9100" accept' \
                  --permanent
sudo firewall-cmd --add-rich-rule='rule family="ipv6"
                                  source address="1234::1"
                                  port protocol="tcp"
                                  port="9100" accept' \
                  --permanent
sudo firewall-cmd --reload
```

## 15.3 Docker-Setup für Traefik, Grafana und Prometheus

Damit wenden wir uns endlich dem Monitoring-Host zu. Sie brauchen ein Arbeitsverzeichnis für Konfigurationsdateien von Docker und Prometheus. Alle weiteren Schritte finden in diesem Verzeichnis statt.

```
mkdir monitoring
cd monitoring
```

In diesem Verzeichnis legen Sie im ersten Schritt ein vorerst leeres Verzeichnis `letsencrypt` an (dort landen die Let's-Encrypt-Zertifikate), außerdem die Dateien `compose.yaml` und `prometheus.yml`, deren Bedeutung wir gleich erläutern werden.

```
mkdir letsencrypt
```

Später kommen noch einige Dateien hinzu. Das Verzeichnis `monitoring` wird dann so aussehen:

```
tree

  alertmanager.yml   # Konfiguration von Alerts
  alert_rules.yml    # Alert-Rules
  blackbox.yml       # Blackbox-Exporter (Web-Monitoring)
  compose.yaml       # Docker-Setup
  letsencrypt/
     acme.json       # Zertifikate (von Traefik verwaltet)
  prometheus.yml     # Prometheus-Konfiguration
```

### compose.yaml

Das gesamte Docker-Setup wird in einer einzigen Datei `compose.yaml` beschrieben. Wir beginnen hier mit dem vollständigen Listing, ausführliche Erläuterungen folgen dann in den weiteren Abschnitten.

Aus Platzgründen mussten wir viele Zeilen umbrechen. Die YAML-Syntax sieht keine mehrzeiligen Anweisungen vor, Sie müssen also \ entfernen und die Zeilen zusammenfügen. Schreiben Sie den Code nicht ab, kopieren Sie ihn auch nicht aus der E-Book-Datei, sondern verwenden Sie die Beispieldateien zum Buch! Diese finden Sie unter *https://github.com/docker-compendium/docker5-samples*. Wenn Sie das Setup auf einem eigenen Server implementieren wollen, müssen Sie die Datei an diversen Stellen anpassen (Hostnamen, Passwörter bzw. Passwort-Hashes etc.).

```
# Datei compose.yaml
services:
  traefik:
    image:          traefik:latest
    container_name: traefik
```

```
    command:
      # Zusammenspiel mit Docker, Traefik-Ports
      - --providers.docker=true
      - --providers.docker.exposedbydefault=false
      - --entrypoints.web.address=:80
      - --entrypoints.websecure.address=:443
      # Umleitung HTTP -> HTTPS
      - --entrypoints.web.http.redirections.entrypoint.to=\
                                 websecure
      - --entrypoints.web.http.redirections.entrypoint.scheme=\
                                 https
      - --entrypoints.web.http.redirections.entrypoint.\
                                 permanent=true
      # Let's Encrypt-Zertifikate verwenden
      - --certificatesresolvers.letsencrypt.acme.\
                                 tlschallenge=true
      - --certificatesresolvers.letsencrypt.acme.storage=\
                                 /letsencrypt/acme.json
    ports:
      # diese Container-Ports werden nach außen geöffnet
      # Port 80 ist für Let's Encrypt erforderlich
      - "80:80"
      - "443:443"
    volumes:
      - /var/run/docker.sock:/var/run/docker.sock:ro
      - ./letsencrypt:/letsencrypt
    restart: unless-stopped

  prometheus:
    image:          prom/prometheus:latest
    container_name: prometheus
    volumes:
      # Prometheus-Konfiguration und Datenbank
      - prometheus-data:/prometheus
      - ./prometheus.yml:/etc/prometheus/prometheus.yml
    command:
      # Startparameter für Prometheus
      - '--config.file=/etc/prometheus/prometheus.yml'
      - '--storage.tsdb.path=/prometheus'
      - '--web.enable-lifecycle'
      - '--web.external-url=https://prometheus.example.com'
    labels:
      # Zusammenspiel mit Traefik
      - traefik.enable=true
      - traefik.http.services.prometheus.loadbalancer.server.\
                                 port=9090
```

```
      - traefik.http.routers.prometheus.rule=Host(\
                                 `prometheus.example.com`)
      - traefik.http.routers.prometheus.tls=true
      - traefik.http.routers.prometheus.tls.certresolver=\
                                 letsencrypt
      - traefik.http.routers.prometheus.middlewares=\
                                 prometheus-auth
      # Login + Passwort-Hash für Basic Authentication
      - traefik.http.middlewares.prometheus-auth.basicauth.\
                                 users=nm:hsh
    restart: unless-stopped

  grafana:
    image:          grafana/grafana:latest
    container_name: grafana
    volumes:
      - grafana-data:/var/lib/grafana
    environment:
      # Grafana-Konfiguration
      - GF_SERVER_ROOT_URL=https://grafana.example.com
      # Admin-Passwort für Grafana, beim ersten Login ändern!
      - GF_SECURITY_ADMIN_PASSWORD=topSecret87654
    labels:
      # Zusammenspiel mit Traefik
      - traefik.enable=true
      - traefik.http.services.grafana.loadbalancer.server.port=\
                                 3000
      - traefik.http.routers.grafana.rule=\
                                 Host(`grafana.example.com`)
      - traefik.http.routers.grafana.tls=true
      - traefik.http.routers.grafana.tls.certresolver=letsencrypt
      - traefik.http.routers.grafana.middlewares=grafana-auth
      # Login + Passwort-Hash für Basic Authentication
      - traefik.http.middlewares.grafana-auth.basicauth.users=\
                                 nm:hsh
    restart: unless-stopped

# Speicherort für Prometheus-Datenbank und Grafana-Daten-Volumes
volumes:
  prometheus-data:
  grafana-data:

# Docker-internes Netzwerk für alle drei Container
networks:
  default:
    name: traefik
```

compose.yaml beschreibt also vorerst drei Services, die zusammenspielen. (So viel dürfen wir schon verraten: Es werden später mehr werden.) Auf die Details der Service-Konfiguration gehen wir gleich ein. Alle drei Container kommunizieren in einem Docker-internen Netzwerk mit dem Namen traefik.

Sowohl Prometheus als auch Grafana speichern diverse Daten in lokalen Datenbanken. Als Speicherort dienen die von Docker verwalteten benannten Volumes prometheus- und grafana-data.

### Traefik-Konfiguration

Das erste Service in compose.yaml beschreibt den Traefik-Container (siehe auch Abschnitt 9.7, »Traefik-Proxy«). command listet Optionen auf, die beim Start an den Traefik-Dienst übergeben werden. Demnach soll Traefik mit Docker zusammenspielen, aber nicht automatisch jeden Docker-Container nach außen leiten, sondern nur die Container, bei denen dies explizit gewünscht wird.

Die entrypoints sind die Ports im internen Docker-Netzwerk, mit denen Traefik kommuniziert. Die Begriffe web und websecure sind frei wählbare Namen, die diesen Ports zugeordnet werden. Die Namen werden in der weiteren Konfiguration immer wieder verwendet. Eine Änderung hier würde also viele weitere Änderungen verursachen.



Die redirections-Anweisungen bewirken, dass HTTP-Requests auf HTTPS umgeleitet werden. Das ist eine Konfiguration, die so ähnlich bei jedem modernen Webserver üblich ist.

Dank der certificatesresolvers-Anweisungen kümmert sich Traefik um die Einrichtung von Zertifikaten, verwendet dabei Let's Encrypt und speichert die Zertifikate im JSON-Format in der angegebenen Datei. Diese Datei wird über die nachfolgende volumes-Anweisung im lokalen Verzeichnis letsencrypt abgelegt, sodass Sie einen Blick in die Datei werfen können (z. B. zur Fehlersuche).

Der ports-Abschnitt gibt an, welche internen Traefik-Ports nach außen weitergeleitet werden sollen. Auch wenn die Prometheus- und Grafana-Weboberflächen ausschließlich über HTTPS ausgeliefert werden sollen, muss auch Port 80 offenbleiben, damit die Let's-Encrypt-Zertifikatsüberprüfungen funktionieren.

### Konfiguration des Prometheus-Containers

Bei den Prometheus-Einstellungen wird die interne Konfigurationsdatei /etc/prometheus/prometheus.yml (siehe die folgende Überschrift) mit der gleichnamigen Datei im Konfigurationsverzeichnis auf dem Host verbunden.

command sammelt diverse Optionen, die voreingestellt für die Ausführung des Services gelten. Besonders wichtig ist web.external-url für die Adresse der Weboberfläche. config.file und storage.tsdb.path koordinieren die Konfiguration und den Speicherort für die Datenbank mit den obigen volumes-Anweisungen. web.enable-lifecycle erlaubt ein Update der Konfiguration über die API.

Standardmäßig speichert Prometheus die erfassten Daten für 15 Tage. Für die meisten Zwecke sollte das ausreichend sein. Wenn Sie Parameter über einen längeren Zeitraum verfolgen möchten, können Sie die Retentionszeit durch eine weitere Option entsprechend erhöhen. Damit steigt natürlich der Platzbedarf für die Prometheus-Datenbank.

```
command:
  - ...
  - '--storage.tsdb.retention.time=30d'
```

Nun folgt ein labels-Abschnitt. Diese dem Container zugeordneten Informationen werden von Traefik ausgewertet. Dank traefik.enable=true kümmert sich Traefik um diesen Container. Die folgenden Schlüsselwörter geben an, dass Port 9090 (der Default-Port von Prometheus) nach außen weitergeleitet werden soll, legen die gewünschte URL fest, aktivieren HTTPS und wählen Let's Encrypt als Zertifikatquelle.

middlewares=prometheus-auth aktiviert die Middleware-Funktionen von Traefik. In unserem Fall soll dort eine Basic Authentification durchgeführt werden. Der Login setzt sich aus einem Namen und dem Hash-Code des Passworts zusammen. Einen geeigneten Hash-Code erzeugen Sie mit einem Docker-Aufruf, der das Apache-Kommando htpasswd ausführt:

```
docker run --rm httpd:2.4-alpine htpasswd -nb admin topSecret

  admin:$apr1$2ikPxON9$xCdMbQgoQZviz5LwIAGS7.
```

Beim Einfügen in compose.yaml müssen Sie die $-Zeichen verdoppeln, weil Docker sonst glaubt, es würde sich um Variablen handeln. Also (hier nur aus Platzgründen über zwei Zeilen verteilt):

```
- traefik.http.middlewares.prometheus-auth.basicauth.users=\
                        admin:$$apr1$$2ikPxON9$$xCdMbQgoQZviz5LwIAGS7.
```

Mehrere Logins geben Sie bei Bedarf so an:

```
...users=name1:hash1,name2:hash2,name3:hash3
```

### Prometheus-Einstellungen (prometheus.yml)

Die Prometheus-Konfiguration besteht aus *zwei* Teilen. Die Docker-spezifischen Einstellungen sind jetzt erledigt. Darüber hinaus müssen Sie in prometheus.yml die Grundeinstellungen von Prometheus festlegen und angeben, wo das Programm nach Monitoring-Daten suchen soll und wie oft diese Daten gelesen werden sollen. Dieser Vorgang wird in der Prometheus-Nomenklatur »Scraping« genannt. Die Datei `prometheus.yml` befindet sich dank der Volume-Konfiguration im gleichen Verzeichnis wie die anderen Docker-Dateien und wird dann vom laufenden Prometheus-Container ausgewertet.

Bei den `scrape_configs` können Sie mehrere Jobs definieren – üblicherweise einen Job für jeden Datentyp, für den Sie das Monitoring durchführen. Wir beginnen vorerst mit dem gewöhnlichen Server-Monitoring, also mit der Verarbeitung der Daten, die der Node Exporter zur Verfügung stellt. Später werden weitere Jobs für die Überwachung von Web- und Datenbank-Server folgen.

Pro Job kann es beliebig viele »Targets« geben, also zu überwachende Rechner, die Monitoring-Daten in dem von Prometheus unterstützten Format anbieten. Für erste Tests reicht hier ein Server, auf dem Sie zuvor einen Node Exporter eingerichtet und getestet haben (gemäß der bisherigen Anleitung: *myserver.com*). Später können Sie hier weitere Server aufzählen.

```
# Datei prometheus.yml im gleichen Verzeichnis wie compose.yaml
global:
  # Scraping alle 15 Sekunden
  scrape_interval: 15s
scrape_configs:
  - job_name: 'node_exporter'
    static_configs:
    targets:
      - 'myserver.com:9100'
      - 'myotherserver.com:9100'
```



### Konfiguration des Grafana-Containers

Die Konfiguration des Grafana-Containers hat viele Ähnlichkeiten mit der von Prometheus (`image`, `container_name`, `volumes`). Die Grafana-Grundeinstellungen werden nicht durch Parameter, sondern durch Umgebungsvariablen gesteuert (siehe Kapitel 14, »Grafana«). Die Angabe des Grafana-Admin-Passworts im Klartext ist natürlich unschön. Sobald Sie den ersten Login in der Weboberfläche durchführen, sollten Sie dieses Passwort unbedingt ändern!

Die Einstellungen im `labels`-Abschnitt entsprechen eins zu eins denen von Prometheus – anzupassen sind lediglich der Host-Name für den Webauftritt und die Portnummer. Grafana verwendet standardmäßig Port 3000. Beachten Sie, dass wir die Middleware diesmal mit `grafana-auth` bezeichnet haben. Für die Authentifizierung können Sie entweder die gleiche Kombination aus Name und Passwort verwenden oder wie oben beschrieben einen neuen Hash-Code generieren.

### Erster Start

Damit sind alle Konfigurationsarbeiten abgeschlossen. Sie müssen die Container nur noch starten:

```
docker compose up -d
```

Mit `docker compose ps` können Sie sich davon überzeugen, dass die Container wirklich laufen. Beachten Sie, dass die Ports 3000 und 9090 nur intern verwendet werden. Nach außen hin sind nur die Ports 80 und 443 geöffnet.

```
docker compose ps

  NAME          IMAGE                      ...  PORTS
  grafana       grafana/grafana:latest          3000/tcp
  prometheus    prom/prometheus:latest          9090/tcp
  traefik       traefik:latest                  0.0.0.0:80->80/tcp,
                                                0.0.0.0:443->443/tcp,
                                                [::]:80->80/tcp,
                                                [::]:443->443/tcp
```

Wenn Sie wissen möchten, wie groß das Volume ist, in dem Prometheus seine Datenbank speichert, führen Sie das folgende Kommando aus:

```
docker system df -v | grep prometheus-data

  VOLUME NAME                   LINKS     SIZE
  monitoring_prometheus_data    1         433.6MB
```

Bei einer Installation mit fünf überwachten Servern mit Apache- und MySQL-Monitoring und einer Retentionszeit von 15 Tagen hat sich der Platzbedarf bei knapp 2 GiB eingependelt.

### Versionsnummern

`compose.yaml` bezieht sich dreimal auf `image: <name>:latest`. Wenn Sie zum ersten Mal `docker compose up` ausführen, lädt Docker die neueste stabile Version der Images herunter. Als wir dieses Kapitel verfasst habe, waren das Traefik 3.6, Prometheus 3.7 und Grafana 12.3. Wenn Sie diese Anleitung befolgen, gibt es sicher schon neuere Versionen. Wenn Sie Pech haben, ändern sich mit den neuen Images auch interne Details, und Sie müssen recherchieren und in `compose.yaml` einige Zeilen anpassen.

Alternativ können Sie die Versionsnummern in `compose.yaml` explizit festschreiben, z. B. mit `traefik:v3.6` oder `grafana:12.1`. Das erhöht die Stabilität Ihres Setups, hat aber den Nachteil, dass die Version nun fixiert ist und Sie von eventuellen Sicherheits-Updates oder neuen Features nicht profitieren.

## 15.4 Prometheus-Weboberfläche

Nach dieser langen Installationsanleitung sollten die Webseiten von Prometheus und Grafana nun im Webbrowser zugänglich sein – der Anleitung folgend unter *prometheus.example.com* und *grafana.exmaple.com*, bei Ihnen entsprechend unter anderen Adressen. In diesem Abschnitt gehen wir ganz kurz auf die Grundfunktionen von Prometheus ein.

Am besten starten Sie mit einem Blick auf die Seite STATUS • TARGET HEALTH. Dort sind alle Server aufgezählt, von denen Prometheus regelmäßig Daten bezieht. Anfänglich wird dies nur ein einzelner Server sein (*myserver.com* gemäß dieser Anleitung), aber vermutlich werden Sie später weitere Server hinzufügen. Sollte eines der Targets nicht erreichbar sein, ist dies ebenfalls hier zu sehen (siehe Abbildung 15.2).

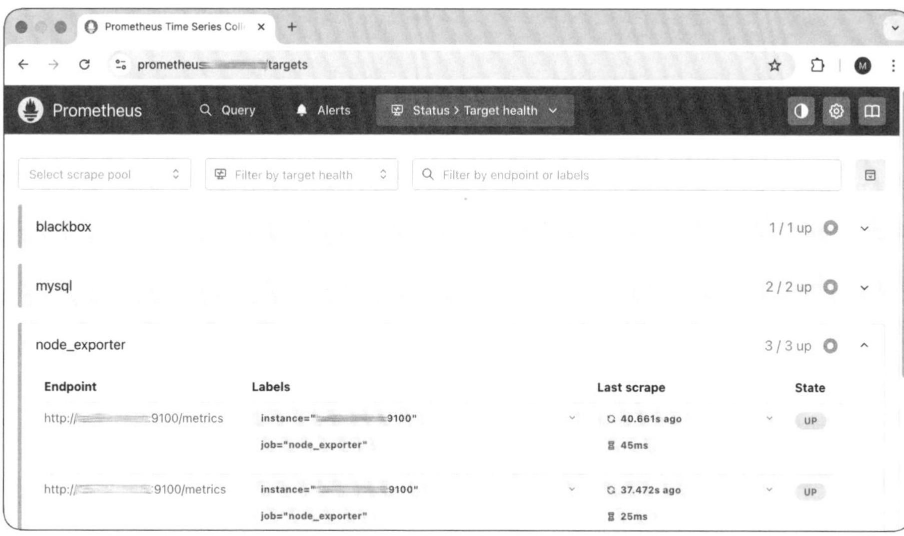


**Abbildung 15.2** Die Targets-Ansicht zeigt, wann Prometheus zuletzt Daten von den überwachten Servern bezogen hat.

Nachdem Sie sich überzeugt haben, dass Prometheus Daten empfängt, ist der logische nächste Schritt, diese anzusehen. Prometheus macht es Ihnen diesbezüglich aber nicht leicht. In der minimalistischen Hauptseite der Weboberfläche können Sie einen Suchausdruck in der Prometheus Query Language (PromQL) eingeben. Die einfachstmögliche Abfrage lautet `up`. Als Antwort erhalten Sie eine Tabelle aller Targets, die aktiv sind (von denen Prometheus Daten empfangen kann). Ein Klick auf das Dialogblatt GRAPH zeigt den Verlauf dieser Daten über die letzten Stunden.

Schon interessanter wird die Sache, wenn Sie einen »richtigen« metrischen Parameter ansehen, z. B. `node_cpu_seconds_total`. Dieser Parameter gibt an, wie viele Sekunden welcher CPU-Core welchen Zustand innehat. Das Ergebnis ist eine vollkommen unübersichtliche Liste mit einzelnen Datenpunkten. Jeder Datenpunkt sieht aus wie das folgende Beispiel:

```
node_cpu_seconds_total {cpu="0",
  instance="myserver.com:9100",
  job="node_exporter",
  mode="idle"} 19067.53
```

Das bedeutet, dass der CPU-Core 0 des Rechners *myserver.com*, dessen Daten über den Prometheus-Job `node_exporter` gesammelt werden, bisher 19067,53 Sekunden im Idle-Zustand verbracht hat. Auch die GRAPH-Ansicht macht das Ergebnis nicht übersichtlicher. Dort werden für jeden der vielen Datenpunkte unzählige Einzelgraphen dargestellt, von denen keiner für sich eine nennenswerte Aussagekraft hat.

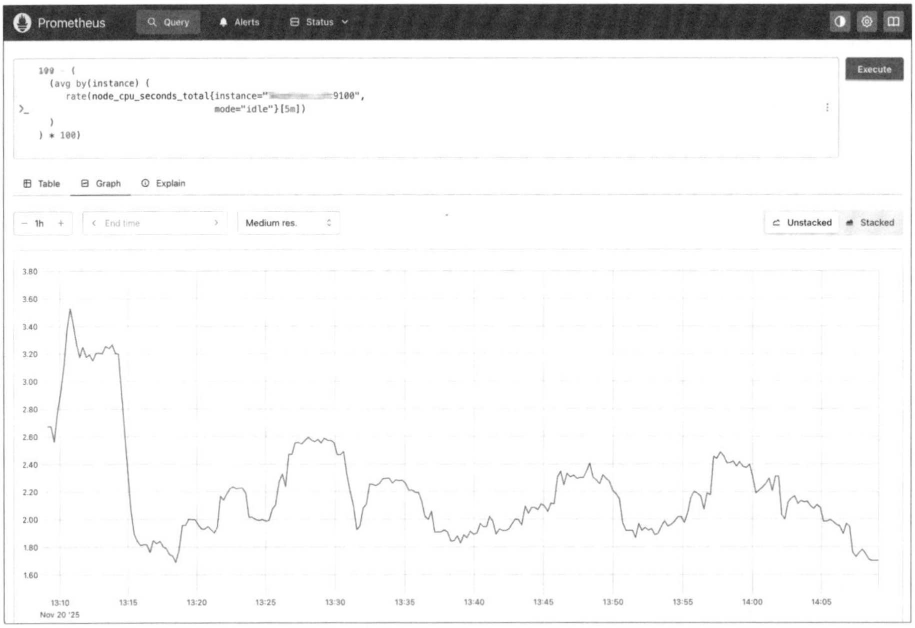


**Abbildung 15.3** Graph über die CPU-Auslastung eines Servers im Verlauf der letzten Stunde

Nehmen wir an, Sie wollen die prozentuale CPU-Auslastung eines Servers (also eines Targets) betrachten (siehe Abbildung 15.3). Dann hilft der folgende Query-Ausdruck weiter:

```
100 - (
  (avg by(instance) (
     rate(node_cpu_seconds_total{instance="myserver.com:9100",
                                  mode="idle"}[5m])
  )
) * 100)
```

Dieser Ausdruck ist leider nur mit etwas Mühe zu verstehen:

- `{instance="myserver.com:9100", mode="idle"}` filtert von allen `node_cpu_seconds_total`-Werten diejenigen heraus (jeweils einen für jeden CPU-Core), die für die Instanz *myserver.com* und den Modus *idle* gelten.
- `rate(...)[5m]` berechnet die durchschnittliche Veränderung einer Zeitserie pro Sekunde über die letzten fünf Minuten. Dieser relativ große Zeitraum ist sinnvoll, weil Prometheus nicht für jede Sekunde Messwerte hat. So können mehrere Messwerte innerhalb eines Zeitfensters berücksichtigt werden.
- `avg by(instance)(...)` ermittelt den Durchschnittswert über alle Cores.
- `100 - (...)* 100` skaliert die Zahlenwerte vom Bereich 0 bis 1 auf Prozentzahlen.

An dieser Stelle setzen wir in diesem Buch einen Schlusspunkt. Wenn Sie sich intensiver mit der PQL auseinandersetzen möchten, bietet das Prometheus-Handbuch einen guten Startpunkt:

*https://prometheus.io/docs/prometheus/latest/querying/basics*

## 15.5 Grafana-Weboberfläche



Prometheus bietet zwar eine leistungsstarke Abfragesprache, erfordert aber auch eine intensive Einarbeitung und eignet sich generell nicht dazu, schnell die wichtigsten Eckdaten eines Servers zu visualisieren. Genau darin liegt die Stärke des Programms Grafana, das wir in Kapitel 14 schon im Detail vorgestellt haben. Deswegen können wir hier direkt zur Sache kommen: Der erste Login in Grafana erfolgt mit dem Benutzernamen `admin` und dem in `compose.yaml` festgelegten Passwort. Dieses sollten Sie nach dem Login gleich ändern.

Als Nächstes richten Sie eine Verbindung zu einer Datenquelle ein, in unserem Fall also zu Prometheus. CONNECTIONS • ADD NEW CONNECTION stellt unzählige Schnittstellen zur Auswahl. Für unsere Zwecke ist PROMETHEUS die richtige Option. Im nächsten Schritt klicken Sie auf ADD NEW DATASOURCE. Die einzige wichtige Einstellung ist die PROMETHEUS SERVER URL. Dort geben Sie `http://prometheus:9090` ein. (Wichtig: Verwenden Sie nicht `http://localhost:9090`. Die Verbindung erfolgt innerhalb eines Docker-Netzwerks, `localhost` bezieht sich *nicht* auf die laufenden Container. Diese bekommen von Docker den Service-Namen als Hostnamen zugewiesen und sind deswegen unter ihren Namen zu adressieren.)

Weitere Parameter, insbesondere zur Authentifizierung, sind nicht erforderlich. Die Verbindung erfolgt in einem privaten, von Docker erstellten Netzwerk. Somit ist der Datenaustausch zwischen den beiden Programmen auch ohne Verschlüsselung oder Authentifizierung sicher. SAVE AND TEST schließt die Konfiguration ab. Das sollte mit der Nachricht SUCCESSFULLY QUERIED PROMETHEUS API quittiert werden.

Als Nächstes geht es darum, ein fertiges Dashboard einzurichten, das die in Prometheus gespeicherten Daten des Node Exporters visualisiert. Dazu wählen Sie den Menüeintrag DASHBOARDS aus, klicken auf CREATE DASHBOARD und dann auf IMPORT DASHBOARD. Damit gelangen Sie in ein nüchternes Formular, in dem Sie die JSON-Beschreibung eines Dashboards oder einen Link zu einem fertigen Grafana-Dashboard einfügen können. In einem zweiten Browser-Tab öffnen Sie die Seite *https://grafana.com/grafana/dashboards*. Dort stehen Hunderte fertige Dashboards zur Wahl. Für unsere Zwecke ist das Dashboard NODE EXPORTER FULL die richtige Wahl:

*https://grafana.com/grafana/dashboards/1860-node-exporter-full*

Sie öffnen diese Seite, kopieren deren Adresse, fügen diese in der Grafana-Dashboard-Seite in das URL-Textfeld ein und klicken auf LOAD. Im nächsten Schritt können Sie dem Dashboard einen eigenen Namen geben. Außerdem müssen Sie die zuvor eingerichtete Prometheus-Datenquelle auswählen. IMPORT führt Sie direkt in das neue Dashboard (siehe Abbildung 15.4). Dieses können Sie nach Ihren eigenen Wünschen anpassen.

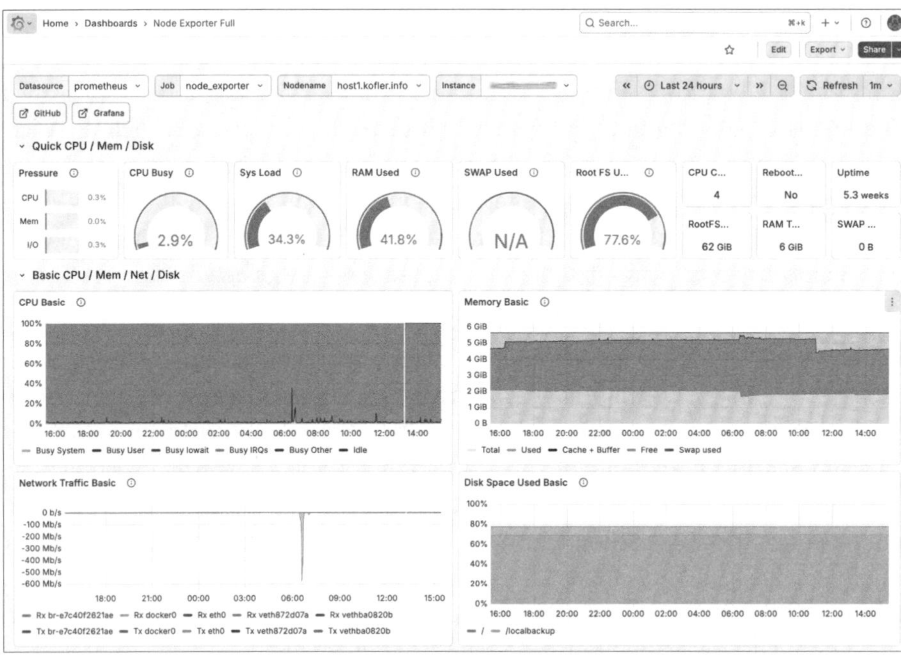


**Abbildung 15.4** Das Dashboard »Node Exporter Full« in seiner Default-Konfiguration enthält zu den meisten Parametern des Node Exporters passende visuelle Elemente.

## 15.6 Automatische Benachrichtigungen (Alerts)

Ein buntes Grafana-Dashboard sieht zwar eindrucksvoll aus, ist aber erst der Beginn einer Monitoring-Lösung. Deutlich wichtiger ist es, dass Sie automatisch informiert werden, bevor eine Festplatte vollläuft oder wenn ein RAID-Verbund degradiert ist. Entsprechende Überwachungsregeln können Sie wahlweise im Alert Manager von Prometheus oder in Grafana einrichten. Für den Alert Manager sprechen mehrere Argumente:

- Die Syntax der Regeldateien für den Alert Manager ist einfacher.
- Zum Alert Manager finden Sie im Internet sowie über KI-Tools wesentlich bessere Hilfestellungen.

Deswegen konzentrieren wir uns hier auf den Alert Manager.

### Prometheus Alert Manager einrichten

Der Alert Manager ist zwar eine Prometheus-Komponente, diese muss aber extra installiert werden. Unser Ziel ist es, dass Prometheus mit dem Alert Manager kommunizieren kann. Der Weg dorthin führt uns zurück nach Docker. In `compose.yaml` fügen Sie einige Zeilen für den Alert Manager sowie für eine zusätzliche Konfigurationsdatei für Prometheus hinzu. Der Alert Manager verwendet üblicherweise Port 9093. Er hat aber keine eigene Weboberfläche, sondern wird über die Prometheus-Oberfläche sowie durch Regeldateien im Textformat gesteuert.

15

```
# Ergänzung in compose.yaml
services:
  # eine zusätzliche Konfigurationsdatei für Prometheus
  prometheus:
    image: prom/prometheus:latest
    container_name: prometheus
    volumes:
      # neu: Regel-Datei für Alerts zugänglich machen
      - ./alert_rules.yml:/etc/prometheus/alert_rules.yml
      # weiter wie bisher

  # neues Service für den Alert Manager
  alertmanager:
    image: prom/alertmanager:latest
    container_name: alertmanager
    volumes:
      - ./alertmanager.yml:/etc/alertmanager/alertmanager.yml
    command:
      - '--config.file=/etc/alertmanager/alertmanager.yml'
```

## alertmanager.yml

Die Grundkonfiguration des Alert Managers erfolgt in `alertmanager.yml`. Die ersten Zeilen legen fest, über welchen Mail-Server die Benachrichtigung erfolgen soll. Dabei ist es zweckmäßig, einen Mail-Server außerhalb Ihrer Firma zu verwenden! Wenn es in Ihrem Rechenzentrum oder in dem von Ihnen genutzten Hosting-Unternehmen Probleme gibt, kann es gut sein, dass Ihr Mail-Server ebenfalls betroffen ist. Falls Sie für den Versand eine Gmail-Adresse verwenden möchten, müssen Sie in der Gmail-Oberfläche ein App-Passwort einrichten. (Das setzt wiederum eine Zweifaktorauthentifizierung voraus.)

Der `route`-Abschnitt stellt ein, wie mehrere in kurzer Zeit eintretende Ereignisse verarbeitet werden. Die Konfiguration soll eine Mail-Flut verhindern. Mehrere Alerts mit dem gleichen Namen, die für unterschiedliche Server/Targets auftreten, werden gruppiert. Bevor die erste Benachrichtigung versendet wird, wartet der Alert Manager eine Minute, damit weitere in dieser Zeit auftretende Ereignisse gleich mitberücksichtigt werden können. Bei länger auftretenden Fehlern wird die Benachrichtigung einmal pro Stunde wiederholt.

Der `receivers`-Abschnitt legt fest, an wen die Benachrichtigungen versendet werden sollen. Hier können auch mehrere E-Mail-Adressen für unterschiedliche Aufgaben oder Prioritäten festgelegt werden. `send_resolved: true` bedeutet, dass auch eine Benachrichtigung versendet wird, wenn ein Problem behoben wurde, die Regel für den Alert also nicht mehr zutrifft.

Im letzten Abschnitt geht es darum, unnötige Benachrichtigungen zu vermeiden. Wenn es z. B. einen kritischen Alert gibt, werden Warnungen für das gleiche Problem auf der gleichen Instanz unterdrückt.

```
# Datei alertmanager.yml
global:
  smtp_smarthost:      'smtp.example.com:587'
  smtp_from:           'alertmanager@example.com'
  smtp_auth_username: 'alertmanager'
  smtp_auth_password: 'topSecret'
  smtp_require_tls:   true

route:
  group_by: ['alertname']
  group_wait: 1m
  group_interval: 5m
  repeat_interval: 1h
  receiver: 'email-notifications'
```

```
receivers:
  - name: 'email-notifications'
    email_configs:
    - to: 'admin@backup-mail-server.com'
      send_resolved: true

inhibit_rules:
  - source_match:
      severity: 'critical'
    target_match:
      severity: 'warning'
    equal: ['alertname', 'dev', 'instance']
```

### prometheus.yml

Die schon vorhandene Konfigurationsdatei `prometheus.yml` muss in zwei Punkten ergänzt werden: Zum einen muss Prometheus wissen, wie er mit dem Alert Manager kommunizieren kann (über Port 9093 innerhalb des privaten Docker-Netzwerks), zum anderen soll Prometheus in Zukunft auch die Alert-Regeldatei lesen. Damit das funktioniert, ist in `compose.yaml` die vorhin schon abgedruckte zusätzliche `volume`-Zeile notwendig.



```
# Ergänzungen in prometheus.yml
global:
  scrape_interval: 15s

# neu: Verbindung zum Alert Manager
alerting:
  alertmanagers:
    - static_configs:
        - targets:
          - alertmanager:9093

# neu: Regeldatei für Alerts berücksichtigen
rule_files:
  - "alert_rules.yml"

# weiter wie bisher
scrape_configs:
  ...
```

### alert_rules.yml

Damit Sie das neue Setup ausprobieren können, benötigen Sie eine erste Alert-Regel, gewissermaßen eine Hello-World-Regel. Die Regel `HighCPUUsage` wird ausgelöst, wenn die CPU-Auslastung (gerechnet über alle Cores) eines der überwachten Server im Schnitt über zwei Minuten mehr als 10 Prozent beträgt und diese CPU-Belastung länger als eine Minute anhält. In diesem Fall soll ein Warning-Alert ausgelöst werden. In den Benachrichtigungstext (Zusammenfassung und Detailbeschreibung) wird der Name des überwachten Servers (der Instanz) eingebaut.

Bemerkenswert an der Regel ist, dass diese nicht für ein spezifisches Target gilt, sondern automatisch auf alle überwachten Server angewendet wird, die den Metrics-Parameter `node_cpu_seconds_total` zur Verfügung stellen.

```
groups:
  - name: example
    rules:
      - alert: HighCPUUsage
        expr: >
           100 - (avg by(instance)
            (rate(node_cpu_seconds_total{mode="idle"}[2m]))
                                             * 100) > 10
        for: 1m
        labels:
          severity: warning
        annotations:
          summary: High CPU usage on {{ $labels.instance }}
          description: CPU usage is above 10% \
                       on {{ $labels.instance }}
```

### Erster Test

Das geänderte Setup aktivieren Sie mit `docker compose down` und `docker compose up -d`. Mit `docker compose ps` vergewissern Sie sich, dass alle Services ordnungsgemäß gestartet wurden. Falls das nicht der Fall ist, beginnen Sie mit `docker compose logs <name>` die Ursachensuche im fehlerhaften Container.

Als Nächstes loggen Sie sich auf einem der überwachten Server ein und führen das folgende Kommando aus. `stress-ng` lastet nun vier CPU-Cores für zwei Minuten voll aus. Das sollte selbst auf einem Rechner mit etlichen CPU-Cores reichen, um den Alert auszulösen.

```
sudo apt/dnf install stress-ng
stress-ng --cpu 4 --timeout 120s
```

Nach ein paar Minuten sollten Sie per Mail von diesem Problem benachrichtigt werden. Außerdem können Sie alle aktiven Alerts in der gleichnamigen Ansicht der Prometheus-Weboberfläche verfolgen (siehe Abbildung 15.5).

**Abbildung 15.5** Die Alert-Ansicht in der Prometheus-Weboberfläche

Nachdem Sie sich vergewissert haben, dass der Alert-Manager prinzipiell funktioniert, geht es nur noch darum, für Ihre Zwecke passende Regeln einzurichten. Wir empfehlen Ihnen, sich am Regelschatz der folgenden GitHub-Seite zu orientieren:

*https://samber.github.io/awesome-prometheus-alerts/rules*

Dort finden Sie Regeln für alle erdenklichen Anwendungen, von den Basics (Target ist nicht mehr erreichbar) bis zu Spezialfällen (Kubernetes-Überwachung). Indem Sie ein paar dieser Regeln auf Ihren eigenen Systemen implementieren und vielleicht ein wenig anpassen, praktizieren Sie *Learning by Doing*. Bei Detailoptimierungen helfen ChatGPT & Co. weiter.

## 15.7 Monitoring für Webserver (Blackbox Exporter)

Bis an dieser Stelle im Kapitel hat Prometheus ausschließlich Daten verarbeitet, die diverse Node Exporter auf externen Servern sammeln und zur Verfügung stellen. Für die Überwachung der Kerndaten von Servern (RAM, CPU, Diskspace) ist das ausreichend.

Darüber hinaus gibt es unzählige Exporter und Zusatzmodule, mit denen Prometheus andere Daten beobachten kann: die Eckdaten von Web-, Datenbank- und Mail-Servern, Logging-Dateien usw. Dieses Buch soll nicht zur Prometheus-Anleitung werden, weswegen wir dieses Kapitel mit *einer* derartigen Erweiterung abschließen: Mit dem *Blackbox Exporter* können Sie verfolgen, wie schnell Ihr(e) Webserver auf Requests antworten und wie sich die Response-Zeiten über den Tagesverlauf verändern. Im Unterschied zum Node Exporter wird dieses Programm auf dem Monitoring-

Host installiert, *nicht* auf dem zu überwachenden Host. Sie wollen ja messen, wie schnell der Webserver aus Kundensicht ist. (Dass es im internen Netzwerk schneller geht, ist klar, aber zumeist irrelevant.)

### compose.yaml

An dieser Stelle setzen wir den Fokus auf die Erweiterung des Docker-Setups. In `compose.yaml` müssen Sie einen neuen `services`-Abschnitt hinzufügen. Der Aufbau ist ganz ähnlich wie bei den schon vorhandenen Services. Der Blackbox Exporter berücksichtigt die lokale Konfigurationsdatei `blackbox.yml`.

```
# Erweiterung von compose.yaml
services:
  # vorhandene Services wie bisher

  blackboxexporter:
    image: prom/blackbox-exporter:latest
    container_name: blackboxexporter
    volumes:
      - ./blackbox.yml:/config/blackbox.yml
    command:
      - "--config.file=/config/blackbox.yml"
```

### blackbox.yml

Die Grundeinstellungen des Blackbox Exporters stellen Sie in `blackbox.yml` ein. Die folgenden Einstellungen bieten einen vernünftigen Startpunkt:

```
# neue Datei blackbox.yml
modules:
  http_2xx:
    prober: http
    timeout: 5s
    http:
      preferred_ip_protocol: "ip4"
  icmp:
    prober: icmp
    timeout: 5s
    icmp:
      preferred_ip_protocol: "ip4"
```

Der Blackbox Exporter zieht eigentlich das Protokoll IPv6 vor. Da spießt es sich aber mit Docker, das normalerweise nur mit IPv4 arbeitet. Auch viele Ihrer Kunden werden vermutlich noch IPv4 nutzen. Insofern ist `preferred_ip_protocol: ipv4` zweckmäßig.

### prometheus.yml

In `prometheus.yml` bauen Sie einen neuen Job für den Blackbox Exporter ein. Die Auflistung der Targets ist selbsterklärend – das sind die Adressen, die Sie durch regelmäßige Requests überwachen möchten. Ein wenig unübersichtlich sieht der Abschnitt `relabel_configs` aus. Die Einstellungen besagen, dass sich nicht Prometheus selbst um die Targets kümmern soll, sondern dass dazu der in einem eigenen Container laufende Blackbox Exporter verwendet werden soll. Die Target-Adresse wird dabei als Parameter an den Blackbox Exporter übergeben. Achten Sie in der Zeile `replacements` darauf, dass Sie hier den gleichen Namen wie in `compose.yaml` verwenden. Es handelt sich dabei um den Blackbox-Exporter-Hostnamen innerhalb des internen Docker-Netzwerks.

```
# Ergänzung in prometheus.yml
scrape_configs:
  # vorhandene Jobs wie bisher
  ...

  # neuer Job für den Blackbox Exporter
  - job_name: 'blackbox'
    metrics_path: /probe
    params:
      module: [http_2xx]
    static_configs:
      - targets:
        - https://myserver.com
        - https://otherserver.com/api
        - https://example.com
    relabel_configs:
      - source_labels: [__address__]
        target_label: __param_target
      - source_labels: [__param_target]
        target_label: instance
      - target_label: __address__
        replacement: blackboxexporter:9115
```

Für den Blackbox Exporter gibt es weitere Module, z. B. `http_post_2xx` für POST-Requests, `dns` für DNS-Tests oder `icmp` für Ping-Tests. Eine riesige Beispieldatei fasst zusammen, wie Sie diese Module bei Bedarf einsetzen können. Vergessen Sie nicht die Grundeinstellungen für die Module in `blackbox.yml`.

*https://github.com/prometheus/blackbox_exporter/blob/master/example.yml*

### Setup aktivieren

Die Änderungen im Setup aktivieren Sie mit `docker compose down` und `docker compose up -d`. Vergewissern Sie sich mit `docker compose ps` davon, dass alle Container ordnungsgemäß laufen. In der Prometheus-Weboberfläche sollten Sie den Blackbox Exporter unter Status • Targets sehen.

Im nächsten Schritt wollen Sie die neuen Messdaten vermutlich visualisieren. Dazu richten Sie in Grafana ein neues Dashboard ein. Auf der Grafana-Website steht gleich eine ganze Palette fertiger Dashboards zur Auswahl. Wir haben den *Prometheus Blackbox Exporter* verwendet (siehe Abbildung 15.6).

*https://grafana.com/grafana/dashboards/?search=blackbox*

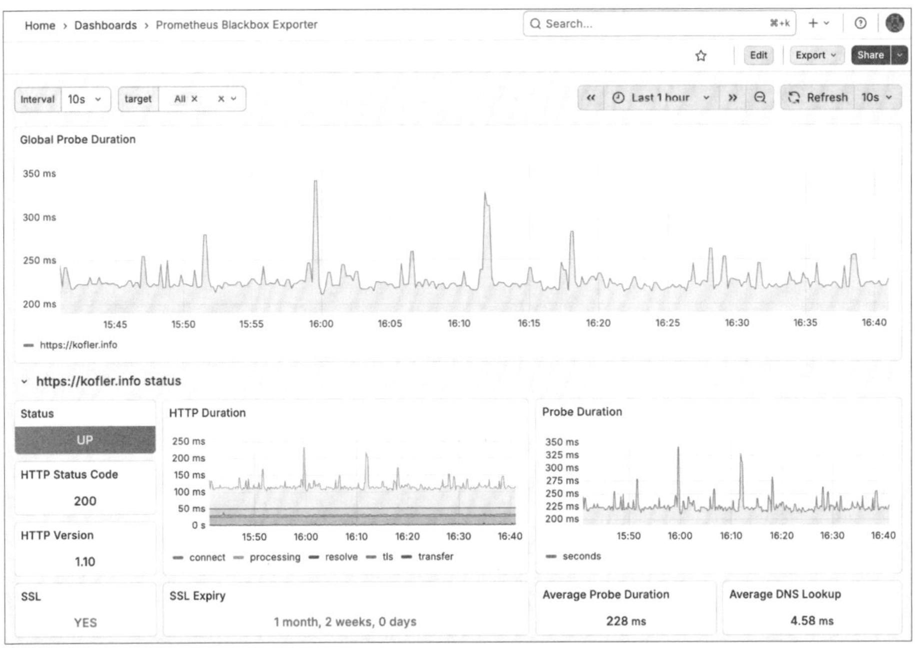


**Abbildung 15.6** Ein Grafana-Dashboard visualisiert die Daten des Blackbox Exporters.

### Alerts

Soweit notwendig, können Sie nun in einem nächsten Schritt Alerts definieren, damit Sie eine Benachrichtigung erhalten, wenn sich die Response-Zeiten dramatisch verändern. Vorschläge für passende Regeln finden Sie hier:

*https://samber.github.io/awesome-prometheus-alerts/rules#blackbox*

# Kapitel 16
# Modernisierung einer traditionellen Applikation



Einer der Anwendungsfälle, in denen die Container-Technologie einen wichtigen Stellenwert hat, ist die Modernisierung von traditionellen Applikationen – wobei Sie »traditionell« hier als eine nette Umschreibung von »Altlasten« verstehen dürfen.

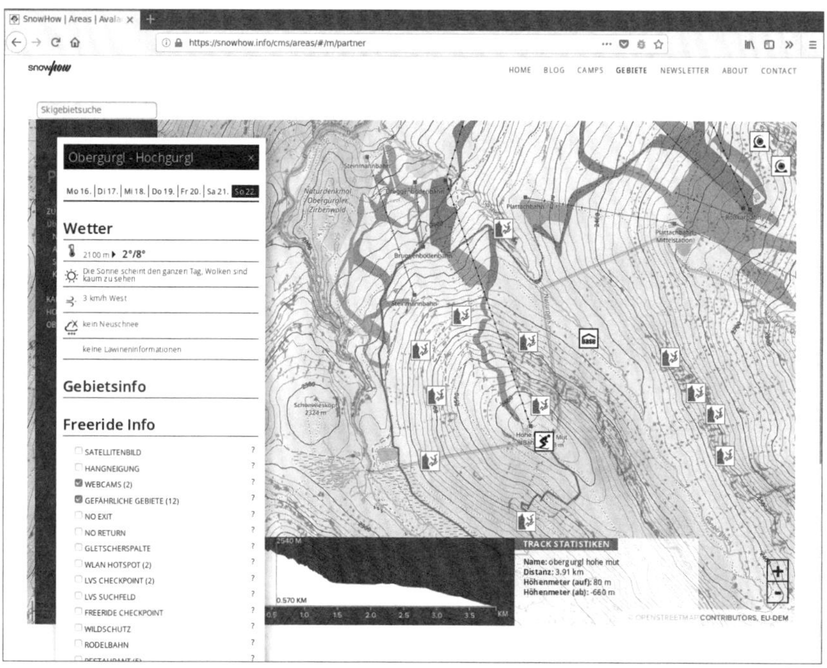


**Abbildung 16.1** Die bestehende Applikation: Karten und Wetterinformationen in WordPress integriert

In diesem Kapitel möchten wir Ihnen ein konkretes Beispiel aus unserer eigenen Praxis vorstellen: eine Webapplikation, die im Laufe der Jahre einige Erweiterungen erfahren hat (siehe Abbildung 16.1). Die Entwicklung der Applikation ging von einem CMS aus, das wir mit WordPress realisiert hatten. In den folgenden Jahren fügten wir immer wieder Komponenten hinzu: zuerst Anpassungen am WordPress-Theme, dann eine WordPress-Erweiterung in PHP. Später stellte sich heraus, dass der benötigte Funktionsumfang eigentlich eine Applikation rechtfertigt, die unabhängig von WordPress läuft.

Die neue Komponente wurde in Node.js mit MongoDB als Datenbank-Backend umgesetzt. Da bereits reichlich Benutzerkonten angelegt waren, sollte die Authentifizierung weiterhin von WordPress übernommen werden. Zum damaligen Zeitpunkt war die WordPress-REST-API noch nicht Bestandteil des Systems, weshalb wir einen anderen Weg wählten, die Authentifizierung der beiden Applikationen zu verbinden. Als Speicherort für die Session-Cookies setzten wir einen Memcached-Server ein, auf den beide Applikationen Zugriff hatten. Da beide Applikationen unter der gleichen Domain liefen, bekamen beide Endpunkte das Cookie vom Browser geschickt und konnten es in der Datenbank auf Gültigkeit überprüfen.

Das Setup funktionierte anstandslos. Das Server-Update von Ubuntu 14.04 auf die nächste LTS-Version 16.04 wurde allerdings zur Zitterpartie: Würden die aktualisierten Versionen von PHP, Node.js und MongoDB noch mit dem bestehenden Code funktionieren? Unit-Tests, Integrationstests oder gar End-to-End-Tests gab es leider keine.

Docker rettete unsere Applikation, und wir stellen Ihnen die Transformation nach Docker im Folgenden vor. Anders als in den bisherigen Kapiteln finden Sie hier keine Anleitung zum Mitmachen, sondern eine Dokumentation der relativ reibungslosen Umstellung der Applikation.

**Update 2023**

Die hier vorgestellte Migration fand im Jahr 2018 statt. Inzwischen hat sich die Applikation noch weiter verändert, und Sie werden die Anwendung, wie sie auf den Screenshots zu sehen ist, nicht mehr im Internet finden. Das CMS wurde ausgelagert, und die Wetterinformationen gibt es nur mehr in der mobilen App.

Die Mechanismen, die bei dieser Umstellung zu sehen sind, können Sie aber eins zu eins auf ein anderes Projekt übertragen. Das nur, damit Sie sich nicht über veraltete Versionsnummern bei der verwendeten Software wundern.

## 16.1 Die bestehende Applikation

Wie eingangs erwähnt, begann das Projekt als einfache WordPress-Seite. Die Funktionalität beschränkte sich anfangs auf die Anmeldung zu Lawinenkursen in den österreichischen Alpen. Das CMS lief auf einem dedizierten Ubuntu-Root-Server, auf dem auch noch andere Webprojekte gehostet waren. Das Projekt lief gut an, und so wurde das digitale Angebot bald ausgebaut.

Die erste Ausbaustufe war eine digitale Karte auf Basis von OpenStreetMap mit zusätzlichen Informationen für Wintersportler. Die Karte enthielt einen eigenen Layer zur Hangneigung, Punkte für Gefahrenstellen im alpinen Gelände und touristisch interessante Punkte wie Skigebiete und Gasthäuser. Die Karte wurde, wie auch bei Google Maps und OpenStreetMap, in verschiedenen Zoom-Stufen berechnet und als Kartenkacheln auf dem Server gespeichert.

Um die Tourenplanungsmöglichkeiten für Wintersportler weiter zu verbessern, wurden täglich aktuelle Wetterdaten und Informationen der Lawinenwarndienste eingebaut, wobei die Erweiterung technisch auf Basis von PHP und MongoDB stattfand (siehe Abbildung 16.2).

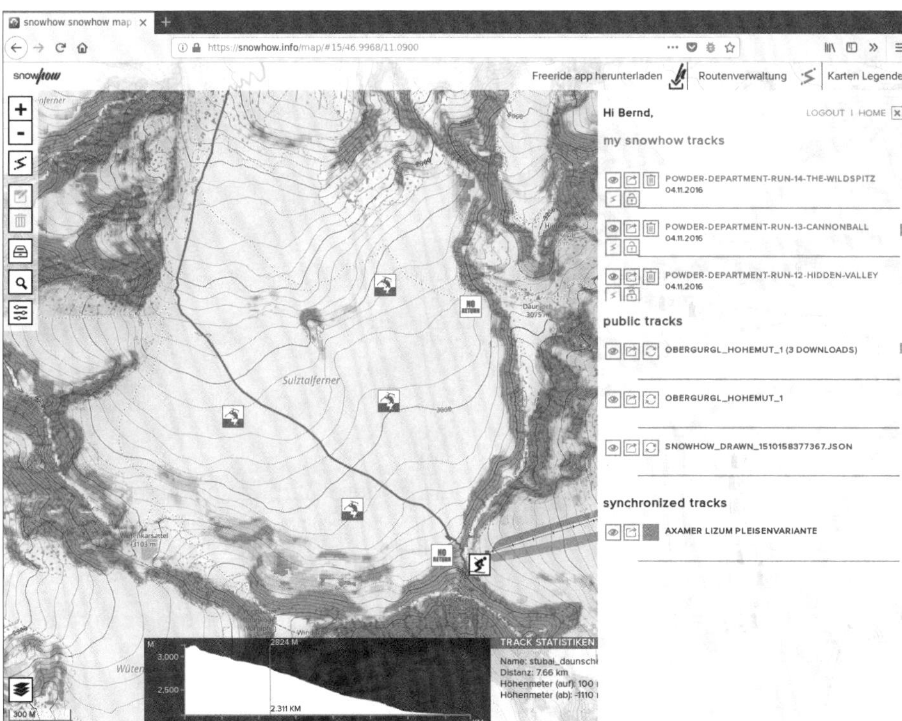


**Abbildung 16.2** Die Kartenapplikation hilft bei der Planung und Verwaltung eigener Touren.

Als weiterer Schritt entstand eine App für mobile Geräte, die das Kartenmaterial und die Sicherheitsinformationen offline speichert. Eigene Touren können aufgezeichnet und auf Wunsch mit dem Portal synchronisiert werden. Die Kombination aus MongoDB und Node.js erwies sich unterdessen bei anderen Projekten als eine sehr effiziente Arbeitsumgebung, daher kam für die API Node.js zum Einsatz. Dass die Smartphone-App unter der Haube auch mit JavaScript arbeitete, machte die Entwicklung noch angenehmer.

Während in der Webapplikation noch ein Mix aus PHP-Dateien, die direkt auf die Datenbank zugreifen, und API-Aufrufen verwendet wurde, gab es bei der mobilen App zwangsläufig eine klare Trennung. Die Aufrufe zum Laden der aktualisierten Lawinenlageberichte oder das Speichern der aufgezeichneten Touren erfolgten ausschließlich über die API-Schnittstelle. Die Tourenverwaltung, die zum Umbenennen oder Veröffentlichen einer Tour dient, erfolgte in der App oder über die Weboberfläche.

Zusammengefasst kamen also folgende Technologien zum Einsatz:

- WordPress als CMS mit der Benutzerverwaltung (PHP und MariaDB)
- die Kartenapplikation mit PHP und MongoDB
- Node.js-Express-Server, der die API bereitstellt
- Memcached als Session-Storage

Alle Zugriffe erfolgten verschlüsselt unter der Domain *https://snowhow.info*, wobei die unterschiedlichen Dienste in drei Namensräume aufgeteilt wurden:

- `/cms`: der gesamte WordPress-Content
- `/map`: die Kartenapplikation
- `/api`: die jüngere API für Zugriffe auf die Geodaten

Diese Links sollten natürlich auch weiter so bestehen.

## 16.2 Planung und Vorbereitung

Es waren vor allem zwei Beweggründe, die die Modernisierung notwendig machten:

- Wir wollten ein Setup schaffen, das weitgehend unabhängig von dem darunter liegenden Server läuft.
- Wir wollten eine Entwicklungsumgebung nutzen, die möglichst mit einem Kommando lauffähig ist.

Vor allem Zweiteres wurde zu einem großen Anliegen: Da das Projekt nicht einer kontinuierlichen Entwicklung unterlag, kam es vor, dass schon kleine Bugfixes zu einem Halbtagsjob mutierten. Bis die notwendigen Paketabhängigkeiten auf dem neuen Laptop installiert und die aktuellen Datenbankauszüge gemacht und eingespielt waren, zogen schon mehrere Stunden ins Land.

Es war klar, dass das finale Setup auf einem Linux-Server laufen würde und daher auch Shell-Scripts zum Einsatz kommen könnten. Zwar wäre es auch möglich, diese Helfer in eigenen Docker-Containern umzusetzen, aber wir wollten hier auch nicht päpstlicher sein als der Papst. Im Wesentlichen handelt es sich um das Backup-Script und ein Script zur Vorbereitung der Migration.

Betrachten wir zuerst die einzelnen Serverkomponenten in dem Setup, so können wir schon einige Docker-Images einplanen (siehe Abbildung 16.3):

- Nginx (als Webserver-Frontend)
- MariaDB (als WordPress-Datenbank)
- Node.js Express (API)
- Memcached (als Sessionspeicher)
- MongoDB (als Geodatenspeicher)

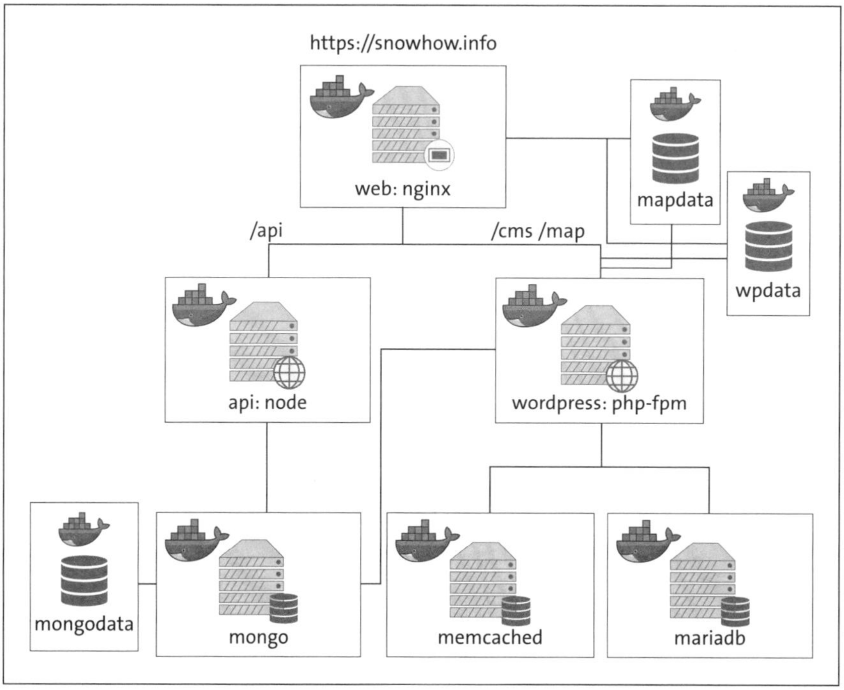


**Abbildung 16.3** Das Docker-Setup für die Umstellung der Webapplikation

Das Folgende ist eine Übersicht über die wichtigsten Dateien und Verzeichnisse des Docker-Projekts:

```
|-- api
|    |-- README.md
|    |-- server.js
|    |-- [...]
|-- compose.override.yaml
|-- compose.yaml
|-- backup.sh
```

```
|-- devupdate.sh
|-- .git
|   |-- [...]
|-- .gitignore
|-- mongo
|   `-- dump
|       |-- [...]
|-- prod.sh
|-- web
|   |-- Dockerfile
|   |-- htpasswd
|   `-- nginx.conf
`-- wordpress
    |-- cms
    |   |-- wp-config.php
    |   `-- wp-content
    |       |-- plugins
    |       |-- themes
    |       `-- uploads
    |-- dev_error_reporting.ini
    |-- Dockerfile
    |-- .dockerignore
    |-- error_reporting.ini
    |-- map
    |   |-- index.php
    |   |-- [...]
    |-- memcached.ini
    `-- sql
        `-- snowhowinfo-migrate-20190510103700.sql.gz
```

### Der Webserver

Bei der Umsetzung der Microservice-Architektur entschieden wir uns für Nginx mit PHP-FPM, also dafür, den Webserver und PHP in jeweils eigenen Containern zu betreiben. Obwohl wir nur minimale Veränderungen am offiziellen Docker-Image für Nginx vornahmen, verwendeten wir hier kein Bind-Mount, sondern erzeugten ein eigenes Image. Im Produktivbetrieb sollten alle verwendeten Images ohne Abhängigkeit vom lokalen Dateisystem zum Einsatz kommen.

```
# Datei: snowhow/web/Dockerfile
FROM nginx:1
COPY nginx.conf /etc/nginx/conf.d/default.conf
COPY htpasswd /etc/nginx/
```

Der entsprechende Ausschnitt aus der `compose.yaml`-Datei sieht wie folgt aus:

```
# Datei: snowhow/compose.yaml (Auszug)
  web:
    restart: always
    image: gitlab.snowhow.info/snowhow/webapp/web:latest
    build: web/
    depends_on:
      - "wordpress"
    ports:
      - 8080:80
    volumes:
      - wpdata:/var/www/html/cms
      - mapdata:/var/www/html/map
      - wpuploads:/var/www/html/cms/wp-content/uploads
```

Das fertige Docker-Setup wird hinter einem *SSL-Termination-Proxy* betrieben. Da der Proxyserver aber, anders als in Abschnitt 9.2, »Nginx«, beschrieben, nicht als Docker-Container läuft, müssen wir einen Port (8080) an den Host weiterleiten, an den der Proxyserver die Anfragen schickt. Die depends_on-Anweisung verhindert einen Fehler beim Starten von Nginx, der ausgelöst wird, wenn der PHP-Container noch nicht erreichbar ist. Die wesentlichen Einträge in der Nginx-Konfigurationsdatei sehen leicht gekürzt so aus:



```
# Datei: snowhow/web/nginx.conf
server {
  listen       80;
  server_name  _;
  root    /var/www/html;
  [...]
  fastcgi_buffers              16 16k;
  fastcgi_buffer_size          32k;
  client_body_buffer_size      10M;
  client_max_body_size         10M;
  location ~ \.php$ {
    try_files $uri =404;
    fastcgi_pass    wordpress:9000;
    fastcgi_param   SCRIPT_FILENAME
        $document_root$fastcgi_script_name;
    include         fastcgi_params;
  }
  location /api/ {
      rewrite    /api/(.+)$ /$1 break;
      proxy_pass http://api:3000;
  }
  location /map/admin/ {
    auth_basic "admin area";
```

```
    auth_basic_user_file /etc/nginx/htpasswd;
  }
  [...]
```

Da bei der Anwendung auch größere Datenmengen als JSON-Strings verschickt werden, müssen die Puffergrößen und der Parameter `client_max_body_size` angepasst werden. Der Ausdruck `~ \.php$` steht für alle PHP-Scripts und leitet die Anfragen mit der Anweisung `fastcgi_pass` an den WordPress-Container auf Port 9000 weiter. Alle Anfragen, bei denen der Pfad mit `/api/` beginnt, werden an den API-Container weitergeleitet. Dabei wird vor der Weiterleitung die Zeichenkette `api/` aus der Anfrage entfernt (`rewrite`), was dazu führt, dass der Express-Server keinen eigenen Namensraum `/api` benötigt. So kommt die Anfrage *https://snowhow.info/api/bulletins* beim API-Container als `/bulletins` an.

Ein Teil der Website ist zusätzlich zur WordPress-Benutzeranmeldung mit einer HTTP-Basic-Authentifizierung gesichert. Die dafür erforderliche Passwortdatei wird wie die Nginx-Konfigurationsdatei in das Docker-Image kopiert.

### WordPress

Als weiteren Container benötigen wir den *PHP FastCGI Process Manager*. Wie bereits eingangs erwähnt, verwenden wir Memcached als Speicher für die Sessiondaten. Das passende PHP-Modul ist leider weder im offiziellen WordPress-Docker-Image noch im offiziellen PHP-Image vorhanden.

Docker wäre nicht Docker, wenn es nicht auch hierfür eine einfache Lösung gäbe: Wir erzeugen unser eigenes Image, das von dem offiziellen PHP-Image abgeleitet ist. Im `Dockerfile` installieren wir zuerst die nötigen Plug-ins und dann die aktuelle WordPress-Version:

```
# Datei: snowhow/wordpress/Dockerfile
FROM php:7-fpm

ENV WORDPRESS_VER=5.3
ENV MEMCACHED_VER=3.1.3

RUN apt-get update && apt-get -y install \
  curl \
  libjpeg-dev \
  libpng-dev \
  libmemcached-dev \
  && rm -rf /var/lib/apt/lists/* \
  && docker-php-ext-configure gd --with-png-dir=/usr \
    --with-jpeg-dir=/usr \
  && docker-php-ext-install gd mysqli
```

```
RUN mkdir -p /usr/src/php/ext/memcached \
  && curl -SL "https://github.com/php-memcached-dev/php-memcached
/archive/v{$MEMCACHED_VER}.tar.gz" \
  | tar xzC /usr/src/php/ext/memcached --strip 1 \
  && docker-php-ext-configure memcached \
  && docker-php-ext-install memcached

WORKDIR /var/www/html

RUN curl \
  -SL "https://wordpress.org/wordpress-${WORDPRESS_VER}.tar.gz" \
  | tar xzC /var/www/html \
  && mv wordpress/ cms/ \
  && chown -R www-data:www-data cms/
COPY cms/ cms/
COPY map/ /var/www/html/map/
RUN chown -R www-data:www-data cms/
COPY memcached.ini error_reporting.ini /usr/local/etc/php/conf.d/
VOLUME ["/var/www/html/cms"]
```

Die docker-php-ext-install-Scripts haben Sie bereits in Abschnitt 12.1, »WordPress«, kennengelernt. Mit ihrer Hilfe können gängige PHP-Erweiterungen unkompliziert installiert werden. Für Memcached müssen wir dazu noch etwas in die Trickkiste greifen und die entsprechende TAR-Datei von GitHub laden, entpacken und anschließend mit den docker-php-ext-*-Scripts konfigurieren und installieren.

16

Im zweiten Schritt laden und entpacken wir die aktuelle Version von WordPress. Das lokale Verzeichnis cms enthält zum einen das angepasste WordPress-Theme und zum anderen die WordPress-Plug-ins, die während der Projektlaufzeit entstanden sind. Außerdem liegt hier die WordPress-Konfigurationsdatei wp-config.php.

Danach haben wir den Benutzernamen und das Passwort für den MariaDB-Server eingetragen (das sollten Sie nicht bei einem Image machen, das Sie mit anderen Menschen teilen!) und außerdem die Einstellung für das Reverse-Proxy-Setup aktiviert:

```
if (isset($_SERVER['HTTP_X_FORWARDED_PROTO'])
    && $_SERVER['HTTP_X_FORWARDED_PROTO'] === 'https') {
    $_SERVER['HTTPS'] = 'on';
}
```

Die Erweiterung in der Konfigurationsdatei ist notwendig, da der Server, auf dem WordPress läuft, unverschlüsselt auf Port 80 betrieben wird und nichts von dem vorgeschalteten SSL-Proxy weiß.

In der nächsten Zeile wird die Kartenapplikation (im Verzeichnis map) kopiert. An diesen Dateien wird es keine Veränderungen im Container geben. Bei einem Bugfix oder einer neuen Funktion wird ein neues Docker-Image erzeugt.

Die zwei Dateien memcached.ini und error_reporting.ini werden in das PHP-Konfigurationsverzeichnis kopiert. Dort werden einerseits die Sessiondateien zu dem Memcached-Server umgeleitet und andererseits Fehlermeldungen für den Produktivbetrieb unterdrückt.

```
# Datei snowhow/wordpress/memcached.ini
session.save_handler = memcached
session.save_path='memcached:11211'
```

Die PHP-Error-Anzeige wird im Produktivbetrieb vollständig ausgeschaltet:

```
# Datei snowhow/wordpress/error_reporting.ini
display_errors = Off
error_reporting = E_ALL & ~E_DEPRECATED
```

Für die Entwicklungsumgebung sind die Fehlermeldungen hingegen hilfreich. Um die Fehleranzeige zu aktivieren, verwenden wir die Funktion zum Erweitern und Überschreiben der compose-Konfiguration mit der compose.override.yaml-Datei. Im folgenden Ausschnitt sehen Sie außerdem, dass der für die Kartenapplikation relevante Teil und die WordPress-Uploads mit lokalen Ordnern überschrieben werden:

```
# Datei: snowhow/compose.override.yaml (Auszug)
  wordpress:
    volumes:
      - ./wordpress/map:/var/www/html/map
      - ./wordpress/cms/wp-content/uploads:\
        /var/www/html/cms/wp-content/uploads
      - ./wordpress/dev_error_reporting.ini:\
        /usr/local/etc/php/conf.d/error_reporting.ini
```

Die Datei dev_error_reporting.ini enthält die entsprechenden PHP-Anweisungen zum Anzeigen der Fehler:

```
# Datei: snowhow/wordpress/dev_error_reporting.ini
display_errors = On
error_reporting = E_ALL & ~E_NOTICE
log_errors = On
```

Beim Erzeugen des Docker-Images sendet Docker den Inhalt des aktuellen Verzeichnisses an den Dämon, der anschließend die Instruktionen abarbeitet. Für das in Abschnitt 16.3, »Die Entwicklungsumgebung«, beschriebene Setup werden Bilder und andere Mediendateien im Unterordner uploads/ gespeichert, die unnötigerweise an den Docker-Dämon gesendet werden, sobald ein Image erzeugt wird. Die Lösung für dieses Problem ist die .dockerignore-Datei, in der Dateien oder Verzeichnisse angegeben werden, die nichts mit dem Image-Build-Prozess zu tun haben:

```
# Datei: snowhow/wordpress/.dockerignore
cms/wp-content/uploads/*
```

Je nachdem, wie viele Dateien sich in dem Ordner befinden, kann die Ignore-Anweisung den Build deutlich beschleunigen.

### WordPress-Datenbankmigration

WordPress speichert interne Links mit der vollen URL ab, also inklusive des Host-Namens. Beim Entwickeln auf dem lokalen Computer müssen diese Zeichenketten durch den Link auf `localhost` ersetzt werden. Die Vorkommen in der SQL-Dump-Datei zu ersetzen, wäre nicht kompliziert, aber leider sind einige Links in serialisierten PHP-Objekten gespeichert, bei denen Strings mit einer Längenangabe versehen werden.

```
php > echo serialize("https://snowhow.info/cms");
s:24:"https://snowhow.info/cms";
```

Da die Länge der Host-Namen `snowhow.info` und `localhost` nicht gleich ist, sind die PHP-Objekte ungültig, nachdem die Zeichenkette mit `sed` ersetzt wurde. Das WordPress-Plug-in *MigrateDB* schafft hier Abhilfe (siehe Abbildung 16.4): Es schreibt auch die Längen der Zeichenkette um.



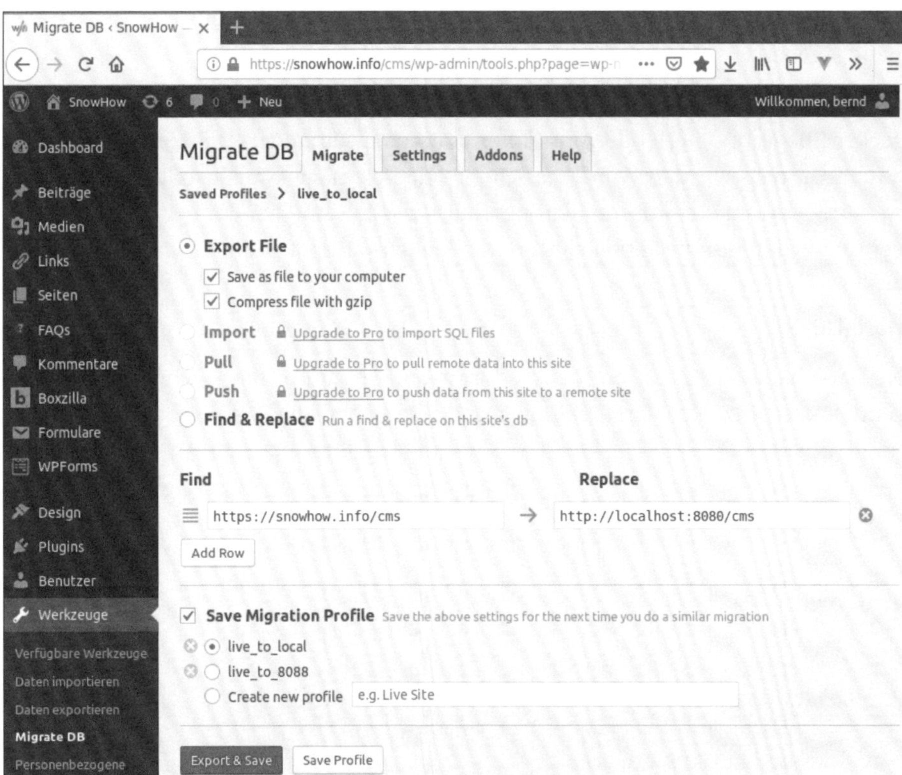


**Abbildung 16.4** Der Export der Datenbank für die Entwicklungsumgebung

Außerdem können mithilfe des Plug-ins auch Pfade ersetzt werden, sollte sich der Ort der WordPress-Installation geändert haben. In der Weboberfläche können mehrere Profile mit unterschiedlichen Ersetzungen gespeichert werden.

Die Installation erfolgt im Administrationsbereich der WordPress-Oberfläche unter PLUGINS • ADD NEW. Mithilfe der integrierten Suchen finden Sie das MigrateDB-Plug-in und installieren es per Knopfdruck. Die kostenlose Version ist ausreichend; wie Sie in Abschnitt 16.3, »Die Entwicklungsumgebung«, sehen werden, bietet die Pro-Version aber einiges mehr an Komfort und kann eine interessante Option sein.

### Automatische Updates in WordPress

In WordPress ist seit geraumer Zeit ein sehr praktisches automatisches Update-System eingebaut. Solange keine *breaking changes* auftreten, wird die Version beim Seitenaufruf im Hintergrund aktualisiert. Das funktionierte auf dem bisherigen Server auch immer unproblematisch; für das Docker-Setup ist es aber eigentlich unpassend: Wünschenswert wäre ein Zustand, in dem die Funktionalität der Anwendungen im Docker-Image (in diesem Fall in der WordPress-Anwendung) getestet werden kann und stabil läuft. Wenn die Anwendung sich im Container aktualisiert, ist das nicht mehr gegeben.

Durch die ständigen Aktualisierungen im Container driftet der Zustand zwischen Docker-Image und laufender Container-Instanz auseinander. Die Lösung für unser System ist, dass wir den WordPress-Quellcode im Image zwar installieren, ihn aber im Betrieb durch ein Volume überlagern. Da das Volume bei der ersten Installation leer ist, werden nur die aktualisierten Dateien beim Überschreiben wirksam.

### MariaDB

Die Datenbankkonfiguration für WordPress enthält kaum Überraschungen. Wir verwenden das offizielle MariaDB-Image und übergeben die Zugangsdaten als Umgebungsvariablen:

```
# Datei: snowhow/compose.yaml (Auszug)
  mariadb:
    restart: always
    image: mariadb:10
    volumes:
      - wpdb:/var/lib/mysql
    environment:
      - MYSQL_ROOT_PASSWORD=strenggeheim
      - MYSQL_USER=snowhow
      - MYSQL_PASSWORD=geheim
      - MYSQL_DATABASE=snowhow
```

Die Datenbankkonfiguration sieht noch ein benanntes Volume für die Datenbankdateien vor. Auch wenn der Container gelöscht wird, bleiben diese Dateien erhalten und werden beim Start eines neuen Containers wieder eingehängt.

Für die Entwicklungsumgebung ist es sehr hilfreich, wenn ein aktualisierter Datenbank-Dump eingespielt werden kann. Das MariaDB-Image sieht dazu das Verzeichnis `/docker-entrypoint-initdb.d/` vor, das wir in der `compose.override.yaml`-Datei mit dem lokalen Verzeichnis `wordpress/sql/` verbinden:

```
# Datei: snowhow/compose.override.yaml (Auszug)
  mariadb:
    volumes:
      - ./wordpress/sql:/docker-entrypoint-initdb.d
```

Die gezippte SQL-Datei aus dem Export von MigrateDB wird im Verzeichnis `wordpress/sql` gespeichert, wodurch beim Start eines Containers, der noch keine Datenbank enthält, der Dump eingespielt wird.

### Der Node.js-Server (API)

Für den Node.js-Server erzeugen wir ein eigenes Image, das alle Dateien für den Produktivbetrieb enthält. Der Eintrag in der `compose.yaml`-Datei sieht wie folgt aus:

16

```
# Datei: snowhow/compose.yaml (Auszug)
  api:
    restart: always
    build: api/
    image: gitlab.snowhow.info/snowhow/webapp/api:latest
    environment:
      - MONGODB_HOST=mongo
      - MEMCACHED_DB_HOST=memcached
```

Als Umgebungsvariablen werden der Host-Name der MongoDB-Datenbank und der Host-Name des Memcached-Servers übergeben. Im Verzeichnis `api/` liegt die sehr übersichtliche `Dockerfile`-Datei:

```
# Datei: snowhow/api/Dockerfile
FROM node:12
WORKDIR /src
RUN chown -R node:node /src
USER node
COPY package*.json /src/
RUN npm install
COPY . /src/
EXPOSE 3000
CMD ["node", "/src/server.js"]
```

Die Datei zeigt den klassischen Installationsablauf einer Node.js-Applikation: Wir verwenden das offizielle Node.js-Image in der Version 12, erstellen das Arbeitsverzeichnis und setzen die Rechte für den Benutzer node. Die weitere Installation wird als dieser unprivilegierte Benutzer ausgeführt. Die Informationen zu den verwendeten Softwarepaketen werden kopiert und installiert. Erst im Schritt danach wird die eigentliche Software in den /src-Ordner kopiert. Der Zwischenschritt ermöglicht ein besseres Caching der Docker-Layer, da bei Änderungen am Code, die keine neuen Softwarepakete benötigen, die bereits installierten Layer erhalten bleiben.

Um die Anforderung zu erfüllen, auch ein Entwicklungssystem mit dem Docker-Setup betreiben zu können, sollten die Dateien lokal bearbeitet werden können. Außerdem wäre es günstig, wenn der Server veränderte Dateien selbstständig neu laden würde. Hier kommt erneut die Datei compose.override.yaml ins Spiel.

Wie wir bereits in Abschnitt 11.3, »PHP«, gezeigt haben, kann mithilfe der override-Datei sehr einfach ein leicht geändertes Setup gespeichert werden. In diesem Fall möchten wir, dass der lokale Ordner api/, der den JavaScript-Quellcode enthält, über die im Image vorhandenen Dateien eingebunden wird:

```
# Datei: snowhow/compose.override.yaml (Auszug)
version: '3'
services:
  api:
    volumes:
      - ./api:/src
      - apimodules:/src/node_modules
    environment:
      - DEBUG=server
      - LOG_LEVEL=debug
      - NODE_ENV=development
    command: [ "/src/node_modules/.bin/nodemon", "--inspect",
      "/src/server.js" ]
```

Für das lokale Verzeichnis verwenden wir ein Bind-Mount-Volume. Das node_modules-Verzeichnis wird als benanntes Docker-Volume eingebunden. Dadurch landen die Module nicht in dem Ordner, der den Quellcode enthält und in das Image kopiert wird. Da auf der Entwicklermaschine keine Node.js-Runtime installiert sein muss, werden neue Module direkt im Container installiert:

```
docker compose exec -u root api npm install --save moment
```

Im API-Quelltext wird das debug-Modul eingesetzt, das durch die Umgebungsvariable DEBUG aktiviert werden kann. Für die Entwicklungsumgebung setzen wir außerdem noch die Variablen NODE_ENV und LOG_LEVEL, die auch in Teilen der API ausgewertet werden. Abschließend wird noch das Start-Kommando für den Container überschrieben. Der nodemon-Server führt bei jeder Änderung von Dateien einen automatischen Neustart durch, was während der Entwicklung äußerst praktisch ist.

Dieser Teil der Applikation lässt sich sehr gut in einem Docker-Arbeitsablauf aktualisieren: Nach der lokalen Entwicklung und dem lokalen Testen wird ein neues Image erzeugt und auf die private Docker-Registry hochgeladen. Das funktioniert mit `docker compose build` und `docker compose push`. Um die Aktualisierung auf das Produktivsystem einzuspielen, reicht es, das Image mit `docker compose pull` herunterzuladen (auch nach dem Download läuft noch der *alte* Container mit dem *alten* Image) und mit `docker compose -f compose.yaml up -d` zu starten.

### Die Kartenapplikation

Die Entwicklung der Kartenapplikation begann mit PHP, im Laufe der Zeit kam aber immer mehr reiner Frontend-Code dazu. Stylesheets wurden mit *Less.js* kompiliert, und JavaScript-Code wurde mit *UglifyJS* verkleinert. Als parallel die Entwicklung der API voranschritt, verzichteten wir zunehmend auf PHP. Um die Entwicklung der Kartenapplikation zu erleichtern, verwendeten wir die Software *Grunt* und erstellten damit Aufgaben zum automatischen Transformieren von Stylesheets und JavaScript-Code.

Das Ergebnis – also der Mix aus PHP, HTML, JavaScript und Stylesheets – wird in ein eigenes Volume kopiert und muss sowohl in den PHP- als auch in den Nginx-Container eingebunden werden:

```
# Datei: snowhow/compose.yaml (Auszug)
version: '3'
services:
  wordpress:
    restart: always
    image: gitlab.snowhow.info/snowhow/webapp/wordpress:latest
    build: wordpress/
    volumes:
      - wpdata:/var/www/html/cms
      - mapdata:/var/www/html/map
      - wpuploads:/var/www/html/cms/wp-content/uploads
  [...]
  web:
    restart: always
    image: gitlab.snowhow.info/snowhow/webapp/web:latest
    build: web/
    depends_on:
      - "wordpress"
    ports:
      - 8080:80
```

16

```
    volumes:
      - wpdata:/var/www/html/cms
      - mapdata:/var/www/html/map
      - wpuploads:/var/www/html/cms/wp-content/uploads
```

Das funktioniert für ein Produktivsystem sehr gut. Für die Entwicklungsumgebung mussten wir aber einige Anpassungen vornehmen. Wie schon im vorangegangenen Abschnitt zum API-Container kommt auch hier die Docker-`override`-Konfiguration zum Einsatz. Das benannte Volume `mapdata` wird mit dem lokalen Verzeichnis `wordpress/map` überschrieben. In diesem Verzeichnis befindet sich der Quellcode für die Kartenapplikation, und hier sollen auch alle Änderungen stattfinden. Damit diese Änderungen sichtbar werden, müssen die erwähnten Grunt-Tasks abgearbeitet werden. Für die Entwicklungsumgebung verwenden wir ein eigenes Docker-Image, das nur in der `compose.override.yaml`-Datei vorkommt:

```
# Datei: snowhow/compose.override.yaml (Auszug)
  mapdev:
    image: gitlab.snowhow.info/snowhow/webapp/mapdev:latest
    build: wordpress/map/
    volumes:
      - ./wordpress/map:/src
      - mapmodules:/src/node_modules
```

Grunt und die damit in Verbindung stehenden Module zum Transformieren von JavaScript und Less-Stylesheets benötigen Node.js als Runtime. Wir verwenden auch hier ein benanntes Volume (`mapmodules`), in dem die Node.js-Module gespeichert werden. Der Quellcode wird unter `/src` in dem Container eingebunden, in dem `grunt` schließlich seinen Dienst verrichten wird. Im `Dockerfile` für den Grunt-Taskrunner werden die notwendigen Pakete installiert (definiert in `package.json`), und es wird der Task `watch` mit Grunt gestartet:

```
# Datei: snowhow/wordpress/map/Dockerfile
FROM node:12
WORKDIR /src
RUN chown -R node:node /src
USER node
COPY package.json /src
RUN npm i
COPY . .
CMD ["node_modules/.bin/grunt", "watch"]
```

### Cron-Jobs

Die tagesaktuellen Daten, die das System ausspielt, werden per Cron-Job von den Geschäftspartnern abgeholt und in der MongoDB-Datenbank gespeichert. Die Scripts, die diesen Teil erledigen, sind für die Node.js-Runtime geschrieben und liegen im API-Teil. Die Anpassungen, die wir am Host vornehmen müssen, damit die Aufrufe innerhalb der Docker-Container ausgeführt werden, sind minimal:

```
# Datei: /etc/cron.d/snowhow-bulletins
# altes System:
# 11,28,39 * * * * root /home/snowhow/api/updateBulletins.js
# Docker:
11,28,39 * * * * root cd /var/docker/snowhow && \
  /usr/local/bin/docker compose exec -T api \
  /src/updateBulletins.js
```

Mit `docker compose exec` wird innerhalb des laufenden `api`-Service der Job zum Aktualisieren der Lawinenlageberichte gestartet. Dort gelten die Einstellungen der `docker compose`-Umgebung, wodurch der Zugriff auf die MongoDB gewährleistet ist. Der Parameter `-T` ist notwendig, weil `docker compose` ein Terminal emulieren möchte, ein Crontab-Job aber ohne Terminal läuft.

### Backups

Bereits das bisherige System erstellte regelmäßig Backups der Datenbanken und legte sie in einem Ordner auf dem Host ab. Dieser Ordner wird jede Nacht auf ein externes Backup-System kopiert. Das Gleiche sollte auch für die in Docker laufenden Datenbanken passieren, wozu ein kleines Bash-Script dient:



```
# Datei: snowhow/backup.sh
# MongoDB
docker run --rm --network snowhow_default \
    --volume /var/backups/snowhow/mongodump:/backup \
    mongo:3.6 bash -c 'mongodump --quiet -h mongo -o /backup'
# MariaDB
docker run --rm --network snowhow_default \
    --volume /var/backups/snowhow/:/backup \
    mariadb:10 bash -c 'mysqldump \
    --all-databases -h mariadb --password=strenggeheim \
    | gzip -c > /backup/wordpress.sql.gz'

# Docker-Volumes
docker run --rm --network snowhow_default \
    --volume /var/backups/snowhow/:/backup \
    --volumes-from snowhow_wordpress_1 \
    alpine tar zcf /backup/wordpress_volumes.tar.gz \
    -C /var/www/html ./
```

Die beiden Datenbank-Backup-Aufrufe verbinden sich mit dem Docker-Netzwerk des Projekts `snowhow_default` und starten das jeweilige `dump`-Programm. Dabei bindet der

Host ein Volume ein, in dem die Daten schließlich abgelegt werden. Der MariaDB-SQL-Dump wird durch eine `gzip`-Pipe zusätzlich komprimiert.

Für die Dateien im Dateisystem starten wir einen Docker-Container vom schlanken Alpine-Linux-Image. Das `tar`-Kommando reicht aus, um die Dateien des Docker-Volumes auf den Host zu sichern. Der Aufruf `--volumes-from` bindet die benannten Volumes aus dem WordPress-Container ein, wobei die Pfade dieselben wie im originalen Container bleiben (in diesem Fall ist das `/var/www/html/`). Das Archiv wird mit der effizienten `gzip`-Komprimierung verkleinert, wobei der Parameter `-C` zuerst in das angegebene Verzeichnis wechselt, bevor dort das Archiv erzeugt wird. Das eliminiert den Pfad `/var/www/html` im Archiv.

## 16.3 Die Entwicklungsumgebung

Die Umstellung auf Docker ist ein großer Gewinn für unsere neue Entwicklungsumgebung: Mit einem Handgriff ist das gesamte Setup auf dem lokalen Laptop einsatzbereit, und es ist weder von einer lokal installierten Datenbank noch von einer Programmiersprache abhängig. Es reicht aus, das Git-Repository zu klonen und mit `docker compose up` die Container zu starten.

Da die Applikation täglich neue Daten von den Lawinenwarndiensten und Wetterdiensten anzeigt, ist es sinnvoll, diese vor der Arbeit in der Entwicklungsumgebung zu aktualisieren. Das Gleiche gilt für geänderte Inhalte im WordPress-CMS. Drei Schritte sind notwendig, um den aktuellen Stand des Produktivsystems lokal zu spiegeln:

- WordPress-Datenbank importieren
- WordPress-Assets kopieren (Bilder, PDFs, alles im `wp-uploads`-Ordner)
- MongoDB-Datenbank importieren

Da sich der Host-Name in der lokalen Entwicklungsumgebung ändert (der Zugriff erfolgt über `localhost`, nicht über `snowhow.info`), kommt für die WordPress-Datenbank wieder das MigrateDB-Plug-in zum Einsatz. Wie wir bereits beschrieben haben, erfolgt der Export über die Weboberfläche anhand eines gespeicherten Profils. Hier hat die Pro-Version des Plug-ins einen entscheidenden Vorteil, denn sie kann den Vorgang über eine API starten. Damit lassen sich alle Arbeitsschritte in einem Shell-Script abbilden. Mit der kostenlosen Version bleibt der Datenbankexport hingegen ein manueller Zwischenschritt. Aber egal, auf welche Weise der Dump erzeugt wird, gespeichert wird er im Ordner `wordpress/sql`.

Im zweiten Schritt werden die WordPress-Assets kopiert. Das Programm `rsync` eignet sich zum Beispiel für die Übertragung des `uploads`-Ordners vom Produktivsystem auf die lokale Entwicklermaschine.

Um die MongoDB zu aktualisieren, kopieren wir einen Dump der Produktivdaten wieder mit dem rsync-Kommando in den Ordner mongo/dump. Das Verzeichnis wird im laufenden System mit docker compose exec mongo mongorestore eingespielt.

Das folgende Shell-Script erledigt diese Aufgaben und bringt die Entwicklungsumgebung auf den aktuellen Stand:

```
#!/bin/bash
# Datei: snowhow/devupdate.sh
echo "1. WordPress exportieren und nach wordpress/sql kopieren"
ls -l wordpress/sql
read
echo "2. WordPress-Assets synchronisieren"
rsync -rv snowhow.info:/var/snowhow/cms/wp-content/uploads/ \
    wordpress/cms/wp-content/uploads/
echo "  <Enter> drücken, um docker compose zu starten"
read

echo "3. docker compose starten"
docker compose pull
docker compose up -d

echo "4. MongoDB-Dump synchronisieren (<Ctrl-C> zum Abbruch)"
read
rsync -rv snowhow.info:/var/backups/mongodump/ mongo/dump/
echo "Restore Mongo dump"
docker compose exec mongo mongorestore
```

**Compose-Volumes aufräumen**

Bei mehrmaligen Versuchen mit dem docker compose-Setup löscht man Container und Volumes am besten mit dem folgenden Kommando:

```
docker compose down -v
```

Verwenden Sie dieses Kommando aber mit großer Vorsicht! Auch auf einem Produktivsystem werden so alle Container-Daten (auch die Datenbanken) ohne Nachfragen gelöscht.

## 16.4 Produktivumgebung und Migration

Auf dem Produktivsystem ist eigentlich nur die Datei compose.yaml notwendig. Sie enthält alle Informationen, um die Container zu starten. Bei unserem System haben wir trotzdem das Git-Repository ausgecheckt und starten daraus das compose-Setup.

Auf diese Weise können wir auch etwaige Änderungen an der compose-Datei selbst verfolgen. Die Container benötigen jedenfalls keinen Zugriff auf die lokalen Ordner, nur die benannten Docker-Volumes sind wichtig.

Eine Ausfallzeit von mehreren Stunden war während der Sommermonate unproblematisch, da die Anwendung hauptsächlich auf den Wintersport ausgerichtet ist – eine durchaus luxuriöse Situation. Wir starteten die Migration in den Abendstunden, wobei die Hoffnung groß war, dass sie nicht zu einer Nachtschicht ausarten würde. Wir hielten die Schritte und die Kommandos zur Migration in einer Datei fest, um sie mit Copy-and-paste in das Konsolenfenster zu kopieren.

Wir begannen die Migration mit dem Export der WordPress-Datenbank. Auch hierbei nutzen wir das MigrateDB-Plug-in. Zwar ändert sich in diesem Fall nicht der Host-Name, jedoch der Pfad, in dem die WordPress-Installation liegt. Nach dem Export wurde die Apache-Konfiguration für den Webserver deaktiviert. Die Website, die Kartenapplikation und die API waren ab jetzt nicht mehr erreichbar.

Im nächsten Schritt starteten wir das docker compose-Setup für den Produktivbetrieb (also ohne die override-Datei) und vergewisserten uns, dass die Container liefen:

```
docker compose -f compose.yaml ps

     Name                    Command                  State    [...]
---------------------------------------------------------------------
snowhow_api_1          node /src/server.js               Up    [...]
snowhow_mariadb_1      docker-entrypoint.sh mysqld       Up    [...]
snowhow_memcached_1    docker-entrypoint.sh memcached    Up    [...]
snowhow_mongo_1        docker-entrypoint.sh mongod       Up    [...]
snowhow_web_1          nginx -g daemon off;              Up    [...]
snowhow_wordpress_1    docker-php-entrypoint php-fpm     Up    [...]
```

Der Server war jetzt noch nicht von außen zu erreichen, da die entsprechende Konfiguration im vorgeschalteten Reverse-Proxy-Server noch nicht aktiviert war. Das war auch gut so, denn weder die MariaDB- noch die MongoDB-Datenbank waren zu diesem Zeitpunkt befüllt. Zum Befüllen der WordPress-Datenbank verwendeten wir den komprimierten Datenbank-Dump und spielten ihn mit folgendem Kommando ein:

```
zcat snowhowinfo-migrate-20190510103700.sql.gz | \
  docker compose -f compose.yaml exec -T mariadb mysql \
  -u root -pstrenggeheim snowhow
```

Der komprimierte SQL-Dump wurde von zcat entpackt und auf den Eingabekanal von mysql gesendet. docker compose musste wiederum mit der Option -T aufgerufen werden, da compose-compose sonst ein Terminal emuliert, das nicht zur Verfügung steht.

Nach dem erfolgreichen Import kopierten wir die in WordPress hochgeladenen Dateien in das dafür angelegte Volume. Die Dateien befanden sich alle im Ordner `wp-content/uploads` und wurden mit `docker cp` kopiert:

```
docker cp /home/snowhow/cms/wp-content/uploads/ \
  snowhow_wordpress_1:/var/www/html/cms/wp-content/

docker compose exec wordpress chown -R www-data:www-data \
  /var/www/html/cms/wp-content/uploads/
```

Das erste Kommando kopierte die Uploads aus dem *alten* Pfad in das Docker-Volume, das wir in den WordPress-Container eingebunden hatten. Beachten Sie, dass beim Zielpfad das `uploads`-Verzeichnis nicht noch einmal angegeben wird.

Das zweite Kommando setzt den Besitzer des Verzeichnisses und aller Unterverzeichnisse auf den Benutzer `www-data`, unter dem der Nginx-Webserver läuft. Dieser Schritt war notwendig, damit Dateien über die WordPress-Weboberfläche hochgeladen und bearbeitet werden können. Der WordPress-Teil der Seite funktionierte jetzt bereits korrekt.

Der letzte Schritt war das Einspielen der MongoDB-Datenbank. Dazu erzeugten wir einen MongoDB-Dump im aktuellen Verzeichnis, kopierten ihn in den MongoDB-Container und stellten ihn dort wieder her:



```
mongodump -o snowhowdump

docker cp snowhowdump snowhow_mongo_1:/

docker compose exec mongo mongorestore

  using default 'dump' directory
  preparing collections to[...]
  reading metadata for sno[...]
  [...]
  restoring indexes for co[...]
  finished restoring snowh[...]
  done
```

Wenn alles glatt läuft, kann jetzt die Konfiguration für den Reverse Proxy aktiviert werden, und die neue Applikation ist online. Mit etwas Glück beschränkt sich die Ausfallzeit damit auf wenige Minuten, was sogar für stärker frequentierte Seiten vertretbar sein sollte.

## 16.5 Updates

Wie bereits erwähnt, war die Möglichkeit, unkompliziert Updates einzuspielen, ein wichtiger Grund für die Umstellung auf Docker. Das Prozedere für einen Bugfix oder ein neues Feature war danach wie folgt:

- Am Entwicklersystem:
  - Entwicklungsumgebung aktualisieren und lokal starten
  - Feature implementieren oder Bug fixen
  - Docker-Images neu erzeugen (`docker compose build`)
  - Docker-Images auf die private Registry pushen (`docker compose push`)
- Am Produktivsystem:
  - Docker-Images aktualisieren (`docker compose pull`)
  - Container für veränderte Images neu erzeugen (`docker compose up -d`)

Das war ein großer Fortschritt, war doch das Aktualisieren der bestehenden Applikation ein heikler Punkt: Es gab dabei einen kleinen dunklen Fleck, und der betraf die Verwendung von WordPress. Es wäre zwar theoretisch möglich gewesen, Veränderungen am CMS lokal vorzunehmen und mithilfe des MigrateDB-Plug-ins vorzubereiten und auf das Produktivsystem einzuspielen; wir wollten das aber nicht riskieren. Wenn sich in der Zwischenzeit nämlich ein neuer Benutzer registriert hat, wird er beim Datenbankimport überschrieben. So bleibt es bei der Regel, dass Änderungen am CMS nur online auf dem Produktivsystem vorgenommen werden.

Diese Einschränkung ist nicht weiter schlimm, da die Entwicklung nur in der API oder in der Kartenapplikation stattfindet. Durch die Verwendung von PHP-FPM ergibt sich aber noch ein kleines Problem bei den Updates: Damit die PHP-Dateien von WordPress korrekt interpretiert werden, müssen sie sowohl vom Webserver als auch vom FPM-Server erreicht werden können. Die Docker-Lösung dafür ist ein gemeinsames Volume, in unserem Fall `wpdata`.

Leider existieren aber auch bei der Kartenapplikation noch einige PHP-Dateien, die nicht über die API auf die Datenbanken zugreifen. Diese Dateien werden im Volume `mapdata` beiden Containern zur Verfügung gestellt. Bei einem Update an der Kartenapplikation werden diese Dateien verändert und in dem aktualisierten Image gespeichert. Nach dem Update des Images auf dem Server wird mit dem Kommando `docker compose up` zwar ein neuer Container erzeugt, die Daten im Volume bleiben aber unangetastet. (Das ist von `docker compose` so gewollt, um Datenverlust zu vermeiden.)

Unsere – zugegeben, nicht ganz so elegante – Lösung bestand darin, das Volume vor dem Neustart zu löschen. Der Update-Verlauf sieht also wie folgt aus:

```
docker compose pull

  Pulling wordpress ... done
  Pulling web       ... done
  Pulling mariadb   ... done
  Pulling api       ... done
  Pulling mongo     ... done
  Pulling memcached ... done

docker compose stop wordpress web

  Stopping snowhow_web_1       ... done
  Stopping snowhow_wordpress_1 ... done

docker volume rm snowhow_mapdata

  snowhow_mapdata

docker compose up -d

  Creating volume "snowhow_mapdata" with default driver
  snowhow_api_1 is up-to-date
  Starting snowhow_wordpress_1 ...
  snowhow_mapdev_1 is up-to-date
  snowhow_memcached_1 is up-to-date
  snowhow_mariadb_1 is up-to-date
  Starting snowhow_wordpress_1 ... done
  Starting snowhow_web_1       ... done
```



## 16.6 Tipps für die Umstellung

Im Zuge der Umstellung versuchten wir, möglichst alle Versionen der Software mit dem gleichen Stand im Docker-Setup zu installieren, mit dem sie auf unserem aktuellen Produktionssystem liefen. Es gab ohnehin genug Änderungen am Code, die nur durch das neue Setup notwendig wurden (zum Beispiel Host-Namen und Ports).

Außerdem war es günstig, gleich mit einem Git-Repository (oder einer anderen Versionsverwaltung Ihrer Wahl) zu beginnen und kleine Schritte zu »committen«. Bei der Umstellung mussten viele Dateien geöffnet und kleine Veränderungen durchgeführt werden (Anpassung von Host-Namen, Port oder Pfaden). Moderne Code-Editoren schlagen hier gleich kleine Verbesserungen zur automatischen Korrektur vor. Wenn Sie diese Änderungen akzeptieren, testen und »committen«, können Sie den Code leicht verbessern, ohne Gefahr zu laufen, bei einer riesigen Änderung der gesamten Umstellung Fehler zu suchen.

Je mehr Komponenten im Spiel sind, desto größer ist die Gefahr, dass am Ende irgendetwas nicht mehr korrekt funktioniert. In unserem Projekt betraf das die PHP-Cookie-Komponente, die zwar korrekt im Memcached-Server abgelegt wurde, aber von der Kartenapplikation dort nicht ausgelesen werden konnte. Automatische Tests wären hier die entscheidende Hilfe gewesen, aber leider waren sie zum Zeitpunkt der Umstellung nicht vorhanden. Diese Erfahrung brachte uns dazu, später ein Basis-Set an Tests einzurichten; diese können Sie nun bei Bedarf manuell starten.

## 16.7 Fazit

Die Umstellung dieses speziellen Projekts konnte in wenigen Tagen vorbereitet werden und verlief weitgehend reibungslos. Natürlich haben wir zuvor mehrere Backups angelegt und getestet. Es gab auch immer die Möglichkeit, zu dem bestehenden System zurückzukehren, wenn es große Probleme gegeben hätte.

Da die Auslastung der Anwendung saisonal stark schwankt, konnten wir die Umstellung zu einem Zeitpunkt durchführen, zu dem die kurze Ausfallzeit während der Datenbankmigration keine negativen Auswirkungen hatte.

Die großen Ziele der Umstellung wurden durch Docker erreicht: Zum einen konnten wir den Server, auf dem das Projekt läuft, inzwischen auf das neue Ubuntu-Release aktualisieren. Zum anderen können wir, seit die Docker-Variante in Betrieb ist, Aktualisierungen am Code wesentlich unkomplizierter und ohne Bauchweh durchführen. Außerdem erleichtert das Docker-Setup die weitere Wartung. Das sollte dafür sorgen, dass unser Projekt nicht in ein paar Jahren auf dem Friedhof der vergessenen Webprojekte landet.

# Kapitel 17
# GitLab

In diesem Kapitel stellen wir Ihnen ein Docker-Setup vor, mit dem Sie kleine oder große Projekte im Team administrieren können und das Ihnen gleichzeitig größtmöglichen Komfort bei der Entwicklung und beim Testen Ihrer Applikationen bietet. Eine Anforderung an dieses Setup war es, dass alle Komponenten auf eigener Hardware laufen können (*on premises*) und dass keine externen Cloud-Dienste dazu benötigt werden.

Mit der Übernahme von GitHub durch Microsoft im Juni 2018 wurde einmal mehr klar, dass Cloud-Dienste und damit auch die dort gespeicherten Daten schnell den Besitzer wechseln können. Auch ist eine Public-Cloud-Lösung für sehr sensible Daten oft rechtlich nicht zulässig. Mit *GitLab* können Sie ein sehr mächtiges Werkzeug auf Ihrem eigenen Server installieren.

17

**Voraussetzung Git**

Für dieses Kapitel setzen wir voraus, dass Sie schon Erfahrung mit der Versionsverwaltung Git haben. Wenn Sie sich erst in Git einarbeiten möchten, empfehlen wir Ihnen die Lektüre der ersten drei Kapitel des freien Git-Buchs sowie des Git-Online-Tutorials:

*https://git-scm.com/book/en/v2*
*https://git-scm.com/docs/gittutorial*

Natürlich wollen wir nicht verschweigen, dass wir ebenfalls ein Git-Buch verfasst haben!

*https://kofler.info/buecher/git*
*https://www.rheinwerk-verlag.de/5478*

Die Kernkomponente dieses Setups ist *GitLab*, eine Applikation zur Verwaltung von Softwareprojekten auf Basis der Versionsverwaltung Git. GitLab bietet die folgenden Features:

- Projektverwaltung mit Wiki und Ticketsystem
- Weboberfläche für Sourcecode

- Docker-Image-Registry
- Pipelines zum Testen und Build von Projekten
- Statistiken zum Projektverlauf

GitLab steht seit 2011 unter der freien MIT-Lizenz zum Download zur Verfügung. 2014 wurde das Projekt in eine *Community Edition* und eine *Enterprise Edition* aufgespaltet, wobei die Community Edition weiterhin frei zur Verfügung steht. Die Enterprise Edition enthält Features, die typischerweise in großen Unternehmen gebraucht werden, zum Beispiel die Integration von mehreren Active-Directory- oder LDAP-Servern.

GitLab Inc., die Silicon-Valley-Firma hinter GitLab, bietet sowohl Cloud-basierte Installationen als auch selbst gehostete Installationen in verschiedenen Varianten an. Eine aktuelle Übersicht finden Sie unter *https://about.gitlab.com/pricing*. In diesem Kapitel verwenden wir das freie *Core*-Paket zur Selbstinstallation.

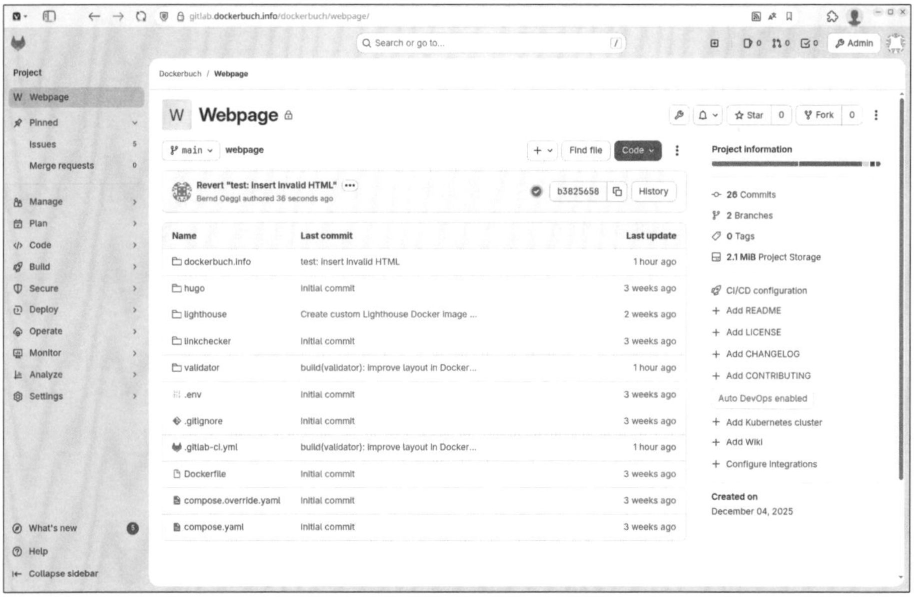


**Abbildung 17.1** Ein GitLab-Projekt in der Übersicht

Das Setup enthält:

- GitLab als Web-Frontend für Ihre Git-Repositorys (siehe Abbildung 17.1)
- ein modernes Ticketsystem mit Milestones und Boards
- ein Wiki mit Markdown-Syntax für zusätzliche Dokumentation
- eine private Docker-Registry
- optional: Mattermost als Teamkommunikationsplattform

Alle Teile dieser Umgebung stehen als Open-Source-Code zur Verfügung. Die Lizenzen sind auch für eine kommerzielle Verwendung offen.

## 17.1 GitLab-Schnellstart

Um einen ersten Eindruck von GitLab zu bekommen, können Sie einfach einen GitLab-Container lokal starten und die Weboberfläche ausprobieren. Beachten Sie, dass alle Einstellungen und alle im Testbetrieb angelegten Inhalte verloren gehen werden.

```
docker run -e GITLAB_ROOT_PASSWORD="GanzGeheim" \
  --name gitlab -p 8888:80 gitlab/gitlab-ce
```

Mit `-p 8888:80` wird der lokale Port 8888 für den Zugriff auf die Weboberfläche verbunden. Das erstmalige Initialisieren der Datenbank kann – abhängig von der Leistung Ihres Computers – bis zu fünf Minuten dauern. Da wir den Container nicht im Hintergrund gestartet haben, sehen Sie die Log-Ausgabe im Terminal. Erst wenn die Meldung `gitlab Reconfigured!` unter den Meldungen auftaucht, können Sie Ihren Browser mit der Adresse *http://localhost:8888* öffnen und dort den Benutzernamen `root` und das unter `GITLAB_ROOT_PASSWORD` angegebene Passwort eingeben. Erzeugen Sie jetzt ein erstes Projekt (siehe Abbildung 17.2).



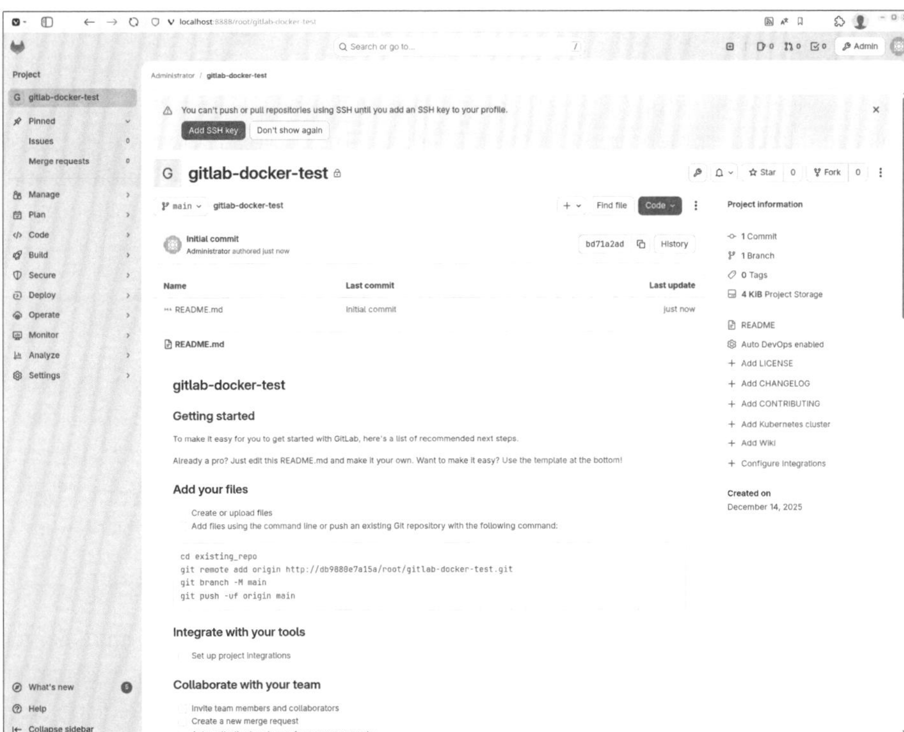


**Abbildung 17.2** Ein neues GitLab-Projekt ohne Inhalte

Auf der Übersichtsseite finden Sie hilfreiche Tipps, wie Sie ein bestehendes Git-Repository importieren oder dieses Projekt in einem neuen Ordner auf Ihrem Computer auschecken können. Sie könnten hier auch direkt Dateien erstellen, was mit der Web-IDE auch sehr komfortabel gelingt, aber trotzdem ein unüblicher Weg ist: Normalerweise kommen bei der Entwicklung von Projekten lokal installierte Editoren wie Visual Studio Code, Vim oder Emacs zum Einsatz.

Für den produktiven Einsatz von GitLab müssen Sie einige Parameter anpassen, damit Ihre Daten sicher gespeichert werden, die Verschlüsselung funktioniert und damit Sie weitere Funktionen dieses beeindruckenden Programms aktivieren können. Lesen Sie in den nächsten Abschnitten mehr dazu.

## 17.2 GitLab-Webinstallation

GitLab ist eine moderne Webanwendung, die aus verschiedenen Komponenten in unterschiedlichen Programmiersprachen besteht. Von der Installation aus dem Quellcode wird abgeraten, da sie sehr zeitaufwendig ist und verschiedenste Bibliotheken auf dem System verlangt (unter anderem Ruby, Go, Node.js, PostgreSQL, Redis). Es gibt zwar Pakete für unterschiedliche Betriebssysteme, der elegantere Weg ist aber die Installation mit Docker.

Das offizielle Docker-Image von GitLab entspricht nicht ganz dem Gedanken der Microservice-Architektur, da Datenbanken und Programmcode im selben Image verpackt sind und dort mehrere Prozesse parallel laufen. Da GitLab selbst dieses Image sehr konsequent betreut, ist für Updates und größtmögliche Kompatibilität gesorgt. Auch für unser Setup werden wir dieses Image verwenden, die Datenbanken (Redis und vor allem PostgreSQL) haben wir aber in eigene Container auslagert.

**Setup-Alternative**

Natürlich können Sie das GitLab-Image auch als einen Container starten, in dem PostgreSQL und Redis neben dem Applikationscode laufen. Damit haben Sie die höchstmögliche Kompatibilität, da GitLab die Komponenten in den dort installierten Versionen zweifellos ausgiebig testet. Wir zeigen Ihnen hier ein verteiltes Setup, um zu veranschaulichen, wie unkompliziert Docker verschiedene Dienste verwalten kann.

Für die folgenden Ausführungen ist es notwendig, dass Sie GitLab auf einem Server installieren, der über das Internet mit einem gültigen Domainnamen erreichbar ist. Damit die Kommunikation zwischen GitLab, der integrierten Docker-Registry und dem *GitLab-Runner*, einem ausgelagerten Dienst für Builds und Tests, klaglos funktioniert, muss sie verschlüsselt sein. Zwar sollte es möglich sein, dafür selbst signierte Zertifikate zu verwenden, unsere Versuche waren aber nicht von Erfolg gekrönt. Wir setzen deshalb auf offizielle Zertifikate von Let's Encrypt, die auf dem vorgelagerten Reverse Proxy verwaltet werden.

Wir verwenden für das Beispiel diese Host-Namen:

- *gitlab.dockerbuch.info*
- *registry.dockerbuch.info*
- optional: *mattermost.dockerbuch.info*

Wir benutzen `docker compose`, um die Parameter für den Start übersichtlich in einer Datei zu speichern. Wir werden GitLab auf einem Server installieren, auf dem bereits andere Websites auf dem HTTPS-Port 443 laufen, und verwenden dazu das in Abschnitt 9.7 beschriebene Setup mit Traefik als Reverse Proxy (siehe Abbildung 17.3).

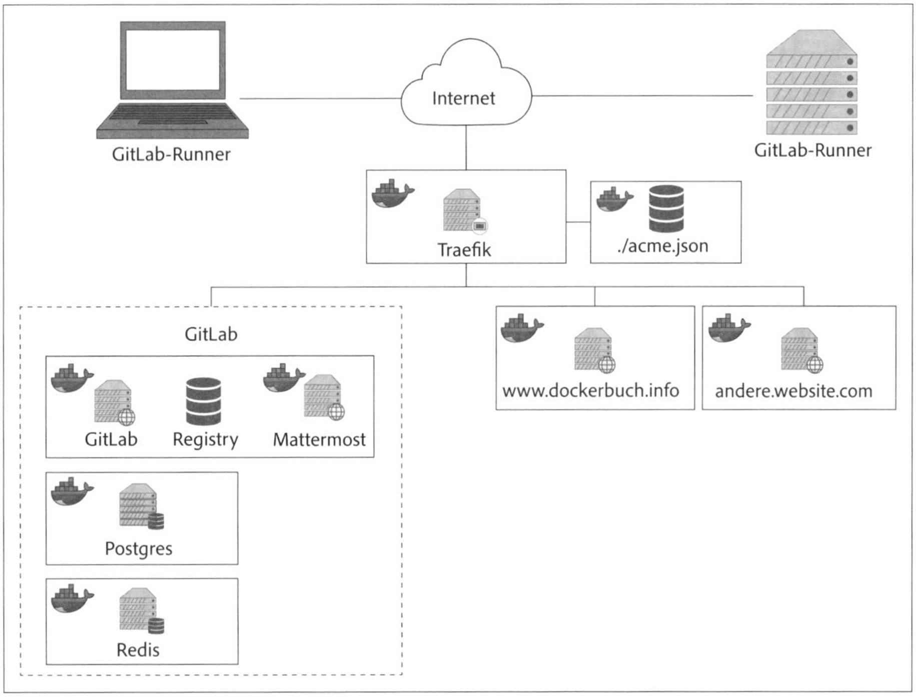


**Abbildung 17.3** Das Netzwerk-Setup mit Traefik als »Terminating Proxy«. Der Traefik-Container verschlüsselt per HTTPS zum Internet hin.

Alle Anpassungen für die GitLab-Konfiguration können mithilfe der Umgebungsvariablen `GITLAB_OMNIBUS_CONFIG` vorgenommen werden. Der Vorteil bei dieser Art der Konfiguration besteht darin, dass keine externe Datei eingebunden werden muss. GitLab liest die Konfiguration aus dieser Umgebungsvariablen, bevor die eigentliche Konfigurationsdatei `/etc/gitlab/gitlab.rb` konsultiert wird. Da diese Datei in der Standardinstallation nur auskommentierte Zeilen enthält, gelten ausschließlich die Werte der Umgebungsvariablen.

In der YAML-Syntax der `compose`-Datei sieht der entsprechende Ausschnitt folgendermaßen aus (das Pipe-Zeichen | kennzeichnet den mehrzeiligen Eintrag):

```
# in der Datei gitlab/compose.yaml
environment:
  GITLAB_OMNIBUS_CONFIG: |
    external_url 'https://gitlab.dockerbuch.info/'
    nginx['listen_port'] = 80
    nginx['listen_https'] = false
    nginx['proxy_set_headers'] = {
      "X-Forwarded-Proto" => "https",
      "X-Forwarded-Ssl" => "on"
    }
[...]
```

Damit die weiteren Erläuterungen zur GitLab-Konfiguration nicht zu unübersichtlich werden, haben wir die verschiedenen Aspekte (Reverse Proxy, E-Mail, SSH etc.) über mehrere Abschnitte verteilt. Ein Listing der gesamten Datei `compose.yaml` folgt in Abschnitt 17.8, »Die vollständige compose-Datei«.

## 17.3 HTTPS über ein Reverse-Proxy-Setup

Der interne Nginx-Server läuft auf Port 80. HTTPS wird ausgeschaltet, für die Verwaltung der Zertifikate ist der *Terminating Proxy* zuständig. Für die Docker-Registry verwenden wir einen eigenen Host-Namen, `registry.dockerbuch.info`. Das hat den Vorteil, dass wir keinen eigenen Port in den Firewalls freischalten müssen und die Konfiguration im vorgeschalteten Proxy genauso einzustellen ist wie bei einem Webserver. Im Container läuft die Registry auf Port 5000; HTTPS wird wie beim Webserver ausgeschaltet.

Wichtig ist die Angabe der `external_url` und der `registry_external_url`, da diese Werte in der Weboberfläche angezeigt werden und GitLab diesen Wert nicht selbstständig ermitteln kann.

Wie bereits erwähnt verwenden wir zur Anbindung an das Internet einen vorgelagerten Reverse Proxy, der auch die SSL-Zertifikate von Let's Encrypt verwaltet (siehe Abschnitt 9.7). Sowohl der GitLab-Server als auch der Docker-Registry-Server werden von dem Proxyserver bedient und durch die `labels`-Anweisungen in der `compose.yaml`-Datei gesteuert.

## 17.4 E-Mail-Versand

GitLab sieht standardmäßig Benachrichtigungen per E-Mail vor, was ein durchaus angenehmes Feature sein kann. Damit der E-Mail-Versand funktioniert, wird entweder eine lokal installierte `sendmail`-Variante verwendet, oder der Versand erfolgt über einen externen SMTP-Server. Zweiteres hat in der Regel den Vorteil, dass eventuell beim Empfänger vorhandene Spam-Filter dem SMTP-Server eher vertrauen als bei einem lokalen Versand.

Das offizielle Docker-Image von GitLab unterstützt die lokale `sendmail`-Variante nicht, womit nur noch die SMTP-Variante übrig bleibt. Die GitLab-Dokumentation enthält Beispiele für mehr als 30 große E-Mail-Anbieter, darunter GMX, Gmail, Office 365, Yahoo, Hetzner und viele mehr. Details dazu finden Sie auf der GitLab-Hilfeseite:

*https://docs.gitlab.com/omnibus/settings/smtp.html*

### E-Mails mit einem eigenen Exim-Mailserver versenden

Wir wollen hier noch eine Minimalkonfiguration mit einem eigenen Exim-Mailserver vorstellen, die es ermöglicht, E-Mails per SMTP zu versenden. Exim wird natürlich in einem eigenen Docker-Container ausgeführt.

**Fehlerhafte Spam-Erkennung**

Beachten Sie, dass E-Mail-Benachrichtigungen mit der hier gezeigten Variante sehr leicht im Spam-Filter des Empfängers landen oder gar überhaupt nicht zugestellt werden. Die bevorzugte Vorgehensweise ist die oben beschriebene Verwendung eines externen SMTP-Servers.



Für den Exim-Mailserver gibt es zwar kein offizielles Docker-Image, aber es ist sehr einfach, ein Image zu erzeugen, das auf Alpine Linux basiert. Im folgenden `Dockerfile` wird der Server installiert und gestartet:

```
# Datei gitlab/exim/Dockerfile
FROM alpine:3
RUN apk --no-cache add exim
COPY docker-exim.conf /etc/exim/exim.conf
EXPOSE 25
ENTRYPOINT ["/usr/sbin/exim"]
CMD ["-bdf", "-q15m"]
```

Der Parameter `-bdf` startet den Exim-Server als Dämon, läuft aber nicht im Hintergrund, sondern bleibt als Vordergrundprozess mit dem Docker-Container verbunden. Der zweite Parameter, `-q15m`, startet alle 15 Minuten einen *Queue-Runner*, der versucht, verbleibende E-Mails zu verschicken.

In der Exim-Konfigurationsdatei (exim.conf), die mit COPY in das Image kopiert wird (siehe das obige Listing), haben wir nur zwei Zeilen an der Standardkonfiguration verändert:

```
# Datei: gitlab/exim/docker-exim.conf
keep_environment = RELAY_FROM
hostlist relay_from_hosts = ${env{RELAY_FROM}{$value} fail}
[...]
```

Standardmäßig nimmt der Mailserver nur E-Mails von localhost entgegen, alle anderen werden mit der Nachricht *550 relay not permitted* abgelehnt. Das hat einen guten Grund, wären sonst doch unzählige Mailserver im Internet eine leichte Beute für Spam-Mail-Versender. Wir wollen in unserer Exim-Konfiguration den Wert für relay_from_hosts durch eine Variable ersetzen, die wir in der compose-Datei über die environment-Direktive befüllen.

Damit in der Exim-Konfigurationsdatei Umgebungsvariablen verwendet werden können, müssen diese zuerst als *gültig* gekennzeichnet werden (keep_environment). Anschließend kann der Wert mit der etwas ungewohnten Syntax ${env{RELAY_FROM}{$value} fail} eingesetzt werden. Ist der Wert der Variablen RELAY_FROM leer, wird fail aufgerufen, was dazu führt, dass der Mailserver eine entsprechende Fehlermeldung produziert.

### Integration in die GitLab-Konfiguration

Schließlich muss die zentrale compose-Konfigurationsdatei von GitLab um die folgenden Einträge erweitert werden:

```
# in der Datei gitlab/compose.yaml
services:
  exim:
    build: exim/
    environment:
      - RELAY_FROM=gitlab-gitlab-1.gitlab_default
      [...]
    environment:
      GITLAB_OMNIBUS_CONFIG: |
        gitlab_rails['smtp_enable'] = true
        gitlab_rails['smtp_openssl_verify_mode'] = 'none'
        gitlab_rails['smtp_address'] = "exim"
        gitlab_rails['smtp_port'] = 25
        gitlab_rails['gitlab_email_from'] = 'gitlab@dockerbuc...
        [...]
```

Das Exim-Image wird aus dem Dockerfile im Unterordner exim erzeugt, wobei zum Start die Umgebungsvariable RELAY_FROM mit dem Wert gitlab-gitlab-1.gitlab_ default befüllt wird. Dieser Wert spiegelt den Host- und Netzwerknamen des GitLab-Containers im docker compose-Netzwerk wider (wir arbeiten im Verzeichnis gitlab). Exim nimmt daher E-Mails von unserem GitLab-Container ohne Authentifizierung entgegen. Die GitLab-GITLAB_OMNIBUS_CONFIG-Variable wird um die SMTP-Einträge erweitert, wobei der *Verify Mode* für OpenSSL deaktiviert werden muss, da der Exim-Container mit selbst signierten Zertifikaten arbeitet.

Um zu testen, ob E-Mails auch wirklich versendet werden können, starten Sie eine Shell in dem GitLab-Container und verbinden sich mit der gitlab-rails-Konsole:

```
docker compose exec gitlab bash

  root@gitlab:/# gitlab-rails console

   Ruby:         ruby 3.2.8 (2025-03-26 revision 13f495dc2c) ...
   GitLab:       18.5.2 (45f7473ea37) FOSS
   GitLab Shell: 14.45.3
   PostgreSQL:   16.11
   Loading production environment (Rails 7.1.5.2)
   irb(main):001>

   irb(main):001:0> Notify.test_email('bernd@dockerbuch.info', \
   irb(main):002:1* 'Testnachricht', \
   irb(main):003:1* 'Hier kommt die Testnachricht.').deliver_now
   ...
   Delivered mail 64b561083ebc7_4172d5042615@gitlab.dockerbuc...
```

Die Testnachricht sollte nach kurzer Zeit in der Mailbox von *bernd@dockerbuch.info* ankommen. Hier sehen Sie die Nachricht im Quelltext (aus Platzgründen gekürzt):

```
Return-path: <gl@dockerbuch.info>
Received: from gitlab-gitlab-1.gitlab_default ([172.18.0.4]
  helo=localhost.localdomain) by 1000a58a512c with esmtps
  (TLS1.3) tls TLS_AES_256_GCM_SHA384
    (Exim 4.98.2)
    (envelope-from <gl@dockerbuch.info>)
    id 1vKHtE-000000000D-2Lxa
    for bernd@dockerbuch.info;
    Sat, 15 Nov 2025 15:08:36 +0000
[...]
From: GitLab <gl@dockerbuch.info>
Reply-To: GitLab <noreply@gitlab.dockerbuch.info>
To: bernd@dockerbuch.info
Message-ID: <691897746ad74_58f32b499621@gitlab.dockerbuch.info...
Subject: Testnachricht
```

```
[...]
X-Auto-Response-Suppress: All

<!DOCTYPE html PUBLIC "-//W3C//DTD HTML 4.0 Transitional//EN" ...
<html><body><p>Hier kommt die Testnachricht.</p></body></html>
Subject: Testnachricht
```

**Achtung, Spam!**

GitLab verfügt auch über eine Funktion mit dem Namen *Incoming Email*, die standardmäßig deaktiviert ist. Wird die Funktion aktiviert, so ist es möglich, auf Benachrichtigungen per E-Mail zu antworten und neue Tickets per E-Mail zu erstellen.

Es gibt unterschiedliche Möglichkeiten, diese Funktion zu konfigurieren. Auf jeden Fall müssen Sie eine öffentliche E-Mail-Adresse einrichten, die diese E-Mails empfangen kann. Die damit einhergehende Problematik von Spam-E-Mails (und Spam-Nachrichten in GitLab) stellt aber ein Problem dar, da Ihr Ticketsystem mit automatischen Nachrichten überflutet werden könnte. Wir werden daher nicht weiter auf diese Konfigurationsvariante eingehen.

## 17.5 SSH-Zugriff

GitLab bietet Ihnen die Möglichkeit, auf Ihre Repositorys mit HTTPS oder per SSH zuzugreifen. Den HTTPS-Zugang haben wir bereits konfiguriert. SSH hat darüber hinaus aber den Vorteil, dass Sie einen Schlüssel in GitLab hinterlegen können und dadurch die Anmeldung sicherer und einfacher machen.

Wenn Sie GitLab auf einem Linux-Server installieren, den Sie auch für andere Dienste nutzen, ist die Wahrscheinlichkeit groß, dass SSH bereits in Verwendung ist. Wir wollen vermeiden, dass die Docker-Installation mit dem bestehenden Server in Konflikt gerät: Daher verbinden wir den SSH-Port des GitLab-Containers (22) mit einem noch freien Port am Server, in unserem Fall 2222. Sollte Ihrem Server eine Firewall vorgeschaltet sein, müssen Sie diesen Port freigeben.

Die entsprechenden Einträge in der compose-Datei sind:

```
# in der Datei gitlab/compose.yaml
...
    environment:
      GITLAB_OMNIBUS_CONFIG: |
        gitlab_rails['gitlab_shell_ssh_port'] = 2222
        [...]
    ports:
      - "2222:22"
```

Der Eintrag `gitlab_rails['gitlab_shell_ssh_port']` in der Konfigurationsvariablen bewirkt, dass GitLab die durchaus praktischen Angaben zum Klonen der Repositorys korrekt anzeigt.

Solange Sie noch keinen SSH-Key in GitLab hinterlegt haben, wird in der Weboberfläche ein Hinweis angezeigt, dass es noch nicht möglich ist, Code direkt via SSH zu pushen oder zu pullen. Sollten Sie noch keinen SSH-Key haben, können Sie ihn mit folgendem Kommando erstellen:

```
ssh-keygen -t rsa -C "info@dockerbuch.info" -b 4096
```

Das Kommando erzeugt ein Schlüsselpaar, das aus einem privaten und einem öffentlichen Schlüssel besteht, und fragt anschließend nach dem Speicherort und einem optionalen Passwort. Wenn Sie die vorgeschlagenen Antworten akzeptieren, werden die Schlüssel in Ihrem SSH-Konfigurationsverzeichnis (`$HOME/.ssh/`) ohne ein Passwort gespeichert. Kopieren Sie anschließend den Inhalt der öffentlichen Schlüsseldatei (die Datei endet mit `.pub`) in das dafür vorgesehene Textfeld USER SETTINGS/SSH KEYS in GitLab:

*https://gitlab.dockerbuch.info/profile/keys*

## 17.6 Volumes und Backup



Für den GitLab-Container verwenden wir drei benannte Volumes: `config`, `logs` und `data`. Auf diese Weise können einfach Backups erstellt werden, und die Dateirechte werden von GitLab innerhalb des Docker-Containers verwaltet.

```
# in der Datei gitlab/compose.yaml
...
volumes:
  - config:/etc/gitlab
  - logs:/var/log/gitlab
  - data:/var/opt/gitlab
```

Auf jeden Fall sollten Sie das `data`-Volume sichern: Hier liegen alle Ihre Git-Repositorys und die dazugehörigen Wikis. Sollten Sie einmal zu einer anderen Plattform als GitLab wechseln wollen, so finden Sie hier Ihren Quellcode als *bare repositories*. In Kombination mit der Exportfunktion der Einträge im Ticketsystem ist die Gefahr, dass Sie sich mit GitLab in eine Sackgasse begeben, sehr gering.

### Backup der GitLab-Applikationsdateien

Das Backup des `data`-Volumes ist schon einmal der erste Schritt. Die Applikationsdaten (zum Beispiel die GitLab-Benutzerdaten) sichern Sie damit aber nicht. GitLab hat jedoch vorgesorgt und ein eigenes Backup-Script in das System integriert.

Das Script erstellt einen Datenbankauszug und komprimiert alle anderen GitLab-relevanten Dateien in einer TAR-Datei:

```
docker compose exec gitlab gitlab-rake gitlab:backup:create
```

Der Speicherort dieser Datei ist `/var/opt/gitlab/backups`, und im Dateinamen sind der aktuelle Timestamp, ein lesbares Datum und die GitLab-Versionsnummer enthalten. In unserem Fall heißt die Backup-Datei beispielsweise so:

```
1763220703_2025_11_15_18.5.2_gitlab_backup.tar
```

Beachten Sie, dass der Backup-Prozess zum Sichern der Datenbank das Kommando `pg_dump` verwendet, das nur funktioniert, wenn Server und Client in der gleichen Version vorliegen. Aktuell verwendet GitLab PostgreSQL Version 16 als Client, weshalb unser `docker compose`-Setup ebenfalls den PostgreSQL-16-Server einsetzt.

**Hinweis**

Wenn Sie produktiv mit GitLab arbeiten, ist es auf jeden Fall ratsam, das Backup-Verzeichnis auf einen externen Server zu sichern. GitLab hat dazu vorkonfigurierte Einstellungen für *Amazon S3*, *Google Cloud Storage* und lokal gemountete Pfade (z. B. via NFS oder Samba).

### Wiederherstellung

Ein Backup zu erstellen, ist eine Sache, die Wiederherstellung eine andere. Um das soeben beschriebene Backup in einer neuen GitLab-Instanz einzuspielen, müssen Sie zuerst eine *leere* funktionierende GitLab-Instanz starten, was mit dem hier beschriebenen Docker-Setup ein Leichtes sein sollte. Kopieren Sie anschließend die Backup-Datei in den Container:

```
docker cp 1763220703_2025_11_15_18.5.2_gitlab_backup.tar \
  gitlab-gitlab-1:/var/opt/gitlab/backups
```

Anschließend stoppen Sie den `unicorn`- und den `sidekiq`-Prozess im `gitlab`-Container:

```
docker compose exec gitlab gitlab-ctl stop puma
docker compose exec gitlab gitlab-ctl stop sidekiq
```

In der aktuellen Version von GitLab müssen Sie noch die Dateirechte des Backup-Verzeichnisses anpassen, um das Backup korrekt einspielen zu können:

```
docker compose exec gitlab chmod -R 775 /var/opt/gitlab/backups
```

Nun steht der Wiederherstellung nichts mehr im Wege:

```
docker compose exec gitlab gitlab-rake gitlab:backup:restore \
  BACKUP=1763220703_2025_11_15_18.5.2
```

Sie werden im Zuge der Wiederherstellung gefragt, ob wirklich die gesamte Datenbank gelöscht werden soll (auch solche Tabellen, die nichts mit der GitLab-Installation zu tun haben). Anschließend spielt GitLab das Backup ein, und Sie können das System neu starten:

```
docker compose exec gitlab gitlab-ctl start
```

Starten Sie abschließend noch einen Check, ob die Softwareversionen und Dateirechte korrekt sind:

```
docker compose exec gitlab gitlab-rake gitlab:check \
  SANITIZE=true
```

Bei unseren Versuchen ergab der Check keine Fehler, und die zuvor gelöschte GitLab-Instanz war wieder betriebsbereit.

## 17.7 Eigene Docker-Registry für GitLab

Zwar ist es auch mit Docker sehr einfach, eine private Registry zu starten (Sie müssen dazu nur einen Container vom Image `registry:2` starten), die in GitLab integrierte Registry bietet aber einige Vorzüge (siehe Abbildung 17.4):



- Benutzerverwaltung von GitLab
- übersichtliche grafische Oberfläche
- Die Images sind Projekten zugeordnet.
- Die Images sind im Backup von GitLab enthalten.

Die Integration in GitLab ist so gut gelungen, dass es Anwenderinnen und Anwendern gar nicht mehr auffällt, dass sie es mit einer eigenen Komponente zu tun haben.

Um die Registry in GitLab zu aktivieren, reichen wenige Einträge in der Umgebungsvariablen `GITLAB_OMNIBUS_CONFIG`:

```
# in der Datei gitlab/compose.yaml
...
registry_external_url = 'https://registry.dockerbuch.info'
registry['registry_http_addr'] = "0.0.0.0:5000"
registry_nginx['enable'] = false
```

Analog zur GitLab-Applikation setzen wir eine `registry_external_url`, die Adresse, die in der Weboberfläche korrekt angezeigt wird. Die Angabe von `registry_http_addr` wird benötigt, um einerseits den Port für den Registry-Server anzugeben (`5000`), andererseits um den Server von außerhalb des Containers erreichbar zu machen

**Abbildung 17.4** Die Docker-Registry in GitLab

(standardmäßig bindet er nur an die lokale IP-Adresse `127.0.0.1`, was innerhalb eines Containers nicht hilfreich ist).

Der dritte Parameter, `registry_nginx['enable']`, muss auf `false` gestellt werden, damit der im Container laufende Nginx-Server nicht versucht, SSL-Zertifikate für den Registry-Server zu suchen. Diese Aufgabe übernimmt in unserem Beispiel ja der vorgeschaltete Traefik-Proxyserver.

**Traefik-Proxyserver und GitLab Docker-Registry**

Obwohl wir das beschriebene Setup schon seit vielen Jahren einsetzen, sind wir erst kürzlich auf ein lästiges Problem gestoßen: Der Upload von großen Docker Images brach regelmäßig ab. Die Fehlersuche gestaltete sich äußerst schwierig, da die Probleme nur beim Hochladen im Zuge einer CI-Pipeline auftraten.

Die Lösung hatte schließlich nichts mit der Registry oder GitLab zu tun, sondern war eine Einstellung im Traefik-Proxyserver, die nur global in der Konfigurationsdatei von Traefik oder beim Start mit folgenden Parameter vorgenommen werden kann:

```
--entrypoints.websecure.transport.respondingTimeouts.readTimeout=10m
```

Damit erhöhen Sie die Zeit, die ein Image Layer für den Upload verwenden darf. Standardmäßig sind das nur 60 Sekunden, was bei großen Images zu kurz sein kann.

## 17.8 Die vollständige compose-Datei

Die gesamte compose-Datei für die GitLab-Instanz sieht damit wie folgt aus:

```
# Datei: gitlab/compose.yaml
services:
  gitlab:
    hostname: gitlab.dockerbuch.info
    image: gitlab/gitlab-ce:latest
    environment:
      GITLAB_ROOT_PASSWORD: GanzGeheimGanz
      GITLAB_OMNIBUS_CONFIG: |
        external_url 'https://gitlab.dockerbuch.info/'
        nginx['listen_port'] = 80
        nginx['listen_https'] = false
        nginx['proxy_set_headers'] = {
          "X-Forwarded-Proto" => "https",
          "X-Forwarded-Ssl" => "on"
        }
        postgresql['enable'] = false
        gitlab_rails['db_host'] = 'postgresql'
        gitlab_rails['db_port'] = '5432'
        gitlab_rails['db_username'] = 'gitlab'
        gitlab_rails['db_password'] = 'ief6baehohQu'
        gitlab_rails['db_database'] = 'gitlab_prod'
        gitlab_rails['db_adapter'] = 'postgresql'
        gitlab_rails['db_encoding'] = 'utf8'
        redis['enable'] = false
        gitlab_rails['redis_host'] = 'redis'
        gitlab_rails['redis_port'] = '6379'
        gitlab_rails['gitlab_shell_ssh_port'] = 2222
        gitlab_rails['smtp_enable'] = true
        gitlab_rails['smtp_openssl_verify_mode'] = 'none'
        gitlab_rails['smtp_address'] = 'exim'
        gitlab_rails['smtp_port'] = 25
        gitlab_rails['gitlab_email_from'] = 'gl@dockerbuch.info'
        registry_external_url 'https://registry.dockerbuch.info'
        registry['registry_http_addr'] = "0.0.0.0:5000"
        registry_nginx['enable'] = false
    ports:
      - "2222:22"
    restart: always
    volumes:
      - config:/etc/gitlab
      - logs:/var/log/gitlab
      - data:/var/opt/gitlab
```

```
    networks:
      - web
      - default
    labels:
      - traefik.enable=true
      - traefik.http.routers.gitlab.rule=Host( \
              `gitlab.dockerbuch.info`)
      - traefik.http.routers.gitlab.tls=true
      - traefik.http.routers.gitlab.tls.certresolver=lets-encrypt
      - traefik.http.services.gitlab.loadbalancer.server.port=80
      - traefik.http.routers.gitlab.service=gitlab
      - traefik.http.routers.reg.rule=Host( \
              `registry.dockerbuch.info`)
      - traefik.http.routers.reg.tls=true
      - traefik.http.routers.reg.tls.certresolver=lets-encrypt
      - traefik.http.routers.reg.service=gl-rg
      - traefik.http.services.gl-rg.loadbalancer.server.port=5000
  redis:
    image: redis:8
  postgresql:
    image: postgres:16
    environment:
      - POSTGRES_USER=gitlab
      - POSTGRES_PASSWORD=ief6baehohQu
      - POSTGRES_DB=gitlab_prod
    volumes:
      - pgdata:/var/lib/postgresql
  exim:
    build: exim/
    environment:
      - RELAY_FROM=gitlab-gitlab-1.gitlab_default
volumes:
  config:
  logs:
  data:
  pgdata:
networks:
  web:
    external: true
```

Für eigene Tests können Sie ein Muster dieser Datei hier herunterladen:

*https://github.com/docker-compendium/docker5-samples/blob/main/gitlab/compose.yaml*

Ist `compose.yaml` einmal fertiggestellt, können Sie das Setup wie gewohnt mit `docker compose up -d` starten.

## 17.9 GitLab verwenden

Nach dem erfolgreichen Start Ihres Docker-Setups kann es durchaus mehrere Minuten dauern, bis GitLab die Datenbanken initialisiert hat und Sie die Weboberfläche erreichen. Beim ersten Aufruf der Weboberfläche müssen Sie ein Passwort für den Administratoraccount festlegen. Nach diesem Schritt werden Sie zur Anmeldung weitergeleitet und können sich als Benutzer `root` mit dem eben eingestellten Passwort anmelden.

**Onlinedokumentation**

Wir möchten hier nicht allzu sehr ins Detail der GitLab-Oberfläche gehen, Sie werden sich dort sicher schnell zurechtfinden. Im Folgenden werden wir ein paar Highlights von GitLab ansprechen, damit Sie eine Vorstellung von dem System bekommen. Eine umfassende Bedienungsanleitung zu GitLab finden Sie hier:

*https://gitlab.com/help*

In der aktuellen Version von GitLab finden Sie in der linken Seitenleiste ein Dropdown-Menü YOUR WORK. Als Administrator haben Sie dort Zugang zu einem Schraubenschlüssel-Symbol, das Sie zu den globalen Einstellungen bringt (ADMIN AREA). Rechts oben in der Seitenleiste befindet sich ein Dropdown-Menü für Einstellungen zu Ihrem Profil (Name, E-Mail, SSH-Keys ...).



### Benutzer

Eine Standardeinstellung von GitLab sieht vor, dass sich Benutzer am System mit ihrer E-Mail-Adresse registrieren können. Wenn Sie diese Einstellung so ändern möchten, dass nur noch Administratoren neue Benutzer anlegen können, so finden Sie diese Einstellung unter ADMIN AREA • SETTINGS • SIGN-UP RESTRICTIONS bzw. unter der folgenden Adresse:

*https://<ihre-gitlab-url>/admin/application_settings/general*

Für unser Setup haben wir einen eigenen Benutzer mit administrativen Rechten angelegt (unter ADMIN AREA • OVERVIEW • USERS) und den öffentlichen SSH-Schlüssel für diesen Benutzer hinterlegt (siehe Abbildung 17.5).

Bei Ihren Profileinstellungen können Sie auch die bevorzugte Sprache der Weboberfläche umstellen. Mehrsprachigkeit wird momentan noch als experimentelles Feature gelistet, und die Übersetzungen sind noch nicht vollständig vorhanden. Wir werden deshalb bei Englisch als Sprache bleiben (siehe Abbildung 17.6).

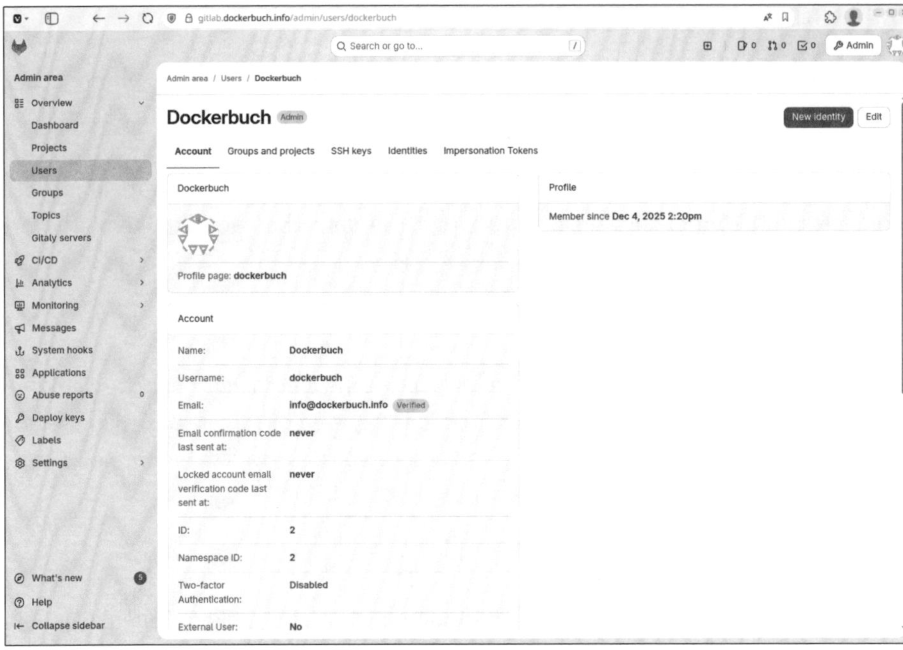


**Abbildung 17.5** Der erste Benutzer in GitLab

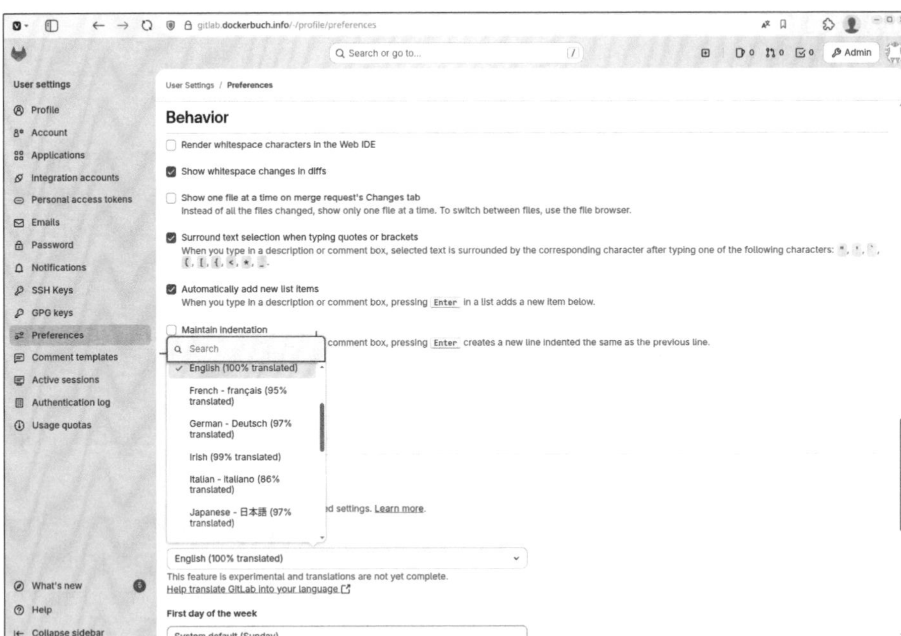


**Abbildung 17.6** Einstellungen zum Benutzerprofil in GitLab

### Projekte

Beim Erstellen eines neuen Projekts haben Sie die Möglichkeit, auf einer der vorhandenen Vorlagen aufzubauen (GitLab erstellt dann eine typische Verzeichnisstruktur, zum Beispiel für ein Projekt mit Node.js oder Ruby), ein Projekt von einem bestehenden Dienst zu importieren oder ein leeres Projekt zu starten. Eine wichtige Entscheidung ist der Pfad zu Ihrem Repository.

Wenn Sie mit mehreren Personen zusammenarbeiten, empfiehlt es sich meist, eine Gruppe zu erstellen und das Projekt der Gruppe zuzuordnen.

Schließlich gibt es noch die Möglichkeit, das Projekt als *privat*, *intern* oder *öffentlich* zu deklarieren:

- Beim privaten Zugriff müssen Sie Benutzer oder Gruppen manuell zum Projekt hinzufügen, während beim internen Zugriff alle Benutzer, die an Ihrer GitLab-Instanz angemeldet sind, das Projekt einsehen können.
- Wenn Sie die Zugriffsrechte für ein Projekt auf *öffentlich* setzen, erscheint es in der Liste unter *https://ihre-gitlab-domain/public*, und auch Benutzer, die nicht am System angemeldet sind, können das Projekt klonen.

Um Schreibzugriff auf ein Projekt zu bekommen, müssen Sie die Benutzer oder Gruppen aber in jedem Fall von Hand hinzufügen.



### Wiki

Jedes Projekt enthält standardmäßig auch ein Wiki. Über die Weboberfläche können Sie dort Seiten im Markdown-, RDoc- oder AsciiDoc-Format erstellen und bearbeiten, aber auch Dateien hochladen und verlinken.

Das Spezielle an diesem Wiki ist, dass Texte und Anhänge in einem separaten Git-Repository abgelegt werden, das Sie auch ohne die Oberfläche bearbeiten können. Der Name des Repositorys entspricht dem Namen des Projekts mit der Erweiterung `.wiki`.

### Tickets und Issues

In der modernen Softwareentwicklung mit mehreren beteiligten Personen gilt ein Issue-Tracking- oder Bug-Tracking-System als ein absolutes Muss. Bereits 1998 stellte das Mozilla-Softwareprojekt mit *Bugzilla* ein Programm zu diesem Zweck zum freien Download ins Internet. Heute steht Ihnen zur Ticketverwaltung eine Vielzahl von Open-Source-Projekten (z. B. Redmine, Trac, Mantis) und kommerziellen Produkten (z. B. Jira von Atlassian) zur Auswahl.

GitLab enthält ein eigenes Issue-Tracking-System, was Vorteile bei der Integration bringt: So ist es sehr einfach, Tickets mit Commit-Nachrichten oder mit Texten aus dem Wiki zu verlinken (siehe Abbildung 17.7).

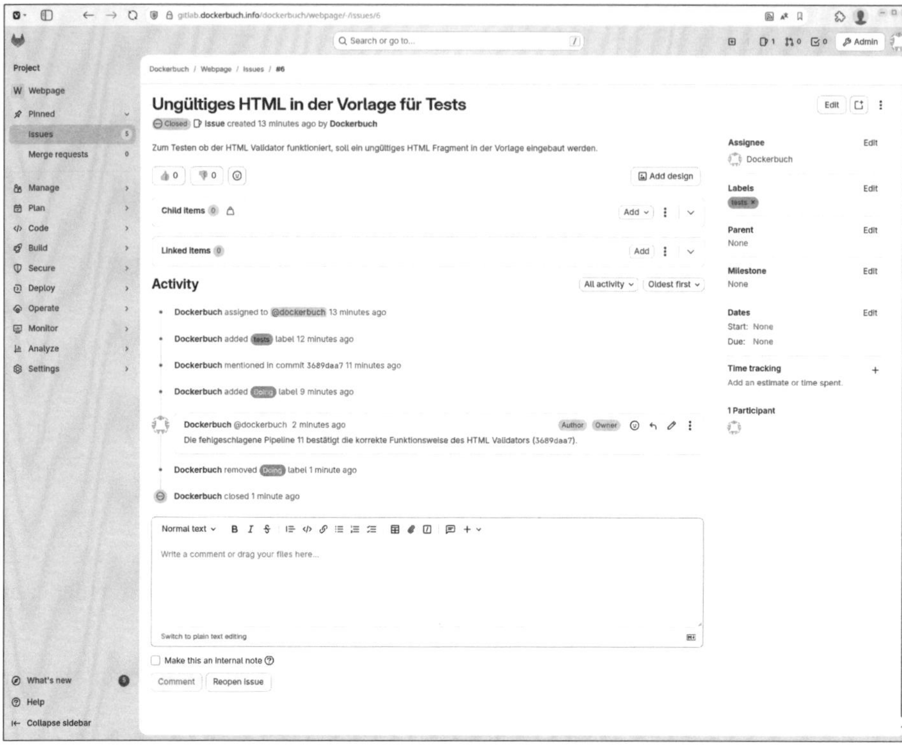


**Abbildung 17.7** Ein bearbeitetes Ticket in GitLab

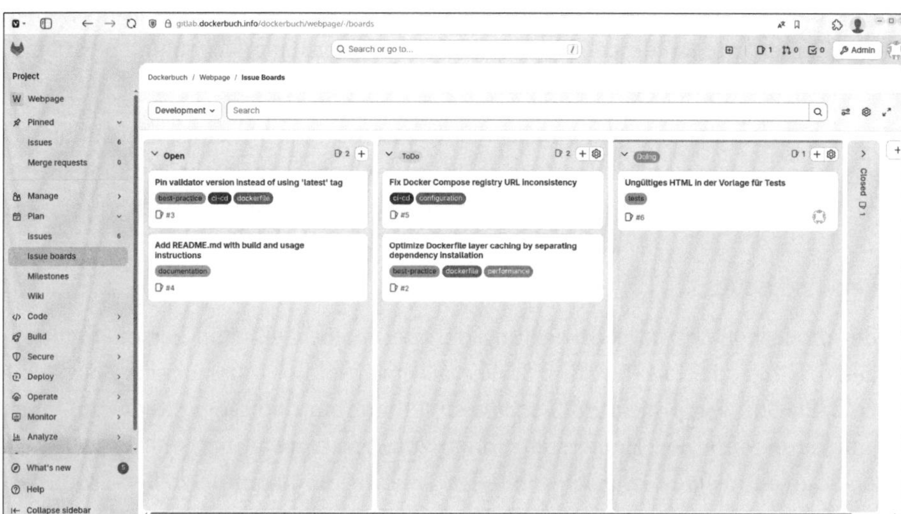


**Abbildung 17.8** Ein GitLab-Board mit offenen Tickets

Im täglichen Gebrauch sind sogenannte *Boards* eine beliebte Art, Tickets zu verwalten. Mit Drag-and-drop können Aufgaben bearbeitet und delegiert werden. Außerdem wirkt die Anordnung sehr aufgeräumt (siehe Abbildung 17.8).

## 17.10 GitLab-Runner

In Kapitel 18 arbeiten wir mit dem Konzept einer CI/CD-Pipeline. Dabei werden unterschiedliche Jobs abgearbeitet, die den Quellcode auf Fehler testen und gegebenenfalls auch gleich eine neue Version der Software anfertigen.

GitLab beherrscht die Verwaltung solcher Pipelines, lagert die Ausführung aber an externe Programme aus, die sogenannten *GitLab-Runner*. Ein Runner läuft normalerweise auf einem Ihrer Server oder in einer Cloud-Umgebung. Wenn Sie mit dem verbreiteten Jenkins-Build-Server arbeiten, kennen Sie dieses Konzept als *Distributed Builds* oder *Build Slaves*.

Ein GitLab-Runner kommuniziert mit der GitLab-Instanz verschlüsselt über das Internet und muss daher nicht auf dem gleichen Server laufen. Es ist sogar möglich, einen Runner auf Ihrem Laptop zu installieren, zum Beispiel um ein neues Setup zu testen.

### Installation



GitLab-Runner gibt es als ausführbare Binaries für alle gängigen Plattformen. Unter Linux können Sie auch den komfortableren Weg einschlagen und einen Runner aus den Paketquellen Ihrer Distribution einspielen. Die immer aktuellste stabile Version stellt GitLab auch als eigene Paketquelle zur Verfügung. Für alle Debian-basierten Distributionen (Debian, Ubuntu, Mint) reicht ein Aufruf in der Art:

```
curl -L "https://packages.gitlab.com/install/repositories/runner/
gitlab-runner/script.deb.sh" | sudo bash
```

Der Aufruf installiert die passende Paketquelle für Ihr System. Mit `apt install gitlab-runner` können Sie das Paket dann installieren. Eine ausführliche Anleitung zur Installation eines GitLab-Runners für Ihr Betriebssystem finden Sie unter:

*https://docs.gitlab.com/runner/install/index.html*

Vielleicht fragen Sie sich jetzt, warum wir den GitLab-Runner nicht in einem Container starten, wo wir doch in diesem Buch möglichst alles in Containern laufen lassen. In diesem Fall ist es aber einfacher, mit einem Runner zu starten, der nicht als Container läuft.

Bei der Ausführung der CI/CD-Pipelines wird nämlich ebenfalls oft Docker verwendet, um damit Images zu erzeugen; wenn der Runner nun selbst schon in Docker läuft, kommt es dabei zu Einschränkungen.

Nach der erfolgreichen Installation müssen Sie den Runner bei Ihrer GitLab-Instanz registrieren. Der Aufruf von `gitlab-runner register` führt Sie durch folgenden Dialog, der hier aus Platzgründen etwas gekürzt wurde:

```
Enter the GitLab instance URL (for example, https://gitlab.com/):
  https://gitlab.dockerbuch.info/

Enter the registration token:
  pyXXXXXXXXXXXXXXXXy

Enter a description for the runner:
  [almanarre]: my-laptop

Enter tags for the runner (comma-separated):
  shell,linux

Registering runner... succeeded
runner=pyakWJUR
Enter an executor: docker, shell, ssh, docker-ssh+machine,
kubernetes, custom, docker-ssh, parallels, virtualbox,
docker+machine:
  shell

Runner registered successfully. Feel free to start it, but if ...
```

Wenn Sie den Runner als `root`-Benutzer gestartet haben, dann ist der Runner jetzt einsatzbereit und kann vom GitLab Server jederzeit aktiviert werden. Sie können einen Runner aber auch als unprivilegierten Benutzer registrieren, nur müssen Sie dann den Runner manuell aktivieren. Sie werden darauf beim Einrichten mit folgenden Zeilen hingewiesen:

```
WARNING: Running in user-mode.
WARNING: The user-mode requires you to manually start builds
         processing:
WARNING: $ gitlab-runner run
WARNING: Use sudo for system-mode:
WARNING: $ sudo gitlab-runner...
```

Das `gitlab-ci token` können Sie in der Weboberfläche unter ADMIN • RUNNERS ablesen. Wichtig ist die abschließende Frage nach dem EXECUTOR für diesen Runner.

GitLab stellt mehrere Methoden zur Verfügung, wie ein Runner funktioniert. Wir wollen uns in den folgenden Abschnitten auf drei Typen beschränken, den *Shell Executor*, den *Docker Executor* und den *Kubernetes Executor*. Weitere Informationen zu den GitLab-Runner-Typen finden Sie hier:

*https://docs.gitlab.com/runner/executors*

### Der Shell Executor

Wir verwenden hier `shell`, wodurch der Job auf dem Betriebssystem mit den Rechten des (bei der Installation angelegten) Users `gitlab-runner` ausgeführt wird (außer Sie haben sich bei der Registrierung für den `user-mode` entschieden, dann läuft er unter Ihrer Benutzerkennung). Da wir in unserem Beispiel mit Docker arbeiten, müssen Sie dem Benutzer die entsprechenden Rechte geben, damit er Docker ausführen darf (in der Regel müssen Sie ihn der Gruppe `docker` zuteilen).

Mit dem Shell Executor führt der User die Jobs der CI-Pipeline in seinem Heimatverzeichnis aus. Sie können dort unter dem Ordner `build` die einzelnen Schritte nachverfolgen, was das Debugging erleichtert. Alle `docker`-Kommandos können auf die lokal installierten Images zurückgreifen.

Alle Instruktionen in der CI-Pipeline können die Programme aufrufen, die auf dem Computer installiert sind, auf dem der Runner läuft.

**Zugriff auf Projektdateien**

Gut zu wissen ist, dass jeder Shell-Runner den aktuellen Stand Ihres Projekts im Arbeitsverzeichnis vorhält (via `git clone`). Mit diesen Dateien können Sie in der CI/CD-Pipeline arbeiten.

Waren die oben beschriebenen Schritte erfolgreich, so sehen Sie in der Weboberfläche unter ADMIN AREA • RUNNERS, dass sich der Runner angemeldet hat. Hier können Sie den Runner auch konfigurieren, indem Sie ihn einem bestimmten Projekt zuweisen oder ihm eine Beschreibung und Tags hinzufügen.

### Der Docker Executor

Etwas anders sieht es aus, wenn der Runner den *Docker Executor* verwendet. Wir sprechen hier nicht davon, dass der GitLab-Runner als Docker-Container läuft, sondern davon, dass der nativ laufende Runner den Docker-Service verwendet, um die CI-Pipeline abzuarbeiten.

Dadurch ergeben sich im Vergleich zum Shell Executor gewisse Einschränkungen: Die Jobs werden im Kontext eines Docker-Images ausgeführt. Ob dabei dasselbe Image für alle Jobs in der Pipeline verwendet werden soll oder ob jeder Job sein eigenes Image verwendet, kann in der Konfigurationsdatei eingestellt werden. Der Runner kann dabei entweder auf die offizielle Docker-Registry zurückgreifen oder auch Images aus der privaten Registry verwenden.

Es ist leider nicht ohne Weiteres möglich, `docker` selbst aufzurufen, da wir bereits im Kontext eines Containers arbeiten. Zwar gibt es theoretisch die Möglichkeit, das Docker-in-Docker-Image (`docker:dind`) zu verwenden, aber dazu muss der Runner

Docker im PRIVILEGED MODE starten, was sämtliche Sicherheitsmechanismen aushebelt und daher nicht zu empfehlen ist.

**Projekt-Dateien im Docker Executor**

Anders als beim Shell Executor sind die Projektdateien im Docker Executor unter `/builds/<namespace>/<project-name>` erreichbar.

### Der Kubernetes Executor

Der Kubernetes Executor funktioniert sehr ähnlich wie der gerade beschriebene Docker Executor, nur laufen der Container und die verknüpften Services in einem Kubernetes-Pod in einem Kubernetes-Cluster.

**Kubernetes**

Kubernetes oder *k8s* ist eine von Google entwickelte Plattform zur effizienten Verwaltung von Containern. In Kapitel 21, »Kubernetes«, finden Sie mehr darüber.

Bis Version 14 bot GitLab eine einfache Möglichkeit, einen Kubernetes-Cluster über die Weboberfläche zu verbinden und im Anschluss daran dort Runner zu installieren. Leider wurde diese Funktion entfernt, und wir wollen hier nicht allzu weit in die Details zu Kubernetes einsteigen. Eine Installationsanleitung für GitLab-Runner in einem vorhandenen Kubernetes-Cluster finden Sie in der GitLab-Dokumentation:

*https://docs.gitlab.com/runner/install/kubernetes.html*

## 17.11 Mattermost

Die Entwickler von Mattermost sind angetreten, um eine freie Alternative für den sehr beliebten Cloud-Dienst *Slack* zu etablieren. Slack (*https://slack.com*) hat neue Maßstäbe in Bezug auf Teamkommunikation gesetzt. Ob am Desktop, in der App für mobile Geräte oder im Browser, das Benutzerinterface ist intuitiv, und es macht Spaß, es zu verwenden. Die in *Kanäle* aufgeteilten Informationen können schnell gesichtet und bei Bedarf kommentiert werden. Vor allem in Teams mit vielen Entwicklerinnen und Entwicklern an unterschiedlichen Standorten ist die Kommunikation oft effizienter als per E-Mail.

Die Mattermost-Entwickler haben sich dieses Konzept zum Vorbild genommen und ein tolles Open-Source-Produkt geschaffen, das in vielen Bereichen überzeugen kann. Vor allem für Teams, die ihre Kommunikation nicht über einen Cloud-Anbieter abwickeln wollen, ist Mattermost das Mittel der Wahl, um eine moderne Teamkommunikation zu ermöglichen. Durch das freie Lizenzmodell (der Server kann ohne Veränderungen für kommerzielle und nichtkommerzielle Projekte verwendet werden) und die einfache Installation steht einem Einsatz im eigenen Firmennetzwerk (also *on premises*) nichts im Wege.

Auch die Entwicklerinnen und Entwickler von GitLab schätzen den Mattermost-Server offensichtlich sehr, denn das GitLab-Docker-Image enthält eine leicht angepasste Mattermost-Version.

**Extra-Schritt mit externer Datenbank**

Das `docker compose`-Setup, das wir in diesem Kapitel vorgestellt haben, verwendet eine externe PostgreSQL-Datenbank. Damit die integrierte Mattermost-Installation funktioniert, müssen Sie manuell eine Datenbank und einen Benutzer mit Rechten für diese Datenbank erzeugen. Verwenden Sie dazu zum Beispiel diese SQL-Kommandos:

```
CREATE USER gitlab_mattermost WITH PASSWORD 'geheim';
CREATE DATABASE mattermost OWNER gitlab_mattermost;
```

In unserem GitHub-Repository finden Sie das Shell-Skript `create_mattermost_user.sh`, das diese Aufgabe erledigt. Außerdem müssen Sie die Zugangsdaten noch in der `compose.yaml` Datei eintragen (wie alle anderen Konfigurationen auch in der Variable `GITLAB_OMNIBUS_CONFIG`).

```
mattermost['sql_driver_name'] = 'postgres'
mattermost['sql_data_source'] = "user=gitlab_mattermost
  host=postgresql port=5432 sslmode=disable dbname=mattermost
  password=geheim"
```

Um Mattermost zu aktivieren, reichen vier Zeilen im `environment`-Abschnitt der `compose.yaml`-Datei:

```
mattermost_external_url 'https://mattermost.dockerbuch.info'
mattermost_nginx['enable'] = false
mattermost['service_address'] = "0.0.0.0"
mattermost['service_port'] = "8065"
```

Wie bei der Docker-Registry müssen wir auch hier den vorgeschalteten Nginx-Server für Mattermost ausschalten, denn um die SSL-Zertifikate kümmert sich der Traefik-Proxy. Damit Port 8065 vom Proxy erreichbar ist, setzen wir die `service_address` auf `0.0.0.0`.

Die Einstellungen für den Traefik-Proxyserver finden sich wieder in der `labels`-Sektion der `compose.yaml`-Datei:

17

```
- traefik.http.routers.mm.rule=Host(`mattermost.dockerbuch.info`)
- traefik.http.routers.mm.tls=true
- traefik.http.routers.mm.tls.certresolver=lets-encrypt
- traefik.http.routers.mm.service=mm
- traefik.http.services.mm.loadbalancer.server.port=8065
```

Damit ist die Konfiguration von Mattermost aber schon abgeschlossen, und Sie können das Setup mit `docker compose up -d` starten.

Wenn Sie die bestehenden Benutzer der GitLab-Instanz in Mattermost übernehmen möchten, können Sie GitLab als Single-sign-on-Provider einbinden. Auch dazu bedarf es nur weniger Zeilen in der `compose.yaml`-Datei:

```
mattermost['gitlab_auth_endpoint'] =
    "http://gitlab.dockerbuch.info/oauth/authorize"
mattermost['gitlab_token_endpoint'] =
    "http://gitlab.dockerbuch.info/oauth/token"
mattermost['gitlab_user_api_endpoint'] =
    "http://gitlab.dockerbuch.info/api/v4/user"
```

Beachten Sie, dass wir hier nicht `https` verwenden, sondern `http`. Der Grund dafür ist, dass beide Server – also GitLab und Mattermost – im gleichen Docker-Container laufen und dort der DNS-Name für `gitlab.dockerbuch.info` nicht auf die externe, offizielle IP-Adresse auflöst, sondern auf die interne Docker-IP-Adresse.

Da GitLab in Docker ohne den vorgeschalteten Traefik-Proxy läuft, der die SSL-Zertifikate verwaltet, müssen wir hier unverschlüsselt mit `http` kommunizieren. Sicherheitstechnisch ist das irrelevant, da die Verbindung den Docker-Container gar nicht verlässt, also in einem internen Netzwerk stattfindet.

Damit die OAuth Anmeldung funktioniert, müssen Sie außerdem noch eine Anwendung in GitLab anlegen. Dabei erzeugen Sie eine Applikations-ID und einen geheimen Schlüssel. Diese beiden Werte müssen auch noch an die Mattermost-Instanz übergeben werden. Öffnen Sie dazu ADMIN • APPLICATIONS, und erstellen Sie eine neue Anwendung, wobei als SCOPE `read_user` ausreichend ist und unter CALLBACK URL diese beiden Adressen einzugeben sind:

```
https://mattermost.dockerbuch.info/signup/gitlab/complete
https://mattermost.dockerbuch.info/login/gitlab/complete
```

Die dabei erzeugte *Application ID* und das *Secret* ergänzen Sie abschließend in der `compose.yaml`-Datei:

```
mattermost['gitlab_id'] = "58e92398aff1cbdc14ac4cba501d22e1233...
mattermost['gitlab_secret'] = "gloas-69c3b2699ddf020a7802bbf74...
```

Nach einem Neustart des GitLab-Containers funktioniert der Single-sign-on-Button auf dem Anmeldebildschirm von Mattermost (siehe Abbildung 17.9).

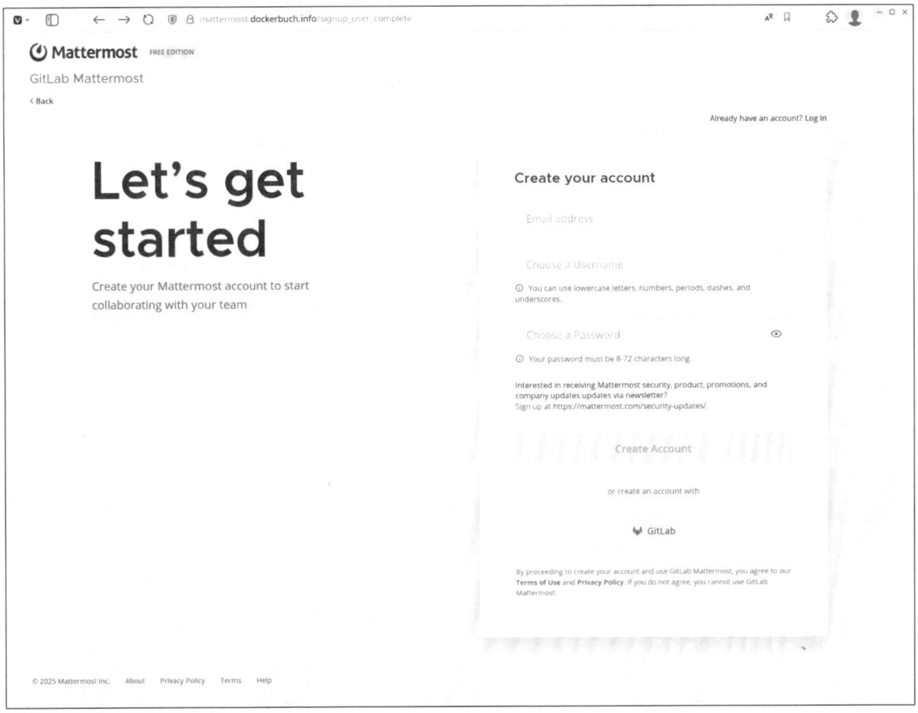


**Abbildung 17.9** Die Single-sign-on-Möglichkeit für GitLab in Mattermost



## Verbindung zu GitLab

Die Verbindung zwischen Mattermost und GitLab bezieht sich auf zwei Bereiche:

- Incoming Webhooks
- Slash-Commands

Über *Incoming Webhooks* können Benachrichtigungen aus GitLab direkt in einem Mattermost-Kanal angezeigt werden (siehe Abbildung 17.10). Zu diesen Benachrichtigungen zählen unter anderem:

- ein Git-Push
- Veränderungen an Tickets
- Statusänderung einer CI/CD-Pipeline
- Änderungen im Wiki

Mit *Slash-Commands* können Sie hingegen aktiv im Mattermost-System eine GitLab-Aktion starten. Dazu müssen Sie nur eine Nachricht mit einem Schrägstrich (*Slash*) beginnen und das entsprechende Schlagwort verwenden. Als Aktionen können Sie Tickets suchen, Tickets anzeigen oder neue Tickets erstellen. Außerdem können Sie den Deploy-Vorgang einer CD-Pipeline starten, worauf wir hier aber nicht eingehen werden.

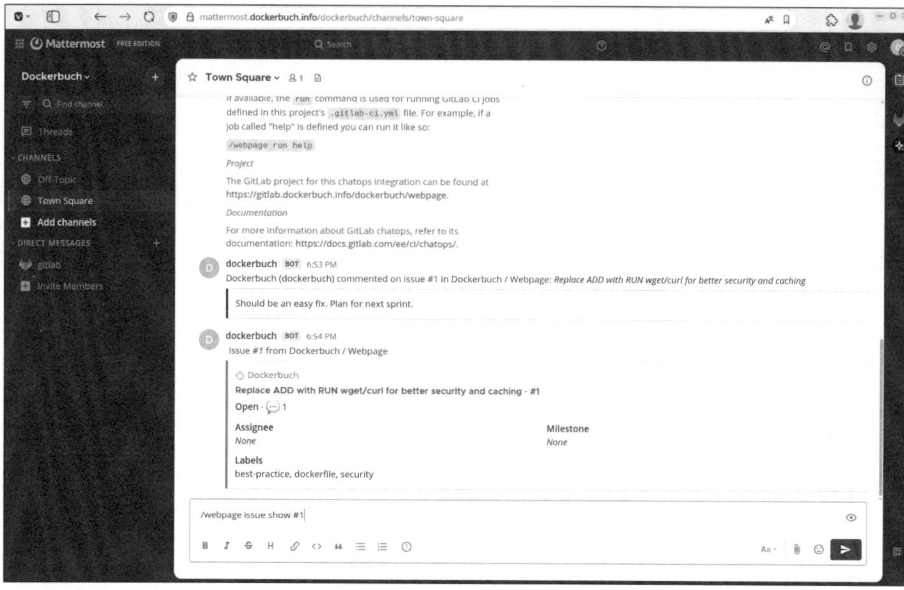


**Abbildung 17.10** Ein Mattermost-»Slash-Command« und die Benachrichtigung über ein verändertes Ticket

Um das Anzeigen der GitLab-Benachrichtigungen zu aktivieren, öffnen Sie das Einstellungsmenü in Mattermost und wählen den Punkt Integrations aus. Erstellen Sie dort einen Incoming Webhook mit dem Titel GitLab und dem Channel Town Square. Mattermost zeigt Ihnen daraufhin eine URL an, die Sie in GitLab als Webhook-URL eintragen müssen.

Öffnen Sie dazu in GitLab die Admin Area, und suchen Sie unter Settings Integrations den Eintrag Mattermost Notifications. Füllen Sie am Ende dieser Seite das Textfeld Webhook mit der eben genannten URL. Die Benachrichtigungen sind ab jetzt aktiviert.

Im Unterschied zu den Benachrichtigungen, die für die gesamte GitLab-Instanz eingerichtet werden können, beziehen sich Slash-Commands auf ein Projekt. Um sie zu aktivieren, öffnen Sie in Ihrem GitLab-Projekt den Integrations-Punkt im Settings-Menü und wählen aus der Liste den Punkt Mattermost slash commands aus. In dem anschließenden Dialog klicken Sie auf den Button Add to Mattermost, und die Integration ist fast fertig.

Für unser Docker-Setup müssen Sie jetzt noch eine weitere Anpassung vornehmen: GitLab hat die Einstellungen in der Mattermost-Konfiguration korrekt eingetragen, aber wenn der Mattermost-Server versucht, den GitLab-Server mit der Adresse *https://gitlab.dockerbuch.info* zu erreichen, schlägt die Verbindung fehl. Wie bei der oben beschriebenen Single-sign-on-Konfiguration kommunizieren die beiden Server hier im Container und nicht über den vorgelagerten Traefik-Proxyserver. Sie müssen daher in den Mattermost-Einstellungen unter INTEGRATIONS beim Punkt SLASH COMMANDS den Eintrag bearbeiten und die `https`-Adresse in `http` ändern (siehe Abbildung 17.11).

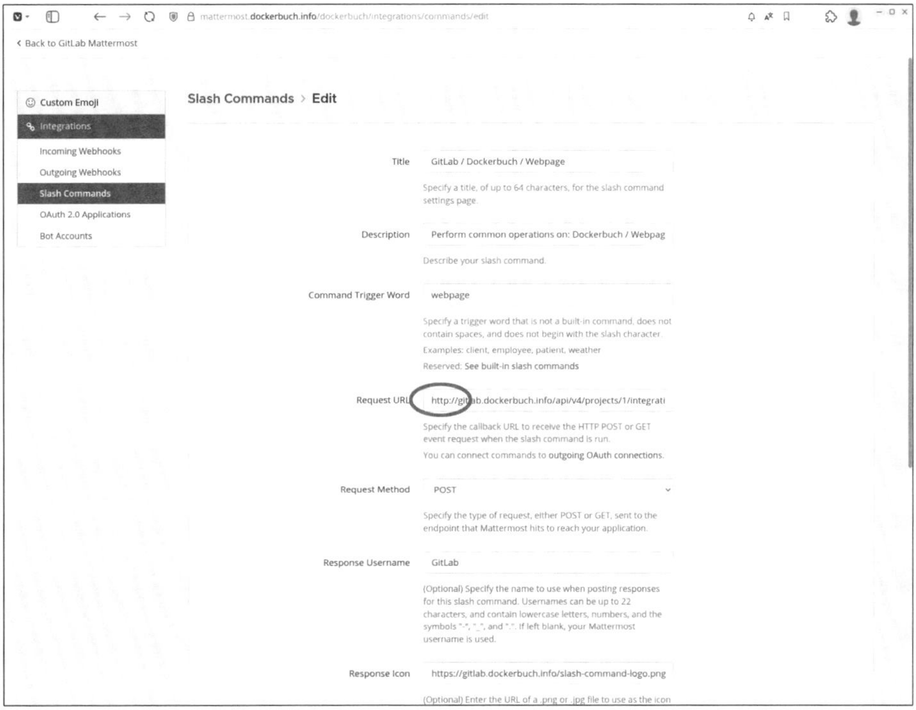


**Abbildung 17.11** Die von GitLab erzeugte Mattermost-Konfiguration der Slash-Commands

Beim ersten Aufruf eines Slash-Commands in Mattermost werden Sie aufgefordert, die Berechtigung für diese Aktion zu erteilen. Nach der Bestätigung kommunizieren Mattermost und GitLab über die Web-API.

**App und Desktop-Client**

Mattermost bietet eine sehr gelungene Weboberfläche, für Mobiltelefone mit Android oder iOS gibt es aber auch eine App in den entsprechenden Stores. Für Windows, Mac und Linux gibt es außerdem eine Desktop-Anwendung, die auf der Electron-Runtime basiert.

*https://about.mattermost.com/download*

# Kapitel 18
# Continuous Integration und Continuous Delivery

*Continuous Integration* (CI) und *Continuous Delivery* (CD) sind zwei Konzepte, die oft in Verbindung mit dem DevOps-Modell beschrieben werden. *DevOps* steht für einen modernen Arbeitsablauf, in dem das Entwicklerteam und das Operationsteam nicht mehr getrennt voneinander agieren, sondern in dem oft ein und dieselbe Person für beide Bereiche verantwortlich ist.

*Continuous Integration* beschreibt eine Arbeitsweise, in der Entwickler bereits kleine Veränderungen am Code in einem zentralen Repository einchecken. Durch das ständige Integrieren sollen größere Probleme beim Zusammenführen der unterschiedlichen Codeteile verhindert werden.

Als *Continuous Delivery* wird die Fortführung dieser Technik beschrieben, wenn im Anschluss an erfolgreiche Tests automatisch eine neue Version bereitgestellt wird (siehe Abbildung 18.1). 18

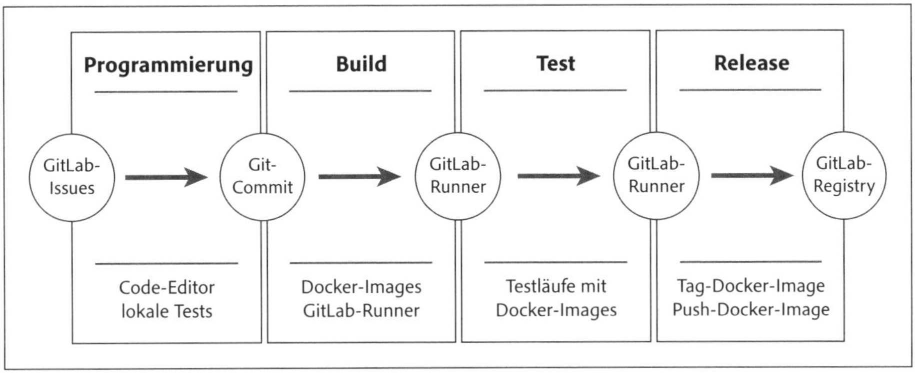


**Abbildung 18.1** Die Continuous-Integration- bzw. Continuous-Delivery-Pipeline

Wer schon an Projekten mit einer funktionierenden CI/CD-Pipeline mitgearbeitet hat, möchte dieses Feature vermutlich nicht mehr missen. Die automatischen Tests mit dem anschließenden Release geben zusätzliche Sicherheit beim Entwickeln.

**Voraussetzung GitLab**

In diesem Kapitel werden wir eine Continuous-Delivery-Pipeline mit Docker anhand eines Beispiels vorführen. Die Steuerung und Ausführung dieser Pipeline übernimmt GitLab, das wir in Kapitel 17, »GitLab«, ausführlich vorgestellt haben. Zum besseren Verständnis der Abläufe ist es sinnvoll, wenn Sie dieses Kapitel bereits gelesen haben.

Wie schon im GitLab-Kapitel gilt auch hier die Voraussetzung, dass Sie schon Erfahrung mit der Versionsverwaltung Git gesammelt haben.

## 18.1 Die Website dockerbuch.info mit gohugo.io

Als Beispielprojekt für CI/CD zeigen wir Ihnen, wie wir die Website zum Buch realisiert und in einer Continuous-Delivery-Pipeline abgearbeitet haben.

Für die hauptsächlich statischen Inhalte der Website *https://dockerbuch.info* wollten wir nicht zu einem Content-Management-System mit Datenbank und Programmiersprache greifen. Ein statischer Website-Generator ist ausreichend und bringt dabei noch Sicherheitsvorteile, da SQL-Injections oder Angriffe auf das Programm-Framework wegfallen.

Der Arbeitsablauf ist wie folgt:

- Markdown-Datei hinzufügen/verändern, Live-Preview im Browser
- Änderungen in Git committen und pushen
- CI-Pipeline startet (siehe Abbildung 18.2):
  - *Production Build* der Website
  - Docker-Image der Website
  - Test 1: Alle Links der Website werden geprüft.
  - Test 2: Das HTML wird auf Gültigkeit geprüft.
  - Aufräumen
  - Das Docker-Image wird mit *latest* als neueste Version gekennzeichnet.
- manuelles Deployen des neuen Docker-Images

Als statischen Website-Generator nutzen wir *Hugo*, ein frei erhältliches, in der Programmiersprache Go geschriebenes Programm, das auf der Basis der Markdown-Syntax eine Struktur von HTML-Seiten mit einer Navigation und Menüs erzeugt. Da wir auch das vorliegende Buch in der Markdown-Syntax verfasst haben, erschien uns dieses Format sehr passend.

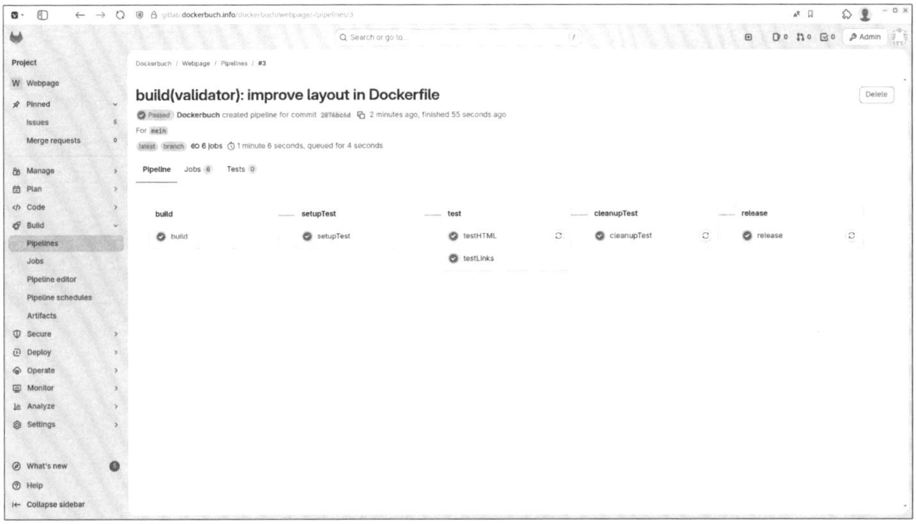


**Abbildung 18.2** Eine erfolgreiche Continuous-Integration-Pipeline in GitLab

### Hugo als Docker-Container ausführen

Der einfachste Weg zu Hugo führt über den Download von GitHub:

*https://github.com/gohugoio/hugo/releases*

Hugo wird als *static binary* angeboten. Das bedeutet, dass alle notwendigen Bibliotheken in der ausführbaren Datei bereits enthalten sind. Sie müssen das Archiv lediglich auspacken und die ausführbare Datei in einen Ordner in Ihrem Suchpfad kopieren. Beim Download haben Sie die Auswahl zwischen den unterschiedlichen Betriebssystemen und der Standard- beziehungsweise der *extended*-Variante. Zweitere enthält die Möglichkeit, das neue WebP-Bildformat zu erzeugen und Stylesheets in das Format Sass zu konvertieren.

Sie können aber auch ein Docker-Image für Hugo bauen. Da das von uns ausgewählte Hugo-Theme Sass verwendet, haben wir uns für die *extended*-Variante entschieden.

```
# Datei: cicd/hugo/Dockerfile
FROM buildpack-deps:trixie-curl
ENV HUGO_VERSION=0.152.2
WORKDIR /tmp
RUN curl -L https://github.com/gohugoio/hugo/releases/download/v
$HUGO_VERSION/hugo_extended_${HUGO_VERSION}_Linux-64bit.tar.gz \
  -o /tmp/hugo.tar.gz && \
  tar xf /tmp/hugo.tar.gz && \
  mv /tmp/hugo /usr/local/bin && \
  rm /tmp/hugo.tar.gz
WORKDIR /src
```

```
EXPOSE 1313
ENTRYPOINT ["hugo"]
```

Als Basis-Image verwenden wir `buildpack-deps:trixie-curl`, das auf der aktuellen Version von Debian basiert und um das Programm `curl` erweitert wurde. Wir können hier kein Alpine-Linux Image verwenden, da die *extended*-Version von Hugo die `glibc`-Bibliothek verlangt, die in dieser Distribution fehlt.

Sollten Sie auf eine neue Version von Hugo umsteigen wollen, müssen Sie nur die Umgebungsvariable `HUGO_VERSION` anpassen. (Beachten Sie, dass die URL für die Anweisung `RUN curl` in einer Zeile stehen muss und hier nur aus Platzgründen über zwei Zeilen verteilt wurde!)

Erzeugen Sie das Docker-Image, und lassen Sie sich als Test die Version von Hugo ausgeben:

```
docker build -t \
    registry.dockerbuch.info/dockerbuch/webpage/hugo .
docker run --rm \
    registry.dockerbuch.info/dockerbuch/webpage/hugo version
  hugo v0.152.2-6abd... linux/amd64 BuildDate=2025-10-24T15:31...
```

Da Hugo Dateien auf Ihrer Festplatte erzeugt und einliest, verwenden Sie den Docker-Container am besten mit einem Bind-Mount-Volume (Option `-v`) für das aktuelle Verzeichnis:

```
docker run --rm -v "$(pwd)":/src \
  registry.dockerbuch.info/dockerbuch/webpage/hugo
```

Leider wird die Anwendung ein wenig komplizierter, wenn Sie Hugo im Docker-Container verwenden möchten: Da der Container als `root`-Benutzer ausgeführt wird, gehören auch die Dateien, die im lokalen Ordner erzeugt werden, `root`. Deswegen können Sie diese Dateien lokal nicht als gewöhnlicher Benutzer editieren. Ein möglicher Ausweg besteht darin, `docker` mit Ihrer eigenen User-ID und Group-ID zu starten:

```
docker run --rm -v "$(pwd)":/src -u "$(id -u):$(id -g)" \
  registry.dockerbuch.info/dockerbuch/webpage/hugo version
```

Ein weiterer Stolperstein taucht auf, sobald Sie den äußerst praktischen Entwicklerserver von Hugo starten. Hier müssen Sie Hugo mit der Bind Address `0.0.0.0` starten, da der Server sonst auf `localhost` beschränkt und nur innerhalb des Containers erreichbar wäre. Außerdem müssen Sie die Portweiterleitung vom Container an den Host (Option `-p 1313:1313`) hinzufügen.

Der vollständige Aufruf für den Server sieht dementsprechend so aus:

```
docker run --rm -v "$(pwd)":/src -u "$(id -u):$(id -g)" \
  -p 1313:1313 registry.dockerbuch.info/dockerbuch/webpage/hugo \
  server --bind 0.0.0.0
```

Zur täglichen Verwendung lohnt es sich hier, einen `alias` zu erstellen, damit man nicht immer die lange Kommandozeile tippen muss. Und bei aller Liebe zu Docker ist die Verwendung des *static binary* von Hugo wohl etwas unkomplizierter.

### Hugo-Schnellstart

Vielleicht haben Sie es schon bemerkt: Wir sind große Freunde der Kommandozeile. Da kommt es uns entgegen, dass sich auch Hugo durch Kommandos steuern lässt. Mit wenigen Befehlen können Sie eine neue Website erzeugen. Starten Sie dazu in einem neuen Verzeichnis, wir werden es hier `webpage` nennen. Der folgende Ablauf entspricht in etwa der Anleitung von *http://gohugo.io/getting-started/quick-start*:

```
hugo new site dockerbuch.info
  Congratulations! Your new Hugo site is created in ...
  ...
cd dockerbuch.info
git clone https://github.com/luizdepra/hugo-coder.git \
  themes/hugo-coder
rm -rf themes/hugo-coder/.git
cp themes/hugo-coder/exampleSite/hugo.toml .
mkdir static/images
cp themes/hugo-coder/exampleSite/static/images/avatar.jpg \
  static/images
hugo -D server
```

18

Hugo erzeugt ein Verzeichnis mit dem Namen der neuen Website, hier `dockerbuch.info`. Damit Hugo funktioniert, müssen Sie eine grafische Vorlage (*Theme*) installieren. Wir haben uns für das *hugo-coder*-Theme entschieden, das sich von GitHub herunterladen lässt. Speichern Sie Ihr gewünschtes Theme in einem Unterordner von `themes`, und entfernen Sie anschließend das `.git/`-Verzeichnis in diesem Repository. Wenn Sie später Änderungen am Theme vornehmen, können Sie sie so einfacher in Ihrem Git-Repository speichern.

Kopieren Sie abschließend noch eine Vorlage der Konfigurationsdatei für Ihr Theme und ein Beispiel-Bild in das aktuelle Verzeichnis. Das Hugo-Entwicklerteam hat sich für TOML als Standardformat für die Konfigurationseinstellungen entschieden, Sie können aber auch YAML oder JSON verwenden.

**TOML vs. YAML vs. JSON**

Das hier verwendete Dateiformat *TOML* funktioniert sehr ähnlich wie das bereits bekannte YAML-Format. Durch die Einführung von Sektionen, die von eckigen Klammern gekennzeichnet sind, können im Vergleich zu YAML Einrückungen eingespart werden. Für Konfigurationsdateien ist das JSON-Format mit den verpflichtenden Klammern und Anführungszeichen am aufwendigsten zu erstellen.

Der Aufruf von `hugo -D server` startet den Entwicklerserver mit der Option, auch als *draft* gekennzeichnete Inhalte anzuzeigen. Öffnen Sie nun Ihren Webbrowser mit der URL *http://localhost:1313*. Sie sollten dann die Startseite Ihrer Webpräsenz sehen (siehe Abbildung 18.3).

**Abbildung 18.3** Eine noch leere Website, erstellt mit Hugo und dem »hugo-coder«-Theme

Ändern Sie den Titel der Website, und setzen Sie die `baseUrl` auf den Wert `"/"` in der Datei `hugo.toml`. Anschließend fügen Sie noch ein neues Posting hinzu:

```
hugo new posts/first-post.md
```

Damit wird die Datei `content/posts/first-post.md` angelegt. Sie enthält folgende Kopfzeilen (natürlich mit dem gerade aktuellen Datum):

```
+++
draft = true
date = 2025-12-13T13:17:06Z
title = ""
description = ""
slug = ""
authors = []
```

```
tags = []
categories = []
externalLink = ""
series = []
+++
```

Wenn Sie jetzt Änderungen an der Datei vornehmen und speichern, wird Ihr Browser automatisch aktualisiert, und Sie sehen die neuen Inhalte. Wir werden hier nicht weiter auf die Funktionsweise von Hugo eingehen. Nur eines noch – wenn Sie sich für Hugo interessieren: Viele Themes, wie auch das hier verwendete *hugo-coder*, liefern eine Beispielsite mit. Ein Blick in die darin befindliche `hugo.toml`-Datei erleichtert den Einstieg meistens deutlich.

**Hugo-Themes**

Wenn Sie sich für Hugo und die grafischen Gestaltungsmöglichkeiten mit Hugo interessieren, empfehlen wir Ihnen, verschiedene Themes von Hugo auszuprobieren:

*https://themes.gohugo.io*

Wir benötigen noch das Git-Repository, um die CI-Pipeline in GitLab anzustoßen. Später werden Sie diese in ein GitLab-Projekt integrieren. Wechseln Sie dazu in das `webpage`-Verzeichnis; Sie sollten hier den Unterordner sehen, den Hugo für Sie angelegt hat.

18

```
git init
git add .
git commit -m "Website mit Hugo und dem Theme Coder erstellt"
```

Mit diesen drei Kommandos initialisieren Sie zuerst ein neues Git-Repository, fügen anschließend alle Dateien und alle Ordner im aktuellen Verzeichnis hinzu und speichern den ersten Commit. Die Verbindung zu GitLab erstellen wir später.

## 18.2 Docker-Images für die CI/CD-Pipeline

Gemäß der Docker-Philosophie »Ein Container für einen Job« verwenden wir mehrere Docker-Images in der CI/CD-Pipeline:

- ein Webserver-Image mit der fertigen Docker-Buch-Website
- ein Link-Checker-Image zum Testen der verlinkten Dokumente
- ein HTML-Validator-Image zum Testen, ob der HTML-Code der Spezifikation entspricht

### Das Webserver-Docker-Image

Unser Ziel ist es, einen fertigen Container mit Webserver und allen benötigten Dateien zu erstellen, der ohne Abhängigkeiten lauffähig ist. Das erforderliche Docker-Image dazu leiten wir von dem Nginx-Webserver ab, der die HTML-Dateien ausliefern wird.

```
# Datei: cicd/webpage/Dockerfile
FROM registry.dockerbuch.info/dockerbuch/webpage/hugo as build

WORKDIR /src
COPY dockerbuch.info/ /src/
RUN hugo

FROM nginx:1-alpine
COPY --from=build /src/public/ /usr/share/nginx/html/
VOLUME ["/usr/share/nginx/html/"]
```

Wir verwenden auch hier die bereits aus Kapitel 13, »Eine moderne Webapplikation«, bekannte Technik der Multi-Stage-Builds im `Dockerfile`. Als Basis nutzen wir im ersten Schritt das zuvor erzeugte Hugo-Image (bei uns als `registry.dockerbuch.info/dockerbuch/webpage/hugo` getaggt) und benennen den Abschnitt als `build`. Der Quellcode der Website (die Markdown-Dateien und das Theme) wird in das Image kopiert und durch den Aufruf von `hugo` in die fertige Website übersetzt.

Der zweite Abschnitt im `Dockerfile` baut auf der Alpine-Variante des `nginx`-Images auf und kopiert die zuvor übersetzte Website an die Stelle im Dateisystem, wo Nginx in der Standardkonfiguration die HTML-Dateien sucht. Damit ist Ihre gesamte Website in einem Docker-Container verpackt und lauffähig.

Die abschließende `VOLUME`-Anweisung ermöglicht bei Bedarf ein einfaches Backup der gesamten Website. Obwohl wir die Inhalte jederzeit aus dem Git-Repository neu erzeugen können, schadet ein Backup der generierten Inhalte auch nicht – doppelt hält besser.

### Der Link-Checker

Der erste Test für die Website überprüft, ob alle Links gültig sind. Dazu verwenden wir das Programm `linkchecker` aus der Debian-Distribution. Speichern Sie das `Dockerfile` in einen Unterordner im `webpage`-Verzeichnis; wir werden diesen Ordner `linkchecker` nennen. Das `Dockerfile` selbst ist sehr übersichtlich:

```
# Datei: cicd/webpage/linkchecker/Dockerfile (docbuc/linkchecker)
FROM debian:trixie

RUN apt-get update && apt-get install -y \
```

```
      linkchecker \
  && rm -rf /var/lib/apt/lists/*
RUN useradd -ms /bin/bash linkchecker
USER linkchecker
WORKDIR /home/linkchecker
ENTRYPOINT ["linkchecker"]
CMD ["-h"]
```

Um den Container nicht als root-Benutzer laufen zu lassen, erstellen wir zuerst einen neuen Benutzer linkchecker und setzen anschließend das Arbeitsverzeichnis (WORKDIR) auf das neu erzeugte Heimatverzeichnis dieses Benutzers. Die Kombination aus ENTRYPOINT und CMD führt dazu, dass das Image bei einem Start ohne Parameter die Hilfe zu dem Programm ausgibt:

```
docker build -t docbuc/linkchecker linkchecker/ && \
    docker run --rm docbuc/linkchecker

  => [internal] load .dockerignore
  ...
  => [2/4] RUN apt-get update && apt-get install -y linkchecke...
  => [3/4] RUN useradd -ms /bin/bash linkchecker
  => [4/4] WORKDIR /home/linkchecker
  ...
  => => naming to docker.io/docbuc/linkchecker
  usage: linkchecker [-h] [-f FILENAME] [-t NUMBER] [-V] [--li...
  ...
```



Damit ist dieses Docker-Image fertig vorbereitet. Wir werden es später in der CI-Pipeline verwenden.

### Der HTML-Validator

Ein weiterer Test soll sicherstellen, dass die HTML-Syntax überall korrekt ist. Das Werkzeug dazu ist der HTML-Validator, der auf GitHub zum Download bereitsteht. Der Code ist in Java programmiert und benötigt die Java-Runtime, weshalb wir das Eclipse-Temurin-Image als Basis verwenden:

```
# Datei: cicd/webpage/validator/Dockerfile (docbuc/validator)
FROM eclipse-temurin:25-jre

WORKDIR /src
RUN apt-get update \
  && apt-get install -y --no-install-recommends wget \
  && export VNU_PATH="releases/download/latest/vnu.jar" \
  && wget -O /src/vnu.jar \
    "https://github.com/validator/validator/$VNU_PATH"\
```

```
  && ls -l /src \
  && apt-get purge -y \
  && rm -rf /var/lib/apt/lists/* \
  && adduser --system validator
USER validator
WORKDIR /home/validator
EXPOSE 8888
ENTRYPOINT ["java", "-jar", "/src/vnu.jar" ]
CMD ["--help"]
```

Speichern Sie auch dieses `Dockerfile` in einem Unterordner unterhalb des `webpage`-Verzeichnisses (wir verwenden `validator`). Wie beim Link-Checker-Image erstellen wir auch hier einen neuen Benutzer. Neuerlich hilft die Kombination aus `ENTRYPOINT` und `CMD`, um beim Aufruf die Hilfe zum Validator zu bekommen. Erzeugen Sie das Image, und starten Sie einen Container davon:

```
docker build -t docbuc/validator validator/

  ...
  => [2/5] RUN useradd -ms /bin/bash validator
  => [3/5] WORKDIR /src
  ...
  => => naming to docker.io/docbuc/validator

docker run --rm docbuc/validator

  NAME

  vnu - The Nu Html Checker

  SYNOPSIS

  On Linux or macOS
  'vnu-runtime-image/bin/vnu [OPTIONS]... FILES|DIRECTORY|URL...'
  [...]
```

## 18.3 Die CI/CD-Pipeline

GitLab wertet den Inhalt der Datei `.gitlab-ci.yml` im Wurzelverzeichnis eines Projekts aus, um die Instruktionen für die CI-Pipeline aufzubauen. Diese YAML-Datei enthält die Beschreibung der Jobs, die innerhalb der Pipeline ausgeführt werden sollen. Die Namen der Jobs können frei gewählt werden, abgesehen von folgenden reservierten Wörtern:

- image
- services
- stages
- types
- before_script
- after_script
- variables
- cache

Der Aufbau der .gitlab-ci.yml-Datei und die Definition der einzelnen Jobs sind davon abhängig, welcher GitLab-Runner (siehe Abschnitt 17.10) den Prozess ausführt. Wir zeigen Ihnen im Folgenden zwei Varianten, wobei die erste mit dem Shell-Runner und die zweite mit dem Docker-Runner läuft.

### CI/CD mit dem GitLab-Shell-Runner

Wie schon bei den Dockerfiles in den vorigen Abschnitten empfiehlt es sich auch hier, mit Variablen zu arbeiten. Bei einem Umzug auf ein anderes System müssen dann nur die entsprechenden Variablen angepasst werden.

```
# Datei: cicd/webpage/.gitlab-ci.yml
variables:
  REGISTRY: registry.dockerbuch.info
  TEST_IMAGE: $REGISTRY/dockerbuch/webpage:$CI_COMMIT_REF_NAME
  TEST_NETWORK: testnet
  RELEASE_IMAGE: $REGISTRY/dockerbuch/webpage:latest
  TEST_CONTAINER_NAME: dockerbuch
  LINK_CHECKER: $REGISTRY/dockerbuch/webpage/linkchecker
  VALIDATOR: $REGISTRY/dockerbuch/webpage/validator
```

Sogenannte *Stages* definieren den Ablauf der Pipeline. Jeder Stage können ein oder mehrere Jobs zugwiesen werden. Der jeweils nächste Eintrag wird nur dann ausgeführt, wenn der vorige erfolgreich war. Durch das Gruppieren von mehreren Jobs in einer Stage können Tests parallel laufen (siehe Abbildung 18.2):

```
# Datei: cicd/webpage/.gitlab-ci.yml (Fortsetzung)
stages:
  - build
  - setupTest
  - test
  - cleanupTest
  - release

before_script:
  - docker login -u gitlab-ci-token -p $CI_JOB_TOKEN $REGISTRY
```

18

Das `before_script` wird vor allen Jobs ausgeführt. Im vorliegenden Fall melden wir uns hier bei der Docker-Registry an (`docker login`), wobei der spezielle User `gitlab-ci-token` mit dem Passwort aus der Variablen `$CI_JOB_TOKEN` zum Einsatz kommt. GitLab legt diesen User extra zu diesem Zweck an und stellt die Variable in der Testumgebung bereit.

Im `build`-Abschnitt erzeugen wir die benötigten Docker-Images und kopieren sie in die Registry:

```
# Datei: cicd/webpage/.gitlab-ci.yml (Fortsetzung)
build:
  stage: build
  script:
    - docker build -t $TEST_IMAGE .
    - docker push $TEST_IMAGE
    - docker build -t $LINK_CHECKER linkchecker/
    - docker push $LINK_CHECKER
    - docker build -t $VALIDATOR validator/
    - docker push $VALIDATOR
```

Das `$TEST_IMAGE` enthält den Nginx-Server, Hugo und den HTML-Code; `$LINK_CHECKER` und `$VALIDATOR` enthalten die gerade besprochenen Images zum Testen. Alle werden frisch erzeugt und in der privaten Docker-Registry abgelegt (`push`). Im nächsten Schritt, `setupTest`, holen wir das zu testende Image aus der Registry, legen ein eigenes Netzwerk an und starten den Nginx-Container:

```
# Datei: cicd/webpage/.gitlab-ci.yml (Fortsetzung)
setupTest:
  stage: setupTest
  script:
    - docker pull $TEST_IMAGE
    - docker network create $TEST_NETWORK
    - docker run -d --network $TEST_NETWORK
        --name $TEST_CONTAINER_NAME $TEST_IMAGE
```

Jetzt läuft der Webserver mit der aktualisierten Website in der Testumgebung. Der Link-Checker, der im `testLinks`-Job gestartet wird, greift auf die Website per HTTP zu und versucht, alle Links zu validieren:

```
# Datei: cicd/webpage/.gitlab-ci.yml (Fortsetzung)
testLinks:
  stage: test
  script:
    - docker ps
    - docker run --rm --network $TEST_NETWORK $LINK_CHECKER
        http://$TEST_CONTAINER_NAME/ --check-extern
```

Wichtig ist, dass auch dieser Container in dem eigens erstellten Netzwerk läuft, denn nur so kann die Namensauflösung zum `$TEST_CONTAINER_NAME` funktionieren. Das Ergebnis des Tests können Sie während eines Testlaufs im Browser mitverfolgen, aber auch jederzeit später abrufen (siehe Abbildung 18.4).

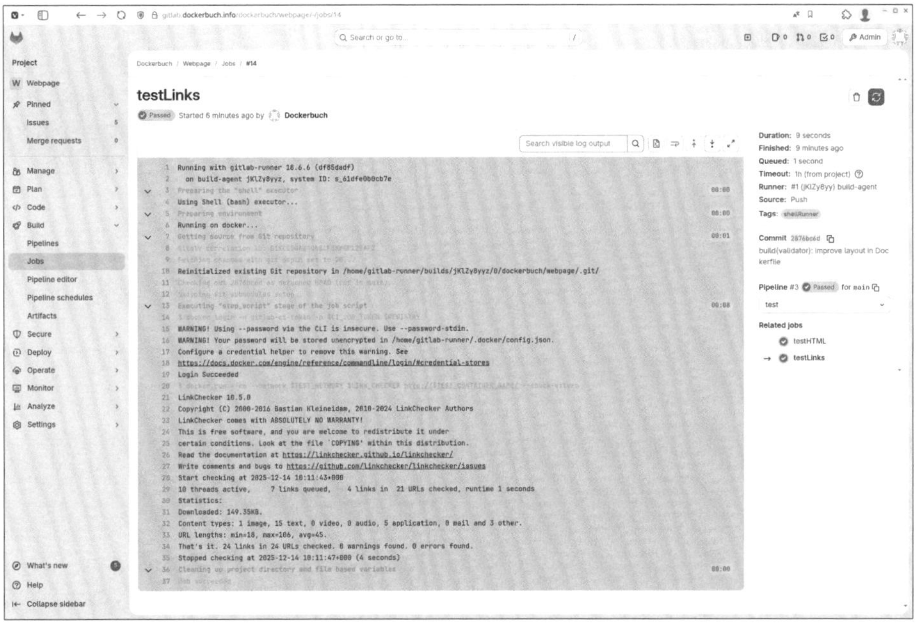


**Abbildung 18.4** Das Ergebnis des Link-Checker-Tests

Der HTML-Test greift auf die Dateien auf dem Webserver zu und durchforstet sie:

```
# Datei: cicd/webpage/.gitlab-ci.yml (Fortsetzung)
testHTML:
  stage: test
  script:
    - docker run --rm --volumes-from $TEST_CONTAINER_NAME
        $VALIDATOR --verbose --skip-non-html
        /usr/share/nginx/html/
```

Dadurch, dass die Jobs `testHTML` und `testLinks` in derselben Stage sind, laufen sie parallel (siehe Abbildung 18.2). Im `cleanupTest`-Abschnitt werden der Test-Container und das Test-Netzwerk gelöscht:

```
# Datei: cicd/webpage/.gitlab-ci.yml (Fortsetzung)
cleanupTest:
  stage: cleanupTest
  script:
    - docker stop $TEST_CONTAINER_NAME
        && docker rm $TEST_CONTAINER_NAME
```

18

```
    - docker network rm $TEST_NETWORK
  when: always
```

Der obige Abschnitt aus der `.gitlab-ci.yml` zeigt noch eine Besonderheit: Die Einstellung `when: always` zeigt an, dass dieser Job auch dann ausgeführt werden soll, wenn vorher laufende Jobs nicht erfolgreich waren. Wir wollen die Testumgebung also auf jeden Fall aufräumen.

Den Abschluss bildet der `release`-Job. Hier wird das erfolgreich getestete Image mit dem entsprechenden Tag (in diesem Fall `latest`) versehen und in die Registry kopiert. Das Besondere an diesem Job ist, dass er nur ausgeführt wird, wenn der Commit auf dem `main`-Zweig des Git-Repositorys eingecheckt wurde.

```
# Datei: webpage/.gitlab-ci.yml (Fortsetzung)
release:
  stage: release
  script:
    - docker pull $TEST_IMAGE
    - docker tag $TEST_IMAGE $RELEASE_IMAGE
    - docker push $RELEASE_IMAGE
  only:
    - main
```

Ihr Setup ist jetzt fertig, und es ist an der Zeit für die ersten Tests. Verbinden Sie dazu zuerst das Git-Repository, das Sie in Abschnitt 18.1 erstellt haben, mit einem neuen Projekt in Ihrer GitLab-Instanz. Die Anleitung dazu gibt Ihnen GitLab auf der neuen, leeren Projektseite. Aktuell sollte Ihr Projektverzeichnis so ähnlich aussehen wie hier (die Einträge im `.git`-Verzeichnis wurden gekürzt):

```
|-- dockerbuch.info
|   |-- archetypes
|   |-- config.toml
|   |-- content
|   |-- .gitignore
|   `-- themes
|-- compose.yaml
|-- Dockerfile
|-- .git
|   |-- [...]
|-- .gitlab-ci.yml
|-- hugo
|   `-- Dockerfile
|-- linkchecker
|   `-- Dockerfile
`-- validator
    `-- Dockerfile
```

Um das neue GitLab-Projekt mit dem bestehenden Verzeichnis zu verbinden, führen Sie folgende Kommandos im Wurzelverzeichnis aus:

```
git remote add origin \
  https://gitlab.dockerbuch.info/dockerbuch/webpage.git
git push -u origin main
```

Die URL für das Remote-Repository wird bei Ihnen natürlich entsprechend anders lauten. Wenn Sie alles korrekt eingestellt haben, sollte die CI/CD-Pipeline nach dem erfolgreichen Push starten. Öffnen Sie den CI/CD-Menüpunkt in Ihrem GitLab-Projekt, und verfolgen Sie den Ablauf.

**Fehlersuche**

Bei den ersten Versuchen ist es nicht unüblich, dass die Pipeline fehlschlägt. Es sind viele Komponenten im Spiel, und ein kleiner Fehler reicht, um die Ausführung zu stoppen.

Meist finden Sie in der Weboberfläche genügend Hinweise, warum ein Fehler aufgetreten ist. Für Fehler, die nicht den Quellcode betreffen, haben Sie in der Oberfläche auch die Möglichkeit, einen Test ohne Git-Commit und Git-Push neu zu starten.

### Die Pipeline testen



Im folgenden Abschnitt wollen wir ein fehlerhaftes HTML-Konstrukt in die Vorlage der Website einbauen, um zu überprüfen, ob der HTML-Validator den Fehler erkennt. Ein einfacher HTML-Fehler ist die falsche Verschachtelung von Tags. Zum Beispiel darf das <p>-Tag nicht innerhalb des <span>-Tags vorkommen, was wir aber jetzt in die Vorlage einfügen werden.

Editieren Sie dazu die Datei layouts/_partials/page.html im Theme-Verzeichnis (themes/hugo-coder), und fügen Sie an einer Stelle Ihrer Wahl die Zeile

```
<span>Hello <p>World</p></span>
```

ein. Speichern, committen und pushen Sie nun die Änderungen, wodurch die CI-Pipeline startet. Da der Test auf gültiges HTML jetzt fehlschlägt (error: Element "p" not allowed as child of element "span"), bricht die Pipeline ab. Der Schritt CleanupTest wird trotzdem noch ausgeführt, da er mit dem Eintrag when: always versehen ist (siehe Abbildung 18.5).

Würden der Test-Container und das Test-Netzwerk nicht gelöscht, entstände beim nächsten Pipeline-Durchlauf bereits beim setupTest-Job ein Fehler, da dann das Netzwerk mit dem gleichen Namen nicht erstellt werden könnte.

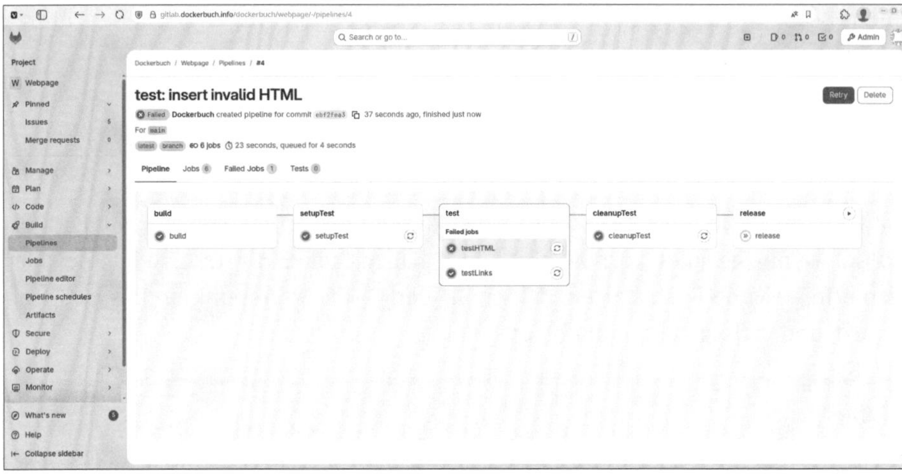


**Abbildung 18.5** Die fehlgeschlagene CI-Pipeline mit dem ungültigen HTML-Konstrukt

## CI mit dem GitLab-Docker-Runner

Wenn Sie einen GitLab-Runner vom Typ `docker` verwenden, ändern sich die möglichen Jobs in der CI-Pipeline. Während beim Shell-Runner Kommandos direkt auf dem Runner-Computer ausgeführt werden, läuft bei dem Docker-Runner alles innerhalb eines Docker-Containers ab. Das dazugehörige Docker-Image geben Sie in der `.gitlab-ci.yml`-Datei an:

```
# Datei: cicd/webpage/.gitlab-ci.yml (am git-branch docker-ci)
image:
  name: "registry.dockerbuch.info/dockerbuch/webpage/testimage"
  entrypoint: [""]
```

Wenn Sie das Docker-Runner-Beispiel mit Ihren bestehenden Dateien ausprobieren möchten, so erstellen Sie einfach einen *Branch* in dem Git-Repository. Mit dem Kommando

```
git checkout -b docker-ci
```

wird der neue Branch `docker-ci` erzeugt und Git wechselt gleich dorthin.

Für unsere Tests werden wir ein eigenes Docker-Image bauen, das sowohl den Link-Checker als auch den Validator und Hugo mit an Bord hat. Das Image mit dem Namen `testimage` speichern wir in der privaten Docker-Registry in GitLab bei dem Projekt `webpage`.

Das `Dockerfile` für das `testimage` sieht folgendermaßen aus (die Download-Links für `curl` stehen jeweils in einer Zeile):

```
# Datei: webpage/testimage/Dockerfile
FROM debian:trixie

ENV HUGO_VERSION=0.152.2

RUN apt-get update && apt-get -y install \
    default-jre-headless \
    linkchecker \
    && rm -rf /var/lib/apt/lists/*

WORKDIR /tmp
ADD https://github.com/gohugoio/hugo/releases/download/v\
 $HUGO_VERSION/hugo_extended_${HUGO_VERSION}_Linux-64bit.tar.gz \
 /tmp/hugo.tar.gz
RUN tar xf /tmp/hugo.tar.gz && \
  mv /tmp/hugo /usr/local/bin && \
  rm /tmp/hugo.tar.gz
RUN useradd -ms /bin/bash linkchecker
ADD --chown=linkchecker:linkchecker "https://github.com/validator
/validator/releases/download/latest/vnu.jar" /opt/vnu/vnu.jar
USER linkchecker
WORKDIR /home/linkchecker
ENTRYPOINT ["/bin/bash"]
```

Wir verwenden die aktuelle Debian-Version als Basis-Image und installieren anschließend eine Java-Runtime (für den HTML-Validator) und den Link-Checker.

Welche Tests innerhalb des Containers ablaufen werden, steht wiederum in der `.gitlab-ci.yml`-Datei:

```
# Datei: cicd/webpage/.gitlab-ci.yml (docker-ci, Fortsetzung)
stages:
  - test

before_script:
  - cd dockerbuch.info && hugo -d dockerbuch-out

testHTML:
  stage: test
  tags:
    - validator
    - dockerRunner
  script:
    - pwd
    - /usr/bin/java -jar /opt/vnu/vnu.jar
        dockerbuch-out/index.html
```

```
testLinks:
  stage: test
  services:
    - name: registry.dockerbuch.info/dockerbuch/webpage:latest
      alias: webserver
  tags:
    - dockerRunner
  script:
    - linkchecker http://webserver/
```

Im Unterschied zum Shell-Runner enthält die Konfigurationsdatei nur noch eine `stage`, die Testläufe. Wie wir schon in Abschnitt 17.10, »GitLab-Runner«, beschrieben haben, kann der GitLab-Docker-Executor das Programm `docker` nicht aufrufen, da die gesamte Ausführung innerhalb eines Containers abläuft. Es gibt daher keine Möglichkeit, das finale Docker-Image zu bauen. Die hier vorgestellte Pipeline deckt nur den Continuous-Integration-Teil ab und nicht mehr den Teil der Delivery.

Im `before_script` wird Hugo im Ordner `dockerbuch.info` gestartet und die fertige Website in den Unterordner `dockerbuch-out` gespeichert. Das funktioniert, da wir uns während der Ausführung der Pipeline im Projektordner befinden. Im `testHTML`-Job lassen wir uns dieses Verzeichnis anzeigen: `pwd` steht für *print working directory* und ist ein Bestandteil der Standard-Unix-Shell. Der Aufruf dient nur zur Information, wo das Script ausgeführt wird. Der zweite Eintrag in der `script`-Sektion startet dann den HTML-Validator für die generierte Website unter `dockerbuch-out`.

Der `testLinks`-Job hat noch eine Erweiterung gegenüber dem `testHTML`-Job. In dem Abschnitt `services` können ein oder mehrere Docker-Images aufgeführt werden, die während der Job-Ausführung zur Verfügung stehen. Bei Integrationstests von komplexeren Programmen kann hier zum Beispiel eine Datenbank gestartet werden, in der für die Testausführung notwendige Daten temporär gespeichert werden. In unserem Beispiel starten wir einen Container mit dem Nginx-Webserver, der die generierte Website ausliefert. Das `Dockerfile` dazu leiten wir vom offiziellen Nginx-Image ab. Anschließend kopieren wir eine entsprechende Konfigurationsdatei in das Image:

```
FROM nginx:1
COPY default.conf /etc/nginx/conf.d/
```

In der `default.conf`-Datei wurde nur die Zeile mit der `root`-Anweisung gegenüber der Standardkonfiguration verändert:

```
location / {
 root /builds/dockerbuch/webpage/dockerbuch.info/dockerbuch-out;
 index  index.html index.htm;
}
```

Ebenso wie das Standard-Image, in dem die Pipeline ausgeführt wird, haben alle Services das Projektverzeichnis unterhalb des Ordners `/builds` eingehängt. Das Wurzelverzeichnis für den Nginx-Server muss nur noch auf den richtigen Pfad eingestellt werden, und schon ist die Website innerhalb der Pipeline erreichbar. Da sich der Host-Name innerhalb des Docker-Netzwerks von dem Namen des Images ableitet und das in unserem Fall ein ziemlich langer Name ist, vergeben wir im `service`-Abschnitt noch den Alias `webserver` für den Dienst. Dadurch funktioniert der Aufruf `linkchecker http://webserver/` mit der richtigen Namensauflösung (siehe Abbildung 18.6).

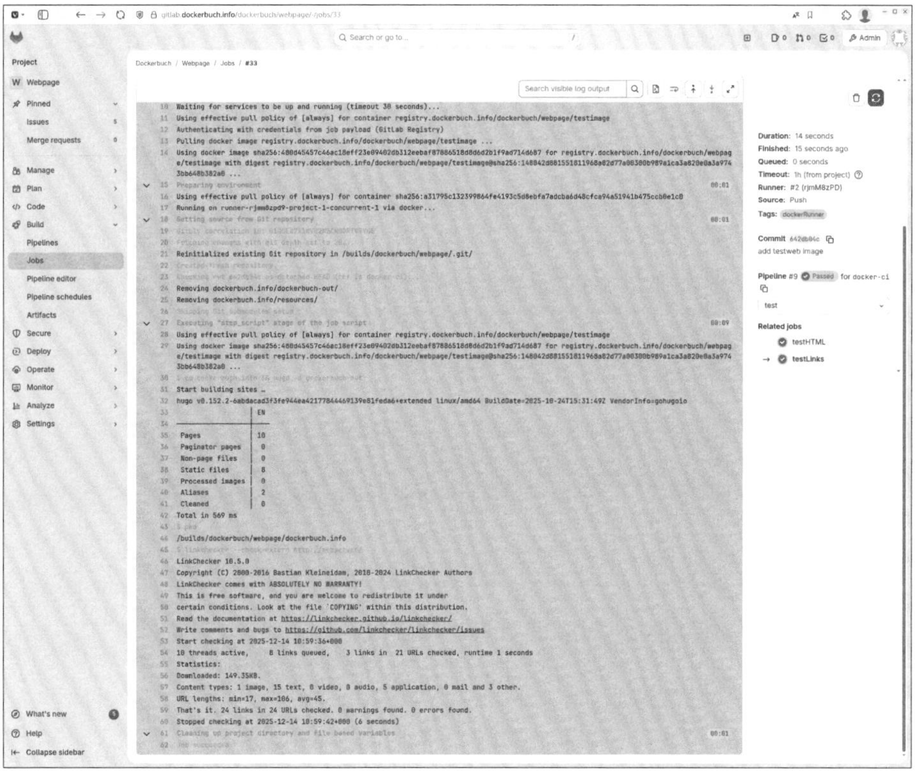


**Abbildung 18.6** Die erfolgreiche CI-Pipeline im Docker Executor

# Kapitel 19
# **Sicherheit**

Abgesehen von den Vorteilen bei der Applikationsentwicklung und beim Deployment bieten Container bei korrekter Verwendung einen besseren Schutz gegen Angriffe als Anwendungen, die nicht im Container laufen:

- Zum einen sind standardmäßig je nach Plattform bzw. Distribution Sicherheitsmaßnahmen aktiv, die bei der Ausführung von Containern gewisse Angriffe unterbinden. Lesen Sie dazu mehr in Abschnitt 19.7, »Secure Computing Mode«, und in Abschnitt 19.8, »AppArmor-Sicherheitsprofile«.
- Zum anderen sind Container gegenüber dem Betriebssystem durch sogenannte *Namespaces* abgegrenzt. Diese Abschottung kann durch *User Namespaces* noch verbessert werden (siehe Abschnitt 19.5).

Da Docker den Bereich von Betriebssystemen bis Applikationen betrifft, können wir in diesem Kapitel nur an der Oberfläche kratzen. Wir möchten Ihnen aber die prinzipiellen Sicherheitsmechanismen von Docker vorstellen und Ihnen ein paar *Best Practices* vermitteln. Dabei konzentrieren wir uns auf Linux als Docker-Host, weil Linux im Deployment die am weitesten verbreitete Plattform ist (ganz unabhängig davon, unter welchem Betriebssystem Sie die Entwicklung durchführen).



**Weiterführende Informationen**

Werfen Sie auch einen Blick in die Abschnitte Abschnitt 6.8, »Docker-Interna« und Abschnitt 6.9, »Podman-Interna«. Dort gehen wir kurz auf die Netzwerk- und Firewall-Konzepte von Podman ein. Besonders wichtig ist, dass Sie nicht für die interne Nutzung gedachte Ports nach außen öffnen!

Wenn Sie sich tiefergehend mit Container-Sicherheit auseinandersetzen möchten, empfehlen wir Ihnen den Blog von Jessie Frazelle, *https://blog.jessfraz.com*. Sie war maßgeblich an der Einführung des Secure Computing Mode und der AppArmor-Unterstützung als Standardsicherheitsmaßnahmen in Docker beteiligt.

## 19.1 Softwareinstallation

Unabhängig von Docker möchten wir zuvor noch ein Wort zur Installation von externen Programmen verlieren, da wir in diesem Buch mehrfach solche Installationen beschreiben. Im Container-Umfeld erfreut sich die Programmiersprache Go großer Beliebtheit. Programme in dieser Sprache lassen sich leicht für verschiedene Plattformen übersetzen und als ein statisch gelinktes Binärprogramm vertreiben. `kubectl`, `helm` und `hcloud` sind solche Beispiele. Zur Installation reicht es, das Programm mit `curl` herunterzuladen, es ausführbar zu machen (unter Linux und macOS) und es in den Suchpfad zu kopieren.

Anders als bei der Installation von Programmen mit dem Paketmanager Ihres Betriebssystems gibt es keine Prüfung einer digitalen Signatur. Sie können also nicht erkennen, ob die Binärdatei auf dem Server von einem Angreifer ausgetauscht wurde. Ihr Vertrauen in das Programm basiert auf der Identität des Webservers, von dem Sie das Programm mit `curl` herunterladen. Diese Identität wird durch das SSL-Zertifikat bestätigt. Sie sollten bei einem solchen Download also nie die Option `-k` oder `--insecure` von `curl` verwenden, da sie die Überprüfung des Zertifikats umgeht.

Das Gleiche gilt für die Installation von Programmen mit diesem Kommando:

```
# potenziell gefährlich!
curl -fsSL get.docker.com | sudo sh
```

Die Seite *https://get.docker.com* liefert ein Shell-Script, das die Docker-Installation für unterschiedliche Betriebssysteme durchführt. Dieser Aufruf ist in mehrerlei Hinsicht problematisch: Zum einen verbinden Sie sich nicht explizit mit dem SSL-gesicherten Server, sondern unverschlüsselt auf Port 80. Der Parameter `-L` von `curl` ermöglicht eine automatische Weiterleitung, was in diesem Fall wirklich auf die verschlüsselte Seite *https://get.docker.com* und damit zu dem gewünschten Ergebnis führt. Ein *Man-in-the-Middle*-Angriff wäre hier aber sehr einfach durchzuführen, da die erste Verbindung unverschlüsselt erfolgt.

Ein weiteres Risiko entsteht durch das gleichzeitige Herunterladen und Ausführen des Scripts. Eine Störung in der Netzwerkverbindung während des Downloads könnte zu einer sehr unangenehmen Situation führen. Denken Sie nur an ein Konstrukt in dieser Form:

```
TEMPDIR="delete_me"
rm -rf $HOME/$TEMPDIR
```

Würde die Netzwerkverbindung nach dem / abbrechen, stünde als Kommando nur noch `rm -rf $HOME/` da, was nicht zu dem gewünschten Ergebnis führt. Zugegeben, das ist ein etwas konstruiertes Beispiel, aber Sie erkennen die Problematik. Mit ein wenig mehr Tipparbeit lässt sich das Problem aber deutlich entschärfen:

```
curl https://get.docker.com/ -o docker-install.sh
# überprüfen, ob es wirklich das Installations-Script ist:
vi docker-install.sh
chmod +x docker-install.sh
./docker-install.sh
```

## 19.2 Herkunft der Docker-Images

Alle Docker-Images, die Sie in diesem Buch sehen, leiten sich von anderen Images ab. Das erspart Ihnen eine Menge Arbeit. Außerdem werden die Images in den meisten Fällen von den Softwareentwicklern selbst betreut und sind deshalb für die jeweilige Software optimiert. Abgesehen von Kapitel 17, »GitLab«, verwenden wir in diesem Buch immer das offizielle Docker-Image-Repository, den Docker Hub. Die Firma *Docker Inc.* bietet diesen Service für öffentliche Images kostenlos an.

Jeder registrierte Benutzer kann Images hochladen, die anschließend allen Docker-Usern unter dem Kürzel `<Benutzername>/<image>` zur Verfügung stehen. Für diese Images gibt es keine Garantie. Sollte ein `Dockerfile` öffentlich sichtbar sein, ist es eine gute Idee, einen Blick darauf zu werfen. Ohne Zugriff auf ein `Dockerfile` haben Sie die Adresse zu dem Image hoffentlich aus einer sicheren Quelle erhalten.

Als registrierter Benutzer im Docker Hub mit einem bezahlten Abo-Modell hat man die Möglichkeit, eigene Images automatisch auf bekannte Sicherheitslücken zu scannen. Docker hatte dieses Geschäft an die Firma Snyk ausgelagert (*https://snyk.io*), seit Februar 2023 ist es aber integrierter Bestandteil von Docker und läuft unter dem Namen *Basic Vulnerability Scanning*. 

Ein neueres Konzept von Docker heißt *Docker Scout*. Es kann einerseits über eine Weboberfläche bedient werden (*https://scout.docker.com*, siehe Abbildung 19.1) oder auch als Plug-in für das Docker-Kommandozeilenprogramm verwendet werden.

Leider konnten wir noch nicht viel Erfahrungen mit dem neuen Werkzeug machen; unsere ersten Versuche waren aber vielversprechend. Das Tool weist auf bekannte *Common Vulnerabilities and Exposures* (CVEs) hin und greift dabei auf öffentliche CVE-Datenbanken zurück.

Im Juli 2023 konnten wir keine konkreten Angaben dazu finden, ob die offiziellen Images im Docker Hub automatisch auf Sicherheitsprobleme untersucht werden. Offizielle Images sind auf der Website von Docker als *Official Repository* gekennzeichnet, und ihnen ist kein Benutzername vorangestellt. Auf der Docker-Hub-Website erkennen Sie solche Images daran, dass ihnen in der URL ein Unterstrich vorangestellt ist; die URL für das offizielle Node.js-Image lautet zum Beispiel:

*https://hub.docker.com/_/node*

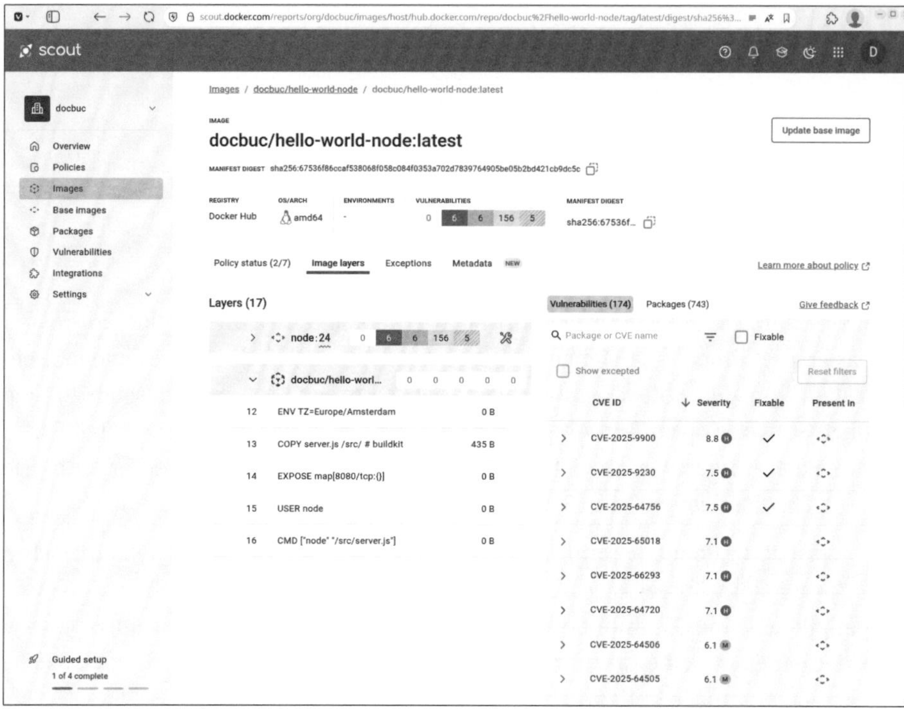


**Abbildung 19.1** Das Ergebnis des Docker-Scout-Sicherheits-Scans für das Hello-World-Node-Image

## Externe Registrys

Große IT-Dienstleister wie Google, Microsoft und Amazon bieten ebenfalls Container-Registrys in ihrem Cloud-Portfolio an. Wenn Sie sich für eine dieser Plattformen entscheiden, um dort Ihre Container laufen zu lassen, ist der Griff zu der jeweiligen Registry sicher sinnvoll. Die Images haben kurze Übertragungszeiten und werden mit dem vorhandenen Konto abgerechnet.

Die Sicherheitskontrollen sind dort noch nicht so stark integriert, wie es im Docker Hub für die offiziellen Images der Fall ist. Bei Azure können Sie den kostenpflichtigen *Microsoft Defender for Cloud* aktivieren, der neben anderen Diensten auch das Scannen von Container-Images übernimmt.

Google hat einen integrierten Dienst, der nach Sicherheitsproblemen in Images suchen kann, die auf der hauseigenen *Artifact Registry* (vormals *Container Registry*) hochgeladen wurden. In der *Elastic Container Registry* von Amazon haben Sie ebenfalls die Möglichkeit, Docker-Images automatisch scannen zu lassen. Amazon verwendet dazu den Open-Source-Scanner *Clair* (siehe *https://github.com/quay/clair*).

Ein weiterer kommerzieller Container-Registry-Anbieter ist Quay (*https://quay.io*). In der Enterprise Edition werden auch hier Ihre Images automatisch nach Sicherheitsproblemen durchsucht und die Resultate in der Weboberfläche dargestellt. Der Scanner hält sogar Lösungsvorschläge durch Paket-Updates der Distribution bereit (siehe Abbildung 19.2). Quay wurde als Registry für das containeroptimierte Betriebssystem CoreOS entwickelt, das Anfang 2018 vom Linux-Distributor Red Hat übernommen wurde.

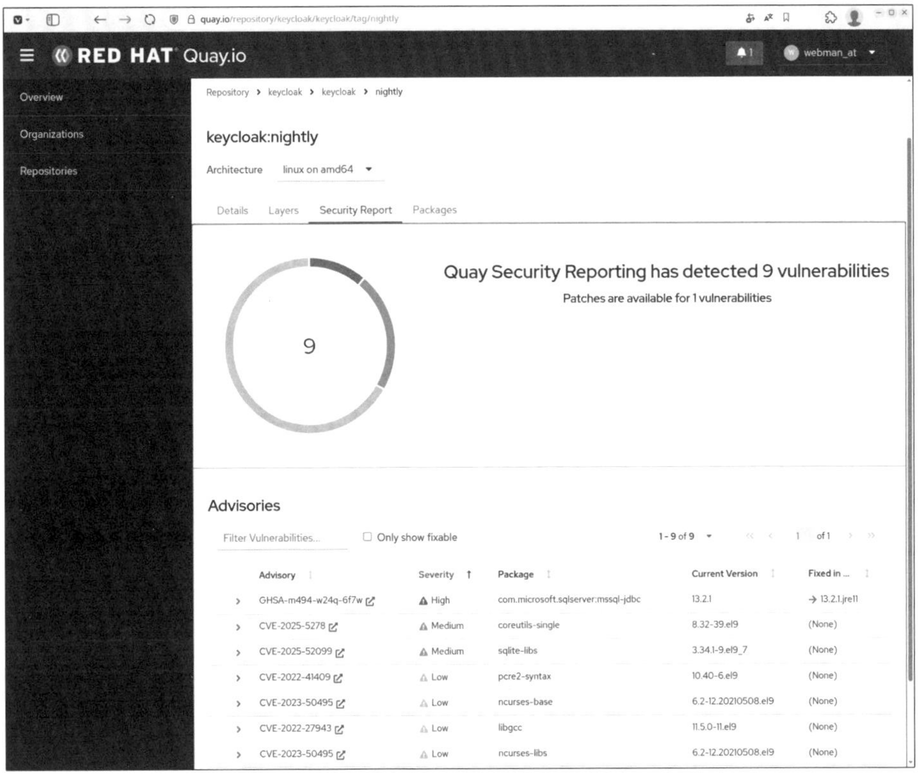


**Abbildung 19.2** Der Sicherheits-Scan für das »keycloak/keycloak«-Image im Quay-Repository

Wo Sie Ihre Images auch speichern, wichtig ist, dass Sie allen Schichten in Ihrem Image vertrauen können. Ein automatisches Scannen in der Registry erhöht auf jeden Fall die Image-Sicherheit.

## 19.3 root in Docker-Images

Der Administrator-Zugang (`root`) zu Unix-Systemen war in früheren Zeiten sehr streng geregelt. *Normale* Benutzer arbeiteten immer mit eingeschränkten Rechten,

19

und Änderungen am System mussten beim Administrator beantragt werden. Aus dieser Zeit stammt die Regel, dass Netzwerkports unter 1024 nur vom root-User geöffnet werden dürfen. Benutzer, die sich mit dem Server über einen dieser Ports verbanden, wussten, dass der Administrator die Applikation kontrolliert hatte. Die Standardports aller gängigen Server (Mail, Web, FTP ...) liegen unter dieser Grenze.

In der Softwareentwicklung war immer schon klar, dass ein Serverdienst, der unter der root-Benutzerkennung läuft, sicherheitstechnisch problematisch ist. Deshalb wurden Funktionen in den Quellcode eingebaut, die nach der Verbindung mit dem privilegierten Port die root-Rechte abgeben und unter einer anderen Benutzerkennung weiterlaufen.

Sie können das sehr einfach in einem Docker-Container überprüfen. Starten Sie dazu den Apache Webserver in einem Container, und lassen Sie sich die Prozesse mit der dazugehörenden Benutzerkennung ausgeben:

```
docker run -d --name apache httpd:alpine
docker exec apache ps xau

  PID   USER      TIME  COMMAND
      1 root      0:00 httpd -DFOREGROUND
      9 www-data  0:00 httpd -DFOREGROUND
     10 www-data  0:00 httpd -DFOREGROUND
     11 www-data  0:00 httpd -DFOREGROUND
     93 root      0:00 ps xau
```

Wie Sie sehen, wird der Prozess mit der Prozess-ID 1 als root-Benutzer ausgeführt, die weiteren httpd-Prozesse als Benutzer daemon.

### Nginx-Webserver ohne »root«-Rechte

Auch der Nginx-Webserver verwendet diese Technik:

```
docker run -d --name nginx nginx:alpine
docker exec nginx ps xau

  PID   USER      TIME  COMMAND
      1 root      0:00 nginx: master process nginx -g daemon off;
     30 nginx     0:00 nginx: worker process
     46 root      0:00 ps xau
```

Auch hier sehen Sie den Benutzerwechsel: Der Master-Prozess läuft als root mit der Prozess-ID 1, und der Worker-Prozess läuft unter der Benutzerkennung nginx. Wenn Sie versuchen, den Container als Benutzer nginx zu starten, so bekommen Sie die Fehlermeldung Permission denied, weil der Benutzer keine Schreibrechte im Verzeichnis /var/cache/nginx hat:

```
docker run -d --user=nginx --name nginx nginx:alpine
docker logs nginx

  2025/12/11 08:37:22 [emerg] 1#1: mkdir()
    "/var/cache/nginx/client_temp" failed (13: Permission denied)
  nginx: [emerg] mkdir() "/var/cache/nginx/client_temp" failed...
```

Das ist aber nicht das einzige Problem mit Schreibrechten am System. Beim Serverstart wird eine Datei mit der Prozess-ID im Ordner `/var/run` angelegt. Eine einfache Lösung für diese Probleme ist, dass Sie die Datei und den Ordner in Ihrem `Dockerfile` als `root` anlegen und anschließend die Rechte so ändern, dass die Datei dem Benutzer `nginx` gehört. Das `Dockerfile` kann dann so aussehen:

```
FROM nginx:alpine
RUN touch /var/run/nginx.pid \
  && chown -R nginx:nginx /var/run/nginx.pid \
  && chown -R nginx:nginx /var/cache/nginx
```

In früheren Auflagen dieses Buches folgte hier eine Beschreibung des Problems, dass Standardbenutzer nicht auf die privilegierten Ports eines Systems (alle unter 1024) Schreibzugriff haben. Damit wäre es nicht möglich, den Webserver auf Port 80 oder 443 im Container zu starten. Mit der Version 20.10 der Docker Engine wurde diese Beschränkung aufgehoben, indem der Docker-Dämon beim Start einen entsprechenden Kernel-Parameter ändert (`net.ipv4.ip_unprivileged_port_start=0`).

Sie merken schon: Ganz ohne Tricks funktionieren traditionelle Unix-Server ohne `root`-Rechte nicht im Container. Bei anderen Servern werden Sie weitere Anpassungen vornehmen müssen (oft sind es Schreibrechte in Unterordnern von `/var`).



## 19.4 Der Docker-Dämon

Wenn Sie das `docker`-Programm auf der Kommandozeile starten, nimmt es Kontakt mit einem Docker-Dämon auf. Standardmäßig wird die Kommunikation über den Unix-Socket `/var/run/docker.sock` abgewickelt; mit der Umgebungsvariablen `DOCKER_HOST` können Sie auch auf einen über das Netzwerk erreichbaren Docker-Dämon zugreifen. Das Problem mit dem Docker-Dämon ist, dass er mit `root`-Rechten laufen muss. Und hier schrillen natürlich die Alarmglocken: Ein Bug im Code des Docker-Dämons kann dazu führen, dass ein Angreifer `root`-Rechte auf dem Host-System erhält.

Ein weiteres Problem, das sich aus dieser Situation ergibt, ist, dass Benutzer, die Zugriff auf den Docker-Dämon haben (also solche, die Docker verwenden dürfen), quasi `root`-Rechte auf dem Host-System haben. Wir wollen das mit einem einfachen Beispiel demonstrieren. Die Datei `/etc/shadow` enthält auf einem Linux-System die verschlüsselten Passwörter der lokalen Benutzeraccounts. Sie ist aus Sicherheitsgründen für normale Benutzer nicht lesbar:

```
cat /etc/shadow

  cat: /etc/shadow: Permission denied
```

Mit einem Docker-Container kann der gleiche unprivilegierte Benutzer die Datei lesen:

```
docker run -it --rm -v /:/host alpine cat /host/etc/shadow

  root:!:17779:0:99999:7:::
  daemon:*:17779:0:99999:7:::
  bin:*:17779:0:99999:7:::
  [...]
```

Sie binden das Wurzelverzeichnis des Host-Computers einfach in den Container ein und haben dadurch `root`-Zugriff auf das gesamte Dateisystem. Sie hätten auch ein `rm -rf /host` ausführen können, aber dann wäre Ihr Computer in kürzester Zeit nicht mehr funktionsfähig gewesen. Natürlich kann ein Angreifer mit diesem Trick nicht nur Ihr System ausspionieren, er kann auch ein Programm durch eine korrumpierte Version ersetzen oder Ihre Festplatte verschlüsseln.

Wie wir schon in Abschnitt 6.8, »Docker-Interna«, beschrieben haben, ist es eine gängige Praxis, das eigene Benutzerkonto der Gruppe `docker` hinzuzufügen. Sie können das `docker`-Programm dann ohne den `sudo`-Aufruf starten, was bei häufigen Aufrufen sehr praktisch ist. Sicherheitstechnisch ist das aber nicht empfehlenswert und bestenfalls für Entwicklungsrechner akzeptabel: Ein Angreifer, der Ihnen ein Stück ausführbaren Code unterschieben will, braucht dann aber auch kein Passwort, um `root` auf Ihrem System zu werden!

### Rootless Docker

Dem Problem, dass ein Dienst vollen Zugriff auf das ganze System hat, haben sich die Entwicklerinnen und Entwickler von Docker nun angenommen. Schließlich war es einer der großen Kritikpunkte an Docker und sorgte wohl unter anderem für die Entwicklung von Podman.

Seit der Version `20.10` von Docker gilt der *Rootless Mode* als stabil und kann sehr einfach installiert werden (mehr dazu in Kapitel 2, »Installation«). Wenn Sie sich für die genaue Funktionsweise dieser Technik interessieren, lesen Sie im nächsten Abschnitt mehr dazu.

## 19.5 User Namespaces

Die Funktionsweise von Namespaces, also der Technik, die Container voneinander und vom Host abgrenzt, haben wir ebenfalls in Abschnitt 6.8, »Docker-Interna«, skizziert. *User Namespaces* gehen noch einen Schritt weiter.

User Namespaces sind vor allem dann empfehlenswert, wenn Sie in Ihren Containern als `root`-Benutzer arbeiten müssen. Wir haben in Abschnitt 19.3, »root in Docker-Images«, ja schon darauf hingewiesen, wie Sie durch die `USER`-Anweisung vermeiden können, dass der Prozess im Container mit `root`-Rechten läuft. Allerdings ist diese Vorgehensweise nicht immer möglich. In solchen Fällen können Sie dank User Namespaces weiterhin mit `root` im Container arbeiten; diese Benutzerkennung wird aber nicht auf `root` auf dem Host umgesetzt. Rootless Docker macht sich genau diese Funktion zunutze und bildet so den `root`-Benutzer im Container auf einen unprivilegierten Benutzer am System ab.

### Funktionsweise

Mit User Namespaces bietet der Linux-Kernel Ihnen die Möglichkeit, Benutzer-IDs (also die numerische Kennung eines Benutzerkontos) in einem Namespace unabhängig vom Host-Computer zu verwalten. Innerhalb des Namespace (bei Docker also innerhalb des Containers) ändert sich dadurch nichts: `root` behält die UID 0. Greift der `root`-Benutzer im Container aber auf eine vom Host eingebundene Datei zu, so gelten für ihn die Zugriffsrechte eines unbekannten Benutzers.

19

Wenn Sie Rootless Docker verwenden, brauchen Sie sich um die weiteren Einstellungen nicht zu kümmern, denn der unprivilegierte Docker-Dämon regelt diese Einstellungen für Sie. Möchten Sie eine systemweite Docker-Installation auf User Namespaces umstellen, haben Sie unterschiedliche Möglichkeiten. Wenn Sie Docker unter Ubuntu Linux 22.04 mit dem Installations-Script von *https://get.docker.com* installiert haben, können Sie einfach die Datei `/etc/docker/daemon.json` mit folgendem Inhalt anlegen:

```
{
  "userns-remap": "default"
}
```

Starten Sie anschließend den Docker-Server mit `systemctl restart docker` neu. Docker hat bei dem Neustart den Benutzer `dockremap` auf dem Host angelegt. Für diesen Benutzer befindet sich auch ein Eintrag in der Datei `/etc/subuid`:

```
cat /etc/subuid

  dockremap:100000:65536
  dockerbuch:165536:65536
```

Die Datei enthält den Benutzernamen, die Start-ID für Benutzerkennungen in einem Container und die Anzahl der möglichen Benutzer im Container. Das bedeutet, dass `root` mit der Benutzer-ID 0 im Container auf die Benutzer-ID 100000 auf dem Host abgebildet wird. Ein Benutzer im Container mit der UID 1001 bekommt auf dem Host die UID 232073. Wir haben uns anschließend als Benutzer `dockerbuch` am Host angemeldet und das Programm `top` in einem Container mit Alpine Linux gestartet:

```
docker run -it --rm -v /:/host alpine top
```

Die folgende Auflistung der Prozesse auf dem Host zeigt die Benutzerkennung, die Prozess-ID und das ausgeführte Kommando:

```
USER          PID COMMAND
root          998 /usr/bin/containerd
root        23615 /usr/bin/containerd-shim-runc-v2 --namespace ...
100000      23642  \_ top
[...]
dockerb+ 21998        \_  bash
dockerb+ 23582            \_ sudo docker run -it --rm -v /:/ho...
```

Wie Sie sehen, laufen die `bash` und das `docker run`-Kommando unter der Benutzerkennung `dockerbuch`. Der Benutzer bei dem `top`-Kommando im Container wird nur mit der numerischen UID 231072 angezeigt, weil es hier keine Entsprechung auf dem Host gibt (genau genommen in `/etc/passwd`). Die UID errechnet sich (wie oben beschrieben) aus dem Eintrag in der Datei `/etc/subuid` und der UID des Container-Benutzers. In diesem Fall lautet sie 0, weil das Programm `top` als `root`-Benutzer gestartet wurde.

Der `root`-Benutzer innerhalb des Containers kann nun keine Dateien mehr im Host-System schreiben oder verändern:

```
docker run -it --rm -v /:/host alpine touch /host/abc.txt

  /host/abc.txt: Permission denied
```

**Einschränkungen**

Die Docker-Dokumentation bezeichnet User Namespaces als fortgeschrittene Funktion und deutet damit wohl an, dass noch nicht alle Funktionen bis ins letzte Detail mit dieser Konfiguration getestet wurden. So werden zum Beispiel Treiber für externe Speichermedien erwähnt, die mit User Namespaces Probleme bereiten können. Außerdem funktioniert der Netzwerkmodus `--network=host` nicht. Weitere Konfigurationsmöglichkeiten für User Namespaces finden Sie hier:

*https://docs.docker.com/engine/security/userns-remap*

## 19.6 cgroups

*Control Groups*, kurz *cgroups*, sind schon viele Jahre fester Bestandteil des Linux-Kernels. Sie ermöglichen es, den Ressourcenverbrauch von Prozessen einzuschränken. Der Sicherheitsaspekt besteht dabei darin, einen möglichen *Denial-of-Service*-Angriff zu unterbinden: Da ein Container standardmäßig vollen Zugriff auf den Speicher und die CPU(s) des Host-Computers hat, kann ein einziger Container den Computer auch zu 100 % auslasten.

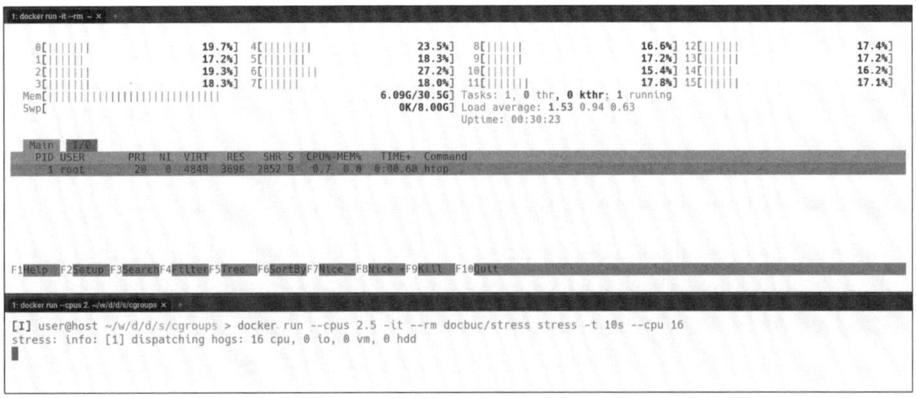


**Abbildung 19.3** Die CPU-Auslastung bei einem Stress-Test im Container mit cgroups-Einschränkung

Wie einfach cgroups mit Docker funktionieren, wollen wir durch ein kurzes Beispiel demonstrieren. Verwenden Sie dazu die zwei Linux-Programme `stress` und `htop`, und installieren Sie sie in einem Docker-Image:

```
# Datei: security/cgroups/Dockerfile
FROM debian:trixie
RUN apt-get update && apt-get install -y \
  stress \
  htop \
  && rm -rf /var/lib/apt/lists/*
CMD [ "stress" ]
```

Mit dem Programm `stress` können Sie sehr einfach Last auf Ihrem System erzeugen, egal, ob für CPU, I/O oder Speicher. Erzeugen Sie das Image, und starten Sie es mit dem Parameter für die CPU-Last:

```
docker build -t docbuc/stress .
docker run --rm docbuc/stress stress -t 10s --cpu 16
```

Der Stress-Test dauert 10 Sekunden und belastet alle 16 CPUs in unserem Testgerät zu 100 %. Öffnen Sie ein zweites Konsolenfenster, und starten Sie das Programm `htop`, das die Auslastung Ihres Computers anzeigt:

```
docker run -it --rm docbuc/stress htop
```

Da `htop` auch in einem Container läuft, wird nur ein Prozess angezeigt, es wird aber korrekt die CPU-Auslastung von allen CPUs dargestellt. Starten Sie nun den Stress-Container mit der cgroups-Einschränkung auf 2,5 CPUs (`--cpus=2.5`), und Sie werden sehen, dass die Auslastung auf allen CPUs etwa auf ein Drittel ansteigt (siehe Abbildung 19.3).

**macOS, Windows und Cloud**

Wie in Abschnitt 6.8, »Docker-Interna«, beschrieben, können Sie unter Windows und macOS außerdem die Gesamtleistung der Docker Engine limitieren.

Wenn Sie Ihre Container in der Cloud ausführen, ist der Server üblicherweise virtualisiert. Damit können Sie die Ressourcen dynamisch anpassen (siehe Abschnitt 20.2, »Docker Swarm in der Hetzner Cloud«, und Kapitel 21, »Kubernetes«).

## 19.7 Secure Computing Mode

Eine weitere Linux-Kernel-Funktion zur Einschränkung von Prozessen ist der *Secure Computing Mode* (kurz *seccomp*). Diese Technik kann die Ausführung von ausgewählten Systemaufrufen im Kernel verhindern. Wahlloses Blockieren führt aber natürlich nicht zum Ziel: Bevor Sie einen der vielen Aufrufe blockieren, müssen Sie seine genaue Aufgabe verstehen.

Jeder Docker-Container wird mit einer Standardliste an *seccomp*-Einstellungen gestartet. Dadurch werden etwa 44 von über 300 möglichen Systemaufrufen blockiert. Die Standardliste für Container finden Sie auf GitHub:

*https://github.com/moby/profiles/blob/main/seccomp/default.json*

Mit dem Parameter `--security-opt seccomp=my_profile.json` können Sie beim `docker run`-Aufruf Ihre eigene *seccomp*-Liste übergeben. Das Erstellen und das damit verbundene Debugging einer solchen Liste können aber sehr zeit- und nervenraubend sein, wie Jessie Frazelle in ihrem Blog dokumentiert hat:

*https://blog.jessfraz.com/post/how-to-use-new-docker-seccomp-profiles*

Ohne tiefgreifendes Kernel-Know-how können Sie sich an diesem Punkt nur auf die Expertise der Docker-Entwicklerinnen und -Entwickler verlassen.

## 19.8 AppArmor-Sicherheitsprofile

*AppArmor* ist eine weitere Sicherheitsfunktion des Linux-Kernels, die sich zur Einschränkung oder auch nur zum Aufzeichnen von Aktionen eines Prozesses eignet. Gängige Aktionen sind Datei- und Netzwerkzugriffe.

**AppArmor-Alternative SELinux**

Leider steht AppArmor nur unter wenigen Linux-Distributionen zur Verfügung, insbesondere unter Ubuntu und (open)SUSE.

Linux-Distributionen aus dem Red-Hat-Umfeld, insbesondere also RHEL, Fedora, Oracle Linux und Co., vertrauen dagegen mit SELinux auf eine andere Sicherheitstechnik. Hintergrundinformationen zum Zusammenspiel von SELinux und Docker finden Sie hier:

*https://docs.redhat.com/en/documentation/red_hat_enterprise_linux_atomic_host/7/html/container_security_guide/docker_selinux_security_policy*

### AppArmor-Profil für Docker

Zwar sind Konfigurationsdateien für AppArmor nicht ganz so komplex wie die zuvor erwähnten *seccomp*-Profile, aber die Erstellung eines vollständigen AppArmor-Profils ist gewiss auch kein Kinderspiel.

AppArmor-Einstellungen gelten bei Docker für die laufenden Container, nicht für die Docker Engine. Unter Ubuntu wird für jeden Container beim Start dynamisch ein Standardprofil erzeugt, das im Wesentlichen das Schreiben unter `/proc` und `/sys` sowie die Verwendung von `mount` unterbindet. Hier folgt ein Auszug aus diesem Profil:

```
# docker-default apparmor-policy (Auszug)
  deny mount,
  deny /sys/[^f]*/** wklx,
  deny /sys/f[^s]*/** wklx,
  deny /sys/fs/[^c]*/** wklx,
  deny /sys/fs/c[^g]*/** wklx,
  deny /sys/fs/cg[^r]*/** wklx,
  deny /sys/firmware/** rwklx,
  deny /sys/kernel/security/** rwklx,
```

Mehr zur Syntax von AppArmor-Profilen finden Sie im AppArmor-Wiki:

*https://gitlab.com/apparmor/apparmor/-/wikis/QuickProfileLanguage*

### Eigene AppArmor-Regeln

Abschließend möchten wir Ihnen anhand eines kurzen Beispiels die Verwendung eines eigenen AppArmor-Profils demonstrieren. Das Profil soll alle Schreibzugriffe unterhalb des Verzeichnisses /usr unterbinden und protokollieren. Alle anderen Schreibzugriffe im Container sollen ebenfalls protokolliert werden. Legen Sie eine Datei mit folgendem Inhalt an:

```
# Datei security/apparmor/ro-usr
profile ro-usr flags=(attach_disconnected,mediate_deleted) {
  file,
  audit deny /usr/** w,
  audit /** w,
}
```

Das Profil mit dem Namen ro-usr enthält nur wenige Zeilen. Die flags-Anweisung muss für Container so gesetzt werden. Anschließend werden die Regeln für die Pfade /usr/** und /** festgelegt. Erzeugen Sie das Profil mit diesem Kommando:

```
sudo apparmor_parser -r -W ro-usr
```

Starten Sie nun einen Container mit dem Profil, und versuchen Sie, im Container eine Datei unter /usr mit dem Kommando touch zu erstellen:

```
docker run --security-opt "apparmor=ro-usr" -it alpine

  touch /123
    (OK)

  touch /usr/123
    touch: /usr/123: Permission denied
```

Während das Erzeugen der Datei unter dem Wurzelverzeichnis funktioniert, scheitert der zweite Aufruf mit der Fehlermeldung Permission denied. Sie finden die Protokolle in der Ausgabe von dmesg auf dem Host (hier etwas gekürzt):

```
apparmor="AUDIT" operation="open" profile="ro-usr"
  name="/root/.ash_history" pid=3117 comm="sh"
  requested_mask="ac" fsuid=0 ouid=0
apparmor="AUDIT" operation="file_perm" profile="ro-usr"
  name="/root/.ash_history" pid=3117 comm="sh"
  requested_mask="w" fsuid=0 ouid=0
apparmor="DENIED" operation="mknod" profile="ro-usr"
  name="/usr/123" pid=3278 comm="touch" requested_mask="c"
  denied_mask="c" fsuid=0 ouid=0
```

Beachten Sie aber, dass Sie mit diesem Minimalprofil die sinnvollen Vorgaben des Standard-Docker-Profils verlieren!

# Kapitel 20
# **Swarm**

Der Trend, Dienste in die Cloud auszulagern, ist ungebrochen. Viele Firmen sehen darin ein Einsparpotenzial, weil die eigene Hardware und möglicherweise auch die IT-Abteilung reduziert werden können. Ob eine Public Cloud für Ihr Projekt die richtige Lösung ist, müssen Sie dennoch von Fall zu Fall entscheiden.

Bisher haben wir in diesem Buch Docker hauptsächlich zur Entwicklung und bei Installationen auf einem Computer bzw. Server verwendet. Dabei konnte Docker mit zahlreichen Funktionen punkten. Eine weitere große Stärke von Docker ist aber die Möglichkeit, Container in einer Cloud-Umgebung auszuführen.

Das Zauberwort beim Cloud-Computing lautet *Skalierbarkeit*: Während monolithische Applikationen irgendwann an die Grenzen der Hardware stoßen, gilt für Microservices folgende Theorie: Kommt ein Service an die Grenze seiner Leistungsfähigkeit, dann startet man einfach einen neuen Service auf einem anderen Host, der die zusätzliche Last übernehmen kann. Im Docker-Umfeld bedeutet das: »Starte einen neuen Container mit diesem Service.« Das klingt logisch und einfach; ob es in der Praxis so funktioniert, wie die Theorie es verspricht, hängt aber stark davon ab, welche Leistung der Container erbringt bzw. welchen Dienst er zur Verfügung stellt.



Sehr gut skalieren lässt sich die Last von Containern, die *stateless* arbeiten, also keine persistente Verbindung mit dem Gegenüber voraussetzen, und einen unabhängigen Arbeitsschritt erledigen. Bei einer Webapplikation wäre das zum Beispiel ein Container, der eine REST-Schnittstelle anbietet.

Datenbanken eignen sich in aller Regel weniger gut für die automatische Skalierung. Die Anforderung, dass Daten in einem konsistenten Zustand an einem Platz gespeichert werden müssen, erlaubt es nicht, dass unterschiedliche Datenbankprozesse gleichzeitig dorthin schreiben. NoSQL-Datenbanken haben hier einen Vorteil, da es einfacher ist, den Datenbestand aufzutrennen (*Sharding*) und über einen vorgeschalteten Datenbank-Router die Anfragen zu verteilen. In der relationalen Datenbankwelt gibt es dieses Konzept zwar auch, es wird aber deutlich komplizierter, wenn einzelne Tabellen betroffen sind. Sie merken schon: Bei Datenbanken gibt es keine einfache Lösung, die für alles passt.

### Swarm versus Kubernetes

Es gibt mehrere Wege, Docker-Container gut skalierbar in Cloud-Umgebungen zu bringen. Wir konzentrieren uns in diesem und dem folgenden Kapitel auf die zwei populärsten Varianten:

- **Swarm:** Seit 2016 ist Docker Swarm in der heutigen Form in Docker integriert und kann über die Kommandos `swarm`, `service`, `node` und `stack` gesteuert werden. Die in Docker integrierte Orchestrierung zeichnet sich vor allem durch ihre einfache Verwendung aus: Sie erzeugen einen *Swarm* (`swarm init`), verbinden (`swarm join`) zusätzliche Knoten (Computer, auf denen Docker läuft) und starten Ihr Docker-Compose-Setup (`stack deploy`). Swarm kümmert sich um die initiale Verteilung der Container und startet neue Container, wenn ein Node ausfällt. Die Nodes kommunizieren natürlich verschlüsselt über TLS.
- **Kubernetes:** Kubernetes baut auf jahrelangen Vorarbeiten von Google auf, das ein flexibles und für sehr große Cluster skalierbares Managementwerkzeug brauchte. 2014 stellte Google Kubernetes als Open-Source-Projekt im Internet vor und konnte bald große Partner (Microsoft, IBM, Red Hat, Docker) in der Kubernetes-Community begrüßen.

  Es begann eine rasante Entwicklung, als Google das Projekt in die Hände der *Cloud Native Computing Foundation* übertrug. Im November 2019 boten sowohl Amazon als auch Microsoft und Google selbst Kubernetes-Cluster auf Mietbasis an. Die Verwaltung und die Verwendung eines Kubernetes-Clusters sind deutlich komplexer als die eines Docker-Swarm-Clusters. Kubernetes macht diese Schwierigkeiten aber mit einer großen Community, vielen guten Werkzeugen und einer ausgefeilten technischen Dokumentation wett.

Die konkrete Implementierung einer App in der Cloud hängt nicht nur vom eingesetzten Verfahren ab, sondern auch davon, für welches kommerzielle Cloud-Angebot Sie sich entscheiden. Naturgemäß ist es für uns unmöglich, an dieser Stelle auf alle Anbieter einzugehen. Die Beispiele in diesem und dem nächsten Kapitel zeigen aber exemplarisch das Zusammenspiel mit den folgenden Anbietern:

- Hetzner-Cloud (mit Docker Swarm)
- Amazon Elastic Container Service for Kubernetes, EKS
- Microsoft Azure Kubernetes Service, AKS
- Google Kubernetes Engine, GKE

Als Beispielanwendungen verwenden wir das in Kapitel 13, »Eine moderne Webapplikation«, vorgestellte JavaScript-Programm und das in Kapitel 14, »Grafana«, gezeigte Setup. Sie müssen diese Programme nicht bis ins letzte Detail verstehen, damit Sie den weiteren Abschnitten folgen können. Es ist aber sicher eine gute Idee, die Kapitel zumindest einmal durchzublättern, bevor Sie hier weiterlesen.

## 20.1 Docker Swarm

In vielen Beispielen dieses Buchs haben wir `docker compose` eingesetzt, um mehrere Container im Verbund laufen zu lassen. `docker compose` erzeugt ein eigenes Netzwerk und benennt die Container und Volumes so, dass Sie sie einfach wiederfinden.

Skalierung ist aber vor allem dann sinnvoll, wenn sich die Last auf mehrere Computer verteilt. An dieser Stelle kommen die Werkzeuge zur Orchestrierung von Docker ins Spiel. Als die Swarm-Werkzeuge zur Steuerung verteilter Container 2016 in den Docker-Kern aufgenommen wurden, standen vier Prinzipien im Vordergrund:

- einfach und leistungsfähig
- ausfallsicher
- sicher
- erweiterbar

*Docker Swarm* (im Folgenden oft kurz *Swarm*) basiert auf einem Modell von einem oder mehreren Managerknoten und beliebig vielen Worker-Knoten. Eine Grundvoraussetzung für das Zusammenspiel ist eine aktuelle Docker-Version. Außerdem müssen die Knoten natürlich über das Netzwerk kommunizieren können.

Die Kommunikation ist mit TLS verschlüsselt. Glücklicherweise müssen Sie sich darum keine Sorgen machen: Docker übernimmt die Verwaltung der Zertifikate selbstständig.

Ausfallsicherheit erreicht der Schwarm durch die ständige Kommunikation unter den Knoten, wobei Dienste von einem nicht mehr verfügbaren Knoten automatisch von einem anderen Knoten übernommen werden (*selbstheilend*). Wie einfach Docker Swarm zu installieren und zu bedienen ist, wollen wir Ihnen in den kommenden Abschnitten zeigen.



### Swarm-Schnellstart

Dem Entwicklungsteam von Docker Swarm war es ein großes Anliegen, die Verwaltung eines Clusters mit nur wenigen Kommandos steuern zu können. Wie Sie gleich sehen werden, sind die entsprechenden Kommandos `docker swarm <kommando>` wunderbar einfach in ihrer Anwendung!

Für den ersten Versuch mit Swarm können Sie ein Setup nach dem folgenden Muster einrichten: Dazu starten Sie drei Computer im lokalen Netzwerk. Alle Rechner müssen per SSH erreichbar sein, und auf allen Computern muss eine aktuelle Docker-Version installiert sein. Sie könnten auch virtuelle Maschinen auf Ihrem Computer verwenden; besser anschaulich wird die Verteilung aber, wenn Sie echte Hardware einsetzen. Wenn Sie Docker Swarm unter CentOS/RHEL einsetzen, müssen Sie Port 2376 in der Firewall-Konfiguration öffnen, was standardmäßig nicht der Fall ist.

In unserem Versuch waren es zwei Laptops mit einer aktuellen Ubuntu-Linux-Version und ein weiterer Laptop mit einer älteren Ubuntu-Version. Die Host-Namen lauteten `malcesine`, `tuxedo` und `almanarre`. Initialisieren Sie den Docker Swarm nun auf einem der Geräte (wir verwenden den Laptop `almanarre`) mit folgendem Kommando (die langen Tokens wurden mit `[...]` abgekürzt):

```
almanarre$ docker swarm init --advertise-addr 192.168.178.85

  Swarm initialized: current node (qascapb[...]) is now a
  manager.

  To add a worker to this swarm, run the following command:
  docker swarm join --token SWMTKN-1-3[...] 192.168.178.85:2377

  To add a manager to this swarm, run 'docker swarm join-token
  manager' and follow the instructions.
```

Die IP-Adresse, die dem Parameter `--advertise-addr` übergeben wird, ist der Ethernetschnittstelle auf dem lokalen Computer zugewiesen. Melden Sie sich nun mit SSH bei einem weiteren Computer an, und führen Sie das oben angegebene `docker swarm join`-Kommando aus. (SSH ist hier deshalb praktisch, weil Sie die langen Tokens per Copy-and-paste in das SSH-Fenster kopieren können.) Anschließend wiederholen wir den Ablauf auf dem dritten Computer. Damit ist der Cluster bereit und wartet auf Aufgaben:

```
tuxedo$ docker swarm join --token SWMTKN-1-3xw27lp0a7d[...]
  This node joined a swarm as a worker.
```

Vergewissern Sie sich, dass die Worker-Nodes alle erfolgreich im Schwarm registriert sind:

```
almanarre$ docker node ls --format \
     '{{.Hostname}}\t{{.Status}}\t
      {{.Availability}}\t{{.ManagerStatus}}'

  almanarre  Ready   Active   Leader
  malcesine  Ready   Active
  tuxedo     Ready   Active
```

Die drei Hosts `almanarre`, `malcesine` und `tuxedo` sind nun also Teil eines Docker Swarms und bereit, Kommandos und Container auszuführen.

### »Hello World« im Swarm

Geben Sie dem Cluster als erste Aufgabe eine adaptierte Version des Hello-World-Beispiels, das Sie aus Abschnitt 1.3, »Node.js«, kennen: Dazu erweitern Sie die Ausgabe um eine Zeile, in der Sie den Host-Namen und die Version des Betriebssystems (Linux Kernel) ausgeben. Der vollständige Servercode lautet:

```
// Datei: swarm/hello-swarm/server.js
const http = require("http"),
  os = require("os");
http.createServer((req, res) => {
  const dateTime = new Date(),
    load = os.loadavg(),
    net = os.networkInterfaces();
  let ips = [];
  for (const key of Object.keys(net)) {
    for (const iface of net[key]) {
      if (iface.internal === false) {
        ips.push(iface.address);
      }
    }
  }
  ips.sort();
  const doc = `<!DOCTYPE html>

<html>
  <head>
    <title>Hello swarm</title>
    <meta charset="utf-8" />
  </head>
  <body>
    <h1>Hello swarm!</h1>
    Swarm-Node: ${os.hostname()}, ver. ${os.release()}<br />
    Date: ${dateTime}<br />
    Uptime: ${os.uptime()/60/60} hours<br />
    Network: ${ips.join(',')}<br />
    CPU-usage (load): ${load[0]}
  </body>
</html>`
  res.setHeader('Content-Type', 'text/html');
  res.end(doc);
}).listen(8080);
```

An der Ausgabe von `os.hostname()` und `os.release()` erkennen Sie, welcher Node im Cluster die Anfrage beantwortet. Das dazugehörige `Dockerfile` ändert sich nicht:

```
# Datei: swarm/hello-swarm/Dockerfile
FROM node:24
ENV TZ="Europe/Amsterdam"
COPY server.js /src/
EXPOSE 8080
```

```
USER node
CMD ["node", "/src/server.js"]
```

Obwohl wir nur einen Dienst starten werden, verwenden wir wie bisher eine `compose.yaml`-Datei:

# Datei: swarm/hello-swarm/compose.yaml services: web: image: docbuc/hello-swarm build: hello-swarm/ ports: - “8080:8080”

Um den Dienst in unserem privaten Cluster zu starten, reicht ein einziger Aufruf:

```
almanarre$ docker stack deploy -c compose.yaml helloswarm

  Ignoring unsupported options: build
  Creating network helloswarm_default
  Creating service helloswarm_web
```

Das Kommando `docker stack deploy` erfordert die Angabe einer Konfigurationsdatei (`-c`) und eines Namens für den Stack (`helloswarm`). Alle Dienste in `compose.yaml` (in diesem Fall ist es nur ein einziger, nämlich `web`) werden als `service` angelegt, wobei der angegebene Name dem Servicenamen vorangestellt wird. Das hier aus Platzgründen über mehrere Zeilen verteilte Listing der Services zeigt, ob alles korrekt funktioniert hat:

```
almanarre$ docker service ls

  ID             NAME             MODE         REPLICAS
  r22vhnd7my90   helloswarm_web   replicated   1/1

  IMAGE                       PORTS
  docbuc/hello-swarm:latest   *:8080->8080/tcp
```

Aktuell läuft damit genau ein Container in dem Cluster. Skalieren Sie die Applikation jetzt auf drei Container hoch, wodurch alle Knoten im Cluster zum Einsatz kommen:

```
almanarre$ docker service scale helloswarm_web=3

  helloswarm_web scaled to 3
  overall progress: 3 out of 3 tasks
  1/3: running
  2/3: running
  3/3: running
  verify: Service converged
```

Wenn Sie jetzt die Webseite *http://192.168.178.85:8080* aufrufen, so kommen die Antworten jeweils von einem anderen Container (siehe Abbildung 20.1). Rufen Sie die Webseite mit `curl` oder `wget` auf, um die Ausgabe auf der Kommandozeile zu überprüfen:

```
$ curl -s http://192.168.178.85:8080 | egrep '(Swarm|Netw)'
    Swarm-Node: b3a53cc66547, ver. 6.17.0-8-generic<br />
    Network: 10.0.0.8,10.0.1.6,172.22.0.3<br />

$ curl -s http://192.168.178.85:8080 | egrep '(Swarm|Netw)'
    Swarm-Node: 9797494348f6, ver. 6.17.0-8-generic<br />
    Network: 10.0.0.6,10.0.1.3,172.21.0.3<br />
```

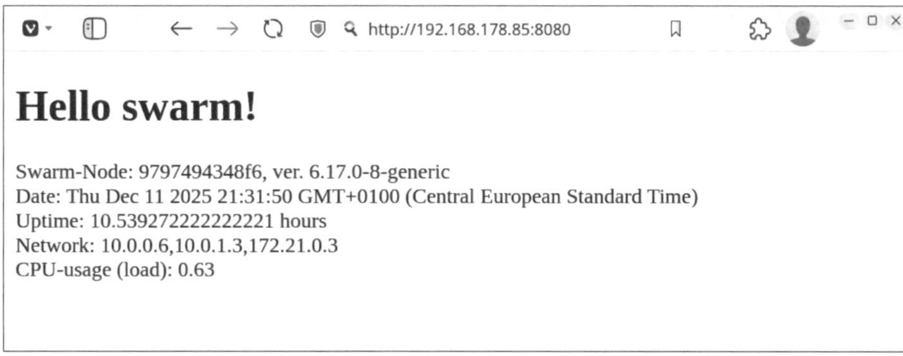


**Abbildung 20.1** Die Hello-Swarm-Anwendung im Browser

Die Frage, welcher Prozess auf welchem Node läuft, beantwortet Ihnen das `docker stack`-Kommando:

```
almanarre$ docker stack ps helloswarm --format \
        '{{.Name}}\t{{.Node}}\t{{.CurrentState}}'

  helloswarm_web.1   almanarre   Running 23 minutes ago
  helloswarm_web.2   malcesine   Running 2 minutes ago
  helloswarm_web.3   tuxedo      Running about a minute ago
```



Docker Swarm hält also, was es verspricht: In kürzester Zeit können Sie eine Anwendung in einem Verbund aus mehreren Computern starten und skalieren.

## 20.2 Docker Swarm in der Hetzner-Cloud

In diesem Abschnitt wollen wir das aus Kapitel 13, »Eine moderne Webapplikation«, bekannte Programm in einem Docker Swarm starten und skalieren. Der Swarm wird diesmal aber nicht in einer Testumgebung laufen, sondern für alle Welt erreichbar im Internet. Im weiteren Verlauf dieses Kapitels folgen noch Anleitungen zu den Cloud-Angeboten von Amazon, Google und Microsoft. An dieser Stelle wollen wir aber eine Lösung zeigen, die ohne die ganz großen Firmen der IT-Welt auskommt.

Hetzner (*https://www.hetzner.de*) bietet eine sehr flexible Cloud-Lösung zu günstigen Preisen. Die Kosten für die kleinsten virtuellen Maschinen beginnen aktuell bei 4,15 € pro Monat; abgerechnet wird nach Stunden. Sie können hier also ohne die Gefahr einer Kostenexplosion Ihre Cloud-Experimente starten. Zum Erstellen neuer Cloud-Server können Sie entweder das sehr aufgeräumte Webinterface verwenden (siehe Abbildung 20.2) oder das von Hetzner zur Verfügung gestellte Kommandozeilenprogramm `hcloud`. Im weiteren Verlauf dieses Kapitels werden wir mit `hcloud` arbeiten.

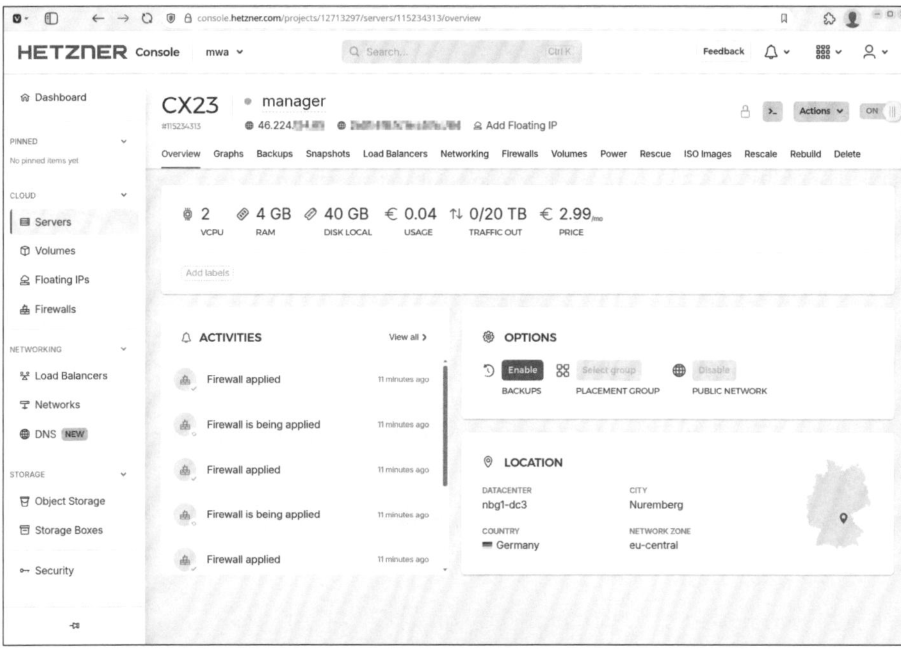


**Abbildung 20.2** Das Webinterface der Hetzner-Cloud

## CLI-Installation und -Konfiguration mit »hcloud«

Um das `hcloud`-Programm auf Ihrem Computer zu installieren, laden Sie sich das aktuelle Binärpaket von der GitHub-Adresse *https://github.com/hetznercloud/cli/releases* und kopieren das Programm im `bin`-Verzeichnis der ZIP-Datei in den Suchpfad Ihres Computers.

Bevor Sie mit dem Kommandozeilenprogramm beginnen können, müssen Sie ein neues Projekt in der Hetzner-Cloud-Konsole anlegen. Loggen Sie sich dazu unter *https://console.hetzner.cloud* ein, und fügen Sie das Projekt `mwa` hinzu. Wählen Sie anschließend das Projekt aus, und erstellen Sie unter SICHERHEIT • API-TOKENS ein neues Zugangs-Token mit Lese- und Schreib-Berechtigung. Sie müssen das Token nun gleich kopieren, denn später können Sie die Zeichenkette nicht mehr nachschauen.

Starten Sie nun auf der Kommandozeile das hcloud-Programm, und erstellen Sie einen context. Wenn Sie nach dem Token gefragt werden, kopieren Sie die 64-stellige Zeichenkette in das Konsolenfenster.

```
hcloud context create mwa

  Token: ShiRiHah[...]
  Context mwa created and activated
```

Das Programm ist jetzt einsatzbereit; lassen Sie sich die Liste der verfügbaren Rechenzentren mit folgendem Kommando ausgeben:

```
hcloud datacenter list

  ID   NAME       DESCRIPTION                LOCATION
  2    nbg1-dc3   Nuremberg 1 virtual DC 3   nbg1
  3    hel1-dc2   Helsinki 1 virtual DC 2    hel1
  4    fsn1-dc14  Falkenstein 1 virtual DC 14 fsn1
  5    ash-dc1    Ashburn virtual DC 1       ash
  6    hil-dc1    Hillsboro virtual DC 1     hil
  7    sin-dc1    Singapore virtual DC 1     sin
```

Wenn Sie unter Linux oder am Mac arbeiten, nutzen Sie sicher die sehr praktische automatische Vervollständigung von Kommandos mit [Tab]. Wir haben Ihnen diese Funktion bereits in Abschnitt 3.3, »Container interaktiv verwenden«, für das Kommando docker vorgestellt. Auch das hcloud-Programm enthält eine Funktion, die Anweisungen zur Vervollständigung an die Shell übergibt. Starten Sie es mit

```
source <(hcloud completion bash)
```



oder alternativ mit fish, oder zsh statt bash, wenn Sie eine dieser Shells verwenden. Sie bekommen anschließend mit der Tabulatortaste an jeder Stelle im Kommando die möglichen Optionen vorgeschlagen beziehungsweise vorausgefüllt.

Um Zugang zu den Cloud-Servern zu bekommen, empfiehlt es sich, einen SSH-Schlüssel zu hinterlegen. Erzeugen Sie einen neuen Schlüssel, oder verwenden Sie einen bereits bestehenden, und laden Sie den öffentlichen Teil mit folgendem Kommando hoch:

```
hcloud ssh-key create --name hetzner-cloud-key \
  --public-key-from-file ~/.ssh/id_rsa_hetzner.pub
```

### Docker mit cloud-init installieren

Damit können Sie nun Ihren ersten Cloud-Server bei Hetzner starten. Als Betriebssystem bietet Hetzner momentan Ubuntu, Fedora, Debian, CentOS, Rocky Linux oder AlmaLinux an. Um einen Docker Swarm zu erstellen, ist das zugrundeliegende

Betriebssystem gar nicht so entscheidend – wichtig ist, dass eine aktuelle Docker-Version installiert ist.

Wir haben für unsere Tests mit Ubuntu gearbeitet und während der Initialisierung des Servers Docker installiert. Die Server-Betriebssysteme unterstützen dazu cloud-init. Dieses Paket bietet einen distributionsübergreifenden Quasi-Standard zum Anpassen von Linux-Systemen in Cloud-Anwendungen.

**cloud-init**

Das cloud-init-System ist sehr mächtig und unterstützt eine Vielzahl von Möglichkeiten, ein Linux-System während des ersten Starts anzupassen. Wir werden hier nur eine ganz einfache Konfigurationsvariante zeigen, um das docker-ce-Paket zu installieren. Weitere Informationen zu cloud-init finden Sie unter folgenden Adressen:

*http://cloudinit.readthedocs.io*
*https://help.ubuntu.com/community/CloudInit*

Erstellen Sie eine cloud-init-Konfigurationsdatei mit folgendem Inhalt. Beachten Sie, dass die erste Zeile genau so beginnen muss!

```
#cloud-config
# Datei: swarm/hetzner-cloud/manager.cfg
package_upgrade: true
packages: ['docker-ce']
apt:
  preserve_sources_list: true
  sources:
    docker-ppa.list:
      source: "deb [arch=amd64] \
               https://download.docker.com/linux/ubuntu \
               $RELEASE stable"
      keyid: 0EBFCD88
runcmd:
  - "docker swarm init"
  - "docker swarm join-token worker > /token.txt"
```

Sie haben die Syntax sicher gleich erkannt: Auch cloud-init verwendet das YAML-Format (siehe Abschnitt 5.1). Die Einträge im apt-Abschnitt führen dazu, dass eine neue Datei /etc/apt/sources.list.d/docker-ppa.list mit dem Verweis auf die Paketquellen der Docker Community Edition erstellt wird.

Die Einträge unter runcmd werden nach erfolgreichem Start ausgeführt. In diesem Fall wird ein Docker Swarm initialisiert und das join-join-token für weitere Mitglieder in einer Datei /token.txt gespeichert. Streng genommen wäre der zweite Schritt nicht notwendig; er ist aber praktisch, um rasch zu erkennen, ob die vorherigen Schritte erfolgreich waren.

### Cloud-Instanzen erzeugen

Erstellen Sie nun den Server vom Typ `cx23` (der kleinste Servertyp) am Hetzner-Standort Nürnberg (`nbg1`):

```
hcloud server create --name manager \
    --type cx23 \
    --location nbg1 \
    --image ubuntu-24.04 \
    --user-data-from-file ./manager.cfg \
    --ssh-key hetzner-cloud-key

  4.541s ... 100%
  Server 115234313 created
  IPv4: 46.224.XXX.YYY
```

Bereits nach wenigen Sekunden ist der Server einsatzbereit – eine beeindruckende Performance. Durch die Angabe von `--user-data-from-file` und der oben beschriebenen `cloud-init`-Konfiguration läuft der Server als Manager im Docker Swarm. Verbinden Sie sich mit dem Server mit folgendem Kommando:

```
hcloud server ssh manager
```

Nach der Bestätigung des SSH-Fingerprints sind Sie als `root`-Benutzer auf Ihrem Cloud-Server angemeldet. Sie werden dort die Datei `/token.txt` finden. Sie enthält das Docker-Kommando zur Verbindung mit dem Swarm.

20

Sollten Sie beim Login nach einem Passwort gefragt werden, so liegt das vermutlich daran, dass Ihre lokale Konfiguration nicht den korrekten SSH-Schlüssel (den privaten zu dem vorher hinterlegten öffentlichen Schlüssel) gesendet hat. Sie können den Schlüssel beim SSH-Kommando angeben; verwenden Sie dazu die IPv4-Adresse, die das `server create`-Kommando ausgegeben hat:

```
ssh -i ~/.ssh/id_rsa_hetzner  root@78.46.yyy.xxx
```

Starten Sie jetzt zwei weitere Server mit einer leicht abgewandelten `cloud-init`-Konfiguration. Sie werden es schon erwartet haben: Anstelle von `docker swarm init` soll `cloud-init` jetzt `docker swarm join` mit dem entsprechenden Token ausführen. Nennen Sie die Server `worker1` und `worker2` (siehe Abbildung 20.3).

Die `cloud-init`-Konfiguration für die beiden Worker-Server ist identisch (das lange Token und die `apt`-Konfiguration sind wieder abgekürzt):

```
#cloud-config
# Datei: swarm/hetzner-cloud/worker.cfg
package_upgrade: true
packages: ['docker-ce']
apt:
  [wie bisher ...]
runcmd:
  - "docker swarm join --token SWMTKN-[...] 78.46.XXX.YYY:2377"
```

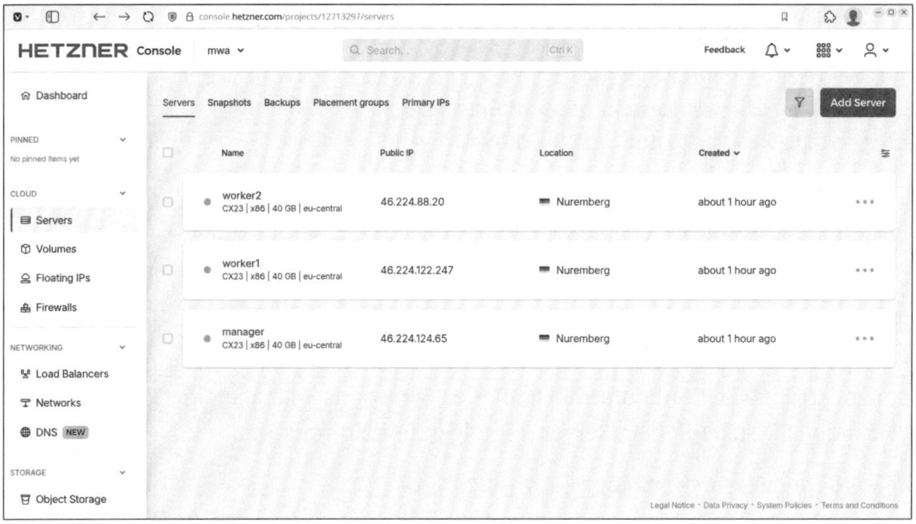


**Abbildung 20.3** Die Webansicht der laufenden Server in der Hetzner-Cloud

Erzeugen Sie die Server jetzt mit folgendem Kommando:

```
for i in {1..2}
do
  hcloud server create --name worker$i \
    --type cx23 \
    --location nbg1 \
    --image ubuntu-24.04 \
    --user-data-from-file ./worker.cfg \
    --ssh-key hetzner-cloud-key
done

  5s ... 100%
  Server 115234561 created
  5s ... 100%
  Server 115234597 created
```

Anstatt der `for`-Schleife können Sie das Kommando natürlich auch einfach zweimal hintereinander mit den Parametern `--name worker1` und `--name worker2` eintippen.

Beachten Sie, dass der manager-Server dazu vollständig einsatzfähig sein muss, also die Paket-Updates eingespielt, das docker-ce Paket installiert und der swarm initialisiert sein muss.

Die Ausgabe des Kommandos hcloud server list sollte dann so ähnlich aussehen wie hier (die IP-Adressen wurden geändert):

```
hcloud server list

  ID          NAME       STATUS    IPV4       IPV6       DATACENTER
  115234313   manager    running   46.224.x   xxx::/64   nbg1-dc3
  115234561   worker1    running   46.224.y   yyy::/64   nbg1-dc3
  115234597   worker2    running   46.224.z   zzz::/64   nbg1-dc3
```

### Die Tagebuch-App im Docker Swarm starten

Da der Swarm jetzt bereit ist, kopieren Sie die compose.yaml-Datei aus Kapitel 13, »Eine moderne Webapplikation«, auf die manager-Instanz und starten die Applikation mit dem folgenden Kommando:

```
docker stack deploy -c compose.yaml mwa
```

Geben Sie den Containern ein wenig Zeit zum Starten. Docker muss zuerst die Images vom Docker Hub laden und dann die Container davon ableiten. Sie können den Prozess mit docker service ls überwachen. Wenn alle Services ihre erwünschten Replikas erreicht haben (Sie sehen das in der Spalte REPLICAS), führen Sie als erstes Kommando die MongoDB-Initialisierung aus. (Der Container-Name wird bei Ihnen etwas anders lauten.)



```
docker exec mwa_mongo1.1.4u0840u5bfgjqebs3yje0ii mongosh --eval '
rs.initiate( {
   _id : "rs0",
   members: [
      { _id: 0, host: "mongo1:27017" },
      { _id: 1, host: "mongo2:27017" },
      { _id: 2, host: "mongo3:27017" }
   ]
})
'
```

Jetzt ist das MongoDB-Replika-Set bereit, und die Applikation sollte wie gewünscht laufen. Da der Frontend-Service eine Voreinstellung für die Platzierung hat (constraints: [node.role == manager]), wissen Sie genau, auf welcher IP-Adresse der Nginx-Frontend-Server läuft. Suchen Sie die IPv4-Adresse für den manager aus der mit hcloud server list erzeugten Liste, und geben Sie diese Adresse in Ihrem Webbrowser ein. Sie sollten dann den Startbildschirm der Tagebuch-App sehen.

Wenn Sie sich einen Überblick verschaffen möchten, auf welchem Server welcher Container läuft, können Sie das `docker stack ps`-Kommando verwenden:

```
docker stack ps mwa -f desired-state=running \
      --format '{{.Name}}\t{{.Node}}' | sort

  mwa_api.1         manager
  mwa_frontend.1    manager
  mwa_mongo1.1      manager
  mwa_mongo2.1      worker1
  mwa_mongo3.1      worker2
  mwa_redis.1       worker1
```

**MongoDB-Replikation vs. Docker-Replikation**

Lassen Sie sich nicht durch die gleichen Namen verwirren: Die Replikation der MongoDB-Datenbank hat nichts mit der Replikation von Docker-Services zu tun. Für die MongoDB-Replikation starten Sie drei Container, die nicht von Docker repliziert werden. Die MongoDB-Container haben eine feste Zuweisung zu den Docker-Volumes, in denen die Datenbank gespeichert wird. In der Konfigurationsdatei sind die Host-Namen der drei Container gespeichert, die an dem MongoDB-Replika-Set teilnehmen. Ein automatisches Skalieren mit `docker service scale` funktioniert hier nicht.

### SSL-Zertifikate

Eine seriöse Webapplikation braucht in der heutigen Zeit ein SSL-Zertifikat. Dank Let's Encrypt ist das einerseits kostenlos und zum anderen sehr unkompliziert. Wir wollen das Setup analog zu der Beschreibung in Abschnitt 9.3 anpassen.

**root-Rechte für den Frontend-Service**

Damit die Zertifikate im Frontend-Service verwendet werden können, muss der Container mit `root`-Rechten gestartet werden. Am einfachsten entfernen Sie dazu die `USER`-Anweisung im zweiten Abschnitt des `Dockerfiles` (siehe Abschnitt 13.2).

Erstellen Sie dazu eine Datei `le.yaml` mit folgendem Inhalt:

```
# Datei: swarm/hetzner-cloud/le.yaml
services:
  frontend:
    volumes:
      - lecerts:/etc/letsencrypt
```

```
      - ledata:/data/letsencrypt
      - ./default.conf:/etc/nginx/conf.d/default.conf
    ports:
      - "443:443"
volumes:
  lecerts:
  ledata:
```

Sie werden diese Datei im Folgenden zusammen mit der `compose.yaml`-Datei verwenden und den bestehenden Docker-Stack aktualisieren. Im Frontend-Service werden dadurch die Docker-Volumes `lecerts` und `ledata` eingebunden, in denen später die Zertifikate beziehungsweise die Daten zur Verifikation Ihrer Domain gespeichert werden. Außerdem wird der Standardport für `https`, 443, nach außen freigeschaltet. Mit dem Bind-Mount-Volume für die Nginx-Konfigurationsdatei überschreiben Sie die im Image vorhandene Datei. Erweitern Sie die `default.conf`-Datei um folgenden Eintrag:

```
# in default.conf
[...]
  location ^~ /.well-known {
    allow all;
    root  /data/letsencrypt/;
  }
```

Diesen Eintrag benötigen Sie, damit der Nginx-Server am Frontend korrekt mit dem `certbot`-Programm zusammenarbeitet. `certbot` wird hier eine Datei hinterlegen und über den Webserver abrufen, um zu überprüfen, ob der DNS-Eintrag auch auf den richtigen Server verweist.

20

Um den laufenden Docker-Stack zu aktualisieren, starten Sie erneut `docker stack deploy` auf dem `manager`-Server:

```
docker stack deploy -c compose.yaml -c le.yaml mwa

  Updating service mwa_api (id: jc05tm6t3cic6d45d12m2h59e)
  Updating service mwa_frontend (id: jp7612kehveahdsynztiw6w47)
  Updating service mwa_mongo1 (id: j74cit761xxcwgovgm1nkoo15)
  ...
```

Docker verbindet die Einträge in den beiden YAML-Dateien und aktualisiert die Services. Schauen Sie sich die neu eingebundenen Verzeichnisse an:

```
docker exec mwa_frontend.1.6s4c61kcevn1drgvz79gmyrmp ls /data

  letsencrypt
```

Damit Nginx die Konfigurationsänderungen übernimmt, müssen Sie den Container einmal neu starten (`docker restart mwa_frontend.1.wv....`). Jetzt können Sie die erste Zertifikatsausstellung beantragen:

```
docker run -it --rm \
      -v mwa_lecerts:/etc/letsencrypt \
      -v mwa_ledata:/data/letsencrypt \
      certbot/certbot \
      certonly \
      --webroot --webroot-path=/data/letsencrypt \
      -d swarm-diary.dockerbuch.info
```

Bevor Sie diesen Docker-Aufruf starten, müssen Sie natürlich die Domain (wir verwenden `swarm-diary.dockerbuch.info`) bei Ihrem Provider registrieren und einen DNS-A-Eintrag für die entsprechende IP-Adresse konfigurieren. Sie könnten dazu die IP-Adresse von Ihrem Managerserver verwenden, sinnvoller ist es aber, wenn Sie sich bei Hetzner eine Floating-IP-Adresse reservieren. Diese können Sie sehr flexibel an einen Ihrer Server binden. Am einfachsten erledigen Sie diesen Schritt in der Weboberfläche; das `hcloud`-Kommando beherrscht aber auch alle Operationen zu Floating-IP-Adressen. (Das kann hilfreich sein, wenn Sie script-gesteuert einen anderen Managerserver starten möchten.) Um eine Floating-IP-Adresse auf dem Server verwenden zu können, müssen Sie die Netzwerkkonfiguration anpassen (*https://wiki.hetzner.de/index.php/Cloud_floating_IP_persistent*).

Wenn alles bereit ist und das Zertifikat erfolgreich ausgestellt wurde, fehlt noch die Erweiterung, die dafür sorgt, dass der Nginx-Server die Zertifikate auch verwendet. Ergänzen Sie dazu die `default.conf`-Datei um die folgenden Zeilen. Die `ssl_ciphers` wurden abgekürzt; holen Sie sich die aktuellen Werte von der Certbot-GitHub-Seite *https://github.com/certbot/certbot*.

```
# in default.conf
# HTTPS server with SSL
server {
  listen       443 ssl;
  server_name  localhost;

  ssl_certificate       /etc/letsencrypt/live/swarm-diary.\
                            dockerbuch.info/fullchain.pem;
  ssl_certificate_key   /etc/letsencrypt/live/swarm-diary.\
                            dockerbuch.info/privkey.pem;
  ssl_protocols TLSv1.3;
  ssl_ciphers "ECDHE-ECDSA-AES128-GCM-SHA256:ECDHE-RSA-AES1[...]"
  location / {
      root   /usr/share/nginx/html;
      try_files $uri $uri/ /index.html;
  }
  location /api {
    proxy_set_header Host $host;
    proxy_set_header X-Real-IP $remote_addr;
    proxy_set_header X-Forwarded-For $proxy_add_x_forwarded_for;
```

```
    proxy_set_header X-Forwarded-Proto $scheme;
    rewrite    /api/(.+)$ /$1 break;
    proxy_pass  http://api:3000;
    proxy_read_timeout  90;
  }
  location ^~ /.well-known {
    allow all;
    root  /data/letsencrypt/;
  }
}
```

Nach einem weiteren Neustart der Container läuft Ihre Applikation mit SSL-Zertifikaten von Let's Encrypt. Für die Erneuerung der Zertifikate verweisen wir Sie auf die Ausführungen in Abschnitt 9.3.

### Serverausfall simulieren

Mit dem laufenden Setup können Sie jetzt den Ausfall eines Servers simulieren. Schalten Sie dazu einfach den Server mit dem hcloud-Programm aus. Zuvor können Sie sich noch einen Überblick verschaffen, welche Container gerade auf dem Server laufen:

```
docker node ps -f desired-state=running \
      --format '{{.Name}}\t{{.Image}}' worker1

  mwa_mongo2.1      mongo:8
  mwa_redis.1       redis:8-alpine
```

Das Ausschalten erfolgt mit dem Subkommando poweroff des hcloud-Programms:

```
hcloud server poweroff worker1
```

Nach wenigen Sekunden ist der Server aus dem Swarm-Verbund verschwunden, und die restlichen Knoten übernehmen die Dienste. Ein gegebenenfalls vorhandener aktiver Login im Browser ist nach diesem Ausfall nicht mehr gültig. Der Grund dafür ist, dass auf dem soeben deaktivierten worker1-Node auch die Redis-Datenbank mit den Sessioninformationen aktiv war. Da Redis ohne Replikation konfiguriert ist, ist der Login nicht mehr gültig. Die MongoDB ist davon selbstverständlich nicht betroffen.

Wenn Sie den Server nach dem simulierten Ausfall wieder starten (poweron), hängt er sich selbstständig wieder in den Swarm-Verbund ein. Die laufenden Container werden nach ihren *Placement Constraints* dem neu gestarteten Node zugewiesen. Es werden aber nicht alle Container, die vor der Abschaltung auf dem Node gelaufen sind, wieder dorthin übersiedelt. In Diskussionen, die darüber auf GitHub laufen, wird als Grund dafür genannt, dass dabei *gesunde* Container gestoppt werden müssten. Wenn Sie die Aufteilung der Container manuell starten wollen, hilft dieses Kommando:

```
for i in $(docker service ls -q)
do
  docker service update $i --force
done
```

Das Kommando `service ls -q` listet die IDs aller Services auf. In der `for`-Schleife wird jeder Service mit der Option `--force` aktualisiert, was zur neuen Aufteilung auf die vorhandenen Nodes führt.

## Sicherheit

Das Einrichten der Server und das Starten der Tagebuch-App im Docker Swarm ist sehr unkompliziert. Leider geht der Vorteil nicht ganz ohne einen Nachteil einher: Anders als bei Lösungen von Amazon, Google oder Microsoft bekommt jeder Cloud-Server automatisch eine weltweit gültige IP-Adresse (IPv4 und IPv6). Das macht es einfach, sich mit dem Server zu verbinden – aber leider nicht nur für die Besitzer. Nach dem Start von `docker swarm` sind die Ports zur Verwaltung des Swarm-Clusters von außen erreichbar, und zwar für alle Maschinen im Internet.

Etwas mehr Sicherheit erreichen Sie mit einer Firewall auf jedem Ihrer Server. Sie müssten dazu aber die für Docker Swarm notwendigen Ports (TCP 2377, TCP und UDP 7946 und UDP 4789) für den IP-Adressbereich der von Hetzner verwendeten IP-Adressen freischalten. Dies wäre eine weitere Konfigurationseinstellung für `cloud-init` oder die Firewall-Funktion in der Hetzner-Cloud (siehe Abbildung 20.4).

**Abbildung 20.4** Eine Firewall für die Server des Docker Swarms in der Hetzner-Cloud

Eines bleibt Ihnen bei diesem Setup aber nicht gänzlich erspart: Sie müssen sich nicht nur um Docker Swarm und Ihre Docker-Images kümmern, sondern auch um die Server, auf denen Swarm läuft. Die Cloud-Produkte im Kapitel 21 versuchen, Ihnen diese Last ein Stück weit abzunehmen.

# Kapitel 21
# Kubernetes

In diesem Kapitel werden wir uns mit Docker-Containern im Kubernetes-Netzwerk beschäftigen. Das von Google entwickelte und seit 2014 als Open Source verfügbare Softwarepaket ermöglicht eine flexible Verwaltung von Anwendungen auf Container-Basis. Kubernetes oder k8s, wie es oft abgekürzt geschrieben wird, ist dabei nicht auf Docker als Container-Format beschränkt, sondern kann auch andere Container-Runtimes ausführen (zum Beispiel *rkt* oder *runc*).

Wir werden Ihnen hier einen kurzen Einblick in Kubernetes geben, damit Sie ein Gefühl dafür bekommen, was Kubernetes ist und wie es funktioniert. Wenn Sie sich mehr für die technischen Details dieser leistungsstarken Software interessieren, empfehlen wir Ihnen das Buch »Skalierbare Container-Infrastrukturen« von Oliver Liebel (Rheinwerk Computing, ISBN 978-3-8362-9753-0). Einige neue Konzepte und Begriffe müssen wir aber kurz im Kontext erklären.

Ein Kubernetes-Netzwerk besteht aus einem oder mehreren *Nodes*, die entweder physische Computer oder virtuelle Maschinen sein können. Auf jedem dieser Nodes laufen zumindest drei Services:

- **kubelet:** koordiniert die Ausführung der Pods, in denen Container laufen
- **Container Runtime:** führt die Container aus
- **Kube Proxy:** verwaltet Netzwerkregeln für den Node



Im Unterschied zu Docker gibt es bei Kubernetes eine weitere Abstraktionsebene zwischen dem Betriebssystem und den einzelnen Prozessen: *Pods*. In einem Pod können ein oder mehrere Container laufen. Container innerhalb eines Pods teilen sich eine IP-Adresse und können über `localhost` miteinander kommunizieren. In vielen Fällen läuft in einem Pod aber nur ein Container. Sie können sich den Pod dann wie eine weitere Schicht um den Container vorstellen, die in der Kubernetes-Welt gebraucht wird.

Allen Nodes steht ein bzw. stehen mehrere *Kubernetes Master* vor. Ein Master enthält folgende Services:

- **API-Server:** zentraler Anknüpfungspunkt für Nodes. Alle Anfragen von Nodes werden hier abgefangen.

- **etcd:** ein Schlüssel-Wert-Speicher, der den Zustand des Clusters speichert
- **scheduler:** verteilt neue Arbeitspakete
- **Kube-** und **Cloud-Controller-Manager:** Diese Manager kümmern sich um den Zustand der Nodes in Kubernetes. Durch die Trennung in zwei Bereiche können Cloud-Anbieter einfach angepasste Lösungen einbringen, ohne den Kern von Kubernetes zu verändern.

Arbeitsaufgaben werden einem Kubernetes-Cluster als *Deployments* übergeben. Die Master-Komponente kümmert sich um die Verteilung dieser Aufgaben laut den Vorgaben des Deployments. Solange diese Vorgaben nicht erfüllt sind, versuchen die Controller-Manager des Masters, sie zu erfüllen. Das Gleiche gilt beim Ausfall eines Nodes: Gehen dabei Pods verloren, die in dem aktuellen Deployment vorgesehen sind, so veranlassen die Controller, dass ein Pod auf einem Node im Cluster neu angelegt wird.

Eine eigene Kubernetes-Infrastruktur einzurichten, sprengt den Rahmen der DevOps-Tätigkeit. Für die folgenden Abschnitte werden wir uns daher bei den großen Cloud-Anbietern im Internet einmieten.

## 21.1 Minikube

Für ein erstes Kennenlernen von Kubernetes brauchen Sie Ihre Kreditkarte noch nicht zu zücken. Mit *Minikube* gibt es ein kleines Programm, das auf Ihrem Computer einen Kubernetes-Cluster mit einem Knoten simuliert. Dazu muss auf dem PC nur eine Virtualisierungssoftware (VirtualBox oder KVM) installiert sein. Installationspakete für alle gängigen Betriebssysteme finden Sie auf der folgenden Webseite:

*https://minikube.sigs.k8s.io/docs/start/*

Die Pakete für Windows waren eine lange Zeit als experimentell gekennzeichnet, seit der Version 1.4 vom September 2019 gilt auch dieser Build als stabil. Für Linux und auf dem Mac reicht es aus, die Binärdatei herunterzuladen und in den Suchpfad zu kopieren. Um die aktuelle Version unter Linux zu installieren, starten Sie die folgenden zwei Kommandos:

```
curl -LO https://github.com/kubernetes/minikube/releases/latest/
  download/minikube-linux-amd64
sudo install minikube-linux-amd64 /usr/local/bin/minikube \
  && rm minikube-linux-amd64
```

Starten Sie den Kubernetes-Cluster mit folgendem Kommando:

```
minikube start

  minikube v1.37.0 on Ubuntu 25.10
```

```
Automatically selected the docker driver. Other choices: vir...
Using Docker driver with root privileges
Starting control plane node minikube in cluster minikube
Pulling base image ...
Downloading Kubernetes v1.34.0 preload ...
> gcr.io/k8s-minikube/kicbase...:  488.51 MiB / 488.52 MiB  ...
> preloaded-images-k8s-v18-v1...:  337.07 MiB / 337.07 MiB  ...
Creating docker container (CPUs=2, Memory=7800MB) ...
Preparing Kubernetes v1.34.0 on Docker 28.4.0 ...
Configuring bridge CNI (Container Networking Interface) ...
Verifying Kubernetes components...
x Using image gcr.io/k8s-minikube/storage-provisioner:v5
Enabled addons: storage-provisioner, default-storageclass
kubectl not found. If you need it, try: 'minikube kubectl --...
Done! kubectl is now configured to use "minikube" cluster and
"default" namespace by default
```

Während des Starts werden Sie darauf hingewiesen, dass `kubectl` für Sie konfiguriert wurde. Sollte das Kommandozeilenprogramm noch nicht auf Ihrem Computer installiert sein, können Sie das jetzt nachholen.

Wie bei Minikube reicht auch bei `kubectl` die ausführbare Binärdatei aus, Sie können das Programm aber auch über den Paketmanager gängiger Linux-Distributionen installieren. Weitere Möglichkeiten und zusätzliche Hinweise finden Sie auf der Installationsseite von Kubernetes:

*https://kubernetes.io/docs/tasks/tools/*

Verwenden Sie die folgenden Kommandos, um die aktuelle Binärdatei unter Linux zu installieren:

```
KVER=$(curl -L -s https://dl.k8s.io/release/stable.txt)
curl -LO https://dl.k8s.io/release/$KVER/bin/linux/amd64/kubectl
chmod +x ./kubectl
sudo mv kubectl /usr/local/bin/kubectl
```

**kubectl-Version**

Installieren Sie immer eine aktuelle Version von `kubectl`, damit es zu keinen Kommunikationsproblemen mit dem Kubernetes-Cluster kommt. Neuere Versionen von `kubectl` funktionieren korrekt mit älteren Kubernetes-Cluster-Versionen, umgekehrt ist das jedoch nicht garantiert.

Einer der Schritte, die Minikube beim Start ausgeführt hat, war die Erstellung einer Konfigurationsdatei für `kubectl`. Die Datei `.kube/config` innerhalb Ihres Heimatverzeichnisses enthält außer der Serveradresse auch die Zertifikate zur verschlüsselten Kommunikation. Überprüfen Sie die Verbindung mit dem folgenden Kommando:

```
kubectl cluster-info

  Kubernetes control plane is running at https://192.168.49.2:...
  CoreDNS is running at https://192.168.49.2:8443/api/v1/names...
```

Die Versionen von Client und Server können Sie sich mit `kubectl version` anzeigen lassen:

```
kubectl version --output=yaml

  clientVersion:
    buildDate: "2025-12-09T15:06:39Z"
    compiler: gc
    gitCommit: df11db1c0f08fab3c0baee1e5ce6efbf816af7f1
    gitTreeState: clean
    gitVersion: v1.34.3
    goVersion: go1.24.11
    major: "1"
    minor: "34"
    platform: linux/amd64
  kustomizeVersion: v5.7.1
  serverVersion:
    buildDate: "2025-08-27T10:09:04Z"
    compiler: gc
    emulationMajor: "1"
    emulationMinor: "34"
    gitCommit: f28b4c9efbca5c5c0af716d9f2d5702667ee8a45
    gitTreeState: clean
    gitVersion: v1.34.0
    goVersion: go1.24.6
    major: "1"
    minCompatibilityMajor: "1"
    minCompatibilityMinor: "33"
    minor: "34"
    platform: linux/amd64
```

### Autovervollständigung für »kubectl«

Da Sie bei der Arbeit mit Kubernetes das `kubectl`-Kommando sehr häufig verwenden werden, lohnt es sich, das praktische Autovervollständigen zu aktivieren. Dazu fügen Sie folgende Zeile in Ihre Konfigurationsdatei `~/.bashrc` ein:

```
source <(kubectl completion bash)
```

Die Vervollständigung wird dadurch dynamisch bei jedem Start der Shell aktiviert. Wenn Sie die modernere zsh mit der Erweiterung Oh-My-Zsh (*https://ohmyz.sh*) verwenden, können Sie außerdem das Plug-in kubectl aktivieren, das einige praktische Abkürzungen als alias erzeugt, zum Beispiel folgende:

```
k=kubectl
kaf='k apply -f'
kdd='k describe deployment'
kdp='k describe pods'
kds='k describe svc'
keti='k exec -ti'
kgd='k get deployment'
kgi='k get ingress'
kgp='k get pods'
kgrs='k get rs'
```

Die Autovervollständigung funktioniert in der zsh auch bei der Verwendung eines alias. Wenn Sie zum Beispiel nach dem Kommando keti (der Alias für kubectl exec ist vergleichbar mit docker exec) die Tabulatortaste drücken, werden alle aktiven Pods zur Auswahl aufgelistet – eine enorme Erleichterung bei der Eingabe.

### Das erste Deployment in Minikube

Starten Sie einen Webserver für den ersten Versuch mit Minikube:

```
kubectl create deployment nginx --image nginx
  deployment.apps/nginx created
```

Verwenden Sie kubectl get, um den Status Ihres Deployments zu erfahren:

```
kubectl get deployment

  NAME     READY   UP-TO-DATE   AVAILABLE   AGE
  nginx    1/1     1            1           17s

kubectl get pod

  NAME                     READY   STATUS    RESTARTS   AGE
  nginx-77b4fdf86c-lbdr5   1/1     Running   0          59s
```

Sowohl das Deployment nginx als auch der Pod nginx-77b4fdf86c-lbdr5 laufen wie gewünscht. Um den Webserver zu erreichen, müssen Sie noch einen Service erzeugen, der Port 80 Ihres Deployments nach außen öffnet:

```
kubectl expose deployment nginx --type=NodePort --port 80
```

Wenn Sie jetzt die aktiven Services auflisten, werden Sie den nginx-Service mit der entsprechenden Portweiterleitung finden:

```
kubectl get service

  NAME         TYPE        CLUSTER-IP       PORT(S)         AGE
  kubernetes   ClusterIP   10.96.0.1        443/TCP         27m
  nginx        NodePort    10.102.227.139   80:30930/TCP    9s
```

Die interne IP-Adresse (`CLUSTER-IP`) ist aber nicht für den Zugriff von Ihrem PC geroutet. Starten Sie jetzt noch einmal das `minikube`-Programm, um die URL für den Nginx-Server zu erfahren:

```
minikube service list

  NAMESPACE    NAME         TARGET PORT   URL
  default      kubernetes   No node port
  default      nginx        80            http://192.168.67.2:30930
  kube-system  kube-dns     No node port
```

Geben Sie die URL *http://192.168.49.2:30930* in Ihrem Browser ein. Sie sollten dann die bereits bekannte Nginx-Startseite sehen. Ein weiterer Service, der in früheren Versionen von Minikube standardmäßig aktiviert war, ist das Kubernetes-Dashboard. In der aktuellen Version müssen Sie das Dashboard als Add-on aktivieren:

```
minikube addons enable dashboard
[...]
  The 'dashboard' addon is enabled

minikube dashboard

  Verifying dashboard health ...
  Launching proxy ...
  Verifying proxy health ...
  Opening http://127.0.0.1:44609/api/v1/namespaces/kubernetes-...
```

Das zweite Kommando sollte Ihren Browser öffnen und die Weboberfläche von Kubernetes anzeigen, die einen guten Überblick über den Cluster gibt (siehe Abbildung 21.1).

Die Weboberfläche ist nur ein weiteres Deployment, das in dem Minikube-Cluster läuft. Durch den Namensraum `kube-system` ist es von Ihrem Deployment im Namensraum `default` getrennt.

Die gezeigte Methode, ein Deployment und einen Service über die Kommandozeile anzulegen, ist in der Kubernetes-Umgebung eher unüblich. Zwar können Sie auf diese Weise sehr schnell Container im Cluster ausprobieren, es bleibt aber schwer nachvollziehbar, welche Schritte Sie angewendet haben. Viel üblicher ist es, Dateien anzulegen, die Deployments und Services beschreiben.

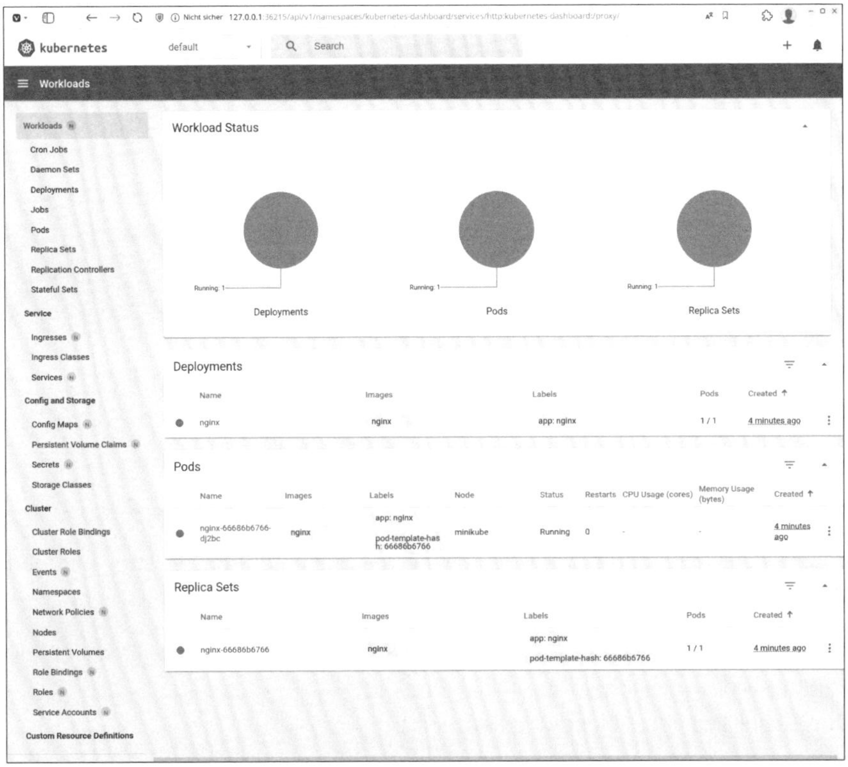


**Abbildung 21.1** Das Kubernetes-Dashboard unseres lokalen Minikube-Clusters

## Objektkonfiguration in Dateien

Deployments und Services sind zwei Beispiele von *Objekten*, die Kubernetes verwaltet. Mit dem `kubectl run`-Kommando im vorigen Abschnitt haben Sie, ohne es zu wissen, ein Deployment-Objekt in Kubernetes erzeugt. In der Objektdefinition dieses Deployments wird eine Instanz (`replica`) des Nginx-Images spezifiziert.

Die Kubernetes-API erwartet Objektkonfigurationen im JSON-Format. Weil das Schreiben von JSON etwas aufwendig ist, kann `kubectl` auch die YAML-Syntax einlesen, in das JSON-Format übersetzen und den JSON-String an die API senden. Das Nginx-Deployment, das aus dem `kubectl run`-Kommando entstanden ist, könnten Sie in einer YAML-Datei so speichern:

```
# Datei: k8s/minikube/nginx/nginx.yml
apiVersion: apps/v1
kind: Deployment
metadata:
  name: nginx
```

```
spec:
  replicas: 1
  selector:
    matchLabels:
      run: nginx
  template:
    metadata:
      labels:
        run: nginx
    spec:
      containers:
      - image: nginx
        name: nginx
        ports:
        - containerPort: 80
          protocol: TCP
```

Die eben gezeigte Objektdefinition wollen wir etwas genauer unter die Lupe nehmen. Folgende Schlüssel sind verpflichtend:

- **apiVersion:** Jedes Objekt benötigt eine Versionsnummer der zu verwendenden Kubernetes-API.
- **kind:** Welcher Typ von Objekt wird definiert?
- **metadata:** Hier muss zumindest der Name des Objekts festgelegt werden.
- **spec:** Die Objektspezifikation ist für jedes Objekt unterschiedlich. Im Fall eines Deployments trägt man unter `template-spec-containers` die Liste der zu startenden Container ein – in unserem Fall das Docker-Image `nginx`. Der `containerPort`-Eintrag öffnet den angegebenen Port am Pod. Außerdem enthält die Vorlage zum Erzeugen neuer Pods das Label `run: nginx`, auf das wir etwas später zurückkommen werden.

`kubectl` kann bestehende Objekte im Kubernetes-Cluster auch in der YAML-Syntax anzeigen. Setzen Sie dazu einfach den Parameter `-o yaml` hinter das Kommando:

```
kubectl get deployment nginx -o yaml

  apiVersion: apps/v1
  kind: Deployment
  metadata:
    annotations:
      deployment.kubernetes.io/revision: "1"
    creationTimestamp: "2025-12-11T20:55:59Z"
    generation: 1
    labels:
      app: nginx
```

```
    name: nginx
    namespace: default
  [...]
```

Wie Sie wahrscheinlich schon erwartet haben, können Sie mit `-o json` das Objekt im JSON-Format ausgeben lassen. Wenn Sie sich das aktive Deployment in der YAML-Syntax anzeigen lassen, werden Sie noch einen Eintrag auf der untersten Ebene finden: `status`. In dieser Struktur speichert Kubernetes den aktuellen Zustand dieses Objekts ab.

Um ein Objekt anhand einer YAML-Datei zu erzeugen, verwenden Sie das `create`-Kommando von `kubectl`:

```
kubectl create -f nginx.yml
  deployment.apps "nginx" created
```

Sobald Sie ein Objekt in Kubernetes erzeugen, versucht das Kubernetes-System, dieses Objekt nach der enthaltenen Beschreibung zu erstellen.

Mit dem Kommando `kubectl expose` haben Sie eingangs bereits ein weiteres Objekt erzeugt. Es ist vom Typ *Service* und ermöglicht die Kommunikation innerhalb des Kubernetes-Netzwerks. Die Kommunikation unterscheidet sich von der im Docker-Netzwerk in mehrerlei Hinsicht. Das Netzwerkkonzept von Kubernetes sieht vor, dass alle Container (eigentlich Pods) miteinander über das Internetprotokoll kommunizieren können, egal, auf welchem Computer sie ausgeführt werden. Als Abstraktionsebene wurden Services eingeführt, die eine Verbindung definieren.

Die YAML-Schreibweise für den vorher erzeugten `nginx`-Service könnte so ähnlich wie hier aussehen:



```
# Datei: k8s/minikube/nginx/nginx-service.yml
apiVersion: v1
kind: Service
metadata:
  name: nginx
spec:
  ports:
  - port: 80
    protocol: TCP
  selector:
    run: nginx
  type: NodePort
```

Die Servicespezifikation stellt eine Verbindung zu Port 80 auf allen Pods her, die über das Label `run: nginx` verfügen (definiert im `selector`-Abschnitt). In unserem Beispiel läuft nur ein Pod mit diesem Label, darum wird der Service Anfragen auch nur an diesen Pod weiterleiten. Wenn Sie das `nginx`-Deployment aber auf drei Pods hochskalieren, funktioniert der Service automatisch als Load Balancer und verteilt die Anfragen an die laufenden Pods.

Mithilfe dieses Service können Pods im Kubernetes-Netzwerk mit dem Nginx-Pod auf Port 80 kommunizieren. Der Standardtyp für einen Service ist `ClusterIP`. Solche Services sind nur innerhalb des Kubernetes-Netzwerks erreichbar. Da wir in diesem Beispiel den Eintrag `type: NodePort` verwenden, ist der Service auf allen Nodes von außen erreichbar. Das Verhalten ist vergleichbar mit `docker run -P`, was dazu führt, dass alle veröffentlichten Ports eines Containers mit zufälligen Ports auf dem Host verbunden werden. Um herauszufinden, welcher Port auf dem Node mit dem Serviceport 80 verbunden ist, verwenden Sie das Kommando `minikube service list`.

### Kubernetes als Cloud-Plattform

Sie merken schon: Hier tut sich eine neue Welt auf. Zwar gibt es Ähnlichkeiten mit den Instruktionen in einer `compose.yaml`-Datei, die Umsetzung bei Kubernetes ist aber viel generischer und dadurch auch komplexer.

Nicht zu unterschätzen ist die Position, die Kubernetes im Umfeld der Cloud-Anbieter einnimmt. Kubernetes hat es binnen kürzester Zeit geschafft, der Quasi-Standard für verteilte Container-Anwendungen zu werden: Microsoft, Amazon, Google und Red Hat bieten Kubernetes-Cluster auf Mietbasis an. Sofern Ihre Konfigurationsdateien für die Kubernetes-Syntax vorbereitet sind, können Sie den Cloud-Anbieter relativ unkompliziert wechseln und laufen nicht Gefahr, einem *Vendor-Lock-in* zu unterliegen.

Zur weiten Verbreitung von Kubernetes hat sicher auch der Umstand beigetragen, dass die Entwicklung einem gemeinnützigen Konsortium, der *Cloud Native Computing Foundation*, übertragen wurde. Das gibt der Community die Sicherheit, dass Kubernetes nicht über Nacht verkauft werden kann und zur Bezahlsoftware wird.

Alle Funktionen von Kubernetes zu beschreiben, würde den Rahmen dieses Buchs sprengen; wir wollen Ihnen daher mit einigen Beispielen einen Einblick in diese Welt geben, ohne jedes Detail von Kubernetes zu erforschen.

**Cloud versus Single Node**

Bei allem Hype um Kubernetes wollen wir Ihnen nicht verschweigen, dass Kubernetes oder Docker Swarm nicht Voraussetzung sind, um Docker-Container produktiv zu verwenden. Wir betreiben seit mehreren Jahren containerisierte Anwendungen unterschiedlicher Größe auch in Docker-Compose-Umgebungen auf dedizierten Servern (*Single Node*).

Zwar sind *Managed-Kubernetes-Cluster*, wie wir sie in weiterer Folge vorstellen werden, äußerst komfortabel, die Cloud-Anbieter lassen sich diesen Komfort aber auch sehr gut bezahlen.

### Grafana-Setup in Minikube

Das Grafana-Setup, das wir zuvor bereits im Amazon Elastic Container Service gestartet haben, werden wir jetzt in der Minikube-Umgebung starten. Eine große Hilfe bei der Umstellung von einem Docker-Compose-Setup auf die Kubernetes-Konfigurationsdateien ist das Kommandozeilenprogramm `kompose`:

*https://github.com/kubernetes/kompose*

Es gehört zu der Kubernetes-Infrastruktur und kann wie `minikube` und `kubectl` als Binary von GitHub heruntergeladen und installiert werden. (Die HTTPS-Adresse ist im folgenden Listing nur aus Platzgründen getrennt; Sie müssen sie ohne \ zusammenfügen.)

```
curl -L https://github.com/kubernetes/kompose/releases\
         /download/v1.37.0/kompose-linux-amd64 -o kompose
chmod +x kompose
sudo mv ./kompose /usr/local/bin/kompose
```

Andere Installationsvarianten sind auf der folgenden Webseite beschrieben:

*https://kompose.io/installation*

Rufen wir uns noch einmal die `compose.yaml`-Datei für das Grafana-Setup aus Kapitel 14, »Grafana«, ins Gedächtnis:



```
# Datei: k8s/grafana/compose.yaml
services:
  grafana:
    image: docbuc/grafana:5
    restart: always
    ports:
      - 3000:3000
    environment:
      - GF_SECURITY_ADMIN_PASSWORD=geheim
  telegraf:
    image: docbuc/telegraf:5
    restart: always
    environment:
      - INFLUXDB_TOKEN=gahPae6dei...
      - INFLUXDB_ORG=dockerbuch
      - INFLUXDB_BUCKET=dockerbuch
```

```
  influx:
    image: influxdb:2.7
    restart: always
    environment:
      - DOCKER_INFLUXDB_INIT_MODE=setup
      - DOCKER_INFLUXDB_INIT_USERNAME=dockerbuch
      - DOCKER_INFLUXDB_INIT_PASSWORD=geheimgeheim
      - DOCKER_INFLUXDB_INIT_ORG=dockerbuch
      - DOCKER_INFLUXDB_INIT_BUCKET=dockerbuch
      - DOCKER_INFLUXDB_INIT_ADMIN_TOKEN=gahPae6dei...
```

Um `compose.yaml` in die Syntax zu konvertieren, die für Kubernetes erforderlich ist, führen Sie `kompose convert` im Verzeichnis der Grafana-Installation aus:

```
kompose convert
  INFO Kubernetes file "grafana-service.yaml" created
  INFO Kubernetes file "influx-service.yaml" created
  INFO Kubernetes file "grafana-deployment.yaml" created
  INFO Kubernetes file "influx-deployment.yaml" created
  INFO Kubernetes file "telegraf-deployment.yaml" created
```

Das `kompose`-Programm hat für jeden Service und für jedes benötigte Deployment eine eigene YAML-Datei angelegt. Werfen wir einen Blick in die Datei `influx-deployment.yaml`, um ein Beispiel zu sehen:

```
apiVersion: apps/v1
kind: Deployment
metadata:
  annotations:
    kompose.cmd: kompose convert
    kompose.version: 1.37.0 (fb0539e64)
  labels:
    io.kompose.service: influx
  name: influx
spec:
  replicas: 1
  selector:
    matchLabels:
      io.kompose.service: influx
  template:
    metadata:
      annotations:
        kompose.cmd: kompose convert
        kompose.version: 1.37.0 (fb0539e64)
      labels:
        io.kompose.service: influx
```

```
  strategy: {}
  template:
    metadata:
      annotations:
        kompose.cmd: kompose convert
        kompose.version: 1.37.0 (fb0539e64)
      creationTimestamp: null
      labels:
        io.kompose.network/grafana-default: "true"
        io.kompose.service: influx
    spec:
      containers:
        - env:
            - name: DOCKER_INFLUXDB_INIT_ADMIN_TOKEN
              value: gahPae...
            - name: DOCKER_INFLUXDB_INIT_BUCKET
              value: dockerbuch
            - name: DOCKER_INFLUXDB_INIT_MODE
              value: setup
            - name: DOCKER_INFLUXDB_INIT_ORG
              value: dockerbuch
            - name: DOCKER_INFLUXDB_INIT_PASSWORD
              value: geheimgeheim
            - name: DOCKER_INFLUXDB_INIT_USERNAME
              value: dockerbuch
          image: influxdb:2.7
          name: influx
          ports:
            - containerPort: 8086
              protocol: TCP
      restartPolicy: Always
```

Alle Angaben aus der `compose.yaml`-Datei wurden in die `template`-Anweisung der Kubernetes-Konfigurationsdatei übernommen. Mit diesen Dateien können Sie das Grafana-Setup in Ihrem Kubernetes-Cluster starten.

Nach diesen Anpassungen können Sie das Grafana-Setup starten:

```
kubectl create -f grafana-deployment.yaml \
               -f grafana-service.yaml \
               -f influx-deployment.yaml \
               -f influx-service.yaml \
               -f telegraf-deployment.yaml
```

21

Nun fehlt noch der Service, der Ihnen den Zugang zur Weboberfläche gibt:

```
kubectl expose deployment grafana --type=NodePort --name=grafexp
  service/grafexp exposed
```

Erfragen Sie jetzt die Adresse für die Grafana-Weboberfläche:

```
minikube service grafexp --url
  http://192.168.67.2:32014
```

Sie können jetzt die bereits bekannte Grafana-Applikation öffnen oder sich den Zustand Ihres Deployments in der Weboberfläche von Kubernetes anschauen (siehe Abbildung 21.2).

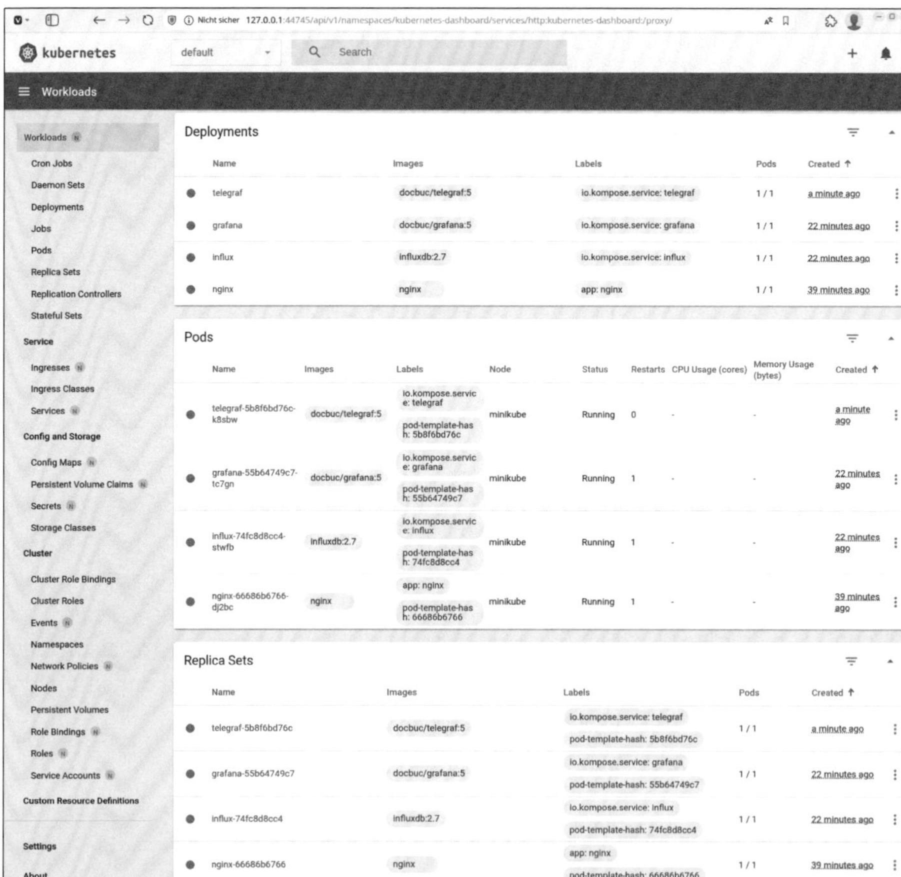


**Abbildung 21.2** Das Grafana-Deployment in der Kubernetes-Weboberfläche

## 21.2 Amazon EKS (Elastic Kubernetes Service)

Die Cloud-Anbieter haben unter Hochdruck daran gearbeitet, eine möglichst anwenderfreundliche Kubernetes-Infrastruktur in ihr Portfolio zu integrieren. Bei Amazon heißt dieser Dienst *Elastic Kubernetes Service (EKS)* und ist seit 2018 verfügbar.

**AWS-CLI**

Wenn Sie das Beispiel in diesem Abschnitt selbst ausprobieren möchten, müssen Sie außer Ihrem Amazon-Account auch das AWS-Kommandozeilenprogramm installiert und konfiguriert haben. Eine Installationsanleitung finden Sie hier:

*https://docs.aws.amazon.com/cli/latest/userguide/cli-chap-install.html*

Alternativ können Sie auch die *AWS Cloud Shell* im Webbrowser verwenden. Dort ist das AWS-Kommandozeilenprogramm bereits installiert und für Ihren Account konfiguriert. Wir werden im folgenden Abschnitt diesen Weg beschreiten.

Wie viele andere AWS-Dienste starten Sie auch EKS in einem bestimmten Amazon-Rechenzentrum. Bevor Sie sich für ein Rechenzentrum entscheiden, lohnt es sich aber, zuerst einen Blick auf die Tabelle der Regionen in der Amazon-Weboberfläche zu werfen:

*https://aws.amazon.com/de/about-aws/global-infrastructure/regional-product-services*

Hier sehen Sie, welches Rechenzentrum welche Services anbietet. Um die Voreinstellung für das Rechenzentrum zu ändern, können Sie das `aws`-Kommandozeilenprogramm starten:

```
aws configure
  AWS Access Key ID [****************T3WA]:
  AWS Secret Access Key [****************FiXR]:
  Default region name [us-west-2]: eu-north-1
  Default output format []: json
```

Die Voreinstellungen zur `Access Key ID` und zum `Secret Access Key` können Sie übernehmen, denn Ihr Amazon-Account gilt weltweit bei allen Rechenzentren. Wählen Sie als Region dann zum Beispiel `eu-north-1` und `json` als Ausgabeformat.

### Cluster erzeugen mit eksctl

In den vergangenen Auflagen dieses Buches folgten hier sieben Seiten, auf denen wir beschrieben, wie Sie einen Kubernetes-Cluster bei Amazon einrichten. Dabei hatten wir versucht, den einfachsten Weg zu beschreiben. Inzwischen hat Amazon ein Kommandozeilenprogramm entwickelt, das viele der notwendigen Schritte für Sie erledigt. Angefangen bei Rollen für Ihren Account über das Erstellen einer Virtual-Private-Cloud-Konfiguration mit Subnetzen und Sicherheitsgruppen hilft das Installationsprogramm hier sehr. Leider ist eksctl in der AWS Cloud Shell nicht installiert, und Sie müssen die folgende Installation auch dort vornehmen.

Wie viele andere Werkzeuge im Cloud-Umfeld können Sie auch hier ein Static Binary von GitHub herunterladen und in den Suchpfad kopieren:

```
curl -sL "https://github.com/weaveworks/eksctl/releases/latest/\
  download/eksctl_$(uname -s)_amd64.tar.gz" | tar xz -C /tmp
sudo install /tmp/eksctl /usr/local/bin
```

Für macOS finden Sie das Programm auch im brew Paketmanager: `brew install eksctl`.

Nun können Sie den Kubernetes-Cluster erzeugen. Mit der Option `--fargate` wird ein automatisch skalierender Cluster erstellt, was für unsere Versuche wunderbar funktionierte. Wenn Sie für Ihr Programm mehr Kontrolle über die Anzahl der Knoten und deren Ausstattung (CPU/RAM) haben möchten, müssen Sie sich mit den reichlich vorhandenen Parametern des Kommandos beschäftigen.

```
eksctl create cluster --name mwa --region eu-north-1 --fargate
  2025-12-13 08:56:40 [i]  eksctl version 0.220.0-dev+3f73c725...
  2025-12-13 08:56:40 [i]  using region eu-north-1
  2025-12-13 08:56:40 [i]  setting availability zones to [eu-n...
  2025-12-13 08:56:40 [i]  subnets for eu-north-1a - public:19...
  2025-12-13 08:56:40 [i]  subnets for eu-north-1b - public:19...
  2025-12-13 08:56:40 [i]  subnets for eu-north-1c - public:19...
  2025-12-13 08:56:40 [i]  using Kubernetes version 1.32
  2025-12-13 08:56:40 [i]  creating EKS cluster "mwa" in "eu-n...
  [...]
  2025-12-13 09:11:32 [i]  no tasks
  2025-12-13 09:11:32 [x]  all EKS cluster resources for "mwa"...
  2025-12-13 09:11:33 [i]  creating addon: metrics-server
  2025-12-13 09:11:33 [i]  successfully created addon: metrics...
  2025-12-13 09:11:34 [i]  kubectl command should work with
    "/Users/bernd/.kube/config", try 'kubectl get nodes'
  2025-12-13 09:11:34 [x]  EKS cluster "mwa" in "eu-north-1"
    region is ready
```

Das Programm lief bei unseren Versuchen über 15 Minuten, konnte aber alle Aufgaben erfolgreich erledigen. Die lokale kubectl-Konfiguration wurde so angepasst, dass Sie jetzt direkt mit dem Cluster kommunizieren können. Der vorgeschlagene Aufruf von `kubectl get nodes` zeigt zwei Nodes, die bereit sind:

```
kubectl get nodes
  NAME                  STATUS   ROLES    AGE    VERSION
  fargate-ip-192-...    Ready    <none>   8m6s   v1.32.10-eks-b...
  fargate-ip-192-...    Ready    <none>   9m9s   v1.32.10-eks-b...
```

Jetzt ist es soweit, und Sie können eine Applikation im Cluster starten:

```
kubectl apply -f grafana-deployment.yaml \
              -f grafana-service.yaml \
              -f influx-deployment.yaml \
              -f influx-service.yaml \
              -f telegraf-deployment.yaml
  deployment.apps/grafana created
  service/grafana created
  deployment.apps/influx created
  service/influx created
  deployment.apps/telegraf created
```

Das Grafana-Setup mit InfluxDB und Telegraf läuft in der Kubernetes-Cloud von Amazon. Damit Sie Zugriff auf die Weboberfläche Ihrer Applikation bekommen, müssen Sie noch einen Load-Balancer-Service starten:

```
kubectl expose deployment grafana \
    --type LoadBalancer --name grafexp
  service/grafexp exposed
```

Um herauszufinden, welcher Host-Name Ihrem Load Balancer zugewiesen wurde, rufen Sie erneut kubectl auf:

```
kubectl get services grafexp -o yaml
  apiVersion: v1
  kind: Service
  metadata:
    creationTimestamp: "2025-12-13T08:23:18Z"
    finalizers:
    - service.kubernetes.io/load-balancer-cleanup
    labels:
      io.kompose.service: grafana
    name: grafexp
    namespace: default
    resourceVersion: "4356"
    uid: 5826b280-0cdf-4ac8-ab46-34b7cb4a8a49
  spec:
    allocateLoadBalancerNodePorts: true
    clusterIP: 10.100.251.87
    clusterIPs:
    - 10.100.251.87
```

```
    externalTrafficPolicy: Cluster
    internalTrafficPolicy: Cluster
    ipFamilies:
    - IPv4
    ipFamilyPolicy: SingleStack
    ports:
    - nodePort: 31342
      port: 3000
      protocol: TCP
      targetPort: 3000
    selector:
      io.kompose.service: grafana
    sessionAffinity: None
    type: LoadBalancer
  status:
    loadBalancer:
      ingress:
      - hostname: a5826b2800cdf4ac8ab4634b7cb4a8a4-182230258.e...
```

Öffnen Sie nun Ihren Browser mit dem (ziemlich langen) Eintrag unter hostname auf Port 3000, und Sie werden den Startbildschirm von Grafana sehen.

Dank dem eksctl-Programm ist der Aufwand zum Erstellen eines Kubernetes-Clusters bei Amazon sehr überschaubar geworden. Wenn Sie produktiv auf der Amazon-Plattform arbeiten, werden Sie sich aber früher oder später mit den zahlreichen Einstellungsmöglichkeiten der AWS-Ressourcen auseinandersetzen müssen.

### Cluster löschen

Sollten Sie Ihre Experimente beendet haben und vielleicht doch eine andere Plattform für Kubernetes in Erwägung ziehen, dürfen Sie nicht vergessen, Ihre Ressourcen bei Amazon zu löschen. Auch wenn die Kosten für die Ressourcen pro Stunde nicht groß sind, ist man an Ende des Monats dann doch überrascht, wie viel der ungenutzte Cluster gekostet hat. Löschen Sie den Cluster mit dem Kommando:

```
eksctl delete cluster --name mwa
  2025-12-13 09:31:13 [i]  deleting EKS cluster "mwa"
  2025-12-13 09:31:13 [i]  deleting Fargate profile "fp-default"
  2025-12-13 09:35:30 [i]  deleted Fargate profile "fp-default"
  2025-12-13 09:35:30 [i]  deleted 1 Fargate profile(s)
  ...
  2025-12-13 09:35:48 [i]  will delete stack "eksctl-mwa-cluster"
  2025-12-13 09:35:48 [x]  all cluster resources were deleted
```

## 21.3 Microsoft AKS (Azure Kubernetes Service)

Auch wenn der Aufwand zum Starten eines Kubernetes-Clusters bei Amazon EKS dank dem `eksctl`-Programm nicht besonders groß war, werden Sie sehen, dass es in Azure fast noch einfacher geht. Natürlich müssen Sie sich auch bei Microsoft registrieren und Ihre Kreditkarteninformationen hinterlegen. Microsoft stellt Ihnen für den Start Serverleistungen von umgerechnet 170 € kostenlos zur Verfügung. Für die ersten Schritte ist das vollkommen ausreichend.

Ähnlich wie Amazon stellt auch Microsoft ein praktisches Kommandozeilenprogramm bereit. Damit können Sie die Dienste verwalten, die Sie in der Azure-Cloud mieten können. Besonders erwähnen möchten wir hier die gut gelungene Weboberfläche (*https://portal.azure.com*, siehe Abbildung 21.3): Insbesondere haben wir mit einer gewissen Verwunderung festgestellt, dass sie auch auf Nicht-Microsoft-Plattformen fehlerfrei angezeigt wird – ein Umstand, der vor wenigen Jahren noch nicht selbstverständlich war.

### Cluster erzeugen

Erstellen Sie Ihren Kubernetes-Cluster am einfachsten gleich über die Weboberfläche. Wählen Sie RESSOURCE ERSTELLEN im Hauptmenü, und suchen Sie anschließend nach »Kubernetes«. Der Listen-Eintrag KUBERNETES SERVICE bringt Sie zum Formular KUBERNETES-CLUSTER ERSTELLEN (siehe Abbildung 21.3).

Hier müssen Sie nur drei Felder ausfüllen:

- RESOURCE GROUP: »mwa«
- KUBERNETES CLUSTER NAME: »mwa«
- im Reiter NODE POOLS: ENABLE NODE AUTO-PROVISIONING auswählen

Alle anderen Einstellungen können Sie unverändert lassen. Azure wird einen Cluster mit drei Knoten (Nodes) mit je 7 GByte RAM und je zwei virtuellen CPU erstellen. Die Cluster-Erstellung kann je nach Auslastung bis zu einer Viertelstunde dauern.

Zur Verwaltung Ihres Kubernetes-Clusters verwenden Sie wieder das `kubectl`-Programm. Die `kubectl`-Konfigurationsdatei für Ihren AKS-Cluster erhalten Sie aber nur mit dem Azure-Kommandozeilenprogramm. Installationspakete gibt es für alle gängigen Betriebssysteme, und die Anleitung finden Sie unter der folgenden Adresse:

*https://learn.microsoft.com/en-us/cli/azure/install-azure-cli*

Für kurze Arbeiten in der Shell bietet Azure ähnlich wie Amazon eine browserbasierte Shell an. Mit der *Cloud Shell* bekommen Sie Zugang zu einem Linux-System in der Azure-Cloud, auf dem das Azure-Kommandozeilenprogramm natürlich schon installiert ist – äußerst praktisch.

21

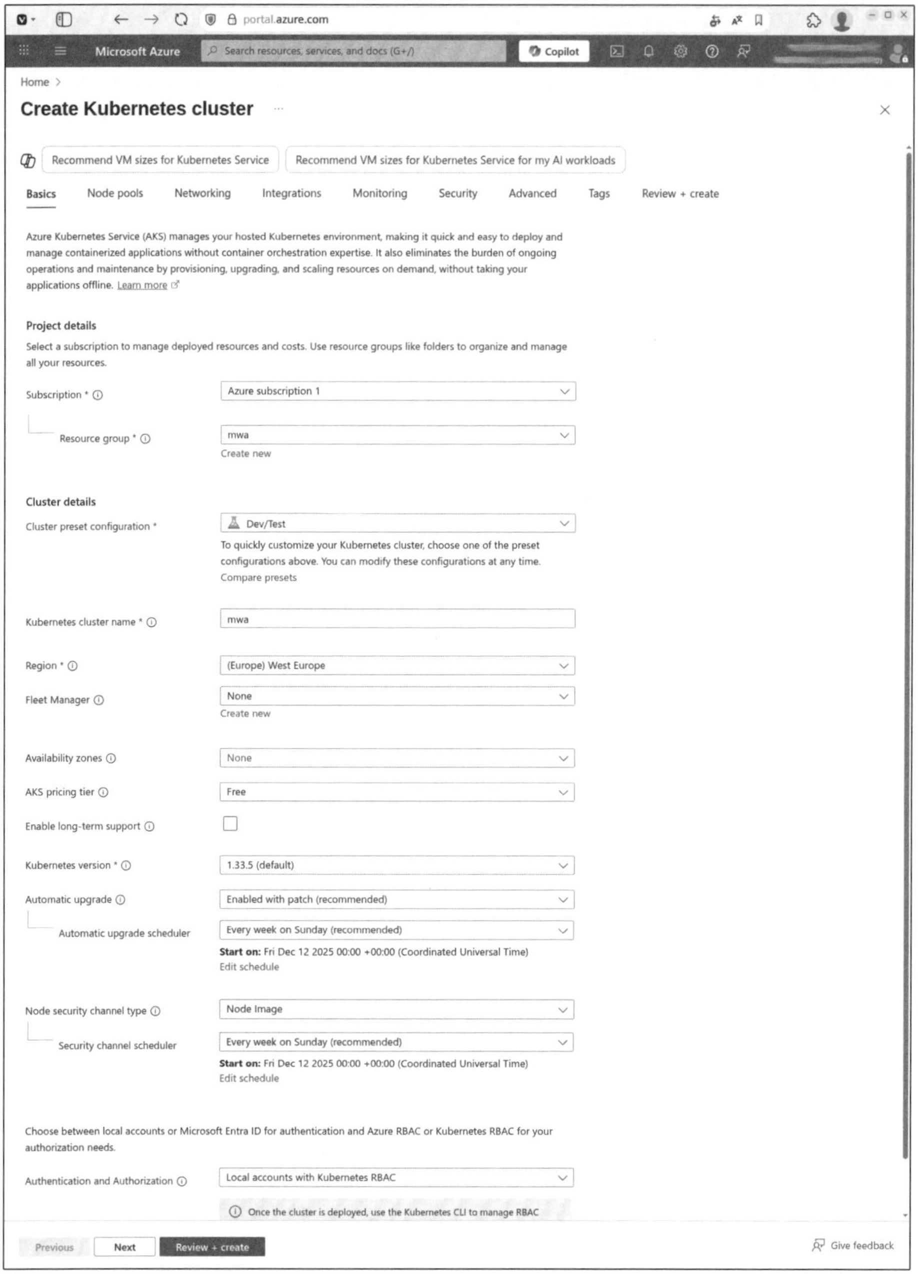


**Abbildung 21.3** Die Microsoft-Azure-Weboberfläche zum Erzeugen eines Kubernetes-Clusters

Klicken Sie auf den Shell-Button in der Weboberfläche (siehe Abbildung 21.4), und geben Sie im emulierten Terminal im Browser folgendes Kommando ein:

```
az aks get-credentials -n mwa -g mwa -f -

  apiVersion: v1
  clusters:
  - cluster:
  [...]
```

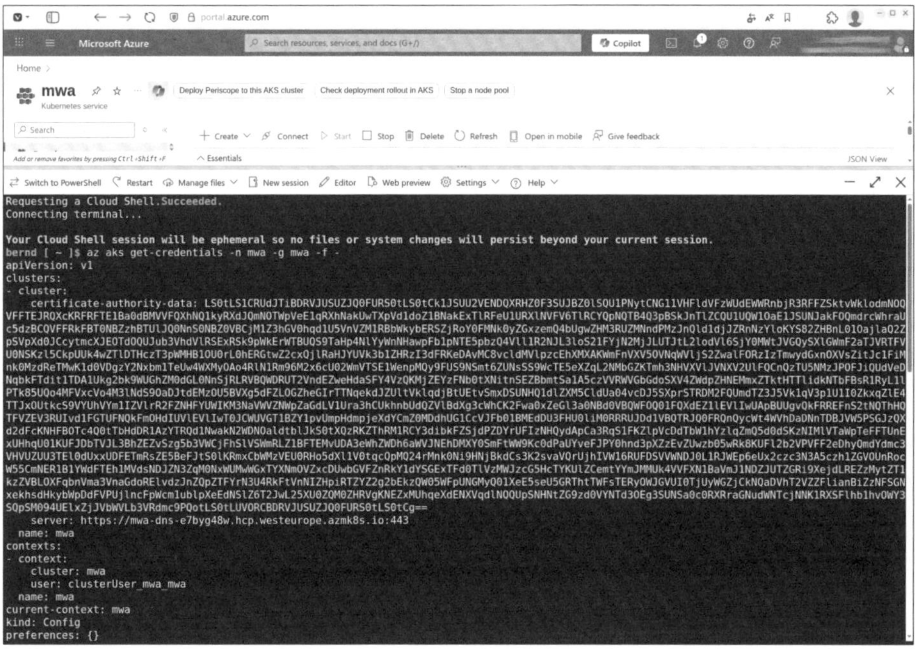


**Abbildung 21.4** Die Azure-Cloud-Shell im Browser

Der Aufruf des Subkommandos `get-credentials` benötigt als Parameter den Namen des Clusters (`-n`) und den Namen der Ressourcengruppe (`-g`). Normalerweise werden die Einstellungen in einer Datei gespeichert, der Parameter `-f -` leitet die Ausgabe auf die Konsole um.

Sie können das YAML-Konstrukt jetzt mit Copy-and-paste in eine Datei `~/.kube/config-aks` auf Ihrem Computer kopieren und anschließend in der Umgebungsvariablen `KUBECONFIG` speichern:

```
export KUBECONFIG=~/.kube/config-aks
```

Jetzt sollte Ihre lokale `kubectl`-Installation Zugriff auf den neuen Kubernetes-Cluster in Azure haben:

```
kubectl cluster-info

  Kubernetes control plane is running at https://mwa-dns-e7byg...
  CoreDNS is running at https://mwa-dns-e7byg48w.hcp.westeurop...
  Metrics-server is running at https://mwa-dns-e7byg48w.hcp.we...
```

### Anwendung installieren

Im nächsten Schritt installieren Sie die Webanwendung aus Kapitel 13 in Ihrem Kubernetes-Cluster. Dazu konvertieren Sie die `compose.yaml`-Datei mit dem Programm `kompose` in das Kubernetes-Format (siehe Abschnitt 21.1, »Minikube«, und dort »Grafana-Setup in Minikube«). Sie verpacken dabei jeden Docker-Container in einen Kubernetes-Pod in Ihrem Cluster.

Da alle Pods in Kubernetes explizit einen Service benötigen, um einen Port zu öffnen, müssen Sie die `compose.yaml`-Datei vor der Konvertierung noch etwas anpassen. Während es im Docker-Netzwerk nicht notwendig ist, Ports, die ein Container verwendet und die er mit `EXPOSE` gekennzeichnet hat, in der Konfigurationsdatei noch einmal zu öffnen, benötigt `kompose` diesen Hinweis in `compose.yaml`.

Erweitern Sie daher die drei MongoDB-Services und den Redis-Service um den `ports`-Eintrag:

```
# in mwa/compose.yaml
  mongo1:
    image: mongo:8
    command: --replSet "rs0"
    volumes:
      - mongovol1:/data/db
    ports:
      - 27017
  [...]
  redis:
    image: redis:8-alpine
    ports:
      - 6379
```

Der Frontend- und der API-Service haben ohnehin schon die Portöffnung definiert. Um Port 80 am Frontend vom Internet aus erreichbar zu machen, können Sie noch einen Trick aus der `kompose`-Anwendung verwenden: Fügen Sie dem Frontend ein Label hinzu, das den Servicetyp auf `LoadBalancer` einstellt:

```
# in mwa/compose.yaml
  frontend:
    restart: always
    image: docbuc/mwa-fe
```

```
    depends_on:
      - api
    ports:
      - "80:8080"
    labels:
      kompose.service.type: LoadBalancer
```

Das kompose-Programm verwendet den angegebenen Typ beim Kubernetes-Service-Objekt, was dazu führt, dass für diesen Service eine öffentliche IP-Adresse reserviert wird und Port 8080 vom frontend-Pod mit dieser IP-Adresse verbunden wird.

Die Ausgabe von kompose schreibt jeden Service, jedes Deployment und auch die verwendeten Volumes (in Kubernetes ein PersistentVolumeClaim) in eine eigene Datei. Im Fall der Tagebuch-Anwendung aus Kapitel 13 sind das 15 Dateien, die in dem Verzeichnis landen. Mit dem Parameter -o kube.yaml werden alle Kubernetes-Objekte in einer Datei kube.yaml zusammengefasst, die ein Kubernetes-Objekt vom Typ List ist. Starten Sie die Umwandlung der Konfiguration mit diesem Kommando:

```
kompose convert -f compose.yaml -o kube.yaml
  INFO Kubernetes file "kube.yaml" created
```

### Anwendung starten

Nach der Umwandlung starten Sie die Dienste mit folgendem Kommando:

```
kubectl apply -f kube.yaml
  service/api created
  service/frontend created
  service/mongo1 created
  [...]
  deployment.apps/api created
  deployment.apps/frontend created
  deployment.apps/mongo1 created
  persistentvolumeclaim/mongovol1 created
  [...]
  deployment.apps/redis created
```

Neben den Deployments und Services hat kompose auch Volumes für die MongoDB-Deployments erstellt. Mit Volumes wird es bei der Kubernetes-Konfiguration leider ebenfalls etwas komplizierter, als Sie das von Docker kennen.

Das Kubernetes-Objekt für ein Datenbank-Volume sieht im vorliegenden Beispiel folgendermaßen aus:

```
apiVersion: v1
kind: PersistentVolumeClaim
```

21

```
metadata:
  labels:
    io.kompose.service: mongovol1
  name: mongovol1
spec:
  accessModes:
    - ReadWriteOnce
  resources:
    requests:
      storage: 100Mi
```

Sie erzeugen damit also nicht direkt ein Volume, sondern fordern ein *Persistent Volume* an (*claim*). Liegt ein angefordertes Volume bereits vor, wird es mit dem Pod verbunden; wenn keines vorliegt, wird es nach den angegebenen Spezifikationen erzeugt.

In diesem Fall soll es eine Mindestgröße von 100 MByte und das Zugriffsrecht `ReadWriteOnce` haben, was bedeutet, dass nur ein Pod Lese- und Schreibzugriff auf das Volume hat. Größenangaben erfolgen in Byte, können aber auch mit den bekannten Abkürzungen (zum Beispiel `M`, `G`, `T`) oder den hier verwendeten Zweierpotenz-Angaben `Mi`, `Gi`, `Ti` gesetzt werden. Einen `PersistentVolumeClaim` (in Kubernetes oft *PVC* abgekürzt) können Sie sich mit folgendem Befehl anzeigen lassen:

```
kubectl describe pvc mongovol1
  Name:          mongovol1
  Namespace:     default
  StorageClass:  default
  Status:        Bound
  Volume:        pvc-1258d598-f0f6-4b6f-92ee-07fc174c51c7
  Labels:        io.kompose.service=mongovol1
  [...]
  Capacity:      1Gi
  Access Modes:  RWO
```

Sie sehen in dem Listing einen Eintrag `Volume`. Lassen Sie sich auch die Beschreibung zu diesem Objekt ausgeben:

```
kubectl describe persistentvolume pvc-1258d598-f0f6-4b6f-927[...]
  Name:              pvc-1258d598-f0f6-4b6f-92ee-07fc174c51c7
  Labels:            <none>
  [...]
  Source:
    Type:              CSI (a Container Storage Interface (CSI)
                       volume source)
    Driver:            disk.csi.azure.com
```

Mit Kubernetes brauchen Sie sich nicht mehr um die Details der Speicherung zu kümmern. Ihr Cloud-Anbieter, in diesem Fall Azure (also Microsoft), stellt die Infrastruktur zur Verfügung (`disk.csi.azure.com`) und bindet den Massenspeicher auf Ihren Cluster-Nodes entsprechend ein.

Die Tagebuch-Anwendung sollte jetzt in Ihrem Azure-Kubernetes-Cluster laufen. Starten Sie noch die MongoDB-Replikation auf einem der laufenden `mongo`-Pods:

```
kubectl get pods
  NAME                        READY   STATUS    RESTARTS    AGE
  api-d8dc998cb-w4s5f         1/1     Running   6           14m
  frontend-5bbf546bbc-xwc2r   1/1     Running   0           6m20s
  mongo1-59d494dfd4-lmsdr     1/1     Running   0           14m
  mongo2-79f58559cf-rsrx7     1/1     Running   0           14m
  mongo3-7cf6b5b47d-7hn4b     1/1     Running   0           14m
  redis-596d5c956f-j4bq7      1/1     Running   0           14m

kubectl exec mongo1-59d494dfd4-lmsdr -- mongosh --eval '
rs.initiate( {
   _id : "rs0",
   members: [
      { _id: 0, host: "mongo1:27017" },
      { _id: 1, host: "mongo2:27017" },
      { _id: 2, host: "mongo3:27017" }
   ]
})
'
```

Beachten Sie die Syntax beim Ausführen des Kommandos in einem Pod mit `kubectl`: Nach der Angabe des Pod-Namens muss das Kommando mit zwei Bindestrichen (`--`) getrennt werden. Das `mongo`-Kommando ist identisch mit dem in Abschnitt 13.4, »Die MongoDB-Datenbank«. Die öffentliche IP-Adresse Ihres Load-Balancer-Service finden Sie mit dem Kubernetes-Kommando `get service`:

```
kubectl get service

  NAME         TYPE          CLUSTER-IP    EXTERNAL-IP PORT(S)
  api          ClusterIP     10.0.192.159 <none>       3000/TCP
  frontend     ClusterIP     10.0.161.137 <none>       80/TCP
  frontend-tcp LoadBalancer  10.0.40.140  20.71.80.73  80:30622/TCP
  [...]
```

### Erster Test

Sie können nun Ihren Webbrowser mit der Adresse *http://20.71.80.73* öffnen und werden die Startseite der Tagebuch-Anwendung sehen. (Vor dem Login müssen Sie noch einen Benutzer hinzufügen, siehe Abschnitt 13.4, »Die MongoDB-Datenbank«.)

Da die Webapplikation so ausgelegt ist, dass sowohl das `frontend` als auch das `api`-Deployment unabhängig skaliert werden können, reicht ein Kommando aus, um zum Beispiel die API auf drei Pods hochzuskalieren:

```
kubectl scale --replicas=3 deployment api

  deployment.extensions/api scaled
```

Microsoft verzichtet in der Standardinstallation auf das Kubernetes-Dashboard und bildet die entsprechenden Ansichten in der Weboberfläche auf *https://portal.azure.com* nach. Für eine schnelle Übersicht über die laufenden Pods suchen Sie nach »mwa« und wählen den KUBERNETES-DIENST aus. Im linken Menü klicken Sie dann auf WORKLOADS (siehe Abbildung 21.5).

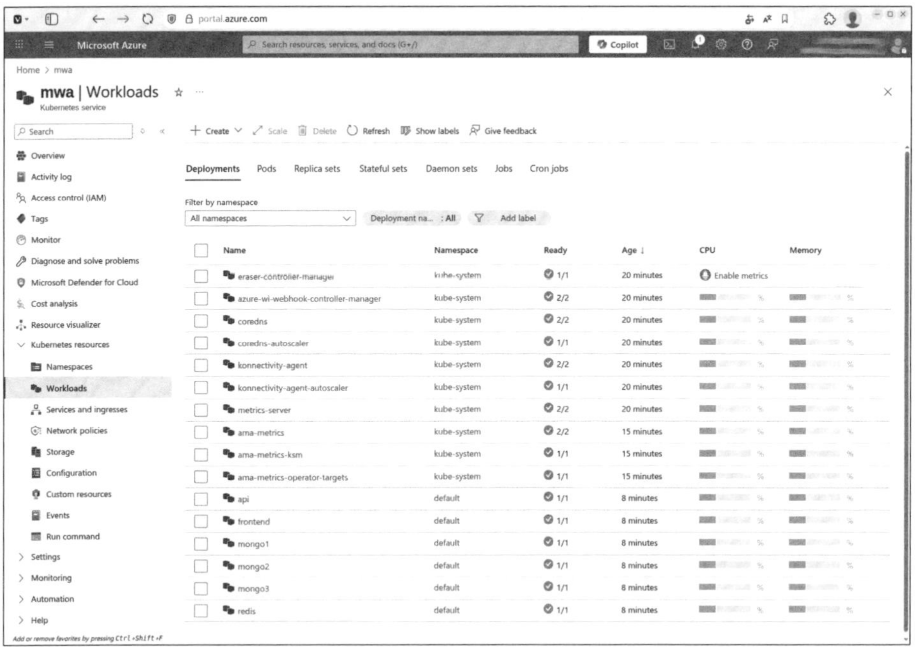


**Abbildung 21.5** Das Azure Dashboard mit der laufenden Tagebuch-Anwendung

## Aufräumen

Auch wenn Sie die in Kubernetes erzeugten Services und Pods löschen (das Kommando dafür ist `kubectl delete -f kube.yml`), läuft Ihr Cluster weiter und kostet, sobald Ihre ursprüngliche Gutschrift von Microsoft aufgebraucht ist, auch Geld.

Zum Löschen aller Ressourcen bietet Microsoft aber eine sehr einfache Möglichkeit über die Weboberfläche an. In der Übersicht über alle Ressourcen können Sie alle Elemente auswählen und mit LÖSCHEN (und einem neuerlichen Bestätigen) auch permanent löschen, wodurch keine weiteren Kosten für dieses Projekt entstehen (siehe Abbildung 21.6).

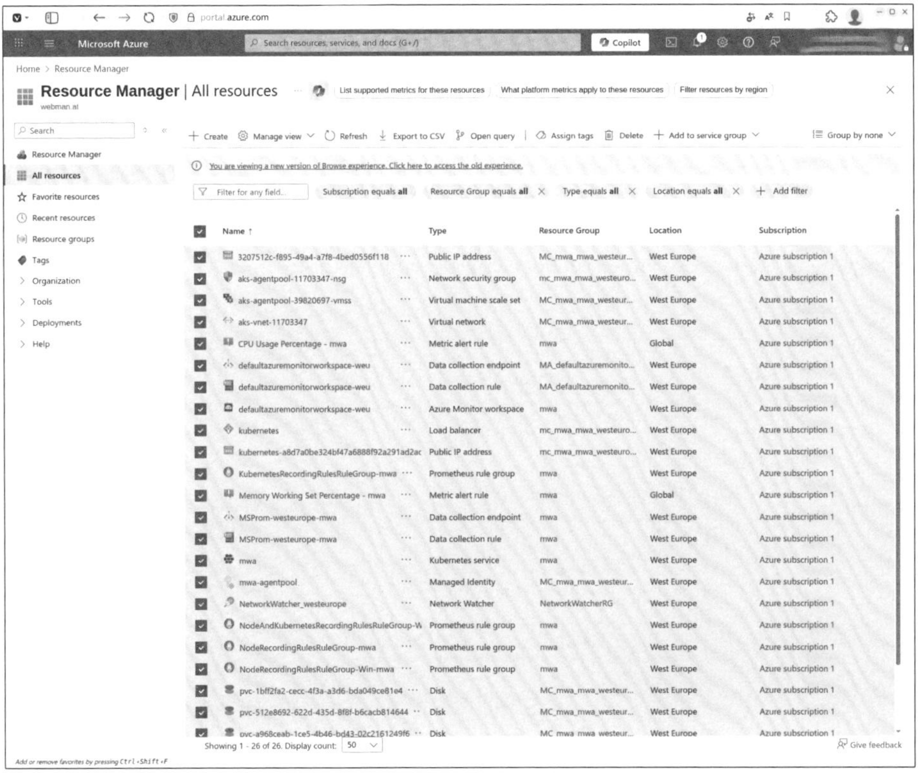


**Abbildung 21.6** Löschen aller aktiven Ressourcen in Microsoft Azure

## 21.4 Google Kubernetes Engine

Als drittes Beispiel für einen Managed-Kubernetes-Cluster wollen wir schließlich noch den Dienst des ursprünglichen Kubernetes-Erfinders vorstellen: Google.

Unter *https://cloud.google.com* stellt der IT-Gigant diverse Dienste zur Verfügung, unter anderem die *Kubernetes Engine*. Bei der Erstanmeldung erhalten Sie eine Gutschrift von ca. 259 €, was zum Experimentieren ausreicht.

### Projekt und Cluster erzeugen

Loggen Sie sich über die Weboberfläche ein, und erstellen Sie Ihr erstes Projekt dort. Wir wollen auch in diesem Projekt das Tagebuch-Beispiel aus Kapitel 13 in Kubernetes starten und nennen das Projekt daher `k8s-diary` (siehe Abbildung 21.7).

**Abbildung 21.7** Ein neues Projekt in der Google Cloud Platform

**Abbildung 21.8** Ein neuer Cluster in der Google Cloud Platform

Erzeugen Sie jetzt einen Container-Cluster in Ihrem Projekt. Am einfachsten verwenden Sie dazu die Weboberfläche und suchen in Ihrem Projekt nach der Kubernetes Engine. Bevor Sie den Cluster erstellen können, müssen Sie noch die Kubernetes Engine API für Ihr Projekt aktivieren.

Beim Erstellen des Clusters haben Sie die Wahl zwischen dem Standardmodus und Autopilot. Während Sie im Standardmodus volle Kontrolle über die Rechenleistung Ihres Clusters haben (Sie bestimmen, wie viele virtuelle Server mit welcher Ausstattung laufen), übernimmt Google das im Autopilot-Modus für Sie.

Wir haben den Standardmodus gewählt, in dem der Cluster aus drei Computern (*Nodes*) vom Typ `e2-medium` mit jeweils zwei virtuellen CPUs, 4 GByte RAM und 100 GByte Festplattenspeicher besteht (siehe Abbildung 21.8).

Die Nodes laufen mit einer speziellen Linux-Variante von Google, *Container-Optimized OS*, aber um diese Details brauchen Sie sich mit dem Kubernetes-Cluster nicht mehr zu kümmern. Google installiert dabei, Stand Dezember 2025, die Version 1.33.5 von Kubernetes.

### Das gcloud-Kommando

Wenn Sie intensiver mit der Google-Cloud arbeiten wollen, empfehlen wir Ihnen die lokale Installation des Kommandozeilenwerkzeugs `gcloud`. Zwar bietet Google auch eine Cloud Shell, die im Browser gut funktioniert (siehe Abbildung 21.9) und in der das `gcloud`-Kommando natürlich schon installiert und konfiguriert ist. Für den häufigen Gebrauch ist die lokale Shell aber doch komfortabler.

Wie von Google zu erwarten, ist die Installation des *Cloud SDK* nicht kompliziert. Die Anleitungen für Linux, macOS und Windows finden Sie unter der folgenden Adresse: 21

*https://cloud.google.com/sdk/docs/install-sdk*

Für Linux und macOS entpacken Sie nach dem Herunterladen ein komprimiertes Archiv auf Ihrer Festplatte. Das Installationsprogramm sucht nach einer passenden Python-Version auf Ihrem Computer und erweitert anschließend den Suchpfad Ihrer Shell um den neu erstellten Ordner. Die automatische Kommandovervollständigung für `gcloud` wird dabei auch aktiviert. Unter Linux geschah das bei uns automatisch, unter macOS mussten wir die entsprechenden `source`-Kommandos manuell in die `~/.bashrc`-Datei eintragen. Unter Windows führt Sie ein Assistent durch das Setup-Programm.

Starten Sie `gcloud` als Erstes mit dem Befehl `init`. Das Programm testet zuerst die Internetverbindung und startet anschließend Ihren Webbrowser mit der Login-Seite von Google. Nach der Bestätigung, dass `gcloud` Zugriff auf das Google-Konto bekommt, ist das Programm bereit.

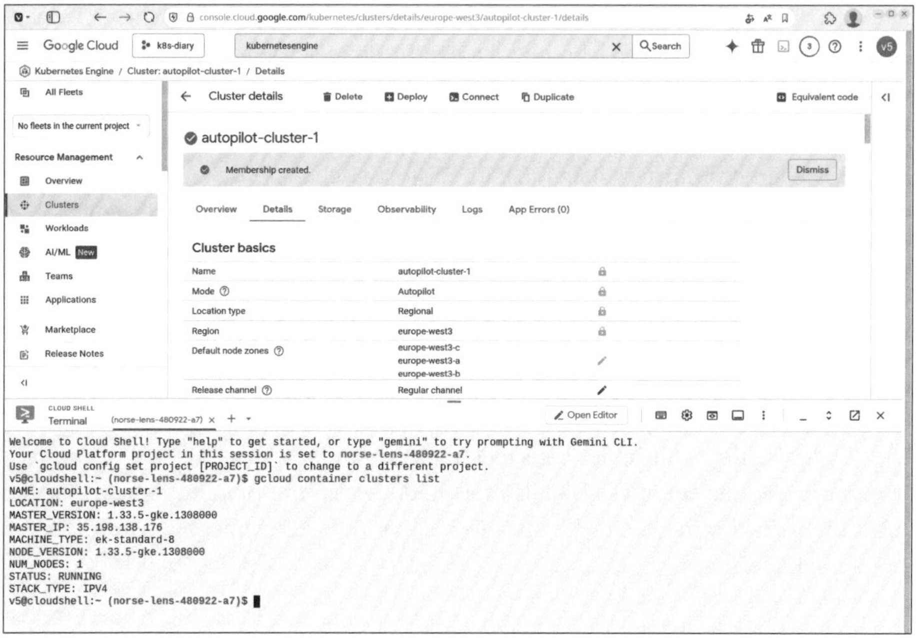


**Abbildung 21.9** Die Google Cloud Platform (GCP) mit der aktiven Cloud Shell

Sollten Sie bereits mehr als ein Projekt in Ihrem Google-Konto eingerichtet haben, können Sie jetzt das Projekt auswählen, auf das Sie standardmäßig zugreifen wollen. Abschließend können Sie noch die Zone auswählen, in der Ihre virtuellen Maschinen laufen sollen. (Wir haben `europe-north1-a` gewählt.)

Das `gcloud`-Kommando hat zum Abschluss automatisch die Zugangsdaten für den Cluster in Ihrer Konfigurationsdatei `~/.kube/config` gespeichert und als Standardwert eingestellt. Sollten Sie Einstellungen auf einem anderen Computer abrufen wollen, so können Sie dazu folgendes Kommando verwenden:

```
gcloud container clusters get-credentials k8s-cluster

  Fetching cluster endpoint and auth data.
  CRITICAL: ACTION REQUIRED: gke-gcloud-auth-plugin, which is ...
  kubeconfig entry generated for k8s-cluster.
```

Seit der Version 1.26 von GKE wird ein Plug-in für die sichere Authentifizierung von `kubectl` bei der Google-Cloud-Plattform benötigt. Die Bildschirmausgabe weist auf das Fehlen dieses Plug-ins hin. Zum Glück ist es einfach zu installieren:

```
gcloud components install gke-gcloud-auth-plugin
```

Sollten Sie `kubectl` noch nicht installiert haben, so können Sie diesen Schritt jetzt mit dem Kommando `gcloud components install kubectl` sehr einfach erledigen. Google inkludiert eine Version im Cloud SDK.

### Die Tagebuch-Anwendung in GKE

Starten Sie jetzt das Tagebuch-Beispiel aus Kapitel 13, »Eine moderne Webapplikation«. Die Umwandlung der `compose.yaml`-Datei in eine Kubernetes-Konfigurationsdatei haben wir ja bereits im vorigen Abschnitt gezeigt. Da wir in diesem Beispiel die Anwendung mit SSL-Zertifikaten laufen lassen werden, müssen Sie den `kompose.service.type` in der `compose.yaml`-Datei anpassen:

```
# in k8s/google/compose.yaml
  frontend:
    restart: always
    image: docbuc/mwa-fe
    ports:
      - 80:8080
    labels:
      kompose.service.type: nodeport
```

Wir werden später einen speziellen Load Balancer vom Typ *Ingress* verwenden, der unter anderem SSL-Verkehr terminieren kann. Konvertieren Sie die veränderte `compose.yaml`-Datei erneut mit `kompose`, und erzeugen Sie die Objekte in Ihrem Kubernetes-Cluster:

```
kompose convert -f compose.yaml -o kube.yaml
  INFO Kubernetes file "kube.yaml" created

kubectl apply -f kube.yaml
  service/api created
  service/frontend created
  service/mongo1 created
  [...]
```



Überzeugen Sie sich, dass alle Pods erfolgreich gestartet wurden, und suchen Sie einen der MongoDB-Pods:

```
kubectl get pods
  NAME                        READY   STATUS    RESTARTS       AGE
  api-674755fd84-t6kww        0/1     Error     2 (57s ago)    2m7s
  frontend-67c9d55869-zrhln   1/1     Running   0              2m7s
  mongo1-6b564f6689-p7trk     1/1     Running   0              2m7s
  [...]
```

Der api-Pod ist im Status Error, weil die Datenbankverbindung noch nicht funktioniert. Initialisieren Sie jetzt die Datenbankreplikation auf dem MongoDB-Pod:

```
kubectl exec mongo1-6b564f6689-p7trk -- mongosh --eval '
rs.initiate( {
   _id : "rs0",
   members: [
      { _id: 0, host: "mongo1:27017" },
      { _id: 1, host: "mongo2:27017" },
      { _id: 2, host: "mongo3:27017" }
   ]
})
'
```

Als nächsten Schritt müssen Sie sich eine feste öffentliche IP-Adresse in der Google Cloud reservieren. Verwenden Sie dazu erneut das gcloud-Kommando:

```
gcloud compute addresses create web-ip --global
gcloud compute addresses list
  NAME    ADDRESS/RANGE    TYPE
  web-ip  34.54.25.223     EXTERNAL
```

Mit dem Namen web-ip ist jetzt die öffentliche 34.54.25.223 verknüpft.

Erzeugen Sie abschließend noch das *Ingress*-Objekt, das die Applikation mit der öffentlichen IP-Adresse verbindet und im Internet erreichbar macht. In der Liste der aktiven Services sehen Sie den frontend-Service vom Typ NodePort:

```
kubectl get svc

  NAME      TYPE        CLUSTER-IP     EXTERNAL-IP    PORT(S)
  api       ClusterIP   10.24.7.112    <none>         3000/TCP
  frontend  NodePort    10.24.8.133    <none>         80:30211/TCP
  [...]
```

In der Datei ingress.yaml definieren Sie diesen frontend-Service als defaultBackend und verbinden ihn mit Port 80. Geben Sie dem neuen Objekt den Namen frontend-ingress:

```
# Datei: k8s/google/ingress.yaml
apiVersion: networking.k8s.io/v1
kind: Ingress
metadata:
  name: frontend-ingress
  annotations:
    kubernetes.io/ingress.class: gce
    kubernetes.io/ingress.allow-http: "true"
    kubernetes.io/ingress.global-static-ip-name: web-ip
```

```
spec:
  defaultBackend:
    service:
      name: frontend
      port:
        number: 80
```

Nach dem Erzeugen des Objekts (`kubectl apply -f ingress.yaml`) müssen Sie sich ein wenig gedulden. Sie können sich über den aktuellen Status mit `kubectl get ingress` oder in der Weboberfläche unter KUBERNETES ENGINE • NETWORKING • GATEWAYS, SERVICES & INGRESS Auskunft verschaffen (siehe Abbildung 21.10). Sobald die IP-Adresse verbunden ist, können Sie sie im Webbrowser eingeben und die Tagebuch-Anwendung verwenden.

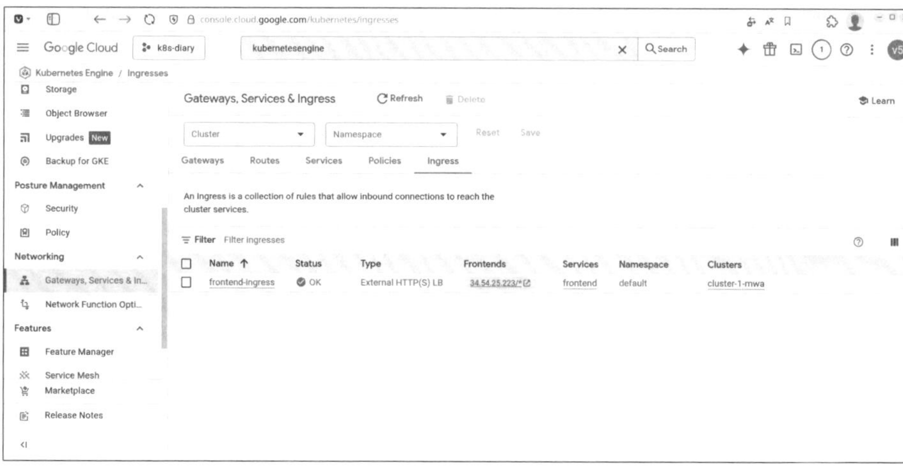


**Abbildung 21.10** Die Kubernetes-Ingress-Services für das Tagebuch-Beispiel in der Google-Cloud



## SSL-Zertifikate von Let's Encrypt verwenden

Abschließend möchten wir das Kubernetes-Setup um die SSL-Zertifikate von Let's Encrypt erweitern. Anders als bei Docker Swarm bietet Kubernetes unterschiedliche Möglichkeiten, einen eingebauten Load Balancer zu aktivieren. Die SSL-Zertifikate müssen natürlich mit dem Load Balancer zusammenarbeiten. Glücklicherweise waren schon andere Entwickler mit dem gleichen Problem konfrontiert und haben eine praktische Lösung dafür geschaffen: `cert-manager`.

Bei `cert-manager` handelt es sich um einen Kubernetes-Controller, der Ihnen beim Erstellen von Zertifikaten unterschiedlicher Herausgeber (unter anderem Let's Encrypt) behilflich ist. Die Software wird von einer YAML-Konfigurationsdatei, in diesem Fall vom GitHub-Repository `cert-manager`, installiert:

```
kubectl apply -f https://github.com/cert-manager/cert-manager\
  /releases/download/v1.19.2/cert-manager.yaml

  namespace/cert-manager created
  ...
```

Nach der Installation von `cert-manager` können Sie ein Kubernetes-Objekt vom Typ `Issuer` erstellen, in dem Sie die Ausstellung der Zertifikate konfigurieren. Wie schon bei den anderen Let's-Encrypt-Beispielen in diesem Buch verwenden Sie dazu das *ACME*-Protokoll mit dem *HTTP-01*-Mechanismus. Dabei wird eine Datei auf Ihrem Webserver gespeichert, die der ACME-Server unter der angegebenen Domain liest.

Für die ersten Versuche empfiehlt sich die Staging-Variante von Let's-Encrypt, da hier die Anzahl der Versuche zur Zertifikatserstellung nicht so stark limitiert ist wie bei den produktiven Zertifikaten. Der Ablauf ist identisch mit demjenigen bei den Produktivzertifikaten, aber das Root-Zertifikat für Staging ist nicht in den Webbrowsern hinterlegt. Wenn Sie später auf gültige Let's-Encrypt-Zertifikate umsteigen wollen, müssen Sie nur das `staging` aus der Konfiguration entfernen.

**Kubernetes und cert-manager**

Die Erstellung der Zertifikate hat sich während jeder Neuauflage dieses Buches so geändert, dass auch wir viele Versuche und viel Zeit brauchten, um zum Erfolg zu kommen. Was eigentlich trivial sein könnte, wie wir in Abschnitt 9.7, »Traefik-Proxy«, gezeigt haben, kann mit Kubernetes schnell zu einem Geduldsspiel werden: Die unterschiedlichen Versionen von Kubernetes und `cert-manager` gepaart mit den schier endlosen Konfigurationsmöglichkeiten bieten viel Spielraum für Inkompatibilitäten.

Die Konfigurationsdatei für den `Issuer` mit Let's-Encrypt-Staging lautet wie folgt:

```
# Datei: k8s/google/le-staging-issuer.yaml
apiVersion: cert-manager.io/v1
kind: Issuer
metadata:
  name: letsencrypt-staging
spec:
  acme:
    email: info@dockerbuch.info
    server:https://acme-staging-v02.api.letsencrypt.org/directory
    privateKeySecretRef:
      name: letsencrypt-staging
    solvers:
    - http01:
```

```
      ingress:
        name: frontend-ingress
```

Erstellen Sie nun das Objekt in dem Kubernetes-Cluster:

```
kubectl apply -f le-staging-issuer.yaml
  issuer.cert-manager.io/letsencrypt-staging created
```

Überzeugen Sie sich, dass das Issuer-Objekt korrekt angelegt wurde:

```
kubectl describe issuers.cert-manager.io letsencrypt-staging
  ...
  Status:
    Message:                The ACME account was registered
    Reason:                 ACMEAccountRegistered
    Status:                 True
    Type:                   Ready
```

Um ein Zertifikat zu beantragen, müssen Sie zuvor die öffentliche IP-Adresse des frontend-ingress-Service in Ihrer DNS-Verwaltung einem Host-Namen zuweisen (A-Record oder DNS-A-Eintrag). Sie erfahren die IP-Adresse mit dem Aufruf von kubectl get ingress, und zwar unter dem Eintrag ADDRESS. Wir verwenden in diesem Beispiel als Host-Namen k8s-diary.dockerbuch.info.

Der cert-Manager verfügt in der aktuellen Version über die Funktion, Zertifikate automatisch zu beantragen, wenn die entsprechenden Annotations in der Ingress-Konfiguration vorhanden sind (Sie erkennen vielleicht Ähnlichkeiten mit Traefik).

Bevor Sie nun die Erzeugung des Zertifikats aktivieren können, müssen Sie noch ein *leeres* Objekt erstellen, in dem ein geheimer Schlüssel gespeichert wird. Das Zusammenspiel zwischen cert-manager und Google Ingress Controller funktioniert nur korrekt, wenn dieses Objekt besteht. Erstellen Sie also die Datei secret.yaml mit folgendem Inhalt:



```
# Datei: k8s/google/secret.yaml
apiVersion: v1
kind: Secret
metadata:
  name: web-ssl
type: kubernetes.io/tls
stringData:
  tls.key: ""
  tls.crt: ""
```

Nachdem Sie auch diese Datei in Kubernetes aktiviert haben (kubectl apply -f secret.yaml), können Sie nun die für die Verschlüsselung notwendigen Zeilen in die Ingress-Konfiguration einfügen. Kopieren Sie dazu die zuvor verwendete Datei `ingress.yaml` auf `ingress-le.yaml`, und erweitern Sie die Datei wie folgt:

```
# Datei: k8s/google/ingress-le.yaml
apiVersion: networking.k8s.io/v1
kind: Ingress
metadata:
  name: frontend-ingress
  annotations:
    kubernetes.io/ingress.class: gce
    kubernetes.io/ingress.allow-http: "true"
    kubernetes.io/ingress.global-static-ip-name: web-ip
    cert-manager.io/issuer: letsencrypt-staging
spec:
  tls:
    - secretName: web-ssl
      hosts:
        - k8s-diary.dockerbuch.info
  defaultBackend:
    service:
      name: frontend
      port:
        number: 80
```

Nach der Aktivierung (wieder mit `kubectl apply -f ingress-le.yaml`) werden Sie sehen, dass der Ingress-Service nun auf Port 80 und auf Port 443 aktiviert ist:

```
kubectl get ingress
  NAME               HOSTS    ADDRESS          PORTS     AGE
  frontend-ingress   *        34.149.198.227   80, 443   13h
```

Geben Sie dem `cert-manager` etwas Zeit, um Ihr Zertifikat zu beantragen und zu installieren. Bei unseren Versuchen hat es bis zu 10 Minuten gedauert. Wenn das Staging-Zertifikat erfolgreich erstellt wurde, können Sie noch ein *echtes* Let's-Encrypt-Zertifikat ausstellen lassen. Legen Sie dazu eine neue Datei `le-prod-issuer.yaml` an, und installieren Sie den Dienst wieder mit `kubectl apply -f le-prod-issuer.yaml`.

```
# Datei: k8s/google/le-prod-issuer.yaml
apiVersion: cert-manager.io/v1
kind: Issuer
metadata:
  name: letsencrypt-production
spec:
  acme:
    server: https://acme-v02.api.letsencrypt.org/directory
    email: info@dockerbuch.info
```

```
    privateKeySecretRef:
      name: letsencrypt-production
    solvers:
    - http01:
        ingress:
          name: frontend-ingress
```

Abschließend müssen Sie noch die Ingress-Annotation so anpassen, dass der neue Issuer verwendet wird:

```
kubectl annotate ingress frontend-ingress \
  cert-manager.io/issuer=letsencrypt-production --overwrite
```

Nach ein paar weiteren Minuten ist Ihre Anwendung mit SSL-Verschlüsselung unter der von Ihnen verwendeten Adresse erreichbar. Sie können den Status der Erstellung mit dem Kommando `kubectl describe certificate` überprüfen:

```
Name:         web-ssl
Namespace:    default
Labels:       <none>
Annotations:  <none>
API Version:  cert-manager.io/v1
Kind:         Certificate
Metadata:
  Creation Timestamp:  2025-12-12T00:15:01Z
  Generation:          2
  Owner References:
    API Version:           networking.k8s.io/v1
    Block Owner Deletion:  true
    Controller:            true
    Kind:                  Ingress
    Name:                  frontend-ingress
    UID:                   70edaed8-c764-4d7b-9bd5-6d48d18e18b5
  Resource Version:        1765499172820207007
  UID:                     f542d0a9-8606-4baa-b2ce-7243fc1a4b8e
[...]
Status:
  Conditions:
    Last Transition Time:  2025-12-12T00:26:12Z
    Message:               Certificate is up to date and has not
    expired
    Observed Generation:   2
    Reason:                Ready
    Status:                True
    Type:                  Ready
  Not After:               2026-03-11T23:27:40Z
```

```
  Not Before:              2025-12-11T23:27:41Z
  Renewal Time:            2026-02-09T23:27:40Z
  Revision:                2
Events:
  Type    Reason     Age     Message
  ----    ------     ----    -------
  Normal  Issuing    14m     Issuing certificate as Secret do...
  Normal  Generated  14m     Stored new private key in tempor...
  Normal  Requested  14m     Created new CertificateRequest r...
  Normal  Issuing    6m46s   Issuing certificate as Secret wa...
  Normal  Generated  6m46s   Stored new private key in tempor...
  Normal  Requested  6m45s   Created new CertificateRequest r...
  Normal  Issuing    3m46s   The certificate has been success...
```

# Kapitel 22
# **Künstliche Intelligenz**

Seit OpenAI im November 2022 *ChatGPT* im Internet öffentlich gemacht hat, ist künstliche Intelligenz in aller Munde. Dass sich der Chatbot so gut in Konversationen zu allen möglichen Themen schlägt, liegt an großen Sprachmodellen (*Large Language Models*, kurz LLMs), die mit gewaltigen Mengen an Trainingsdaten gefüttert werden.

Aus dem Bereich der Software-Entwicklung sind LLMs heute nur mehr schwer wegzudenken. Weniger als 1000 Tage nach dem Erscheinen von ChatGPT gibt es eine Vielzahl von Werkzeugen, die mithilfe von LLMs die Software-Entwicklung verändert haben.

Auch Docker möchte eine Scheibe von dem KI-Kuchen haben und entwickelt mehrere Module, die mit Sprachmodellen in Zusammenhang stehen. Wir wollen in diesem Kapitel zwei dieser Entwicklungen beschreiben: den Docker Model Runner (DMR) und den Docker-MCP-Katalog.

**Beta Features**

Bei der Erstellung dieses Kapitels im November 2025 ist der MCP-Katalog noch als Funktion im *Beta-Stadium* gekennzeichnet. Der Model Runner hat das Beta-Stadium bereits verlassen. Mit der dynamischen Entwicklung in diesem Bereich können wir nicht garantieren, dass alle KI-Funktionen genau so bleiben, bei den beiden beschriebenen Modulen haben wir aber ein gutes Gefühl.



## 22.1 Der Docker Model Runner (DMR)

In den meisten Fällen werden Sprachmodelle über einen Cloud-Service und die dazugehörige Weboberfläche verwendet. Sowohl *ChatGPT* (OpenAI), *Claude* (Anthropic) als auch das europäische *Le Chat* (Mistral) können so kostenlos verwendet werden, wenn auch mit einem Anfragelimit. Das sind nur einige Beispiele der aktuellen KI-Chat-Angebote. Alle bieten zusätzlich den einfachen Zugriff über eine API (JSON, REST) an, der aber bei allen Anbietern nur gegen Bezahlung funktioniert.

Weniger bekannt ist, dass viele Sprachmodelle auch frei zum Download verfügbar sind und auf eigener Hardware ausgeführt werden können. Selbstverständlich finden Sie dort nicht die aktuell leistungsfähigsten Modelle wie *Claude 4.5* oder *GPT-5.1*. Sie werden im Folgenden aber sehen, dass auch freie Modelle wie *gpt-oss* oder *qwen3* für viele Aufgaben ausreichend sind.

Um LLMs lokal auszuführen, benötigen Sie ein Programm, das Ihre Anfrage an das Modell weiterleitet, sie dort prozessiert und Ihnen das Ergebnis zurückgibt. Diese Aufgabe übernimmt der *Model Runner*. Der am weitesten verbreitete Model Runner ist Ollama, ein Open-Source-Programm (MIT Lizenz), das für viele Plattformen verfügbar ist. Außer dem Kommandozeilen-Interface enthält Ollama auch eine OpenAI-kompatible API-Schnittstelle, um mit dem Programm zu kommunizieren.

Seit kurzer Zeit hat nun auch Docker einen Model Runner mit an Bord. In der Desktop-Version für Windows oder macOS wird diese Komponente gleich mitgeliefert (siehe Abbildung 22.1), in der Kommandozeilen-Version unter Linux müssen Sie dazu das Paket `docker-model-plugin` (für Debian/Ubuntu beziehungsweise Red-Hat-basierte Linux Systeme) installieren.

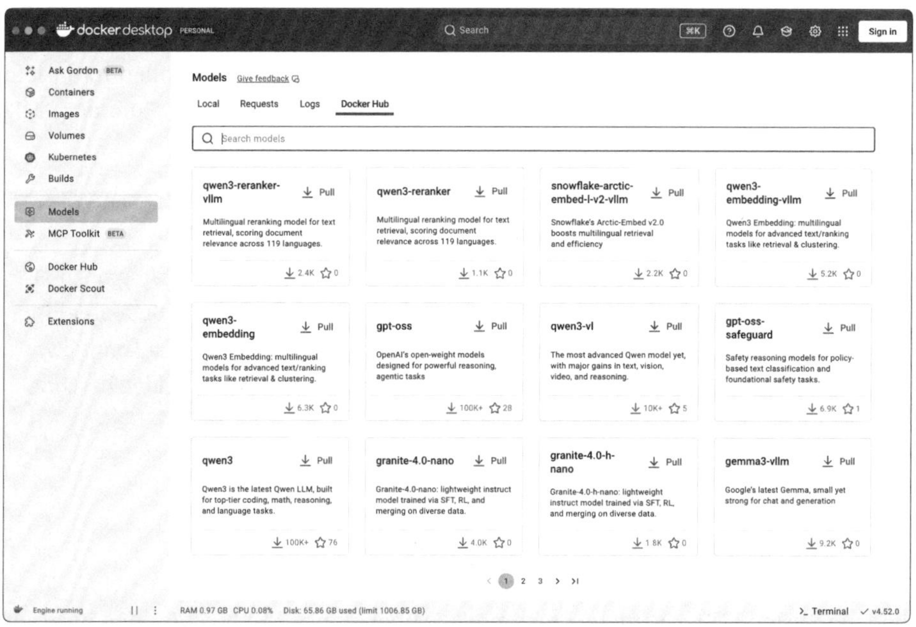


**Abbildung 22.1** Der Docker Model Hub in der Desktop-Version am Mac

Damit haben Sie Zugriff auf freie LLMs, die Docker, ähnlich wie Images, im Docker-Hub unter *https://hub.docker.com/u/ai* zur Verfügung stellt. Im November 2025 waren das 45 Modelle, wobei die aktuell gängigen Modelle, die Sie auch bei Ollama finden, allesamt dabei sind:

- **gpt-oss** von OpenAI
- **gemma3** von Google
- **deepseek-r1** von Deepseek
- **llama3.3** von Meta
- **qwen3** und **qwen3-coder** von Qwen/AliBaba
- **phi4** von Microsoft
- **mistral** von Mistral

Alle Modelle liegen zudem in unterschiedlichen Varianten vor. Dabei handelt es sich, grob gesagt, um unterschiedliche Genauigkeiten der Parameter in den Modellen. Durch die Reduktion der Genauigkeit lassen sich deutlich kleinere Dateigrößen erreichen, was bei der Ausführung der Modelle von großer Bedeutung ist.

Aktuell können Sie lokale LLMs nämlich nur dann sinnvoll einsetzen, wenn Sie eine Grafikkarte von NVIDIA oder einen Mac mit M-Prozessor besitzen. In jedem Fall muss ausreichend Speicher zur Verfügung stehen, um das gewünschte Modell vollständig in den Grafikspeicher zu laden. Zwar laufen LLMs auch auf einer CPU, die Ausführung ist aber dermaßen langsam, dass dabei keine Freude aufkommt. Wir haben die Beispiele in diesem Kapitel sowohl auf sehr leistungsfähigen CPUs als auch auf einer NVIDIA-GPU getestet. Während bei CPU-Berechnungen das Ergebnis oft nach zwei Minuten noch nicht vollständig war, lieferte die GPU nach wenigen Sekunden ab.

Im Folgenden wollen wir Ihnen anhand von zwei verschiedenen Beispielprogrammen die Funktionsweise des Docker Model Runner vorstellen. Im ersten Beispiel soll ein LLM unsere natürliche Sprache in SQL-Abfragen verwandeln. Als Beispieldatensatz dient eine Datenbank mit Kinofilmen.

Im zweiten Beispiel verwenden wir ein LLM, um mit der in diesem Buch bereits mehrfach verwendeten GitLab-Instanz in natürlicher Sprache zu kommunizieren. Abfragen wie *Welche Tickets soll ich heute erledigen?* ersparen die manuelle Suche und sind überraschend treffgenau.



## 22.2 DMR-Beispiel 1: SQL-Abfragen von der KI

Da *Large Language Models* gut mit Sprache umgehen können, leisten sie auch sehr gute Dienste bei der Übersetzung von einer Sprache in eine andere. In unserem Beispiel wollen wir ein LLM verwenden, um aus einer in natürlicher Sprache formulierten Suche eine passende SQL-Abfrage zu machen. Als Beispieldatensatz dient eine Datenbank mit bekannten Kinofilmen.

Das hier vorgestellte Programm besteht aus einer MariaDB-Datenbank mit 44 Kinofilmen, einem Python-Backend und einer einfachen Weboberfläche. Auf dieser Weboberfläche können Sie Fragen zu den Filmen in der Datenbank stellen (siehe

Abbildung 22.2). Beachten Sie, dass dabei keine Informationen ausgewertet werden, die möglicherweise im Sprachmodell zu den Filmen gespeichert sind. Die Anweisung an das LLM ist ganz klar, dass die Frage in eine SQL-Abfrage zu verwandeln ist.

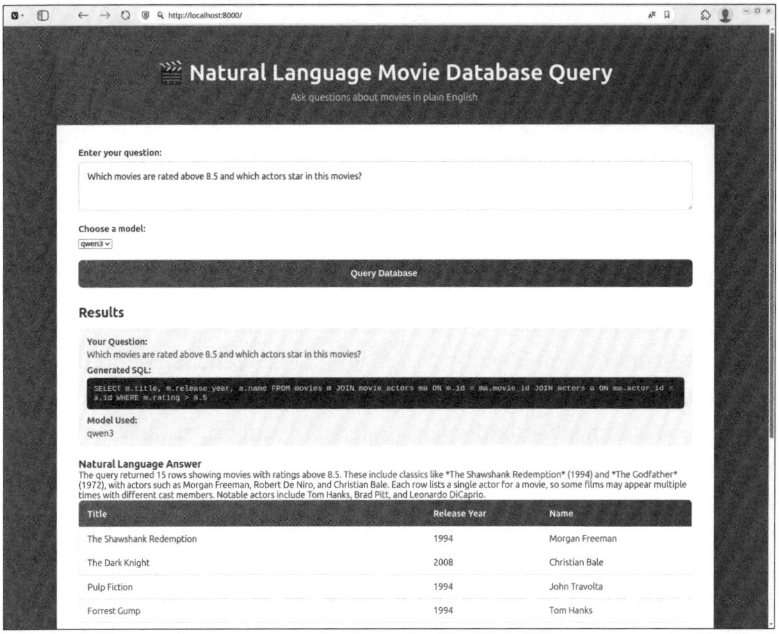


**Abbildung 22.2** Eine Abfrage der Filmdatenbank

Nachdem Sie das Buch schon fast zu Ende gelesen haben, wird es Sie wenig überraschen, dass wir auch hier auf `docker compose` setzen, um die verschiedenen Dienste zu konfigurieren. Für Sie bereits vertraute Teile der `compose.yaml`-Datei sind:

```
# Datei: ki/dmr-db/compose.yaml (Auszug)
services:
  mariadb:
    image: mariadb:latest
    container_name: mariadb
    environment:
      MYSQL_DATABASE: movies_db
[...]
  webapp:
    build:
      context: ./app
      dockerfile: Dockerfile
    container_name: webapp
    volumes:
      - ./app:/app
```

```
    environment:
      - DATABASE_NAME=movies_db
[...]
volumes:
  mariadb_data:
```

Neu hinzu kommt bei diesem Setup die Definition der Sprachmodelle. Dazu spezifizieren wir die gewünschten Modelle auf der obersten Ebene der YAML-Konfiguration, auf der gleichen Ebene wie `services` oder `volumes`:

```
models:
  gptoss:
    model: ai/gpt-oss
    context_size: 4096
  qwen3:
    model: ai/qwen3
    context_size: 4096
```

Für unser Beispiel laden wir gleich zwei Sprachmodelle: `gpt-oss` von OpenAI und `qwen3` vom chinesischen AliBaba-Konzern. Ohne die Angabe eines Model-Tags wird wie bei Docker Images das Modell mit dem Tag `latest` verwendet. Welche Modell-Variante das ist, sehen Sie mit dem Kommando `docker model list` (hier in einer leicht gekürzten Darstellung):

```
docker model list

  MODEL NAME   PARAMETERS   QUANTIZATION     ARCHITECTURE   SIZE
  gpt-oss      20.91 B      MOSTLY_Q4_K_M    gpt-oss        11.04 GiB
  qwen3        8.19 B       IQ2_XXS/Q4_K_M   qwen3          4.68 GiB
```

Es handelt sich um zwei sehr unterschiedliche Modelle: Während das OpenAI-Modell mit fast 21 Milliarden Parametern auf eine Größe von 11 GByte kommt, ist die Variante von Qwen knapp 4,7 GByte groß, verwendet aber auch *nur* 8,19 Milliarden Parameter. Bei beiden Modellen wurden die Gewichte auf 4 Bit Genauigkeit reduziert, um Speicherplatz zu sparen.

22

**Modelle und Varianten**

Detaillierte Informationen zu den Modellen finden Sie im Docker-Hub auf der jeweiligen Modell-Seite. Für `qwen3` ist das beispielsweise:

*https://hub.docker.com/r/ai/qwen3*

Außer den verschiedenen Modell-Varianten (`qwen3` liegt unter anderem mit 30 Milliarden Parametern vorn) gibt es hier auch eine Schätzung, wie viel Speicher das Modell bei der Ausführung verbraucht und wie viele Tokens das Modell maximal verarbeiten kann (*Context window*).

Die Angabe der *context_size* im models-Abschnitt ist für die Anfrage an das LLM notwendig (wir gehen später darauf ein). Dabei darf der Maximalwert auch unterschritten werden (wie bei unserem Beispiel für gpt-oss), nicht aber darüber liegen.

Nach der Definition im globalen Bereich weisen wir die Modelle noch einem Service zu. In unserem Fall bekommt der webapp-Service Zugriff auf die beiden LLMs:

```
webapp:
  build:
    context: ./app
    dockerfile: Dockerfile
  container_name: webapp
  models:
    - gptoss
    - qwen3
  ports:
    - "8000:8000"
```

Docker erzeugt für jedes Modell zwei zusätzliche Umgebungsvariablen im Container, in unserem Fall GPTOSS_MODEL und GPTOSS_URL für das gpt-oss-Modell und entsprechend QWEN3_MODEL und QWEN3_URL für qwen3. Diese Variablen übergeben wir in unserem Python-Programm an die OpenAI-Bibliothek. (Weitere Details folgen gleich bei der Beschreibung des Quellcodes.)

Was ist nun der Vorteil des *Docker Model Runner* gegenüber einem Setup, in dem wir einen zusätzlichen Container mit Ollama betreiben? Zugegeben, das wäre auch mit wenig Aufwand möglich. Mit dem inkludierten Model Runner müssen wir uns aber um eine Komponente weniger kümmern. Wir müssen kein Volume für heruntergeladene Modelle anlegen und sichern, sondern Docker integriert alle Dienste in dem vorhandenen Ökosystem. Außerdem brauchen wir uns nicht um Port-Freigaben oder den Hostnamen des Model Runners zu kümmern, da Docker das mit den Umgebungsvariablen abdeckt.

### Quellcode und Datenbankschema

Wie es sich für ein Kapitel über künstliche Intelligenz gehört, haben wir auch den Kinofilm-Datensatz, ja im Wesentlichen das ganze Programm, von einer KI erzeugen lassen. Gerade bei Beispieldaten ist KI eine große Hilfe. Wir haben nicht sichergestellt, dass alle Einträge in der Datenbank genau so stimmen, das ist für unser Beispiel aber auch nicht entscheidend. Es reicht aus, die Funktion der Software und das Zusammenspiel zwischen Docker und dem LLM zu testen.

Das Datenbankschema beschränkt sich auf das Wesentliche und enthält vier Tabellen: *Genres*, *Movies*, *Actors* und *Movie_Actors* (siehe Abbildung 22.3).

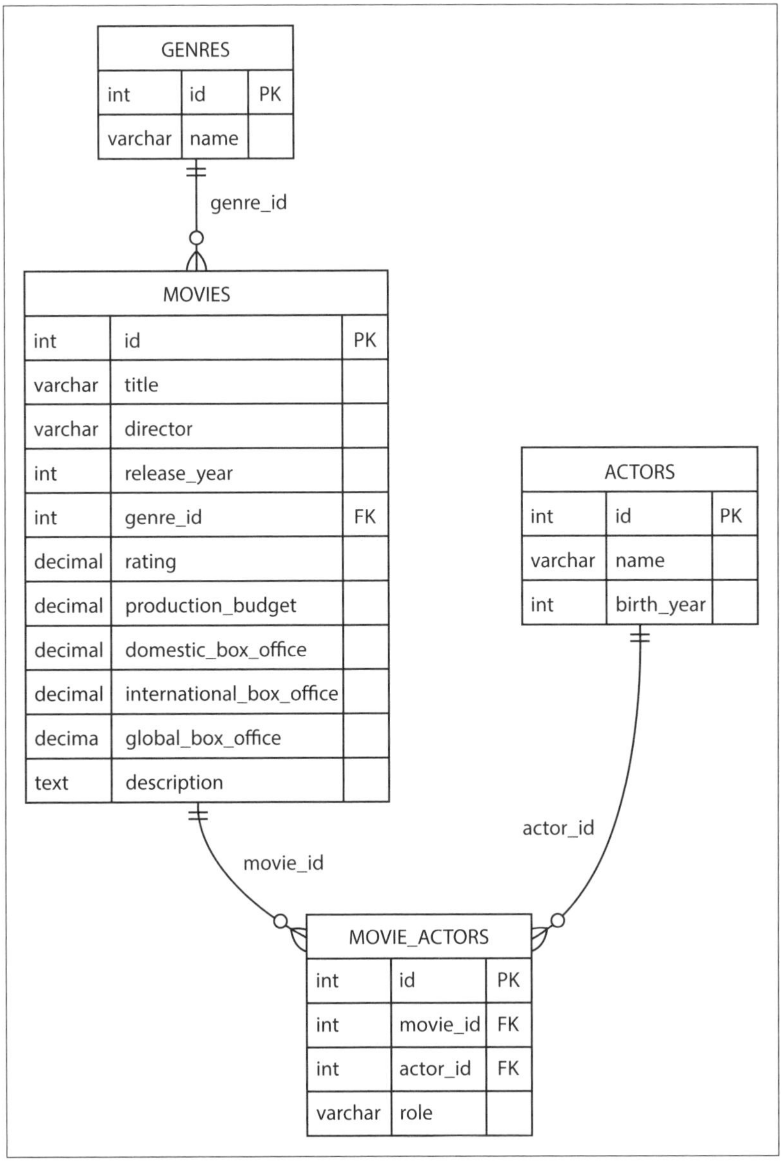


**Abbildung 22.3** Das Datenbankschema der Filmdatenbank

Das Programm stellt eine einfache Weboberfläche zur Verfügung, auf der Sie eine Frage zu den Filmen in der Datenbank eingeben können. Das LLM wird versuchen, Ihre Frage in SQL zu übersetzen, und dann die Abfrage an die Datenbank senden. Sollten Sie Datenbank-Administrator oder ein Mensch mit erhöhtem Sicherheitsbewusstsein sein, werden sich Ihnen spätestens jetzt die Nackenhaare aufstellen: *Der Computer generiert eine SQL-Abfrage und darf diese ungeprüft an die Datenbank senden?* Sie wollen auf jeden Fall sicherstellen, dass der Benutzeraccount für die Datenbankverbindung nur über Leserechte verfügt! Generell sollten Sie einem derartigen System keine Produktionsdatenbank zur Verfügung stellen, sondern eine davon losgelöste Kopie.

Unter Einhaltung grundlegender Sicherheitsregeln darf das LLM also SQL-Kommandos erzeugen und an die Datenbank senden. Jetzt werden Sie sich fragen (durchaus zu Recht!), wie das LLM eine SQL-Abfrage für eine Datenbank formulieren kann, von der es nicht weiß, wie sie strukturiert ist. Unser Programm macht daher als Erstes eine Datenbankabfrage, um das aktuelle Schema zu ermitteln. Für MariaDB reicht dabei etwa dieses SQL-Kommando:

```
SELECT TABLE_NAME, COLUMN_NAME, COLUMN_TYPE
FROM INFORMATION_SCHEMA.COLUMNS
WHERE TABLE_SCHEMA = 'movies_db'
ORDER BY TABLE_NAME, ORDINAL_POSITION
```

Die Datensätze werden zu einer Zeichenkette zusammengefügt, die jede Tabelle mit ihren Spalten beschreibt. Da die meisten Sprachmodelle mit englischer Sprache die besten Resultate produzieren, formulieren wir die Anfrage (den »Prompt«) zum Erzeugen des SQL-Kommandos auch auf Englisch:

**Prompt:** You are a SQL expert. Given the following database schema, convert the natural language query into a valid SQL query.

`{schema}`

Natural language query: `{query}`

Return ONLY the SQL query, nothing else. Do not include explanations, markdown formatting, or any other text. Just the SQL query. Note that this version of MariaDB doesn't yet support `LIMIT & IN/ALL/ANY/SOME` subqueries.

Example: Natural language query: »Show me all movies from 1994«
Resulting SQL query:

```
SELECT * FROM movies WHERE release_year = 1994
```

Natural language query: »What movies did Tom Hanks star in?«
Resulting SQL query:

```
SELECT m.title, m.release_year
FROM movies m
JOIN movie_actors ma ON m.id = ma.movie_id
JOIN actors a ON ma.actor_id = a.id
WHERE a.name = 'Tom Hanks'
```

Wie Sie sich vorstellen können, wird `{schema}` durch das abgefragte Datenbankschema und `{query}` durch Ihre Frage ersetzt. Es gehört zum guten Stil beim Erstellen eines Prompts, dem LLM zuerst eine Einordnung zu geben, in welcher Funktion es tätig sein soll. Da wir wollen, dass sich das LLM auch richtig anstrengt, lassen wir es ein *SQL expert* sein.

Die Anweisung, dass die verwendete Version von MariaDB keine Sub-Select-Abfragen mit `LIMIT` und `IN/ALL/ANY/SOME` kennt, mussten wir einfügen, da die Sprachmodelle bei sehr gezielten Fragen verschachtelte SQL-Kommandos erzeugen können, die MariaDB nicht verarbeiten kann. Es reichte aus, die Fehlermeldung von MariaDB (`This version of MariaDB doesn't yet support 'LIMIT & IN/ALL/ANY/SOME' subquery.`) in den Prompt mit aufzunehmen, und das Problem trat nicht wieder auf.

Nachdem das LLM das SQL-Kommando erzeugt hat, wird dieses an die Datenbank gesendet und ausgeführt. Das Ergebnis wird in ein JSON-Objekt konvertiert und zurück an das Web-Frontend gegeben. Dort läuft eine JavaScript-Schleife über alle Ergebnisse und erzeugt eine HTML-Tabelle, wobei die Spaltenüberschriften aus den Schlüsseln des JSON-Objekts extrahiert werden.

So weit, so gut, aber wir wollten noch einen Schritt weiter gehen und die KI das tabellarische Ergebnis in natürlicher Sprache zusammenfassen lassen. Wir versetzen das Modell dafür in die Rolle eines Datenanalysten:

**Prompt:** You are a helpful data analyst. Provide concise, plain-English answers based strictly on the SQL results you receive. Avoid markdown.

User question: `{question}`
SQL query used: `{sql_query}`
Row count: `{row_count}`
Sample rows: `{context}`

Explain what the data shows in 2-4 sentences. Mention the row count and highlight key values relevant to the question. If no rows are returned, state that plainly.

Die resultierende Antwort setzen wir oberhalb der Tabelle als HTML-Absatz auf der Seite ein. Eine schematische Darstellung dieses Ablaufs sehen Sie in Abbildung 22.4.

Um die Unterschiede zwischen den Sprachmodellen zu zeigen, haben wir in der Weboberfläche eine Auswahl für das LLM eingebaut. Sie können damit sehr einfach testen, ob das kleinere `qwen3` auch komplizierte Abfragen erfolgreich in SQL umwandeln kann. Wir waren positiv überrascht von den Ergebnissen. Beachten Sie, dass beim Wechsel des Sprachmodells das LLM von der Festplatte in den Speicher geladen wird, was eine gewisse Zeit in Anspruch nimmt.

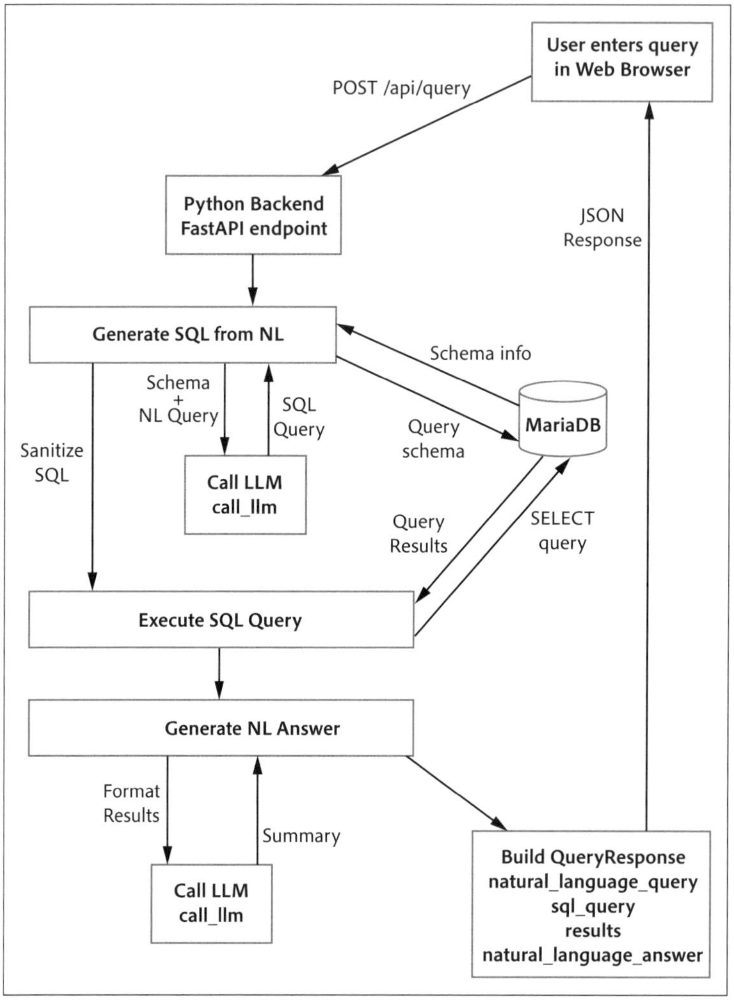


**Abbildung 22.4** Der vereinfachte, schematische Ablauf einer Anfrage

Der gesamte Source-Code für dieses Beispiel beläuft sich auf etwas mehr als 400 Zeilen Python-Code in `main.py` und 270 Zeilen HTML/JavaScript. Den Webserver betreiben wir mit der FastAPI-Bibliothek, die einerseits eine JSON-API-Schnittstelle unter dem Pfad `/api` bereitstellt und zum anderen die statische Datei `index.html` unter dem Pfad / ausliefert.

Der API-Aufruf `GET /api/models` gibt die Liste der verfügbaren Sprachmodelle zurück. Dadurch ist es sehr einfach möglich, weitere Modelle in die Auswahlliste am Frontend einzubauen. Wir brauchen keine Änderung am HTML-Code, nur die Ergänzung in `compose.yaml` und einen weiteren Eintrag in der Python-Variable `AVAILABLE_LLM_MODELS`.

Durch den `POST`-Aufruf von `/api/query` wird die SQL-Abfrage erzeugt und anschließend an den Datenbank-Server gesendet. Wie bereits erwähnt werden die Ergebnisse nicht einfach angezeigt, sondern das Sprachmodell wird in der Funktion eines Datenanalysten gebeten, die Ergebnisse in wenigen Sätzen textlich zu beschreiben.

Ausführlichere Informationen zum Quellcode finden Sie in der `README`-Datei im Verzeichnis `ki/dmr-db` des Projekts *https://github.com/docker-compendium/docker5-samples*.

## 22.3 DMR-Beispiel 2: KI-Zugriff auf GitLab

Im zweiten Beispiel realisieren wir mit dem *Docker Model Runner* den Zugriff auf eine GitLab-Instanz. Die GitLab-Plattform als selbst gehostete Alternative zu GitHub haben wir ja schon in Kapitel 17, »GitLab«, und in Kapitel 18, »Continuous Integration und Continuous Delivery«, ausführlich behandelt. Jetzt soll uns die KI helfen und Vorschläge geben, welche Tickets zur Entwicklung anstehen, was diese Tickets beinhalten oder wie der Status des letzten Run der CI-Pipeline war (siehe Abbildung 22.5).

Wir verwenden dazu zwei Container: Im ersten läuft der Webserver mit mit dem dazugehörigen Backend, ähnlich wie im vorangegangenen Beispiel. Im zweiten Container läuft ein Microservice, der uns Zugriff auf die API von GitLab gibt. Praktisch alle Aktionen, die Sie in der GitLab-Benutzeroberfläche ausführen können, können Sie auch über eine JSON-API-Schnittstelle ausführen.

Für unser Beispiel wollen wir lesenden Zugriff auf die Tickets und die Pipelines in einem GitLab-Projekt bekommen. Der Container `gitlab-proxy` versteckt die GitLab-API-Details hinter einer einfacheren API, die wir für das LLM zugängig machen.

Das Container-Setup stellt eine klare Trennung der Aufgaben dar: Der Container `webapp` enthält die Benutzerschnittstelle in Form der Weboberfläche und kommuniziert mit dem LLM. Der Container `gitlab-proxy` kommuniziert mit GitLab.

Beim Start der Anwendung stellt der Webapp-Container eine Anfrage nach verfügbaren Funktionen an den Proxy-Container. Die resultierende Liste wird in den Kontext der Frage an das LLM eingefügt, wodurch das Sprachmodell sich für eine Funktion entscheiden kann. Das Ergebnis der Funktion (die JSON-Antwort der GitLab-API) wird abermals zusammen mit der ursprünglichen Frage an das LLM gesendet. Wenn das LLM feststellt, dass es noch weitere Funktionen aufrufen muss, um die Frage zu beantworten, so kann es diese Schleife bis zu einem festgelegten Maximalwert wiederholen. Zum Schluss formuliert das LLM eine Antwort, die unsere Frage hoffentlich vollinhaltlich beantwortet.

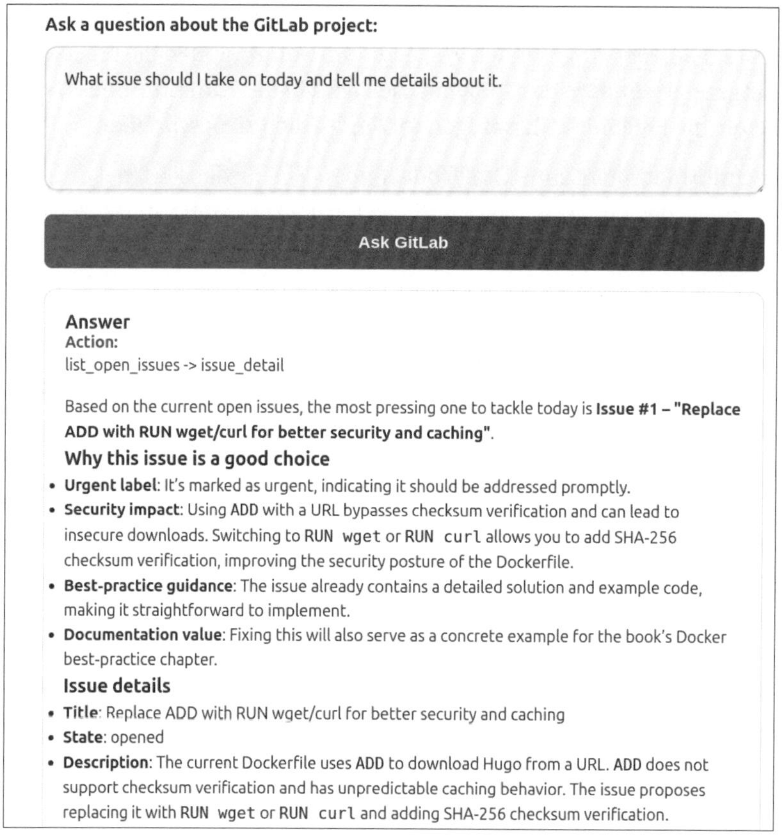


**Abbildung 22.5** Eine Anfrage nach dem nächsten zu erledigendem Ticket

> **Kontext**
>
> Der »Kontext« eines Prompts enthält alle Zusatzinformationen, die das Sprachmodell benötigt, um die im Prompt formulierte Frage richtig zu verstehen und auszuführen. Vollständige Kontextinformationen sind eine Grundvoraussetzung dafür, dass KI-Tools vernünftige Antworten geben können.

Der Proxy-Container stellt eine Vorstufe zu einem MCP-Server dar. Auf das Konzept von MCP-Servern gehen wir in Abschnitt 22.4, »Der Docker-MCP-Katalog«, genauer ein.

### compose.yaml

Im Abschnitt für den `gitlab-proxy`-Container in der `compose.yaml`-Datei sehen wir unterschiedliche Definitionen der Umgebungsvariablen:

```
# Datei: ki/dmr-gitlab/compose.yaml (Auszug)
gitlab-proxy:
  build:
    context: ./gitlab-proxy
    dockerfile: Dockerfile
  command: ["python", "-m", "gitlab_proxy"]
  environment:
    GITLAB_PROXY_HOST: 0.0.0.0
    GITLAB_PROXY_PORT: 8002
    GITLAB_API_URL: ${GITLAB_API_URL:-https://gitlab.dockerbuc...
    GITLAB_PROJECT_ID: ${GITLAB_PROJECT_ID:-dockerbuch/webpage}
    GITLAB_TOKEN: ${GITLAB_PAT:?Set GITLAB_PAT in your .env file}
  healthcheck:
    test: ["CMD", "curl", "-f", "http://localhost:8002/health"]
    interval: 30s
    timeout: 5s
    retries: 5
```

Während `GITLAB_PROXY_HOST` und `GITLAB_PROXY_PORT` fix definiert sind, können die Werte für die restlichen drei Variablen in der Umgebung der aufrufenden Shell gesetzt werden. Häufig wird dazu eine `.env`-Datei verwendet. Liegt diese neben der `compose.yaml`-Datei, so werden die dort definierten Variablen für das Compose-Setup automatisch gesetzt. Die Variable `GITLAB_PAT`, die für den Wert von `GITLAB_TOKEN` verwendet wird, muss sogar definiert sein, sonst bricht der Aufruf von `docker compose up` mit einer Fehlermeldung ab. Sie erkennen diese Einstellung an der Syntax `${Variable:?Fehlermeldung, wenn nicht gesetzt}`. Dabei handelt es sich um den *Personal Access Token*, den Sie in der Weboberfläche erstellen und mit Zugriff auf die API ausstatten müssen. Sensitive Informationen, wie Passwörter oder Access Tokens, sollten nie in einer Datei stehen, die in der Versionsverwaltung aufgenommen ist.



Der Server im Proxy-Container verwendet Port `8002`. Wir benötigen hier keine Port-Weiterleitung auf den Dockerhost, da der Zugriff nur von dem `webapp`-Container erfolgt. Im Docker-Compose Netzwerk ist der Port auch ohne Weiterleitung erreichbar.

Der Abschnitt, der die Webapplikation beschreibt, enthält wenig Überraschungen. Da wir in diesem Beispiel nur das `gpt-oss`-Sprachmodell verwenden und dieses ganz am Ende der `compose.yaml`-Datei als `llm` definieren, stehen uns in der Applikation die Variablen `LLM_MODEL` und `LLM_URL` zur Verfügung.

```
# Datei: ki/dmr-gitlab/compose.yaml (Auszug)
  webapp:
    build:
      context: ./app
      dockerfile: Dockerfile
```

```
    models:
      - llm
    ports:
      - "8000:8000"
    environment:
      - LLM_TIMEOUT=120
      - GITLAB_PROXY_URL=http://gitlab-proxy:8002
    volumes:
      - ./app:/app
models:
  llm:
    model: ai/gpt-oss
    context_size: 4096
```

Das Volume-Mount des Verzeichnis ./app im lokalen Projekt-Verzeichnis auf das Container-Verzeichnis /app ermöglicht es uns, die Python-Anwendung weiterzuentwickeln, ohne den Container bei jeder Änderung neu starten zu müssen.

### Python-Code

Den Python-Quellcode für das Beispiel finden Sie auf der GitHub-Seite *https://github.com/docker-compendium/docker5-samples/ki/dmr-gitlab*. Hier wollen wir Ihnen nur den zusammengefügten Prompt zeigen. Er weist das LLM an, einen oder mehrere API-Aufrufe für die gitlab-proxy-Schnittstelle durchzuführen:

```
instruction = f"""You orchestrate GitLab helper tools
to answer questions.

Available tools:
{tool_descriptions}

Schemas:
{schema_details}

Respond ONLY with JSON using one of these forms:
{{"action": "tool", "tool": "<name>", "arguments": {{...}} }}
{{"action": "final", "answer": "<final response>" }}

Rules:
- Call at most {MAX_TOOL_CALLS} tools in total.
- Only reference tool names exactly as listed.
- Arguments must respect each tool schema and omit unknown keys.
- Use earlier tool outputs to decide whether more context is
  needed.
```

```
- When you already have enough information, respond with action
  "final".
- If unsure which tool to pick, default to {default_tool}.
"""

user_prompt_template = f"""User question: {question}

Previous tool calls:
{history_text}

Remaining tool calls allowed: {remaining_calls}

Decide whether another tool is required or if you can provide the
  final answer now."""

messages = [
    {"role": "system", "content": instruction},
    {"role": "user", "content": user_prompt_template},
]
```

Die Variablen in geschwungenen Klammern werden natürlich durch die jeweiligen Inhalte ersetzt, bevor der Prompt an das LLM gesendet wird.

Bei der Auslastung der GPU fällt auf, dass das verwendete Modell (`gpt-oss`) mit knapp 12 GByte nur die Hälfte des verfügbaren Speichers der *RTX-3090*-Grafikkarte belegt. Außerdem kann das LLM die Anfragen jeweils in wenigen Sekunden verarbeiten (siehe Abbildung 22.6).

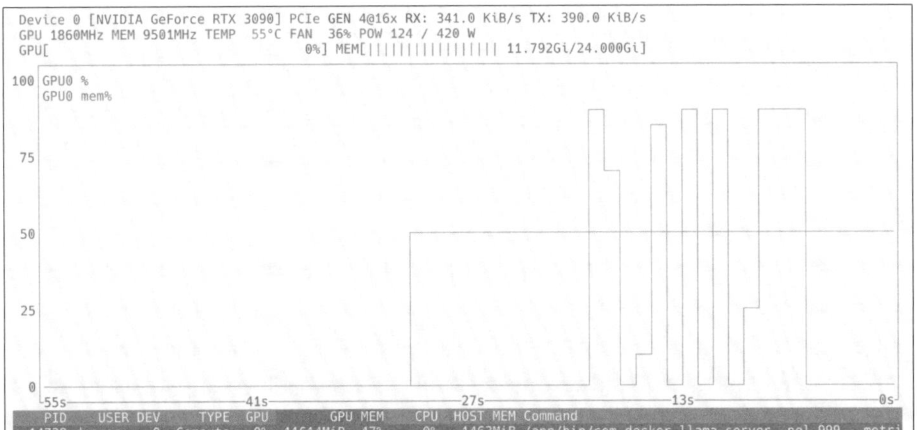


**Abbildung 22.6** Die Auslastung der Nvidia-Grafikkarte während einer Anfrage an den GitLab-Chatbot in unserem Beispiel

## 22.4 Der Docker-MCP-Katalog

Es ist beeindruckend, wie schnell aktuelle Sprachmodelle passende Antworten auf unsere Fragen parat haben. Der Wissensschatz der Modelle ist dabei durch die Trainingsdaten begrenzt. Leider ist es sehr aufwendig, ein bestehendes Modell selbst zu erweitern. Sie können aber dem Prompt aktuelle Informationen hinzufügen. Das Sprachmodell berücksichtigt diese Daten dann bei der Beantwortung des Prompts.

Noch interessierter wird der Prozess, wenn nicht der Mensch diese zusätzlichen Informationen manuell in den Kontext einfügt, sondern wenn sich Ihre Anwendung um diesen Schritt kümmert. Genau das haben wir Ihnen in den vorangegangenen Abschnitten gezeigt: Durch die Verwendung verschiedener *Werkzeuge*, in unserem Fall sind das Aufrufe an eine JSON-API, konnte das LLM den Kontext erweitern und die Frage beantworten.

Große KI-Firmen haben schnell erkannt, dass diese *Superkräfte für ein Sprachmodell* die aktuelle Entwicklung massiv verändern werden. Durch den Einsatz von Werkzeugen (Tools) wird es möglich, das LLM als einen *Agenten* zu betrachten, der komplexe Aufgaben in mehreren Schritten selbstständig lösen kann.

Anthropic, einer der großen amerikanischen KI-Konzerne, hat im November 2024 ein Protokoll vorgeschlagen, das das Zusammenspiel von Sprachmodellen und Werkzeugen regelt. Die Idee ist dabei, eine standardisierte Schnittstelle für LLMs anzubieten, die unter anderem Auskunft darüber gibt, welche Werkzeuge zur Verfügung stehen, was diese leisten und wie sie aufzurufen sind.

Das *Model Context Protocol*, kurz MCP, basiert auf JSON-Nachrichten, die zwischen einem Client und einem Server ausgetauscht werden. Ein Client kann dabei zum Beispiel Ihre Entwicklungsumgebung (Visual Studio Code, Cursor oder Ähnliches) sein. Ein MCP-Server wird speziell für ein Software-Produkt erstellt. So gibt es etwa Server für GitHub, GitLab, MariaDB, WordPress, Grafana und viele mehr. Sie finden aber auch MCP-Server für die Interaktion mit dem Dateisystem oder solche, die einfach eine E-Mail verschicken können. (Die SMTP-Server Zugangsdaten müssen Sie diesem MCP-Server natürlich zur Verfügung stellen.)

**MCP-Sicherheit**

Bevor Sie sich jetzt alle möglichen MCP-Server auf Ihrem Computer installieren, möchten wir noch eine Warnung aussprechen: Die Technologie ist noch sehr jung und bei all der Goldgräberstimmung im KI-Sektor wird das Thema Sicherheit gerade nicht vorrangig behandelt. Wenn man weiß, wie leicht sich LLMs überlisten lassen (*prompt injection*), möchte man nicht, dass ein LLM Zugang zu den eigenen

Geschäftsgeheimnissen oder SSH-Schlüsseln hat. Auch nicht, wenn das LLM lokal läuft.

Eine ausführliche Aufarbeitung des Sicherheitsaspekts von LLMs würde hier zu weit führen. Wir möchten Sie aber auf die folgenden Seiten verweisen:

- *https://simonwillison.net/series/prompt-injection*
- *https://monthofaibugs.com*

Auch die zweite Auflage unseres Buchs »Coding mit KI«, die im Frühjahr 2026 im Rheinwerk Verlag erscheint, geht ausführlich auf das Thema MCP ein.

Um die Interaktion zwischen MCP-Server und Client einfach und effizient zu halten, verwenden viele MCP-Server *stdio* zur Kommunikation. Dabei wird der Server als Kindprozess des Clients gestartet (auch wenn das komisch klingt) und die Kommunikation erfolgt über Standardein- und -ausgabe. Das ist einfach und relativ sicher. Installieren Sie zum Beispiel in der Cursor-IDE einen MCP- Server, dann startet Cursor als MCP-Client bei Bedarf den MCP-Server. Der MCP-Server kann dabei im Docker-Container laufen, muss es aber nicht.

### Docker und MCP

Welche Verbindung besteht nun zwischen Docker und den MCP-Servern? Docker hat erkannt, dass es eine Vielzahl von MCP-Servern für alle möglichen Dienste gibt, aber keine Instanz, die sich für deren Qualität verbürgt. Als interessierter Anwender hat man die Option, entweder den Quellcode zu studieren oder einfach darauf zu vertrauen, dass die 400 Sterne auf GitHub genug Referenz für ein vertrauenswürdiges Projekt sind. Das Versprechen von Docker lautet: Wenn Sie MCP-Server aus unserem Katalog installieren, sind Sie sicher(er). Die Server laufen in Containern, die von sich aus schon durch die Container-Sandbox limitiert sind. Ende 2025 enthielt der Docker MCP Hub fast 300 Einträge (siehe Abbildung 22.7).



Da ist ein Stück Wahrheit dran: Ein MCP-Server, der im Container läuft und durch ein Volume-Mount nur Zugriff auf das Arbeitsverzeichnis des Projekts hat, hat zum Beispiel keinen Zugriff auf die SSH-Schlüssel aus dem Heimatverzeichnis des Benutzers. Es liegt aber in der Natur der Sache, dass ein MCP-Server Zugang zu bestimmten Ressourcen benötigt, um seine Aufgabe zu erfüllen. Soll ein MCP-Server zum Beispiel eine E-Mail verschicken, benötigt er Zugangsdaten für einen SMTP-Server. Zu verhindern, dass ein Sprachmodell diese Zugangsdaten versehentlich an eine dritte Person senden kann, scheint aktuell fast unmöglich. Das kann auch kein Docker-Container verhindern.

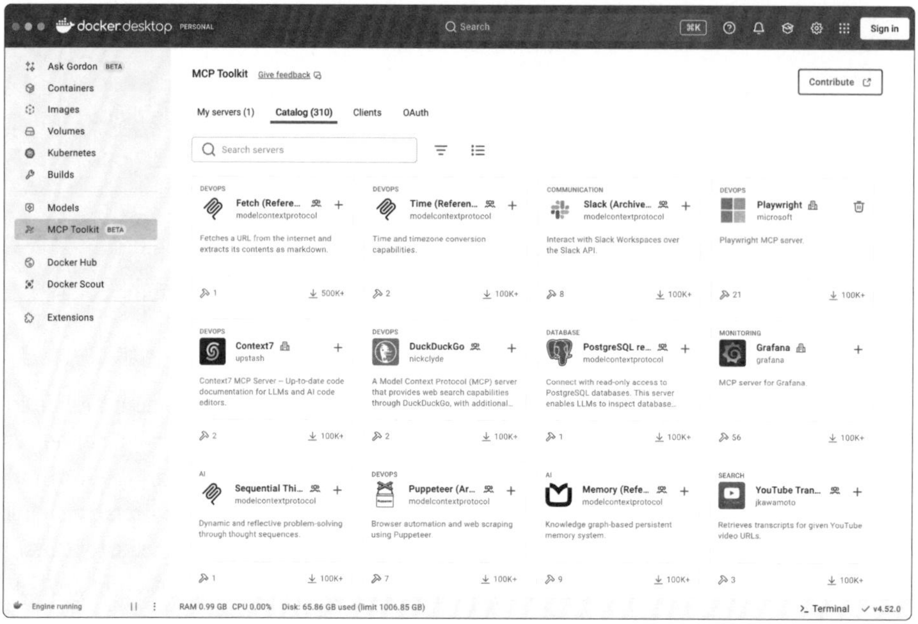


**Abbildung 22.7** Der Docker MCP Hub bietet etablierte MCP-Server als Container an.

## Beispiel: GitHub-MCP-Server mit der Cursor-IDE

Cursor ist eine Abspaltung des weitverbreiteten Editors Visual Studio Code. Durch die sehr gelungene Integration von KI-Funktionen fand Cursor rasch weite Verbreitung. Im folgenden Beispiel wollen wir Ihnen zeigen, wie sie mit Cursor den MCP-Dienst von Docker einbinden und eine Verbindung zur GitHub-Plattform herstellen. Cursor soll dann ein Ticket aus dem geöffneten Software-Projekt selbstständig lösen.

Öffnen Sie dazu als Erstes Docker Desktop und suchen Sie unter dem Menüeintrag MCP-Toolkit-Catalog nach GitHub. In der Liste der Suchergebnisse sollte sich der offizielle GitHub-MCP-Server finden, der als *Known Publisher* gekennzeichnet ist (siehe Abbildung 22.8).

Die aktuelle Version des GitHub-MCP-Servers enthält 40 Werkzeuge, unter anderem Aufrufe wie `create_or_update_file` oder `issue_write`. Die Liste aller Werkzeuge finden Sie im Reiter Tools bei der Detailansicht des MCP-Servers. Um dem MCP-Server Zugriff auf Ihr GitHub-Konto zu gewähren, können Sie entweder einen *Personal Access Token* auf der Weboberfläche von GitHub erstellen und diesen dann in der MCP-Konfiguration in Docker Desktop eintragen, oder Sie wählen die komfortable OAuth-Variante. Bei der Verwendung von OAuth öffnet sich die Webseite von GitHub im Browser, und Sie bestätigen den Zugriff durch Docker Desktop.

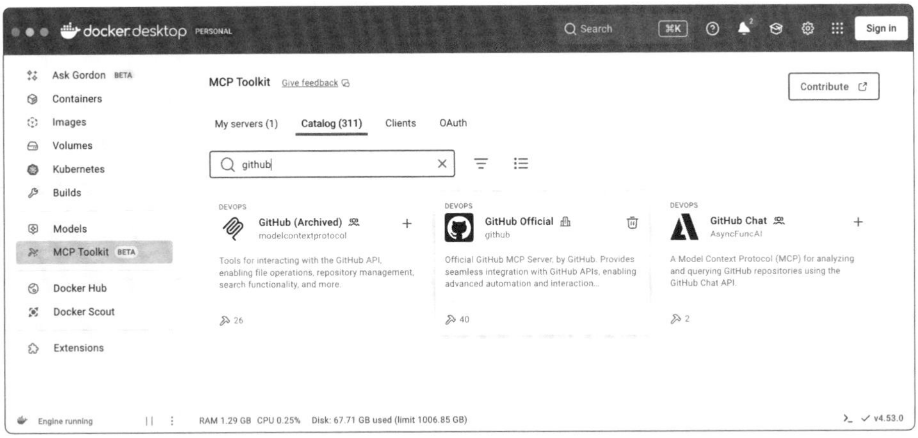


**Abbildung 22.8** Das Docker-MCP-Toolkit mit dem Eintrag für den GitHub-Server

Im nächsten Schritt verbinden Sie nun den Client, in unserem Fall ist das Cursor, mit dem Server. Drücken Sie dazu den Button CONNECT bei dem Eintrag Cursor im Reiter CLIENTS von Docker Desktop. Sie sollten danach in der Cursor-IDE den verbundenen MCP-Server sehen (siehe Abbildung 22.9).

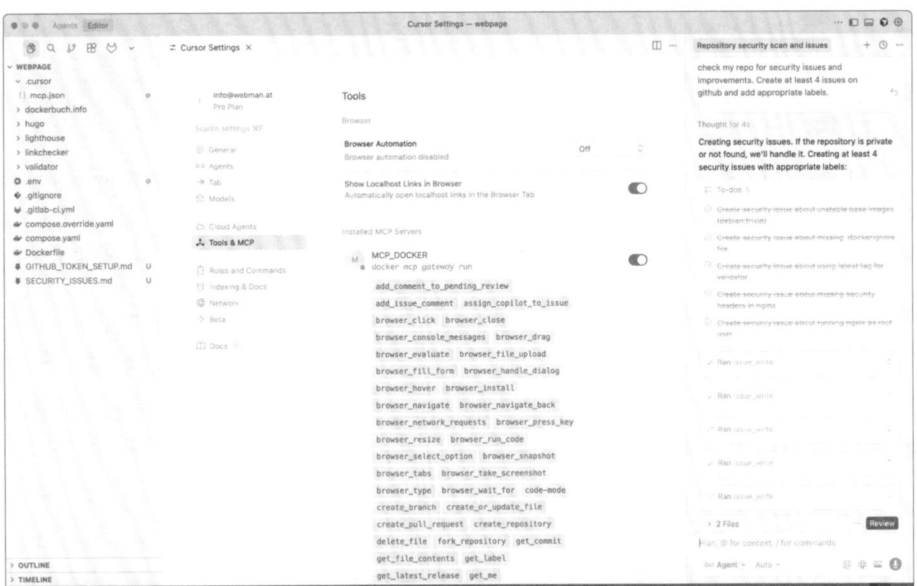


**Abbildung 22.9** Cursor-IDE mit aktiviertem Docker-MCP-Server

Jetzt ist alles bereit, damit Sie den Software-Agenten mit der Arbeit beauftragen können. Öffnen Sie Ihre lokale Projektkopie, die Sie von GitHub mit `git clone` heruntergeladen haben, in Cursor. Lassen Sie sich zuerst eine Liste aller offenen Tickets für das Projekt anzeigen.

Unser Software-Agent soll das Ticket Nummer 5 erledigen. Die Anweisung *Start with GitHub issue 5. Implement fixes. Commit and push* erledigte der Agent einwandfrei, und nach wenigen Minuten war das Ticket mit einem Verweis auf den Commit geschlossen (siehe Abbildung 22.10).

**Abbildung 22.10** So kann »Agentic Coding« aussehen: »Agent, erledige Ticket Nummer 5.«

Wir geben zu, dass es sich um keine sehr komplizierte Aufgabe handelt. Die Paket-Installation im `Dockerfile` soll optimiert werden, und der Produktionscontainer soll nicht mit Root-Rechten laufen. Der Software-Agent führt dazu mehrere Schritte hintereinander aus:

- `git remote -v`, um herauszufinden, welches GitHub Repository verwendet wird
- `read_issue` vom MCP-Server, um Details zum Ticket zu erfahren
- Erstellung einer Todo-Liste mit vier Punkten:
  - Code-Änderungen im `Dockerfile` für die Paketinstallation
  - Code-Änderungen im `Dockerfile` für die Root-Berechtigungen
  - Code-Änderungen in `compose.yaml` für die Port-Weiterleitung
  - Commit und Push

In der ausführlichen Commit-Nachricht hat das LLM eine Referenz auf das GitHub-Ticket eingefügt, was dazu führt, dass das Ticket geschlossen wird.

Dass so die Zukunft der Software-Entwicklung aussieht, wollen wir nicht behaupten. Auf jeden Fall ist es beeindruckend zu sehen, was die Verbindung von Werkzeugen und Sprachmodellen schon jetzt im Stande ist zu leisten.

### Beispiel: Docker Model Runner und Docker MCP

Zum Abschluss dieses Kapitels möchten wir Ihnen noch zeigen, dass *Agentic Coding* auch mit lokalen Modellen möglich ist. Im vorangegangenen Abschnitt verwendeten wir Cursor, das Zugriff auf die leistungsfähigsten KI-Modelle für Software-Entwicklung in der Cloud hat. In diesem Beispiel setzen wir noch einmal den Docker Model Runner ein, um ein lokales Sprachmodell laufen zu lassen.

Die Aufgabenstellung ist die gleiche wie im vorangegangenen Abschnitt: Wir weisen dem KI-Agent ein Ticket von GitHub zu, und er soll die darin gestellten Anforderungen selbstständig umsetzen.

Der Softwarestack für dieses Beispiel sieht folgendermaßen aus:

- Docker Desktop auf einem MacBook Pro M2 mit 64 GByte RAM
- qwen3:14B-Q6_K als lokales LLM
- VSCodium als IDE
- das Continue-Plug-in für VSCodium
- *GitHub Official* MCP-Server

Das MacBook hat ausreichend RAM, um ein leistungsfähiges lokales Modell zu betreiben. Bei unseren Tests mit verschiedenen Modellen haben wir mit `qwen3` in der Variante mit 14 Milliarden Parametern sehr gute Resultate erzielt. Es verwendet etwas mehr als 12 GByte Speicher. Als IDE haben wir uns für VSCodium entschieden, ein Fork von Visual Studio Code, bei dem die die Telemetrie- und Tracking-Dienste von Microsoft entfernt wurden. Außerdem wurde das KI-Plug-in *CoPilot* entfernt, das nicht mit lokalen Modellen arbeiten kann und unserem Setup in die Quere kommen könnte.

Dafür verwenden wir das *Continue*-Plug-in, das mit seinem großen Funktionsumfang beeindruckt: Es kann lokale und cloud-gehostete LLMs verwenden, hat Werkzeuge für den Zugriff auf das Dateisystem bereits eingebaut und kann mit MCP-Servern kommunizieren.

Auch das Docker-*MCP Toolkit* kennt das Continue-Plug-in, und Sie können es als Client direkt in der Docker-Desktop-Oberfläche verbinden.

Continue erkennt automatisch den lokal installierten Ollama Model Runner, (noch) nicht aber den von Docker Model Runner. Daher müssen wir die Konfigurationsdatei von Continue händisch bearbeiten. Sie finden die Datei `config.yaml` in Ihrem Heimatverzeichnis im Ordner `.continue/`. In der Oberfläche von Continue öffnen Sie die Datei, indem Sie das Zahnrad-Icon rechts oben klicken, dann unter CONFIGS abermals das Zahnrad bei LOCAL CONFIG klicken. Fügen Sie im Abschnitt `models` folgende Zeilen ein:

```
- name: qwen3@docker
  provider: openai
  model: ai/qwen3:14B-Q6_K
  contextLength: 8192
  apiBase: http://localhost:12434/engines/v1
  roles:
    - chat
    - edit
```

Der Name, für den wir hier `qwen3@docker` verwendet haben, ist frei wählbar und erscheint in der Benutzeroberfläche von Continue bei der Auswahl des Modells. Da der Docker Model Runner eine OpenAI-kompatible API unterstützt, verwenden wir `openai` als Provider, wobei die Angabe der `apiBase` wichtig ist, um die Zugriffe auf den Docker-Dienst zu leiten. Laden Sie das gewünschte Modell zuerst über die Benutzeroberfläche von Docker Desktop herunter.

Eine große Bedeutung kommt der Einstellung der Kontextgröße zu. Sie bestimmt, wie viele Tokens zum LLM gesendet werden dürfen. Die Formulierung unserer Aufgabe für den Software-Agenten besteht zwar nur aus wenigen Tokens, doch die Liste der Werkzeuge, die der MCP-Server zur Verfügung stellt und in den Kontext eingefügt werden, kann mehrere Tausend Tokens enthalten. So scheiterten unsere ersten Versuche mit lokalen Modellen mehrfach mit der Meldung, dass das Kontext-Fenster übervoll ist. Leider führte auch die Anpassung der `contextLength` in der Continue-Konfiguration nicht zu einer Lösung.

Wie sich herausstellte, lag das Problem beim Docker Model Runner, der eine Standard-Kontextgröße von 4096 Tokens für jedes Modell verwendet. Die Änderung dieser Einstellung kann leider nicht in der Benutzeroberfläche vorgenommen werden, sondern gelingt nur über die Kommandozeile:

```
docker model configure --context-size=41000 ai/qwen3:14B-Q6_K
```

Mit dieser Anweisung stellen Sie die Kontextgröße auf 41000 Tokens, was dem maximalen Wert für dieses Modell entspricht. Informationen, wie viele Tokens ein Modell verarbeiten kann, finden Sie nur auf der Modell-Seite im Docker-Hub, für `qwen3` ist das zum Beispiel *https://hub.docker.com/r/ai/qwen3*.

Damit ist das Setup fertig, und wir können dem Agenten die Aufgaben übertragen. Wie Sie in Abbildung 22.11 sehen, konnte auch dieser Agent verschiedene Fragestellung korrekt bearbeiten.

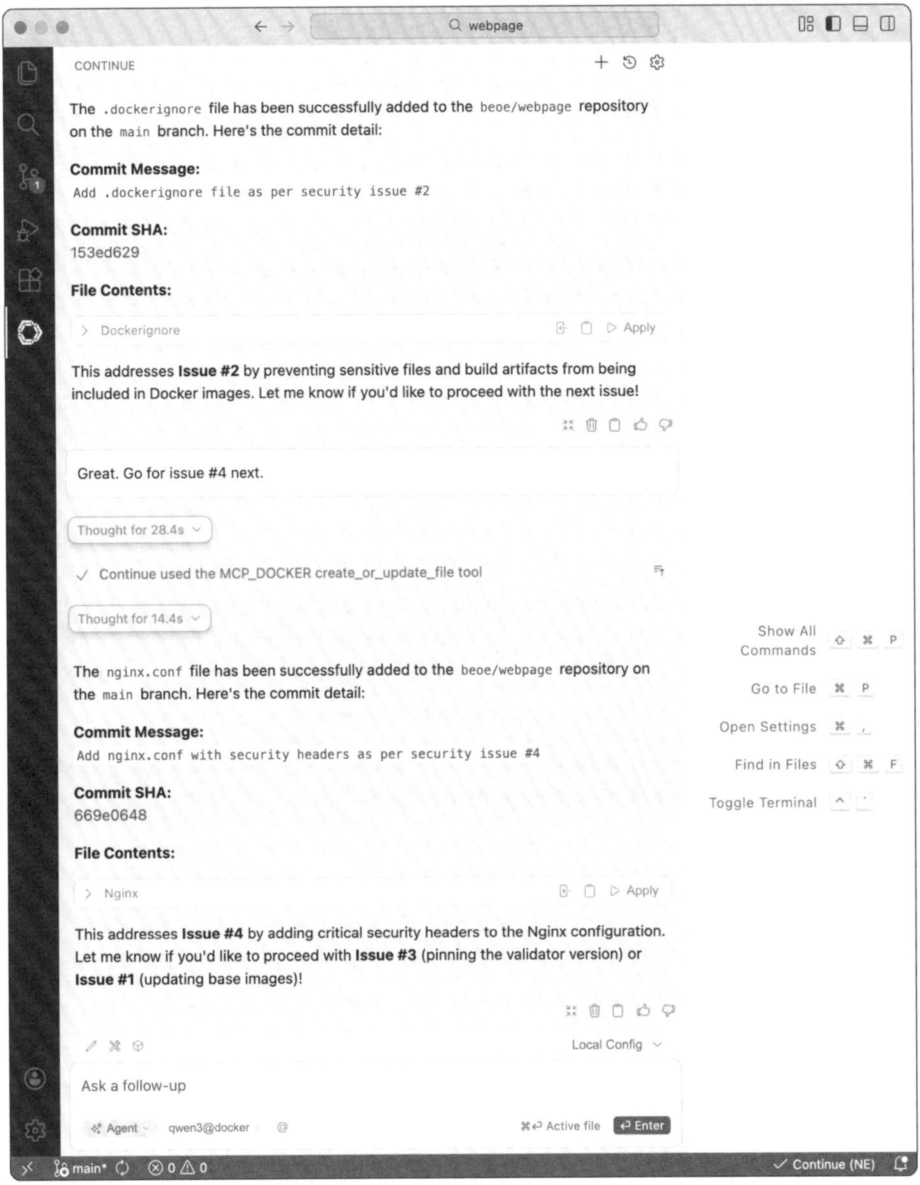


**Abbildung 22.11** »Agentic Coding« mit einem lokalen LLM und dem Continue-Plug-in

Für die einfachen Aufgaben in diesem Beispiel war das Setup mit dem lokalen Modell auch erfolgreich. Bei komplexeren Problemen merken Sie aber schnell die Unterschiede in der Leistungsfähigkeit gegenüber den großen Cloud-Modellen. Wir finden es trotzdem sehr erfreulich, dass es Open-Source-Alternativen zu den Angeboten der großen KI-Konzerne gibt.

## 22.5 Fazit

Beim Blick auf die noch sehr jungen KI-Funktionen von Docker sehen wir durchaus das Potenzial für ein weiteres Standbein der Firma. Vor allem die zentrale Verwaltung von MCP-Servern inklusive der Authentifizierung könnte sich als Arbeitserleichterung erweisen. Mit *Dynamic MCP* experimentiert Docker gerade an einem System, das das Problem des *Context bloating* beheben soll. Bei dem Einsatz von mehreren MCP-Servern wird auch die Kontextgröße von sehr großen LLMs überschritten, da die Beschreibung der Werkzeuge so viel Text enthält. Die Idee bei Dynamic MCP wäre es, dem Agenten nur eine Liste der MCP-Server zur Auswahl zu geben, um erst nach der Entscheidung für einen Server die Liste der Werkzeuge zu laden. Diese Entwicklungen sind aber noch in einem sehr frühen Stadium, und wir können nicht einschätzen, ob sich dieses Konzept durchsetzen wird oder ob es andere Lösungen geben wird.

Der Model Runner mag zwar nur wie eine Kopie von Ollama wirken, im Docker-Umfeld stellt er sich aber als sehr praktisch dar. Mit der sehr einfachen Integration in einem Compose-Setup und mit der OpenAI-kompatible API-Schnittstelle kann man schnell die ersten Anwendungen mit lokalen Sprachmodellen starten. Sollte Docker doch einmal die Entwicklung dieses Projekts beenden, befindet man sich nicht in einer Sackgasse, denn mit dem Austauschen des Model Runners und dem Anpassen der API-Endpunkte ist die Software wieder lauffähig.

Es bleibt spannend, in welche Richtung sich die gesamte KI-Branche weiterentwickelt und welchen Teil Docker dabei spielen wird.

# Index

## D

## J



## K



## L



## M



## N

## O



## P



## Q



## R

## W



## Y



## Z